KB186691

월인석보 옥책(玉冊) 연구

대우학술총서

631

월인석보
옥책(玉冊) 연구

— 한글의 창제와 훈민정음 〈언해본〉의
간행을 중심으로

정광 지음

아카넷

이 책은 정통(正統) 12년(1447)의 간기가 있는 『월인석보(月印釋譜)』 (이하 〈월인석보〉)의 옥책(玉冊)에 대하여 고찰한 것이다. 그리고 〈월인석보〉의 간행과 관련하여 여기에 첨부된 훈민정음 〈언해본〉이 어떻게 공표되었는지 살펴보았다. 이어서 훈민정음이란 이름으로 제정된 한글의 창제에 대하여 지금까지와 다른 시각에서 고찰하였다.

지금부터 7년 전인 2013년 가을에 개성 불일사(佛日寺)에서 정통(正統) 12년(1447)에 제작한 〈월인석보〉의 옥책이 발견되어 필자의 관심을 끌었다. 정통 12년의 〈월인석보〉 옥책은 364편의 옥책을 모두 권12로 나누고 매권 29~30편(片)의 옥간(玉簡)에 〈월인석보〉를 옮겨 새겼다. 이 가운데 속표지 12편을 제외하면 모두 352편의 옥간에 〈월인석보〉의 제8권을 옮겼는데 아마도 1년 12개월, 매월 29~30일, 그리고 음력에서 1년 354일에 맞추어 권을 나누고 옥편을 배분하여 책으로 제작한 것으로 추정되는 옥책이다.

학계에서는 『석보상절(釋譜詳節)』과 『월인천강지곡(月印千江之曲)』이 먼저 세종 때에 간행되고 〈월인석보〉는 후대에 이 둘을 합편하여 세조 때에 간행한 것으로 알려졌다. 그리하여 세조 5년, 즉 천순(天順) 3년

(1459)에 〈월인석보〉가 간행된 것으로 보는 것이 정설이었다. 그렇다면 정통 12년의 〈월인석보〉 옥책은 이 책이 나오기 12년 전에 제작된 것이라 우리를 당황하게 만든다.

이 책에서는 정통 12년에 제작된 옥책의 진위(眞僞)를 따지고 이것이 진품인 경우에 〈월인석보〉의 간행을 다시 고찰하여야 한다고 주장하였다. 그리고 그에 부수되는 한글 창제의 여러 문제를 논의하였다. 〈월인석보〉의 제1권에는 세종이 창제한 새 문자의 해설서인 훈민정음 〈언해본〉이 첨부되었기 때문이다.

본서에서는 여러 가지 조사를 통하여 정통 12년의 옥책이 진품(眞品)이라고 감정하였다. 이것이 진품이라면 〈월인석보〉는 지금까지 알려진 천순(天順) 3년과는 다른 시기에 간행된 것으로 보아야 한다. 적어도 정통 12년보다는 앞선 시기에 〈월인석보〉가 세상에 나와야 이를 옮겨 새긴 옥책(玉冊)이 가능하기 때문이다.

필자가 〈월인석보〉의 간행에 관심을 갖는 것은 이 불경의 제1권 권두에 훈민정음의 해설서인 〈언해본〉으로 〈세종어제훈민정음〉이 실려 있기 때문이다. 이 〈언해본〉은 천순(天順) 3년에 쓴 세조의 서문에 따라 세조 5년에 완성되어 〈월인석보〉에 첨부된 것으로 알려졌다. 따라서 〈언해본〉의 공간으로 새 문자를 공표한 것으로 볼 수가 없었다. 〈월인석보〉의 간행은 세종이 아니라 세조 때의 일로 알고 있어서 〈언해본〉을 통한 새 문자의 공표도 세조 때로 간주될 수 있기 때문이다.

그동안 학계에서는 세종 28년에 간행된 훈민정음의 〈해례본〉이 새 문자를 제정하고 이를 세상에 공표한 것으로 인정하고 있다. 이것이 지금까지 세종의 생존 시에 간행된 유일한 새 문자의 해설서로 보았기 때문이다. 그리하여 〈해례본〉이 간행된 정통 11년 9월 상한(上澣)을 양력으로 환산하여 10월 9일을 한글날로 정하고 기념하여 왔다.

그러나 정통 12년, 세종 29년의 〈월인석보〉 옥책이 진품이라면 〈월인석보〉는 그 이전에 간행되었을 것이니 세조의 서문에 밝힌 세종의 〈월인석보〉 구권이 실제 존재함을 증명하게 된다. 그리고 거기에도 훈민정음의 〈언해본〉이 제1권에 첨부되었을 것이며 그렇다면 세종 생존 시에 나온 〈언해본〉이 있게 된다.

여기서 우리는 천순(天順) 3년에 나온 〈월인석보〉의 제1권 권두에 실린 세조의 어제서문(御製序文)을 주목하게 된다. 이 서문에서는 〈월인석보〉가 세조 자신이 간행하는 신편(新編)이 있고 부왕(父王)인 세종이 편찬한 구권(舊卷)이 있다고 분명하게 밝혀놓았다. 왜 이런 세조의 서문이 그동안 학계에서 무시되었는지 이 책에서 집중적으로 검토하였다. 실제로 고려대 도서관에 소장된 『훈민정음(訓民正音)』이란 〈언해본〉은 세종의 어제서문이 "어제왈(御製曰)"로 시작되어 세종의 생존 시에 간행되었음을 증언한다.

만일 세조 때에 〈월인석보〉가 세상에 나온 것이라면 여기에 첨부된 훈민정음 〈언해본〉의 서문에 '어제왈'은 세조를 가리키기 때문에 있을 수 없는 일이다. 이 책에서는 고려대본 〈훈민정음〉이 세종 때에 간행된 〈월인석보〉의 구권(舊卷)에 첨부된 것을 따로 떼어 내어 단행본으로 제책한 〈언해본〉이며 이를 통하여 유신(儒臣)들이 새 문자 학습에 이용한 것이라고 주장하였다.

이처럼 정통 12년의 〈월인석보〉 옥책은 그동안 학계가 알고 있는 세종의 새 문자 제정과 그와 관련된 여러 사실을 다시 살펴보게 한다. 본서에서는 이 옥책을 통하여 세종의 새 문자 제정에 대하여 새로운 시각에서 고찰하였다. 그리고 지금까지 알려진 여러 통설을 부정하거나 수정하였다. 본서의 제7장은 그런 내용을 종합하여 이 책의 결론으로 한 것이다.

세종의 한글 창제에 대한 이러한 필자의 연구는 졸저『한글의 발명』(서울: 김영사, 2015)에서 일단 정리되었다. 그러나 이 책의 간행과 더불어 필자의 주장을 비판하는 목소리가 많았다. 다만 연구 논저로 비판한 것은 없고 사석이나 학술상의 심사와 같은 뒷자리에서 자신들이 알고 있는 사실과 다른 필자의 주장을 격렬하게 비난하였다.

그리하여 필자는 그에 대하여 반박하는 글을 여기저기에 발표하였다. 이 책은 그동안 필자가 여기저기에 발표한 연구 논문을 종합한 것이다. 그런 의미에서 본서는 필자의 한글 창제에 대한 연구의 완결편이라고 하겠다. 오랜 세월에 걸쳐 필자는 세종의 새 문자 제정에 대하여 고찰하였고 여러 시행착오를 거쳐 이 책을 쓴 것이다. 이제 그동안의 한글 연구에 대한 대미(大尾)를 이 책으로 가름하려고 한다.

이 책은 필자가 쓴 50여 권의 저서 가운데 하나이고 고려대학교를 정년퇴임하고 나서 쓴 27번째 책이다. 그동안 세속적인 이익과는 전혀 관련이 없는 학술서적을, 그것도 별로 돌아보는 사람이 없는 책을 우직하게 저술하는 필자를 뒤에서 온갖 뒷바라지를 다하며 응원한 집사람, 덕성여대 일문과의 오경 명예교수에게 이 책을 바친다.

2020년 여름 장마 속에서 저자 씀.

| 목차 |

사진 목차

표 목차

제1장

들어가기

1.0 『월인석보(月印釋譜)』는 지금까지 천순(天順) 3년, 세조 5년(1459)에 간행한 것이라는 것이 학계의 정설이다. 현재 서강대학교에 소장된 『월인석보』(이하 〈월석〉으로 약칭)의 세1, 2권 1책은 정연찬(1972)에 의하여 초간본임이 밝혀졌으며 여기에 첨부된 간기의 연도에 따라 모두 〈월석〉은 세조 5년에 간행한 것으로 학계는 인정하고 있다.

즉, 이 초간본의 〈월석〉 권1의 권두에 부재(附載)된 세조(世祖)의 어제 서문(御製序文)에 "天順三年己卯七月七日序 – 천순(天順) 3년 기묘(己卯) 7월 7일에 서(序)하다"라는 간기가 있어 이로부터 〈월석〉은 세조 5년에 간행한 것으로 모두 믿고 있다.

그러나 이러한 간기가 있는 세조의 어제(御製) 서문에는 다음과 같은 기사가 있다.

[前略] 念此月印釋譜ᄂᆞᆫ 先考所製시니 依然霜露애 慨增悽愴ᄒᆞ노라 – 念호ᄃᆡ 이 月印釋譜ᄂᆞᆫ 先考 지ᅀᆞ샨 거시니 依然ᄒᆞ야 霜露애 애와텨 더욱 슬허 ᄒᆞ노라 [中略] 乃講劘研精於舊卷ᄒᆞ며 褱括更添於新編ᄒᆞ야 – [중략] 녯 글워레 講論ᄒᆞ야 ᄀᆞ다ᄃᆞᆷ마 다ᄃᆞᆮ게 至極게 ᄒᆞ며 새 밍ᄀᆞ논 글워레 고텨 다시 더어 [下略] 현대어역 – [전략] 생각하건되 이 월인석보는 선고(先考), 즉 돌아가신 아버님이 지으신 것이시니 그렇기 때문에 세월이 한탄스러워 더욱 슬퍼하노라 [중략] 새 옛 글월(舊卷)에 강론하여 가다듬어 다닫게 지극하게 하며 새로 만든 글월(新編)에 고쳐서 다시 더하여 [하략] – 띄어쓰기 필자

이 기사에 의하면 원래 〈월석〉은 부왕(父王)이신 세종이 지은 것이며 자신의 것은 세종의 옛 글월(舊卷)을 강론하여 가다듬어서 새로 만든 글월(新編)에 고친 것을 더하였다는 내용이 들어있다. 다시 말하면 이 세조의 어제서문에 의하면 세종이 지은 구권(舊卷)의 〈월석〉이 있고 세조 자신이 편찬하는 것은 신편(新編)이라는 것이다.

서강대 소장의 초간 〈월석〉에 부재(附載)된 이 세조의 어제서문에서 이렇게 분명하게 밝힌 이 기사는 그동안 학계에서 세조가 이 불경의 간행을 부왕(父王)의 업적으로 겸양하려는 뜻으로 받아들였다. 즉, 일제(日帝) 강점기에 조선총독부의 촉탁(囑託)으로 있으며 〈월석〉에 대하여 처음으로 해제를 쓴 일제의 어용학자 에다 도시오(江田俊雄)는 세조의 어제서문에서 밝힌 〈월석〉의 구권(舊卷)은 실제로 존재한 것이 아니라 세조가 자신의 업적을 부왕(父王)에게 돌리려고 하는 겸양의 말로 쓴 것으로 보았다(江田俊雄, 1936a).

이러한 주장은 해방 이후 우리나라 국어학사 연구에 지대한 영향을 준 오구라 신페이(小倉進平)에게 그대로 수용되어 小倉進平(1940)와 小倉進平(1964)에서 같은 주장이 반복되어 광복(光復) 이후에도 〈월석〉에 대한 모든 해설에서 이를 그대로 받아들이게 되었다. 따라서 〈월석〉에 대한 세조의 어제서문에서 밝힌 옛 글월(舊卷)과 새로 만든 글월(新編)에 대한 기술은 무시되었고 〈월석〉은 세조 5년(1459)에 간행되었다는 것이 학계의 정설이 된 것이다.

1.1 그러나 일찍이 졸고(2006b)에서는 세종의 생존 시에 이미 '월인서보(月印釋譜)'라는 서명의 불서(佛書)가 간행되었다고 주장하였다. 이어서 졸고(2013)에서 정통(正統) 12년(1447), 즉 세종 29년에 개성(開城)의 불일사(佛日寺)에서 제작한 〈월석〉의 옥책(玉冊)을 소개하면서 〈월석〉은 이보다는 앞선 시기, 즉 세종 28년(1446) 10월경에 간행되었을 것으로 추정하였다.

〈월석〉이 언제 간행되었느냐 하는 문제는 그 권두에 첨부된 훈민정음의 〈언해본〉이 언제 세상에 나왔느냐 하는 문제와 직결되기 때문에 언문(諺文), 즉 한글의 제정과도 직접 관련을 갖게 된다. 왜냐하면 필자

는 훈민정음 〈해례본〉의 간행보다 〈월석〉에 첨부된 〈언해본〉이 세상에
나온 것을 이 새 문자의 공표라고 볼 수 있기 때문이다.

이보다 훨씬 앞서 졸고(2001)에서는 〈월석〉이 세종 생존 시에 간행된
구권(舊卷)이 있으며 서강대학교 도서관에 소장된 초간본은 세조 때에
간행된 신편(新編)이라고 주장한 바 있다. 이들 논문에서는 정통 12년의
옥책이 세상이 알려지지 않은 때라서 주로 〈월석〉의 편찬 경위와 그 권
두에 부재된 {언해본}『훈민정음』(이하 〈언해본〉), 즉 〈세종어제훈민정
음〉에 대하여 논의하여 얻어낸 결론이었다.

이후에 발표한 필자의 논저(졸고, 2013; 졸저, 2015)에서 정통(正統) 12
년의 〈월석〉 옥책(玉冊)에 대하여 언급하였으나 유물 감정이 아직 진행
되던 때이라 필자로서는 옥책의 진위(眞僞)를 알 수가 없었지만 충분히
가능성이 있다고 주장하였다. 왜냐하면 앞선 논저에서 주장한 필자의
가설과 잘 맞았기 때문이다.

그동안 옥책의 소장자인 홍산(紅山) 중국도자(中國陶瓷) 박물관이 그
동안 여러 방면에서 막대한 비용을 들여 이를 검증하였다. 다만 이를 공
식적으로 학계에 발표한 바가 없어서 이를 인용하기 어려웠으며 또 박
물관의 검증 자료를 필자가 자의로 발표하기는 어려운 점이 없지 않았
다. 필자는 여러 차례 박물관이 옥책의 검증 결과를 정식 학술지에 발표
할 것을 독촉한 바 있었다.

그러나 2014년 연말에 필자에 의하여 새로 세상에 소개된 『부모은중
경(父母恩重經)』과 『예불대참회문(禮佛大懺悔文)』의 옥책으로부터 신라
시대부터 조선 전기에 이르기까지 불경(佛經)을 옥간(玉簡)에 새기어 옥
책으로 간행하는 불사(佛事)가 자주 있었음을 알게 되었다. 이 두 불경의
옥책은 헛간에 버려두었던 것을 소장자가 졸고(2013)를 보고 새삼스럽게
자신이 소장한 옥책의 가치를 살피기 위해서 필자에게 소개한 것이다.

이 두 옥책을 통하여 불경의 옥책이 우리의 자랑스러운 유물임을 새삼스럽게 깨닫게 되었다. 그리하여 졸저(2015)는 〈월석〉의 옥책도 이러한 유물과 나란히 우리의 귀중한 유물임을 알리는 최초의 연구 논저였다. 그러나 아직도 많은 연구자들 사이에 옥책의 진위(眞僞) 여부가 논란이 되고 있어 이에 대한 연구의 필요성이 더욱 높아지게 된 것이다.

1.2 〈월석〉의 간행에 대하여 필자와 국어학계가 주목하는 것은 앞에서 언급한 바와 같이 제1권의 권두에 첨부된 훈민정음의 〈언해본〉이 세종 생존 시에 공표된 것인가 하는 문제 때문이다. 그것은 고려대학교 육당(六堂)문고에 소장된 단행본의 『훈민정음(訓民正音)』(이하 〈훈민정음〉)이 〈언해본〉이며 여기에 첨부된 세종의 어제서문에 '어제왈(御製曰)'이 붙어있어 세종 생존 시에 간행된 것으로 보아야 하기 때문이다.

그리하여 안병희(2007:92)에서는 "[전략] 그런데 언해본이 『월인석보』의 권두에 실린 이유가 새로운 문자인 한글로써 20여 권에 달하는 책을 간행하면서 먼저 한글에 대한 해설이 필요함에 있을 것이라고 한다면, 언해본은 같은 이유에서 『석보상절』의 권두에도 실렸을 가능성이 있다"라고 히여 세종 29년(1447)에 간행된 『석보상절』의 권두에 '훈민정음'이 실렸을 가능성을 제기하였다.

안병희(2007)의 이러한 주장은 그동안 학계에서는 철저하게 〈월석〉의 구권의 존재를 부인하는 형편에서 〈언해본〉이 〈월석〉이 아니라 세종 생존 시에 간행된 『석보상절』(이하 〈석보〉로 약칭)에 부재(附載)되었다고 본 것이다. 이 주장은 훈민정음의 〈언해본〉을 세조(世祖) 때의 것으로 보려는 학계의 통설로부터 벗어나서 세종 때에 〈언해본〉이 있었다고 주장한 것으로 중요한 변화라고 아니할 수 없다.

그러나 〈석보〉의 권두에 훈민정음의 〈언해본〉을 실었을 가능성은 거의 없다. 현재 〈석보〉의 제1권이 발견되지 않아 사실 확인은 어렵지만 세종의 친제로 알려진 현전하는 『월인천강지곡(月印千江之曲)』(이하 〈월인〉으로 약칭)의 상권(上卷)에도 첨부되지 않은 〈언해본〉을 수양대군(首陽大君)이 주축이 되어 신미(信眉) 대사와 김수온(金守溫) 등이 편찬한 〈석보〉에 붙였을 것으로는 보기 어렵다.

오히려 필자가 졸저(2015)에서 주장한 바와 같이 세종이 생존하였을 때에 〈월인〉과 〈석보〉를 합편하여 먼저 〈월석〉을 간행하면서 이 책의 권두에 훈민정음의 〈언해본〉을 붙인 것으로 보는 것이 온당하다. 즉, 〈월인〉과 〈석보〉는 승하(昇遐)하신 소헌왕후(昭憲王后)의 추천(追薦)을 위하여 후일, 즉 세종 29년 7월경 간행하고 그보다 먼저 세종 28년 10월경에 〈월석〉을 간행하면서 이 책이 최초의 언문으로 된 문헌이기 때문에 {해례}『훈민정음』(이하 〈해례본〉)의 앞 석 장 반을 언해하여 그 책의 권두에 첨부하였다고 본 것이다.

그것만이 〈월석〉의 제1권 권두에 실은 세조의 어제서문의 기사와 부합하고 〈월석〉에 부재된 수양대군의 '석보상절서(釋譜詳節序)'에 "正統十二年七月二十五日에 首陽君 諱序ᄒᆞ노라 – 정통 12년 7월 2일 수양군 [이름]휘 서하노라"라는 날짜를 납득할 수 있으며 오늘날 정명호(2013, 2019)에서 진품으로 감정한 〈월석〉의 옥책이 갖고 있는 정통(正統) 12년(1447)이란 간기를 받아들일 수 있기 때문이다.

1.3 그동안 훈민정음의 〈언해본〉 간행을 새 문자의 공표로 보려는 주장이 있었다. 지금까지 학계의 통설은 훈민정음의 〈해례본〉이 정통 11년(1446) 9월 상한(上澣)에 간행되어 훈민정음이란 이름의 새 문자가 정식으로 공표된 것으로 보았다. 그리하여 금년(2020)을 한글 창제 555주년으로 보고 9월 상한을 양력으로 환산하여 10월 9일을 한글날로 기념

한다.

그러나 실록에는 세종 25년(1443) 12월에 세종이 언문을 친제하였다는 기사가 있으며 이것이 훈민정음의 제정에 대한 최초의 것이어서 이러한 통설은 문제가 있다. 즉,『세종실록』(권103) 세종 25년 12월조의 기사에 "是月上親制諺文二十八字 [中略] 是謂訓民正音 – 이달에 임금이 친히 언문 28자를 만들다. [중략] 이것이 소위 훈민정음이라고 불리는 것이다"라는 기사가 한글창제에 대하여 처음으로 나타난다.

이 기사에 의하면 이때, 즉 세종 25년에 새 문자인 한글이 창제되었다고 보아야 한다. 따라서 한글은 세종 25년(1443) 12월에 제정되었으니 금년(2020)이 한글 창제 558주년이며 양력으로 환산하면 1월에 한글날이 있어야 한다. 그럼에도 불구하고 세종 28년의 9월을 한글날로 기념하는 것은 다음과 같은 웃지 못할 사연 때문이다.

그동안은『세종실록』(권113) 세종 28년(1446) 9월조의 기사에 "是月訓民正音成, 御製曰: [中略] 正音之作, 無所祖述 – 이달에 훈민정음이 완성되었다. 임금이 지어 말씀하시기를 [중략] 훈민정음을 지은 것은 옛사람이 저술한 바가 없다"라는 기사에 의거하여 훈민정음, 즉 한글이 이해의 9월에 완성된 것으로 보았다. 그리고 이 기사에 의거하여 9월을 양력으로 환산하고 한때 10월 말을 가갸날로 정하고 기념하기도 했었다.

그렇지만 이 기사의 '훈민정음'은 〈해례본〉, 즉 앞의 {해례}『훈민정음』이란 새 문자의 이론서가 완성된 것을 말한다. 즉, 이 기사는 현재 간송(澗松) 미술관에 소장된 훈민정음의 이론적 해설서, 즉 〈해례본〉이란 책의 완성을 지적한 것이다. '훈민정음'이란 문자가 아니라 서적의 완성을 말한 것이며 이때에 완성된 책이 비록 후대의 목판복각본이지만 간송 미술관에 현전한다.

이 사실을 깨달은 후대 연구자들은 〈해례본〉의 간행을 새 문자의 반포(頒布)로 간주하고 간송(澗松) 소장본의 간기 '9월 상한(上澣)'을 양력으로 환산하여 10월 9일을 한글날로 정하면서 세종 28년(1446)을 한글 제정의 해로 인정하였다. 〈해례본〉의 간행을 새 문자의 반포로 간주한 것이지만 훈민정음이란 이름으로 한글이 제정된 때보다 3년이나 늦은 연대가 되었다.

1.4 더욱이 〈해례본〉은 어리석은 백성들이 쉽게 읽고 새 문자를 깨우칠 새 문자의 해설서가 아니다. 졸고(2006b) 이후에 필자의 여러 논저에서 주장한 바와 같이 훈민정음의 〈해례본〉은 어려운 중국의 성운학(聲韻學)과 성리학(性理學), 그리고 불가(佛家)의 성명기론(聲明記論)에 의거하여 새 문자의 제정을 설명하였다. 그리고 어리석은 일반 백성들이 이해하기 어려운 한문의 고문(古文)으로 쓰였기 때문에 이 책을 읽고 새 문자를 배우기가 쉽지 않았다.

따라서 〈해례본〉의 간행으로 새 문자인 한글이 반포되었다고 보기 어렵다. 오히려 〈월석〉의 제1권 권두에 실린 훈민정음의 〈언해본〉이 일반 백성들에게는 새 문자를 익히기 쉬운 해설서였을 것이다. 그러나 이 〈언해본〉은 지금까지 세종의 사후(死後)인 세조 5년에 간행된 {신편}〈월석〉에 첨부된 것으로 믿었기 때문에 이를 통하여 신문자가 공표되었다고 보기가 어려웠다. 따라서 〈언해본〉은 새 문자의 공표와 관련되어 연구되지 않았다.

만일 본서에서 〈월석〉의 옥책에 적힌 간기대로 정통 12년(1447), 세종 29년에 이 옥책이 제작되었다면 그 원전(原典)으로 볼 수밖에 없는 〈월석〉은 이보다 먼저 간행되었을 것이며 거기에 첨부된 훈민정음의 〈언해본〉은 세종 생존 시에 세상에 나온 것으로 볼 수 있다. 본서의 주장대로 세종 28년 10월경 〈월석〉의 구권(舊卷)이 간행되었고 그 제1권에 〈언해본〉이 첨부되었다면 이것으로 새 문자 한글의 반포로 보아도 무리가 없게 된다.

　1.5 이렇게 〈월석〉의 간행은 한글의 공표와 직접 연관되기 때문에 언제 간행되었는지를 살피는 일은 한글의 공표를 밝히는 일과 직결된다. 따라서 정통 12년의 〈월석〉의 옥책을 검토하고 그를 통하여 이제까지 학계가 무시해온 세조의 어제서문(御製序文)을 다시 한 번 고찰하는 이 책의 논의는 그런 의미에서 중요하다고 아니할 수 없다.

　이 책의 제7장에서 세종의 새 문자 제정에 대하여 그동안 필자가 고찰한 것을 종합하여 결론을 대신하였다. 그동안 필자의 연구가 진행되면서 새로운 자료의 발굴과 더불어 식견의 발전에 따라 조금씩 새 문자 제정의 경위를 고쳐 보지 않을 수 없었다. 즉, 일본에서 발굴된 훈민정음 〈언해본〉의 필사본과 같은 새로운 자료와 졸고(2016b, 2017b)에 의하여 소개된 고대인도의 비가라론(毘伽羅論) 및 반절(反切)의 연구와 같은 새로운 이론의 천착(穿鑿)으로 다른 시각에서 세종의 새 문자 제정을 살펴보게 되었다.

　이 제7장으로 이 책의 대미를 장식하여 필자가 평생 고찰한 한글 제정의 결착을 보려는 것이다. 이에 대한 동학들의 많은 질정을 바라마지 않는다. 그리고 선입견이나 편견이 아니라 사실과 전거, 역사적 이론에 의거하여 학문적 비판이 있기를 바라는 마음 간절하다.

제2장

불경(佛經)의
옥책(玉冊)

목차

2.0.0 졸고(2001)로 이미 20년 전부터 세상에 알려진 『월인석보』(이하 〈월석〉)의 옥책(玉冊)은 그동안 많은 위작(僞作)이 난무했고 또 중국과 일본에서 불경을 옥간(玉簡)에 새겨서 옥책을 만든 예가 없기 때문에 우리 학계가 불경의 옥책이 존재하는 것을 받아들이지 못하였다.

필자도 20여 년 전부터 여러 질(秩)의 위작을 감정한 바 있고 어떤 경우에는 자칫하면 위작을 진품으로 잘못 판정할 수도 있었던 아찔한 순간도 있었다. 〈월석〉의 옥책이 갑자기 20세기 말에 서울의 골동품 점포에 여러 질 나타나게 된 이유가 어쩌면 어떤 진품이 있어 이를 보고 이와 같은 여러 위작들이 일시에 만들어지지 않았는가 하는 생각을 떨칠 수가 없었다.

왜냐하면 모든 위작(僞作)들은 그 제작 시기를 학계가 모두 인정하는 통설에 따르는 것이 일반적이다. 그러나 필자가 감정한 위작의 〈월석〉 옥책들은 모두 그동안 학계가 인정하는 〈월석〉의 간행 연도인 천순(天順) 3년보다는 여러 해가 앞선 정통(正統)이나 경태(景泰) 연간에 제작된 것으로 하여서 〈월석〉의 옥책이 〈월석〉보다 먼저 나온 셈이 되었다.

문화재의 위조(僞造)에서 가장 중요한 것이 제작 연대의 표시인데 이 것을 상식으로 알고 있거나 학계가 정설로 알고 있는 연대가 아니고 다른 연도를 쓴다는 것은 좀처럼 보기 어려운 일이다. 그런데 이런 상식을 뛰어넘어 알려진 연대보다 전대의 제작 연대를 붙여 만든 위작들은 실제로 어떤 진품이 있기 때문이 아닌가 하고 의심하지 않을 수 없었다.

왜냐하면 옥책(玉冊)과 같이 막대한 자본을 들여 위조품을 만들 때에 가장 쉽게 드러날 수 있는 제작 연도를 원본보다 몇 년 앞선 시기를 택하는 것은 좀처럼 있을 수 없는 일이기 때문이다. 모두가 위작으로 판정이 났지만 원본보다 몇 년이나 앞선 여러 질의 〈월서〉 옥책을 보면서 이째서 〈월석〉보다 앞선 시기에 옥책을 제작했다고 하였는지 의아하지 않을 수가 없었다.

그리하여 다섯 질 정도의 위작을 감정하고 나서 필자는 더 이상 옥책의 감정을 하지 않겠다고 선언하게 되었다. 그럼에도 2010년 9월경에 어떤 중개상이 들고 온 〈월석〉의 옥책은 지금까지 보아온 다른 위작들과 달리 옥간(玉簡)의 상하(上下)를 천공(穿孔)한 옥혈(玉穴)이 두 개씩 모두 네 개가 있는 옥책이었다. 그동안 필자가 감정한 옥책들은 상하에 구멍이 하나뿐이어서 쉽게 가짜임을 알 수가 있었는데 그때에 가져온 옥책은 끈으로 묶어서 책으로 엮을 수 있는 두 개의 구멍이 있는 것이었다.

2.0.1 처음에는 이것 역시 위작이 아닌가 하여 반신반의하면서 여러 가지 과학적 검사를 하도록 소장자에게 부탁하여 그 결과를 살펴보았다. 다음에 구체적으로 적시하겠지만 포항공대 화학과 교수팀들의 성분 분석에서 현대의 물질은 하나도 발견되지 않고 오히려 다량의 철분이 옥 속에 스며들었다는 검사 결과를 보내왔다. 소장자로부터 들은 것처럼 옥책이 가마솥에 넣어져서 오랫동안 지하에 묻혀있었다는 사실을 확인할 수 있는 중요한 정보였다.

필자는 〈월석〉의 제8권을 옥간(玉簡)에 새긴 정통(正統) 12년의 옥책을 검토하면서 현전하는 〈월석〉 제8권과의 차이가 있음을 알게 되었다.

그리고 이것이 위작(僞作)이라면 도저히 있을 수 없는 여러 실수를 발견하게 된 것이다. 이로부터 혹시 이것이 진품이 아닌가 생각하면서 이 옥책에 대한 탐색을 계속하였다.

정통 12년의 〈월석〉 옥책은 그때까지 감정한 다른 옥책의 위작들과 달리 옥 세공이 전통적인 방법으로 이루어졌고 또 내용에서 다른 옥책의 위작에서 발견할 수 없는 많은 오류가 있었다. 즉, 필자가 감정한 모든 〈월석〉 옥책의 위작에는 방점(傍點) 하나도 틀리지 않고 현전하는 원본을 정확하게 옮겨 새겼다. 그런데 이 옥책에서는 보통 상식으로는 도저히 있을 수 없는 많은 잘못이 발견되었다. 이것이 오히려 역설적으로 이 옥책이 진품임을 말한다고 생각하게 되었다.

2.0.2 뿐만 아니라 이 옥책의 간기가 정통(正統) 12년(1447)이었다. 필자가 훈민정음 〈언해본〉이 〈해례본〉과 거의 동시대에 이루어졌으므로 세종 28년(1446)경에 〈언해본〉이 이루어졌고 이것도 〈월석〉의 권두에 첨부되었을 것이라고 졸고(2006a,b)에서 주장한 바 있었는데 그 연대와 잘 맞는 옥책의 제작 시기였다.

즉, 필자는 졸고(2006a)에서 정통 11년, 즉 세종 28년에 〈월석〉이 편찬되었다고 추정하였는데 그보다 1년 후에 제작된 정통 12년, 즉 세종 29년(1447)의 간기를 가진 〈월석〉의 옥책이 발견된 것이다. 이것은 앞서 주장한 필자의 가설을 뒷받침하는 것이라 관심이 클 수밖에 없었다. 졸고(2006a)는 정통 12년의 옥책을 보지 못한 상태에서 훈민정음의 〈언해본〉을 고찰하여 이러한 결론을 내렸기 때문이다.

그리고 이 정통 12년의 옥책은 그때까지 많은 〈월석〉 옥책의 위작들이 천순(天順) 3년(1459)이 아니라 그 이전으로 제작 연대를 잡은 이유를 알게 해주는 자료였다. 왜냐하면 이 〈월석〉의 옥책은 정통(正統) 12년이란 간기를 가졌기 때문이다. 이것은 학계가 인정한 〈월석〉의 간행 연대보다 12년이나 앞선 것이라 이를 모조한 다른 위작들도 제작 연도를 천순 3년보다 올려 잡은 것으로 본 것이다.

그 결과 지금까지 세상에 나도는 〈월석〉의 옥책은 〈월석〉의 원전이 세상에 나오기 전에 옥책부터 만들었다는 웃지 못할 일이 되었다. 그리하여 한글 창제를 연구하는 한글학자들이나 훈민정음 연구자들로부터, 그리고 〈월석〉과 그에 관련된 불서를 연구하는 사람들로부터 〈월석〉의 옥책들은 철저하게 외면당하게 되었다. 모두 학계가 인정하는 천순(天順) 3년보다 몇 년씩 앞서 〈월석〉 옥책의 제작 시기를 잡았기 때문이다.

그러나 정통 12년의 간기를 가진 〈월석〉 옥책은 그동안 필자가 감정한 다른 위작들의 연대가 천순(天順) 3년이나 그 이후가 아니라 그보다 앞선 시기를 택한 이유를 알게 해준다. 즉, 이 〈월석〉의 옥책을 모방하여 만든 다른 위작들은 천순 3년에 〈월석〉이 간행되었다는 사실을 이미 알고 있었기 때문에 정통 12년이란 제작 연대를 차마 그대로 쓰지 못하고 그보다 조금 늦은 연대를 택한 것임을 알 수 있게 한다. 천순 3년과는 너무 거리가 있기 때문이다.

이 장(章)에서는 정통(正統) 12년의 간기를 가진 〈월석〉의 옥책을 유물 감정의 차원에서 고찰하고자 한다. 그리하여 왜 이러한 옥책이 제작되었으며 어떻게 발굴되어 세상에 소개되었는지 살펴보면서 다시 한 번 그 진위(眞僞)를 따져보기로 한다.

1. 옥책이란?

2.1.0 옥책(玉冊)은 그동안 궁중(宮中)에서 국왕이나 왕대비, 대비(大

妃), 왕비에게 존호(尊號)를 올릴 때에 옥간(玉簡)에 송덕문(頌德文)을 새겨서 올리는 어책(御冊)을 말한다. 세자(世子)나 세자비(世子妃)의 경우에는 죽간(竹簡)에 새기기 때문에 죽책(竹冊)이라고 하고 황제(皇帝)의 경우는 금책(金冊)으로 어책(御冊)을 만들었다.

조선시대에 왕실에서는 국왕이나 후비(后妃)들의 옥책(玉冊)을 만들었으나 대한제국(大韓帝國)시대에는 황제(皇帝)와 황후(皇后)의 어책(御冊)을 금책(金冊)으로 하였다. 조선을 왕국(王國)이 아니라 제국(帝國)으로 보아서 중국의 황실(皇室)에서 행하는 예를 따른 것이다. 따라서 금책이나 옥책, 그리고 죽책과 같은 어책(御冊)은 황실이나 왕실(王室)에서 매우 중요한 의미를 갖는다.

그러나 고려시대에는 불경을 옥간(玉簡)에 새겨 옥책으로 간행하는 경우가 있어서 우리를 놀라게 한다. 아마도 신라시대로 거슬러 올라갈 것으로 보이는 불경의 옥책으로 1960년대 초에 충남 부여 지역의 폐사지(廢寺址)에서 발굴된 '금강사(金剛寺) 건국(建國) 오년(五年)'의 명기(銘記)가 있는 『예불대참회문(禮佛大懺悔文)』(이하 〈예불대참회문〉)의 옥책이 소개된 바가 있다.[1]

건국(建國)이란 연호(年號)는 신라 진흥왕(眞興王) 12년(551)에 '개국(開國)'이란 연호와 함께 시작한 것이다. 진흥왕 32년(571)까지 이 연호를 사용하였으니 20년간 이어진 것이다. 따라서 '건국(建國) 5년'은 진흥왕 16년(555)을 말한다.

---

1) 원광대학교 종교문제연구소에서 2017년 5월에 金剛寺의 建國 5년의 『禮佛大懺悔文』을 학계에 보고하였다.

[사진 2-1] 금강사 건국 5년 명의 〈예불대참회문〉 옥책

원광대학교 종교문제연구소의 발표에 따르면 이 옥책은 금강사(金剛寺)에서 제작하였고 21엽의 옥간(玉簡)과 양 끝에 옥봉(玉棒)이 있다고 한다. 각 봉(棒)의 높이는 첫째 봉이 29cm, 지름 2.7cm이고 둘째 봉은 높이 30cm, 지름 2.7cm라고 한다. 옥간(玉簡)은 21엽 모두 높이 30cm, 넓이 5.3cm, 두께는 0.8cm라고 한다.[2] 위아래에 0.7cm의 구멍이 두 개씩 뚫려있다고 한다.

신라시대의 금강사(金剛寺)는 『삼국유사』(권5) 「감통(感通)」 제7 '선률환생(善律還生)'조에 등장한다. 그 기사에 의하면 금강사는 신라 선덕왕(善德王) 때(780~785)에 명랑(明朗) 법사가 자신의 살던 집을 절로 만든 것이라고 한다. 당(唐)에 유학을 갔다가 돌아올 때에 서해 용왕(龍王)으로부터 받은 황금으로 이 절의 탑과 불상을 꾸몄더니 금빛이 찬란하여 이름을 금광사(金光寺)라고도 한다는 내용이 『삼국유사』(권5) 「신주(神呪)」 제6의 '명랑신인(明朗神印)'조에 소개되었다.

따라서 진흥왕(眞興王) 12년, 즉 건국(建國) 5년(555)의 명기(銘記)가 있는 〈예불대참회문〉의 옥책을 제작한 금강사(金剛寺)는 신라 명랑(明

---

2) 옥봉과 옥간의 측정은 GUKJENEWS 2017년 5월 25일자 기사에 의함.

朗) 법사가 창건(創建)한 절은 아닌 것 같다. 신라에서 이 절을 창건한 것은 훨씬 후대인 선덕여왕(善德女王) 시대이기 때문이다. 따라서 이보다 앞선 시기에 창건한 금강사를 찾게 된다.

건국 5년보다 앞선 시기에 창건된 금강사로는『삼국사기』(권19)「고구려본기(本紀)」(제7) '문자왕(文咨王) 7년'(498)조에 "秋七月, 創金剛寺. ─ 가을 7월에 금강사를 창건하다"라는 기사에 보이는 것이 유일하다. 다만 이 절은 현재 평양시 대성구역에 있는 '청암리사지(淸巖里寺址)'에 있었던 것으로 추정하고 있어 신라의 절이 아니다.

그렇다면〈예불대참회문〉의 옥책은 고구려 문자왕(文咨王) 때에 창건된 고구려의 금강사(金剛寺)에서 제작한 옥책일 수 있지만 신라의 연호를 썼으니 그렇게 보기 어렵다. 신라에는 선덕왕(善德王) 이전의 다른 금강사가 존재하여 그곳에서 만든 옥책이 고려 때에 부여의 폐사(廢寺)된 절에 보관되었다가 그 터에 남았던 것으로 추정할 수밖에 없다.

더욱이 고려 때에 제작한 같은〈예불대참회문〉의 옥책이 있다. 즉, 다음의 2.3.0~3에서 살펴본 바와 같이 경기도 분당의 한의사가 소장하고 있는〈예불대참회문〉의 옥책에는 '도수사(道脩寺) 가희(嘉熙) 이년(貳年)'이라는 간기가 있어 고려 고종(高宗) 25년(1231)에 제작되었음을 알 수 있다. 따라서〈예불대참회문〉은 불가에서 널리 유행한 불경임을 알 수 있고 불가(佛家)에서는 유명한 불경을 옥책으로 제작하는 불사(佛事)가 있었음을 알 수 있다.

또 같은 분의 소장으로 고려 광종 때에 제작된『부모은중경(父母恩重經)』(이하〈부모은중경〉)의 옥책도 있다. 역시 다음의 2.2.0~8에서 고찰한 바 있는〈부모은중경〉의 옥책은 말미에 '弘圓寺 峻豊三年 終 ─ 홍원사 준풍 삼년 종─'이란 간기가 있어 고려 광종(光宗) 13년(962)에 제작되었음을 알 수 있다. 이에 대하여는 다음에 논의하고자 한다.

2.1.1 그동안 우리 학계는 불경의 옥책에 대하여 전혀 논의한 바가 없다. 앞에 든 모든 옥책은 아직도 위작(僞作)으로 보거나 아예 무시하여 그에 대하여 전혀 논의하지 않는다. 불경을 옥간(玉簡)에 각자(刻字)하는 옥책은 중국과 일본에서 발견된 바가 없기 때문일 것이다. 따라서 그동안 발견된 우리 옥책들도 유물로 인정받지 못하고 방치되는 부끄러운 일이 되었다.

모든 것을 중국에 의존하여 우리의 유물을 이해하려는 학계의 분위기 속에서 불경의 옥책이 존재함을 알리는 효시(嚆矢)는 〈월석〉의 옥책을 발견하여 소개한 졸고(2001)라고 할 수 있다. 따라서 이 논문은 이 분야에서 가히 혁신적인 연구라고 할 수 있다.[3] 이 논문이 발표되고 나서 여기저기서 불경의 옥책을 소장하고 있다는 제보가 뒤를 이었다. 그동안 천대받던 우리의 귀중한 문화재가 비로소 세상에 그 모습을 드러낸 것이다.

그리고 어떤 것은 벌써 위작(僞作)이 만들어지기도 하였다. 문화재의 위작(僞作)을 제작하여 부당한 이득을 추구하는 것은 단순한 위조나 사기가 아니라 민족의 올바른 문화사 연구를 훼방하는 반민족적 행위로서 마땅히 중죄로 엄벌해야 한다. 필자가 그동안 유물의 위작으로 인하여 연구에 혼선을 가져온 일이 한두 번이 아니기 때문이다.

어떤 때는 결정적인 순간에 위작임을 아슬아슬하게 밝혀내어 자칫하면 잘못된 주장을 펼 뻔했던 위기를 모면한 경우도 없지 않다. 반면에 멀쩡한 우리의 유물도 위작으로 판정하여 외국에 팔려나가는 사례도 없지 않다. 필자와 같이 역사적 유물에 의존하여 우리의 문화사를 천착(穿鑿)

---

3) 그런 의미에서 졸고(2001)의 뒤를 이어 발표한 졸고(2013)는 불경의 옥책에 대한 연구의 嚆矢라고 할 수 있다.

하는 연구자들에게 위작은 참으로 암적인 존재이며 싸워서 없애야 하는 공공의 적이다.

2.1.2 정명호(2013)에 의하면 옥공예(玉工藝)는 우리 민족의 조상과 깊은 인연이 있는 것이라 한다. 신석기시대에 고조선의 영역으로 추정되는 요서(遼西) 지역은 흔히 동이(東夷)족의 발원으로 알려진 홍산(紅山) 문화권(6200~5200 B.C.)에 속하는 곳이다. 요서(遼西)에 속하는 내몽고 적봉시(赤峰市) 오한기(敖漢旗) 흥융와촌(興隆瓦村)의 신석기 유적에서 옥(玉)으로 된 귀걸이가 발견되었다.

이 귀걸이의 옥은 중국 요녕성(遼寧省) 수암(岫岩)에서 산출된 것으로 우리가 흔히 '수암옥'이라 부르는 질(質)이 좋은 옥이다. 또 요녕성(遼寧省) 부신시(阜新市) 사해(查海) 신석기시대의 유적에서도 옥으로 된 귀걸이가 발견되었다. 따라서 한민족이 포함된 동이(東夷)족들은 예로부터 옥을 좋아하고 귀하게 여긴 것을 알 수 있다.

우리나라의 강원도 고성군(高城郡) 죽왕면(竹王面) 문암리(文岩里)의 신석기 유적에서도 전술한 흥륭과 사해(查海) 유적지에서 발견된 것과 유사한 옥 귀걸이가 발견되어 이들이 같은 문화권임을 알려준다(정명호, 2013). 우리가 수암(岫岩)옥을 선호하고 있는 것과 달리 중국에서는 신강성(新疆省) 서쪽의 호탄(和田) 지역에서 대량으로 산출되는 호탄 옥을 주로 사용한다.

옥에는 경옥(硬玉)과 연옥(軟玉)의 두 가지가 있는데 흰색과 검은색, 녹색으로 되어서 잘 연마하면 맑은 광채를 낸다. 중국에서는 주로 연옥이 생산되는 반면에 한반도에서는 질 좋은 경옥(硬玉)이 생산되었다. 다만 다음의 8.1에서 고찰한 것처럼 세조가 전국적으로 옥의 채굴을 중단시킨 이후에 옥(玉)의 사용은 현저하게 줄어들었다.

예로부터 옥에는 인(仁), 의(義), 예(禮), 지(智), 신(信)의 오덕(五德)이 갖추어있다고 보아 중국에서는 황실이나 왕실, 그리고 귀족들이 이를 선호하였다. 『주례(周禮)』「대종백(大宗伯)」에는 옥으로 여러 종류의 그릇을 만들어 동서남북의 예(禮)를 표시하였다는 내용이 수록되었다. 우리 민족도 오래전부터 옥을 좋아하고 귀중하게 여긴 것 같다. 『후한서(後漢書)』「동이전(東夷傳)」의 '부여전(夫餘傳)'조에 고구려를 세운 동명성왕(東明聖王) 주몽(朱蒙)이 위험을 당하여 부여(夫餘)를 탈출할 때에 오곡(五穀)과 대추만한 적옥(赤玉)의 구슬을 갖고 탈출하였다는 전설로 보아 그들이 얼마나 옥을 귀하게 여겼는지 알 수 있다.

고구려 사람들은 동맹(東盟)과 같은 축제에 옥을 차고 참석하였다는 기사가 있고 백제와 신라에서도 옥을 선호하고 귀하게 여겼다는 많은 기사가 『삼국사기(三國史記)』와 『삼국유사(三國遺事)』에 전해 온다. 따라서 중요하고 기념할 만한 것을 옥에 새겨 만세(萬世)에 전하려는 성향이 우리 민족에게는 오래전부터 존재했던 것이다.

2.1.3 불경을 옥간(玉簡)에 새겨 후세에 전하려는 불사(佛事)도 같은 맥락에서 이해할 수 있다. 홀(笏)을 만들 때처럼 옥을 좁고 길게 연마하여 옥간(玉簡)을 만들고 거기에 불경을 새겨 넣는 일은 앞의 [사진 2-1]에서 본 〈예불대참회문〉의 옥책처럼 신라에서 시작되어 고려와 조선시대의 전기에 널리 유행하였던 것으로 보인다.

이제까지 알려진 조선시대의 옥(玉) 공예는 『동국여지승람(東國輿地勝覽)』이나 〈조선왕조실록〉의 기사에 의하면 다음의 11개 단계를 거쳐 이루어진다고 한다.

① 이석공옥(以石攻玉),　　② 개옥(開玉),　　③ 찰타(扎碢),

④ 형타(衡碢, 磨碢),　　⑤ 연마공구(研磨工具),　　⑥ 도당(搯膛),[4]

⑦ 상화(上花),　　⑧ 타찬(打鑽),[5]　　⑨ 수화(琇花),

⑩ 타안(打眼),[6]　　⑪ 청저상광(靑底上光).

이러한 옥공예의 여러 과정은 오늘날의 가공보다 훨씬 섬세하고 화려한 기술을 확보한 것으로 보인다(孟仁在, 2015:60). 이 책에서 소개하는 〈월인석보〉, 〈부모은중경〉, 〈예불대참회문〉의 세 불경의 옥책(玉冊)도 모두 이러한 옥공예 과정을 거쳐 제작된 것으로 그 문화적 가치는 이루 말할 수 없이 귀중하다.[7]

일반적으로 돌의 가공은 돌을 쪼는 정과 이를 이용하여 망치로 돌을 쪼아내는 작업이 주로 이루어진다. 그러나 옥 가공은 정으로 쪼면 옥이 깨지기 때문에 정질을 할 수 없는 특징이 있다. 정질 대신에 옥을 갈아내면서 조각을 해야 하는 까다로운 공정을 거쳐야 하므로 특수한 장비가 동원된다.

일찍부터 옥의 가공에는 활근개라는 활대에 특수 제작된 실이나 철사를 활줄로 걸어서 금강사(金剛砂) 가루를 물과 함께 부어 갈아내면서 조각을 한다. 이를 금강찬(金剛鑽)이라 하는데 잘라내거나 구멍을 뚫는 경우에는 역시 활근개의 활줄로 잘라내거나 이것으로 구멍을 뚫는다(정명호, 2013).

즉, 위의 옥공예 11 단계 중에서 ③ 찰타(扎碢)와 ④ 마탁(磨碢), ⑤ 연마

---

4) 옥의 내부를 파내는 작업. 벌의 작업과 같다고 본 것이다.

5) 彎弓의 金剛鑽을 움직여 그 회전운동으로 둥근 구멍을 일정하게 내는 작업.

6) 金剛鑽으로 구멍을 뚫는 작업.

7) 그러나 필자가 목도한 〈부모은중경〉이나 〈예불대참회문〉은 소장자의 헛간에 버려졌던 것을 끄집어 내왔다. 옥책이란 문화재에 대한 우리의 인식이 어느 정도인가를 말해주는 대목이다.

(研磨), ⑥ 도당(掏膛), ⑦ 상화(上花), ⑧ 타찬(打鑽), ⑨ 수화(琇花), ⑩ 타안(打眼)의 방법이 중심을 이룬다. 여기에서는 뚜루개, 활근개, 옥칼 등 전통적인 공구가 사용되었다.

2.1.4 앞에 소개한 '건국(建國) 5년 명(銘)의 〈예불대참회문〉'의 옥책이나 다음에 소개하는 〈부모은중경(父母恩重經)〉과 〈예불대참회문(禮佛人懺悔文)〉의 옥책은 이 책의 주제이고 졸고(2013)에서 소개한 정통 12년의 〈월석〉 옥책이 진품임을 밝혀주는 중요한 방증(傍證)이기도 하다. 왜냐하면 〈월석〉의 옥책과 〈부모은중경〉의 옥책이 형태나 옥 가공, 옥의 질 등에서 너무나 유사하기 때문이다.

정통(正統) 12년(1447)의 간기가 있는 〈월석〉의 옥책이 건국(建國) 5년(555)의 〈예불대참회문〉이나 준풍(峻豊) 3년(962)의 〈부모은중경〉 옥책과 그 형태가 동일함은 참으로 놀라운 일이다. 특히 〈부모은중경〉의 옥책은 〈월석〉의 옥책과 아주 혹사(酷似)하다. 천년이 넘는 세월이 흘렀음에도 불구하고 두 옥책의 모양이 동일한 것은 이러한 옥책을 만드는 공예가 대를 이어 면면하게 전달되었음을 말한다.

이 〈부모은중경〉의 옥책은 정통 12년의 〈월석〉 옥책과 옥공예 방식은 물론 옥의 질까지 유사하다. 만일에 〈부모은중경〉의 옥책이 먼저 발견되어 세상에 알려졌다면 〈월석〉의 옥책이 그를 모방한 위작(僞作)을 만든 것이라 하여도 할 말이 없을 정도로 두 옥책은 똑같았다. 다음의 3.3.4.1~5에서 살펴본 옥책의 여러 위작(僞作)에서는 볼 수 없는 옥공예의 방법이다.

또 〈부모은중경〉의 옥책과 같이 발견된 〈예불대참회문〉의 옥책은 도수사(道脩寺)라고 하는 강원도 안협현(安峽縣)의 작은 사찰에서 제작되었다고 간기에 적혔다. 이를 제작한 시대가 '가희(嘉熙) 2년(1238)'이어서 몽고의 침입으로 나라가 전란 중이었기는 하지만 일반 절에서 이러한 옥책을 제작한 것이다. 그리고 이 사실은 우리나라의 사찰에서 불경의 옥책을 얼마나 자주 제작하였으며 옥책의 제작이 불가(佛家)에서 얼마나 중요한 불사(佛事)였는지를 말해준다.

더구나 아직 세상에 알려지지 않은 희귀한 옥으로 만든 고려 고종 때의 〈예불대참회문〉 옥책은 희대의 보물이지만 헛간에 버려졌었다. 그동안 우리가 얼마나 유물을 헛되이 다루었으며 문화재를 소홀하게 보았는지 우리 모두를 반성하게 만든다. 〈예불대참회문〉의 옥책은 〈부모은중경〉의 옥책과 더불어 천년, 또는 팔백년 가까운 세월이 흐른 문화재이지만 필자가 발견하기까지는 소장자의 헛간에 신문지에 말아서 방치되었었다.

2.1.5 건국(建國) 5년의 명기(銘記)가 있는 금강사(金剛寺)의 〈예불대참회문〉의 옥책은 필자가 사진으로만 보았으나 역시 옥간(玉簡)에 옥혈(玉穴)이 상하(上下)에 두 개씩 뚫려 있어서 진품으로 보인다. 따라서 이와 같이 옥공예는 매우 이른 시기에 이 땅에서 발달하여 정통 12년까지 천년이 넘도록 유지되었음을 말해준다.

시간적으로 10세기의 차이가 나는 두 옥책을 비교하면서 신라시대로부터 조선 전기에 이르기까지 부단하게 전해오는 우리의 옥공예 기술이 어떠하였는가를 알게 되었을 때에 필자의 등에는 찬땀이 흘렀다. 우리 조상들의 기술과 지혜가 이토록 놀라운 생명력을 갖고 계승에 계승을 거듭한 것을 깨달았기 때문이다.

더욱이 불경을 옥책으로 만든다는 것은 중국과 일본에도 없는 새로운 문화 유물이 이 땅에 존재했음을 말하는 것이다. 그리고 이것은 우리 민족의 자랑스러운 불교 예술품의 독창적인 모습을 보이는 유물이라고 아니할 수 없다. 특히 중요한 것은 불경을 옥책으로 만드는 일은 세계 어디에도 없다는 사실이다. 따라서 불경의 옥책은 우리나라에만 있는 중요한 문화재가 아닐 수 없다.

2.1.6 제2장은 크게 두 부분으로 나눌 수 있다. 전반부는 불경(佛經)의 옥책이 신라로부터 고려와 조선 전기를 통하여 우리의 전통적인 옥공예 기술로 제작되었음을 보여주는 증거로 고려 때의 〈부모은중경〉과 〈예불대참회문〉의 옥책을 소개하였다. 두 옥책은 필자가 모두 실물을 보고 조사한 것이다.

그리고 후반부는 정통 12년 〈월석〉의 옥책을 유물 감정 차원에서 고찰하고 이 문화재가 갖는 의미를 살펴본 것이다. 앞에서 언급한 대로 정통 12년의 간기를 가진 〈월석〉의 옥책은 지금까지 훈민정음, 즉 한글의 공표에 대한 학계의 통설을 통째로 뒤흔드는 단초를 제공한다는 점에서 중요하다. 만일 이 자료가 진품으로 인정되면 〈월석〉은 세조 때가 아니라 세종의 생존 시에 간행한 것이 되고 그 책의 권두에 실린 훈민정음 〈언해본〉도 세종 생존 시에 공표한 것이 되기 때문이다.

정통 12년의 옥책은 그동안 소장자가 여러 방면으로 진위를 밝히기 위하여 노력하였다. 본서는 그러한 사실도 함께 기술할 것이며 후반부는 정통 12년 〈월석〉 옥책의 감정을 겸하여 관련된 자료와 옥책의 검증이 고찰될 것이다. 유물의 감정을 겸하는 서술로서 옥책에 옮겨 새긴 〈월석〉 제8권에 대하여도 논의될 것이다.

또 이러한 연구는 단지 〈월석〉의 옥책만이 아니라 그동안 우리의 자랑스러운 유물임을 알아보지 못하고 장롱이나 헛간 속에 천대받던 유물의 발굴과 더불어 다른 유물의 연구로 발전할 것을 기대한다. 우리는 너무 우리의 문화와 문화재에 대하여 무지하다. 이 연구가 그런 죄책감을 조금이나 씻어주기를 기대한다.

2. 준풍(峻豊) 3년의 〈부모은중경〉 옥책

2.2.0 이미 몇 년 전의 일이지만 새로 발굴한 준풍(峻豊) 3년의 〈부모은중경(父母恩重經)〉 옥책에 대하여 먼저 살펴보기로 한다. 필자가 정통(正統) 12년의 〈월석〉 옥책을 발굴하여 한글 창제의 과정을 수정하여 살핀 졸고(2013)가 발표된 다음에 학계에는 적지 않은 파란이 있었다. 필자의 주장에 대한 학계의 태도는 세 가지로 나뉜다.

하나는 말도 안 되는 소리이고 옥책은 모두 위작(僞作)이라는 것이다. 둘째는 그럴듯하지만 증빙 자료인 옥책을 믿을 수 없다는 것이고, 셋째는 전폭적으로 필자의 주장을 믿는다는 것이다. 첫째의 태도를 보인 연구자들은 평소에 이 분야에서 새로운 논문을 발표한 일이 없고 그저 기존의 학설을 이해하는 데 급급한 연구자들이었다. 셋째의 태도는 주로 젊은 계층의 연구자들로 종래의 한글 창제에 대한 국수주의적인 주장에 식상하고 회의를 가졌던 신진 학자들이다.

둘째의 태도가 가장 문제였다. 객관적으로 연구 결과를 보기는 하지만 그래도 〈월석〉의 옥책에 대한 불신(不信)으로 필자의 주장을 인정하기 어렵다는 태도이다. 이와 유사한 옥책의 많은 위작(僞作)이 존재하는 것도 불신의 빌미가 되었지만 무엇보다도 불경을 옥간(玉簡)에 새겨 만든 옥책은 아직 우리의 유물로 인정된 적이 없기 때문이다.

필자로서도 이와 유사한 불경의 옥책이 지금까지 하나도 발견되지 않았다는 역사학이나 고미술사학 관계 연구자들의 반론에 할 말이 없었다. 왜냐하면 불경을 옥책에 옮겨 새긴 유물이 전까지는 하나도 정식 문화재로 인정된 것이 없었기 때문이다.

  2.2.1 그런데 2014년 11월경에 〈월석〉의 옥책과 유사한 〈부모은중경(父母恩重經)〉(이하 〈은중경〉으로 약칭)의 옥책을 보았다는 제보가 있었고 필자에게 감정을 의뢰한다는 소장자의 초청이 있어 달려가 보았다. 서울 근교의 분당에 있는 어느 한의원의 한의사께서 개인 소장중인 〈은중경〉을 보는 순간 필자는 놀라움을 금치 못하였다.

  정통(正統) 12년의 간기가 있는 〈월석〉의 옥책과 똑같이 옥간(玉簡)에 〈은중경〉을 새겨 넣은 또 하나의 옥책이 거기에 있었기 때문이다. 그리고 그 옆에는 〈예불대참회문(禮佛大懺悔文)〉(이하 〈참회문〉)의 옥책도 함께 있었다. 이 두 옥책을 보고 소장자에게 어떻게 이것을 소장했으며 지금까지 어떻게 보관했는가를 물었다.

  〈은중경〉과 〈참회문〉의 옥책을 소장한 분은 경남 통영(統營)에서 대대로 한의원을 경영하던 한의사로서 본인도 한의원을 개업하고 있었으며 벌침의 원조(元祖)로 알려진 유명한 인사였다. 그의 증조부인 강인순(姜麟淳) 한의원이 통영에서 수집한 것을 일제(日帝)의 유기(鍮器) 공출을 피하려고 땅속에 묻었다가 광복(光復) 이후에 파내어 갖고 있었다고 한다.

  후에 경기도 분당으로 이사하면서 이 유물도 가져와서 헛간에 보관하였는데 한번은 고미술 전문가에게 보였더니 우리의 것이 아니고 중국의 유물이라고 하여 중국인 친구에게 선물로 준 적이 있다고 한다. 그러나 그 친구는 중국의 것이 아니라면서 도로 그에게 돌려주었다고 한다. 그럴 만한 이유가 있었는데 이에 대하여 먼저 고찰하고자 한다.

  필자가 살펴보아도 이 두 옥책은 참으로 희한한 보물로서 보석과 같은 청옥(靑玉)의 옥간(玉簡)에 〈은중경〉을 정통 12년 〈월석〉의 옥책과 같이 음각으로 새기고 금니(金泥)를 박아서 아름다움을 더하였다. 모두 27편의 옥책은 원래 28편이었던 것에서 2번째의 1편이 망실되었다고 한다. 옥책의 권미에 '홍원사 준풍 3년 종(弘圓寺 峻豊三年 終)'이란 간기가 있다.

특히 '준풍(峻豊)'이라는 연호는 중국의 것이 아니라 고려 광종(光宗) 11년(960)에 그가 칭제(稱帝)하면서 만든 것이어서 고려의 연호이다.[8] 중국의 연호가 아니기 때문에 이것으로 소장자의 중국인 친구가 선물로 받고는 자기들 것이 아니라고 했을 것이다. 참으로 아찔한 실수이고 자칫하면 이것이 중국으로 가서 호사가의 옥 가공품으로 장식될 뻔했었다.

주지하는 바와 같이 준풍(峻豊)은 고려의 연호로서 준풍 3년은 고려 광종 13년(962)이니 이 유물은 지금부터 천여 년 전에 제작된 것이다. 소장자는 신문지에 싸서 헛간에 보관하다가 필자의 논문, 즉 졸고(2013)를 보고 우리나라의 귀중한 유물(遺物)인 것으로 깨달았다고 한다. 필자에게 보였을 때는 새 비단보에 싼 것이었다. 우리나라의 유물에 대한 인식의 수준이 이 정도인 줄은 차마 몰랐다.

2.2.2 이 옥책은 〈은중경〉을 모두 옥간(玉簡)에 음각으로 새기고 금니(金泥)를 입혔다. 이 옥책은 모두 27매의 옥간(玉簡)에 매 편(片)에 4행씩 종서(縱書)로 〈은중경〉을 음각(陰刻)하였는데 각 옥간의 크기는 필자의 실측(實測)에 의하면 4.5×30cm이다.

---

8) 고려 광종이 스스로 皇帝를 자처한 것에 대하여는 이태진(2012:177~8)을 참조할 것.

[사진 2-2] 〈은중경〉 옥책의 표지와 1-2판

〈은중경〉은 자신을 키워준 부모의 은혜가 한없이 크고 깊음을 석가(釋迦)가 설법한 것으로 부모의 은혜에 보답할 것을 가르치는 부처님의 말씀을 담은 불경이다. 일명 '불설대보부모은중경(佛說大報父母恩重經)'이라고도 한다. 원래 〈은중경〉이란 이름의 불경은 3본(本)이 있어서 서로 다른 내용을 담고 있다. 이 옥책은 지금까지 알려지지 않은 다른 본의 〈은중경〉을 보여준다는 점에서 특별한 의미가 있다.

불가에서 부모은(父母恩)은 사은(四恩)의 하나로 ① 모은(母恩), ② 부은(父恩), ③ 여래은(如來恩), ④ 설법사은(說法師恩)을 사은이라고 하며[9] 불가에서 마다(摩多, Mātṛ, Mātā)는 어머니(母), 비다(比多, Pitṛ, Pitā)는 아버지(父)라고 한다. 이미 『심지관경(心地觀經)』(권3)에 "慈父悲母長養恩, 一切男女皆安樂。慈父恩高如山王, 悲母恩深如大海。 - 자애로운 아버지, 자비로운 어머니의 오래 길러준 은혜는 모든 남녀를 안

---

9) 四恩으로는 1) 父母恩, 2) 衆生恩, 3) 國王恩, 4) 三寶恩(『大乘本心地觀經』, 제2)을 들기도 하고 1) 師長恩, 2) 父母恩, 3) 國王恩, 4) 施主恩(『智覺禪師自行錄』, 『釋氏要覽』)을 말하기도 한다.

락하게 한다. 자애로운 아버지의 은혜는 높기가 큰 산과 같으며 자비로운 어머니의 은혜는 깊기가 큰 바다와 같다"라고 하여 불가에서는 부모의 은혜를 높이 평가하였다.

『미사새부률(彌沙塞部律)』,[10] 즉 『오분률(五分律)』에 부모의 은중(恩重)에 대하여 언급하였고 『불설대보부모은중경(佛說大報父母恩重經)』에서도 이를 상세하게 설명하였다. 〈은중경〉은 석가(釋迦)가 그의 제자와 함께 여행하면서 대중(大衆)들에게 설법한 내용 가운데 부모가 자식에게 베푼 은덕과 자식이 부모에게 보답할 효행(孝行)에 대한 것을 정리한 것이다. 석가(釋迦)의 여러 제자 중에서 가장 총명한 아난타(阿難陀)가 설법을 듣고 이를 글로 썼다고 한다.

2.2.3 〈은중경〉의 본문 말미에 "爾時阿難白佛言: 世尊此經當何名之? 云;何奉持佛告阿難? 此經名爲大報父母恩重經, 已是名字, 汝常奉持 – 이때에 아난이 부처에게 사뢴 말에 대하여 부처가 말하기를 '세존이시여 이 경을 무어라고 이름을 지어야 마땅합니까?' 말씀하시기를 '이 경의 이름은 대보부모은중경이라 하라. 이미 이것이 이름이니 너희들은 항상 [부모를] 시봉하라'"라는 기사가 있어 이 불경의 이름이 '대보부모은중경(大報父母恩重經)'이며 부처의 설법이기 때문에 '불설(佛說)'을 앞에 붙인 것임을 알 수 있다.

부처가 제자들과 함께 남행(南行)하다가 길가에 한 무더기의 인골(人骨)을 보고 별안간 엎드려 절을 하였다. 이에 놀란 제자들이 부처에게 그 이유를 물으니 부처가 말하기를 "이 뼈는 내 전생의 뼈이거나 그렇지 않

---

10) 『彌沙塞部律』(30권)은 일명 '彌沙塞部和醞五分律', 또는 '五分律'이라고도 불리는 불경으로 景平 2년(424)에 佛陀什과 竺道生이 번역하였다. 이 경은 彌沙塞部에 전하는 5분에 대하여 설명하였다.

으면 여러 대에 앞선 조상의 뼈일 것이다"라고 대답하였다. 그리고 부처는 아난(阿難)에게 남자의 뼈와 여자의 뼈로 구분하라고 이르고 생남양녀(生男養女)의 고통을 설법하였다.

아난(阿難)이 여자의 뼈에 대한 말을 듣고 울면서 어머니의 은혜를 어떻게 갚을 수 있냐고 물었더니 부처는 부모의 은혜를 열 가지로 나누어 설법하였다. 이 부모의 십은(十恩)은 ① 아이를 배고 지켜준 은혜, ② 해산할 때의 괴로움을 견딘 은혜, ③ 자식을 낳고 모든 근심을 잊는 은혜, ④ 입에 쓴 음식을 자신이 삼키고 단 음식은 아기에게 먹여준 은혜, ⑤ 마른자리에 아기를 눕히고 젖은 자리에 자신이 자는 은혜, ⑥ 젖을 먹여 키우는 은혜, ⑦ 더러운 것을 깨끗하게 세탁하여 입혀주는 은혜, ⑧ 자식이 멀리 떠나면 그리워하고 염려하는 은혜, ⑨ 자식을 위해 어려운 일을 마다 않는 은혜, ⑩ 끝까지 자식의 사랑을 멈추지 않는 은혜이다.

이와 같은 부모의 은혜도 모르고 자식들이 불효하는 것을 한탄하며 부모의 은혜가 얼마나 깊고 높은가를 석가(釋迦)는 설파하였다. 그리고 이 지고지순(至高至純)한 부모의 은혜를 갚는 길을 밝힌 것이 이 경이라고 하며 "어떤 사람이 잘 드는 칼을 가지고 부모를 위하여 자기 눈을 도려내어 부처님께 바치기를 백 천겁이 지나도록 하더라도 오히려 부모님의 은혜는 갚을 수가 없다"고 하였다.

2.2.4 〈은중경〉의 내용이 이러하기 때문에 불교 사회였던 고려보다 유교의 가르침에 따라 효행(孝行)을 강조하는 조선시대에 더욱 유행하였다. 그래서 〈은중경〉은 조선 초기부터 삽화(揷畵)를 곁들인 판본이 많이 간행되었고 조선 중기 이후에는 언해본도 간행되었다. 현전하는 언해본으로는 조선 명종(明宗) 8년(1553)에 경기도 장단(長湍)의 보봉산(寶鳳山) 화장사(華藏寺)에서 간행한 『부모은중경언해』가 가장 오래된 것

으로 小倉進平(1940)에 소개되었다. 그러나 현재로는 이 책이 어디에 소장되었는지 알 수 없다.[11]

이번에 발굴된 옥책의 서본(底本)이 된 한문본 〈은중경〉은 지금까지 알려진 것과 다르다. 즉, 고려 말 우왕(禑王) 4년(1378)에 목판본으로 간행한 〈부모은중경〉(리움미술관 소장, 보물 제705호)이나 조선 전기에 간행된 보물 제920호의 〈부모은중경〉(아단재단 소장), 보물 제1125호의 〈부모은중경〉(국립중앙박물관 소장), 조선 태종 7년(1407)에 간행된 〈불설대보부모은중경〉(충청북도유형문화재 제224호) 등의 내용과도 다르다. 그리고 중국의 명(明), 청대(淸代)의 〈부모은중경〉과도 내용이 조금 다르다. 지금까지 알려진 것과는 전혀 별개의 〈은중경〉을 옮겨 새긴 것이다.[12]

또 〈은중경〉의 옥책에는 조선시대 불경(佛經)에는 나타나지 않은 '구(俱)' '이(爾)' '개(个)' 등의 한자가 적혀있으며 글씨는 신라와 고려 초에 유행했던 구성궁체를 닮았다. 신라 진성여왕(眞聖女王) 원년(887)에 최치원(崔致遠)이 짓고 또 직접 글씨를 쓴 쌍계사(雙磎寺) 진감선사(眞鑑禪師) 대공탑비(大空塔碑)의 비문(碑文)이나 고려 광종(光宗) 19년(965)에 세운 봉암사(鳳巖寺) 정진대사(靜眞大師) 원오탑(圓悟塔)의 비문의 서체와 유사하다.

아마도 준풍 3년의 〈은중경〉 옥책에 보이는 글자체는 이 시대에 유행

---

11) 조선 전기에 간행된 〈은중경〉의 언해본으로는 嘉靖 42년(1563) 6월에 曹溪山 松廣寺에서 개판한 것이 있다. 현존 본으로 가장 오래된 것으로 서울대 도서관의 一簑문고와 고려대 도서관에 소장되었다. 그리고 嘉靖 43년(1564) 8월에 황해도 九月山 明燁寺에서 개간한 것과 隆慶 원년(1567) 3월에 충청도 恩津의 雙磎寺에 남아있던 판목으로 간행한 것이 있고 萬曆 20년(1592) 12월에 경상도 喜方寺에서 개판한 것이 전해진다. 조선 후기에도 다수의 〈은중경〉 언해본이 간행되었다.

12) 이 광종 13년(962)의 옥책으로 〈은중경〉의 원본을 추정할 수 있을 것으로 기대된다.

46

하던 서체인 것 같다. 준풍(峻豊)이란 연호는 청주 용두사지(龍頭寺址) 당간지주(幢竿支柱)인 철주(鐵柱)의 금석문에 나타난다고 한다(李載駿, 2015).

2.2.5 〈은중경〉 옥책은 정통 12년의 〈월석〉 옥책과 옥 가공의 방법이 혹사(酷似)하다. 즉, 다음 [사진 2-3]에서 볼 수 있는 깃처럼 옥간(玉簡)의 상하(上下)에 두 개씩 뚫은 구멍의 천공(穿孔)하는 방법이나 그 밑에 세 개의 원이 그려진 것까지 일치한다.

[사진 2-3] 고려 광종 때의 〈은중경〉 옥책

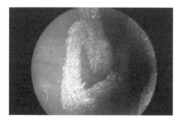

[사진 2-4] 50배 루페로 본 〈은중경〉 옥책의 금 글씨

이 옥책을 50배 루페로 볼 경우 [사진 2-4]처럼 찬란한 금니(金泥)가 확인된다. 제작 당시 글씨를 새기고 금가루를 칠해놓은 것이 천여 년이 지난 지금에도 찬란함을 잃지 않고 있다. 금니(金泥) 주변에는 붉은색의 녹이 슬어 있어 오랜 세월 지하에 묻혀있던 유물임을 증명한다.

이 〈은중경〉의 옥책은 다음에 논의할 정통 12년의 〈월석〉 옥책과 형태 및 옥 가공의 방법이 같아 고려 초기에 있던 옥책의 제작 수법이 몇백 년 동안 그대로 계승되어 조선 초기에도 그대로 전해졌음을 알려주는 자료라고 할 수 있다. 오늘날에는 그 전통이 단절되어 없어져서 알 수 없지만 이 땅에서 천여 년의 세월을 지켜온 옥공예의 진수를 보여주는 자료인 것이다.

2.2.6 다음은 이 〈은중경〉의 옥책을 제작한 홍원사(弘圓寺)에 대하여 살펴보기로 한다. 고려는 왕건(王建)이 나라를 세울 때부터 왕과 호족(豪族)들과의 정신적 통일성을 확립하기 위하여 불교의 교리를 많이 이용하였다. 태조 왕건(王建)은 즉위 이듬해(919)에 개경(開京)에 10개의 사찰을 짓고 그의 '훈요십조(訓要十條)'에도 부처의 호위를 언급하였다.

고려도 통일신라와 같이 호국(護國) 불교를 계승한 것이다. 고려 태조(太祖)는 궁궐의 안과 밖에 제석(帝釋)을 모시는 사찰을 지었다. 불교의 천신(天神) 사상인 제석(帝釋) 신앙이 이때에도 왕실의 위상을 높이고 왕권을 강화해줄 수 있는 수단으로 이용된 것이다. 그리고 개경(開京)에 내제석원(內帝釋院)과 외제석원(外帝釋院)이 차례로 건립되었다.[13]

특히 고려의 4대 임금이 된 광종(光宗)은 고려의 기틀을 세우고 왕권

---

13) 內帝釋院은 고려 태조 때에 건립되었지만 外帝釋院은 후대에 세워진다. 『고려사』「世家」(권제1)의 고려 惠宗 1년(924)조에 "是歲, 創外帝釋院, 九耀堂, 神衆院"이란 기사를 참조.

을 크게 신장시켰다. 광종의 왕권에 대한 절대주의적 태도가 호족(豪族) 계열의 구신(舊臣)들과 마찰을 일으키기도 하였으나 그는 재위 26년간 고려왕조의 기업(基業)을 굳건하게 확립하였다. 그도 또한 태조와 같이 호국불교의 흥륭(興隆)에 이바지하였으며 다음에 자세하게 언급할 개경(開京)의 불일사(佛日寺)도 그가 창건한 것이다.

고려시대 국왕들은 외제석원(外帝釋院)에 자주 행행(行幸)하였고 이러한 개경(開京)에서의 사원을 중심으로 하는 종교 활동은 지방으로 파급되어 서경(西京, 평양)과 동경(東京, 경주)에서도 유사한 행사가 전개되었다(이태진, 2012:201~202). 거란의 요(遼)로부터 두 차례에 걸친 침략을 받은 고려 왕실은 호족과 향리(鄕吏) 세력과 대타협을 보고 외부 세력으로부터 왕권과 국가를 지키기 위하여 불력(佛力)에 의존하는 사업을 벌이기 시작한다.

대표적인 것으로 현종(顯宗) 즉위년(1009)부터 시작한 대장경(大藏經)을 조판하는 사업을 벌인 것을 들 수 있다. 불경 5,048권을 목판에 새기는 이 대장경 조판의 작업은 선종(宣宗) 4년(1087)까지 80여 년에 걸쳐 완성되었다. 이 목판, 즉 초조대장경(初雕大藏經)은 대구 팔공산(八公山) 부인사(符印寺)에 소장되었으나 고려 고종(高宗) 때에 침입한 몽고군에 의하여 소실되었다.

2.2.7 이 〈은중경〉의 옥책은 바로 대장경을 초조(初雕)하려던 시기보다 40여 년 앞선 광종 13년(962)에 제작되었다. 고려에서 불교가 크게 흥융하던 시기에 제작된 것이다. 그러나 다음에 살펴볼 정통(正統) 12년(1447)의 〈월석〉 옥책과는 490년이나 앞선 것이지만 옥공예는 물론 권미(卷尾)의 간기(刊記)조차 서로 유사하다.

즉 〈은중경〉의 권말에 다음의 [사진 2-5]에 보이는 것과 같은 간기가 적혀있다. [사진 2-5]에서 보이는 간기는 '홍원사 준풍 삼년 종(弘圓寺峻豊三年 終)'으로 다음에 논의할 정통 12년 〈월석〉 옥책의 마지막 권12 말미에 보인 간기 '불일사 정통 12년 종(佛日寺 正統 十二年 終)'과 유사하다. 고려 개경(開京)의 홍원사(弘圓寺)가 불일사(佛日寺)로 바뀌었고 '정통(正統)'이 중국 명(明)의 연호임에 비하여 '준풍(峻豊)'은 고려의 연호임이 다를 뿐이다.14)

[사진 2-5] 〈부모은중경〉 옥책의 권말 간기

    2.2.8 여기서 우리의 눈길을 끄는 것은 〈은중경〉의 옥책을 제작한 '홍원사(弘圓寺)'란 사찰(寺刹)이다. '홍원사'는 『고려사(高麗史)』에서 '弘圓寺'와 '洪圓寺'로 나타난다. 후자는 고려 숙종(肅宗) 6년(1101) 2월 25일에 대장당(大藏堂)과 구조당(九祖堂)을 낙성(落成)하여 왕(王)이 행행(行幸)한 적이 있는 고려 개경의 큰 사찰이다. 고려 의종(毅宗)은 17년(1163) 3월 12일에 홍원사(洪圓寺)에 이어(移御)한 일도 있다(『고려사』 권18 「世家」 제18).

    고려 목종(穆宗) 때에 거란(契丹)이 침입하여 전쟁을 치를 때에 홍원사의 승려들이 공역에 시달려 경복사(景福寺)와 왕륜사(王輪寺) 승려들과 함께 난을 일으킨 것은 이 홍원사(洪圓寺)의 일이다. 따라서 이 사찰

---

14) 앞에서 고찰한 金剛寺의 建國 5년 銘의 〈禮佛大懺悔文〉 玉冊도 같은 형태의 刊記를 가져서 '金剛寺 建國 五年'이다.

은 개경(開京)에 있는 사찰로서 앞에서 언급한 바로 외제석원(外帝釋院)의 하나로 볼 수 있다.

반면에 홍원사(弘圓寺)에는 태조(太祖)의 어진(御眞)을 모셔놓은 진전(眞殿)이 있었다. 따라서 이 사찰은 왕실의 관할하에 있었는데 『고려사』(권29) 「세가(世家)」(제29)의 충렬왕(忠烈王) 6년(1280) 4월 15일 조에 홍원사(弘圓寺) 진전(眞殿) 직이던 장인경(張仁冏)이 자청하여 딸을 원(元)나라 평장(平章) 아하마(阿合馬)에게 보내고 벼슬을 얻으려 하여 매녀득관(賣女得官)의 구설수에 올랐다는 기사가 있다.[15]

따라서 홍원사(弘圓寺)는 어진(御眞)을 모신 고려 왕실의 불당(佛堂)이며 그곳에서 제작한 옥책(玉冊)은 왕실의 작품이라 할 수 있다. 이번에 소개된 〈은중경〉의 옥책은 이처럼 고려 왕실이 관할하는 홍원사(弘圓寺)에서 만들었기 때문에 다음에 논의할 불일사(佛日寺)의 정통 12년 〈월석〉 옥책보다 훨씬 고급스럽게 제작되었다.

홍원사(弘圓寺)에는 승려들이 상주(常住)한 것으로 보인다. 『고려사』(권15) 「세가(世家)」(제15)의 인종(仁宗) 6년(1128) 4월 15일자에 "戊戌 幸弘圓寺飯僧 - [왕이] 무술 일에 홍원사에 가서 승려들에게 밥을 주었다"라는 기사가 있어 홍원사에 승려들이 거주하였음을 알 수 있다. 아마도 〈은중경〉의 옥책도 이 승려들에 의하여 제작되었을 것으로 추정된다.

2.2.9 〈은중경〉의 옥책은 〈월석〉의 옥책과 옥이 같다. 모두 청옥(靑玉)으로 모스 경도(硬度) 4~4.5 정도의 옥(玉)에 손으로 새긴 것으로 옥은 몇 감정가에 의하면 전술한 수암(岫岩) 옥으로 보고 있다. 그러나 필자는

---

15) 원문은 "[前略] 遣中郎將簡有之如元, 平章阿合馬求美女, 弘圓寺眞殿直張仁冏, 請以其女行, 有之押去. 於是, 除仁冏郞將, 時人譏其賣女得官, 阿合馬以其名族, 不受"(『고려사』 권29, 「세가」 제29).

조선 전기에 이미 생산이 중단된 황해도의 다른 옥광(玉鑛)에서 생산된 고려의 옥이거나 개경(開京) 근처에서 생산된 옥으로 본다. 〈조선왕조실록〉에는 한반도에 여러 옥광(玉鑛)이 있어 질 좋은 옥이 생산되었다는 기사가 있다.

앞의 [사진 2-3]에서 볼 수 있는 것처럼 이 〈은중경〉의 옥책은 거의 예술품이다. 옥의 질이나 각자(刻字)한 글씨의 서체가 아름답기 그지없다. 이런 예술품이 소장자의 말대로 헛간에 신문지에 싸여 보관되었다니 참으로 우리 사회의 유물에 대한 안목이 얼마나 없었는지 한탄을 금치 못한다.

3. 가희(嘉熙) 2년의 〈예불대참회문〉 옥책

2.3.0 필자가 현장 조사한 분당의 한의원에는 〈은중경〉의 옥책과 더불어 가희(嘉熙) 2년(1238)『예불대참회문(禮佛大懺悔文)』(이하 〈참회문〉으로 약칭)의 옥책도 함께 소장되었다. 고려 고종 25년에 도수사(道脩寺)에서 간행된 〈참회문〉의 옥책은 놀랍게도 오늘날에는 거의 사용하지 않는 한자의 서체인 금문(金文)으로 작성되었다. 모두 25편(片)의 옥간(玉簡)에 〈참회문〉을 옮겨 새긴 옥책은 매 편(片) 크기가 4.5×25cm이다.

[사진 2-6] 〈참회문〉 옥책의 서명 옥간(玉簡)

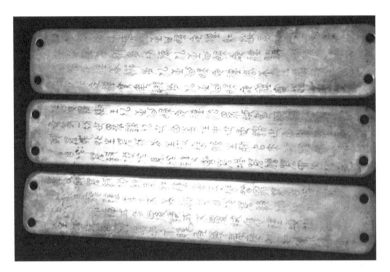

[사진 2-7] 〈참회문〉 제13~15편(片)

이 옥책(玉冊)은 지금까지 발견된 일이 없는 고가의 옥(玉)에 〈참회문〉을 역시 음각(陰刻)으로 새기고 금니(金泥)를 입혔다. 이 옥책은 개경(開京) 일대에서 생산된 것으로 알려진 매우 희귀한 옥으로 그동안 문헌에만 등장했던 환상(幻想)의 옥이다. 옥책을 감정한 옥 전문가들에 의하면 이와 같은 옥의 실물이 발견된 것은 이 〈참회문〉의 옥책이 처음이라고 한다.

2.3.1 예로부터 불가(佛家)에서 보현보살(普賢菩薩)의 행원(行願)을 특별히 중요하게 생각하여 이 부분을 방대한 〈화엄경(華嚴經)〉에서 따로 분리시켜 이 보현행원품(普賢行願品)을 별도의 불경으로 간행한 것이 〈참회문〉이다. 이 불경의 내용은 보현행원(普賢行願) 사상의 참회문(懺悔文)으로 선종(禪宗)에서는 저녁마다 이 경을 외우면서 108배를 하는

것이 일과(日課)였다.

　고려시대에 간행된 〈참회문〉의 불경은 현전하는 것이 없고 조선시대
에는 한문본과 언해본은 간행된 것이 여러 질 전하고 있다. 언해본으로
는 조선 인조(仁祖) 8년(1630)에 간행처가 알려지지 않은 1권이 있고 영
조(英祖) 36년(1760)에 은진(恩津) 쌍계사(雙磎寺)에서 간행한 2권의 판
본이 전해진다. 인조 8년의 판본에는 승려 혜원(慧苑)의 발문(跋文)이 있
고 영조 36년의 판본은 조관(慥冠)·상언(尙彦)·해원(海源)·유일(有一)
스님 등이 참여하여 간행한 것이라는 기사가 있다.

[사진 2-8] 〈참회문〉 옥책의 권미 간기

　[사진 2-8]에서 보이는 것처럼 〈참회문〉의 옥책은 권미에 '도수사 가
희 이년(道脩寺 嘉熙 貳年)'이란 간기가 있어 도수사(道脩寺)에서 가희(嘉
熙) 2년(1238), 즉 고려 고종(高宗) 25년에 간행되었음을 말해준다. 가희
(嘉熙) 2년은 남송(南宋)의 이종(理宗)시대로 송(宋)나라가 몽고에 의하
여 멸망의 길을 걷고 있을 때였다.

　또 몽고와 대적하고 있던 고려는 이때에 몽고의 침입으로 나라가 대
단히 어수선했기 때문에 수도인 개경(開京)이 아니라 강원도 안협현(安
峽縣, 현재의 경기도 伊川郡)에 있는 팔봉산(八峯山)의 도수사(道脩寺)에
서 이 옥책을 간행한 것으로 보인다. 도수사(道脩寺)는 일명 수도사(修道
寺)로도 불리던 작은 사찰로서 『동국여지승람(東國輿地勝覽)』에는 '안협

현(安峽縣) 수도사(修道寺)'로 기재되었다.[16]

2.3.2 고려 고종(高宗) 때에 몽고군의 침입은 세 차례 걸쳐 있었는데 제1차 침입은 고종 18년(1231) 8월에 몽고의 장군 살리타이(撒禮塔)가 대군을 이끌고 고려에 침입하여 개경(開京)을 점령하였던 일이다. 그들은 충주(忠州)까지 내려갔다가 고려군의 저항으로 그곳에서 막혀서 그 이듬해(1232)에 회군하였다. 고려의 왕이 최우(崔瑀)에게 이끌려 강화도로 천도(遷都)한 다음에 고려 고종 18년(1232)에 2차 침략을 받았으나 살리타이가 김윤후(金允侯)에게 피살되어 다시 회군하게 된다.

제3차 침략에서 몽고군은 고종 23년(1236) 6월에 들어온 증원부대를 동원하여 경상도와 전라도까지 점령하였다. 고종 25년(1238)에는 경주까지 내려가 황룡사(黃龍寺) 탑을 불태우는 만행을 부렸으나 현지 고려군의 유격전으로 고전을 면치 못하다가 12월에 비로소 철수하였다. 그리하여 고종 25년(1238)부터 7년간 휴전 상태가 계속되었다. 이때에 팔만대장경(再雕大藏經)의 판각사업이 시작되어 16년간 추진되었다.

〈참회문〉의 옥책이 간행된 가희(嘉熙) 2년, 즉 고려 고종 25년은 몽고군과 휴전이 시작된 해이고 팔만대장경을 재조(再雕)하기 시작한 지 2년이 되던 해이다. 몽고에 대항하기 위하여 불력(佛力)을 모으던 시기에 〈참회문〉의 옥책이 간행된 것이다.

따라서 전란의 와중에 있던 개경(開京)보다 안전한 안협현(安峽縣) 팔봉산(八峯山)의 작은 사찰에서 〈참회문〉의 옥책을 제작한 것으로 보아야 할 것이다. 이곳은 개성과 멀리 떨어져 있지 않고 깊은 산속이라 전란

---

16) 『韓國寺刹寶鑑』(우리출판사)에는 '道脩寺'를 江原道 伊川郡(安峽縣) 八峯山에 있는 사찰이라 하였다. 道脩寺와 修道寺가 동일 사찰임을 알 수 있다.

중에 옥책을 제작하기에는 적절한 곳이었다고 추정할 수 있다.

2.3.3 〈참회문〉의 옥책은 전서(篆書) 이전에 유행한 금문(金文)으로 쓰여서 서체 연구에 귀중한 정보를 제공한다. 중국의 상(商)과 주(周)시대에 제작된 청동기의 명문(銘文)으로 쓰인 금문(金文)은 불경에서 쓰인 예가 이제까지 없었다. 따라서 이 옥책은 서체의 변천을 연구하는 데 매우 중요한 자료가 될 것이다.

뿐만 아니라 〈참회문〉 옥책의 발굴은 우리 유물의 현황을 알려주는 중요한 사실을 암시한다. 전란 중에도 간행된 불경의 옥책이 어디 이것뿐이겠는가? 졸고(2013)에서 정통 12년의 〈월석〉 옥책이 세상에 알려진 뒤에 여기저기서 옥책의 존재를 알려온 것은 그동안 이러한 유물의 존재를 알아보지 못한 우리 학계의 한심한 모습을 반증한 것이다. 이 옥책의 발굴로 더 많은 우리의 문화재가 제대로 평가되고 올바르게 알려지기를 바라는 마음 간절하다.

4. 마무리

2.4.1 이상 제2장에서는 '금강사(金剛寺) 건국(建國) 5년'이란 간기가 있는 신라시대의 〈참회문〉 옥책을 비롯하여 고려시대의 〈은중경〉, 그리고 〈참회문〉의 옥책을 중심으로 불경을 옥간(玉簡)에 옮겨 새겨 옥책을 제작한 정황을 고찰하였다. 이들 옥책을 통하여 신라시대로부터 고려시대에 이르기까지 불경으로 옥책을 제작하는 불사(佛事)가 이 땅에서 지속적으로 있었음을 알 수 있었다.

고려 준풍(峻豊) 3년, 즉 고려 광종 13년(962)에 간행된 〈은중경〉의 옥책은 고려 왕실의 관할 아래에 있던 홍원사(弘圓寺)에서 간행된 것으로 이 사찰에는 고려의 시조(始祖)인 태조의 어진(御眞)을 모셨던 진전(眞殿)이 있었다. 따라서 이 옥책은 고려 왕실과 관련이 있는 사찰에서 제작된 것으로 이 시대의 옥공예의 정수를 보여주는 불교 미술의 우수작이다.

이 옥책은 다음에 논의할 정통(正統) 12년에 간행된 〈월석〉의 옥책과 같은 옥공예 방식으로 제작되었다. 따라서 신라에서 시작하여 고려로 전래된 우리의 옥공예 기법에 따라 정통 12년의 〈월석〉 옥책이 제작된 것임을 확인시켜준다. 그동안 〈월석〉의 옥책에 대하여 의혹을 가진 여러 연구자들이 이번에 소개되는 〈은중경〉의 옥책을 통하여 해혹(解惑)이 되기를 기대한다.

2.4.2 이번에 〈은중경〉의 옥책과 더불어 발굴된 〈참회문〉의 옥책은 가희(嘉熙) 2년, 즉 고려 고종 25년(1238)에 강원도 안협현(安峽縣)의 도수사(道脩寺)에서 간행한 것이다. 당시 몽고의 침략에 시달리면서 불력(佛力)을 빌려 외적을 물리치려는 고려인들의 염원이 담긴 작품이다. 전란의 와중에 산속의 작은 사찰에서 간행된 것이지만 그 수법이나 기술이 우리의 상상을 넘고 있는 수작(秀作)이다.

이 옥책에 사용된 옥(玉)은 이제까지 한 번도 본 일이 없는 전설 속의 개경(開京) 옥으로 옥 자체만으로도 희귀하기 짝이 없는 데다가 역시 불경(佛經)에는 좀처럼 쓰지 않는 금문(金文)으로 옮겨 새겼다. 따라서 한자의 서체 연구에 중요한 자료가 될 것이다. 이 옥책은 필자로서도 감탄을 금치 못한 불교 예술의 백미(白眉)였다.

2.4.3 이러한 중요한 불경(佛經)의 옥책들은 그동안 연구자들의 무지로 인하여 우리의 유물로 인정받지 못하고 사찰에 버려지거나 헛간에

신문지에 싸여 방치되어왔다. 고미술사학을 전공하는 연구자들에게는 참으로 부끄럽기 짝이 없는 일이라고 아니할 수 없다.

이러한 유물의 발굴로 아직도 제대로 평가받지 못하고 천대받는 우리의 문화재들이 올바르게 평가되어 세상에 알려지기 바라는 마음 간절하다.

제3장

─────────

〈월인석보〉의 옥책

목차

3.0.1 필자는 졸고(2006a,b)와 이 책의 모두(冒頭)에서 『월인석보』(이하 〈월석〉)는 세종의 생존 시에 간행된 구권(舊卷)과 세조(世祖) 때에 간행된 신편(新編)이 있으며 현전하는 천순(天順) 3년, 세조 5년(1459)의 간기를 가진 〈월석〉은 신편임을 주장하였다.

즉, 서강대학교 도서관에 소장된 세조 5년의 초간본 〈월석〉의 권두에 실린 세조의 '어제서문(御製序文)'에 세종이 간행한 〈월석〉의 구권(舊卷)이 이미 있었고 세조 자신이 천순(天順) 3년에 간행한 것은 신편(新編)이라고 한 섯임을 분명하게 밝혀두었기 때문이다. 그러나 일제(日帝) 강점기에 조선총독부의 촉탁(囑託)으로 있으며 〈월석〉에 대하여 처음으로 해제를 쓴 에다 도시오(江田俊雄)는 세조의 어제서문에서 밝힌 〈월석〉의 구권이 실제 존재한 것이 아니라 자신의 업적을 부왕(父王)에게 돌리려고 하는 겸양의 말로 보았다(江田俊雄, 1936a).

이러한 주장은 오구라 신페이(小倉進平, 1940)에 그대로 수용되었고 광복(光復) 이후에도 〈월석〉에 대한 모든 해설에서 이를 그대로 받아들여서 세조의 어제서문에서 구권과 신편이 있다는 언급은 철저하게 무시되었다. 그러나 졸고(2006a,b)에서는 처음으로 세종의 생존 시에 이미 〈월석〉이라는 서명의 불서(佛書)가 간행되었다고 주장하였다.

필자의 이러한 주장은 그동안 학계의 무시와 배척 속에서 연구자들의 관심을 끌지 못하였다. 그리하여 졸저(2015, 2019b)는 더욱 심화된 논의와 새로 발굴된 전거들, 예를 들면 고려대 육당(六堂)문고 소장과 일본 궁내청(宮內廳) 도서료(圖書寮)에 소장된 {언해본}『훈민정음』(이하 〈훈민정음〉)을 예로 하여 이 〈훈민정음〉이 원래 {구권} 〈월석〉에 첨부된 것이며 세종 생존 시의 것이라 '어제왈(御製曰)'이 훈민정음의 세종 어제서문의 첫머리에 들어있다고 본 것이다.

3.0.2 졸고(2006a,b)에서 〈월석〉의 구권이 존재한다는 필자의 주장은 아무도 돌아보지 않아서 그저 어떤 호사가의 억지 주장으로 간주하고 그동안 학계에서는 증명되지 않은 가설이었다. 그러나 2011년 연말에 놀랍게도 그동안 정설이던 〈월석〉의 간행 연도인 천순(天順) 3년(1459)보다 12년이나 앞선 정통(正統) 12년(1447)에 제작되었다는 〈월석〉의 옥책이 세상에 알려져 필자의 주장을 뒷받침하게 되었다.

그동안 {구권} 〈월석〉의 존재를 필자의 억지 주장으로 간주하던 학계에서는 이러한 옥책들의 출현은 매우 뜻밖에 일이었으며 필자의 주장을 인정하지 않을 수 없는 명확한 증거가 되었다. 그러나 그동안 필자의 주장에 반대하던 한글 연구자들은 이 옥책이 위작(僞作)이라 하면서 여전히 {구권}〈월석〉의 존재를 부인하고 있다.

실제로 시중에 나도는 〈월석〉의 옥책 가운데는 위작들이 많이 있었다. 본서에서는 개성 불일사(佛日寺)에서 간행되어 정통(正統) 12년의 간기를 붙인 〈월석〉의 옥책을 중심으로 고찰하면서 〈월석〉의 권두에 첨부된 훈민정음의 〈언해본〉에 대하여 다시 논의하고자 한다. 그리고 이에 수반하여 한글 창제 전반에 걸쳐 새로운 시각에서 고찰하려는 것이다.

이 장(章)에서는 먼저 정통 12년에 불일사에서 제작한 〈월석〉의 옥책에 대하여 그 진위(眞僞)를 따지고 이 옥책이 진품일 경우에 일어나는 여러 사실들을 아울러 논의하고자 한다.

1. 개성(開城)의 불일사(佛日寺)

3.1.0 정통 12년의 〈월석〉 옥책은 개성 불일사(佛日寺)에서 제작되어서 권12로 나누어 각 권의 말미에 '佛日寺 正統十二年'이란 간기가 적혀있다. 불일사는 현재 북한의 개성시(開城市) 판문군(板門郡) 선적리(仙跡里)에 있는 고려시대의 사찰(寺刹)로서 고려 광종(光宗) 2년(951)에 왕의 모후(母后)를 위하여 창건한 것이다.

즉, 『고려사』(권2) 「세가(世家)」(제2) 고려 광종 2년 신해(辛亥)조에 "創大奉恩寺于城南, 爲太祖願堂, 又創佛日寺于東郊, 爲先妣劉氏願堂. – 대 봉은사를 성남에 새로 지어 태조의 원당(願堂)을 삼고 또 동쪽 교외에 불일사를 새로 지어 선비(先妣) 유씨의 원당을 삼다"라는 기사가 있어 고려 광종 2년(951)에 광종의 모후(母后)인 태조의 왕비 유씨(劉氏)의 원당(願堂)으로 불일사(佛日寺)가 창건되었음을 알려준다.

[사진 3-1] 불일사지(佛日寺址) 전경

조선시대에는 불일사가 세종의 정비(正妃) 소헌왕후(昭憲王后)가 승하(昇遐)하자 돌아가신 왕후의 위패(位牌)를 모신 곳이기도 하며 수양대군(首陽大君)의 원찰(願刹)이기도 하였는데 세조의 사후(死後)에 원인 모를 화재로 소실되었다.

북한 황해북도 개성시 보봉산(寶鳳山) 남쪽 기슭에 자리 잡은 불일사(佛日寺)는 현재 사지(寺址)가 발굴되어 옛 절의 윤곽을 확인할 수 있으며([사진 3-1] 참조) 이 절터는 고려 초기의 사찰 배치와 구조 형식을 잘 보여준다는 의미에서 주목을 받았다. 현재는 동서 230m, 남북 175m의 절터에 중앙과 동(東), 서(西)의 세 구획으로 나누어 남북을 중심으로 사찰들이 질서정연하게 배치되었던 것으로 조사되었다.

중앙구획은 문터를 중심으로 남쪽으로부터 5층 석탑(石塔), 금당지(金堂址), 강당지(講堂址)가 차례로 놓였고 석탑의 동, 서쪽에는 각각 남북으로 길게 집터들이 계속되었다고 한다. 불일사 5층 석탑은 현재 개성시 고려박물관에 옮겨 보존하고 있다. 특이한 것은 이 절에 동서 40m, 남북 33m의 돌담으로 둘러싸인 방형(方形)의 사리단(舍利壇)이 있었다는 것이다.

[사진 3-2] 불일사 사리단지(舍利壇址) 전경(상)과 사리단 터 기단 측면(하)

[사진 3-2]의 위 사진에서 보이는 바와 같이 동서남북에 사천왕상(四天王像)의 모습이 보이고 아래 사진에서 사리단(舍利壇)의 측석(側石)에는 천인상(天人像)을 조각한 것이 보인다. 돌담 밖 네 모서리에는 사천왕상을 세워놓았는데 오늘날에도 일부 훼손되었지만 사천왕상과 천인상의 조각은 그대로 보존되었다. 필자가 유물 중개자들로부터 들은 바에 의하면 정통 12년의 〈월석〉 옥책은 사천왕상의 기단 아래에서 발굴되었다고 한다.

다만 이것은 익명의 거간꾼들에게서 들은 이야기라 확인할 수는 없다. 고미술품의 발굴이나 전파 경위가 모두 확인되지 않는 것은 이 미술품들이 정당한 방법으로 발굴되거나 구입되지 않았기 때문이다. 그 말을 액면 그대로 믿을 수는 없지만 때로는 사실이 전해지는 경우도 없지 않다.

3.1.1 이미 많은 필자의 논저에서 언급되었고 본서의 제5장에서 밝힌 바와 같이 훈민정음의 〈언해본〉은 그 권수제(卷首題)를 '훈민정음(訓民正音)'으로 한 것과 '세종어제훈민정음(世宗御製訓民正音)'으로 한 것의 두 종류가 있으며 이 두 권수제를 따로 가진 몇 개의 서로 다른 필사본도 전해온다.

그동안 학계에서는 어느 것이 원본이냐는 논란이 끊이지 않았으며 이들을 교합(校合)하여 정본(定本)을 세우려는 노력도 있었다(김주원 외, 2007). 만일 세종 28년에 간행된 〈월석〉의 구권(舊卷)이 있다면 여기에 부재(附載)된 것은 당연히 〈훈민정음〉이고 반면에 세조 5년에 간행된 〈세종어제훈민정음〉은 〈월석〉의 신편(新編)에 첨부된 것이다.

다음의 제5장에서 이에 대하여 자세하게 논의하겠지만 이 두 〈언해본〉은 제1엽만 서로 다르고 나머지는 같은 책판을 쇄출한 동판본이다.

세조 때에 간행되는 〈월석〉의 신편에 첨부된 〈언해본〉은 세종(世宗)이란 묘호(廟號)를 붙여야 하지만 세종 생존 시에 간행된 〈월석〉의 구권에 첨부되는 〈언해본〉은 세종이란 묘호가 붙을 수가 없고 세종의 어제서문에도 '어제왈(御製曰)'을 붙여야 했으므로 이에 대한 논의나 교합(校合)은 별로 의미가 없다.

〈언해본〉의 간행은 조선시대의 어떤 기록에도 보이지 않는 훈민정음의 반포(頒布)와도 관련을 갖는 것이다. 지금까지는 『세종실록』(권113) 세종 28년 9월조에 "是月訓民正音成。御製曰: 國之語音, 異乎中國 云云"이란 기사에 보이는 '훈민정음'을 문자 명칭으로 잘못 알고 이달에 훈민정음이 완성되었다고 보아서 9월을 양력으로 환산하여 10월 말일(末日)을 가갸날, 즉 한글날로 정하여 기념하였다.

그러나 이 기사의 '훈민정음'은 문자 명칭이 아니라 서명(書名)이었으며 현전하는 {해례}『훈민정음』(이하 〈해례본〉으로 약칭)을 말한다. 이 사실을 깨달은 후대 사람들은 〈해례본〉의 간행을 한글의 반포(頒布)로 가정하고 그 발행일인 '구월상한(九月上澣)'으로부터 9월 상한(上澣)의 마지막 날인 9일을 택하고 9월을 양력으로 환산하여 10월 9일을 한글날로 정하였다. 〈해례본〉의 간행을 새 문자의 반포로 본 것이다.

3.1.2 훈민정음의 〈해례본〉은 고도로 전문적인 지식을 요구하는 어려운 성운학(聲韻學)과 성리학(性理學), 그리고 성명기론(聲明記論)의 지식을 갖고 새로 창제한 문자를 설명한 것이므로 어리석은 백성들이 이를 통하여 새 문자를 익히는 것은 무리한 일이다. 오히려 〈해례본〉의 앞 석 장 반에 수록된 세종의 어제서문(御製序文)과 예의(例義)만을 따로 언해한 〈언해본〉은 백성들이 새로 만든 문자를 익히기에 적당한 해설이었다.

훈민정음의 〈언해본〉은 새 문자 학습의 기본적인 요강(要綱)을 우리말로 풀이한 것이다. 따라서 이 〈언해본〉의 완성과 비록 〈월석〉의 권두에 첨부한 것이지만 이를 간행하여 세상에 내놓은 것이 새로 제정한 문자의 공표라고 보아야 한다. 다만 그동안 〈언해본〉은 세조 5년에 간행한 {신편}〈월석〉의 권두에 첨부된 〈세종어제훈민정음〉만으로 알려져서 이를 통하여 훈민정음을 세종 당시의 공표로 볼 수 없었다는 점이 걸림돌이었다.

3.1.3 훈민정음의 〈언해본〉은 세종이 창제한 새 문자에 대하여 그 문자를 제정한 이유를 밝힌 어제서문과 글자의 음가 및 기본적인 정서법을 밝힌 예의(例義)를 우리말로 쉽게 풀이한 것이어서 이를 통하여 누구나 새로운 이 문자를 편하게 배울 수 있었다. 그러나 지금까지 훈민정음 〈언해본〉이 첨부된 〈월석〉은 세조 5년(1469)에 간행된 것이라 세종 때가 아닌 일이 되기 때문에 〈언해본〉의 간행은 무시되어왔다.

그러다가 뜻밖에 정통(正統) 12년의 간기를 가진 〈월석〉의 옥책이 발견되어 이런 문제를 다시 검토하게 되었다. 그동안 〈언해본〉이 세종의 생존 시에 공간되지는 않았을까 노심초사하던 필자에게는 참으로 놀랄 만한 증거가 아닐 수 없었다. 여기서는 정통 12년이란 옥책의 간기를 근거로 하여 종래 필자가 졸고(2006a)에서 주장한 〈월석〉의 구권(舊卷)에 대하여 재론하고자 하는 것이다.

2. 〈월인석보〉의 신편(新編)과 구권(舊卷)

3.2.0 '월인석보(月印釋譜)'는 주지하는 바와 같이 『석보상절』(이하 〈석보〉)과 『월인천강지곡』(이하 〈월인〉)의 합편이다. 먼저 〈석보〉는 중

국의『석가보(釋迦譜)』(이하 〈석가보〉)를 기초로 한 것으로 널리 알려진 사실이다. 〈석가보〉의 편찬에 관여한 인물로 신미(信眉), 김수온(金守溫) 두 형제를 비롯하여 세종·세조 조의 여러 학승(學僧)들과 숭불(崇佛) 유생들이 참여한 것으로 알려졌다.[17]

특히 김수온은『증수석가보(增修釋迦譜)』(이하 〈증수석가보〉)를 편찬하라고 명한 기사가 실록에 있어(『세종실록』세종 28년 12월 乙未조) 이것이 〈석보〉라는 주장(朴炳采 1991:306)이 있으며 〈월인〉의 실제 작자도 김수온(金守溫)이라는 주장도 있다(朴炳采, 전게서). 김수온에 대하여는 박병채(1991:31~47)에서 고찰한 바 있다.

〈석보〉나 〈월인〉, 그리고 이를 합편한 〈월석〉의 간행에 많은 역할을 한 김수온은 졸저(2019a:137~150)에서 보다 구체적으로 살펴보았다. 박병채(1991)에서는 〈월인〉을 실제적으로 김수온의 저작으로 보아야 한다고 주장하였으나 졸저(2019a:145~8)에서는 새 문자의 사용을 검증하고 확인하기 위하여 세종이 직접 집필한 것이고 김수온은 단지 옆에서 도운 것으로 보았다.

1) {신편}〈월석〉에 첨부된 세조의 어제서문

3.2.1.1 그동안 {신편}〈월석〉은 희방사(喜方寺) 복각본을 비롯하여 초간본으로 알려진 서강대학교 도서관 소장의 권1, 2[18] 권두에 부재된 세조(世祖)의 '어제월인석보서(御製月印釋譜序)'의 말미에 "天順三年 己卯

---

17) 〈월석〉의 신편을 간행할 때에 참여한 학승으로 信眉, 守眉, 雪峻, 弘濬, 曉雲, 知海, 海超, 斯智, 學悅, 學祖 등 열 명의 學僧을 들고 있다. 이 10僧이 자문역을 맡은 것으로 보았다(朴炳采, 1991:308). 이들은 世祖 조의 인물이나 세종 대에도 활약한 學僧도 있다.

18) 이 책은 1972년 西江大에서 영인 출판되었고 그 후에 여러 곳에서 영인본을 간행하였다. 이하 서강대본 〈월석〉으로 부른다.

七月七日 序(천순3년 기묘 7월 7일 서)”란 간기로부터 천순(天順) 3년, 즉 세조 5년(1459)에 처음으로 간행된 것으로 알려졌다.

이것은 서강대본 〈월석〉이 초간본으로 확인되어 이 간기는 더욱 확실한 사실로 학계에서는 인정하였다. 그러나 천순(天順) 3년의 〈월석〉은 신편(新編)이고 세종 생존 시에 편찬된 〈월석〉의 구권(舊卷)이 있었음은 졸고(2006a,b)에서 처음 주장되었다.

즉, 졸고(2006a)에서는 초간본 〈월석〉으로 알려진 서강대본의 권두에 부재된 세조의 ‘어제월인석보서(御製月印釋譜序)’에

念此月印釈譜ᄂᆞᆫ 先考所製시니 依然霜露애 慨增悽愴ᄒᆞ노라
--念호ᄃᆡ 이 月印釈譜ᄂᆞᆫ 先考지ᅀᅳ샨 거시니 依然ᄒᆞ야 霜露애 애와뎌 더욱 슬허ᄒᆞ노라--

(띄어쓰기 필자, 이하 같음)

라는 구절이 있어 〈월석〉이 세조의 선고(先考), 즉 부왕인 세종의 편찬임을 분명히 밝혀두었음을 근거로 한 주장이다. 이어서 같은 서문에는

乃講劘研精於舊卷ᄒᆞ며 隳括更添於新編ᄒᆞ야
--녯 글워레 講論ᄒᆞ야 ᄀᆞ다ᄃᆞ마 다ᄃᆞᆯ게 至極게 ᄒᆞ며 새 밍ᄀᆞᄂᆞᆫ 글워레 고텨 다시 더어--,

出入十二部之修多羅호ᄃᆡ 曾靡遺力ᄒᆞ며 增減一兩句之去取호ᄃᆡ 期致盡心ᄒᆞ야
--十二部 修多羅애 出入호ᄃᆡ 곧 기튼 히미 업스며 ᄒᆞᆫ 두 句를 더으며 더러ᄇᆞ리며 뿌ᄃᆡ 므슴다보ᄆᆞᆯ 닐윓 ᄀᆞ장 긔지ᄒᆞ야-- 이상 졸고(2006a)에서 인용.

라고 하여 원래 〈월석〉에는 구권(舊卷, 옛 글월)이 있었고 자신이 이제 간행하는 것은 후대에 여러 불경을 첨삭(添削)하여 새롭게 편찬한 신편 (新編, 새 밍ᄀ논 글월)임을 밝히고 있다. 이러한 세조의 어제서문에서 〈월석〉에 구권과 신편이 있었고 세조가 편찬한 〈월석〉은 세종의 것을 수정한 것임을 분명하게 말하였다.

3.2.1.2 〈월석〉에 대하여는 전술한 〈월석〉의 신편에 부재(附載)한 세 조의 어제서문에 이 외에도 〈석보〉와 〈월인〉의 편찬 경위를 자세하게 밝혀놓았다. 그것을 여기에 옮겨보면 다음과 같다.

> [전략] 昔在丙寅ᄒᆞ야 昭憲王后ㅣ 奄棄營養ᄒᆞ야시ᄂᆞᆯ 痛言在疚ᄒᆞ야 罔 知攸措ᄒᆞ다니 世宗이 謂予ᄒᆞ샤ᄃᆡ 薦拔이 無知轉經이니 汝宜撰譯釋譜 ᄒᆞ라 ᄒᆞ야시ᄂᆞᆯ 予受慈命ᄒᆞᅀᆞ바 [중략] 撰成釋譜詳節ᄒᆞ고 就譯以正音ᄒᆞ 야 俾人人易曉케 ᄒᆞ야 乃進ᄒᆞᅀᆞ보니 賜覽ᄒᆞ시고 輒製讚頌ᄒᆞ샤 名曰月 印千江이라 ᄒᆞ시니 [하략]--녜 병인년(1446)에 이셔 소헌왕후ㅣ 榮養을 ᄲᆞᆯ리 ᄇᆞ려시ᄂᆞᆯ 셜버 슬ᄊᆞ보매 이셔 ᄒᆞᇙ 바ᄅᆞᆯ 아디 몯 ᄒᆞ다니 世宗이 날 ᄃᆞ려 니ᄅᆞ샤ᄃᆡ 追薦이 轉經ᄀᆞᆮᄒᆞ니 업스니 네 釋譜를 밍ᄀᆞ라 翻譯호미 맛 당ᄒᆞ니라 ᄒᆞ야시ᄂᆞᆯ 내 慈命을 받ᄌᆞ바 [중략] 釋譜詳節을 밍ᄀᆞ라 일우고 正音으로 翻譯ᄒᆞ야 사ᄅᆞᆷ마다 수비 알에 ᄒᆞ야 進上ᄒᆞᅀᆞ보니 보ᄆᆞᆯ 주ᅀᆞ오 시고 곧 讚頌ᄋᆞᆯ 지ᅀᆞ샤 일후믈 月印千江이라 ᄒᆞ시니 [하략]

이 기사를 보면 수양대군 등이 돌아가신 모후(母后) 소헌왕후(昭憲王 后)를 위하여 〈석보〉를 지었으며 세종이 이를 읽고 석가(釋迦)에 대한 찬송을 지은 것이 〈월인〉임을 밝히고 있다.

〈월인〉은 모두 상중하(上中下)권의 3책으로 간행된 것으로 추정되지 만 상권 1책만 발견되어 한국학중앙연구원에 수장되었으나 언제 간행되었는지 알 수 없다. 다만 〈석보〉가 수양군(首陽君)의 서문에 정통(正統) 12년 7월 25일이란 간기가 있어 정통(正統) 12년, 즉 세종 29년(1447)에 이 책이 완성되었음을 알 수 있다. 따라서 〈월인〉도 이와 같은 시기에 간행되었을 것으로 추정된다. 두 권 모두 소헌왕후의 서거 일주기를 맞이하여 왕후의 추천(追薦)을 위한 불사(佛事)로 간행된 것으로 보인다.

3.2.1.3 세종의 생존 시에 간행된 〈월석〉은 세종의 친제인 월인부(月印部)를 대두(擡頭)하여 난상(欄上)에 올리고 석보부(釋譜部)를 한 칸 내려서 조판하였다. 이것은 세종이 금상(今上)으로 재임할 때가 아니면 있기 어려운 판식이다. 만일 세조 때에 〈월석〉이 출판되었다는 통설에 맞춘다면 금상(今上)인 세조의 저술인 석보부를 한 칸 아래에 둘 수가 없을 것이다.

졸고(2006a)에서 살펴본 바와 같이 실제로는 〈석보〉와 〈월인〉의 원고가 훨씬 전에 완성되었고 이를 합편하여 〈월석〉을 먼저 간행하였다고 본다. 다음에 논의하겠지만 현전하는 〈월석〉을 〈월인〉에서 수정한 흔적이 보이기 때문이다. 즉, 본서의 제5장 5.4.1.2에서는 〈월석〉 제4권 (45앞 2행)의 월인부에 '기팔십삼(其八十三)'으로 게재한 노래와 〈월인〉 권상(30뒤 3행)의 '기팔십삼(其八十三)'의 것이 서로 다른데 〈월석〉의 것을 〈월인〉에서 수정한 것으로 본 것이다. 〈월석〉이 〈월인〉보다 먼저 간행되었음을 알려준다.

졸고(2020a)와 본서 제5장에서는 현전하는 〈월석〉 제4권이 구권의 복각본일 가능성이 있어서 〈월석〉의 구권을 〈월인〉에서 수정하였으니 〈월석〉의 구권이 〈월인〉이나 〈석보〉보다 먼저 간행된 것으로 본 것이다. 그리고 세종 28년(1446) 3월에 승하(昇遐)한 소헌왕후(昭憲王后)의 추천(追薦)을 위하여 세종 29년 7월경에 〈석보〉와 〈월인〉을 따로 간행한 것이라고 보았다.

따라서 {신편}⟨월석⟩에 첨부된 수양군(首陽君)의 '석보상절 서문'의 간기 "정통 12년 7월 25일에 수양군 휘 서하노라"[19]는 이를 실제로 ⟨석보⟩를 간행한 정통 12년, 즉 세종 29년에 쓴 것으로 이해해야 할 것이다. 그동안 원고인 채 갖고 있던 ⟨석보⟩와 ⟨월인⟩을 돌아가신 왕후의 왕생 극락을 위한 불사(佛事)로 간행한 것이다.

노태조(2005:377)에서는 정통(正統) 3년, 세종 20년(1438)에 간행된 ⟨원각선종석보(圓覺禪宗釋譜)⟩가 있어 이를 보고 세종 28년에 ⟨월인⟩을 먼저 간행하고 세종 29년에 ⟨석보⟩가 완간(完刊)된 것으로 보았으나 앞에 인용한 세조의 어제서문과는 내용이 맞지 않는다.

2) ⟨월석⟩의 편찬과 간행

3.2.2.1 ⟨석보⟩의 권두에 부재(附載)되었을 것으로 보이는 {신편}⟨월석⟩에 첨부된 수양대군(首陽大君)의 서문에 '정통(正統) 12년 7월 25일'이라는 간기가 있다. 이로부터 안병희(2007)에서 세종의 어제서문이 들어있는 훈민정음의 ⟨언해본⟩이 ⟨석보⟩의 제1권 권두에 첨부되었다고 본 것이다.

그러나 현전하는 ⟨월석⟩의 신편(新編)에 부재된 세조(世祖)의 '어제월인석보서(御製 月印釋譜序, 天順 3년 7월 7일)'[20]에 의하면 앞에서 논의한 대로 ⟨월인⟩이 부왕인 세종의 친제(親制)이며 ⟨석보⟩가 비록 ⟨증수석가보⟩를 기반으로 하였지만 다른 많은 불경을 참조하였고 그 편집과 언해

---

19) 원문은 "正·졍統·통十·씹二·싱年년 七·칧月·욇二·싱十·씹五·옹日·싫·에 首·슝陽양 君군 諱·휭 序:쎵·ᄒᆞ노·라"이다.

20) 역시 ⟨월석⟩ 권두의 '석보상절서'에 이어서 실은 세조의 '御製 月印釋譜序'의 말미에 "天順 三年己卯七月七日序"에 의거함.

에 여러 사람들의 도움이 있었다는 기사가 있다.

그동안 〈월인〉, 〈석보〉, 그리고 〈월석〉의 편찬과 간행에 대한 많은 연구들이 모두 〈석보〉가 완성되고 나서 〈월인〉이 곧바로 간행된 것을 불가사의한 일로 보았다(천혜봉, 1977). 왜냐하면 그 방대한 문헌이 불과 몇 달 사이에 간행된다는 것은 당시 출판 사정과 출판 능력을 감안하면 불가능한 일이라는 것이다.

그러나 이것은 〈석보〉와 〈월인〉이 거의 동시에 저술되었을 것으로 추정되기 때문에 이러한 의심은 기우(杞憂)라고 할 수 있다.[21] 〈석보〉는 다음에 다시 논의하겠지만 훈민정음으로 '변음토착(變音吐着)'을 해결한 이후[22] 이 문자로 우리말의 전면적 표기를 시험하기 위하여 세종의 명을 받아 수행된 작업이었으며 〈월인〉은 세종이 이를 확인하기 위하여 스스로 저술한 것이기도 하였기 때문이다.

〈석보〉의 언해문이 작성되면 그것을 그때그때 세종에게 곧바로 보였을 것이고 그것을 보고 석가(釋迦)에 대한 찬불가(讚佛歌), 즉 〈월인〉을 세종이 직접 지었을 가능성은 충분하다고 본다. 따라서 〈석보〉와 〈월인〉은 거의 동시에 이루어졌을 것이다. 〈석보〉가 완성되어 그것을 읽고 〈월인〉을 지었다는 주장은 두 불경의 제작 경위를 너무 액면 그대로 본 것이다.

그리고 〈석보〉와 〈월인〉은 간행되기 전에 합편하여 세종 28년 10월 경에 〈월석〉의 구권(舊卷)으로 편찬된다. 그런 다음에 소헌왕후의 추천(追薦), 즉 왕생극락을 기원하기 위하여 원고로 가지고 있던 〈석보〉와 〈월인〉을 세종 29년 7월에 간행한 것으로 보인다. 그리고 〈월석〉의 신

---

21) 이 사실은 〈석보〉에 〈월인〉의 낙장이 포함된 것으로도 미루어 알 수 있다. 이런 일은 〈월인〉이 먼저 간행되고 다음에 〈석보〉가 간행되었을 때에 가능한 일이다(사재동, 2006:90).
22) 이에 대하여는 졸고(2006a)와 다음의 제5장을 참고할 것.

편이 세조 5년 7월에 간행된다. 이렇게 보아야 〈월석〉의 구권, 〈석보〉와 〈월인〉, 그리고 〈월석〉의 신편이 간행되는 순서를 제대로 이해할 수가 있다.

3.2.2.2 〈석보〉의 편찬자는 수양대군(首陽大君)과 신미(信眉), 그리고 김수온(金守溫)이다. 궁궐 안의 내불당(內佛堂)에 기거하던 신미나 세종의 측근에서 지제교(知製敎)의 직에 있던 김수온과 세종의 아들인 수양대군은 항시 세종을 만날 수 있었고 그 지시에 따라 〈석보〉를 편찬하였다. 또 세종은 그 진행 과정을 보면서 찬불가인 〈월인〉을 동시에 저술하였을 것이다.

또 〈석보〉와 〈월인〉을 합편하여 〈월석〉을 간행하는 작업을 먼저 진행하였다. 실제로 〈석보〉와 〈월인〉은 같이 저술되었고 이를 〈월석〉으로 합편하는 작업도 계속해서 진행되었을 것이다. 그동안 〈월석〉과 같은 방대한 문헌을 1~2년에 간행할 수 없고 몇 년에 걸쳐 이루어진 것으로 보려는 주장도 있었지만23) 당시 주자소(鑄字所), 교서관(校書館) 등의 국가 인쇄소가 얼마나 대단한 인쇄 능력을 가졌는지를 이해하지 못한 탓이다.

임진왜란 때에 일본으로 반출한 수십만 자의 활자가 수천 개의 보석함에 들어있는 것을 일본 모처에서 직접 목도한 필자는 조선시대의 인

---

23) 이에 대하여는 "[전략] 그러나 序文에 刊行에 관한 言及이 없고 또 序年이 刊行年과 一致되지 않은 경우가 흔히 있듯이, 그 序年을 곧 刊行年으로 보는 데엔 자칫하면 獨斷의 誤를 범할 염려가 없지 않다. [중략] 이 兩者를 고려한 立場에서 보면 그보다 卷帙이 사뭇 浩瀚한 本書, 그리고 月印千江之曲까지 아울러 活印 頒布함에 있어서는 상필 了編後 어느 정도 月序가 더 所要되었을 것으로 여겨진다"(千惠鳳, 1977:3~4, 띄어쓰기 한자는 원문대로)를 참고할 것. 그러나 〈월석〉의 구권과 신편은 일부만 바꾸고 활자본을 覆刻하던지 같은 冊版을 썼을 가능성이 있다.

쇄술이 얼마나 발달하였으며 교서관의 규모가 얼마나 컸었는지 짐작할 수 있었기 때문이다. 필자는 〈월인〉과 〈석보〉가 이루어지면서 이를 합편한 〈월석〉을 먼저 조판하여 상재(上梓)하였다고 본다.

그리고 〈월석〉이 먼저 간행되었고 이어서 소헌왕후(昭憲王后)의 추천(追薦)을 위하여 원고로 있던 〈월인〉과 〈석보〉가 나중에 간행된 것으로 필자는 주장하였다(졸고, 2006a; 졸저, 2015: 46~47). 이렇게 보는 이유는 〈월인〉이 〈월석〉의 잘못을 수정한 예가 보이기 때문이다.

즉, 앞에서 언급한 대로 본서 제5장의 5.4.1.2에서 〈월인〉 권상(卷上)의 기(其) 83과 본서에서 구권(舊卷)의 목판본으로 판정한 〈월석〉 제4권의 기(其) 83을 비교하면 〈월석〉의 잘못을 〈월인〉에서 수정한 것임을 알 수 있기 때문이다. 〈월인〉이 〈월석〉의 구권보다 후일에 간행된 좋은 예라고 할 수 있다.

3.2.2.3 국립중앙도서관 소장의 〈석보〉 제9권의 뒤표지 안쪽에 "正統十肆年 貳月初肆日 嘉善大夫 黃海道都察黜陟使 兼 兵馬節制使 海州牧使[24] 臣 申 – 정통 십사년 이월 초사일 가선대부 황해도 도찰출척사 겸 병마절제사 해주목사 신(臣) 신(申)"([사진 3-3])이란 묵서(墨書)의 식기(識記)가 있다.

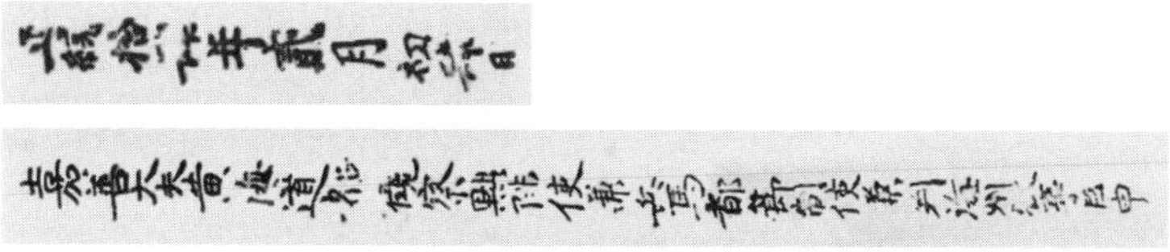

[사진 3-3] 현전하는 〈석보〉 제9권 말미에 적힌 신자근의 식기[25]

---

24) 千惠鳳(1977)에는 '牧事'로 되었다.

정통(正統) 14년(1449) 2월 4일에 황해도 관찰사와 해주 목사(牧使)를 겸하던 신자근(申自謹)은 이 책을 소유하여 이 묵서의 식기(識記)를 써넣은 것이므로 〈식보〉는 적어도 정통(正統) 14년, 즉 세종 31년(1449) 이전에 완질이 간행되었음을 알 수 있다. 즉, 〈월석〉의 신편에 첨부된 수양대군의 '석보상절서'에 쓰인 '정통 12년 7월 25일'이란 간기대로 세종 29년 7월에 〈석보〉는 간행되었음을 확인할 수 있다.

『세종실록』(권113) 세종 28년 5월 28일자 기사에 "是經已成數件, 欲轉于大慈庵, 以資冥福。 – 이 불경이 이미 여러 건 완성되어 대자암으로 옮겨 명복을 빌고자 하였다"라는 기사가 있다. 여기서 여러 건의 불경은 〈석보〉와 〈월인〉, 그리고 〈월석〉의 권고가 완성되었음을 말한다. 이보다 두 달 먼저인 세종 28년 3월에 세상을 떠난 소헌왕후(昭憲王后)의 명복을 빌기 위하여 〈석보〉와 〈월인〉, 그리고 〈월석〉의 원고를 대자암으로 옮긴 것으로 보인다.

또 같은 실록에서 같은 해의 10월 5일자 기사 "然今佛經已成, 何不披覽, – 그러나 이제 불경이 이미 완성되었으니 어찌 보지 않을 수가 있겠습니까?"라는 기사가 있어 〈월인〉도 세종 28년 5월 하순부터 10월 상순 사이에 완성되었을 것(사재동, 2006:89)으로 보았다. 그러나 이때의 기사에 나오는 완성된 불경은 〈월석〉의 구권(舊卷)일 것이다.

{신편}〈월석〉의 권두에 부재된 수양군(首陽君)의 서문은 아마도 〈석보〉의 제1권의 권두에 첨부되었기 때문에 세종 28년, 즉 정통 11년에는 〈석보〉가 간행되지 않았을 때이다. 수양대군의 '석보상절서(釋譜詳節序)'는 앞에서 언급한 대로 "正統十二年七月二十五日에 首陽君諱 序

---

25) 현전하는 〈석보〉 권9는 초간본으로 黃海道 長壽山 자락에 세워진 古塔에서 나온 것이며 현재 국립도서관에 收藏되었다. 아마도 正統 14년(1449)에 황해도 觀察使로 있던 申自謹이 기증하여 탑 속에 넣은 것으로 보인다.

ᄒ노라"와 같이 정통 12년 7월 25일이란 간기가 있기 때문이다.

이에 의하면 〈석보〉는 수양대군이 대표로 서문을 쓰면서 정통 12년 7월 25일이라는 간기를 붙였으며 따라서 〈석보〉는 적어도 정통(正統) 12년, 즉 세종 29년(1447) 7월 이전까지는 간행이 되지 않은 것이다. 따라서 앞에 들은 〈세종실록〉의 세종 28년 5월과 10월의 기사 "然今佛經已成"에 보이는 불경은 〈석보〉가 아니라 〈월석〉의 구권(舊卷)이어야 한다.

3.2.2.4 졸저(2019a:40~47)에서는 상술한 『세종실록』의 세종 28년 5월 28일자 기사 '是經已成數件'에 보이는 불경을 〈월석〉의 구권과 〈석보〉, 〈월인〉의 원고로 보았다. 즉, 〈월인〉과 〈석보〉, 그리고 〈월석〉의 구권이 완성되었다는 것은 그 원고가 모두 이루어진 것으로 보아야 한다. '수건(數件)'이란 뜻은 이 세 권의 불경을 말하기 때문이다.

그리고 이 가운데 〈석보〉와 〈월인〉을 합편한 〈월석〉의 구권을 먼저 간행하여 세종 28년 10월에 "然今佛經已成, 何不披覽"이라 하여 간행이 완성된 〈월석〉의 구권을 보라는 뜻으로 이해한 것이다. 〈석보〉는 앞에서 말한 대로 정통 12년, 즉 세종 29년 7월에 쓴 수양군의 서문이 있어 이때까지는 〈석보〉가 간행되지 않았기 때문이다.

따라서 세종 28년 10월의 '불경이성(佛經已成)'에서 말한 이미 완성된 불경은 〈석보〉의 간행이 될 수 없으며 또 〈석보〉가 간행되지 않으면 〈월인〉도 간행될 수 없을 것이다. 따라서 『세종실록』의 세종 28년 10월의 기사에 등장하는 불경은 〈월석〉의 구권으로 보아야 앞뒤가 맞는다. 이때에 〈월석〉의 구권을 세종 28년 10월에 먼저 간행하고 후에 소헌왕후(昭憲王后)의 추천(追薦)을 위하여 〈월인〉과 〈석보〉를 따로 세종 29년 7월에 간행하였다고 보기 때문이다.

일찍이 졸고(2006a)에서도 〈월인〉과 〈석보〉보다 〈월석〉의 구권(舊卷)이 먼저 간행된 것으로 추정하였다. 이 논문에서는 江田俊雄(1936a)의 〈월석〉 해제를 구체적으로 살펴보면서 〈월석〉의 구권이 〈석보〉와 〈월인〉을 가리킨다는 것이 잘못되었음을 지적하였고 실제로 〈월석〉의 구권이 존재함을 주장하였다.

3. 정통 12년의 〈월인석보〉 옥책

1) 불일사 간행의 〈월석〉 옥책

3.3.1.1 앞에서는 정통(正統) 12년(1447)의 간기를 갖고 있는 〈월석〉의 옥책에 대하여 고찰하기 위하여 〈월석〉의 구권, 〈석보〉와 〈월인〉, 그리고 〈월석〉의 신편의 간행에 대하여 다시 고찰하였다.

그리고 〈월석〉의 구권을 옮겨 새긴 것으로 볼 수밖에 없는 정통 12년의 옥책은 여러 전문가의 감정을 거쳐 진품으로 감정되었다. 즉 옥책에 대한 포스텍 화학과의 나노 전문가들에 의한 성분 분석이나 여러 옥(玉) 전문가의 감정에 의하면 정확한 연대는 밝힐 수 없지만 제작된 지 상당한 세월이 지난 옥책으로 판정하였다.[26]

---

26) 옥책에 대한 포항공대 화학과의 성분 감정과 玉 전문가의 産地 및 刻印, 穿孔 등의 수작업에 대하여는 서울 紅山文化 中國陶瓷博物館의 발표를 기대하였으나(졸고, 2013) 결국 이 결과는 세상에 알려지지 못하였다. 이 책에서 소장자의 허가를 얻어 이를 공표한다.

[사진 3-4] '월인석보(月印釋譜)'를 겉표지로 하고 '월인천강지곡석보상절(月印千江之曲釋
譜詳節)'을 속표지로 한 정통 12년의 옥책[27]

[사진 3-4]에서 볼 수 있는 바와 같이 옥책의 겉표지는 '월인석보(月印
釋譜)', 속표지는 '월인천강지곡석보상절(月印千江之曲釋譜詳節)'로 되었
고 매권 권미에 '정통(正統) 12년 불일사(佛日寺)'란 간기가 새겨있다.[28]

이것을 보면 이 〈월석〉의 옥책은 정통(正統) 12년, 세종 29년(1447)에
개성의 불일사에서 제작한 것임을 알 수 있다. 우선 이로부터 정통 11년
에 만든 〈월석〉의 구권(舊卷)이 있고 천순(天順) 3년, 세조 5년에 이를 수
정 보완한 〈월석〉의 신편(新編)이라는 졸고(2005, 2006b)의 주장을 다시
한 번 확인하게 된다.[29]

---

27) 이 옥책 권12의 전권에 '月印釋譜'를 겉표지로 하고 '月印千江之曲釋譜詳節'을 속표지로
하고 있다. 즉 〈월석〉의 옥책에는 겉표지 12판, 〈월인천강지곡석보상절〉의 속표지 12판이
이 옥책의 매권 앞에 있다.

28) 정통 12년의 옥책 권1의 마지막 玉簡이 망실되어 매권 말미에 '正統 十二年 佛日寺'란 간
기가 있는지는 확인하지 못한다. 다만 나머지 옥책은 매권 말미에는 모두 이러한 간기가 있
지만 어떤 권의 끝 片은 매우 마모가 심해서 읽기가 어렵기 때문에 전체를 확인하기 어렵다.

29) 지금까지 학계의 일반적 견해는 사재동(2006:91)에서 주장된 바와 같이 "우선 世祖의 〈月
印釋譜序〉에 밝힌 대로, 『月印釋譜』 舊卷'인 『月印千江之曲』, 『釋譜詳節』에서 한 걸음
더 나아가 보다 새롭고 완전한 체재로 編纂된 것임을 알 수 있다. 말하자면 '新編'인 『月印
釋譜』가 '舊卷'인 『月印千江之曲』, 『釋譜詳節』에 비하여 상당한 증감과 改新을 겪었다는

왜냐하면 정통 12년의 옥책은 〈월석〉의 제8권을 옮겨 새겼는데 지금까지의 통설로는 〈월석〉이 천순(天順) 3년, 세종 5년에 간행된 것으로 알고 있어서 책보다 이를 새긴 옥책이 먼저 제작되었다는 앞뒤가 맞지 않는 우스운 일이 되기 때문이다. 현재 학계의 통설로는 이 옥책의 존재를 설명할 방법이 없다.

3.3.1.2 그리고 이와 같이 '월인석보(月印釋譜)'라는 겉표지 속에 '월인천강지곡석보상절(月印千江之曲釋譜詳節)'이라는 속표지를 붙인 〈월석〉 구권(舊卷)의 제책과 편철의 방법은 세조 5년의 신편(新編)에서 그대로 답습되었을 것이다. 아마도 현전하는 세조 5년의 {신편}〈월석〉은 정통 11년에 간행된 것으로 보이는 {구권}〈월석〉의 판식을 그대로 모방한 것으로 보아야 한다.[30]

그렇다면 〈월석〉의 간행은 학계에서 인정하고 있는 천순(天順) 3년 (1459)이 아니라 정통(正統) 11년(1446)으로 해야 할 것이다. 물론 이것은 〈월석〉의 구권(舊卷)을 말한다. 또한 훈민정음의 〈언해본〉으로 알려진 〈세종어제훈민정음〉이 세조 5년에 간행된 〈월석〉 신편의 권두에 부재된 것처럼 훈민정음 〈언해본〉이 정통(正統) 11년에 간행된 구권(舊卷)의 권두에도 〈훈민정음〉이란 제명(題名)으로 첨부되었을 것이다.

것을 증언하는 것이라 하겠다. 실제로 『月印釋譜』와 『月印千江之曲』, 『釋譜詳節』을 대조해볼 때, 크게 두 가지 면에서 상이점이 발견되는 것이다. 문헌상의 차이점과 조권상의 차이점이 바로 그것이다.[하략]"라 하여 〈월인〉과 〈석보〉가 〈월석〉의 구권이라는 것이다.

30) 많은 연구 논저에서 〈월석〉의 신편이 〈월인〉과 〈석보〉를 합편할 때에 대대적으로 수정과 추가가 있었다고 보아왔다. 그러나 〈월석〉의 권두에 부재된 〈훈민정음〉과 〈세종어제훈민정음〉을 비교하면 후자는 전자의 앞 1엽만 크게 수정하고 뒷부분은 전혀 손을 대지 않고 〈월석〉의 신편에 附載하였다. 따라서 〈월석〉의 新·舊卷도 이와 같이 부분적인 수정과 추가만이 있었을 것으로 보아야 한다. 이것은 정통 12년의 옥책에 〈월석〉의 구권을 옮겨 새긴 제8권의 경우에도 구권과 신편의 차이가 某次에 불과하였기 때문이다.

실제로 고려대 도서관의 육당문고에 소장된 〈훈민정음〉이란 권수제(卷首題)의 〈언해본〉은 이 〈월석〉의 구권(舊卷)에 첨부된 것을 따로 떼어 단행본으로 한 것으로 보인다. 유생(儒生)들이 불경인 〈월석〉에 첨부된 것을 이용하기 어려워 이를 따로 떼어 단행본으로 제책한 것이 오늘날에 전해진 것이다. 이에 대하여는 졸고(2020a)에서 이미 논의하였지만 본서의 제5장에서 다시 검토하기로 한다.

3.3.1.3 정통 12년의 〈월석〉 옥책은 국내산 옥으로 만든 옥간(玉簡)에 〈월석〉의 제8권을 새겨 넣었으며 24개의 옥봉(玉棒)과 376편(片)의 옥간으로 되었다. 모두 12권으로 나누어 이 옥간 가운데 12편은 각 권의 '월인석보(月印釋譜)'란 겉표지이고 또 12편은 '월인천강지곡석보상절(月印千江之曲釋譜詳節)'이란 각 권의 속표지로 제작되었다.

그리고 서적의 쪽수에 해당하는 옥책의 편수(片數)는 매권 속표지부터 시작되며 1권에 28~30의 옥편(玉片)에 〈월석〉 제8권을 옮겨 새겼다. 다음의 [사진 3-5]에서 볼 수 있는 것처럼 '佛日寺 正統 十二年 - 불일사 정통 12년'이란 간기를 옥책 매권의 마지막 편(片)에 새겨 넣었다. 이러한 옥책의 간기는 다음에서 논의하는 모든 위작(僞作)에서도 연도만 달리하고 동일하게 모방하였다.

[사진 3-5] 정통 12년 〈월석〉 옥책의 권9 마지막 편(片)

[사진 3-6] 정통 12년의 간기를 가진 〈월석〉 옥책 제12권 말미(29편)

즉, 〈월석〉 옥책의 위작(僞作)에서도 경태(景泰) 등으로 연호만 바꾸고 '불일사(佛日寺)'는 모두 그대로 두었으며 분량에 따라 몇 권으로 나누었다. 따라서 현대에 위조한 옥책은 모두 정통 12년의 〈월석〉 옥책을 모조(模造)한 것으로 보인다. 제작 연대만 다를 뿐 제작 장소는 모두 '불일사'였고 필자가 감정한 〈월석〉의 옥책은 위작(僞作)이지만 모두 불일사에서 제작한 것으로 되었다.

옥책의 맨 마지막 권12의 최종 29편(片)에는 [사진 3-6]으로 보인 바와 같이 "佛日寺 正統 十二年 終 – 불일사에서 정통 12년에 끝내다"라는 간기가 있다. 매권에 붙인 간기와 달리 최종 권12의 마지막 편(片)에 '종(終)'을 넣은 것이다. 이것은 앞에서 살펴본 준풍(峻豊) 3년의 〈은중경〉 옥책에서 마지막 편(片)에 "弘圓寺 峻豊 參年 終 – 홍원사에서 준풍 3년에 끝내다"와 같은 형식의 간기이다.

2) 〈월석〉 옥책의 구성

3.3.2.1 본서의 주제인 〈월석〉의 옥책은 정통(正統) 12년에 제작되었다는 간기가 있음을 앞에서 살펴보았다. 졸고(2013)에 소개된 〈월석〉의 옥책은 용트림을 조간한 것으로 보이는 24개의 옥봉(玉棒)과 겉표지에 해당하는 '월인석보(月印釋譜)'를 새긴 옥간(玉簡) 12편, 그리고 속표지에 해당하는 '월인천강지곡석보상절(月印千江之曲釋譜詳節)'을 새긴 옥간 12편(片)이 있고 〈월인석보〉 제8권을 새겨 넣은 352편의 옥간이 있다.

옥봉, 그리고 겉표지, 속표지의 옥간을 사진으로 보이면 다음과 같다.

[사진 3-7] 정통 12년 옥책의 옥봉과 겉표지(권4), 속표지(권10)

　물론 여기에는 〈월석〉의 옥책이 권12로 나누었기 때문에 겉표지에
해당하는 '월인석보(月印釋譜)'만을 새긴 12개의 옥판과 속표지에 해당
해서 엽수를 붙인 '월인천강지곡석보상절(月印千江之曲釋譜詳節)'의 옥
판도 12개 포함되었다. 이 옥책은 모두 12권으로 나누어졌으며 매권 28
편(片)에서 31편의 옥간으로 이루어졌다.

　구멍이 하나인 옥봉(玉棒)은 1권에 2주(柱)씩 붙어 모두 24주(柱)의 옥
봉이 있다. 한 권에 좌우로 두 주의 옥봉이 필요했기 때문이다. 그리고
옥간 12편의 겉표지와 편수(片數)가 붙은 속표지를 포함하여 364의 옥
간(玉簡)이 있으며 이 가운데 속표지 12편이 있으니 실제로 〈월석〉을 옮
겨 새긴 것은 352편이다. 이것을 표로 보이면 다음과 같다.

數	玉棒數	표지-月印釋譜	속표지-月印千江之曲釋譜詳節	原文最終葉	玉簡의總片數	備考
1	2	1	1	31	33	佛日寺 正統 十二年
2	2	1	1	28	30	상동
3	2	1	1	30	32	상동
4	2	1	1	29	31	상동
5	2	1	1	31	33	상동
6	2	1	1	30	32	상동
7	2	1	1	29	31	상동
8	2	1	1	30	32	상동
9	2	1	1	28	30	상동
10	2	1	1	28	30	상동
11	2	1	1	29	31	상동
12	2	1	1	29	31	佛日寺 正統 十二年 終
합계	24	12	12	352	376	엽수표시가 있는 옥판은 364편

[표 3-1] 정통 12년 〈월석〉 옥책 권12의 구성

정통 12년의 〈월석〉 옥책은 모두 권12로 나눈 376편(片)으로 되었지만 겉표지에 해당하는 '월인석보(月印釋譜)' 12판을 제외하면 편수(片數)가 붙은 것은 모두 364편(片)이고 여기에서 속표지 12편을 제외하면 〈월석〉 제8권을 새긴 옥편(玉片)은 352편이 된다. 1년 12개월에 354일(음력 기준)의 날짜에 맞추지 않았는가 싶다. 여기서 다시 속표지에 해당하는 '월인천강지곡석보상절(月印千江之曲釋譜詳節)'을 제외하면 모두 352판에 〈월석〉 제8권을 옮겨 새겼다.

3.3.2.2 이 옥책에 옮긴 〈월석〉은 구권(舊卷)의 제8권이라고 보아야 한다. 왜냐하면 앞에서 언급한 것처럼 이 옥책에는 정통(正統) 12년(1447)의 간기가 있으므로 천순(天順) 3년(1459)의 〈월석〉 신편(新編)은 아직 간행되기 전의 일이기 때문이다.

다음의 [사진 3-8]에서 보이는 것처럼 옥책의 권1은 2편31)부터 '月印千江之曲 第八, 釋譜詳節 第八'의 [其끵二·싱百·빅十·씹二·싱]32)의 "韋윙提똉希힁 請:청·ㅎᄉ·ᄫᅡ 淨·쪙土:통·애 ·니거·지이·다. 十·씹方방提졍國·귁·을 보·긔·ㅎ시·니, 韋위提똉希힁 願·원·ㅎᄉ·ᄫᅡ 西솅方방·애 ·니거·지이·다 十·씹六·륙觀관經경·을 듣:줍·긔 ·ㅎ시·니"(〈월석〉 제8권 1앞~뒤 1행)로 시작한다.

[사진 3-8] 정통 12년 〈월석〉 옥책의 권1의 제2편

[사진 3-9] 정통 12년 〈월석〉 옥책의 권12의 28편

---

31) 매권에 '月印釋譜'라는 표지 이외에 '月印千江之曲釋譜詳節'이라는 표지도 있어서 옥책에는 매권 2片의 표지가 있는 셈이다. 그러나 '月印千江之曲釋譜詳節'이란 표지판에는 하단 중간에 '一'로 된 片數번호가 붙어 있지만 첫 판의 '月印釋譜'의 표지판에는 편수표시가 없다. 아마도 후자는 겉표지로 보았고 전자는 속표지로 보아 片數를 인정한 것으로 보인다.

32) [ ] 안에 쓴 것은 옥책에 새기지 않은 것이다.

그리고 [사진 3-9]에서 보이는 것처럼 옥책의 권12 28편은 〈월석〉 제
8권 104엽뒤 4행의 [·면 일·후·미 諸졍佛] 이하의 "·뿛·이·라 ᄒᆞ·시
·며 ·내 ᅳ"까지 쌍행의 한 줄을 옮기고 행을 바꿔서 5행의 첫 줄인 "衆
·즁生싱·도 滅·몛度·똥 得·득ᄒᆞ·니 "까지 새기고 다시 4행의 쌍행
협주의 둘째 줄로 돌아가서 [·ힳ切·쳉 衆·즁生싱] 이하의 "·올 滅·몛
度·똥·호·딪 ᄒᆞᆫ"까지 옮겨 새겼다.

그리고 4행의 둘째 줄로 돌아가서 "·ᄒᆞ·샤 ·이·런 ·ᄠᅳ·들 니ᄅᆞ·
시·고 ᄯᅩ 須슝"까지 옮겼지만 끝의 "菩뽕"가 빠졌다. 다시 4행의 첫 줄
로 돌아가서 마지막에 빠진 ":업·다"를 넣고 5행의 첫 줄 "提똉舍·샤利
·링弗·붏·ᄒᆞ·야 菩뽕薩·삻 ㄱ 進"까지 옮겼다. 이어서 줄을 바꿔서
4행의 마지막에 빠진 "菩뽕"를 넣고 5행의 둘째 줄 "ᄅᆞ·치라·ᄒᆞ시·니
菩뽕薩·삻이 ·밤·낫 精졍"의 끝까지 넣고 6행의 둘째 줄의 첫 글자
"·똘"를 넣었다.

그리하여 〈월석〉 제8권 104엽 앞 3행부터 "[·면일·후·미 諸졍佛·
뿛·이·라 ᄒᆞ·시·며 ·내 ᅳ ힳ切·쳉 衆·즁生싱·올 滅·몛度·똥·
호·딪 ᄒᆞᆫ 衆·즁生싱·도 滅·몛度·똥 得·득ᄒᆞ·니 :업·다·ᄒᆞ·샤·
이·런 ·ᄠᅳ·들 니ᄅᆞ·시·고 ᄯᅩ 須슝菩뽕提똉 舍·샹利·링弗·붏·ᄒᆞ·
야 菩뽕薩·삻 ㄱᄅᆞ·치라·ᄒᆞ시·니 菩뽕薩·삻이 ·밤·낫 精졍進·진·
ᄒᆞ·야"라는 〈월석〉 제8권 104앞 3행부터 5행까지가 다음처럼 잘못 옮
겨 새겨졌다.

즉 "[·면 일·후·미 諸졍佛 ·뿛·이·라 ᄒᆞ·시·며 ·내 ᅳ 衆·즁生
싱·도 滅·몛度·똥 得·득ᄒᆞ·니/ ·올 滅·몛度·똥·호·딪 ᄒᆞᆫ ᄒᆞ·샤·
이·런 ·ᄠᅳ·들 니ᄅᆞ·시·고 ᄯᅩ 須슝/ :업·다 提똉舍·샤利·링弗·붏·
ᄒᆞ·야 菩뽕薩·삻 ㄱ 進/ 菩뽕 ᄅᆞ·치라·ᄒᆞ시·니 菩뽕薩·삻이 ·밤·
낫 精졍 ·똘/"로 옮겨져서 무슨 소리인지 알 수가 없게 되었다. 충실하

게 원문을 옮기기는 하였으나 각수가 언문을 알지 못한다는 방증이다.

나머지 마지막 부분의 "精정進·잔·ᄒ·야 無뭉上·쌍道·똘롤 일·우·게 ᄃ외·니·라"는 앞의 [사진 3-6]에 보이는 것처럼 간기의 앞에 "[精進]·ᄒ·야 無뭉上·쌍道/·똘·롤 일·우·게 ᄃ외·니·라"(/는 개행)를 새겼다. 쌍행의 2자를 하나로 보았으나 공교롭게도 순서에 맞는 경우이다. [사진 3-6]의 마지막 권12의 30편(片)에 "菩뽕薩·삻이·반·낫 精정進·진·ᄒ·야 無뭉上·쌍道·똘·롤 일·우·게 ᄃ외·니·라"(104앞 6행)까지 〈월석〉 제8권의 1엽부터 104엽까지 모든 내용이 옥책에서 음각으로 새겨졌다.

3.3.2.3 다음의 [사진 3-10]에서 보이는 바와 같이 옥책의 권1의 마지막 옥간(玉簡)에 비록 흐려서 잘 보이지는 않지만 '佛日寺 正統 十二年'이란 간기가 보이고 권2부터 각 권의 말미에 거의 모두 위와 같은 간기가 붙었다. 권1의 마지막 31편(片)에도 흐리게 '佛日寺 正統 十二年'이란 간기가 있다.

[사진 3-10] 〈월석〉 옥책 권1과 권9의 끝 편(片)

옥책 권1과 권9의 간기를 보이면 [사진 3-10]과 같다. '佛日寺 正統 十二年'이란 간기가 좌측 하단에 매우 흐리게 보인다. 권1과 권9의 끝 편(片) 간기를 택하여 사진으로 보인 것은 다른 권의 끝 편은 마모가 심하여 사진으로 보이기 쉽지 않았기 때문이다.

'佛日寺 正統 十二年'이란 간기는 거의 모든 권에 붙었지만 각 권의 마지막 옥간(玉簡)은 마모가 심하여 흐려져 잘 보이지 않아서 확인하기 어렵다. 아마도 가죽 끈으로 옥책을 묶을 때에 맨 마지막 옥편이 밖으로 나오기 때문에 마모가 심했기 때문으로 보인다. 옥책의 마지막 권12의 최종 29편에는 앞의 [사진 3-6]에서 보인 것처럼 '佛日寺 正統十二年 終'이라 하여 옥책이 끝났음을 표화하였다.

이 옥책에는 〈월석〉의 제8권, 즉 〈월인〉의 212장부터 250장까지와 그에 해당하는 〈석보〉를 옮겨 적었으며 월인부의 각 장이 끝난 곳은 옥편에서도 간격을 띄워 표시하였다. 이것은 앞서 언급한 대로 옥책이 정통(正統) 12년(1447)의 간기를 가졌으므로 〈월석〉의 신편(新編, 1459)이 아니라 구권(舊卷, 1446)의 것을 옮긴 것으로 볼 수밖에 없다.[33] 따라서 이 옥책을 통하여 구권의 모습을 규지(窺知)할 수 있을 것으로 기대한다.

3) 〈월석〉 옥책의 분권(分卷)

3.3.3.1 정통 12년 〈월석〉 옥책은 〈월석〉의 제8권을 모두 권12로 나누어 옮겨 새겼다. 아마도 불일사(佛日寺)의 승려(僧侶)들로 보이는 12인의 각수(刻手)가 적당한 분량으로 나누어 각자 해당 분량을 옮겨 새기고 각자가 새긴 것을 각각 한 권(卷)으로 했던 것으로 보인다.

---

33) 졸고(2013)와 본서의 3.2.2.4에서는 〈월석〉의 舊卷이 세종 28년(1446) 10월경에 간행된 것으로 추정하였다.

권1은 앞의 [사진 3-9]에서 볼 수 있는 것처럼 〈월인〉 212장의 "韋위提똉希힁 請·쳥·ᄒᆞᆫ·바 淨·졍土:통애 니거지이다. 十·씹方방提졍國·귁을 보괴 ᄒᆞ시니 韋위提똉希희 願·원·ᄒᆞᆫ·바 西솅方방애"(제8권의 1앞 7행)로부터 시작하여 "그 摩마尼닝ㅅ 光광·이 百·빅由율旬쓘·을 비·취·여 百·빅億·흑 日·싏月·윓 모·든·ᄃᆞᆺ ·ᄒᆞ·야 :몯:내 니르·리·라. ·이 寶:봉樹·쓩·들·히 行ᅘᆡᆼ列·럃行ᅘᆡᆼ列·럃히 서(제8권 11뒤 7행)르 마·초 셔·며 ·닙·니·피 서르"(제8권 12앞 1행)까지를 옮겨 새겼다. 〈월인〉과 〈석보〉 부분은 한 자도 남김없이 방점까지 정확하게 옥책의 권1에 새겼다.

각 권의 첫째 편(片)은 속표지인 '月印千江之曲釋譜詳節·윓·인천강징·콕·셕:봉썅·졇 卷一~十二'이므로 원문은 2편부터 시작한다.[34] 옥책의 권2는 〈월석〉 제8권의 다음 부분, 즉 "次·ᅕᆞᆼ第똉·로 나·고·닙 ᄉᆞ·싀·예 :고·ᄇᆞᆯ 곳·들·히 ·프·고"(제8권 12앞 1~2행)를 제2편(片, 권2-2편)에 새겼다. 권2의 제1편(片)은 역시 '月印千江之曲釋譜詳節·윓·인천강징·콕·셕:봉썅·졇 卷二'란 속표지라 본문이 새겨진 편수(片數)는 2편부터 시작하였고, 권2의 마지막은 28편의 "華ᅘᅪ座·쫭想:샹·이·니 일·후·미"(제8권 20앞 4행)로 끝이 난다.

권2-28편의 옥간(玉簡)에는 더 각자(刻字)할 여유가 있는데 왜 여기서 끊었는지 알 수 없다. 아마도 현전하는 {신편}〈월석〉과 {구권}〈월석〉은 조권(調卷)에서 차이가 있어서 〈월석〉의 구권은 여기서 한 엽(葉)이 끝났던 것으로 보인다. "華ᅘᅪ座·쫭想:샹·이·니 일·후·미"가 19엽의 마지막이고 "第·똉七·칧觀관·이·라"부터가 20엽이어서 19엽까지를

---

34) 옥책에서 옮겨 새긴 〈월석〉의 제8권과 옥책에서 분권한 권수가 혼란을 줄 수가 있어서 옥책의 권수는 '권1,2,3--'으로 서적의 〈월석〉은 '제몇권'으로 분간하여 쓰기로 한다.

한 승려가 맡고 20엽부터는 다른 승려가 맡았기 때문에 후자를 옥책에서는 권3으로 하고 전자는 권2에 포함시킨 것이라고 이해할 수밖에 없다.

옥책의 권3은 역시 권2의 28편에 이어서 옥책 권3-2에서 "第·뗑七·칧觀관·이·라.{華勢座·쫭·는 곳 座쫭ㅣ라}35) 부:톄 阿항難난·이드·려 니르·샤·디·이·근흔 微밍妙·묳흔 고·존 本:본來링 法·법藏·짱比·뼁丘쿻ㅅ"(〈월석〉제8권 20앞 끝 행)로 시작하여 권3-30편에 "緣원·ᄋᆞ·로 닌36):이·를 나·토·아 諸졍法·법·이 반득반득 홀·씨 부텃:이·레"(29앞 5행)를37) 새겨 끝이 난다.

역시 〈월석〉신편의 제8권의 29엽 앞 5행에서 끝이 났으니 〈월석〉의 구권은 여기에서 한 엽이 다한 것으로 보인다. 이하 권4~12가 현전하는 〈월석〉제8권의 한 엽의 중간인데 여기에서 분권(分卷)이 되어서 〈월석〉의 구권과 신편은 엽차(葉次)에서 차이가 있었음을 알 수 있다.

옥책의 권4는 권3의 끝부분에 이어지는 내용으로 {신편}〈월석〉으로 보면 제8권 29앞 6행의38) "法·법·도 ᄇ·리·디 아·니·ᄒ·샤 臣씬下:행·란 忠듀貞뎡·을 勸퀀·ᄒ시·고"를 옥책의 권4-2편에 새기기 시작하여 같은 제8권 38앞 2~3행의 "버·거 大·땡勢·솅至·징菩뽕薩·삻·을:볼·띠·니"까지를 옥책의 권4-29편에 모두 옮겨 적었다.

옥책의 권5는 역시 제8권의 38뒤 3행에 있는 "·이 菩뽕薩·삻ㅅ·모·미 大·땡小:숗ㅣ 觀관世·솅音흠과·근·고"를 옥책의 권5-2편에 옮

---

35) { } 안의 것은 雙行으로 쓴 夾註를 말한다. 이하 같음. 옥책에서는 이 부분이 매우 혼란스럽게 移記되었다. 협주의 또 협주가 이어지면 {{ }}로 표시하였다.

36) 현전하는 {신편}〈월석〉제8권에 '닌'으로 적혔지만 아마도 '난'이어서 "緣원·ᄋᆞ·로 난:이·를 나토아 - 인연으로 [일에난 일을 나타내어"일 것이다.

37) 이 부분은 夾註로서 雙行으로 적혔다. 따라서 원래 행수는 5~6행으로 줄로는 9~10줄이다.

38) 신편의 이 부분은 夾註로서 1행에 두 줄로 쓰였다. 따라서 옮겨 쓴 부분이 한 줄을 엇갈려 새겨서 문맥이 잘 통하지 않는다.

겨 새기기 시작하여 같은 제8권 47뒤 5~7행의 “·이 :사ᄅ·미 精정進·진·이 勇:용猛:밍ᄒᆞᆫ 다·ᄉᆞ로 阿항彌밍陁땅如성來ᄅᆡᆼ”까지를 옥책의 권5-31에 옮겨 새겼다. 옥책의 권5만이 권1과 같이 한 권이 33매의 옥편(玉片)으로 이루어졌다.

옥책의 권6은 역시 앞의 것을 이어서 {신편}〈월석〉 제8권 47뒤 7행의 “觀관世·솅音흠大·땡勢·셰至·지와”를 옥책의 권6-2편에 옮겨 새기는 것으로부터 시작하여 제8권 57앞의 끝, 즉 6~7행의 “戒·갱香향·ᄋᆞᆯ 퓌·워 닷는 :사ᄅ·ᄆᆞᆫ 命·명終즁ᅙᆞᇙ 저·긔”까지를 옥책의 권6-30편에 새겨서 끝이 난다.

옥책의 권7은 {신편}〈월석〉 제8권 57뒤 첫 행의 “阿항彌밍陁땅佛·뿛·이 眷·권屬·쑉·과·로 金금色·ᄉᆡᆨ光광·ᄋᆞᆯ ᄢᅵ·펴시·고”부터 64뒤 5행의 “듣·고 修슝行·ᅘᆑᆼ·ᄒᆞ·야”까지를 옥책 권7-29편에 옮겨 새겼다. 다만 〈월석〉 제8권의 64엽은 모두 협주 부분이라 옮겨 쓴 부분이 한 행씩 엇갈려 새기는 등 적지 않은 오류가 있다. 이에 대하여는 다음 제4장의 4.3.2.1~6을 참조하기 바란다.

옥책 권8은 {신편}〈월석〉의 제8권 64뒤 5행의 앞부분과 여기에 연속된 “菩뽕提똉·예 다ᄃᆞᆫ·디 :몯ᄒᆞ·면”부터 제8권 72뒤 5~6행의 “善:션知딩識·식·을 맛·나 大·때慈ᄍᆞᆼ悲빙·로 阿항彌밍陁땅佛·뿛ㅅ”까지를 옥책의 권8-2부터 권8-30편까지로 옮겨 새겼다.

옥책의 권9는 {신편}〈월석〉 제8권 72뒤 6~7행의 “十·씹力·륵威휘德·득·을 니르·고 ·뎌 부텻 光광明명神씬力·륵·을 너·비 讚·잔嘆·탄ᄒᆞ·며”로부터 시작하여 83앞 첫 행 “往왕生ᄉᆡᆼ偈꼥ᄅᆞᆯ 외·오시·면 :현 ·오·시 암·ᄀᆞᆯ·며 골ᄑᆞᆫ ·빈·도 브르·리이·다”까지, 즉 〈월인〉의 233장의 끝부분까지를 옥책의 권9-2편부터 권9-28편까지 옮겨 새겼다.

옥책 권10은 {신편}〈월석〉 제8권의 83엽 앞 4행의 “·아·기 일·훔·

을 아· 둘· 이 ·나거·나 ·쏠·이 ·나거·나 :엇·데 ᄒᆞ·리잇·가"(〈월인〉의 234장)로부터 91엽 뒤의 마지막 6~7행의 "請:쳥· ᄒᆞ·야 오·라. 찻·블 기·를 維윙那낭·ᄅᆞᆯ 사·모리·리 ᄒᆞ·야시·ᄂᆞᆯ"까지를 옥책의 권10-2부터 권10-28편까지 옮겨 새겼다.

권11은 앞에 이어서 {신편}〈월석〉 제8권의 92엽 앞 첫 행 "維윙那낭·ᄂᆞᆫ :이·ᄅᆞᆯ :아다 ·혼 ·ᄠᅳ디·니"로부터 시작하여 98앞 6행의 "··나·히 닐굽 여·듧·만ᄒᆞ·면"에서 끝이 나는 부분을 옥책의 권11-2편부터 권11-29편까지 옮겨 새겼다.

옥책의 마지막 권인 권12는 {신편}〈월석〉의 제8권 98엽 6~7행의 "내 지·븨 아·니 이실 아·히·라·ᄒᆞ더·니"로부터 시작하여 제8권의 마지막인 104엽 앞 6행의 "無뭉上·쌍道·뜰·를 일·우·게 ᄃᆞ외·니·라"까지 옮겨 새겼다. 〈월석〉, 즉 〈월인〉과 〈석보〉의 제8권, 즉 〈월인〉의 212장부터 250장과 그에 해당하는 〈석보〉, 그리고 협주(夾註)를 모두 옮겨 옥책의 권12-2편부터 권12-29에 옮겨 새긴 것이다.

여기서도 1행에 두 줄로 쓴 협주를 잘못 이해하여 비록 대부분의 쌍행 협주를 옮겨 새길 때에 오류가 생겼으나 정통 12년의 옥책은 {신편}〈월석〉 제8권으로 볼 때에는 전권을 처음부터 끝까지 하나도 빠지지 않고 완전히 옮겨 옥판에 새기려고 노력한 것으로 볼 수 있다.

3.3.3.2 다음의 3.3.4.1~5에서 경태(景泰) 6년의 〈월석〉 옥책이 있어서 이를 위작(僞作)으로 판정한 경위에 대하여 살펴보았다. 그리고 경태 6년의 위작 옥책은 정통 12년의 〈월석〉 옥책을 모조한 것임을 언급하였다. 그러면 이 둘 사이의 관계는 어떠하였기에 경태 6년의 옥책이 정통 12년의 것을 모조한 것으로 보았는가?

먼저 경태 6년의 옥책은 정통 12년의 것과 체재가 동일하다. 다만 정통 12년의 옥책은 모두 12권으로 나누었는데 경태 6년의 경우에는 모두 28권으로 나누었다. 다음의 4.1.3.0에서 살펴본 바와 같이 정통 12년 옥책의 분권(分卷)이 내용에 의한 것이 아니라 옥책에 새길 적절한 분량에 의하여 나눈 것임을 알 수 있는데 경태 6년의 옥책도 분량을 적절하게 나누어 28권으로 하였다.

그러나 경태 6년 옥책이 모두 권28로 분권(分卷)한 것은 아마도 〈월석〉이 전부 28권일 수도 있다는 일부 학계의 주장에 의거한 것으로 본다. 강순애(1998)에서 소개된 〈월석〉의 25권은 그동안의 〈월석〉 연구에서 모두 24권으로 추정한 가설을 뒤집은 것이다. 필자도 25권이 〈월석〉의 마지막 권이 아닌 것으로 보아서 〈월석〉은 아마도 26권이나 28권으로 끝날 것이라 하였다(졸고, 2006a).

졸고(2006a)에서 26권이나 28권으로 본 것은 대체로 지금까지 발굴된 〈월석〉이 대부분 2권을 1책으로 편철하는 방식으로 제책되었기 때문이다. 따라서 끝 권이 짝수의 권수(卷數)일 것으로 보이므로 26권이나 28권이라 하였고 그 내용의 전개로 보아 28권까지 가능하다고 보았는데 아마도 이러한 일부 학계의 주장에 따라 경태 6년의 〈월석〉 옥책에서 28권으로 분권한 것으로 보인다.

경태 6년의 〈월석〉 옥책은 〈월석〉의 제7권을 권1~5에 옮겨 새기고 이어서 옥책의 권6~17에서는 〈월석〉의 제17권을 옮겨 새겼다. 그리고 옥책의 권18~28에 〈월석〉의 제8권을 옮겼다. 경태 6년의 옥책이 정통 12년의 〈월석〉 옥책을 모조한 것이라면 원본, 즉 정통 12년의 옥책이 옮겨 새긴 〈월석〉의 제8권으로 시작했어야 하지만 반대로 끝부분인 옥책의 권18~28에 둔 것은 당시 {신편}〈월석〉 제8권의 초간본이 세상에 알려지기 이전이었기 때문일 것이다.

{신편}〈월석〉의 초간본 제7, 8권이 동시에 발견되어 세상에 나온 것

이 1977년경이고 영인본으로 세상에 알려진 것은 1980년 초(初)이다. 경태 6년의 옥책에서는 먼저 제7권을 옮겨 새기고 끝부분에 제8권을 새긴 것을 보면 {신편}〈월석〉 초간본의 제7, 8권이 알려지기 전에 위작(僞作)을 만들기 시작한 것 같다.

{신편}〈월석〉 제7권은 선조 5년(1573)에 풍기(豊基)의 소백산 비로사(毘盧寺)에서 개판한 복간본이 동악(東岳) 어문회에서 영인하여 널리 알려졌기 때문에 이를 먼저 옮겨 새기고 다음에 수타사본과 보림사본의 제17권을 새긴 다음에 제8권을 청사진본으로 축소 영인한 것으로부터 경태 6년의 위조품을 만든 것으로 보인다.

3.3.3.3 경태 6년의 옥책은 전술한 바와 같이 정밀한 계획으로 모조품을 만들고 여기에 관여한 사람들도 상당한 수준의 전문가들로 여겨진다. 앞에서 언급한 대로 {신편}〈월석〉 제17권은 수타사(壽陀寺) 소장본이 연세대학교 출판부에서 1957년에 영인 출판하여 세상에 알려졌는데 이 판본은 권두 1엽부터 10엽까지 10엽이 낙장(落張)되었으나 경태 6년의 옥책에는 이를 모두 옮겨 새겼다.

뿐만 아니라 중간의 제12엽, 그리고 71엽의 두 장도 떨어져 나갔는데 경태 6년의 옥책에는 이들 모두 제대로 옮겨 새겼다. 필자가 한때 이를 진품으로 오해한 근거가 여기에 있었다. 그러나 보림사(寶林寺)에서 또 한 질의 {신편}〈월석〉 제17권이 발굴되었는데 여기에는 1~10엽이 모두 남아있었고 중간의 12엽과 71엽도 온전하였다.

보림사본은 일반에게 공개되지 않고 이 낙장 부분만 학술지에 영인하여 실었는데 경태 6년의 옥책은 이를 참고하여 수타사본의 낙장 부분을 옮겨 새긴 것이다. 그냥 옮긴 것이 아니고 {신편}〈월석〉 제17권의 6뒤 7행부터 7앞 첫 행이 "·이 娑상婆빵世·솅界·갱예·이·셔 說ᅌᆑ浧·법·

ㅎ·야 敎·곧化황ㅎ·며”인 것을 경태 6년의 옥책에서는 잘못된 “說셇法·법·ㅎ·야”를 수정하여 “說셇法:법·ㅎ·야”로 고쳐 새겼다.

이러한 제반 사실로 보면 경태 6년의 옥책은 상당한 수준의 전문가들이 참가하여 만든 위작(僞作)임을 알 수 있다. 특히 쌍행 협주를 잘못 옮겨 새긴 것은 그들이 내용을 몰라서가 아니라 정통 12년의 오류를 모방한 것이다. 이런 여러 사실로부터 경태 6년의 〈월석〉 옥책은 정통 12년의 옥책을 모조하여 만든 위작이라고 판정할 수 있다.

3.3.3.4 정통 12년의 옥책이 〈월석〉의 제8권을 옮겨 새기면서 왜 12권으로 나누었는지 현재로서는 이해하기 어렵다. 이에 대해서는 다음의 제4장 4.1.3.0~4에서 자세하게 논의하겠지만 4.1.3.0에서 살펴본 바와 같이 분량에 따라 적절하게 나눈 것으로 볼 수밖에 없다.

다만 제4장에서 추정한 대로 12명의 승려들이 12개월로 나누고 352일의 날짜에 맞추어 옥편(玉片)을 준비하여 여기에 들어갈 수 있는 불경을 찾아 기입한 것으로 보는 것이 합리적이다. 그리하여 {구권}〈월석〉의 제8권을 선택하여 엽수에 따라 12인이 분담하여 각자 옥간(玉簡)에 새기고 이를 권12로 분권(分卷)한 것이 아닌가 한다.

[표 3-2]를 보면 옥책의 권10이 {신편}〈월석〉 제8권의 91엽 끝에서 끝나고 옥책의 권11이 92엽의 첫 번부터 시작하여 한 엽(葉)이 끝난 것에서 옥책이 권을 나눈 것으로 보이지만 공교롭게도 해당 옥간(玉簡)인 권10-28이 심하게 마모되어 확인하기 어렵다. 각 권의 맨 마지막 옥간은 전술한 바와 같이 마모가 심하기 때문이다.

흐릿하게 보이는 권10-28은 “·디 그·러커·든 請:청·ㅎ·야 오·라 찻·믈 기·를 維웡那낭·를 사·모리·라 ·하·야시·늘”의 1행 정도의 쌍행 협주의 분량만을 옮겨 새기고 이어서 ‘佛日寺 正統 十二年’의 간기를 새겼다. 간기를 넣기 위하여 매우 적은 분량만을 옮긴 것이다. 그리고 〈월석〉 제8권의 91엽 뒤의 끝까지 옮기게 된다.

따라서 옥책의 권10민이 현전히는 {신편}〈월석〉 제8권의 엽차(葉次)에 따라 적당한 양을 나누어 옥간에 새기고 그것으로 분권한 것으로 볼 수 있지만 나머지 권에서는 모두 매 엽(葉)의 중간에서 한 권(卷)이 끝나고 새 권이 시작하여 현전하는 {신편}〈월석〉 제8권의 엽차에 의하여 권을 나눈 것으로 보기는 어렵다.

3.3.3.5 이렇게 12인의 각수(刻手)가 분량에 따라 7-10엽씩을 나누어 갖고 작업하고 그것을 각 권으로 나눈 것이라면 현전하는 {신편}〈월석〉의 제8권의 엽차(葉次)와는 다른 판본의 존재를 인정하지 않을 수 없다. 즉, 현전하는 {신편}〈월석〉과는 다른 책, 구권(舊卷)으로 볼 수밖에 없는 제8권의 판본을 12인의 각수가 엽수대로 나누어 새기고 이를 12권으로 한 것으로 보아야 할 것이다.

옥책의 각 권에서 분권한 곳을 현전하는 초간본 {신편}〈월석〉 제8권과 비교하여 살펴보면 다음의 [표 3-2]와 같다. 이 표에서 보이는 바와 같이 12권으로 분권한 것은 현전하는 초간본 {신편}〈월석〉의 엽수와 일치하여 나뉜 것은 권10뿐이다. 그 외에는 모두 각 엽의 중간에서 분권하였다. 만일 12인의 각수가 〈월석〉 제8권을 나누어 옥간(玉簡)에 새긴 것이 정통 12년의 옥책이라면, 그리고 그것을 엽수(葉數)대로 12인의 각수가 나누어 갖고 새긴 것이라면 이와 같은 분권(分卷)은 있을 수 없다.

따라서 〈월석〉의 구권(舊卷)과 신편(新編)에서 각 권, 특히 〈월석〉의 제8권에서는 구권(舊卷)과 신편(新編) 사이에 엽차(葉次)에 차이가 있었음을 알 수 있다. 이렇게 차이가 나는 엽차에 따라 12인의 각수가 서로 나누어 갖고 이를 옥간에 옮겨 새긴 것이 정통 12년의 〈월석〉 옥책에 보이는 권12의 분권(分卷)이라고 본다.

옥책의 권수	〈월석〉 제8권의 엽수	〈월석〉 제8권이 끊긴 곳	비고
권1	12앞까지	제1행의 11째 칸	옥책의 권1은 12엽 첫 행의 중간에서 끝남.
권2	20앞까지	제4행의 끝까지	
권3	29앞까지	5행의 첫 두 칸	3-27편부터 쌍행 협주 시작
권4	37뒤까지	7행의 10째 칸	4-12편까지 쌍행 협주 계속
권5	47뒤까지	7행의 9째 칸	
권6	57앞까지	7행의 8째 칸	
권7	64뒤까지	5행의 7째 칸	7-6편부터 쌍행 협주 시작
권8	72뒤까지	6행의 5째 칸	8-18편까지 쌍행 협주 계속
권9	83앞까지	2행의 끝	
권10	91뒤까지	7행의 끝(?, 반면 끝)	28편이 극심하게 마모되어 읽기가 어 려우므로 권11의 시작으로 추정함. 10-18편부터 쌍행 협주 시작.
권11	98앞까지	6행의 12칸	쌍행 협주
권12	104앞까지	6행의 끝	쌍행 협주

[표 3-2] 옥책 12권의 분권

그러면 이러한 옥책의 분권과 이로 인하여 야기되는 문제는 무엇인가? 이에 대하여 고찰하기로 한다.

4) 〈월석〉 옥책의 여러 위작(僞作)

3.3.4.1 지금부터 약 20여 년 전인 1999년대 말부터 개성 불일사(佛日寺)에서 제작하여 사천왕상(四天王像)의 기단(基壇) 밑에 묻어둔 〈월석〉

의 옥책(玉冊)이 발굴되었다는 소문과 함께 여러 위작(僞作)이 서울의 인사동 고미술 골동품 점포에 출몰하였다.

그러나 이떤 옥책도 위에서 언급한 바와 같이 이미 알려진 천순(天順) 3년, 세조 5년이 아니라 그보다 앞선 시기의 간기(刊記)를 보였다. 필자가 감정한 것만도 경태(景泰) 6년, 심지어는 정통(正統) 15년의 간기가 있었다. 정통(正統)의 연호는 14년에서 끝나는데 어떻게 15년의 간기가 있을 수 있느냐고 감정을 부탁한 사람에게 물었더니 중국의 연호가 바뀐 것을 미처 몰랐을 것이라고 강변(強辯)하여 웃은 적도 있었다.

그러나 본서의 모두(冒頭)에서 언급한 것처럼 학계가 인정하고 모든 학교에서도 〈월석〉은 천순(天順) 3년이라고 가르치는데 왜 이보다 몇 년이나 앞선 시기를 〈월석〉 옥책의 간기로 삼았을까? 이것은 매우 이상한 일로서 많은 것을 생각하게 한다. 필자로서는 막대한 자금을 들여 옥책의 위작(僞作)을 만들 때 무엇 때문에 〈월석〉의 편찬 연대를 이미 세상에 널리 알려진 천순(天順) 3년(1459)이 아니라 그 이전으로 잡았을까 하는 의문을 갖지 않을 수가 없었다.

더욱이 이제까지 아무도 〈월석〉이 세조 5년보다 앞선 시기에 간행되었다고 주장한 적이 전혀 없었기 때문에 아무리 위작이라고 하여도 천순 3년보다 앞선 시기를 제작 연대로 한 것은 불가사의한 일이었다. 굳이 찾아본다면 필자가 〈월석〉의 구권(舊卷)이 존재할 수 있다는 주장을 한 졸고(2006a)가 있을 뿐이다.

그런데 이 논문이 세상에 발표되기 이전에 이미 〈월석〉의 옥책을 위조한 가짜 옥책이 인사동 골동품 거리에 출몰하였다. 그렇다면 어째서 이보다 몇 년을 앞선 시대를 〈월석〉 여러 옥책에서 간기로 삼은 것일까? 거기에는 아마도 우리가 모르는 다른 이유가 있었을 것이다. 그리고 그 것을 고찰하는 것은 〈월석〉 옥책의 진위(眞僞)를 밝히는 중요한 작업일 것이다.

위작(僞作)을 만드는 경우에 가장 주의하는 부분은 역사적 사실에 충실하여 남의 의심을 사지 않는 일이다. 그러나 필자가 감정한 모든 〈월석〉의 옥책들이 지금 우리가 알고 있는 간기, 즉 천순(天順) 3년보다 몇 년씩 앞서 잡았다. 이에 대하여 혹자는 필자의 졸고(2006a)를 보고 제작 연도를 기왕의 연대보다 앞서 잡았다는 주장도 있었지만 〈월석〉 옥책이 문화재의 암시장에 나돈 것은 필자의 논문이 세상에 알려지기 이전의 일이며 그 이전에는 아무도 〈월석〉이 그 이전에 편찬되었다고 주장한 일이 없어서 논리에 맞지 않는다.

3.3.4.2 2000년 어느 가을에 북경(北京)에서 왔다는 고미술상인이 전부 617쪽의 옥판으로 된 〈월석〉의 옥책을 보여주었다. 이 옥책은 중국 신강성(新疆省) 호탄(和田)에서 산출하는 고가의 옥간(玉簡)에 〈월석〉의 일부를 금자(金字)로 전각(鐫刻)하였다고 자랑하는 〈월석〉의 옥책이었다.[39]

필자에게 가져온 이 옥책은 〈월석〉의 제7권과 제17권, 그리고 제8권을 옮겨 새긴 옥편(玉片) 561매와 전면에 '월인석보(月印釋譜)'라고 해서(楷書)로 새긴 겉표지, '월인천강지곡석보상절(月印千江之曲釋譜詳節)'이라고 역시 해서로 쓴 속표지, 그리고 겉에는 뒷면에 구름과 용 모양의 그림을 그린 옥봉(玉棒) 56주(柱)를 합하여 모두 617개의 옥봉(玉棒)과 옥간(玉簡)으로 되었다.

이 가운데 옥봉, 그리고 겉표지와 속표지를 사진으로 보이면 다음과 같다.

이 옥책은 모두 28권으로 나누어 각 권은 모두 25~29편(片)의 옥간(玉

---

39) 필자와 함께 공주대학에서 실시한 비파괴 검사에서 금 성분은 전혀 나오지 않았다.

[사진 3-11] 경태 6년의 〈월인석보〉 옥책의 옥봉의 앞뒤와 겉, 속표지

簡)에 현전하는 〈월석〉의 제7권과 제17권, 그리고 제8권을 전부는 아니지만 일부를 대부분 정확하게 옮겨 새겼다. 매권(每卷)이 끝나는 곳의 권말에 '佛日寺 景泰六年 – 불일사 경태 육년'이라는 간기가 있다. 다만 마지막 제28권의 권말에는 '佛日寺 景泰六年 終 – 불일사 경태 육년 종'으로 끝났음을 표시하였다.

위작(僞作)인 경태(景泰) 육년의 〈월석〉을 왜 이렇게 자세하게 소개하는가 하면 이것이 이제부터 소개하려는 정통 12년의 〈월석〉 옥책을 모조(模造)하여 만든 것이기 때문이다. 필자가 먼저 이 위작을 보지 않았다면 정통 12년의 〈월석〉 옥책을 제대로 이해하지 못하였을 것이다. 이 위작을 만든 사람들은 진품이 발굴된 과정을 잘 알고 있어서 필자에게 여러 가지 정보를 알려주기도 했다.

그리고 정통 12년의 〈월석〉 옥책이 현전하는 {신편}〈월석〉 제8권과 너무 차이가 나기 때문에 새로 모조품을 만들려고 하였음을 보여주는

[사진 3-12] 경태 6년 〈월석〉 옥책의 권11과 권28 끝 편(片)

여러 증거가 이 경태 6년의 〈월석〉 옥책에 들어있다. 거기다가 자신들이 모조하려는 진품의 간기가 정통(正統) 12년(1447)이어서 자신들이 알고 있는 세조 때에 간행된 〈월석〉의 간행 연도인 천순(天順) 3년(1459)과 너무 차이가 나므로 이를 적절하게 줄여 경태(景泰) 6년(1455)으로 한 것 같다.

그러니까 이제까지 알려진 〈월석〉의 간행보다 훨씬 이전에 이를 옮겨 새긴 옥책이 있다는 이상한 일이 벌어진 것이다. 이것은 정통 12년에 만든 진품이 있고 이를 모조한 위작들은 진품의 제작 연도를 감안하고 연도를 타협하여 붙였기 때문에 앞에 든 바와 같은 여러 간기가 나온 것으로 보인다. 따라서 정통 12년의 옥책이 있기 때문에 이를 모조한 어떤 위작(僞作)도 현전하는 {신편}〈월석〉의 간행 연도인 천순(天順) 3년보다 앞선 시기를 택한 것이 아닐까 한다.

3.3.4.3 필자가 위작으로 판정한 이 〈월석〉의 옥책도 경태(景泰) 6년(1455)의 간기를 갖고 있어서 역시 천순(天順) 3년(1459)의 간기를 갖고 있는 서강대본 〈월석〉보다 4년이나 앞서 있다. 처음에는 필자도 반신반

의하다가 한때 이를 진품으로 오해하기도 하였다. 왜냐하면 전술한 바와 같이 이 옥책의 권6과 권7은 〈월석〉의 제17권을 옥간(玉簡)에 옮겨 적었는데 영인본으로 세상에 알려진 수타사본(壽陀寺本)의 〈월석〉 제17권에서 낙장(落張)된 부분[40]을 이 옥책에서는 모두 옮겨 새겼기 때문이었다.[41]

즉, 경태(景泰) 6년의 간기를 가진 617편(片)의 〈월석〉의 옥책은 전편을 모두 권28로 나누었으니 정통 12년의 〈월석〉 옥책에서 권12로 분권한 것을 본뜬 것이다. 경태 6년의 〈월석〉 옥책에서는 권6(1~18판)에 영인본 〈월석〉 제17권의 1앞 4행 첫 칸 "如來ㅅ 成佛이 오라샤"부터 동 8엽 뒤 3행 쌍주(雙註) 중간의 "成佛, 衆生利케[호미오라 샹녜]"까지 새겨 넣었다.

그리고 옥책 권7(1~7판 첫 행)에는 〈월석〉 제17권의 8엽뒤 "[成佛, 衆生利케]호미오라 샹녜"부터 동 권17의 17앞 5행 끝 자에서 6행 하단까지의 "ㄱ장 歡喜ᄒᆞ야 절ᄒᆞ고 [ᅀᆞ러 問訊ᄒᆞᄃᆡ]"까지를 옮겨 새겼다. [ ]의 것은 앞, 또는 뒤판에 새겨져 실제로는 보이지 않는 부분.

이러한 경태 6년의 옥책에 새긴 부분은 연세대학교 출판부와 동방학연구소에서 영인 출간한 수타사(壽陀寺) 소장본의 〈월석〉 제17권의 권두 제1장부터 제10장까지의 열 장분이다. 원래 이 부분은 수타사본에서는 낙장(落張)된 부분이라 세상에 알려진 영인본에는 없는 부분이다. 중

---

40) 『月印釋譜』 제17권(『月印千江之曲』 제17, 『釋譜詳節』 제17)은 연세대학교 동방학연구소가 주관하여 壽陀寺 소장본을 권18과 함께 동 대학교 출판부에서 1957년(단기 4290년 10월 1일)에 영인본으로 간행되었다. 이 영인본의 첫 장은 앞의 10장이 落張되어 〈월석〉 권17의 11엽부터 시작된다.

41) 〈월석〉 제17권의 영인본으로 연세대학교 출판부에서 단기 4290년, 즉 서기 1957년에 간행한 〈월인석보〉 제17, 18에도 〈월석〉 제17권의 1~10장이 영인되지 않았다. 물론 壽陀寺本을 영인하였기 때문이다.

간의 제12장, 그리고 제71장의 두 장도 떨어져 나갔는데 옥책은 이 부분
도 빠짐없이 기록하고 있다.[42) 이러한 사실로부터 필자는 이 옥책을 한
때 진본(眞本)으로 오해하기에 이르렀다.

그러나 후일 이병주(李丙疇) 교수에 의하여 보림사본(寶林寺本)[43)
〈월석〉 제17권이 소개되면서 이 낙장(落張)된 부분도 세상에 공개되었
다. 따라서 이 옥책은 이러한 정황으로 보아 수타사(壽陀寺)본과 보림사
(寶林寺)본을 교차하여 참고한 다음에 이를 옥판에 새겨 넣은 것이다.

3.3.4.4 경태(景泰) 6년의 옥책은 전문가들이나 보는 보림사본(寶林寺
本)과 수타사본(壽陀寺本)을 참조하여 위작(僞作)을 만들었으니 여기에
가담한 사람들이 얼마나 많은 연구와 신중한 모의를 거쳤는지를 알 수
있다. 따라서 이 옥책의 위작을 제작한 사람들은 이 방면에 상당한 수준
의 지식을 가진 전문가들로 보인다.

이 경태 6년의 옥책은 〈월석〉의 제7권(옥책에서는 권1부터 권5까지),
제17권(옥책의 권6부터 권16까지), 제8권(옥책의 권17부터 권28까지)을
새겨 넣었다. 따라서 진품으로 보이는 정통 12년의 옥책에서 제8권을
옮긴 것에 비하면 그 분량이 2배 이상 불어났다. 실제로 이 옥책은 전부
권28로 본문을 새긴 옥간(玉簡)만 561편(片)이나 된다.

이것은 '월인석보(月印釋譜)'와 '월인천강지곡석보상절(月印千江之曲

---

42) 〈월인석본〉 제17권의 연세대 영인본은 壽陀寺(강원도 洪川郡 東面 德峙里 소재) 소장본
으로 제17권의 11엽부터 영인되었고(1-10엽은 낙장임) 12엽은 낙장이었으나 이를 알지 못
하고 그대로 영인하였으며 71엽은 공란으로 두어 낙장임을 알렸다. 그러나 景泰 5년의 옥
책 권7은 이 落張 부분을 모두 입력하였다.

43) 1971년에 全南 長興의 寶林寺에서 〈월석〉 제17권의 完本이 발굴되었다. 1986년에 이를
教學研究社에서 영인하여 출판하였고『東岳語文論集』제8호에 壽陀寺本의 落張 부분을
영인하여 附錄하였다.

釋譜詳節)'을 해서(楷書)로 쓴 겉표지와 속표지의 각 28편, 합하여 56편과 행서(行書)로 쓰고 뒷면에는 구름과 용 모양의 그림을 그린 옥봉(玉棒) 56주(柱)를 합하여 모두 617편으로 되었다. 참으로 방대한 양의 옥책이라 아니할 수 없다. 그리고 이런 형태의 옥책은 모두 정통 12년의 〈월석〉 옥책을 그대로 모방한 것이다.

필자가 중국 북경(北京) 모처에서 목도한 경태 6년의 옥책은 모두 28개의 나무상자에 각기 18~19개의 옥편(玉片)을 넣어 보관하였는데 이를 사진으로 보이면 다음의 [사진 3-13]과 같다. 그 상자 안의 옥책들을 보면 이 위조품에 들인 공력과 그 방대함에 입을 다물 수가 없었다.

[사진 3-13] 경태 6년의 〈월석〉 옥책을 담은 나무상자

또 경태(景泰) 6년의 〈월석〉 옥책 권1의 권두에 이러한 옥책이 어떻게 제작되었는지 설명하는 서문에 해당하는 글이 있다. 다음에 제시한 [사진 3-14]의 원문을 다음에 전사(轉寫)하여 소개하면 다음과 같다.

歲在景泰六年, 吾奉佛日寺雲龍法師之命涯, 弟子師徒百人餘, 共商
用鑲金鐫, 刻月印千江之曲釋譜詳節數套, 以流布世人千樞萬代。 爲世
奇之珍寶, 佛門之盛興事也。 佛日寺景泰六年。 − 해는 경태 6년이며 우
리들이 불일사 운룡법사의 명을 받들어 제자 사도 백여 인이 모여 함께 거
푸집을 사용하여 금을 새겨 넣어 월인천강지곡 석보상절을 몇 벌 새기었으
니 세상 사람들에게 천년 만대에 유포하도록 한 것이다. 세상에 진귀한 보
물이 되었으며 불가의 홍성한 일이로다. 불일사 경태 6년.

[사진 3-14] 경태 6년 〈월인석보〉 옥책의 서문 부분

필자가 이 옥책을 현대인의 위작으로 의심하기 시작한 것은 이 서문
을 읽고 나서의 일이다. 이것은 한문의 고문(古文)도 아니고 물론 조선
이문(吏文)도 아닌 것으로 현대인이 고문(古文)과 이두(吏讀)의 흉내를
낸 것이다.[44]

특히 불일사의 운룡(雲龍) 법사라는 가공의 인물을 내세웠고 앞의 [사
진 3-14]에 보이는 것처럼 서문의 마지막에 "共商用鑲金鐫, 刻月印千
江之曲釋譜詳節數套"라 하여 〈월인〉과 〈석보〉 여러 질을 금전(金鐫),
즉 옥간(玉簡)에 음각하고 금분(金粉)을 얹어 만든 금자로 썼다고 하였다.

---

44) 古文이란 四書五經의 한문을 말하며 朝鮮吏文이란 元代 중국의 漢吏文을 본떠서 우리 말
어순에 맞추어 한자로 표기하는 우리 吏文을 말한다. 이에 대하여는 졸고(2012)를 참고할 것.

그러나 옥책의 성분을 분석한 결과 금(金)은 조금도 발견되지 않았다.

운룡(雲龍) 법사라는 가공의 인물은 아마도 이 옥책의 옥봉(玉棒)이 구름을 타고 나는 용의 모습을 조각하였기 때문에 이런 이름을 붙인 것으로 보인다. 정통 12년의 〈월석〉 옥책에도 옥봉에 유사한 문양이 조각되었다. 아마도 이 문양으로부터 운룡법사라는 인물을 만들어낸 것으로 보인다. 이 시대의 어떤 사료(史料)에도 운룡법사는 찾을 수 없다.

거기다가 이 옥책의 제작 연대인 경태(景泰) 6년(1455)은 단종(端宗) 3년이고 세조의 즉위년이다. 이때는 수양대군(首陽大君)이 조카인 단종을 폐위시키고 스스로 임금의 자리에 오른 해이다. 이런 와중에서 개성(開城)의 불일사(佛日寺)가 아무리 세조의 원찰(願刹)이고 그의 모후(母后)인 소헌왕후(昭憲王后)의 위패를 모신 곳이라 하더라도 이러한 불사(佛事)를 일으키기는 어려울 것이다.

3.3.4.5 또 이렇게 대대적으로 〈월석〉의 위작(僞作)을 만들면서 왜 천순(天順) 3년이란 학계가 인정하는 〈월석〉의 간행 연도보다 4년이나 앞서게 하였는지 다시 의심하지 않을 수 없다. 다른 어떤 진품(眞品)을 본 것이 아닌가 하는 의구심이 들지 않을 수가 없다. 당연히 정통 12년의 〈월석〉 옥책을 떠올리지 않을 수 없다.

경태 6년의 이 옥책을 위작으로 본 결정적인 요인은 〈월석〉 제17권의 보림사본(寶林寺本)에서 접혀져 보이지 않는 부분이 역시 옥책에서도 제대로 쓰이지 않았다는 사실이다. 그리고 공주대학교에서 실시한 비파괴 검사에서 금(金) 성분이 전혀 발견되지 않은 사실로부터 필자는 이 옥책이 위작(僞作)이라고 판정하였다. 필자의 이러한 감정에 낭패해 하던 소장자의 모습을 지금도 잊을 수가 없다.

뿐만 아니라 옥책이라면 상하(上下) 끝단에 두 개의 천공(穿孔)을 뚫어 가죽 끈으로 옥혈(玉穴)을 연결하여야 하는데 이 경태 6년의 〈월석〉 옥책은 [사진 3-12]와 [사진 3-14]에서 볼 수 있는 것처럼 상하에 옥혈이 하나뿐이다. 그리고 구멍도 매끈하여 현대의 첨단 기술로 구멍을 뚫었음을 알 수 있다. 조금만 눈여겨보면 이것이 위작(僞作)임을 알 수 있는데 요즘도 이 물건이 여기저기에 출몰하면서 그 진위를 물어오는 경우가 없지 않다.

필자는 이외에도 서너 질(秩)의 옥판을 감정한 일이 있으나 모두가 현대인의 위작(僞作)이었다. 어느 것은 매우 정교하게 제작되었고 또 어떤 것은 한눈에 보아도 위작임을 알 수 있는 조악(粗惡)한 것도 있었다. 필자는 2006년 이후부터 더 이상의 옥책 감정을 하지 않겠다고 선언하고 어느 누가 옥책을 가져와도 보지 않았다.

그러다가 2011년 10월경에 제작 연대가 정통(正統) 12년인 옥책을 보아달라는 부탁이 있었다. 처음에는 관심이 없다고 보지 않다가 하도 정성을 다하여 감정을 의뢰하기에 몇 군데를 살펴보았는데 지금까지 본 다른 옥책과는 조금씩 달랐다. 이때는 필자가 은퇴하여 개인 연구실에 있을 때여서 시간을 갖고 주의 깊게 살펴보았다.

우선 옥책의 상하(上下) 단에 천공한 옥혈(玉穴)이 두 개가 있어서 옥책으로 가능하며 옥(玉)도 중국의 호탄(和田) 옥이나 수암(岫岩) 옥이 아니라 그 출처가 잘 알 수 없는 옥이었다. 내용도 비록 많은 오류가 있지만 〈월석〉의 제8권을 처음부터 끝까지 모두 옮겨 새겼다. 그리고 글자의 새김도 핸드피스와 같은 현대적 도구로 쓴 것처럼 직선이 아니라 각자(刻字)가 삐뚤삐뚤해서 한눈으로 보아도 손으로 새긴 것임을 알 수 있었다.

더욱이 정통 12년이란 간기는 그동안 필자가 추정해온 훈민정음의 〈해례본〉이나 〈언해본〉의 간행 시기보다 1년 뒤의 일이라 더욱 필자의 관심을 끌었다. 그렇다면 아마도 이것이 그동안 많은 옥책의 위작(僞作)

[사진 3-15] 정통 12년 옥책을 끈으로 연결하여 책으로 된 모습[45)

을 만들게 한 그 진품(眞品)이 아닌가 하는 생각이 들었다. 진품의 정통 12년이란 간기에 맞추려고 〈월석〉의 간행이 천순(天順) 3년이라는 학계의 정설을 무시하고 경태(景泰) 6년으로 〈월석〉 옥책의 간기로 삼은 것을 이해하게 되었다.

실제로 이 경태 6년의 〈월석〉 옥책은 정통 12년의 그것과 너무 유사하게 만들었다. 다만 후자가 〈월석〉의 제8권만을 옮겨 새긴 것에 비하여 전자는 〈월석〉의 제7권, 제17권, 그리고 제8권을 옮겨 새기면서 많은 분량을 누락하거나 중도 삭제하였다. 이런 사정으로 보아 경태 6년의 옥책은 정통 12년의 것을 모조하여 만든 위작으로 판정한 것이다.

---

45) 景泰 6년의 〈월석〉 옥책이나 필자가 감정한 위작들은 玉穴이 하나이기 때문에 이러한 책의 형태로 보일 수 없다.

4. 현전하는 〈월인석보〉 제8권과 옥책

1) 현전하는 〈월석〉

3.4.1.1 지금까지 초간본, 또는 복각본, 후대의 개간본으로 현전한다고 알려진 〈월석〉은 제1·2권, 제4권, 제7·8권, 제9·10권, 제11권, 제12권, 제13·14권, 제15권, 제17·18권, 제19권, 제20권, 제21권, 제22권, 제23권, 제25권이다. 그리하여 제3권, 제5·6권, 제16권, 제24권과 만일 28권까지라면 26, 27, 28권이 아직 발견되지 않은 셈이다.

그동안 〈월석〉은 제24권을 마지막 권으로 추정하였다. 그러나 제25권이 발견되어 〈월석〉은 과연 몇 권으로 편찬되었는지 논란이 계속되었다. 제26권이 최종권이란 주장(안병희, 2007)이 있으며 필자는 졸고(2006a)에서 제28권으로 끝났을 것으로 추정하였다. 만약 제25권이 최종권이 아니라면 인용 불경의 내용으로 보아 세 권이 더 있을 것으로 보았다. 거기다가 〈월석〉은 두 권을 한 책으로 합편하여 간행한 경우가 많으므로 아마도 짝수의 권으로 끝났을 것으로 추정한 것이다.

현전하는 〈월석〉은 전술한 바와 같이 지금까지 모두 20권이 발견되어 세상에 소개되었다. 개중에는 초간본으로 보이는 판본도 있으나 모두 목판본이다. 아마도 세종 때의 〈월석〉 구권은 활자본으로 되었을 것이다. 세조 때의 〈월석〉 신편은 아마도 활자본의 번각본(飜刻本)으로 보인다. 물론 세조 때의 신편을 번각한 판본도 있고 후대에 이를 개간한 것도 있다.

현전하는 〈월석〉을 모두 도표로 보이면 다음과 같고 소장처도 아울러 밝혀본다.

卷數	葉數	소장처	〈월인〉의 章數	간행	비고
1	50엽	서강대	其 1~11	초간	사찰의 번각본 있음
2	79엽	서강대	其 2~29	초간	상동
4	68엽, 2엽 낙장	金秉九	其 7~93	복각	67, 68엽은 紙念에 남아 있는 종이로 추정 가능함
7	78엽+2	국립중앙도서관	177~211	초간	사찰의 번각본 있음
8	104	상동	212~250	초간	상동
9	62엽	梁柱東 구장본	251~260	초간	연대 동방학연구소 영인본
10	122엽 이하 낙장	양주동 소장본 권9,10은 성남	261~271	초간	82엽이 낙장됨. 연대 동방학연구소 영인본 간행
11	129엽	삼성미술관 리움	272~275	초간	
12	51엽	상동	276~278	초간	권11과 함께46)
13	74엽	연세대	279~282	초간	〈월인〉 其279, 280 결락
14	81엽 이하 낙장	연세대	283~293	초간	권13, 14는 연대 동방학연구소에서 영인본 간행
15	85엽	순창 구암사	294(6)~302	초간	50~71, 77~84엽의 30엽뿐
17	93엽	寶林寺 殘82, 壽陀寺 殘 87	310~317	초간	수타사본은 제18권과 함께 연대에서 영인본 간행
18	87엽	壽陀寺, 寶林寺	318~324	초간	보림사본은 교학사에서 영인본 간행
19	125엽	가야대소장본47)	325~340	초간	6장 낙장
20	117엽	강순애 교수 소개48) 임흥재	341~411	초간	15엽, 82뒤, 83앞, 107~110엽 결락
21	222엽	삼성미술관 리움	412~429(?)49)	복각	廣興寺板(1542), 無量崛板(1562), 雙溪寺板(1569)
22	109엽	誠巖古書博物館	445~494	복각	
23	106엽	연세대	497~524	초간	1~15엽 낙장
25	144엽	개인소장	577~583	초간	1, 2, 144엽 낙장

[표 3-3] 〈월석〉의 현존 잔본 목록50)

현전하는 〈월석〉의 대부분이 세조 5년에 간행된 〈월석〉의 신편으로 보인다. 그러나 모두가 신편으로 보기 어려운 것은 현전하는 〈월석〉들이 천순(天順) 3년(1459) 기묘(己卯)에 세조가 쓴 '어제월인석보서(御製月印釋譜序)'를 권두에 붙여 간행한 서강대본 {신편}〈월석〉의 초간본과 서로 판식(板式)이나 판본의 서술방식이 동일하지 않은 것이 있기 때문이다.

3.4.1.2 남권희(1997:133)에 의하면 1990년대 후반에 발굴한 〈월석〉 제4권의 경우 초간본의 복각본으로 보인다고 하였다. 그리고 판심(版心)이 상하대흑구(上下大黑口)로 상하내향(上下內向)의 흑어미(黑魚尾)를 갖고 있지만 흑구(黑口)와 흑어미 사이에 횡선이 1~2개 새겨진 것과 전혀 없는 판이 있다고 한다.[51]

상하 대흑구에 상하내향 흑어미의 판식은 〈석보〉와 〈월인〉과 같은 세종 때의 불교 문헌에서 보여주므로 현전하는 〈월석〉 제4권은 〈월석〉의 구권을 복각한 목판본이 아닐까 한다. 특히 흑구와 흑어미 사이에 횡선으로 표시한 경우는 세종 때의 문헌에서 자주 보이는 판식이다. 〈월

---

46) 沈載完, 李鉉奎 編著(1991:7)에 소개된 것에 의거하고 후대에 추가된 자료들을 반영하였음.

47) 남성우(2008:7)에 의하면 〈월석〉 제19권은 남권희 교수가 경북 고령의 가야대학교 소장 고서를 정리하다가 발견한 것으로 모두 125엽 가운데 50앞에서 56앞까지 모두 6엽이 낙장이 되었고 몇 곳은 부분적인 훼손이 있다고 한다. 세종대왕 기념사업회에서 제19권의 역주본을 2008년에 간행하면서 전권의 영인을 부재하였다.

48) 〈월석〉 제20권은 강순애(2001)에서 전권의 영인본을 첨부하여 소개되었다.

49) 김동소(1997:140)에 의거함.

50) 세종대왕기념사업회에서 지속적으로 〈월석〉의 역주와 영인본 간행 사업을 계속하고 있다. 현재 알려진 동 사업회의 영인 역주본으로 〈월석〉의 제1·2권, 제4권, 제7·8권, 제11·12권, 제13권, 제14권, 제15권, 제17·18권, 제19권, 제21권, 제22권, 제23권, 제25권, 제25권(하)이 간행되었다. 따라서 제25권을 終卷으로 하면 아직 현전하는 판본이 없는 것은 제3권, 제5·6권, 제16권, 제24권의 4권이다.

51) 남권희(1997:134)에서는 刻手가 자의적으로 이런 변개를 시도한 것으로 보았다.

석〉 제4권에 대하여는 다음의 제5장 5.4.0과 5.4.1.1~2에서 다시 상세하게 고찰할 것이다.

다른 권의 경우, 예를 들면 〈월석〉의 제19권은 상향(上向), 하향(下向)의 흑어미가 모두 태선(太線)을 갖고 있으며 〈월석〉 제21권의 경우 복각본이지만 태선이 있는 흑구(黑口)도 보인다고 한다. 아마도 구권(舊卷)과 신편(新編), 아니면 사찰(寺刹)에서 자의적으로 변개한 사각본(私刻本)이 혼재하여 이런 현상이 생긴 것이 아닌가 한다.

2) 옥책에 옮겨 새긴 〈월석〉의 제8권

3.4.2.1 다음 제4장의 4.1.2.2에 옮겨놓은 것처럼 정통 12년의 옥책에서는 {신편}〈월석〉 제8권을 모두 옮겨 새겼다. 필자가 감정한 다른 위작(僞作)들에서 각 권의 일부를 옮겨 새긴 것과는 다르다.

〈월석〉의 제8권은 인생의 영화와 고난이 극적으로 교차하는『불설관무량수경(佛說觀無量壽經)』과『안락국태자경(安樂國太子經)』을 저본으로 한 것이어서 인생무상(人生無常)을 설교하는 데 가장 바람직한 불경이다. 옥책에서는 이 부분을 선택하여 새김으로써 불일사(佛日寺)에 위패를 모신 소헌왕후(昭憲王后)의 왕생극락을 위하고 불교에 대한 대중적 관심을 얻으려고 한 것 같다.

그러나 전술한 경태(景泰) 6년의 옥책은 이러한 의도와 상관없이 당시 가장 널리 알려진 {신편}〈월석〉의 제17권을 주로 옮겨 새겼다. 필자는 이 위작(僞作)이 만들어진 것을 1980년대로 보기 때문에 이때에는 원본인 정통 12년의 옥책에서 옮겨 새긴 {신편}〈월석〉 제7, 8권의 초간본이 세상이 알려지지 않았을 때였고 그 영인본도 나오지 않았을 때여서 〈월석〉의 제8권을 옮겨 새기는 것이 어려웠을 것으로 보았다.

위작(僞作)인 경태 6년의 〈월석〉 옥책은 아마도 정통 12년의 〈월석〉

옥책에 근거하여 〈월석〉의 제8권을 옮기려고 하였으나 이 불경이 세상에 알려지지 않았고 또 영인본을 쉽게 구할 수 없어서 우선 {신편}〈월석〉의 제17권을 선택하여 옮겨 새겼던 것 같다. 더욱이 〈월석〉의 제7권이나 제17권, 그리고 제8권도 제대로 끝까지 옮겨 새기지도 못하였다.

뿐만 아니라 옥간(玉簡)에 새긴 글자 모양이 현대의 기구를 사용한 흔적이 보이며 천공(穿孔)의 기술도 현대적이고 그것도 각 옥편(玉片)에 옥혈(玉穴)을 하나밖에 뚫지 못하였다. 무엇보다도 각 옥간(玉簡)이 모두 중국 티베트 지역에서 나는 호탄(和田) 옥이라 우리나라에서 생산된 것이 아니다. 이런 사실로 보아 경태 6년의 〈월석〉 옥책은 위작(僞作)이다.

3.4.2.2 정통 12년의 간기를 가진 〈월석〉의 옥책은 천혜봉(1977)에서 인정한 초간본의 {신편}〈월석〉 제8권과 비교하면 전편을 충실하게 옮겨 새겼다. 다만 쌍행 협주를 제대로 이해하지 못하여 한 행에 두 줄로 쓰인 것은 한 글자로 오해하고 옮겨 새겨서 이 부분에서 의미가 통하지 않은 경우가 있었다. 앞에서 언급한 경태(景泰) 6년의 위작에서 이와 같은 오류를 흉내 낸 것은 실소(失笑)를 금할 수 없는 일이다.

정통 12년 〈월석〉 옥책의 정통 12년(1447)은 세종 29년이어서 훈민정음 〈해례본〉이 간행되어 세상에 나온 지 불과 1년밖에 되지 않을 때이라 불일사(佛日寺)의 승려로 볼 수밖에 없는 〈월석〉 옥책의 각수(刻手)들은 언문, 또는 훈민정음이란 이름으로 공표된 새 문자가 생소하였을 것이다.

거기다가 불가(佛家)의 어려운 술어를 두 줄의 협주(夾註)로 본문의 중간중간에 집어넣은 〈월석〉과 같은 불경에 익숙하지 못하였다. 〈월석〉은 월인부에서 〈월인〉의 각 장(章)을 대두(擡頭)하여 원문으로 하고 이에 해당하는 〈석보〉를 석보부에서 한 칸 내려 실었다. 그리고 〈석보〉

의 협주나 〈월석〉에서 새로 추가한 협주가 있어 협주에 협주가 더한 형식으로 조판되었다. 따라서 이것을 옮겨 새길 때에 많은 혼란이 있었을 것이다.

또 모두 104엽의 〈월석〉 제8권을 12인의 승려들이 1인당 9엽 정도를 나누어 갖고 각자 364편, 실제로는 속표지 12편을 빼고 본문은 352편(片)의 옥간(玉簡)에 새겨 넣은 것으로 추정할 수 있다. 12명의 각수들은 각기 28편, 또는 31편의 옥간을 나누어 갖고 각자가 분담한 〈월석〉 9엽의 분량을 기준으로 분권(分卷)한 것으로 보인다. 우리 전통의 음력에서 1년 12월에 한 달이 29~30일, 354일에 맞춘 것으로 보인다.52)

그리고 불일사(佛日寺)의 승려로 볼 수밖에 없는 12인의 각수(刻手)는 새 문자에 대한 개인적인 숙달의 차이가 있어서 쌍행 협주를 제대로 이해하여 각자(刻字)한 것도 있으나 대부분은 협주의 두 줄로 쓰인 글자를 한 글자로 보아서 이를 그대로 옮겨 새겼다. 그로 인하여 정통 12년 〈월석〉의 옥책에서는 많은 오류가 생긴 것이다.

또 전술한 바와 같이 현전하는 〈월석〉의 제8권은 신편(新編)이라 구권(舊卷)과 엽차(葉次)에서 차이가 있었던 것으로 보인다. 즉, 앞 3.3.3.5의 [표 3-2]에서 볼 수 있는 것처럼 현전하는 {신편}〈월석〉 제8권을 엽수(葉數)대로 나누었다면 정통 12년의 〈월석〉 옥책에서는 권10만이 그에 해당될 것이어서 12인이 각자 7~10엽의 분량을 나누어 가졌을 때에 옥책의 권10 이외는 해당되지 않는다.

이것은 12인의 각수가 서로 다른 엽의 〈월석〉을 동시에 갖고 작업했다고 보아야 하므로 앞에서 본 정통 12년 〈월석〉 옥책의 분권(分卷)은

---

52) 1년 365일은 陽曆에서의 1년 날짜이다. 陰曆에서는 보통 1년을 354일로 보고 윤달(閏月)로서 나머지 차이를 조정하였다. 다만 음력에서 한 달은 29일, 30일인데 나누어 가진 〈월석〉 제8권의 분량에 따라 28편으로 줄이거나 31편까지 확대한 것으로 보인다.

논리적으로 성립하기 어렵다. 이와 같이 분량에 따라 옥책의 권을 나누는 일이 다른 위작(僞作)의 〈월석〉 옥책에서도 그대로 모방되었다. 특히 경태 6년의 위작에서 더욱 그러하다.

5. 옥책의 과학적 검증

3.5.0.1 앞에서 검토한 바와 같이 정통 12년의 〈월석〉 옥책은 {구권} 〈월석〉 제8권을 옮겨 새긴 것이지만 그 내용을 각인하는 과정에서 많은 오류가 발견된다. 따라서 학계에서는 이를 위작(僞作)으로 간주하고 더 이상 논의하지 않는 추세이다. 필자도 옥책에 각자(刻字)된 내용으로는 한동안 진위를 판단하기 어려웠다.

그러나 소장자가 여러 기관에 의뢰하여 과학적인 방법으로 검증한 결과로는 이 옥책이 상당한 기간 동안 쇠붙이와 접촉하여 옥 속에는 Fe, 즉 철분이 스며들었다는 보고가 소장자와 필자에게 전해져서 이 옥책에 대한 과학적 검증에 관심을 갖게 되었다. 여기서는 그동안의 정통 12년의 〈옥책〉에 대한 과학적인 검증에 대하여 검토하기로 한다.

3.5.0.2 앞의 3.3.2.1에 게재한 [사진 3-7]에서 소개한 바와 같이 정통 12년의 〈월석〉 옥책은 용트림을 조각한 것으로 보이는 24개의 옥봉(玉棒)과 표지서명에 해당하는 '월인석보(月印釋譜)'의 옥간(玉簡) 12편, 그리고 속표지에 해당하는 '월인천강지곡석보상절(月印千江之曲釋譜詳節)'의 옥간 12편(片)이 있고 〈월석〉 제8권을 새겨 넣은 352편의 옥간(玉簡)이 있다.

속표지부터 편수(片數) 표시가 있어서 표지서명의 옥간 12편을 제외하면 숫자를 붙인 옥간(玉簡)은 모두 364편이 된다. 이것을 권12로 나누고 매권 29~30편의 옥간에 〈월석〉 제8권을 새긴 것은 352편이니 아무래도 12월이란 한 해의 달수와 한 달이 29~30일인 음력과 354일이란 한 해의 날수에 맞추어 옥간(玉簡)을 제작한 것으로 보인다.

이로 보면 정통 12년의 옥책은 불일사(佛日寺)에서 올리는 불사(佛事)로서 이루어졌음을 알 수 있다. 그리고 정통 12년은 세종의 왕비인 소헌왕후(昭憲王后)의 서거 일주기(一週忌)가 되는 해여서 왕후의 위패(位牌)를 모신 불일사(佛日寺)에서 소상(小喪)을 기념하는 불사(佛事)로 〈월석〉의 옥책을 제작한 것으로 보인다.

소헌왕후는 정통 11년, 즉 세종 28년 3월에 승하하셨다. 즉, 『세종실록』(권111), 세종 28년 3월 신묘(辛卯)조에 "王妃薨于首陽大君第 - 왕비가 수양대군의 집에서 돌아가시다"라는 기사가 이를 알려준다. 아마도 왕후가 서거하신 일주기, 즉 소상(小喪)을 맞이하여 정통 12년의 〈월석〉 옥책은 왕후의 왕생극락을 위하여 불공(佛供)으로 제작된 것으로 보인다.

옥책 12권의 각 권이 끝나는 곳에 '佛日寺 正統 十二年'이란 간기를 붙였다. 그리고 옥책이 끝나는 마지막 권12-29의 말미에 '佛日寺 正統 十二年 終'이란 간기가 있다. 앞에서 게재한 3.3.1.3의 [사진 3-6]에 보이는 옥책 권12 말미의 간기에는 옥책이 여기서 끝났다는 의미의 '종(終)'을 붙인 것이 보인다. 다른 권의 간기에서는 '종(終)'이 없었다.

1) 옥 전문가의 감정

3.5.1.1 먼저 정통 12년의 〈월석〉 옥책은 우리나라 최고의 옥 유물 전문가인 정명호 단국대학교 명예교수에 의하여 감정되었다. 이 유물의 소장자였던 홍산(紅山) 도자기박물관에서 의뢰한 감정이었는데 이 감

116

정에서 옥책의 옥과 그 가공을 고찰하고 진품으로 감정하였다.

즉, 정명호(2013)의 감정에 의하면 옥봉(玉棒)의 크기가 높이 28.2cm, 폭 1.6cm, 두께 2cm이고 상하 2개씩 뚫린 옥혈(玉穴)은 크기가 직경 0.5~0.55cm로 상하가 조금씩 차이가 난다고 한다. 옥간(玉簡)은 길이도 28cm, 그리고 폭이 4.5cm(하단), 4.42cm(중단), 4.45cm(상단)로 상하가 역시 조금씩 차이가 난다. 두께는 약 0.55~0.6cm로 역시 옥간에 따라 조금씩 나르다고 한다.

각자(刻字)의 크기는 표지서명의 '月印釋譜'에서 '月'은 상 2cm, 하 3.6cm, 높이 2cm이고 '釋'은 폭이 3cm, 높이가 1.9cm이며 나머지 글자도 대체로 이 정도의 크기이다. 속표지에 해당하는 '月印千江之曲釋譜詳節'을 각자(刻字)한 옥간(玉簡)의 크기도 길이 28cm, 폭은 상하가 달라서 4.2cm(하), 4.25cm(중), 4.25cm(상)이다(앞의 [사진 3-7] 참조).

본문은 한자와 한글의 크기가 가로 1cm, 세로 0.7cm로 각자(刻字)하였다. 쌍행(雙行) 협주(夾註)의 경우는 한자가 세로 0.5cm, 가로가 0.5cm이고 한글은 가로 1cm, 세로 0.45cm의 크기로 각자하였다. 손으로 써넣는 방식의 각자이기 때문에 크기가 일정하지 않고 자형(字形)도 제멋대로였다(위의 [사진 3-8, 9] 참조).

3.5.1.2 역시 정명호(2013)에 의하면 이 옥책의 옥 가공은 전통적인 방식에 의한 것으로 구멍이나 조각도 모두 전통적인 옥 가공 기구인 활근개와 뚜루개, 옥칼 등을 사용한 것으로 확인하였다. 현대에 자주 쓰이는 치과용기의 피스를 사용한 흔적은 전혀 찾을 수가 없다고 한다. 그리고 모든 옥책의 각자(刻字)는 수작업으로 하였기 때문에 자형이 삐뚤빼뚤하다는 것이다.

옥간(玉簡)으로 사용한 옥은 경옥(硬玉)으로 한반도에서 생산된 청옥

(靑玉) 종류이며 이런 옥은 평안도 성천(成川)이나 의주(義州) 지방, 또는 황해도 등지에서 생산된다고 한다. 그러나 일부 옥 전문가들은 중국 요녕성(遼寧省) 수암(岫岩) 옥으로 보기도 하였으나 입증하기 어려우며 신빙성이 큰 것은 황해도에서 생산된 수안(遂安) 옥일 가능성이 크다. 경도 4.6~6 정도이며 앞의 2.2.1~9에서 살펴본 〈부모은중경(父母恩重經)〉의 옥책과 같은 옥으로 보인다.

우리나라 옥 유물 감정의 최고 전문가로서 유물 발굴 현장에서 생애의 대부분을 보낸 정명호 덕난문화연구원 원장은 앞의 감정서에서도 언급하였지만 이 정통 12년의 〈월석〉 옥책에 대하여 위의 사실들을 열거하고 정명호(2019)에서 다음과 같이 이 유물을 평가하였다.

지금까지 조사된 옥편을 보면 천공(穿孔)의 방법이나 각자(刻字)의 수법이 모두 전통 방식에 의하여 이루어진 것임을 알 수 있다. 즉, 천공에서는 활대어에 실 종류나 철사를 활줄로 걸어 금강석가루를 물과 함께 사용하여 갈아내어 [사용하였는데] 그 녹이 이 옥책의 구멍에서 발견된다. 이 정도의 녹이 슬려면 수백 년의 세월이 흘러야 할 것이다.

또 각자(刻字)에서도 현대의 기구를 사용하였더라면 한글의 자모가 직선으로 그어져야 하는데 전통 방식에 의하여 각인(刻印)하여 선이 삐뚤빼뚤하다. 이에 대하여는 발표할 때에 확대된 슬라이드를 보면서 설명하고자 한다. [중략]

이상의 고찰로 보아 불일사(佛日寺)에서 옥간(玉簡)에 〈월인석보〉를 이각(移刻)한 정통(正統) 12년에 간행한 이번의 옥책은 적어도 몇백 년의 세월이 지난 유물이므로 진품으로 판정할 수 있다. [ ] 안은 필자 삽입.

이 감정에 의하면 정통 12년의 〈월석〉 옥책은 진품으로 보인다는 것이다. 이 평가에서 정통 12년의 〈월석〉 옥책에 뚫은 옥혈(玉穴)에서 녹이 발견되는데 이것은 수백 년 전에 작업한 활근개의 철사(鐵絲)에서 묻은 철분이 녹이 슨 것으로 현대의 옥공에서는 이러한 수법의 천공(穿孔) 작업은 없다고 하여 진품으로 판정한 것이다.

또 현대 기구를 사용하여 각자(刻字)를 하면 한글의 자모가 직선이어야 하는데 이 유물에서는 한글의 각 획이 삐뚤빼뚤해서 현대의 기법으로 각자한 것이 아니라는 것이다. 실제로 필자가 감정한 다른 모든 위작(僞作)의 한글 각자는 분명한 직선으로 각자되었다(다음의 [사진 3-16] 참조).

[사진 3-16] 경태 6년의 〈월석〉 옥책의 권9-12

즉, 이 책의 3.3.4.2에 소개한 [사진 3-12]와 앞의 [사진 3-16]에 의하면 경태(景泰) 6년의 위작은 옥간(玉簡)의 상하(上下)에 하나씩밖에 없는 옥혈(玉穴)에는 녹도 없으며 각자한 한글도 두 직선으로 되었다. 옥(玉)도 중국 신강성(新疆省) 호탄(和田) 지역에서 생산되는 옥이었다. 그리고 〈월석〉의 제7권과 제17권, 제8권의 일부를 중구난방으로 옮겨 새겼다.

그러나 정통 12년의 〈월석〉 옥책은 매 옥간(玉簡)의 상하(上下)에 2개의 천공(穿孔)을 뚫었으며 다음의 [사진 3-17]에서처럼 그 옥혈(玉穴)에는 할자개의 철사에서 묻었던 철이 녹이 슬어 육안(肉眼)으로도 보일 정도이고 모든 옥에는 다량의 철분이 스며들어있었다. 이 정도로 철이 녹슬고 옥에도 스며들 정도면 적어도 수백 년의 세월이 흘러야 한다. 따라서 이 옥책의 감정으로는 수백 년을 거쳐 솥과 같은 쇠붙이 속에 묻혀있던 진품이라고 보는 것이다.

3.5.1.3 더군다나 다음 [사진 3-17]에서 보이는 것처럼 옥혈(玉穴)의 녹과 구멍 아래위에 세 개의 ○가 있다. 이것은 제2장의 2.2.2에 게재한 [사진 2-2]에서 살펴본 준풍(峻豊) 3년(962)의 〈부모은중경〉 옥책에서 볼 수 있는 옥혈(玉穴) 밑의 ○와 혹사(酷似)하다. 한반도의 옥공예에서 볼 수 있는 천공(穿孔)할 때에 눌린 자국일 것이다.

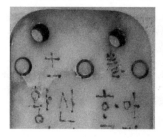

[사진 3-17] 정통 12년 옥책의 권11-23의 위와 권11-16의 아래

또 앞의 [사진 3-17]에서 보이는 것처럼 글씨도 직선이 아니고 삐뚤삐뚤하게 각자(刻字)하여 손으로 새긴 것임을 알 수 있다. 아마도 진품에서나 볼 수 있는 각자(刻字)의 모습이 아닐까 한다. 상단의 두 옥혈(玉穴)에는 녹이 슨 것이 선명하게 보이고 구멍 밑에는 고려 광종 때에 제작된 〈부모은중경〉의 옥혈에 보이는 세 개의 ○가 뚜렷하다.

이로 보면 이 옥책은 진품으로 보아야 하고 만일 이 정통 12년(1447)의 〈월석〉 옥책이 진품이라면 지금까지 〈월석〉은 천순(天順) 3년(1459), 세조 5년에 처음으로 간행되었다는 학계의 통설을 재고해야 한다. 〈월석〉을 옮겨 새긴 옥책이 〈월석〉보다 먼저 제작될 수는 없기 때문이다.

2) 포스텍의 성분 분석

3.5.2.1 이 옥책은 소장자의 의뢰에 의하여 포항공대(포스텍) 화학과의 나노 전문가인 김승빈 전 교수와 그의 제자들에 의하여 옥 성분이 분석되었다. 즉, 옥책에 붙어있는 모든 물체를 수집하여 분석한 결과 다음과 같은 성분들이 이 옥책에 포함된 것으로 분석된 것이다.

김승빈 교수 팀의 감정서에 의하면 분석의 시료는 옥책의 글자 홈에 있는 시료를 긁어 얻은 것으로 SEM(scanning electron microscope)으로 영상을 얻고 영상 가운데 시료의 한 지점을 정하여 EDS(energy-dispersive spectrometer)의 방법으로 시료의 원소를 분석한 것이라고 한다.

이렇게 추출된 성분을 검토한 결과 현대의 물질은 어디에도 발견되지 않았다고 보고하였다.[53] 즉, 현대의 딱풀이나 접착제에서 발견되는 물질은 없었으며 모두 옥(玉)에 부수된 물질이라는 것이다.

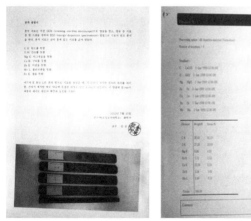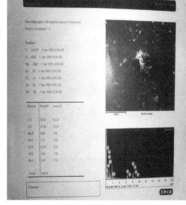

[사진 3-18] 포항공대 감정서와 포항공대에서 추출한 성분 분석표

---

53) 필자가 몇 종류의 〈월석〉을 감정하고 모두 僞作으로 판정하고 더 이상 옥책의 감정을 중단하였으나 正統 12년의 옥책은 이 포항공대의 감정서를 받아 본 다음에 다시 이를 검토하기 시작한 것이다.

2.2 특히 필자의 관심을 끈 것은 앞의 [사진 3-18]의 성분 분석표에서 보이는 것처럼 옥책의 옥에 철(Fe K)이 7.15%나 포함된 것이다. 이것은 이 땅에서 산출된 옥에는 들어있지 않은 성분이다. 샘플로 선정한 옥봉(玉棒)과 옥간(玉簡)의 성분 분석표는 다음의 [표 3-4]와 같다.

즉, [사진 3-18]의 오른쪽에 보이는 〈월석〉 옥책의 성분 분석표를 보기 쉽게 옮겨 보면 [표 3-4]와 같다. [표 3-4]에서 옥책의 성분 가운데 'Fe K'가 7.15% 함유되었음을 볼 수 있다. 'C K(탄소)'나 'O K(산소)' 같이 옥(玉)의 주성분 외에 Fe K, 즉 철분이 다량 함유된 것이다. 이러한 사실은 이 옥책이 불일사(佛日寺) 사천왕상(四天王像)의 기단(基壇) 아래에서 가마솥 안에 넣어둔 것을 꺼냈다는 구매자의 발굴 경위를 떠오르게 한다.

이런 정도의 철분이 옥에 스며들려면 많은 시간이 필요하다고 한다. 아마도 몇백 년간 옥책이 가마솥의 철과 접촉하면서 옥에 이 철분이 스며든 것으로 보인다. 기타 마그네슘(Mg)이나 구리(Cu), 아연(Zn) 등의 성분은 옥에 자주 들어있는 성분이며 현대적 물질에서 발견되는 성분은 하나도 없다고 판정하였다.

Element	Weight %	Atomic
C K	30.43	50.10
O K	27.25	33.69
Mg K	6.06	4.93
Fe K	7.15	2.53
Cu K	21.04	6.56
Zn K	5.58	1.69
Mo L	2.49	0.51
Total	100.00	

[표 3-4] 정통 12년 〈월석〉 옥책의 성분 비율

제4장

─────

〈월인석보〉 제8권과
옥책

목차

4.0 앞에서 살펴본 바와 같이 정통 12년의 간기가 있는 『월인석보』(이하 〈월석〉)의 옥책은 현전하는 초간본 〈월석〉의 제8권을 옮겨 새겼다. 주지하는 바와 같이 〈월석〉의 제8권은 『불설관무량수경(佛說觀無量壽經)』과 『안락국태자경(安樂國太子經)』을 저본으로 한 것으로 『월인천강지곡』(이하 〈월인〉)의 212장부터 250장까지를 포함하여 『석보상절』(이하 〈석보〉)에서 이를 설명한 내용을 〈월석〉의 제8권에 담고 있다.

즉, 〈월석〉 제8권에 수록된 〈월인〉의 212~219장과 그에 해당하는

〈석보〉, 그리고 그에 관련된 협주들은 모두 『불설관무량수경』에서 가져온 것이고 또 〈월인〉 220~250장의 것은 『안락국태자경』에 의거한 것이다. 이와 같이 〈월석〉 제8권을 옮겨 새긴 정통 12년의 옥책에서는 옥책의 권9 중간 15편(片)까지가 후자를 옮겨 쓴 것이고 옥책의 권8까지는 전자를 옮겨 쓴 것이다.[54] 이제 이 각각에 대하여 구체적으로 살펴보기로 한다.

1. 〈월인석보〉 제8권과 옥책의 명문(銘文)

4.0 전술한 『관무량수경(觀無量壽經)』(이하 〈관무량수경〉)은 정토(淨土) 삼부경(三部經)의 하나로 무량불(無量佛)인 아미타불(阿彌陀佛)이 수행하다가 성불(成佛)하매 시방(十方)의 염불(念佛) 중생이 왕생극락한다는 내용의 불경이며 범어(梵語) Sukhāvatī-vyuha-sūtsa의 번역이다.

이 불경은 수(隋), 당대(唐代)의 여러 고승(高僧)이 한역(漢譯)에 참여하였고 한반도에서도 신라의 원효(元曉)대사가 이를 요약한 『무량수경종요(無量壽經宗要)』가 있었다고 하니 이 부분은 불경 가운데 매우 인기 있는 경전이었음을 알 수 있다.

『안락국태자경(安樂國太子經)』(이하 〈안락국태자경〉)도 미타삼존불(彌陀三尊佛)의 본생담(本生談)이라 〈관무량수경〉과 연결되어 여러 불자(佛子)들의 관심을 끌었던 불경이다. 즉, 〈안락국태자경〉은 서천국(西天國)의 사라수(沙羅樹) 대왕이 범마라국(梵摩羅國)의 임정사(林淨寺)에서

---

54) 옥책 권9의 15편은 〈佛說觀無量壽經〉이 끝나고 〈安樂國太子經〉이 시작하는 사이에 여백을 두었다. 옥책의 刻手가 이 불경을 잘 알고 있음을 의미하는 것으로 본서에서 옥책의 각수를 佛日寺의 僧侶로 본 이유가 여기에 있다.

500제자를 거느리고 중생을 교화하던 광유성인(光有聖人)을 쫓아 그의 부인인 원앙(鴛鴦)과 더불어 왕위를 버리고 무상도를 찾아 수도(修道)에 들어가서 죽림국(竹林國)에 이르러 고행을 하던 일화를 소재로 한 것이다.

그때에 임신한 원앙부인은 몸을 팔아 성인(聖人)을 공양하였으나 무도한 장자(長者)를 만나 목숨을 버리게 된다. 그러나 고통 속에서 태어난 아들 안락국(安樂國)은 부왕을 찾아 헤매다가 겨우 만나서 불타(佛陀)의 도움으로 부모와 함께 왕생극락한다는 내용이다. 이러한 풍부한 내용의 이야깃거리를 갖고 있는 이 설화는 극적인 장면을 많이 갖고 있어 불자들에게 널리 알려졌다. 이를 기본으로 한 〈월석〉 제8권의 내용은 다음과 같다.

1) 〈월석〉 제8권의 구성

4.1.1.0 〈월석〉 제8권의 전반부는 위제희부인(韋提希夫人) 만원연기(滿願緣記)로서 〈월인〉 212장부터 219장까지의 8장과 이에 해당하는 〈석보〉의 내용으로 구성되었다. 불타(佛陀)가 위제희(韋提希) 부인의 소원을 들어 서방의 극락정토(極樂淨土)와 그에 이르는 십육관법(十六觀法)을 설명한 것이다(〈월석〉 제8권의 1~77엽).

그리고 그 가운데는 법장(法藏) 비구(比丘)의 48대원(大願)이 쌍행의 협주로 삽입되었다. 법장 비구는 아미타불(阿彌陀佛)의 전생신(前生身)이며 그가 후일을 위하여 발원(發願)한 것이 바로 48대원이다. 〈월인〉 212장부터 219장의 8장에 대한 〈석보〉의 본문은 송대(宋代)에 한역한 『불설관무량수경(佛說觀無量壽經)』이고 이에 대한 협주는 위(魏)나라 때에 강승개(康僧鎧)가 번역하여 『무량수경(無量壽經)』의 제2권에 수록한 부분이다(千惠鳳 1977:13).

다음으로 제8권의 후반부는 원앙부인(鴛鴦夫人)의 극락왕생연기(極

樂往生緣記)인데 삼존불(三尊佛)의 상관성을 가족관계로 설명하기 위하여 설정된 설화로 볼 수 있으며[55] 〈월석〉 제8권의 핵심 내용이기도 하다. 〈월인〉 220장부터 250장까지의 31장과 그에 해당하는 〈석보〉를 옮긴 것이 제8권의 후반부이며 사이사이에 끼워둔 협주(夾註)는 〈안락국태자경〉에서 가져온 것이다.

〈월석〉 제8권의 제77엽부터 104엽 끝까지에 수록된 〈안락국태자경〉은 비록 후반에 수록된 것이지만 〈월석〉 제8권의 가장 중요한 내용이다. 특히 이 〈안락국태자경〉이 다른 불경보다도 대중의 인기를 얻어 한때 불교의 서사(敍事)문학으로 발달하였고 비록 이 경전이 대장경(大藏經) 안에는 포함되지 못하였더라도 불교를 전파하는 데 가장 널리 이용되던 불경이다.

4.1.1.1 〈안락국태자경〉의 내용을 사재동(2006)에서 다음과 같은 12단락으로 나누어 소개하였다. 이를 여기에 옮겨보면 다음과 같다.

① 광유성인이 범마라국 임정사에서 500제자를 거느려 설법하고 있을 때에 서천국의 사라수대왕이 원앙부인 등 408부인과 더불어 선정을 베풀며 무상도를 갈구한다.
② 성인이 왕의 구도, 선심을 알고 제자 승렬을 보내어 8부인을 채녀로 출가시킨다.
③ 성인이 그 신심, 서원을 확인하고 왕 자신에게 출가를 요청한다.
④ 왕이 출가를 응낙하고 주저할 때 원앙부인이 만삭의 몸으로 왕과 함께 출가한다.

---

55) 예를 들면 전세의 沙羅樹대왕이 아미타불이고 鴛鴦부인이 관세음보살이며 안락국태자가 大勢至菩薩로 볼 수 있고 그들의 도사인 光有聖人이 釋迦牟尼佛로 설정한 것이라고 할 수 있다.

⑤ 왕과 부인이 비구를 따라 왕국을 버리고 죽림국에 이르러 고난에 빠진다.

⑥ 부인은 몸이 무겁고 발병하여 진퇴양난 중에서 지현장자에게 종으로 몸을 팔고 그 값을 성인에게 바친다.

⑦ 부인이 왕과 이별할 때 왕생게(往生偈)를 불러주고 태중의 아기 이름을 지어 받는다.

⑧ 왕이 성인 아래서 수도, 정진할 때 부인은 태자 안락국을 낳고 장자에게 갖은 핍박을 받으면서도 순결을 지킨다.

⑨ 안락국이 자라서 부왕이 출가, 수도함을 탐지하고 갖은 고초를 겪으며 찾아가 왕생게를 통하여 만난다.

⑩ 부자가 극적으로 상봉하는 동안에 부인은 자비와 희생의 노래를 부르고 장자의 칼에 맞아 죽는다.

⑪ 안락국이 다시 돌아와 모부인의 죽음을 확인하고 그 시신을 모아 얼싸안고 극락왕생을 비원한다.

⑫ 모두의 공덕으로 하여 부인은 왕, 안락국과 함께 극락왕생을 이룬다. 사재동(2006:415~416).

정통(正統) 12년 옥책 전체의 내용인 〈월석〉 제8권은 바로 이 〈안락국태자경〉의 설화로 대미(大尾)를 장식한다. 따라서 옥책에 옮겨 적은 〈월석〉 제8권을 이해하기 위하여 〈안락국태자경〉의 설화에 대한 지식을 가져야 하므로 이에 대하여 간략하게 소개하고자 한다.

〈안락국태자경〉은 서천국(西天國)의 사라수(沙羅樹) 대왕이 범마라국(梵摩羅國)의 임정사(林淨寺)에서 500제자를 거느리고 중생을 교화하던 광유성인(光有聖人)을 쫓아 그의 부인인 원앙(鴛鴦)과 더불어 왕위를 버리고 무상도(無上道)를 찾아 수도(修道)에 들어가서 죽림국(竹林國)에 이르러 고행을 하던 일화(逸話)를 소재로 한 것이다.

그때에 임신한 원앙부인은 몸을 팔아 성인(聖人)을 공양하였으나 무도한 장자(長者)를 맞나 목숨을 버리게 된다. 그러나 원앙부인과 함께 남아있던 왕의 태자인 안락국(安樂國)은 부왕(父王)을 찾아 헤매다가 부자가 극적으로 만나서 불타(佛陀)의 도움으로 부모와 함께 왕생극락(往生極樂)한다는 내용이다.

4.1.1.2 이러한 재미있는 내용의 이야깃거리를 갖고 있는 이 설화는 극적인 장면이 많다. 거기다가 불타(佛陀)의 장엄한 권능을 배경으로 하여 사라수(沙羅樹) 대왕의 선심(善心)과 구도심(求道心), 원앙(鴛鴦) 부인의 자비심(慈悲心), 그리고 극락왕생의 비원(悲願) 등이 어우러진 곳에서 안락국(安樂國) 태자는 태어난 것이다.

그러나 왕과 왕비가 수도하면서 당하게 되는 여러 가지 업보(業報)의 고초(苦楚)는 고스란히 태자에게 고통을 가져오고 이런 어려움 속에서 태자는 진흙 속의 연꽃처럼 장성한다. 만고(萬苦)를 무릅쓰고 드디어 부왕을 만났을 때에 모후(母后)는 죽음을 맞게 되는 극적인 구성을 보여주며 독자들의 흥미와 긴장을 이끌어낸다.[56]

〈월석〉 제8권은 왕이니 왕비니 태자니 하는 뜬구름 같은 세상의 부귀영화를 모두 버리고 오로지 선심과 자비심으로 몸과 마음을 모두 바쳐 무상도를 구하면 드디어 생사고해(生死苦海)를 넘어서서 극락정토(極樂淨土)에 이른다는 불가(佛家) 정토사상(淨土信仰)의 요체(要諦)를 가장 명료하게 설명한 부분이다.

---

56) 〈관무량수경〉과 〈안락국태자경〉의 극적인 효과에 대하여 "그 구도심과 비원이 부귀영화의 궁전생활을 끊어버리고 광명의 도량으로 출가를 결행할 때에 그 마음과 걸음걸음에는 법열이 넘쳐흐른다. 그러나 육신의 고통이 극에 이르러 부인은 몸을 팔아 성인에게 공양하고 왕은 부인을 떨치고 성인 땅에 가서 수행, 정진한다. 그 사이에 무도한 장자의 악행이 끼어들어 거기에 불안, 공포, 비애, 고통의 갈등이 엇갈린다"(사재동 2006:416~417)라고 표현하였다.

더욱이 후반부에 불교의 보편적 진리이며 정토신앙의 핵심적인 이상인 '안락국(安樂國)'을 의인화(擬人化)하여 주인공으로 삼은 안락국 태자의 설화는 불교의 왕생극락 사상을 대중에게 전파하는 가장 좋은 대목이었다. 만일 옥책의 불사(佛事)가 승하(昇遐)하신 소헌왕후(昭憲王后)의 1주기(週忌)를 맞이하여 올리는 불공(佛供)이라면 이 불경이야말로 가장 적절할 것이다.

불일사(佛日寺)에서는 〈월석〉의 여러 내용 가운데 제8권의 이 부분을 옥간(玉簡)에 옮겨 옥책으로 만든 이유가 인생의 영화와 고통이 극적으로 교차하며 왕이니 왕후(王后)니 하는 현세의 영화가 허무함을 일컫는 안락국 태자의 설화를 선택한 것이다. 그리하여 인생무상(人生無常)을 설교함으로써 승하(昇遐)한 소헌왕후의 명복을 빌고 불교에 대한 대중적 관심을 얻으려고 한 것으로 보아야 할 것이다.

특히 소헌왕후(昭憲王后)의 위패를 모신 불일사에서 승려들이 왕후의 소상(小喪)을 맞이하여 혼백이 왕생극락하기를 빌면서 이 불경을 옥간(玉簡)에 옮겨 새겨 옥책으로 만드는 일이야말로 가장 적절한 불사(佛事)가 아닐 수 없었다. 본서에서 이 옥책의 제작이 소헌왕후가 돌아가신 일주기(一週忌)를 맞이하여 왕후의 추천(追薦)을 위한 불사로 이루어졌다고 추정하는 이유가 여기에 있다.

4.1.1.3 현전하는 {신편}〈월석〉의 제8권은 초참본(初槧本)으로 알려진 제7, 8권의 합본이 1977년에 발굴되어 개인 소장으로 전해진 것을 서지학자 천혜봉(千惠鳳)의 해제를 붙여 영인본으로 간행되었다.[57]

---

57) 경태 6년의 위작 옥책에서 〈월석〉의 제17권, 제7권과 더불어 제8권을 옥책에 새긴 것은 이 僞作을 만든 사람들이 정통 12년의 옥책을 실제로 접하였을 것으로 추정하게 한다.

천혜봉(1977)의 〈월석〉 제7, 8권에 대한 해제에 의하면 원래 〈월석〉의 제7, 8권은 초간본과 다른 이판(異版)의 중간본이 있고 또 이를 복각한 판본을 복제한 청사진본이 있어 통용되었으나 1970년대 후반에 초간본이 발견되어 세상에 알려진 것이라고 한다. 천혜봉(1977)에서는 이 삼자, 즉 초간본과 중간본, 그리고 청사진본을 비교하여 다른 점을 적시하였다.

〈월석〉 제7권은 그동안 선조 5년(1572)에 풍기(豊基) 소백산(小伯山) 비로사(毘盧寺)에서 개판한 목판본이 널리 알려졌으며 이를 중간본으로 간주하였다. 그리고 선조 40년(1607)에서 안동(安東) 하가산(下駕山) 중대사(中臺寺)에서 비로사본의 목판을 후쇄(後刷)한 것을 송석하(宋錫夏) 교수가 청사진본으로 만든 것이 있었다. 이들은 모두 영인 출판되어 초간본이 발견되기 전까지 이용되었다.

{신편}〈월석〉 제8권도 제7권과 합편되어 비로사(毘盧寺)에서 편찬한 중간본과 중대사(中臺寺) 후쇄본의 청사진본도 함께 영인되어 이용되었다. 아마도 위작(僞作)인 경태 6년의 〈월석〉 옥책에서 〈월석〉 제7권과 제8권을 옮겨 새긴 것은 이 청사진본을 대본으로 한 것으로 보인다.

1977년에 발굴된 초간본의 〈월석〉 제7, 8권도 합편되어 1책으로 제책되어 세상에 나온 것은 1980년대의 일이라 경태 6년의 위작에서 1980년대에 세상에 나온 초간본 〈월석〉 제8권을 옮겼다고 보기에는 시일로 보아 맞지 않는다. 앞에서 경태(景泰) 6년의 위작은 1970년대에 제작한 일로 보았기 때문이다.

4.1.1.4 다만 현전하는 {신편}〈월석〉 제7, 8권의 초간본은 워낙 오랜 세월을 탑이나 불상에 묻혀있던 간본이라 몇 군데에 훼손이 있고 제7권의 권수(卷首) 1~5장이 소실(消失)되었다. 1981년에 천혜봉(1977)의 해

제를 붙여 동국대학교 출판부에서 영인하여 간행한 영인본에는 소실된 1~5장을 전술한 비로사의 중간본과 중대사(中臺寺)의 청사진본을 참고히여 이 부분을 찾아 보충하였다.

천혜봉(1977)에 의하면 제7권에서 장차(張次)의 혼란이 있어 78로 끝이 나지만 54엽의 장차에 '之一 ~ 三'의 구별이 있어 결국 80장으로 되어 다른 중간본과 같게 된다고 보았다. 초간본 {신편}〈월석〉 제8권은 모두 104장으로 되었으나 역시 99~104장의 6장이 결실(缺失)되어 고려대 육당문고 소장의 중각본(重刻本)과 전계한 비로사(毘盧寺)의 판본, 그리고 중대사(中臺寺)의 후쇄본을 참고하여 보진(補塡)한 것이다.

본서에서는 천혜봉(1977)의 해제를 붙여 간행한 영인본에서 전문을 인용하여 정통 12년의 〈월석〉 옥책과 비교 검토하였다. 다음에 옥책과 관련이 있는 〈월석〉 제8권의 전문을 전술한 초간본과 후대의 중간본, 후쇄본 등에서 옮겨서 정통 12년 〈월석〉 옥책의 내용과 비교하도록 한다.

2) 〈월석〉 제8권의 전문과 옥책의 명문(銘文)

4.1.2.1 {신편}〈월석〉의 제8권은 모두 104엽으로 되었다. 여기서는 제8권의 각 엽(葉)별로 정리하여 옮겨보기로 한다. 이를 옥책에 옮겨 새길 때에 두 줄로 된 협주가 많이 혼란되었으므로 쌍행(雙行) 협주(夾註)는 { }로 표시하였고 협주의 협주는 {{ }}로 표시하였다. 〈월석〉의 신편에서는 협주를 위에서 한 칸 내려썼고 협주의 협주는 두 칸 내려써서 이를 표시하였다.

띄어쓰기는 필자가 한 것이고 각 엽수(葉數) 다음의 ( )의 숫자는 그 부분을 옮겨 새긴 옥책의 권수(卷數)와 편수(片數)다. 즉, 권1-2는 옥책 권1의 2편(片)이란 뜻이다. 물론 {신편}〈월석〉 제8권의 엽수와 {구권}〈월석〉을 옮겨 새긴 옥책과는 엽차(葉次)와 편수가 일치하지 않는다. 따라서 본문 안에 다시 옥책에 쓰인 편수를 표시하였다. 또 옥책의 권수(卷數)는 분량에 의하여 옥책의 각수들이 자의로 분권(分卷)한 것임을 다음 4.1.3.0~4에서 논의하고자 한다.

본문 중에 [1–3]과 같은 숫자는 명문(銘文)을 기입한 옥편(玉片)의 수를 말한다. 즉, [1–3]은 옥책 권1의 3번째 옥편임을 가리킨 것이다. 다만 정통 12년의 옥책을 전부 전사(轉寫)하여 이기(移記)하기는 어렵다. 왜냐하면 이 옥책이 아직 공표되지 않은 개인 소장의 유물이어서 하나하나 살펴보기가 어렵고 또 심하게 마모된 것도 있기 때문에 이를 충실하게 옮겨 적기가 불가능하였다. 따라서 현전하는 {신편}〈월석〉 제8권을 옮겨 비교하면서 옥책과 차이가 나는 것을 추후 검토하기로 한다.

또 〈월인〉의 장수(章數)인 '其二百十二'와 같은 숫자는 옥책에서 삭제되었다. 따라서 전사한 본문에서는 옥책에 들어있지 않은 부분을 [ ] 안에 넣었는데 〈월인〉의 장수도 그 안에 넣었다. 즉, 〈월인〉의 장수(章數)는 옥책에서 옮겨 새기지 않았으므로 여기서는 [ ] 안에 넣어 표시한 것이다. 그리고 옥책에 전사되지 않은 부분을 [ ]로 표시하고 또 필자가 삽입한 옥책의 권수와 편수(片數)도 [ ] 안에 표시하였다.

4.1.2.2 {신편}〈월석〉의 제8권의 원문을 옮기고 그를 옮겨 새긴 정통 12년의 〈월석〉 옥책과 비교하여 살펴보면 다음과 같다. [ ] 안의 것은 옥책에 없는 부분이고 행을 바꾼 것은 〈월석〉 제8권에 따른 것이다. 〈월석〉은 반엽(半葉)이 7행인데 월인부는 글자가 커서 적게 들어가고 석보부는 좀 작은 글자라 많이 수록하였다. 또 한 행에 두 줄로 적은 협주는 글자가 아주 작고 또 두 줄로 써서 분량이 많다.

이 전문을 여기에 옮겨본다. 한 행이 끝난 곳에서 개행(改行)하였으나 { }로 표시된 쌍행의 협주는 한 행의 두 줄로 되었다. 석보부의 협주는 그대로 두었으나 따로 쌍행 협주로만 된 곳은 역시 이를 개행하여 표시하였다. 정통 12년의 옥책에서 옮겨 새길 때에 쌍행의 협주를 잘못 이해하였기 때문이다.

1앞(권1-1, 권1-2)⁵⁸⁾

[1-1] 月·월印·힌千쳔江강之징曲·콕 [第·똉八·밇]

釋·셕譜:봉詳쌍節·졇 [第·똉八·밇]

[1-2] [其끵二·싱百·빅十·씹二·싱]

韋위提똉希힁 請:청·ㅎ쇼·뱌 淨·쪙土:통

·애 ·니거·지이다 十·씹方방提졍國

·귁· 올 보·긔 ·ㅎ시·니

韋위提똉希힁 願·원·ㅎ쇼·뱌 西솅方

1뒤(권1-2, 권1-3)

방애 니거지 이·다 十·씹六·륙觀관經경

·을 듣:즙·긔 ·ㅎ시·니

[其끵二·싱百·빅十·씹三삼]

[1-3] ·보샤·미 :멀·리잇·가 善:쎤心심·이 오·홀

·면 안·존 고·대·셔 ·말가·히 보·리·니

·가샤·미 :멀·리잇·가 善:쎤根ㄹ·이 기·프

·면 彈딴指:징ㅅ소·싀예 반·도·기 가·리

2앞(권1-3, 권1-4)

·니

[其끵二·싱百·빅十·씹四·숭]

---

58) ( ) 안의 것은 정통 12년 옥책의 권수.

[初총]觀관·과 二·싀觀관·은 日·싏想:샹

水:쉬想:샹·이시·며 三삼觀관·은 地·띵

想:샹·이시·니

四·ᄉᆞᆼ觀관·과 五·옹觀관·은 樹·쓩想:샹

八·밣功공德·득水:쉉想 六·륙觀관

2뒤(권1-4, 권1-5)

·은 總:종觀관想:샹·이시·니

[其끵二·싱百·빅十·씹五·옹]

[1-5] [七·칧]觀관·은 花황坐·쫭想:샹 八·밣觀

관·은 像:샹想:샹·이시·며 九·굴觀관·은

色·싀身신相·샹·이시·니

觀관世·솅音흠大·때勢·솅 至·징十·씹

觀관 十·씹一·힗觀관·이시·며 普·퐁觀

3앞(권1-5, 권1-6)

관想:샹·이 十·씹二·싱觀관·이시·니

[其끵二·싱百·빅十·씹六·륙]

雜·짭想:샹·이 十·씹三삼觀관·이·며 上

·썅中듕下:행 三삼輩·빙想:샹·이 遲띵

速·속間간·애 快·쾡樂·락·이 ·ᄀᆞᆯ히·리

[1-6] 功공德·득·이 기·프니·ᄂᆞᆫ 上·썅品:픔 三

삼生싱·애 :나·디 一·힗日·싏後:薈·에 蓮

3뒤(권1-6, 권1-7)

련ㅅ고·지 ·프리·니

[其끵二·싱百·빅十·씹七·칧]

功공德·득·이 버·그니·ᄂᆞᆫ 中듕品:픔 三

삼生싱·애 :나·딕 七·칧日·싫 後:薹·에 蓮

련ㅅ고·지 ·프리·니

[1-7] 功공德·득·이 ·또 버·그니·는 下:혷品:픔

三삼生싱·애 :나·딕 七·칧七칧日·싫 後

4앞(권1-7, 권1-8)

:薹·에 蓮련ㅅ고·지 ·프리·니

[其끵二 ·싱百·빅十·씹八·밣]

世·솅尊존 神씬通통力·륵·에 ·이 :말 니

르·싫 ·제 無뭉量·량壽:쓥佛·뿛·이 虛헝

空콩·애 :뵈시·니

[1-8] 韋윙提똉希힁 恭공敬·경心심·에 ·이 \

:말 듣주·뵳 ·제 西솅方방世·솅界·갱롤

4뒤(권1-8, 권1-9)

슷 보·니

[其끵二 ·싱百·빅十·씹九:굴]

莊장嚴엄·이 ·뎌러·ᄒᆞ실·쎠 快·쾡樂·락

·이 ·뎌러·ᄒᆞ실·쎠 極·끅 [1-9] 樂·락世·솅界·갱

롤 ㅂ·라:습·노이·다

輪륜廻ᅘᅬᆼ·도 ·이·러홀·쎠 受:쓩苦:콩·도

·이·러홀·쎠 娑상婆빵世·솅界·갱·롤 여

5앞(권1-9, 권1-10, 권1-11)

·희야·지이·다.

韋윙提똉希힁夫붕人ᅀᅵᆫ이 [1-10] {摩망竭·껋陁땅國·귁

瓶뼝沙상王왕ㄱ 夫붕人ᅀᅵᆫ·이·라}59) 世·솅尊존·씌 술·보·딕

淨·쪙土:통"·애 ·가·아 나·고·져 ·ᄒᆞ·노이·다. {淨쪙

136

土:통·눈 ·조흔 나·라히·라60) 世·셰尊존·이 ·즉자·히 眉밍

間간 金금色·식光광·을 ·펴·샤 十·씹方방

無뭉量·량世·솅界·갱[1-11]·를 ·차 비·취시·니 諸

5뒤(권1-11, 권1-12)

졍佛·뿛淨·쪙土:통ㅣ :다 그어·긔 現·현커

·늘 :제 글·히·라 ·ᄒᆞ신·대 韋윙提똉希힁夫

붕人ᅀᅵᆫ·이 阿항彌밍陁땅佛·뿛國·귁·에

·나가·지이·다 ·ᄒᆞ야·늘 부:톄 韋윙提똉希

힁ᄃᆞ·려 니ᄅᆞ·샤·ᄃᆡ [1-12] :네 ·며 衆·즁生ᄉᆡᆼ·ᄃᆞᆯ·히

ᄆᆞᅀᆞ·ᄆᆞᆯ 오·을·와 ᄒᆞ고·대 ·고ᄌᆞ·기 머·거 西

솅方방·을 想:샹ᄒᆞ·라 {想:샹·ᄋᆞᆫ ᄆᆞᅀᆞ·매 ·스·쳐 머·글·씨·라}61) :엇

6앞(권1-12, 권1-13, 권1-14)

·뎨·호·ᄆᆞᆯ 想:샹·이·라 ·ᄒᆞ거·뇨? 想:샹·ᄋᆞᆯ ·홇·딘

·댄 一·ᅙᅵᆯ切·촁 衆·즁生ᄉᆡᆼ·이 想:샹念·념[1-13]·을

니르와·다 西솅ㅅ녁 向·향·ᄒᆞ·야 正·졍·히

안·자·디·ᄂᆞᆫ·히·를 ᄉᆞ외 ·보·아 ᄆᆞᅀᆞ·ᄆᆞᆯ 구·디

머·거 想:샹·ᄋᆞᆯ 오·을·와 옮·기·디 아·니·ᄒᆞ·야

·히 ·디ᄂᆞᆫ :야이 ·ᄃᆞ론 ·붑 ᄃᆞᆯ·거·든 ·눈 ᄀᆞᄆᆞ·며

·ᄠᅮ·메 :다 붉 [1-14]게·호·미 ·이 日·ᅀᅵᆯ想:샹·이·니 일

---

59) 옥책에는 쌍행 협주라 "{摩망竭·껋 甁뼝沙상王왕ㄱ陁땅國·귁 夫붕人ᅀᅵᆫ·이·라"로 새
겼다. 두 줄로 쓴 협주여서 한 칸에 두 자를 썼는데 옥책에서는 이 두 자를 한 글자로 보아
위와 같이 새긴 것이다.

60) 이 협주도 쌍행이어서 옥책에는 "{淨土:통·ᄂᆞᆫ ·조흔 쪙나·라히·래"로 새겼다. 역시 한 칸
의 두 글자를 하나로 보아 옮겨 새긴 탓이다.

61) 이 협주도 두 줄로 되어서 "{想:샹 ·스·쳐 ·ᄋᆞᆫ ᄆᆞᅀᆞ·매 머·글·씨·래"로 새겼다.

6뒤(권1–14, 권1–15)

·후·미 初총觀관·이·라 {初총觀관·ᄋᆞᆫ ·첫 :보미·라} 버·거

水:쉬想:샹·ᄋᆞᆯ ·ᄒᆞ·야 ·므·릐 ᄆᆞᆯ·ᄀᆞᆫ ·주·를 ·보·아

·ᄯᅩ ᄇᆞᆰ·게 ·ᄒᆞ·야 흐·튼 ·ᄠᅳᆮ :업·게 ᄒᆞ·고 氷빙想

:샹·ᄋᆞᆯ ·ᄒᆞ·야 {氷빙·ᄋᆞᆫ [1–15]어·르미·라}[62] 어·르·믜 ᄉᆞᄆᆞᆺ 비·취

논 ·고·ᄃᆞᆯ 보·고 瑠류ᇢ璃링想:샹·ᄋᆞᆯ ·ᄒᆞ·야 ·이

想:샹·이 :일·면 瑠류ᇢ璃링 ·ᄡᅡ·히 ·안팟·기 ᄉᆞ

ᄆᆞᆺ 비·취어·든 그 아·래 金금剛강七·칧寶

7앞(권1–15, 권1–16, 권1–17)

:보ᇢ金금幢ᄯᅡᇰ·이 琉류ᇢ璃링 ·ᄡᅡ·ᄒᆞᆯ 바·다 이

시[·니 그 幢ᄯᅡᇰ 여·듧 모·해 百·ᄇᆡᆨ寶:보ᇢ·로 일][63]

[1–16]·우·고 {百·ᄇᆡᆨ寶:보ᇢ·ᄂᆞᆫ ·온 가·짓 :보·ᄇᆡ·라}[64]

寶보ᇢ珠쥬ᇢ:마·다 {寶:보ᇢ珠쥬ᇢ·는 :보·ᄇᆡ·옛 구·스리·라}

一·ᅙᅵᇙ千쳔光광明명·이·오

光광明명:마·다 八·밣萬·먼四·ᄉᆞᆼ千쳔 ·비

치·니 瑠류ᇢ璃링 ·ᄡᅡ·ᄒᆞᆯ 비·취요·ᄃᆡ 億·ᅙᅳᆨ千

쳔日·ᅀᅵᇙ·이 ·ᄀᆞᆮ·ᄒᆞ·야 ᄀᆞ·초 [1–17]:보·ᄆᆞᆯ :몯ᄒᆞ·리·며

7뒤(권1–17, 권1–18)

瑠류ᇢ璃링 ·ᄡᅡ 우·희 黃ᅘᅪᇰ金금 노·ᄒᆞ·로 섯

·느리·고 七·칧寶:보ᇢ ·ᄀᆞᆯ·비 分분明명ᄒᆞ·고

---

62) 이 협주도 옥책의 [1–14] 말미에 "氷빙 ·르미"를 새기고 [1–15] 처음에 "·ᄋᆞᆫ 어·라"로 새겼다. 역시 한 칸의 두 글자를 한 글자로 보고 옮긴 탓이다.

63) [·니 그 幢ᄯᅡᇰ 여·듧 모·해 百·ᄇᆡᆨ寶:보ᇢ·로 일] 부분은 옥책에 빠졌음.

64) 이 부분은 옥책에서 온전하게 새겼다. 이하 옥책의 쌍행 협주는 4.3.2.1~8에서 다시 살펴보기로 한다.

흔 :보·빅:마·다 五:옹百·빅 비·쳇 光광·이·니

그 光광·이 곳·근흔[1-18]·며 :벼·드·리 虛헝空콩

·애 둘·인·듯·ᄒ·야 光광明명臺뗑 두외·오

樓룽閣·각千쳔萬·먼·이 百·빅寶:봄ㅣ 모

·다 이·렛·고 臺뗑ㅅ :두 겨·틔 各·각各·각 百

8앞(권1-18, 권1-19, 권1-20)

·빅億·흑華횅幢뙁·과 그·지 [1-19] :업·슨 픗룻 가

·ᄉ·로 莊장嚴엄·ᄒ·얫거·든 여·듫 가·짓 淸

쳥風봉·이 (淸쳥風봉·은 ᄆᆞᆰ·고 ᄍᆞᆺᄒᆞᆫ ᄇᆞᄅᆞ·미·라) 光광明명

·으로·셔 나·아 픗룻 가·술 부·러 苦:콩空콩

無뭉常쌍 無뭉[1-20]我:앙ㅅ소·리·를 너·펴니

르ᄂᆞ·니·이 水:쉉想:샹·이·니 일·후·미 第·똉

二·ᅀᅵ觀관·이·라·이 想:샹 :일쩌·긔 낫:나·치

8뒤(권1-20, 1-21, 권1-22)

:보·물 ᄀᆞ·장 물ᄀᆞᆺ물ᄀᆞ시·ᄒᆞ·야·누·늘·ᄠᅳ거

·나·곰거·나·ᄒᆞ[1-21]야·도 일·틀 마·라·밤 머·긇 덛

:만·뎡 長땽常쌍·이 :이·를·ᅀᅵᆼ각ᄒᆞ·라·이·리

想:샹·호·미 極·끅樂·락國·귁·싸·홀·어·둘·보

논·디·니·ᄒᆞ다·가 三삼昧·밍·ᄅᆞᆯ 得·득ᄒᆞ·면

[1-22]·뎌 나·랏·싸·홀 물ᄀᆞᆺ물ᄀᆞ시 分분明명·히

·보·아 :몯:내 니르·리·니·이 地·띵想:샹·이·니

9앞(권1-22, 권1-23)

일·후·미 第·똉三삼觀관·이·라 부:톄 阿항

難난·이ᄃᆞ·려 니르·샤·딕 :네 부텻 :매[1-23]·ᄅᆞᆯ 디

·녀 未·밍來링世·솅·옛 一·잃切·쳉 大·땡衆

·즁·이 受:쓯苦:콩 벗·고져 ᄒᆞ·리 爲·윙·ᄒᆞ·야
·이 ·ᄯᅡ ·보·논 法·법·을 니ᄅᆞ·라 ·이 ·ᄯᅡ·ᄒᆞᆯ 본 :사
·ᄅᆞ·ᄆᆞᆫ 八·밣十·씹億·ᅙᅳᆨ劫·겁 生ᄉᆡᆼ死:ᄉᆞᆼㅅ
罪:쬥·ᄅᆞᆯ 免:면·ᄒᆞ·야 다ᄅᆞᆫ :뉘·예 淨쪙國·귁

9뒤(권1−23, 권1−24, 권1−25)

·에 一·ᅙᅵᇙ定·뗭·히[1−24] 나·리·니 ·이 :보·미 正졍觀
관·이·오 다ᄅᆞᆫ :보·ᄆᆞᆫ 邪쌍觀관·이·라 부:톄
阿항難난·이·와 韋윙提뗑希힁ᄃᆞ·려 니
ᄅᆞ·샤·ᄃᆡ 地·띵想:샹·이 :일어·든 버·거 寶:볼
樹·쓩·를 :봃·디·니 {寶:볼樹·쓩·는 :보·ᄇᆡ·옛 즘·게 남·기·라}
낫:나
·치 [1−25] ·보·아 七·칧重뜡行ᅘᆼ樹·쓩想:샹·ᄋᆞᆯ ·ᄒᆞ
·야 즘·게:마·다 노·ᄑᆡ 八·밣千쳔由윻旬쓘

10앞(권1−25, 권1−26)

·이·오 七·칧寶:볼花황葉·엽·이 ᄀᆞ·자 {花황·ᄂᆞᆫ 고
·지·오 葉·엽·은 ·니피·라} 花황葉·엽:마·다 다ᄅᆞᆫ 寶:볼色
·ᄉᆡᆨ·이 지·ᅀᅥ {寶:볼色ᄉᆡᆨ·ᄋᆞᆫ :보·ᄇᆡ·옛 ·비치·라} 瑠륳璃링 色
·ᄉᆡᆨ 中듕·에 金금色·ᄉᆡᆨ光광·이 나·며 玻팡
瓈롕色·ᄉᆡᆨ [1−26] 中듕·에 紅ᅘᅩᇰ色·ᄉᆡᆨ光광·이 나
·며 瑪:망瑙:놓色·ᄉᆡᆨ 中듕·에 硨챵磲껑光
광·이 나·며 硨챵磲껑色·ᄉᆡᆨ 中듕·에 綠·록

10뒤(권1−26, 권1−27, 권1−28)

眞진珠즁光광·이 나·며 {綠·록·ᄋᆞᆫ ᄑᆞ·ᄅᆞᆯ·씨·라} 珊산
瑚ᅘᅩᆼ琥:홍珀·ᄅᆡᆨ 一·ᅙᅵᇙ切·쳬 衆·즁寶:볼 [1−17] ·로
{珊산瑚ᅘᅩᆼ·ᄂᆞᆫ 바·ᄅᆞᇙ 미·틔 나·ᄂᆞᆫ 남·기·니 ·가

지 거·리·고 ·닙 :업·스니·라 琥:흥珀·픽·은 ·솑

:지니 싸·해 ·드·러 一 ·힗千쳔年년·이 ·면 茯

·뽁苓령·이 드외·오 ·쏘 一 ·힗千쳔年년·이

·면 琥:흥珀·픽·이 드외ᄂᆞ·니·라

衆·즁寶:봄·ᄂᆞᆫ 한 :보·빈·라 ㅂᄉᆞ와 ·미·에

·ᄭᅮ미·고 眞진 [1-28]珠즁 ·그므·리 즘·게 우:마·다

닐·급·블 두·프·니 ·그·뮰ᄉᆞ ·싀:미·다 五:옹百

11앞(권1-28, 권1-29, 권1-30)

·빅億·흑 妙·묠華ᅘᅪᆼ宮궁殿·면·이 {妙·묠華ᅘᅪ·ᄂᆞᆫ :곱

·고 ·빗날·씨·라} 梵:뺌王왕宮궁·이 ·근·ᄒᆞ·야 하·ᄂᆞᆳ

童뙁子:중ㅣ 自·쭝然션·히 그 :소·배 [1-29]이·셔

{童뙁子:중·ᄂᆞᆫ 아·히·라} 童뙁子:쭝·마·다 五:옹百·빅億

·흑 釋·셕迦강毗뼁楞릉伽꺙摩망尼닝

·로 瓔ᅙᅧᆼ珞·락·올 ᄒᆞ·니 {釋·셕迦강毗뼁楞릉伽꺙·ᄂᆞᆫ 잘 이·긔

·다·ᄒᆞ논:마리·니 :묘흔 :보·빗 일·후미·라 摩

망尼니·ᄂᆞᆫ ·ᄢᅴ·를 여·희·다·ᄒᆞ논:마리·니·긔

11뒤(권1-29, 권1-30, 권1-31)

如셩 [1-30] 意·힁珠즁ㅣ·라 ·이 구·스·리 光광明

명·이·조·ᄒᆞ·야 :더·러븐 ·ᄣᅴ 묻·디 아·니·ᄒᆞᄂᆞ

·니·이 구·스·리 龍룡王왕ㄱ 頭뚤腦:놇ㅅ

:소·배·셔·나ᄂᆞ·니·이 :보·빈·옷 가·져 이시·면

有:읗毒·똑흔 거·시 害·행ᄒᆞ·디·몯ᄒᆞ·며·브

·레·드러·도 아·니 슬·이·ᄂᆞ니·라 頭뚤腦:놇

·ᄂᆞᆫ 머·리·옛 骨·곬髓:쉉·라65) [1-31?]66)

─────────────

65) "頭뚤腦:놇·ᄂᆞᆫ 머·리·옛 骨·곬髓:쉉·라"는 쌍행의 협주이지만 이미 쌍행의 협주에 협

그 摩망尼닝ㅅ 光이 百

·빅由율旬쓘·을 비·취·여 百·빅億·흑 日·싈

月·윓 모·든 ·듯 ·ᄒᆞ·야 :몯:내 니르·리·라 ·이 寶

:봄樹·쓩·들·히 行행列럀行행列럀·히 서

12앞(권1-31, 권2-2, 권2-3)

르마·초 셔·며 ·닙·니 피 서르 [2-2] 次·ᄎᆞ第·똉·로

나·고 ·닙 스·싀·예 :고·본 곳·들·히 ·프·고 곳우

·희 七·칧寶·봄 여·르·미 :여느·니 ·닙:마·다 너

·븨·와 :길·왜 :다 ·스·믈다 · 숫 由율旬쓘·이·오

그 ·니·피 ·즈·믄 ·비치·오 ·온 가·짓 그리·미 이

·쇼·딕 하·늜 [2-3] 瓔ᅙᅧᆼ珞·락·이 ·근·고 한 :고·본 고

·지 閻염浮뿧檀딴金금ㅅ ·비치·오 여르

12뒤(권2-3, 권2-4) ·

미 소·사:나·딕 帝·뎽釋·셕甁뼁·이 ·근·ᄒᆞ·야

·큰 光광明명·이 幢뙁幡펀·과 無뭉量·량

寶:봄蓋·갱 두외·오 三삼千쳔大·땡千쳔

世·솅界·갱옛 一·힔切·쳉 [2-4] 佛·뿛事·ᄊᆞ·와 {佛·뿛

事·ᄊᆞ·ᄂᆞᆫ 부텻 :이리·라} 十·씹方방佛·뿛國·귁·이 :다 寶

:봄蓋·갱 中듕·에 비·취·여 :뵈ᄂᆞ·니 ·이 즘·게

보·고 ·ᄯᅩ 次·ᄎᆞ第·똉·로 즘·겟 줄·기·와 ·가지

13앞(권2-4, 권2-5, 권2-6)

·와 ·닙·과 곳·과 果·광實·싏·와 낫:나·치 ·보·아

66) 옥책 권1-31편은 후에 찾아서 보완하였다.

:다 分분明명·케 ·홀·디·니 ·이 [2-5]樹·쓩想:샹·이

·니 일·후·미 第·똉四·숭觀관·이·라 버·거 ·므

·를 想·샹·호리·니 極·끅樂·락國·귁土·통·애

여·듧 ·모·시 이·쇼·디 ·못·믈:마·다 七·칧寶:봉

·로 일·워 잇ᄂ·니 그 :보·빅 믈·어 보·ᄃ라·바

如셩意·힁 [2-6]珠즁 王왕·올 브·터·셔 갈·아 :나

13뒤(권2-6, 권2-7)

·디 ·열:네 가·ᄅ리·니 가·ᄅ:마·다 七·칧寶:봉

·비치·오 黃ᅘᅪᆼ金금 ·돌히·니 ·돐 미·틔 :다 雜

·짭色·ᄉᆡ金금剛강 ·ᄋ·로 몰·애 ᄃ외·오 ·믈

:마·다 六·륙十·씹億·흑 七·칧寶:봉 蓮련花

황ㅣ 잇ᄂ·니 [2-7] 蓮련花황:마·다 둘:에 ·열:두

由율旬쓔·이·오 그 摩망尼닝水:쉉 곳 ·서

리·예 흘·러 즘·게·를 조·차 오ᄅᄂ·리·니 그

14앞(권2-7, 권2-8, 권2-9)

소·리 微밍妙·묠·ᄒ·야 苦:콩空콩 無뭉常썅

샹 無뭉我:앙·와 여·러 波방羅랑[2-8]蜜·밇 올

너·펴 니르·며 ·쏘 諸정佛·뿛ㅅ 相·샹好:홀

·롤 讚·잔嘆·탄·ᄒ·ᄉᆞᆸ·며 如셩意·희珠즁

王왕·이 金금色·ᄉᆡ 微밍妙·묠光광明명

·을 :내·니 그 光광·이 百·빅寶:봉色·ᄉᆡ鳥:됴

ㅣ ᄃ외·야 이든 우·루·믈 [2-9] 우·러 念·념佛·뿛

14뒤(권2-9, 권2-10)

念·념法법 念·념僧승·을 샹·녜 讚·잔嘆·탄

·ᄒᄂ·니 ·이 八·밣功공德·득水:쉉想:샹·이

·니 일·후·미 第·똉五:옹觀관·이·라 衆·즁寶

:봄國·귁土:통·애 {衆·즁寶:봄·는 여·러 :보·빅·라} 나·라:마·다

五:옹百·빅億·흑 [2-10]寶:봄樓릏ㅣ 잇·고 그 樓

룽閣·각·애 그 지:업·슨 諸졍天텬·이 하·뇺

풍류 ㅎ·고·또 풍륫가·시 虛헝空콩·애 둘

15앞(권2-10, 권2-11, 권2-12)

·여 이·셔 절·로 :우·니·이 소·릿 中듀·에·셔 :다

念·념佛·뿛 念·념法·법 念·념僧승·을 니르

[2-11]ㄴ니·이 想:샹·이 :일·면 極·끅樂·락世·솅界

·갱·옛 :보·빅 즘·게·와 :보·빅·짜·과 :보·빅·모·쇠

·어·둘 보논·디·니·이 總:종觀관想:샹·이·니

일·후·미 第·똉六·륙觀관·이·라 {總:종觀관想:샹·은 모

·도 ·보·는 想:샹·이·라} ·이:룰 [2-12] 보·면 無뭉量·량億·흑劫

15뒤(권2-12, 권2-13)

·겁·엣 ㄱ·장 重:듕흔 惡·학業·업·을 더·러 주

·근 後:훟·에·뎌 나·라 해 一·힗定·뗭·ㅎ·야 나

·리·니·이 正·졍觀관·이·오 다른·니·는 邪썅

觀관·이·라 부:톄 阿항難난·이·와 韋윙提

똉希힁드 [2-13]·려 니르·샤·딕 술·펴 드·러 이대

思ᄉ念·념ᄒ·라 {思ᄉ念·념·은 ᄆᄉ·매 스랑·ᄒ·야 念·념홀·씨·라}

·내 너희 爲·윙·ᄒ·야 受:슣苦:콩 더·룷 法·법

16앞(권2-13, 권2-14, 권2-15)

·을 굴·히·야 닐·오리·니 너:희 大·땡衆·즁ᄃ

·려 굴·히·야 니[2-14]르·라·이 :말 니르·싫 저·긔 無

뭉量·량壽:쓩佛·뿛·이 虛헝空콩·애·셔시

144

·고 觀관世·솅音흠大·땡勢·솅至·징 :두 大

·땡士·쏭ㅣ :두 녀·긔 :뫼슨·바 ·셔시·니 {觀관한·은 볼

·씨·오 世·솅音흠·은 世·솅間간ㅅ 소·리·라[2-15]

能능·과 所:송 ·왜 흔 ·딕 노·ᄀ ·며 有:율·와 無

뭉·왜 :다 스무:차 正·정흔 性·셩·을 ᄀ·장 비

·취·여 믿·과 근·과·를 술·피실·씨 觀관·이·라

16뒤(권2-15, 권2-16, 권2-17)

ᄒ·니·라 萬·먼象:샹·이 뮈여·나 各·각各·각

·근·디 아니·ᄒ야·셔 제어·곲 소·리·로 브르

ᇫ·바·도 :다 受:쓩苦:콩·를 여·희ᄂ·니 菩뽕

[2-16]薩·삶·이 ·큰 慈쫑悲빙·로 흔·쁴 너·비 救·굽

·ᄒ·샤 :다 버·서·나·게 ·ᄒ실·씨 觀관世·솅音

흠·이·라 ᄒ·니·라 有:율·를 ·보샤·도 有:율·에

住·뜡·티 아·니 ·ᄒ시·며 空콩·을 ·보샤·도 空

콩·애 住·뜡·티 아·니 ·ᄒ시·며 일·후·믈 드르

·샤·도 일·후·메 惑·획디 아·니·ᄒ시·며 相·샹

·을 ·보샤·도 相·샹·애 ·쩌디·디 아·니·ᄒ·샤 무

ᇫ·미 뮈우·디 :몯ᄒ·며 [2-17] 境:경·이 좃·디 :몯·ᄒ

·야 뮈·움·과 조·촘·괘 眞진實·씷·을 ·어·즈리

·디 :몯ᄒ·니 마·ᄀ 것 :업·슨 智·딩慧·휑·라 닐

·엃·디로·다 能능·은 내 ·ᄒ 요미·오 所"송·ᄂ

17앞(권2-17, 권2-18, 권2-19)

:날 對·됭흔 境:경界·갱·라 勢·솅·ᄂ 威휭嚴엄 ·히미·라}

光광明명·이

하 盛·쎵·ᄒ·야 :몯:다 ·보·ᇫ·ᄫ·리러·니 [2-18] 百·빅

千쳔 閻염浮뿡檀딴金금ㅅ·비·치 :몯 가

·즐·비슨·뷩·리러·라그·쁴 韋윙提똉希힁

無뭉量·량壽:슣佛·뿛·을 ·보습·고 禮·례數

·숭·ᅘᆞᆸ·고 부텨·씌 ᄉᆞᆯ·ᄫᅩ·ᄃᆡ 世·솅尊존·하

·나ᄂᆞᆫ [2-19] 부텻 ·히ᄆᆞ·로 無뭉量·량壽:슣佛·뿛

17뒤(권2-19, 권2-20)

·와 :두 菩뽕薩·삻·ᄋᆞᆯ ·보슨·ᄫᅡ니·와 未·밍來

링·옛 衆·즁生싱·이 {未·밍來링}·ᄂᆞᆫ 아·니 왯ᄂᆞᆫ :뉘·라 :엇·뎨

·ᄒᆞ야·사 無뭉量·량壽:슣佛·뿛·와 :두 菩뽕

薩·삻·ᄋᆞᆯ ·보슨ᄫᅩ[2-20]려·뇨? 부:톄 니르·샤·ᄃᆡ·뎌

부텨·를 ·보습·고·져 홇 :사ᄅᆞ·ᄆᆞᆫ 想:샹念·념

·을 니르와·다 七·칧寶:봉·자 우·희 蓮련花

황想:샹·ᄋᆞᆯ 지·ᅀᅥ 그 蓮련花황ㅣ ·닙:마·다

18앞(권2-20, 권2-21, 권2-22)

百·빅寶:봉色·ᄉᆡᆨ·이·오 [2-21] 八·밣萬·먼四·ᄉᆞᆼ千

쳔脈·ᄆᆡᆨ·애 {脈·ᄆᆡᆨ·ᄋᆞᆫ ·주리·라} 脈·ᄆᆡᆨ:마·다 八·밣萬·먼

四·ᄉᆞᆼ千쳔光광·이 이·셔 分분明명·ᄒᆞ·야

:다 보·게 ᄒᆞ·며 곳·니·피 :져 그니·사 ·길·와 너

·븨·왜 二·ᅀᅵᆼ百·빅:쉰 由율旬쓔·이·라 ·이런

[2-22] 蓮련花황ㅣ 八·밣萬·먼四·ᄉᆞᆼ千쳔 ·니피

·오 혼 ·닙ᄉᆞ·ᅀᅵ:마·다 百·빅億·흑摩망尼닝

18뒤(권2-22, 권2-23)

珠즁·로 ᄇᆞᆺ와 ·미·의 ᄭᅮ미·고 摩망尼닝

:마·다 ·즈·믄 光광明명·을·펴·아 그 光광明명

·이 蓋·갱·ᄀᆞᆮᄒᆞ[2-23]·야 七·칧寶:봉ㅣ 이·러 ·짜

우·희 ·차 두·피고 釋·셕迦강ᇰ毗삥楞륭伽

깡寶:봃·로 臺띵·롤 밍·ᄀᆞ·니 ·이 蓮련花황

臺띵·예 八·밣萬·면 金금剛강·과 甄견叔

·슉伽강寶:봃·와 {甄견叔·슉迦강·ᄂᆞᆫ 블·근

·비치·라 ·혼 :마리·니 나못

19앞(권2-24, 권2-24, 권2-25)

[2-24] 일·후미·니 ·이 :보·빅 그 나못 곳·빗 ·ᄀᆞ티 블·그니·라}

梵·뻠摩망尼닝 寶:봃·와

{梵·뻠·은 ·조홀 ·씨·니 摩망尼닝珠

즁ㅣ·조홀 ·씨 梵·뻠摩망尼닝寶

[:봃ㅣ·라 ᄒᆞ·니·라]}

眞진珠즁 그믈·로 ·ᄢᅮ미·고 臺띵

우·희 :네 긴 寶:봃幢똥·이 잇·고 [2-25] 寶:봃幢똥

:마·다 百·빅千쳔萬·면億·흑 須슝彌밍山

산 ᄀᆞᆮ·고 幢똥 우·흿 寶:봃幔·만·이 夜·양摩

망天텬宮궁·이 ·ᄀᆞᆮ·고 ·ᄯᅩ 五:옹百·빅億·흑

19뒤(권2-25, 권2-26, 권2-27)

寶:봃珠즁·로 브ᅀᅮ와 ·미·의 ·ᄢᅮ미니 寶:봃

珠즁:마·다 八·밣萬·면四·ᄉᆞᆼ千光광·이

·오 光광:마·다 八·밣萬·면四·ᄉᆞᆼ[2-26]千쳔 가·짓

金금色·식·이·오 金금色·식:마·다 寶:봃土

:통·애 ·차 ·펴 디·여 {寶:봃土:통·ᄂᆞᆫ :보·빅 ·싸히·라} ·곧·곧:

마·다

變·변化·황 ᄒᆞ·야 各·각各·각 제여·곲 양·ᄌᆞ

·ᄅᆞᆯ지 [2-27]·소·딕 金금剛강臺띵·도 ᄃᆞ외·며 眞

20앞(권2-27, 권2-28, 권3-2)

진珠중 ·그믈·도 두외·며 雜·짭花황 ·구룸

·도 두외·야 (雜·짭花[2-28]황 ·눈 雜·짭고·지·라} 十·씹方방애 ᄆ

ᄉᆞᆷ 조·초 變·변化·황·ᄅᆞᆯ :뵈·야 佛·뿛事·ᄊᆞᆼ·ᄅᆞᆯ

·ᄒᆞᄂᆞ·니 ·이 [2-28] 華ᅘᅪ座·쫭想:샹·이·니 일·후·미

[3-2] 第·똉七·칧觀관·이·라 (華ᅘᅪ座·쫭 ·ᄂᆞᆫ 곳座·쫭ㅣ·라} 부:톄

阿항難난·이 드·려 니르·샤·ᄃᆡ ·이 ᄀᆞ론 微

밍妙·묳ᄒᆞᆫ 고·즌 本:본來ᄅᆡᆼ 法·법藏·짱比

20뒤(권3-2, 권3-3, 권3-4)

·뼁丘쿨ㅅ 願·원力·륵·의 이·론 거·시·니 ·뎌

부텨·를 念·념·코[3-3]·져 흟 :사ᄅᆞ·ᄆᆞᆫ 몬져 ·이 華

ᅘᅪ座·쫭想:샹·을 지·ᅀᅮᆯ·디·니 이 想:샹홇 ·제

雜·짭·보·ᄆᆞᆯ :말·오 ·닙·마·다 구·슬:마·다 光광

明명:마·다 臺떵:마·다 幢똥:마·다 ·다 낫:나

·치 ·보·아 分분明명·키 ·ᄒᆞ·야 거[3-4]·우루·에 놋

보·ᄃᆞ·시 ·홇·디·니 ·이 想:샹·이 :일·면 五:옹萬

21앞(권3-4, 권3-5)

·먼劫·겁 生싱死:ᄉᆞㅅ 罪:쬉·ᄅᆞᆯ 더·러 極·끅

樂·락世·솅界·갱·예 一·잃定·뗭ᄒᆞ·야 나·리

·니 ·이 正·졍觀관·이·오 다ᄅᆞ·니·ᄂᆞᆫ 邪썅觀

관·이·라 부:톄 阿항難난[3-5]·이·와 韋윙提똉

希힁ᄃᆞ·려 니ᄅᆞ·샤·ᄃᆡ ·이 :일 보·고 버·거 부

텨·를 想:샹홇·디·니 :엇·뎨어·뇨 ᄒᆞ·란·ᄃᆡ 諸

졍佛·뿛如셩來ᄅᆡᆼ·ᄂᆞᆫ ·이 法·법界·갱·옛 ·모

21뒤(권3-5, 권3-6, 권3-7)

미·라 一·ᇙ切[3-6]·촁 衆·즁生싱·이 ᄆᆞᅀᆞᆷ :소·배

·드ᄂᆞ·니 ·이럴·ᄊᆡ 너희 ᄆᆞᅀᆞ·매 부텨·를 想

:샹홀 ᄶᆞ·권 ·이 ᄆᆞᅀᆞ·미 ·곧 三삼十·씹二·싱

相·샹 八·밣十·씹隨쒕形ᅘᅧᆼ好:ᅘᅩᇢㅣ·라 {隨쒕

·ᄂᆞᆫ 조·촐 ·ᄊᆡ·오 形ᅘᅧᆼ·ᄋᆞᆫ 양·ᄌᆡ·니 八·밣十·씹

種:죵好:ᅘᅩᇢㅣ 各·각各·각 양·ᄌᆡ·를 조·차 :됴

ᅙᆞ실·ᄊᆡ·라} ·이 ᄆᆞᅀᆞ·미 부:톄 ᄃᆞ[3-7]외·며 ·이 ᄆᆞᅀᆞ·미

:긔 부:톄·라 諸정佛뿛·이 心심想:샹·ᄋᆞ·로

·셔 ·나ᄂᆞ·니 그·럴·ᄊᆡ ᄒᆞᆫ ᄆᆞᅀᆞ·ᄆᆞ·로 뎌 부텨

·를 ᄉᆞ외 ·보·ᅀᆞᆸ·라 뎌 부텨 想:샹 ᅘᆞᅀᆞ·ᇙ

:사ᄅᆞ·ᄆᆞᆫ 몬져 양·ᄌᆡ·를 想:샹 ᅘᆞ·야 ·누·늘 ·ᄀᆞᆷ

·거·나 ·ᄣᅳ거·나 [2-8] 閻염浮뿌檀딴 金금色·식

·앳 寶:봉像:샹이 {寶:봉像:샹·은 :보·빈·옛 양·직라} 곳 우·희

안·자 :겨·시거·든 ·보ᅀᆞᆸ·고 ᄆᆞᅀᆞᆷ·과 눈·괘 여

·러 믈ᄀᆞᆺ믈ᄀᆞ·시 分분明명·ᅙᆞ·야 極끅樂·락

·락國·귁·을 ·보·디 七·칧寶:봉·로 莊장嚴엄

·ᅙᆞ욘 :보·비·옛 ·짜·콰[3-9] :보·비·옛 ·못·과 :보·비·옛

즘·게 남·기 行ᅘᆡᆼ列·롈 잇·게 셔·며 諸정天

텬寶:봉帳·만·이 그 우·희 ·차 두·펴 이시·며

여·러 :보·비·옛 ·그므·리 虛헝空콩·애 ᄀᆞ득

ᅙᆞ·리·니 ·이 :일 ·보·디 ᄀᆞ·장 볽·게 ᅙᆞ·고 ·ᄡᅩ지

·소ᄃᆡ [3-10] {想:샹·을 지·슬·씨·라} ·큰 蓮련花황 ᄒᆞ나·히 부·

텻 :웓 겨·틱 이·셔 알·핏 蓮련花황·와 다ᄅᆞ

·디 아 ·니 ᄒ ·며 ·ᄯ 지 ·소 ·딕 ·큰 蓮련花황 ᄒ

나 ·히 부텻 ·올ᄒᆫ 겨 ·틔 잇거 ·든 想:샹 ·ᄒ ·딕

觀관世·솅音흠菩뽕薩·삻[3-11]像:샹 ·ᄋᆫ :왼녁

華뽱座·쫭 ·애 안 ·자 金금色 ·식 ·이 다ᄅ ·디

아 ·니 ·코 大 ·땡勢 ·솅至 ·징菩뽕薩 ·삻像:썅

·ᄋᆫ ·올ᄒᆫ녁 華뽱座·쫭 ·애 안 ·자 ·이 想:샹 :잃

23뒤(권3-11, 권3-12)

저 ·긔 부텨 ·와 菩뽕薩 ·삻 ·왓 像:샹 ·이 :다 金

금色 ·식光광 ·올 ·펴 ·샤 寶:봃樹 ·쓩 ·를 비 ·취

시[3-12] ·니 즘 ·게 믿:마 ·다 ·ᄯ :세 蓮련華뽱 ㅣ 잇

·고 蓮련華뽱 우 ·희 各 ·각各 ·각 ᄒ 부텨 :두

菩뽕薩 ·삻像:샹 ·이 ·겨 ·샤 ·뎌 나 ·라 ·해 ㄱ득

ᄒ ·니 ·이 想:샹 :잃 저 ·긔 흐르는 ·믈 ·와 光광

明명 ·과 寶:봃樹 ·쓩 ·와 鳧뽕雁 ·안鴦ᅙ ·원鴦

24앞(권3-13, 권3-14)

[3-13] 향 ·의 {鳧뽕 ·는 올히 ·라} :다 妙 ·묳法 ·법 니를 쏘 ·리 ·를

行ᄒ힝者:쟝 ㅣ 당다이 드르 ·리 ·니 {行ᄒ힝者:쟝 ·ᄂᆞᆫ ·녀 ·아

·뎌 나 ·라 ·해 갈 :싸 ·ᄅ미 ·라} 出 ·츓定 ·떵 入 ·십定 ·떵에 샹

·녜 妙 ·묳法 ·법 ·을 드 ·러 {出 ·츓定 ·떵 ·은 入 ·십定 ·떵 ·ᄒ ·얫다

가 도

로 날 ·씨 ·라} 出 ·츓定 ·떵ᄒᆫ 저 ·긔 디 ·녀 ᄇ ·리[3-14] ·디 아

·니 ·ᄒ ·야 脩슣多당羅랑 ·와 마 ·ᄌ ·면 {脩슣多당

羅랑 ·ᄂᆞᆫ 契 ·켸經경 ·이 ·라 혼 :마리 ·니 契 ·켱

·ᄂᆞᆫ 마 ·줄 ·씨 ·니 理:링 ·예 맛 ·고 機긩 ·예 마 ·줄

24뒤(권3-14, 권3-15, 권3-16)

·씨·라 理:링·예 마·조·믄 眞진諦·뎅 俗·쑉諦

·뎅·예 맛·고 機긩·예 마·조·믄 上·썅 中듕 下

:행 三삼根군·에 마·줄·씨·라 ·쏘 常·썅·이 래[3-15]

ᄒᆞ·며 法·법·이·라 ᄒᆞᄂᆞ·니 天텬魔망外욍

道:뚷ㅣ 고·티·디 :몯·호·미 ᄀᆞᆮ·쵸·미 常썅

·이·오 眞진實·쎯ᄒᆞ·며 正·정·ᄒᆞ·야 섯·근 것

:업·서 예·서 너·믄 것 :업소·미 :힁·뎌·긔 常썅

·이·오 믈·가 :뮈·디 아·니·ᄒᆞ·야 一·힖定·뗭·히

다ᄅᆞᆫ ·ᄠᅳᆮ :업소·미 理:링·의 常썅·이·라 法·법

·은 [3-16]法·법·이 본바·담·직ᄒᆞ·며 行·ᄒᆡᆼ·이 본바

·담·직ᄒᆞ·며 理:링 본바·담·직홀·씨·라 ·쏘 經

경·은 :ᄢᅦ·며 잡·논 ·ᄠᅳ디·니 아람·직ᄒᆞᆫ ·ᄠᅳ·들

:ᄢᅦ·며 敎·굘化·황·ᄒᆞ·논 衆·즁生싱·을 자·바

디·닐·씨·라 ·쏘 常썅·이·며 法·법·이·며 攝·셥

25앞(권3-16, 권3-17, 권3-18)

·이·며 貫·관·이·니 攝·셥·은 자·볼·씨·오 貫·관

·은 :ᄢᅦᆯ·씨·라 道:뚷理:링 百·빅王왕·의 본바

·도·미 常썅·이·오 德·득·이 萬·먼乘씽·의 法

·법 두외·요·미 法·법·이·오 微밍妙·묳ᄒᆞᆫ ·ᄠᅳᆮ 모

·도·미 攝·셥·이[3-17]·오 사·오나·ᄫᆞᆯ 衆·즁生싱

·을 다·ᄉᆞ료·미 貫·관·이·니 受:슣苦:콩ᄉᆞ늘

·이 ᄒᆞᆫ가·지로·나 ᄆᆞᆮ·ᄎᆞᆷ·내 覺·각·ᄀᆞ·새 가·긔

·ᄒᆞ·ᄂᆞ니·라 萬·먼乘씽·은 皇뢍帝·뎅·롤 니

르·니·라 ·쏘 다·솟 가·짓 ·ᄠᅳ·디 이실·씨 翻펀

譯·역·이 :업·다 니ᄅᆞᄂᆞ·니 ·ᄠᅳᆮ·마·시·다·오미

:업슬·씨 솟 눈 :시·매 가·줄비·며 微[3-18]밍妙

·묳·ᄒᆞᆫ 善:쎤·을 잘 :낼·씨 出·츓生싱·이·라

ᄒᆞ·며 邪쌍·와 正·졍·과·ᄅᆞᆯ 一·ᅙᅵᇙ定·뎡홀·씨
노·머·글 가·졸비·며 正·졍ᄒᆞᆫ 理:링·ᄅᆞᆯ 잘 :뵐

25뒤(권3-18, 권3-19)

·씨 顯:현示씽·라 ᄒᆞ·며 顯:현示·씽·ᄂᆞ 나·토
·와 :뵐·씨·라 諸졍法·법·을 :뻬·여 이실·씨 結
·겷鬘만·이·라 ·ᄒᆞᄂᆞ·니 結·겷鬘만·ᄋᆞᆫ 花황
鬘만·을 밀·씨·라 ·이·다 ·ᄉᆞ ·ᄠᅳ·디 이실·씨 翻
편譯·역 :몯·ᄒᆞ·ᄂᆞ니·라)

極[3-19]·끅樂·락世·솅界·갱·ᄅᆞᆯ ·어·둘
·보논·디·니 ·이 像:썅想:샹·이·니 일후·미 第
·똉八·밣觀관·이·라 ·이 觀관·을 지·ᅀᆞ·면 無
뭉量·량億·흑劫·겁生ᄉᆡᆼ死:ᄉᆞᆼᄉ 罪:쬥·ᄅᆞᆯ
더·러 現·현ᄒᆞᆫ 모·매 念·념佛·뿛三삼昧·밍

26앞(권3-19, 권3-20, 권3-21)

·ᄅᆞᆯ 得·득ᄒᆞ[3-20]·리·라 부:톄 阿항難난이ᄃᆞ·려
니르·샤·ᄃᆡ ·이 想:샹 :일어·든 버·거 無뭉量
·량壽:쓩佛·뿛ㅅ 身신相·샹光광明명·을
다·시·보·ᅀᆞ바·사 ᄒᆞ·리·니 無뭉量·량壽쓩
佛·뿛루ㅅ 閻염浮뿔檀딴 金금色·ᄉᆡᆨ·모·미
노·피 六·륙十·씹萬·먼[3-21]億·흑那낭由율他
탕恒ᅘᅳᆼ河행沙상由율旬쓘·이·오 眉밍

26뒤(권3-21, 권3-22)

間간·앳 白·삑毫ᅘᅩᆯ ㅣ ·올ᄒᆞ녀·그·로도·라
다·ᄉᆞ 須슝彌밍山산 ·ᄀᆞ·트시·고 ·누·니 바
·ᄅᆞᆳ·믈 ·ᄀᆞ·트샤·ᄃᆡ 靑쳥白·삑·이 分분明명

152

·ᄒᆞ시·며 터럭 구무·들·해 [3-22] 光광明몡·을 ·펴
:내샤·미 須슝彌밍山산 ·ᄀᆞ·ᄐᆞ시·니 뎌 부
텻 圓원光광·이 {圓원光광·은 두·러볼 光광·이·라} 百·빅億
·흑三삼千천大·땡千천世·솅界·갱·ᄀᆞᆮ·ᄒᆞ

27앞(권3-22, 권3-23)

·며 圓원光광 中듀ᇰ·에 百·빅萬·먼億·흑那
낭由윰他탕恒ᅘᅵ河형[3-23]沙상化·황佛·뿛
·이 :겨샤·딘 化·황佛·뿛:마·다 無뭉數·숭化
·황菩뽕薩·삻·ᄋᆞᆯ 두·려 :겨시·니 無뭉量·량
壽:쓩佛·뿛·이 八:밣萬·먼四·ᄉᆞᆼ千천
相·샹·이시·고 相·샹:마·다 八·밣萬·먼四·ᄉᆞᆼ千천
隨쒕形혀ᇰ好:ᅘᅩᆯㅣ시·고 好:ᅘᅩᆯ:마다 八·밣

27뒤(3-24, 권3-25)

[3-24] 萬·먼四·ᄉᆞᆼ千천光광明몡·이시·고 光광
明몡:마·다 十·씹方바ᇰ世·솅界·갱·옛 念·념
佛·뿛·ᄒᆞᄂᆞᆫ 衆·즁生싱·ᄋᆞᆯ :다 비·취·샤 거·두
자·바 브·리·디 아·니·ᄒᆞ·시ᄂᆞ·니 그 光광相
·샹好:ᅘᅩᆯ·와 化·황佛·뿛·와·ᄅᆞᆯ :몯:다 니르·리
·라 외[3-25]·직憶·흑想·샤ᇰ·ᄋᆞᆯ·ᄒᆞ·야{憶·흑想:샤ᇰ·은 무·슴·매 ᄉᆞ랑
·ᄒᆞ·야 스칠·씨·라} 心심眼:안·ᄋᆞ·로 ·보ᅀᆞᆸ·게·ᄒᆞ·야·이

28앞(권3-25, 권3-26, 권3-27)

:이·를 ·보·ᄉᆞᄫᆞᆯ :사ᄅᆞ·먼 十·씹方바ᇰ一·ᦲᆯ切
·쳉諸정佛·뿛·을 ·보·ᄉᆞᄫᆞᆯ·디·니 諸정佛·뿛
·을 ·보ᅀᆞᆸ·논 젼·ᄎᆞ·로 念·념[3-26]佛·뿛三삼昧·밍
·라 ᄒᆞᄂᆞ·니 ·이 :보·몰 지·슨 :사ᄅᆞ·먼 일·후·미

一・힗切・쳉 부텻 ・모・몰 ・보숩・다 ・ᄒᆞ뇌니부

텻 ・모・를 ・보・ᄉᆞ롤・씨 부텻 ᄆᆞᆺ・몰 ・또 ・보 ・숩

뇌니 부텻 ᄆᆞᆺ・ᄆᆞᆫ 大・땡慈쫑悲빙 [3-27] :긔・니

28뒤(권3-27, 권3-28)

緣원 :업슨 慈쫑・로 衆・즁生싱・을 거두자브・시ᄂᆞ・니

{慈쫑ㅣ :세 가・지・니 ᄒᆞ나흔 衆

・즁生싱緣원慈쫑ㅣ니 一・힗

切・쳉衆・즁生싱・의게 브・튼 ᄆᆞᆷ :업수・뒤

衆・즁生싱・의게 自・쫑然연・히 利・링益・혁

・을 나・톨・씨・오 :둘흔 法・법緣원慈쫑ㅣ・니

法・법 볼 ᄆᆞᆷ :업수・뒤 諸정法・법・에 自・쫑

然연・히 너・비 비・췰・씨・오 :세흔 無뭉緣원

慈쫑[3-28]ㅣ・니 理:링 볼 ᄆᆞᆷ :업수・뒤 平뼁等

:등흔 第・똉一・힗義・읭・의ㅅ 가・온・뒤 自・쫑然

연・히 便뼌安한・히 住・뜡홀・씨・라 ○ 諸정

佛・뿛・이 二・싱諦・뎅・를 브・터 衆・즁生싱 爲

・윙・ᄒᆞ・야 說・ᄉᆑ 法・법・ᄒᆞ・시ᄂᆞ・니 ᄒᆞ나・흔 世

29앞(권3-28, 권3-29, 권3-30, 권4-2)

・셍俗・쑉[3-29]諦・뎅・오 :둘・흔 第・똉一・힗義・읭諦

・뎅・니 :다 實・쎯흔 理:링・를 니ᄅᆞ・실・씨 法・법

듣즈・ᄫᆞ리 :다 證・징・호・미 잇ᄂᆞ・니 二・싱諦

・뎅機긩・룰조・차 니ᄅᆞ・실・씨니라 :두 가・짓

衆・즁生싱・이 잇ᄂᆞ・니 일・후・메 着・땩흔 衆

・즁生싱 爲・윙・ᄒᆞ・야 相・샹 :업・수・믈 니ᄅᆞ・시・

고 諸정法・법・이 비・론[3-30]일・후・민・돌 :아・ᄂᆞ 衆

・즁生싱 爲・윙・ᄒᆞ・야 世・셍諦・뎅・룰 니ᄅᆞ・시・

154

니 世·솅俗·쇽·은 緣원·으·로닌 :이·를 나·토
·아 諸졍法·법·이 반둑반둑 홀·씨 부텻 :이
·레흔 法[4-2] 브·리·디 아·니·ᄒ·샤 臣씬下
:행·란 忠듕貞뎡·을 勸·퀀·ᄒ시·고 子:중息·
식·으·란 孝·ᄒ道:똘·를 勸·퀀·ᄒ시·고 나·라
·ᄒ·란 大·땡平뼝·을 勸·퀀·ᄒ시·고 지·브·란

29뒤(권4-2, 권4-3, 권4-4)

和雙·호·믈 勸·퀀·ᄒ시·고 :됴흔 :일 너·피·사
天텬堂땅樂·락·올 :뵈시·고 :원일 다 ·슬·와
地·띵獄·옥苦:콩·를 나·토샤[4-3] ·미·이·ᄂ 俗쏙
諦·뎽·를 브트·시니·라 眞진諦·뎽·ᄂ 本:본
來링 괴외흔 :이·를 나·토·아 흔 性·셩·이 :업
슬·씨 實·씷흔 道:돌理:링ᄉ·짜흔 흔 드틀
·도 받·디 아·니·ᄒ·야 올ᄒ·며 외·요·미 :다 :업
스·며 能능·과 所:송·왜 :다 :업·서 萬·먼像:샹
·을 ᄀ·ᄅ·쵸·딕 眞진如셩ㅣ 드외·오 三삼
乘씅·을 뫼·화 眞진實·씷ㅅ:ᄀ·새 :가·미·이
·ᄂ 眞진諦·뎽·를
브트·시[4-4]니·라
{{眞진如셩·ᄂ 眞진性·셩다
·비 變·변·티 아·니홀·씨·라}} {{ }}은 두 칸 내려 썼음.

30앞(권4-4, 권4-5, 권4-6)

{○ 흔 法·법·으·로 :두 ᄠᅳ·데 ᄂ·호·아 잇ᄂ·니
實·씷相·샹·올 닐오·딕 비론 일·후·믈 :허·디
아·니ᄒ·며 差창別·볋·을 論론[4-5]·호·딕
平뼝等:등·을 :허·디 아·니·ᄒ·ᄂ니·라}

{{差창別·볋·은

여·러 가·지·라}}

{○眞진·은 잇ᄂ 거·시 :뷔·오 俗·쏙·은 :뷘 거

슬 잇·다·ᄒᄂ·니 俗·쏙諦·뎅·ᄂ 이·셔·도 잇

ᄂ 거·시 샹·녜 :제 :뷔·오 眞진諦·뎅·ᄂ 뷔·여

도 :뷘 거·시 이·슈·메 ᄉ뭇ᄂ·니·라 ○相·샹

·ᄋᆞᆯ 닐·어 萬·먼法·법·이 느러니 버·러·도 實

·ᄊᆞᆯ·엔 得·득·호·미 :업스·며 [4-6] 性·셩·을 닐·어 ᄒᆞᆫ

가·지·로 寂·쩍滅·멿·ᄒ야·도 緣연조·초·매

막·디 아·니·ᄒᄂ·니 眞진·은 俗쏙·이 眞진

30뒤〈권4-6, 권4-7〉

·이·라 萬·먼法·법·이 절·로 :업·고 俗·쏙·은 眞

진·이 俗·쏙·이·라 ᄒᆞᆫ 性·셩·이 時씽常썅 다

ᄅᄂ·니 :빈 일·후·믈·허·디 아·니홀·ᄊᆡ·뎌·와

·이·왓 生싱滅·멿·이 다ᄅᆞ·고 諸정法·법實·ᄊᆞᆯ [4-7]

相·샹·ᄋᆞᆯ 니ᄅᆞᆯ·ᄊᆡ·뎌·와·이·왓 生싱滅·멿

·이 :제 :업스·니 ᄒᆞ나 아·닌 거·긔 :둘 아·닌·고

·둘 뷜·길·ᄊᆡ 아·로·맨

샹·녜 ᄒᆞ나·히·오

{{智·딩慧·ᄬᅦᆼ·로 ᄉ뭇 비·취면 法

·법性·셩·이 샹·녜 ᄒᆞ나·히·라}}

諦·뎅·옌 샹·녜 :둘·히·니}

{{聖·셩人신·은 진·眞ᄋᆞᆯ 보·고 凡

뻠夫붕·ᄂ 俗쏙·ᄋᆞᆯ·보·ᄂ니·라}}

31앞〈권4-8, 권4-9〉

[4-8]·이 ᄒᆞ나 :둘·흘 ᄉ뭇 아·라·ᅀᅡ 眞진實·ᄊᆞᆯ·로

156

性·셍義·읭諦·뎽·예 ·들·리·라 ○眞진·과 俗
·쑉·괘 :다·업서·샤 二·싱諦·뎽時씽常썅이
시·며 空콩·과 有:융·왜 :다 :업서·샤 흔 ·마·시
샹·녜 現·현·ᄒᆞᄂᆞ·니 ·이럴·씨 各·각各·각 자
·ᄇᆞ·면 일·코 서르 노·ᄀᆞ·면 得·득·ᄒᆞᄂᆞ·니 일
·타 호·ᄃᆞ ·ᄒᆞ논 :일 이·쇼·미 비·록 :거츠·나 ᄇᆞ
·리·면 ·큰 業·업·이 :몯 일·우·고 ·ᄒᆞ논 :일 :업·수
[4-9] ·미 비·록 :뷔·나 住·뜡ᄒᆞ·면 智·딩慧·ᅘᆑᆺᄆᆞ
수·미 :몯 믈·ᄀᆞ리라 得·득·다·호·ᄃᆞᆫ 諸졍佛
·뿛國·귁·과 衆·즁生싱·이 뷔·윤·주·를 비록
아·라·도 샹·녜 淨·졍土:통·ᄅᆞᆯ 닷·가 衆·즁生
싱敎·굘化·황홀·씨니·라 ○ 緣원·을 조·ᄎᆞᆫ
짜·해 變·변·티 아·니·호·ᄆᆞᆯ 니ᄅᆞ·시·며 :일인

31뒤(권4-9, 권4-10, 권4-11)

짜·해 體·톙 [4-10] 뷔·윤·주·를 니ᄅᆞ·시·니 變·변·티
아·니홀·씨 萬·먼法·법·이 眞진如셩ㅣ오
緣원·을 조·츨·씨 眞진如셩ㅣ 萬·먼法·법
·이·니 ·이·트·렛:마·리 :다 眞진俗·쑉體·톙 흔
가·진 ·고·ᄃᆞᆯ 니ᄅᆞ·니·라 ○ 境:경·과 智·딩 왜
ᄒᆞᆫ가·지·가 다ᄅᆞ·니 여 對·됭答·답·호·ᄃᆡ 智
·딩體·톙 :둘 아·니·며 境:경·도 :둘 아·니·니 智
·딩 :둘 아·니로·ᄃᆞᆫ 흔 智·딩慧·ᅘᆑ로·딕 ·ᄠᅳᆮ ·ᄡᅮ
[4-11] ·미 다ᄅᆞ·니 眞진 :아·논 ·짜·히 일·후·미 眞진智
·딩·오 俗·쑉 :아·논 ·짜·히 일·후·미 俗·쑉智
·딩·라 境:경 :둘 아·니로·ᄃᆞᆫ 色·식·이 ·곧 ·이 空
콩·이·니 眞진境:경·이·오 空콩·이 ·곧 ·이 色
·식·이·니 俗·쑉境:경·이·라 이럴·씨 眞진·을

證·징혼 時씽節·졇·에 반·ᄃ·기 俗·쏙·올 ᄉ

뭇 :알·며 俗·쏙·올 ᄉ뭇[4-12] :안 時씽節·졇·에 반

·ᄃ·기 眞진·을 證·징·ᄒ·야 俗·쏙·이 性·셩:업

슨·둘 ᄉ뭇 알·면 ·곧 ·이 眞진空콩·이어·니

어·듸·쎤 앎:뒤·히 이시·리·오 ·ᄒ몰·며 ᄆᄉᆷ

밧·긔 境·경·이 :업거·니 境·경 밧·긧 ᄆᄉ·미

이시·리·여 ᄆᄉᆷ·과 境:경·괘 혼 ·듸 노·가

혼 法·법界·갱 ᄃ외ᄂ·니·라ᅵ

이 觀관 지·슨 :사르·믄 다른

:뉘·예 諸졍佛·뿛[4-13]ㅅ 알·ᄑ·나·아 無뭉

生ᄉᆡᆼ忍:신·올 得·득ᄒ·리·니 ·이럴·ᄊᆡ 智·딩慧·쀙 잇ᄂ

:사르·믄 ᄆᄉ·ᄆᆞᆯ ·고즈·기 無뭉量·량

壽:쓩佛·뿛·을 ᄉ외 ·보·ᄉ봉·디·니 無뭉量

·량壽:쓩佛·뿛·을 ·보습·ᄂ :사르·믄 혼 相·샹

好:홀·ᄅ로브[4-14]·터 ·드·러 오·직 眉밍間간 白·삑

毫ᅘᅯᇢ·롤 ·보·ᄉ보·ᄃᆡ ᄀᆞ·장 붉·게 ·호리·니 眉

밍間간白·삑毫ᅘᅯᇢ·롤 ·보·ᄉ봏·면 八·밣萬

·면四·ᄉᆞ千쳔相·샹好·홀ᅵ 自·쫑然쎤·히

現·현·ᄒ·시리·니 無뭉量·량壽:쓩佛·뿛 ·보

·ᄉ봏 :새[4-15]르·믄 十·씹方방無뭉量·량諸졍

佛·뿛·을 ·보·ᄉ봏·디·니 無뭉量·량諸졍佛

·뿛·을 ·보·ᄉ봏 견·ᄎ·로 諸졍佛·뿛·이 알·ᄑ

現·현·ㅎ·샤 授·쓩記·긩·ㅎ·시·리·니 ·이 偏·변

觀관[4-16] 一·힔切·쳉色·식身신相·샹·이·니 일

·후·믜 第·똉九:굴觀관·이·라 {偏·변觀관·은 :다 볼·씨·라}

·이 正·졍觀관·이·오 다르·니·는 邪썅觀관

33뒤(권4-16, 권4-17, 권4-18)

·이·라 부·톄 阿항難난·이·와 韋윙提똉希

힁드·려 니르·샤·딕 無뭉量·량壽쓩佛·뿛

·을 分분明명·히 [4-17] ·보숩·고 버·거·는 觀관世

·솅音흠菩뽕薩·삻·을 ·볼·띠·니 ·이 菩뽕薩

·삻ㅅ ·키 八·밣十·씹萬·먼億·흑那낭由율

他탕由율旬쓘·이·오 ·모·미 紫·쥬金금色

·식·이·오 머·리·예 肉·육髻·곙 잇·고[4-18] {髻·곙·눈 ·똔머·리

34앞(권4-18, 권4-19)

·니 부텻 ·뎡·바깃 ·쎼 노프·샤 ·똔 머·리 ㄱ·티

실·씨 肉·육髻·곙시·다 ·ㅎ느·니 肉·육·은 ·술

히·라 모·기 圓원光광·이 이·쇼·딕 面·면:마·다

各·각各·각 百·빅 千천由율旬쓘·이·오 그

圓원光광 中듕·에 釋·셕迦강牟뭏尼닝

·ㄱ튼 五:옹百·빅化·황佛·뿛·이 잇·고 化·황佛

·뿛:마·다 五:옹百·빅化·황菩뽕薩·삻와 無

뭉量·량[4-19]諸정天텬·을 드·려 잇·고 :대·도ᄒ

34뒤(권4-19, 권4-20)

身신光광 中듕·에 {身신光광·은 ·몷 光광明명·이·라} 五:오

道:똘衆·즁生싱·이 一·힔切·쳉色·식相·샹·

이 :다 現·현ㅎ·고 머·리 우·희 毗삥楞룽伽

깡摩망尼닝寶:봄·로 天텬冠관·올 밍·ㄱ

·니 [天텬冠관·은 하·눐 冠관·이·라] [4-20] 天텬冠관 中듕·에·셔

:거신 化·황佛·뿛 ㅎ나·히 :겨샤 뒨 노·픠·스

·믈다 숫 由율旬쓘·이·오 觀관世·솅音흠

菩뽕薩·삻ㅅ ㄴ·촌 閻염浮뿔檀딴金금色

·식·이·오 眉밍間간毫뽛相·샹·이 七·칧

寶:봄色·식이 ㄹ·고 八·밠萬·먼四·숭千쳔

가·짓 [4-21] 光광明명·을 :내·야 光광明명:마·다

無뭉量·량無뭉數·숭百·빅千쳔化·황佛

·뿛·이 :겨시·고 化·황佛·뿛:마·다 無뭉數·숭

化·황菩뽕薩·삻·올 ᄃ·려 :겨시·니 變·변化

·황 :뵈요·미 自·쭝在·찡·ᄒ·야 十·씹方방世

·솅界·갱·예 ᄀ득ᄒ·니[4-22]·라 볼 블·ᄒ 紅鬱蓮련

花황 色·식·이·오 八·밠十·씹億·흑光광明

명·으·로 瓔ᅙᅧᆼ珞·락·올 ᄒ·며 그 瓔ᅙᅧᆼ珞·락

中듕·에 一·잃切·쳉 莊장嚴엄·엣 :이·리 :다

現·현ᄒ·며 숤바·다·이 五:옹百·빅億·흑雜

·짭蓮련花황色·식·이·오 숤 가락 [4-23]·귿:마·다

八·밠萬·먼四·숭千쳔·그미·오 ·금:마·다 八

·밠萬·먼四·숭千쳔·비치·오 ·빗:마·다 八·밠

萬·먼四·숭千쳔光광·이·니 그 光광·이 보·

ᄃ라·바 一·잃切·쳉·롤 너·비 비·취ᄂ·니 이

:보·빅·옛 ·소느·로 衆·즁生싱接·졉引:인[4-24]ᄒ

·며 {接·졉引·인·은 자·바·혈·씨·라} ·바·를 듫 저·긔 ·발아·랫千

쳔輻·복輪륜相·샹·이 自·쭝然연·히 五:옹

36뒤(권4-24, 권4-25, 권4-26)

百·빅億·흑光광明명臺띵 :일·오 ·발 드·딇

저·긔 金금剛강摩망尼닝花황ㅣ 一·ᅙᅵᇙ

切·쳉·예 ᄀᄃ기 실·이ᄂ·니 ·녀나·몬 :됴ᅙ

[4-25] 相·샹·이 ᄀᆞ·자 부텨·와 다ᄅ·디 아·니ᄒ·고

오·직 頂:뎡上·썅 肉·슉髻·곙·와 無뭉見·견

頂:뎡相·샹·곳 世·솅尊존·을 :몯 맗ᄂ·니 {頂:뎡

上·썅肉·슉髻·곙·ᄂ ·뎡·바깃 우·흿[4-26] 肉·슉髻

·곙·라 無뭉見·견頂:뎡相·샹·은 ·뎡·바깃 相

37앞(4-26, 4-27)

·샹·올 ·보·ᄉ·봇·리 :업슬·씨·라} ·이 觀관世·솅音흠菩뽕薩

·싫ㅅ 眞진實·씷色·식身신相·샹·을 :보미·니

일·후·미 第·똉十·씹觀관·이·라 부:톄 阿항

難난·이드·려 니ᄅ·샤·ᄃ 觀관世·솅音흠

菩뽕薩·삻 보·고·져 훓 :새[4-27]ᄅ·몬 ·이 觀관·을

지·숧·디·니 ·이 觀관·을 지·슨 :사ᄅ·몬 災ᄌ

禍:ᄬ·들·홀 맛나·디 아·니·ᄒ·야 業·업障·쟝

37뒤(권4-27, 권4-28, 권4-29)

·을 ·조·히 더·러 無뭉數·숭劫·겁·엣 죽사·릿

罪:쬥·를 :딜리·니 ·이런 菩뽕薩·삻·은 일[4-28]·후

·믈 드·러·도 그·지 :업슨 福·복·을 ·어·드·리어

·니 ·ᄒ물·며 수외 :보·미ᄯ·녀 觀관世·솅音

흠菩뽕薩·삻 보·고·져 홇 :사ᄅ·ᄆᆞᆫ ·몬져 頂

:뎡上·썅肉·슉髻·곙·를 보·고 버·거 天텬冠

관·올 보·고 녀느 相·샹·올 [4-29]次·ᄎᆞᆼ第·뗑·로 :보

38앞(권4-29, 권5-2)

·딘 ·ᄯᅩ 븕·게 ·호리·니 ·이 正·졍觀관·이·오 다

ᄅ·니·ᄂᆞᆫ 邪썅觀관·이·라 버·거 大·땡勢·셍

至·징 菩뽕薩·삻·을 :볼·ᄠᅵ·니 ·이 [5-2] 菩뽕薩·삻

ㅅ·모·미 大·땡小:숗ㅣ 觀관世·솅音흠·과 ·

ᄀᆞᆮ·고 圓원光광·이 面·면:마·다 各·각各·각

一·ᅙᅵᇙ百·빅 스·믈다·숫 由융旬쓘·이·오 二

·ᅀᅵᆼ百·빅 :쉰 由융旬쓘·을 비·취·며 :대·도ᄒᆞᆫ

38뒤(권5-2, 권5-3, 권5-4)

身신光광明명·이 十·씹方방 나·라·홀 비

·취[5-3]·여 紫:ᄌᆞᆼ金금ㅅ ·비·치어·든 因ᅙᅵᆫ緣원

·ᄃᆞ읏ᄂᆞᆫ 衆·즁生ᄉᆡᆼ·이 :다 ·보ᄂᆞ·니 ·이 菩뽕薩

·삻ㅅ ᄒᆞᆫ 터럭 굼·긧 光광·을 보·면 十·씹方

방無뭉量·량諸졍佛·뿛ㅅ ·조·코 微밍妙

·묠ᄒᆞᆫ 光광明명·을 보논·딜·ᄊᆡ ·이 菩뽕薩

·삻ㅅ [5-4]일·후·믈 無뭉邊변光광·이·라 ᄒᆞ·고

39앞(권5-4, 권5-5)

{無뭉邊변·은 ᄀᆞᆺ :업슬·씨·라} 智·딩慧·휑ㅅ 光광明명·으

·로 一·ᅙᅵᇙ切·촁·ᄅᆞᆯ :다 비·취·여 三삼塗똥·ᄅᆞᆯ

여·희·여 우:업·슨·히·믈 得·득게 홀·씨 ·이 菩

뽕薩·삻ㅅ 일·후·믈 大·땡勢·셍至·징[5-5]·라 ᄒᆞ

ᄂᆞ·니 ·이 菩뽕薩·삻ㅅ 天텬冠관·애 五:ᅌᅩᆼ

百·빅寶:뵬華馫ㅣ 잇·고 寶:뵬華馫:마·다

五:옹百·빅寶:뵬臺띵 잇·고 臺띵:마·다 十

39뒤(권5-5, 권5-6)

·씹方방諸졍佛·뿛ㅅ ·조흔 微밍妙·묠흔

國·귁土:통·와 廣:광長땽相·샹·괘 :다 그 中

듕·에 [5-6]現·현ᄒᆞ·며 頂:뎡上·쌍 肉·육髻·곙·는

鉢·밣頭뚱摩망華馫ㅣ ·ᄀᆞ·고 肉·육髻·곙

우·희 흔 寶:뵬甁뼝·이 이·쇼·ᄃᆡ 여·러 光광

明명·을 다·마 녀·비 佛·뿛事·쏭·를 :뵈ᄂᆞ·니

녀느 모·맷 相·샹·ᄋᆞᆫ 觀관世·솅音흠·과 흔

40앞(권5-6, 권5-7, 권5-8)

가·지·라 [5-7] ·이 菩뽕薩·삻 ·ᄒᆞ·닐 쩌·긘 十·씹方

방世·솅界·갱 :다 震·진動:똥·ᄒᆞ·ᄃᆡ 地·띵動:

똥·ᄒᆞ·ᄂᆞᆫ ·짜·해 五:옹百·빅億·흑寶:뵬華馫

ㅣ 잇·고 寶:뵬華馫마·다 莊장嚴엄·이 極

·끅樂·락 世·솅界·갱 ᄀᆞᇀ·며 ·이 菩뽕薩·삻

·이 안ᄌᆞᆲ 저·긔 [5-8] 七·칧寶:뵬國·귁土:통ㅣ 흔

·쁴 :뮈·오 아·래·로 金금光광明명王왕佛·뿛刹·찷브

40뒤(권5-8, 권5-9)

·터 우·흐·로 光광明명王왕佛·뿛刹·찷·애

니·르·리 그 ᄉᆞ·ᅀᅵ·예 無뭉量·량塵띤數·숭

엣 {塵띤數·숭·는 드틄 數·숭ㅣ·라} 分분 [5-9]身신無뭉量·량

壽:쓩佛·뿛·와 分분身신觀관世·솅音흠

大·땡勢·솅至·징 :다 極·끅樂·락國·귁土:통

·애 ·구룸 지·픠 ᄃᆞᆺ ·ᄒᆞ·야 空콩中듕·에 ᄀᆞ·ᄃᆞᆨ지

기 蓮련花황座·쫭·애 안·자 妙·묳法·법·을

41앞(권5-9, 권5-10, 권5-11)

너·펴 닐·어 受:쓩苦:콩·ᄒᆞ는 衆·즁生싱·ᄋᆞᆯ

濟·졩渡·똥·ᄒᆞᄂᆞ·니 ·이 :봄 [5-10] 지·슨 :사ᄅᆞ·ᄆᆞᆫ 일

·후·미 大·땡勢·솅至·징菩뽕薩·삻·ᄋᆞᆯ 보·다

·ᄒᆞᄂᆞ·니 ·이 大·땡勢·솅至·징色·ᄉᆡᆨ身신相

·샹 :보미·니 일·후·미 第·똉十·씹一·힗觀관

·이·니 無뭉數·숭劫·겁阿항僧ᄉᆞᆼ祇낑·옛

生싱死:ᄉᆞ人 罪:쬥·를 :덜리·라 [5-11] ·이 :봄 지·슨

41뒤(권5-11, 권5-12)

:사ᄅᆞ·ᄆᆞᆫ 胎팅ᇹ·예 ·드·디 아·니 ·ᄒᆞ·야 샹·녜 諸

졍佛·뿛人 ·조·코 微밍妙·묳ᄒᆞᆫ 國·귁土:통

·애 :노·니리·니 ·이 :보·미 :일·면 일·후·미 觀관

世·솅音흠大·땡勢·솅至·징·를 ᄀᆞ·초 보·다

·ᄒᆞᄂᆞ니·라 ·이 :일 [5-12] 붏 저·긔 ᄆᆞᄉᆞ·ᄆᆞᆯ 머·구·디

西솅方방極·끅樂·락世·솅界·갱·예 ·나·아

蓮련花황 中듕·에 結·겷加강趺붕坐·쫭

42앞(권5-12, 권5-13)

·ᄒᆞ·야 蓮련花황ㅣ 合·합·ᄒᆞ·얫는 想:샹·도

지 [5-13]·ᄉᆞ·며 {合·합·ᄋᆞᆫ 어·울·씨·라} 蓮련花황ㅣ 開캥·ᄒᆞ

는 想:샹·도 지·ᄉᆞ·며 {開캥·ᄂᆞᆫ :열·씨·라} 蓮련花황ㅣ

開캥ᇙ 時씽節·졇·에 五:옹百·ᄇᆡᆨ色·ᄉᆡᆨ光

광·이 모·매 ·와 비취는 想:샹·과 ·누·니 開캥

ᄒᆞᆫ 想:샹·ᄋᆞᆯ 지·서 부텨·와 菩뽕薩·삻·왜 虛

헝空콩·애 ᄀᆞ득·ᄒᆞ시·며 ·믈와 :새·와 즘·게

164

·와 수·플·와 諸졍 [5-14] 佛·뿛ㅅ :내시·논 소·리 :다

妙·묳法·법·을 너·피·샤 十·씹二·싱部·뽕經

졍·과 마·즌·들 ·보·아

{十·씹二·싱部·뽕經졍·은 修슣多당羅랑·와

祗낑夜·양·와 和쫭伽꺙那낭·와 [5-15] 伽꺙陁

땅·와 優흫陁땅那낭·와 尼닝陁땅那낭

·와 阿항波방陁땅那낭·와 伊잉帝·뎽目

·목多당伽꺙·와 闍쌍陁땅伽꺙·와 毗삥

佛·뿛略·략·과 阿항浮뿡達·땷摩망·와 優

흫波방提똉舍·샹ㅣ·라 祗낑夜·양·는 다

·시 頌쑝·ᄒᆞ시·다 ·혼 :마리·니 우·희 니르·샨

:마·를 다·시 頌쑝·ᄒᆞ실·씨·라 頌쑝·은 얼구

·리·니 德·득·의 양·ᄌᆞ·를 얼굴 지·서 니를·씨

·니 偈꼥·혼가·지·라 和쫭伽꺙那낭·는 授

·쓩記·긩·라 ·혼 :마리 [5-16]·라 伽꺙陁땅·는 ᄒᆞ오

·ᅀᅡ :니다 ·혼 :마리·니 웃:말 업·시 頌쑝·ᄒᆞ실

·씨·라 優흫陁땅那낭·는 무·르·리 :업·시니

르·시·다 ·혼 :마리·라 尼닝陁땅那낭·는 因

힌緣원·이·라 ·혼 :마리·니 :묻ᄌᆞ·보·ᄆᆞᆯ 브·터

니르·시·며 :원 :이·를 브·터 警·경戒갱ᄒᆞ시

·며 一·힔切·쳉因힌緣원 니·러난 :일 니[5-17]ᄅᆞ

·샤·미·다 因힌緣원·이·라 阿항波방陁땅

那낭·는 譬·핑喻·융ㅣ·라 ·혼 :마리·라 伊잉

帝·뎽目**·목多당伽꺙**·는 本·본來링ㅅ:이

리·라 ·혼 :마리·니 如셩來링弟·똉子·ᄌᆞ·이

前쪈世·솅·옛 :일·둘 니르·샤미·라 闍쌍陁

43뒤(권5-17, 권5-18, 권5-19)

땅伽꺙·ᄂᆞᆫ 本:본來ᄅᆡᆼㅅ 生싱·이·라 ·혼 :마

리·니 如셩來ᄅᆡᆼ菩뽕薩·ᇙ·이 本·본來ᄅᆡᆼ

ㅅ修슝行·ᅘᅢᆼ·이 [5-18] 서르 마ᄌᆞᆫ :일·둘 니르·샤

미·라 毗삥佛·뿛略·략·ᄋᆞᆫ 方방廣:광·이·라

·혼 :마리·니 正·정ᅘᆞᆫ 理링方방·이·오 삐·려

가·ᄉᆞ며·로·미 廣:광·이·라 阿ᇂᅡᆼ浮뿛達·딿

摩망·ᄂᆞᆫ :아·리 잇·디 아·니·타 혼 :마리·니 如

셩來ᄅᆡᆼ種:죵種:죵神씬力·륵·을 :뵈·야시

·든 衆·즁生싱·이 :아·리 잇디 아·니·타 홀 [5-19] ·씨

·라 優ᅙᅮᇢ波방提똉舍·샹·ᄂᆞᆫ 論론義·읭·라

·혼 :마리·니 義·읭·ᄂᆞᆫ ·ᄠᅳ디·라]

出·츓定·뗭·ᅘᅧ·ᄒᆞ야·도 디·녀 일

·티 아·니ᄒᆞ·면 일·후·미 無뭉量·량壽:쓯佛

44앞(권5-19, 권5-20)

·뿛極·끅樂·락世·솅界·갱·ᄅᆞᆯ :보미·니 ·이 普

:퐁觀관想:샹·이·니 {普퐁觀관·ᄋᆞᆫ 너·비 볼·씨·라} 일·후·미

第·똉十·씹二·ᅀᅵᆼ觀관·이·니 無뭉[5-20]量·량壽

:쓯佛·뿛ㅅ 無뭉數·숭化·황身신·이 觀관

世·솅音즘大·땡勢·솅至·징·와 샹·녜 行ᅘᅢᆼ

人신·의게 ·오·시리·라 부:톄 阿ᇂᅡᆼ難난·이

·와 韋윙提똉希힁 ᄃᆞ·려 니르·샤·ᄃᆡ 至·징

44뒤(권5-20, 권5-21, 권5-22)

極·끅ᄒᆞᆫ ᄆᆞᅀᆞ·ᄆᆞ·로 西솅方방·애 나·고·져[5-21]

166

홀 :사른·미 몬져 丈:땅六·륙像:썅·이 ·못 우

·희 :겨샤·믈 ·보· 스· 봃·디·니 無뭉量·량壽:쓩

佛·뿛ㅅ 모·미 :곳·업스·샤 凡뺨夫붕·의 心

심力·륵·이 :몯 미·츠·련마·른 ·뎌 如셩來링

ㅅ 本:본來링ㅅ 願·원力·륵·으·로 [5-22]憶·흑想

:썅ᄒ·리 이시·면 :모·딕 일·우ᄂ·니 :다 민 부

45앞(권5-22, 권5-23)

텻 像:썅·올 想:썅홀·만 ·ᄒ야·도 無뭉量·량

福·복·을 :어드·리어·니 ·ᄒᄆᆯ·며 부텻 ᄀᄌ

·신 身신相:썅·올 ·보· 스·보· 미쓰·녀 {身신相·썅·은 · 몺

[5-23]양·지·라 阿항彌밍陁땅佛·뿛·이 神씬通통

·이 如셩意·힁·ᄒ·샤 十·씹方방 나·라·해 變

·변化·황 ·뵈샤·미 自·쫑在·찡·ᄒ·야 시·혹 ·큰

·모·믈 :뵈시·면 虛형空콩·애 ᄀᆞ득·ᄒ시·고

45뒤(권5-23, 권5-24, 권5-25)

:져·근 ·모·믈 ":뵈시·면 丈:땅六·륙八·밦尺[5-24]

·쳑·이·샤 :뵈·시논 形형體·톙 :다 眞진金금色

·식·이시·고 圓원光광·이·며 化·황佛·뿛·이

·며 寶:봄蓮련花황 ·ᄂ 우·희 니르·듯 ᄒ·니

·라 觀관世·솅音흠菩뽕薩·삻·와 大·땡勢

·솅至·징 왜 一·힗切·쳉 고·대 ·모·미 衆·즁生[5-25]

싱 ·ᄀᆫᄒ·니 오·직 首:슣相·썅·올 보·면 {首:슣相·썅

46앞(권5-25, 권5-26)

·은 마·릿 양·지·라)[67] 觀관世·솅音흠·인 둘 :알·며 大·땡

勢·솅至·징ㄴ 둘 :알리·니 ·이 :두 菩뽕薩·삻

·이 阿항彌밍陁땅佛뿛·을 :돕ᄉ·바 一·힗

切·쳉·를 너·비 敎·곯化·황·ᄒᄂ[5-26]·니·이 雜·짭

想:샹觀관·이·니 일·후·미 第·똉十·씹三삼

觀관·이·라 부:톄 阿항難난·이·와 韋윙提

똉希횡드·려 니ᄅ·샤·딕 上·썅品:픔上·썅

46뒤(권5-26, 권5-27, 권5-28)

生싱·은 衆·즁生싱·이·뎌 나·라·해 나·고·져

願·원홇 :사ᄅ·ᄆᆫ :세 가·짒 ᄆᅀ[5-27]·믈 發·벓ᄒ

·면·곧·가·아 나·리·니 ᄒ나·흔 至·징極·끅흔

精졍誠쎵·엣 ᄆᅀ·미·오 :둘흔 기·픈 ᄆᅀ

·미·오 :세흔 廻ᅘᅬᆼ向·향發·벓願·원 ᄆᅀ·미

·라·이 :세 ᄆᅀ·미 ᄀᆞ·ᄌ·면 一·힗定·뗭·히·뎌

나·래[5-28]·해 나·리·라·쏘 :세 가·짒 衆·즁生싱·이

47앞(권5-28, 권5-29)

·ᄉᆞ 당다이 ·가·아 나·리·니 ᄒᄂ·흔 慈쭝心

심·ᄋ·로 殺·샳生싱 아·니·ᄒ·야 여·러 가·짒

戒·갱行·헹 ᄀᆞ·ᄌ니·오 :둘흔 大·땡乘씽方

방等:등經경典:뎐·을 讀·똑誦쑁[5-29]·ᄒᄂ니

·오 {典:뎐·은 法·법·이라 讀·똑·은 닐·긇·시·오 誦쑁·은 외·옳시

·래 :세흔 여

·슷 가·짒 念·념·을 修슐行헹 ·ᄒ·야 {여슷 가·짒 念·념

은 부텨 念·념·ᄒᅀᄫ·며 法·법 念·념ᄒ·며

---

67) 이 부분을 옥책에서는 쌍행 협주를 잘못 오기하여 "首:슣相·샹·은 마ᄋ릿 양은 지은라"로
옮겨 새겼다. 두 줄로 적힌 것을 한 글자로 오해하여 옮겨 새겨 일어난 일이다. 이에 대하여
는 제4장의 4.3.2.1을 참고할 것.

168

즁 念·념ᄒᆞ·며 布봉施싱 念·념ᄒᆞ·며 持띵

47뒤(권5-29, 권5-30, 권6-2)

戒·갱念·념ᄒᆞ·미 ᄒᆞ·ᄂᆞᆯ 念·념 ·호미·라} [5-30]

廻ᅘᆑ向·향發·벓願원

·ᄒᆞ·야·뎌 나·라·해 나·고·져 願·원·ᄒᆞᄂᆞᆫ :사·ᄅᆞ

미·니 ·이 功공德·득·이 ᄀᆞ·ᄌᆞ·몰 홀·리어·나

닐·웨·예 니·를어·나 ᄒᆞ·면 ·즉자·히 ·가·아 나

·리·니 ·뎌 나·라·해 낧 時씽節·졇·에 [5-31] ·이 :사ᄅᆞ

·미 精졍進·진·이 勇:용猛:ᄆᆡᆼ·혼 다·ᄉᆞ·로 阿

항彌밍陁땅如셩來링[6-2]觀관世·솅音흠

48앞(권6-2, 권6-3)

大·땡勢·솅至·징·와 無뭉數·숭化·황佛·뿛

·와 百·빅千쳔比·삥丘쿻 聲셩聞문大·땡

衆·즁 無뭉量·량 諸졍天텬 七·칤寶:봏宮

宮殿·뗜·과 觀관世·솅音흠菩뽕薩·삻·은

金금剛강臺띵 잡·고 大·땡勢·솅至·징菩

뽕薩·삻·와 行ᅘᆡᆼ者:쟝ㅅ [6-3] 알·ᄑᆡ ·오·샤 阿항

彌밍陁땅佛·뿛·이 ·큰 光광明명·을 ·펴·샤

48뒤(권6-3, 권6-4)

行ᅘᆡᆼ者:쟝이 ·모·ᄆᆞᆯ 비·취시·고 諸졍菩뽕

薩·삻·돌·콰·로 소·늘 심·겨 迎영接·졉·ᄒᆞ·시

거·든 {迎ᅘᆡᆼ·은 마·즐·씨·라} 觀관世·솅音흠大·땡勢·솅

·솅至·징無뭉數·숭[6-4]菩뽕薩·삻·와·로 行ᅘᆡᆼ

者:쟝·ᄅᆞᆯ 讚·잔嘆·탄·ᄒᆞ·야 ᄆᆞᅀᆞ·ᄆᆞᆯ 勸·퀀·ᄒᆞ

·야 나·소·리·니 行ᅘᆡᆼ者:쟝ㅣ 보·고 歡환喜횡

:횡踊:용躍·약·ᄒᆞ·야 〔歡환喜:횡踊:용躍·약·ᄋᆞᆫ 깃·거ᄂᆞ 소·ᄉᆞᆯ·씨·라〕

49앞(권6-4, 권6-5, 권6-6)

제 ·모·믈 :보·디 金금剛강臺띵 ·타 부텻 :뒤

·헤 [6-5] 미존ᄌᆞ·바 彈딴指:징홄 ᄉᆞ·ᅀᅵ·예 〔彈딴指:징

·ᄂᆞᆫ 숨가락 ᄩᆞᆯ씨·니아·니한ᄉᆞ·ᅀᅵ·라·며나·라·해·가·나·아부

텻 色·ᄉᆡᆨ身신·과 諸졍菩뽕薩·삻ㅅ 色·ᄉᆡᆨ

相·샹·ᄋᆞᆯ 보·며 光광明명·과 :보·빅·옛 수·플

·왜 妙·묳法·법·을 [6-6] 너·펴 니르거·든 듣·고 ·즉

자·히 無뭉生ᄉᆡᆼ法·법忍:신·을 :알·오 아·니

49뒤(권6-6, 권6-7, 권6-8)

한 ᄉᆞ·ᅀᅵ·예 諸졍佛·뿛·을 :다 셤·기ᅀᆞ·ᄫᅡ 十

·씹方방界·갱·예 :다·가 諸졍佛·뿛ㅅ 알·ᄑᆡ

次·ᄎᆞᆼ第·똉·로 受:쓩記·긩·ᄒᆞᅀᆞᆸ·고 도로 믠

[6-7] 나·라·해·와 無뭉量·량百·빅千쳔陁땅羅

랑尼닝門몬·을 得·득ᄒᆞ·리·니 〔陁땅羅랑尼닝·ᄂᆞᆫ 모

·도 잡·다 ·혼 ·ᄠᅳ디·니 圓원覺·각體·톙·예 :만

ᄒᆞᆫ 德·득用·용·이 잇ᄂᆞ·니 本:본來링브·터

자·바 일·티 아·니홀·씨 모·도 잡[6-8]·다 ᄒᆞ·니·라

體·톙·로·셔 用·용·애 나·고 用·용·애·셔 體:톙

50앞(권6-8, 권6-9)

·예 ·드·러:가·미 門몬·이 ·나·드·

듯 홀·씨 門몬·이·라 ᄒᆞ·니·라 ·이 일·후·미 上

썅品:픔上·썅生ᄉᆡᆼ·이·라 上·썅品:픔中듕

生ᄉᆡᆼ·ᄋᆞᆫ 方방等:등經경典:뎐·을 구·틔·여

受:쓩持띵讀·똑誦·쑝 아·니·ᄒᆞ야·도 ·ᄠᅳ·들

170

이·대 아·라 第·뗑一·흻義·읭·예 [6–9] ᄆᆞᅀᆞ·ᄆᆞᆯ :놀라 뮈·우·디 아·니·ᄒᆞ·야 因힌果:광·ᄅᆞᆯ 기·피 信·신ᄒᆞ·며 大땡乘씽·ᄋᆞᆯ :비·웃·디 아·니·ᄒᆞ

50뒤(권6–9, 권6–10)

·야 ·이 功공德·득·으·로 廻횅向·향·ᄒᆞ·야 極·끅樂·락國·귁·에 나·고·져 홇 :사ᄅᆞ·ᄆᆞᆫ 命·명終즁홇 쩌·긔 阿항彌미[6–10] 陁땅佛·뿛·이 觀관世·솅音음大·땡勢·솅至·징·와 無뭉量·량大·땡衆·즁 眷·권屬·쑉·이 圍윙繞:숗·ᄒᆞᅀᆞ·바 紫:ᄌᆞᆼ金금臺띵 가·져 行ᅘᆡᆼ者:쟝 알·ᄑᆡ ·오·샤 讚·잔歎·탄·ᄒᆞ·야 니ᄅᆞ·샤·ᄃᆡ 法·법

51앒(권6–10, 권6–11, 권6–12)

子:ᄌᆞᆼ·아 :네 大·땡乘씽·을 行ᅘᆡᆼ·ᄒᆞ·야 第·뗑一·흻[6–11] 義·읭·ᄅᆞᆯ :알·씨 ·내 ·와 迎영接·졉·ᄒᆞ노·라 ·ᄒᆞ시·고 ·즈·ᄆᆞᆫ 化·황佛·뿛·와·로 ᄒᆞᆫ·ᄢᅴ ·소·ᄂᆞᆯ 심·기·시리·니 行ᅘᆡᆼ者:쟝ㅣ :제 :보·ᄃᆡ 紫:ᄌᆞᆼ金금臺띵·예 안·자 合·합掌:쟝叉창手:슣·ᄒᆞ·야 {창叉手[6–12]:슣·ᄂᆞᆫ :두 솑가락·ᄀᆞᆯ 섯겨·를·씨·라} 諸졍佛·뿛·을 讚·잔嘆·탄·ᄒᆞᅀᆞ·바 一·흻念·념 ᄊᆞ·ᅀᅵ·예

51뒤(권6–12, 권6–13)

·뎌 나·라·해 七·칧寶:봉 ·못 가·온·ᄃᆡ ·가 나·리·니 ·이 紫:ᄌᆞᆼ金금臺띵 ·큰 :보·ᄇᆡ·옛 고·지 ·ᄀᆞᆮ·ᄒᆞ·야 ᄒᆞᄅᆞᆺ·밤 자·고 ·프거·든 行ᅘᆡᆼ者:쟝[6–13]·ᄋᆡ ·모·미 紫:ᄌᆞᆼ磨망金금色·식·이 ᄃᆞ외·오 발 아·래 ·또 七·칧寶:봉蓮련花황ㅣ 잇거·든

부텨·와 菩뽕薩·샳·와 흔 ·쁴 放·방光광·ᄒ

·샤 行행者:쟝·이 ·모·들 비·취시·면 ·누·니 ·즉

52앞(권6-13, 권6-14, 권6-15)

자·히 여·러 블[6-14]·ᄀ리·니 :아·릿 비·ᄒ·슬 因힌

·ᄒ·야 한 소·리·를 너·비 드·로·딕 甚·씸 히기

·픈 第·똉一·ᅙᆯ義·읭諦·뎅·를 전·혀 니ᄅ·리

·니 ·즉자·히 金금臺띵·예 ᄂ·려 부텨·ᄭ 禮

:롕數·숭·ᄒ습·고 [6-15] 合·합掌쟝·ᄒ·야 世·솅尊

존·을 讚·잔嘆·탄·ᄒ·ᄉᄫ·리·니 닐·웨 :디:내

·면 ·즉자·히 阿항耨·녹多당羅랑三삼藐

52뒤(권6-15, 권6-16, 권6-17)

·막三삼菩뽕提똉·예 므르·디 아·니·호·믈

得·득ᄒ·고 ·즉자·히 ᄂ·라돈 ·녀 十·씹方방

·애[6-16] :다 가 諸졍佛·뿛·을 :다 셤·기ᅀᆞ·ᄫᅡ 諸졍

佛·뿛·ᄭ 三삼昧·밍·ㅣ·둘·ᄒᆯ 닷·가 흔 小:숗劫

·겁 :디:내·면 無뭉生ᄉᆡᆼ忍·ᅀᅵᆫ·을 得·득·ᄒ·야

現·현ᄒᆞᆯ 알·ᄑᆡ 授·씁記·긩·ᄒ·시리·니 ·이 일

·후·미 上·쌍品:픔 中듕 [6-17] 生싱·이·라 上·쌍品

53앞(권6-17, 권6-18)

:픔下·행生싱·ᄋᆫ ·쏘 因힌果:광·ᄅᆯ 信·신ᄒ

·며 大·땡乘씽·을 :비·웃·디 아·니ᄒ·고 오·직

우 :업·슨 道:똘理:링ᆺ ᄆᆞᅀᆞ·믈 發·벓·ᄒ·야

·이 功공德·득으·로 廻뼁向·향·ᄒ·야 極·끅

樂·락國·귁·에 나·고·져 호ᇙ [6-18] :사ᄅᆞ·ᄆᆞᆫ 命·명終

즁훓 저·긔 阿항彌밍陁땅佛·뿛·와 觀관

172

世·솅音흠大·땡勢·솅至·징 眷·권屬·쑉·들

53뒤(권6-18, 권6-19, 권6-20)

·과·로 金금蓮련華勢 가·지시·고 五:옹百

·빅 부텨·를 지·어 ·와 마즈·샤 五:옹百·빅化

·황佛·뿛·이 흔·픠 소[6-19]·늘 심·기시·고 讚·잔嘆

·탄·ᄒᆞ·야 니르·샤·ᄃᆡ 法·법子:중·아·네 淸쳥淨·쪙·ᄒᆞ·야

우:업슨 道:똘理:링ㅅ ᄆᆞᅀᆞ·ᄆᆞᆯ 發·벓혼·씨·내·와 너·를 맛·노·

라·ᄒᆞ·시리·니·이:일 봃 저·긔

제·모·ᄆᆞᆯ:보·ᄃᆡ 金금[6-20]蓮련華

54앞(권6-20, 권6-21)

勢·애 안·자 고·지 어·우러 世·솅尊존ㅅ:뒤

·흘 졷ᄌᆞ·바 즉자·히 七·칧寶:봄·ᄆᆞᆺ 가·온·ᄃᆡ

·가·나·아 흔·날 흔 바·미 蓮련華勢ㅣ·프거

·든 닐·웻 內ᄂᆡᆼ·예 부텨·를·보·ᅀᆞᆸ[6-21]보·ᄃᆡ 한 相

·샹好:홓·ᄅᆞᆯ 明명白·삑·히:몰·랫다·가:세 닐

·웨 後:ᅘᅮᇂ·에·ᅀᅡ:다·보·ᅀᆞᄫᆞ·며 한 소·리:다 妙

·뮿法·법 너·피거·든 듣·고 十·씹方방·애:노

54뒤(권6-21, 권6-22, 권6-23)

·녀 諸졍佛·뿛供공養·양·ᄒᆞᅀᆞᆸ·고 諸졍佛

·뿛ㅅ 알·[6-22]픠 甚·씸·히 기·픈 法·법·을 듣ᄌᆞ·바

:세 小:숗劫·겁:디·내·오 百·빅法·법明명門

몬·올 得·득·ᄒᆞ·야 歡환喜:횡地·띵·예 住·뜡

·ᄒᆞ·리·니 {歡환喜:횡地·띵·ᄂᆞᆫ 十·씹地·띵·옛

·처·ᅀᅥ미·니 法·법·을 깃·글·씨·라

·이 일 後:ᅘᅮᇂ·ᄆᆡ 上·쌍品:픔下·ᅘᅡᆼ生싱·이·니·이

[6-23] 일·후·미 上·쌍輩·빙生싱想·샹·이·니 일·후

·미 第·똉十·씹四·숭觀관·이·라 {上·쌍輩·빙·는 웃·무리

·라} 부:톄 阿항難난·이·와 韋윙提똉希힁

두·려 니른·샤·딕 中듕品:픔上·쌍生싱·은

衆·즁生싱·이 五:옹戒·갱·를 디·니·며 八·밣

戒·갱齋쟁 [6-24]·를 디·녀 여·러 戒·갱·를 修슣行

행ᄒ·고 五:옹逆·역·을 :짓·디 아·니ᄒ·며 여

·러 가·짓 허·므·리 :업서 ·이 善:쎤根군 ·ᄋ·로

廻ᅘᅌᅱ向·향·ᄒ·야 極·끅樂·락世·솅界·갱·예

나·고·져 흟 :사른·미 命·몡終즁[6-25]흟 저·긔 阿

항彌밍陁땅佛·뿛·이 比·삥丘쿨·들·콰 眷

·권屬·쑉·이 圍윙繞:ᅀᅭᇢ·ᄒᄉ·바 金금色·식

光광·올·펴·샤 그 :사른·미:손·딕 ·오·샤 苦:콩

空콩無뭉常썅無뭉我:앙·를 너·펴 니르

·시·고 出·츓家강·ᄒ·야 受:쓯 [6-26]苦·콩 여·희논

·주·를 讚·잔嘆·탄·ᄒ·시리·니 行ᅘᅵᇰ者:쟝ㅣ

ᄀ·장 歡환喜:힁·ᄒ·야 제·모·믈 :보·딕 蓮련

華ᅘᅪ臺띵·예 안·자 ·ᄭ수러 合·햅掌:쟝·ᄒ·야

부텨·끠 禮:롕數·숭·ᄒᅀ·ᇦ고 머·리 :몯 든 ᄉ

·싀·예[6-27]極·끅樂·락世·솅界·갱·예 ·가 ·나거·든

蓮련華ᅘᅪㅣ 미조·차 ·프리·니 곳 ·픐 時씽

節·졇·에 한 소·리 四·숭諦·뎽讚·잔嘆·탄커

56뒤(권6-27, 권6-28, 권6-29)

·든 들·고 ·즉자·히 阿항羅랑漢·한道:똘·룰

得·득·ᄒᆞ·야 三삼明명六·륙通통·과 八·밣

解:갱[6-28]脫·퇋·이 ᄀᆞ·ᄌᆞ리·니 ·이 일·후·미 中듕

品:품上·썅生싱·이·라 中듕品:품中듕生싱

·은 衆·즁生싱·이 ᄒᆞᆫ ·날 ᄒᆞᆫ ·바·ᄅᆞᆯ 八·밣戒

·갱齋쟁·ᄅᆞᆯ 디·니거·나 ᄒᆞᆫ ·날 ᄒᆞᆫ ·바·ᄅᆞᆯ 沙상

彌밍戒·갱·ᄅᆞᆯ 디·니거·나 {沙상 [6-29] 彌밍十·씹

戒·갱·ᄅᆞᆯ 受:쓭·ᄒᆞ

57앞(권6-29, 권6-30)

·ᄂᆞ니·라)68) ᄒᆞᆫ ·날 ᄒᆞᆫ ·바·ᄅᆞᆯ 具·꿍足·죡戒·갱·ᄅᆞᆯ 디

·니거·나 ·ᄒᆞ·야 {具·꿍足·죡戒·갱·ᄂᆞᆫ ᄀᆞ·ᄌᆞᆫ 戒

·갱·니 五:옹戒·갱·ᄂᆞᆫ 下:행品:품·이·오 十·씹戒·갱·ᄂᆞᆫ 中듕

品:품·이·오 具·꿍戒·갱·ᄂᆞᆫ 上·썅品:품·이·라} 威윙

儀읭 이·즌 ·디 :업[6-30]·서 {威윙儀읭·ᄂᆞᆫ 擧:겅動:똥·이·라

ᄒᆞ·ᄃᆞᆺ ᄒᆞᆫ :마리·라} 이 功공德·득·으·로 廻ᅘᅬᆼ向·향·ᄒᆞ·야 極

·끅樂·락國·귁·에 나·고·져 ·ᄒᆞ·야 戒·갱香향

·ᄋᆞᆯ 퓌·워 닷·ᄂᆞᆫ :사ᄅᆞ·미 命·명終즁홇 저·긔

57뒤(권7-2, 권7-3)

[7-2] 阿항彌밍陁땅佛·뿛·이 眷·권屬·쑉·과·로

金금色·ᄉᆡᆨ光광·ᄋᆞᆯ ·펴시·고 七·칧寶:봏蓮

련華ᅘᅪᆼ 가·지·샤 行ᅘᆡᆼ者:쟝·이 알·ᄑᆡ ·오·나

시·든 行ᅘᆡᆼ者:쟝ㅣ 드·로·ᄃᆡ 空콩中듕·에

_____

68) 쌍행 협주라 오류가 있다. 원문은 "沙상 [6-29] 彌밍十·씹戒·갱·ᄅᆞᆯ 受:쓭·ᄒᆞ·ᄂᆞ니·라
이다.

·셔 讚·잔嘆·탄·ᄒ·야 니ᄅ·샤·ᄃᆡ 善:쎤男남

子:ᄌᆞ·아 :네 三삼 [7-3]世·솅諸정佛·뿛ㅅ敎·굔

法·법·을 조·차 順·쓘홀·씨 내·와 너·를 맛·노

58앞(권7-3, 권7-4)

·라 ·ᄒ·시리·니 行혱者:쟝ㅣ:제 ·보·ᄃᆡ 蓮련

華彎ㅅ 우·희 안·자 蓮련華彎ㅣ ·즉자·히

어·우·러 極·끅樂·락世·솅界·갱·예 ·나·아 :보

·비·몯 가 [7-4]·온·ᄃᆡ 이·셔 닐·웨 :디·내·오 蓮련華彎

ㅣ ·프거·든 ·눈 뻐 슴·閤掌:쟝·ᄒ·야 世·솅

尊존·을 讚·잔嘆·탄·ᄒ습·고 法·법 듣:즙·고

깃·거 須슝陁땅洹횐·을 得·득·ᄒ·야 半·반

58뒤(권7-4, 권7-5, 권7-6)

劫·겁 :디·내오·ᅀᅡ 阿항羅랑漢·한·ᄋᆞᆯ 일 [7-5]·우

리·니 ·이 일·후·미 中듕品:품中듕生싱·이

·라 中듕品:품下:행生싱·은 善:쎤男남子

:ᄌᆞ 善:쎤女:녕人ᅀᅵᆫ·이 어버·ᅀᅵ 孝·흉養·양

·ᄒ·며 世·솅間간·애 ᄃᆞᆫ·뇨ᄃᆡ 仁ᅀᅵᆫ慈ᄍᆞᆼ흔

ᄆᆞᅀᆞᄆᆞᆯ ᄒᆞ면 命·명終즁홀 저·긔 [7-6] 善:쎤知

딩識·식·을 맛·나·아 (善:쎤知딩識·식·은 이·ᄅᆞᆫ 아·로리·라) 阿

59앞(권7-6, 권7-7, 권7-8)

항彌밍陁땅佛·뿛國·귁·엣 ·즐·거본 :이·ᄅᆞᆯ

너·비 니르·며 法·법藏짱 比·삉丘쿨·의 마

ᅀᆞᆫ여듧 願·원·을 ·ᄯᅩ 니르거·든 (法·법藏짱 比·삉丘쿨

·ᄂᆞᆫ [7-7][69] ·이젯 無뭉量·량壽:슣佛·뿛·이시·니 :디

·나건 無뭉數·숭劫·겁·에 부:톄 :겨샤·ᄃᆡ 일

176

·후·미 世·솅自·쭝在찡王왕如셩來링·러

시·니 그 저·긔 흔 國·귁王왕·이 부텻 說·쉃

法·법 듣즈·ᄫᅵ시·고 無뭉上·썅道:똘理:링

옛 ·ᄠᅳ·들 發·벓·ᄒᆞ·샤 나·라 ᄇᆞ·리시·고 沙상

門몬 ᄃᆞ외·샤 일·훠[7-8]·미 法·법藏·짱·이·러시

니 지·죄 노ᄑᆞ·시며 智·딩慧·ᅓ·와 勇:용猛

59뒤(권7-8, 권7-9, 권7-10)

:밍·괘 世·솅間간·애 솟·나·시더·니 부텻·긔

:술·ᄫᅡ샤·ᄃᆡ ·내 無뭉上·썅 道:똘理:링 옛 ·ᄠᅳ

·들 發·벓·ᄒᆞ·니 願·원흔·던 經경法·법·을 니

ᄅᆞ·샤 正·정覺·각·ᄋᆞᆯ 어셔 일·워 죽사·릿 根

군源원·을 ·ᄲᅡ·혀나·긔 ·ᄒᆞ쇼·셔 ·내 修슈行

·ᄒᆡᆼ·ᄒᆞ·리이·다 그·ᄢᅴ 世·솅自·쭝在·찡王왕

佛·뿛·이 二·ᅀᅵᆼ百·빅一·힗十·씹億·흑諸정

佛·뿛 나·라·햇 天텬人신·이 어딜·며 사·오

나·ᄫᆞᆷ·과 ·ᄯᅡ·히 골·업스·며 :됴·호·ᄆᆞᆯ 닐·어시

·ᄂᆞᆯ 法·법藏·짱比·뼁丘쿻ㅣ 듣즈·ᄫᅵ시·고

다·ᄉᆞᆺ 劫·겁·을 修슈行·ᄒᆡᆼ·ᄒᆞ·샤 世·솅自·쭝

在·찡王왕如셩來링ㅅ 알·ᄑᆡ 마·ᄉᆞᆫ여·듮

가·짓 큰 願·원·을 [7-10]發·벓ᄒᆞ시·니 ᄒᆞ나·핸

·내 成쎵佛·뿛·ᄒᆞ·야 나·라·해 地·띵獄·옥餓·앙

---

69) 〈월석〉 제8권의 59앞 4행부터는 두 줄로 된 협주여서 한 칸에 두 자를 한 글자로 옮겨 새겼
    다. 따라서 옥책의 권을 표시하기 어려운데 여기서는 첫 번째 옮긴 것에 옥책의 片數를 표하
    였다. 예를 들면 [7-7]과 [7-8]은 '다외샤 일후'에서도 가능하고 '직죄 노ᄑᆞ시며'에서도 가능
    한데 앞의 '다오;샤 일후'에서 옥편을 달리한 것으로 보았다. 이하 쌍행 협주는 모두 같다.

鬼·귕畜·튱生싱 일·훔 곳 이시·면 ·내 乃:냉

終즁:내 正·졍覺·각 일우·디 아·니·호·리이

·다 :둘·헨 :내 成쎵佛·뿛·호·야 나·랏 衆·즁生

싱·이 三삼惡·학道:똘·애 뻐·러디·리 이시

·면 ·내 乃:냉終즁:내 正·졍覺·각 일·우·디 아

·니·호·리이·다 :세·헨 ·내 成쎵佛·뿛·호·야 나

·랏 有[7-11]:울情쪙·이 ·다 眞진金금色·식 곳 아

·니·면 내 乃:냉終즁:내 正·졍覺·각 일·우·디

아·니·호·리이·다 有·울情쪙·은 ·뜯 잇는 거

·시·라 :네·헨 ·내 成쎵佛·뿛·호·야 나랏 有:울

情쪙·의 양·지 :고본·니 구·즈·니 이시·면 正

·졍覺·각 일·우·디 아니·호·리·이·다 다·슷샌

·내 成쎵佛·뿛·호·야 나·랏 有:울情쪙이 宿

·슉命·명·을 :몯 得·득·호·야[7-12] 億·흑那낭由율

他탕百빅千쳔劫·겁·엣 :이·룰 모·르면 正

·졍覺·각 일·우·디 아·니·호·리이·다 여스센

·내 成쎵佛·뿛·호·야 나·랏 有:울情쪙·이 쳔

텬眼:안·이 :업·서 億·흑那낭由율他탕百

·빅千쳔諸졍佛·뿛 나·라·홀 :몯 보·면 正·졍

覺·각 일·우·디 아·니·호·리이·다 닐·구·벤 ·내

成[7-13]쎵佛·뿛·호·야 나·랏 有:울情쪙·이 天텬

耳:싱·를 :몯 ·어·더 億·흑那낭由율他탕百

·빅千쳔諸졍佛·뿛說·쉃法·법·을 :몯 드르

·면 正·졍覺·각 일·우·디 아·니·호·리이·다 여

·들·벤 ·내 成쎵佛·뿛·호·야 나·랏 有율情쪙

·이 他탕心심智·딩 :업·서 億흑那낭由율

他탕百·빅千쳔佛·뿛[7-12]國·귁·엣 有:율情쪙

·의 ᄆᆞᅀᆞᆷ 모·ᄅᆞ면 正·졍覺·각 일·우·디 아·니

61앞(권7-14, 권7-15, 권7-16)

·호·리이·다 他탕心심智·딩·ᄂᆞᆫ ᄂᆞ·미 ᄆᆞᅀᆞᆷ

:아·ᄂᆞᆫ 智·딩慧·ᅓᅵ·라 아·호·밴 내 成쎵佛·뿛

·ᄒᆞ·야 나·랏 有:율情쪙·이 神씬通통 :몯 :어

·더 호 念·념 ᄊᆞ·ᅀᅵ·예 億·흑佛·뿛 나·라·ᄒᆞᆯ :몯

:디·나가·면 正·졍覺·각 일·우·디 아·니·호[7-15]리

이다 ·열·헨 ·내 成쎵佛·뿛 ·ᄒᆞ·야 나·랏 有:율

情쪙·이 :죠고·맛 ·내라·데라 ·혼 ·ᄠᅳᆮ 이시·면

正·졍覺·각 일·우·디 아·니·호·리이·다 ·열ᄒᆞ

나·핸 ·내 成쎵佛·뿛 ·ᄒᆞ·야 나·랏 有:율情쪙

·이 正·졍覺·각 일·우오·ᄆᆞᆯ ─·롊定·뗭·티 :몯

ᄒᆞ·면 正·졍覺·각 일·우·디 아·니·호·리이·다

·열:둘·헨 ·내 成쎵佛·뿛·ᄒᆞ·야 나·랏 有:율情

쪙·이 光광[7-16]明명·이 그·지 이·셔 那낭由율

他탕百·빅千쳔億·흑佛·뿛 나·라·ᄒᆞᆯ :몯 비

61뒤(권7-16, 권7-17, 7-18]

·취·면 正·졍覺·각 일·우·디 아·니·호·리이·다

·열:세·헨 ·내 成쎵佛·뿛·ᄒᆞ·야 나·랏 有:율情

쪙·이 목:수·미 그·지 이시·면 正·졍覺·각 일

·우·디 아·니·호·리이·다 ·열:네·헨 ·내 成쎵佛

·뿛·ᄒᆞ·야 나·랏 聲셩聞문ㅅ [7-17] 數·숭·를 :알·리

이시·면 正·졍覺·각 일·우·디 아·니·호·리이

·다 ·열다·ᄉᆞ·샌 ·내 成쎵佛·뿛·ᄒᆞ·야 나·랏 有

:울情쩡·이 願·원力·륵·으·로 다른 ·딕 ·가 나

·리 外·욍·예 목:수·미 그·지 :업·디 아·니ᄒᆞ·면

正·졍覺·각 일·우·디 아·니·호·리이·다 ·열여

·스·센 ·내 成쎵佛·뿛·ᄒᆞ·야 나·랏 有:울情쩡[7-18]

·이 :몯 :됴ᄒᆞ 일·훔 이시·면 正·쪙覺·각 일·우

·디 아·니·호·리이·다 ·열닐·구·벤 ·내 成쎵佛

·뿛·ᄒᆞ·야 그·지 :업·슨 나·랏 無뭉數·숭諸졍

62앞(권7-18, 권7-19, 권7-20)

佛·뿛·이 내 나·라·ᄒᆞᆯ 모·다 일ᄏᆞ·라 讚·잔嘆

·탄 아·니·ᄒᆞ시·면 正·졍覺·각 일·우·디 아·니

·호·리이·다 ·열여·들·벤 ·내 成쎵佛·뿛·ᄒᆞ·야

녀느 나·랏 有:울情쩡·이 正·졍法·법 :비우

·스·며 聖·셩人[7-19]신:헐·리 外·욍·예 내 일·훔 듣

·고 내 나·라·해 나·고·져 願·원·ᄒᆞ·야 ·열번 念

·념·호·매 아·니 나·면 正·졍覺·각 일·우·디 아

·니·호·리이·다 ·열아·호·밴 ·내 成쎵佛·뿛·ᄒᆞ

·야 녀느 나·랏 有:울情쩡·이 菩뽕提똉心

심·을 發·벓·ᄒᆞ·야 極·끅樂·락國·귁·에 나·고

·져 願·원홇 :사ᄅᆞ·미 命·명終[7-20]홇 쩌·긔 ·내

그 :사ᄅᆞ·미 알·픽 現·현·호리·니 그·러·티 아

·니ᄒᆞ·면 正·졍覺·각 일·우·디 아·니·호리이

·다 ·스믈·헨 ·내 成쎵佛·뿛·ᄒᆞ·야 녀느 나·랏

62뒤(권7-20, 권7-21, 권7-22)

有:울情쩡·이 내 일·훔 니르거·든 듣·고 :됴

ᄒᆞ 根근源원·으·로 廻Ꙅ向·향·ᄒᆞ·야 내 나

·라·해 나·고·져 願·원홇 :사ᄅᆞ·미 그·리 옷 아

180

·니ᄒᆞ·면 正·청覺·각 일·우·디 아·니·호·리이
·다 [7-21]·스·믈ᄒᆞ나·핸 ·내 成쎵佛·뿛·ᄒᆞ·야 나·랏
菩뽕薩·삻·이 :다 三삼十·씹二·ᅀᅵᆼ相·샹·이
ᄀᆞᆽ·디 아·니ᄒᆞ·면 正·정覺·각 일·우·디 아·니
·호·리이·다 ·스·믈:둘·헨 ·내 成쎵佛·뿛·ᄒᆞ·야
나·랏 菩뽕薩·삻·이 :다 一·ᅙᅵᇙ生ᄉᆡᆼ補:봉處
·쳥ㅅ 地·띵位·윙·며 普:퐁賢현道:똫·ᄅᆞᆯ 行
ᅘᆡᆼ·티 아·니ᄒᆞ[7-22]·면 正·정覺·각 일·우·디 아·니
·호·리이·다 普:퐁·ᄂᆞᆫ 너·블·씨·니 德·득·이 :몯
ᄀᆞ·ᄌᆞᆫ ·줄 :업슬·씨·오 賢현·은 어딜·씨·니 우
·ᄒᆞ·로 부텻 敎·ᄀᆓᇢ化·황·ᄅᆞᆯ :돕ᅀᆞᆸ·고 아·래·로

63앒(권7-22, 권7-23, 권7-24)

衆·즁生ᄉᆡᆼ·ᄋᆞᆯ 利·리·케 ᄒᆞᆯ·씨·라 ·스·믈:세·헨
·내 成쎵佛·뿛·ᄒᆞ·야 나·랏 菩뽕薩·삻·이 아
·ᄎᆞ·ᄆᆡ 다ᄅᆞᆫ 나·랏 無뭉數·숭諸[7-23]정佛·뿛·을
供공養·양·ᄒᆞᅀᆞᆸ·고 ·밥 前쪈·에 도·라오리
·니 그·러·티 아·니ᄒᆞ·면 正·정覺·각 일·우·디
아·니·호·리이·다 ·스·믈:네·헨 ·내 成쎵佛·뿛
·ᄒᆞ·야 나·랏 菩뽕薩·삻·이 種:죵種:죵供공
養·양·ᄒᆞ·욜 꺼·스·로 諸정佛·뿛·ᄭᅴ :됴ᄒᆞᆫ 根
근源원 심·구·ᄃᆡ 不·붏足·죡ᄒᆞ·면 正·정覺
·각 일·우·디 아·니·호·리이·다 ·스·믈다·ᄉᆞ·샌
·내 成쎵[7-24] 佛·뿛·ᄒᆞ·야 나·랏 菩뽕薩·삻·이 一
·ᅙᅵᇙ切·촁智·딩·예 이·대 順·쓘·히 ·드·디 :몯
ᄒᆞ면 正·정覺·각 일·우·디 아·니·호·리이·다 ·스
·믈여·스·센 ·내 成쎵佛·뿛·ᄒᆞ·야 나·랏 菩뽕

薩·삻·이 那낭羅랑延연 구·든 ·히·미 :업스

·면 正·졍覺·각 일·우·디 아·니·호·리이·다 스

·믈닐·구·벤 내 成쎵佛·뿛·ᄒ·야 나·랏 莊장

嚴엄 ·엣 거·슬 :아·뫼어·나 [7-25] 能능·히 :알·며 :다

·펴 니르·면 正·졍覺·각 일·우·디 아·니·호·리

이·다 ·스·믈여·듫·벤 내 成쎵佛·뿛·ᄒ·야 나

·라·해 그·지 :업·슨 여·러 비·쳇 寶:봉樹·쓩·를

菩뽕薩·삻·돌·히 스믓 :아·디 :몯ᄒ·면 正·졍

覺·각 일·우·디 아·니·호·리이·다 ·스·믈아·호

·벤 ·내 成쎵佛·뿛·ᄒ·야 나·랏 衆··즁生싱·이

·어·딘 辯[7-26]:변才찡·를 :몯 :어드·면 正졍覺·각

일·우·디 아·니·호·리이·다 셜·ᄒ·녠 ·내 成쎵

佛·뿛·ᄒ·야 나·랏 菩뽕薩·삻·이 :곳 :업·슨 辨

:변才찡·를 :몯 일·우·면 正졍覺·각 일·우·디

아·니·호·리이·다 셜·흔ᄒ나·핸 ·내 成쎵佛

·뿛·ᄒ·야 나·라·히 光광明명·이 ·조·ᄒ·야 부

텻 나·라·홀 :다 비·취유[7-27]·미 거·우루·에 ᄂ :뷔

·둧 아·니ᄒ·면 正·졍覺·각 일·우·디 아·니·호

·리이·다 셜·흔:둘·헨 ·내 成쎵佛·뿛·ᄒ·야 나

·랏 內·ᄂᆡ·예 그·지 :업·슨 소·리 世·솅界·갱·예

솟나·디 :몯ᄒ·면 正·졍覺·각 일·우·디 아·니

·호·리이·다 셜·흔:세·헨 ·내 成쎵佛·뿛·ᄒ·야

十·씹方방 衆·즁生싱·이 내 光광明명 비

·취유·믈 니·버 ·몸·과 ᄆᆞᅀᆞᆷ·괘 便뼌安한·코

·즐[7-28]겁·디 :몯ᄒ·면 正·졍覺·각 일·우·디 아·니

·호·리이·다 셜·흔:네·헨 ·내 成쎵佛·뿛·ᄒ·야

十·씹方방菩뽕薩·삸·이 내 일·훔 듣·고 陁

ᄯᅡ羅랑尼닝·ᄅᆞᆯ 得·득·디 :몯ᄒ·면 正·졍覺

·각 일·우·디 아·니·호·리이·다 셜·흔다·ᄉ·샛

·내 成쎵佛·뿛 ·ᄒ·야 諸졍佛·뿛 ᅡ·갓 中듕

·에 :겨지·비 내 일[7-29]훔 듣고 淸쳥淨·쪙ᄒ 信

·신·을 得·득·하·야 [菩뽕提똉心심·을 發·벓

·ᄒ·야 後:薵生싱·애 :겨지·븨 ·모·ᄆᆞᆯ ᄇ·리·디

:몯ᄒ·면 正·졍覺·각 일·우·디 아·니·호·리이

다·셜·흔여·스·셴 ·내 成쎵佛·뿛·ᄒ·야 諸졍

佛·뿛 나·랏 中듕·에 菩뽕薩·삸·이 내 일·훔]

듣·고 修슣行·ᅘᅵᆼ·ᄒ·야 [8-2] 菩뽕提똉·예 다ᄃᆞᆫ

·디 :몯ᄒ·면 正·졍覺·각 일·우·디 아·니·호·리

이·다 셜·흔닐·구·벤 ·내 成쎵佛·뿛·ᄒ·야 十

·씹方방菩뽕薩·삸·이 내 일·훔 듣·고 淸쳥

淨·쪙ᄒ ᄆᆞᅀᆞ·ᄆᆞᆯ 發·벓ᄒ·며 一·ᅙᅵᇙ切·쳉天

텬人신·이 恭공敬·겅·ᄒ·야 禮:롕數·숭·아

·니ᄒ·면 正·졍覺·각 일·우·디 아·니·호·리이

·다 셜·흔여·들·벤 ·내 成쎵佛·뿛·ᄒ·야 나·랏

衆·즁生싱·이 니·불·오·시 ᄆᆞᅀᆞ·매 머·거·든

·즉자·히 다ᄃᆞᆫ·디 아·니ᄒ·면 正·졍覺·각 일

·우·디 아·니·호·리이·다 셜·흔아·호·밴 ·내 成

쎵佛·뿛·ᄒ·야 衆·즁生싱·돌·히 내 나·라·해

ᄌᆞᆽ·나·다가·며 :다 ᄆᆞᅀᆞ·미 ·조·코 便뼌安한

·코 ·즐·거붑·미 羅랑漢·한 ·ᄃᆞᆯ·호·ᄆᆞᆯ 得·득·디
:몯ᄒᆞ·면 正·졍覺·각[8-4]일·우·디 아·니·호·리이
·다 마·ᅀᆞ·낸 ·내 成쎵佛·뿛·ᄒᆞ·야 나·랏 衆·즁
生싱·이 諸졍佛·뿛ㅅ ·조ᄒᆞᆫ 나·라·ᄒᆞᆯ 보·고
·져 ·ᄒᆞ거·든 寶:봏樹·쓩ㅅ ᄉ·싀·예 :다 現·현
·티 아·니ᄒᆞ·면 正·졍覺·각 일·우·디 아·니·호
·리이·다 마·ᄉᆞᆫ ᄒᆞ나·핸 ·내 成·쎵佛·뿛·ᄒᆞ·야

65뒤(권8-4, 권8-5, 권8-6)

녀느 나·랏 衆·즁生싱·이 내 일·훔 듣·고 諸
졍根ᄀᆞᆫ·이 이·즌 ·ᄃᆡ 이시·며 德·득·이 넙·디
:몯ᄒᆞ·면 正·졍覺·각 일·우·디 아·니·호·리이
·다 [8-5] 마·ᄉᆞᆫ:둘·헨 ·내 成쎵佛·뿛·ᄒᆞ·야 녀느 나
·랏 菩뽕薩·삻·이 내 일·훔 듣·고 三삼摩망
地·띠·를 現·현ᄒᆞ :뉘·예 證·징·티 :몯ᄒᆞ·면 正
·졍覺·각 일·우·디 아·니·호·리이·다70)
{{實·씷相·샹體·톙寂·쪅滅·멿홀·씨 根ᄀᆞᆫ
源원寂·쪅靜·쪙·ᄒᆞ·ᄆᆞᆯ 因힌·ᄒᆞ·야[8-6] 止:징
·라 ᄒᆞ·고 根ᄀᆞᆫ源원ㅅ 覺·각·이 靈령·히
비·췰·씨 샹·녜 블·고 ᄆᆞᆯᄇᆞ·터 觀관·이·라
·ᄒᆞᄂᆞ·니 :거·즛 ᄇᆞᄅᆞ미 :뮈어·든 妙·묳奢
샹摩망他탕·로 止:징ᄒᆞ·고 ᄆᆞᆺ옰 구·스

66앞(권8-6, 권8-7, 권8-8)

리 오·래 어·듭거·든 毗삥婆빵舍·샹那
낭·로 觀관·홇·디니·라 奢샹摩망他탕

---

70) 이 부분은 협주의 협주라 세 칸을 띄워 적었다. {{ }}로 표시한 것은 모두 같다.

·ᄂᆞᆫ 止:지·라 ·혼[8-7] :마리·니 止:징·ᄂᆞᆫ 그·치 누

·를·씨·니 一·힔 切·쳉煩뻔惱:놀結·겷·을

能ᄂᆞᆼ·히 그·치 :눌·러 :업·게 홀·씨 일·후미

定·떙相·샹·이·라 毗삥婆빵舍·샹那낭

·ᄂᆞᆫ 觀관·이·라 ·혼 :마리·니 觀관ᄋᆞᆫ 一·힔

切·쳉法·법·을 ᄉᆞᄆᆞᆺ 볼·씨·니 일·후미 慧·ᅗᅱ

·라 憂ᅙᅮᆯ畢·빓又창·ᄂᆞᆫ 止:징觀관平

뼝等:등·이·라 ·혼 :마리·니 ·이 일·후미 捨[8-8]

:샹相·샹·이·니 捨:샹·ᄂᆞᆫ ᄇᆞ·릴·씨·라 ·이 止

:징觀관 :두 字·쭝ㅣ 解:갱脫·퇋般반若

:샹法·법身신 三삼德·득·에 ᄉᆞᄆᆞ·ᄎᆞ·니

止:징·ᄂᆞᆫ 그·처ᄇᆞ·릴·씨 解:갱脫·퇋·이·오

66뒤(권8-8, 권8-9, 권8-10)

觀관·ᄋᆞᆫ 智·딩慧·ᅘᅨㄹ·씨 般반若:샹ㅣ

·오 捨:샹相·샹·ᄋᆞᆫ 法·법身신·이·라 奢샹

摩망他탕 젼[8-9]·ᄎᆞ·로 비·록 寂·쪅·ᄒᆞ야·도

샹·녜 비·취·오 毗삥婆빵舍·샹那낭 젼

·ᄎᆞ·로 비·록 비·취여·도 샹·녜 寂·쪅ᄒᆞ·고

憂ᅙᅮᆯ畢·빓又창 젼·ᄎᆞ·로 비·취윰·도 아

·니·며 寂·쪅·도 아·니·니 비·취여·도 샹·녜

寂·쪅홀·씨 俗·쑉·올 닐·어·도 곧 眞진·이

·오 寂·쪅·ᄒᆞ야·도 샹·녜 비·췰·씨 眞진[8-10]·을

닐·어·도 곧 俗·쑉·이·오 寂·쪅·도 아·니·며

비·취윰·도 아·닐·씨 毗삥耶

양城쎵·에 ·이·블 마·ᄀᆞ니·라

{{毗삥耶양城쎵·은 維윙摩망 잇·던

·짜히·라 維윙摩망ㅣ 즘즘·코 :마·리

:업거·늘 文문殊쓩ㅣ 과·ᄒᆞ·야 니ᄅᆞ

·샤·ᄃᆡ 文문字·ᄍᆞㅣ·며 :말쏨 :업수·메

니·르로·미 :둘 아·닌 法·법門몬·애[8-11] 眞

진實·씷·로 ·드·로미·니 그·럴·ᄊᆡ 實·씷

相·샹·은 :말쏨·과 ᄆᆞ슴 緣원等:등

·엣 相·샹·ᄋᆞᆯ 여·흰·들 아·롫·디·라}

{○ 止:징 :세 가·지·니 妙·묳奢샹摩망他

탕·ᄂᆞᆫ 體·톙眞진止:지·오 三삼摩망地

·띵·ᄂᆞᆫ 方방便·뼌隨쒕緣원止:지·오 禪

쎤那낭·ᄂᆞᆫ 息·식二·ᅀᅵᆼ邊변分분別·ᄇᆞᆯ

止:지·라 無뭉[8-12]明명 갓 ᄀᆞ로·미 ·곧 ·이 實

·씷相·샹·이 眞진·인·들 體·톙得·득·호·미

體·톙眞진止진·니 眞진諦·뎅·예 止:지

호미·오 ·이 實·씷相·샹·이 ─·ᅙᅵᆲ切·쳉 고

·대 :다 ·펴·디 ·옛거·든 緣원·을 조·차 境

:경·을 :디·나·ᄃᆡ ᄆᆞ·ᄉᆞ미 :뮈·디 아·니·호·미 方

방便·뼌隨쒕緣원止:지·니 俗·쑉[8-13]諦·뎅

·예 止:징·호미·오 生싱死:ᄉᆞᆼ涅·넗槃빤

·이 :다 :업수·미 :두녁 ᄀᆞᆺ·ᄂᆞᆫ·호오·미 ·업·슨

止:징·니 中듕道:똫·애 止:징호미·라 ○

혼 念·념·도 相·샹 :업수·미 空쿵·이·오 :몯

ᄀᆞ·존 法·법 :업수·미 假·강ㅣ·오 ᄒᆞ나 아

·니·며 다ᄅᆞ·디 아·니호·미 中듕·이·라 假

·강로·셔 空쿵觀관·애 ·드로·미 ·또 二·ᅀᅵᆼ

諦·뎅觀관·이[8-14]·라 ·ᄒᆞᆞ느니·라 空쿵ᄋᆞ로

·셔 假·강觀관·애 ·드로·미 ·坐 平뼝等:등

觀관·이·라·ᄒ·ᄂ니·라·이 :두 觀관·ᄋᆯ 브

·터 方방便·뼌·ᄒ·야 中듕道:똘·애 ·드로

68앞(권8-14, 권8-15, 권8-16)

·미 第·뗑一·힗義·읭諦·뎨觀관·이·니·이

일·후·미 空콩假·강中듕次·충第·똉三

삼觀관

·이·라}}

{마·ᄉᆞᆫ:세·헨·내 成쎵佛[8-15]·뿛·ᄒ·야 녀느 나·랏

菩뽕薩·삻·이 내 일·훔 듣·고 命·명終즁·ᄒ

·야 貴·귕ᄒᆞᆫ 家강門몬·애·아니 나·면 正·졍

覺·각 일·우·디 아·니·호·리이·다 마·ᄉᆞᆫ:네·헨

·내 成쎵佛·뿛·ᄒ·야 녀느 나·랏 菩뽕薩·삻

·이 내 일·훔 듣·고 修슐行·행·ᄒ·야 :됴ᄒᆞᆫ 根

근源원·이 ᄀᆞᆺ·디 아·니ᄒ·면 正·졍覺·각[8-16] 일

·우·디 아·니·호·리이·다 마·ᄉᆞᆫ다·ᄉᆞᆺ·샌·내 成

쎵佛·뿛·ᄒ·야 녀느 나·랏 菩뽕薩·삻이 내

일·훔 듣·고 諸졍佛·뿛·을 供공養·양·ᄒ·ᅀᆞ

68뒤(권8-16, 권8-17, 권8-18)

봄·과 菩뽕提똉·예 므르·리 이시·면 正·졍

覺·각 일·우·디 아·니·호·리이·다 마·ᄉᆞᆫ여·스

·센 ·내 成쎵佛·뿛·ᄒ·야 나·랏 菩뽕薩·삻·이

·들·고·져·ᄒ·논 法·법·을 自·쭝然션·히 들·디

:몯ᄒ·면[8-17] 正·졍覺·각 일·우·디 아·니·호·리이

·다 마·ᄉᆞ닐·굽·벤·내 成쎵佛·뿛·ᄒ·야 녀느

나·랏 菩뽕薩·삻·이 내 일·훔 듣·고 菩뽕提

몡心심·에 므르·리 이시·면 正·졍覺·각 일

·우·디 아·니·호·리이·다 마·순여·들·벤··내 成

쎙佛·뿛·ᄒᆞ·야 녀느 나·랏 菩뽕薩·삻·이 내

일·홈 듣·고 忍:신地·띵[8-18]·를 得·득ᄒᆞ·며 諸졍

佛·뿛ㅅ 法·법·에 므르·디 아·니호·ᄆᆞᆯ 現·현

ᄒᆞ :뉘·예 證·징·티 :몯ᄒᆞ·면 正·졍

覺·각 일우·디 아니·호·리이·다) ·이 :일 듣·고

69앞(권8-18, 권8-19),

아·니 오·라·아 命·몡終즁·ᄒᆞ·야 즉자·히 極

·끅樂·락世·솅界·갱·예 ·나·아 닐·웨 :디·내·오

觀관世·솅音흠大·땡勢·솅至·징[8-19]·를 맛·나

·아 法·법 듣·고 깃·거 ᄒᆞ 小:숄劫·겁 :디·내·야

阿항羅랑漢·한·ᄋᆞᆯ 일·우리·니 ·이 일·후미

中듕品:픔下:행生싱·이·니 ·이 일·후미 中

듕輩·빙生싱想:샹·이·니 일·후미 第·똉十

69뒤(권8-19, 권8-20, 권8-21)

·씹五:웅觀관[8-20]·이·라 부:톄 阿항難난·이·와

韋윙提똉希힁ᄃᆞ·려 니ᄅᆞ·샤·ᄃᆡ 下:행品

:픔上·썅生싱·ᄋᆞᆫ 시·혹 衆·즁生싱·이 여·러

가·짓 :모·딘 業·업·을 지·ᅀᅥ 비·록 方방等:등

經경典·뎐·을 :비·웃·디 아·니·ᄒᆞ야·도 ·이런 [8-21]

어·린 :사ᄅᆞ·미 :모·딘 法·법·을 ·하 지·ᅀᅥ 붓·그

·륨 :업·다가·도 命·몡終즁ᄒᆞᇙ 저·긔 善:쎤知

70앞(권8-21, 권8-22, 권8-23)

딩識·식·ᄋᆞᆯ 맛·나 大·땡乘씽十·씹二·싱部

188

:뽕經경ㅅ 일·후·믈 니르·면 經경ㅅ 일·후

·믈 드·론 젼·ᄎ·로 ·즈·믄 劫·겁·엣 至·징極·끅

重:뜡ᄒᆞᆫ :모·딘 業·업·을 :덜리·라 智·딩慧·쀑

ㄹ뷘 :사ᄅᆞ·미 ·ᄯᅩ ᄀᆞ·ᄅᆞ·쳐 合·합掌·쟝ᄌᆞ창

手:슣·ᄒᆞ·야 南남無뭉阿항彌밍陀땅佛

·쁋·ᄒᆞ·야 일ᄏᆞᆯ즈·ᄫᅵ·면[8-23] 부텻 일·후·믈 일ᄏᆞ

70뒤(권8-23, 권8-24)

·론 젼·ᄎ·로 五:옹十·씹億·흑劫·겁·엣 죽사

·릿 罪:쬥·ᄅᆞᆯ :덜리·라 그 저·긔 ·뎌 부:톄 ·즉자

·히 化·황佛·뿛·와 化·황觀관世·솅音흠·과

化·황大·땡勢·솅至·징·ᄅᆞᆯ 보·내·샤 [8-24] 行헹者

:쟝ㅅ알·ᄑᆡ 다ᄃᆞ·라 讚·잔嘆·탄·ᄒᆞ·야 니ᄅᆞ

·샤·ᄃᆡ 善:쎤男남子:중·아 부텻 일·후·믈 네

일ᄏᆞ·론 젼·ᄎ·로 罪:쬥 ·스·러딜·씨 ·와 맛·노

71앞(권8-24, 권8-25, 권8-26)

·라 ·ᄒᆞ·야시·든 行헹者:쟝ㅣ ·즉자·히 化·황

佛·뿛[8-25]ㅅ 光광明명·이 제 지·븨 ᄀᆞ둑거·든

보·고 깃·거 ·즉자·히 命·명終즁·ᄒᆞ·야 寶:봏

蓮련花황·ᄅᆞᆯ ·타 化·황佛·뿛ㅅ :뒤·흘 미좇

즈·ᄫᅡ :보·빅 :못 가온·ᄃᆡ ·나·아 닐·굽 닐·웨:디

:내·야 [8-26] 蓮련花황ㅣ ·프리·니 곳·픐 저·긔 大

·땡悲빙觀관世·솅音흠菩뽕薩·삻·이 ·큰

71뒤(권8-26, 권8-27)

光광明명·을 ·펴·아 그 :사ᄅᆞ·미 알·ᄑᆡ 셔 甚

·씸·히 기·픈 十·씹二·싱部:뽕經경·을 니ᄅᆞ

·리·니 듣·고 信·신·ᄒ·야 아·라 우:업·슨 [8-27] 道:돌

理:링ㅅ ᄆᅀᆞ·ᄆᆞᆯ 發·벓·ᄒ·야 ·열 小:숗劫·겁

:디·내·오 百·빅法·법明명門몬·이 ᄀᆞ·자 初

총地·띵·예 ·들리·니 {初총地·띵·ᄂᆞᆫ 十·씹

地·띵·옛 ·처·ᅀᅥ미·라} ·이

일·후·미 下:향品:품上·쌍生싱·이·라 부:톄

72앞(권8-27, 권8-28, 권8-29)

阿항難난·이·와 韋윙提똉[8-28]希힁ᄃᆞ·려 니

ᄅᆞ·샤·ᄃᆡ 下:향品:품中듕生싱·ᄋᆞᆫ 시·혹 衆

·즁生싱·이 五:옹戒·갱八·밣戒·갱具·꿍足

·죡戒·갱·ᄅᆞᆯ 허·러 ·이 ᄀᆞᆮ흔 어·린 :사ᄅᆞ·미 僧

숭祇낑·옛 것·과 現·현前쪈僧숭·의 거·슬 도ᄌᆞᆨᄒᆞ·며

{僧숭祇낑·ᄂᆞᆫ 四·ᄉᆞ 方방·앳 :쥼

·의 거·시[8-29]·라 ·혼 :마리·오 現·현前쪈

僧숭·은 알·ᄑᆡ 現·현흔 :쥼·이·라}

:더·러ᄫᅳᆫ :말ᄊᆞ·ᄆᆞᆯ ·ᄒᆞ·ᄃᆡ 붓

72뒤(권8-29, 권8-30, 권9-2)

·그류·미 :업·서 여·러 가·짓 惡·학業·업·으·로

:제 莊장嚴엄·ᄒᆞ·야 地·띵獄·옥·애 ᄢᅥ·러·디디

·릴·ᄊᆡ 命·명終즁[8-30]홇 저·긔 地·띵獄·옥·앳 한

·브·리 흔·ᄢᅴ 다와·다 잇거·든 善:션知딩識

·식·ᄋᆞᆯ 맛·나 大·땡慈ᄍᆞᆼ悲빙·로 阿항彌밍

陁땅佛·뿛ㅅ [9-1] 十·씹力·륵威휭德·득·을 니

ᄅᆞ·고 ·ᄯᅥ 부텻 光광明명神씬力·륵·을 너

73앞(권9-2, 권9-3)

·비 讚·잔嘆·탄ᄒᆞ·며 戒·갱·와 定·뗭·과 慧·휑

·와 解:갱脫·퇋·와 解:갱脫·퇋知딩見·견·을

·쏘 讚·잔嘆·탄ᄒᆞ·면 ·이 :사ᄅᆞ·미 들·고 八·밣

十·씹億·흑劫·겁[9-3]·엣 죽사·릿 罪:쬥·를 더·러

地·띵獄·옥·앳 :모·딘 ·브·리 ·간·다ᄫᆞᆯ ᄇᆞ·리·미

드외·야 하·ᄂᆞᆶ 고·즐 부·러·든 곳 우·희 化·황

佛·뿛·와 化·황菩뽕薩·삻·이 :다 :겨·샤·이 :사

73뒤(권9-3, 권9-4, 권9-5)

ᄅᆞ·믈 迎영接·접·ᄒᆞ·샤 一·ᅙᅵᆶ[9-4]念·념 ᄊᆞ·ᅀᅵ·예

七·칢寶·볼 ·못 가·온·ᄃᆡ·가 ·나·아 蓮련華勢

八:소·배·셔 여·슷 劫·겁·을 :디·내·오 蓮련花황

ㅣ·프거·든 觀관世·솅音흠大·땡勢·솅

至·징 淸쳥淨·쪙ᄒᆞᆫ 목소·리·로 ·뎌 :사ᄅᆞᆷ 慰

·휭勞·롷ᄒᆞ·고 [9-5] 大·땡乘씽·엣 甚·씸·히 기·픈

經경典:뎐·을 니르·면 ·이 法·법 듣·고 ·즉자

74앞(권9-5, 권-9-6, 권9-7)

·히 우 :업·슨 道:똘理·링ㅅ ᄆᆞᅀᆞ·ᄆᆞᆯ 發·벓ᄒᆞ

·리·니 ·이 일 ·후·미 下:행品:픔中듕生싱·이

·라 부:톄 阿항難난·이·와 韋윙提똉希힁

ᄃᆞ·려 니ᄅᆞ·샤·ᄃᆡ 下:행品:픔下:행生싱·은

시·혹 衆·즁生싱·이 五:옹逆·역十·씹惡·학 ·이·며

{十·씹惡·학·ᄋᆞᆫ ·열 가·짓 :모·딘 :이리·니

:숨·튼 것 주·기·며 도죽ᄒᆞ·며 婬음亂

·롼ᄒᆞ·며 :거·즛:말 ᄒᆞ며 꾸믇:말 ᄒᆞ·며 ·놈 구

지즈·며 :두 가·짓 :말ᄒᆞ·며 앗·기·고 貪탐[9-7]ᄒᆞ

74뒤(권9-7, 권9-8)

·며 瞋친心심ᄒᆞ·며 邪

쌰曲·콕·히 :봄·괘·라} :됴·티 :몯ᄒᆞᆫ 業·업·을

ᄀᆞ·초 지·ᅀᅥ ·이 ·ᄀᆞᆮᄒᆞᆫ 어·린 :사ᄅᆞ·미 구·즌 길

·헤 ·ᄠᅥ·디·여 한 劫·겁·에 그·지 :업·슨 受:쓯苦

:콩·ᄅᆞᆯ ᄒᆞ·리어·늘 命·명終즁ᄒᆞᇙ [9-8] 저·긔 善:쎤

知딩識·식·을 맛·나 種:죵種:죵·ᄋᆞ·로 慰·휭

勞·롷·ᄒᆞ·야 妙·믏法·법·을 爲·윙·ᄒᆞ·야 니르

·고 ᄀᆞᄅᆞ·쳐 念·념佛·뿛ᄒᆞ·라 ·ᄒᆞ거·든 ·이 :사

75앞(권9-8, 권9-9, 권9-10)

ᄅᆞ·미 受:쓯苦:콩ㅣ 다와·ᄃᆞᆯ·씨 念·념佛·뿛

·ᄒᆞᇙ 겨·르·를 [9-9] :몯·ᄒᆞ·야 ·ᄒᆞ거·든 善:쎤友:웋ㅣ

닐·오·ᄃᆡ {友:웋·는 :버디·라} :네 念·념佛·뿛·을 :몯·ᄒᆞ거

·든 無뭉量·량壽:쓯佛·뿛·을 일ᄏᆞᄌᆞ·ᄫᆞ·라

·ᄒᆞ야·ᄃᆞᆫ 南남無뭉阿항彌밍陁땅佛·뿛

·ᄒᆞ·야 至·징極·끅ᄒᆞᆫ ᄆᆞᅀᆞ·ᄆᆞ[9-10]·로 닛·위·여 열

버·늘 念·념ᄒᆞ·면 부텻 일·훔 일ᄏᆞ·론 젼·ᄎᆞ

75뒤(권9-10, 권9-11)

·로 八·밣十·씹億·흑劫·겁·엣 죽사·릿 罪:쬥

·ᄅᆞᆯ 더·러 命·명終즁ᄒᆞᇙ 저·긔 金금蓮련花

황ㅣ ·힛 바·회 ·ᄀᆞ[9-11]ᄐᆞ·니 알·ᄑᆡ ·뵈거·든 ·보·아

一·힗念·념 ᄊᆞ·ᅀᅵ예 ·즉자·히 極·끅樂·락世

·솅界·갱·예 ·가 ·나·아 蓮련花황ㅅ 가·온·ᄃᆡ

·열:두 大·땡劫·겁·이 ·ᄎᆞ거·ᅀᅡ 蓮련花황ㅣ

·프거·든 觀관世·솅音흠 大·땡勢·솅至·징

76앞(권9-12, 권9-13)

[9-12] 大·땡悲빙音흠聲셩·으·로 爲·윙·ᄒᆞ·야 諸

졍法·법實·ᄊᆞᆯ相·샹·ᄋᆞᆯ 너·비 니르·리·니

{諸졍法·법實·ᄊᆞᆯ相·샹·ᄋᆞᆫ 諸졍法·법

의 眞진實·ᄊᆞᆳ 相·샹·이·라 들·고 깃·거

·즉자·히 菩뽕提똉心심·ᄋᆞᆯ 發·벓ᄒᆞ·리·니

·이 일·후[9-13]·미 下:행品:픔下:행生싱·이·니 ·이

일·후·미 下:행董·빙生싱想·샹·이·니 일·후

·미 第·똉十·씹六·륙觀관·이·라 ·이 :말 니르

76뒤(권9-13, 권9-14, 권9-15)

·실쩌·긔 韋윙提똉希힁 五:옹百·ᄇᆡᆨ侍·씽

女:녕·와·로 부텻 :말 듣·ᄌᆞᆸ·고 즉재[9-14]·히 極·끅

樂·락世·솅界·갱 廣·광長땽相·샹·ᄋᆞᆯ ·보ᅀᆞᆸ

·고 부텻 ·몸·과 :두 菩뽕薩·삻·ᄋᆞᆯ ·보ᅀᆞᆸ·고 ᄆᆞ

ᅀᆞ·매 깃·거 훤히 ᄀᆞ·장 아·라 無뭉生싱忍

:신·ᄋᆞᆯ 미·츠·며 五:옹百·ᄇᆡᆨ侍·씽女:녕·도 阿

항耨·녹多당羅랑三삼藐·막三삼[9-15]菩뽕

77앞(권9-15, 권9-16)

提똉心심·ᄋᆞᆯ 發·벓·ᄒᆞ·야·뎌 나·라·해 나·고

·져 願·원·ᄒᆞ더·니 世·솅尊존·이 記·긩·ᄒᆞ샤

·ᄃᆡ :다·뎌 나·라·해 나·리·라·ᄒᆞ·시니·라

[其二百二十]

梵·뺨摩망羅랑國·귁·에 光광有:ᅌᅮᆸ聖

·셩人ᅀᅵᆫ[9-16]·이 林림淨·쪙寺·ᄊᆞ·애 敎·ᄀᆢᆯ化·황

·터시·니

77뒤(권9-16, 권9-17)

西솅天텬國·귁·에 沙상羅랑樹·쓩王

왕·이 四·숭百·빅國·귁·을 거·느롓·더시

·니

[其二百二十一]

勝·싱熱·녏婆빵羅랑門몬·올 王왕宮

궁·에 ·브리·샤 錫·셕杖:땽·을 후·느[9-17]·더시

·니

78앞(권9-17, 권9-18)

鴛훤鴦향夫붕人신·이 王왕 :말ㅈ로 ·나

·샤 齋쟁米:몡·를 받:줍·더시·니

[其二百二十二]

齋쟁米:몡·를 :마다 ·커시·늘 王왕·이 親

친·히 ·나·샤 婆빵羅랑門몬·올 마·자 ·드·르

시·니

[9-18]婇:칭女:녕·를 請:청·커시·늘 王왕·이 깃

78뒤(권9-18, 권9-19)

그·샤 八·밣婇:칭女:녕·를 보·내ᅀᅳ·ᄫᅵ시

·니

[其二百二十三]

婇:칭女:녕ㅣ 金금鐘·관子:중 :메·샤 ᄒ

ᄅ 五:옹百·빅 디·위·를 旆쳔檀딴井:졍

·에 ·믈 :긷·더시·니[9-19]

婇:칭女:녕ㅣ 功공德득ㅈ득 닷ᄀ·샤 三삼

79앞(권9-19, 권9-20)

年년·을 치·오시·니 無뭉上·쌍道:똘·애

갓:갑·더시·니

[其二百二十四]

勝·싱熱·엻婆빵羅랑門몬·이 王왕宮

궁·에 ·또 ·오·샤 錫·셕杖:땅·올 후·느·더시

·니

鴛훤鴦향夫붕人신·이[9-20]이 王왕 :말·로 ·쏘

79뒤(권9-20, 권9-21)

·나·샤 齋쟁米:몡·를 받:즙·더시·니

[其二百二十五]

齋쟁米:몡·를 :마다·커시·늘 王왕·이 親

친·히 ·나·샤 婆빵羅랑門몬·올 마·자 ·드

·르시·니

維윙那낭·를 :삼슥·보리[9-21]·라 王왕·올 請

:청·ᄒᆞᆸ·노이·다 :님·금·이 ᄀᆞ·장 깃그·시

80앞 (권9-21, 9-22)

·니

[其二百二十六]

四·ᄉᆞ百·빅夫붕人신·을 여·희·오 ·가노

·라 ·ᄒᆞ·샤 ·눖·믈·을 흘·리시·니

鴛훤鴦향夫붕人신·이 여·희슥[9-22]·봄 슬

ᄒᆞ·샤 :뫼·ᄉᆞ보·믈 請:청·ᄒᆞ시·니

[其二百二十七]

80뒤(권9-22, 권9-23)

:세 分·뿐·이 ·길 ·녀·샤 竹·듁林림國·귁 :디

·나싫·제 夫붕人신·이 :몬 :뮈·더시·니

兩:량分·뿐ㅅ·긔 :슬·뷩샤·딕 :사름·이 지

·블 :어·다 내[9-23] ·몸·올 프라·지이·다

　[其二百二十八]

비·들 바ᄃ·샤 내 일·훔 조·쳐 聖·셩人신

ㅅ·긔 받ᄌ·뷩쇼·셔

81앞(권9-23, 권9-24)

·프롬·도 :셜·보시·며 ·뎌 :말·도 슬프·실·씨

兩:량分·뿐·이 ᄀ·쟝 :우·르시·니

　[其二百二十九] [9-24]

子:중賢현長:댱者:쟝ㅣ 지·븨 :세 分·뿐

·이 나·ᄉ·가·샤 겨집 :죵·올 ·프라·지이·다

子:중賢현長:댱者:쟝ㅣ 듣·고 :세 分·뿐

·을 :뫼·셔 ·드·라 :겨집죵·이 비·디 언·메잇

81뒤(권9-24, 권9-25)

·가

　[其二百三十]

[9-25] 夫붕人신·이 니ᄅ·샤·딕 내 몸·앳 비·디

二·싱千쳔斤근ㅅ 金금·이·니이·다

夫붕人신·이 ·쏘 니ᄅ·샤·딕 비·욘·아·기

비·디 ·쏘 二·싱千쳔斤근ㅅ 金금·이·니

이·다

82앞(권9-25, 권9-26)

　[其二百三十一]

四·ᄉ千쳔斤근ㅅ 金금·을 비·드[9-26]·로 :내

·야 兩ᄅ량分·뿐ㅅ·긔 받ᄌ·ᄫ·니

ᄒᆞᆺ ·밤 ·자시·고 門몬 밧·긔 ·나·샤 三삼

分·뿐·이 슬·터시·니

[其二百三十二]

夫붕人신·이 :슬·ᄫ샤·ᄃᆡ ·쭘 ·ᄫ 아·니·면

82뒤(권9-26, 권9-27)

어·느 길·헤 다·시 ·보·ᅀᆞᄫ·리 [9-27]

:사ᄅᆞᆷ·이 善:쎤·을 닷·ᄀᆞ·면 利ᄅ링益·혁·을

受:쓩·ᄒᆞᄂ·니 往:왕生ᄉᆡᆼ偈·꼥·를 ᄀᆞᄅ

·치·ᅀᆞ노·니

[其二百三十三]

宮궁中듕·에 :겨싫·제 ·옷 허·롬 모·ᄅᆞ시

·며 ·ᄫᅵ 골·폼·도 :업ᄌ더시·니이·다

83앞(권9-28, 권10-2)

往:왕生ᄉᆡᆼ偈·꼥[9-28]ㄹ 외·오시·면 :헌 ·오·시

암·ᄀᆞᆯ·며 골푼 ·ᄫᅵ·도 브르·리이·다

[其二百三十四]

·애[10-2]·기 일·훔·을 아·들·이 ·나거·나 ·ᄹᆞᆯ·이 ·나

거·나 :엇·뎨 ᄒᆞ·리잇·가

子:ᄌᆞ息·식·의 일·훔·을 아·비 이시·며 ·어

·미 이·샤 一 ᆗᆯ定·ᄄᆡᆼᄒᆞ·사이·다

83뒤(권10-2)

[其二百三十五]

王왕·이 드르{10-3]·샤 ·눉·믈·을 흘·리시·고 夫

붕人신ㅅ ·ᄠᅳ·들 어엿·비 너·기·샤

아·들·옷 ·나거·든 安한樂·락國·귁·이·라

ᄒ·고 ·쫄·이어·든 孝·횰養·양·이·라 ᄒ·라

　[其二百三十六]

門몬 밧·긔 ·셔·어 [10-4] :겨·샤 兩:량分·뿐·이 여

84앞(권10-4, 권10-5)

·희싫·제 ·술·하·디·여 우·러 ·녀시·니

林림淨·쪙寺·쌍·애 ·가·샤 聖·셩人신 :뵈

ᅀ·ᄫ시·ᄂᆞᆯ ᄀᆞ·장 깃·거 ·ᄆᆞ·ᄅᆞᆯ 길·이시·니

　[其二百三十七]

엇·게 우·희 金금鑵·관子·ᄌᆞ :메·샤 우·믈

·에 ·믈 :긷·더시·니

:왼녁 ·손·ᄋᆞ·로 往:왕生싱偈·꼥 자ᄇᆞ·샤

84뒤(권10-5, 권10-6)

·길 우·희 외·오 ·더시·니

　[其二百三十八]

아·들:님·이 나·샤 ·나·히 닐·굽·비어·늘 아

·배[10-6]:님·을 :무·르시·니

·어마:님·이 드르·샤 목몌·여 ·우르·샤 아

·바:님·을 니ᄅᆞ·시·니

　[其二百三十九]

85앞(권10-6, 권10-7)

·아기 逃똥亡망·ᄒᆞ·샤 아·바:님 ·보ᅀᆞ·ᄫᆞ

리·라 林림淨·쪙寺·쌍·ᄅᆞᆯ 向·향·ᄒᆞ·뎌[10-7]시

·니

·큰 ·믈에 다ᄃᆞ·라 딣동·ᄋᆞᆯ ·ᄐᆞ·샤 梵·뻠摩

망羅랑國·귁·에 니·르·르시·니

　[其二百四十]

나·ᅀᅡ·가·시다·가 八·밠媄:칭女:녕 ·보시

85뒤

　·니 沙상羅랑樹:쓩王왕·이 ·오·시ᄂ·다

　·ᄒ시·니 [10-8]

　·쏘 나·ᅀᅡ·가·시다·가 아·바:님 맞·나시·니

　:두 허·튀·를 안·아 :우·르시·니

　　[其二百四十一]

　王왕·이 :무·르샤·ᄃᆡ :네 :엇던 아·희완·ᄃᆡ

　허·튀·를 안·아 :우는·다?

86앞(권10-8, 권10-9, 권10-10)

　·아기[10-9] :말 :ᄉᆞᆲ·고 往:왕生싱偈·꼥·를 외·오

　신·대 아·바:님·이 :안·ᄋᆞ시·니이·다

　　[其二百四十二]

　:아·래 네·어·미 :나·를 여·희·여 시·름·으·로

　:사·니거·늘·ᄉᆞ

　오·ᄂᆞᆯ 네·어·미 네[10-10]·를 여·희·여 ·눉·믈·로 :사

　·니ᄂ·니·라

86뒤(권10-10, 권10-11, 권10-11)]

　　[其二百四十三]

　·아기 :하·딕·ᄒᆞ·샤 아·바:님 여·희싫·제 ·눉

　·믈·을 흘·리시·니

　아·바:님 슬ᄒᆞ·샤 아기 보[10-11] 내싫·제 놀

　·애·를 브르·시·니

[其二百四十四]

아·라 녀·리 그·츤 ·이런 이·본 길·헤 :눌 :보

87앞(권10-11, 권10-12)

리·라 우·러·곰 온다?

大·땡慈쫑悲빙鴛훤鴦향鳥:됼·와 功

공德·득 댓[10-12]는 내 ·몸·이 正·졍覺·각 나·래

마·조 :보·리어·다

[其二百四十五]

도·라옳 길·헤 ·쇼 ·칠 아·힐 ·보시·니 놀·애

·롤 브르·더·니

87뒤(권10-12, 권10-13, 권10-14)

安한樂·락國·귁·이 ᄂ·ᄂ 아·비·롤 [10-13] 보·라가

·니 ·어·미 :몬 ·보ᅀ아 시·름 깊거·다

[其二百四十六]

長:댱者:쟝ㅣ 怒:농·ᄒ·야 夫붕人신·올

주·기·ᅀᆞᆸ더·니 놀·애·롤 브르·시·니이·다

:고ᄫᆫ :님 :몬 ·보ᅀᆞ·바 ·슬[10-14]·읏 :우·니다·니 오

·ᄂᆞᆳ·날·애 넉·시·라 마·로롓·다

88앞(권10-14, 권10-15)

[其二百四十七]

夫붕人신·이 :업스·샤 三삼동·이 두외

·샤 즘·게 아·래 더·뎃·더시·니

·아기 :우르·샤 三삼동[10-15]·올 뫼·호시·고 西

솅方방·애 合·ᅘᅡᆸ掌:쟝·ᄒ시·니

[其二百四十八]

200

極·끅樂·락世·솅界·갱·옛 四·승十·씹八

88뒤(권10-15, 권10-16)

·밣龍룡船쎤·이 空콩中듕·에 ㄴ·라·오

시·니

接·졉引:인衆·즁生싱·ᄒᆞ시·ᄂᆞᆫ 諸졍大

·땡菩뽕[10-16]薩·삻·들·히 獅숭子:중座·쫭·로

마·자 ·가시·니

　[其二百四十九]

광有:울聖·셩人신·ᄋᆞᆫ 釋·셕迦강牟

89앞(권10-16, 권10-17)

뭄尼닝시·고 婆빵羅랑門몬·ᄋᆞᆫ 文문

殊슝師숭利·링시·니

沙상羅랑樹·쓩王왕·ᄋᆞᆫ 阿항彌밍陁

땅[10-17]如셩來링시·고 夫붕人신·ᄋᆞᆫ 觀관

世·솅音흠·이시·니

　[其二百五十]

여·듏 妹:칭女:녕·ᄂᆞᆫ 八·밣大 땡菩뽕薩

89뒤(권10-17, 권10-18, 권10-19)

·삻·이시·고 安한樂·락國·귁·ᄋᆞᆫ 大땡勢

·솅至·징시·니

五:웅百·빅弟:똉子:중·ᄂᆞᆫ 五:웅百·빅羅

랑[10-18]漢·한·이시·고 子:중賢현長:땽者:쟝

·ᄂᆞᆫ 無뭉間간地·띵獄·옥·애 ·드니

{:녜 梵·뻠摩망羅랑國·귁 林림淨·쪙寺·쑹

·애 光광有:울聖·셩人신·이 五:웅百·빅弟

:몡子ㆍ중ᄃᆞ려 :겨ㆍ샤 大ㆍ땡乘씽小ㆍ숄乘씽

法ㆍ법ㆍ을 니ᄅᆞㆍ샤 衆ㆍ즁生[10-19]씽ㆍ을 敎ㆍ굘化ㆍ황

90앞(권10-19, 권10-20)

ㆍᄒᆞㆍ더시ㆍ니 그 數ㆍ숭ㅣ :몯ㆍ내 :혜ㆍ리러ㆍ라 그

ㆍ삑 西셍天텬國ㆍ귁沙상羅랑樹쓩大ㆍ땡

王왕ㆍ이 四ㆍ숭百ㆍ빅小ㆍ숄國ㆍ귁 거ㆍ느ㆍ려 :겨

ㆍ샤 正ㆍ졍흔 法ㆍ법ㆍ으ㆍ로 다ㆍ스리ㆍ더시ㆍ니 王

王位ㆍ윙ㆍ를 ㆍ맛ㆍ드ㆍ디 아ㆍ니ㆍᄒᆞ[10-20]ㆍ샤 妻쳉眷ㆍ권

ㆍ이ㆍ며 子:중息ㆍ식ㆍ이ㆍ며 :보ㆍ빅ㆍ를 貪탐ㆍ티 아

ㆍ니ㆍᄒᆞ시ㆍ고 샹ㆍ녜 :됴흔 根ㄴ源원ㆍ을 닷ㆍ ᄀᆞ

샤 無뭉上ㆍ썅道ㆍ똠ㆍ를 求꿀ㆍᄒᆞㆍ더시ㆍ니 光

光有:율聖ㆍ셩人ㅅ인ㆍ이 沙상羅랑樹쓩大

ㆍ땡王왕ㆍ이 善:션心심ㆍ을 드르ㆍ시ㆍ고 弟:똉

子:중勝ㆍ싱熱ㆍ섏婆빵羅랑門몬 比ㆍ삥丘

쿨ㆍ를 보ㆍ내ㆍ샤 찻ㆍ믈 기ㆍ릃 婇:칭[10-21]女:녕ㆍ를 비

ㆍ러오ㆍ라 ㆍᄒᆞㆍ야시ㆍ늘 比ㆍ삥丘쿨ㅣ 王왕宮

宮ㆍ의 ㆍ와 뜰ㆍ헤 ㆍ드ㆍ러 錫ㆍ셕杖:땽ㆍ을 후ㆍ는ㆍ대

90뒤(권10-21, 권10-22, 권10-23)

王왕ㆍ이 드르ㆍ시ㆍ고 四ㆍ숭百ㆍ빅八ㆍ밣夫붕

人신ㅅ 中듕ㆍ에 第ㆍ똉一ㆍ힔鴛훤鴦향夫

붕人신ㆍ을 ㆍ브리ㆍ샤 齋쟁米:몡 받[10-22]ㅈㆍ봉ㆍ라

ㆍᄒᆞㆍ야시ㆍ늘 鴛훤鴦향夫붕人신ㆍ이 ㆍ말ㆍ듫

金금바리ㆍ예 ㆍ힌 ㆍ뿔 ᄀᆞᄃᆞ기 다ㆍ마 比ㆍ삥丘

쿨ㅅ 알ㆍ픠 나ㆍ사ㆍ니거ㆍ늘 比ㆍ삥丘쿨ㅣ 술

ㆍ보ㆍ디ㆍ나ㆍᄂᆞᆫ 齋쟁米:몡ㆍ를 求꿀ㆍᄒᆞㆍ야 :온ㆍ디

아ㆍ니ㆍ라 大ㆍ땡王왕ㆍ을 ㆍ보ㆍ ᅀᆞᆸㆍ라 :오이ㆍ다

그 저·긔 鴛훤鴦향夫붕人신·이 도래[10-23]드
·러 王왕·끠 술·ᄫᅳᆯ·대 王왕·이 드르·시·고 ·즉
자·히 禮:롕服·뽁 니브·시·고 ᄃᆞ·라 나·샤 比
·삥丘쿨ㅅ 알·픠 나·ᅀᅡ·가·샤 :세 번 ·절·ᄒᆞ시
·고 請:쳥·ᄒᆞ·야 宮궁中듕·에 ·드르·샤 比·삥
丘쿨·란 노·피 안·치시·고 王왕·은 ᄂᆞᆺ가·뵈

91앞(권10-23, 권10-24, 권10-25)

안ᄌᆞ·샤 :무·르샤·ᄃᆡ 어·드러·셔 ·오시·니[10-24]잇
·고 比·삥丘쿨ㅣ 對·됭答·답·호·ᄃᆡ 梵·뻠摩
망羅랑國·귁 林림淨·쪙寺·ᄊᆞ·애 ·겨신 光
광有:ᅌᅮᆸ聖·셩人ᅀᅵᆫㅅ 弟:똉子:중ㅣ로·니
光광有:ᅌᅮᆸ聖·셩人ᅀᅵᆫ·이 五:ᅌᅩᆼ百·빅弟:똉
子:중 거·느려 ·겨·샤 衆·즁生ᅀᅵᆼ敎·곯化·황
·ᄒᆞ·시ᄂᆞ·니 大·때王왕ㅅ 善:쎤心심[10-25]·ᄋᆞᆯ 드
르·시·고 찻·믈 기·릃 婇:칭女:녕·를 :비ᅀᅳ·바
오·라 ·ᄒᆞ실·ᄊᆡ ·오ᅀᅡ·보이·다 王왕·이 깃그
·샤 四·ᄉᆞ百·빅八·밣夫붕人신·ᄋᆞᆯ :다 브르
·샤 :졈·고 고ᄫᆞ니·로 여·듧 각·시·를 ᄀᆞᆯ·히·샤
比·삥丘쿨·를 ·주·어시·ᄂᆞᆯ 比·삥丘쿨ㅣ 바
·다 도·라가·니 光광有:ᅌᅮᆸ聖·셩人ᅀᅵᆫ·이 깃
그·샤 各·각各·각 金금鑵·관子:중·ᄅᆞᆯ 맛·디

91뒤(권10-26, 권10-27, 10-28)

[10-26]·샤 摩망訶항栴젼檀딴 우·믌 ·므·를 흐르
五:ᅌᅩᆼ百·빅 디·위 옴길·이·더시·니 三삼年
년·이 ·ᄎᆞ·니 八·밣婇:칭女:녕ㅣ :됴ᄒᆞᆫ 根근
源원·을 닷·가 無뭉上·썅道:똘理:링·를 일

우·미 :머·디 아·니·ᄒ더·라 그 저·긔[10-27] 光광有

:율聖·셩人신·이 勝·싱熱·ᅀᅥᆲ婆빵羅랑門

몬 比·삥丘쿨ᄃ·려 :무·르샤·딘 沙상羅랑

樹쓩王왕·이 八·ᄫᅳᆲ婇:칭女:녕 보·낼 나·래

앗가·ᄫᅩᆯ ·ᄠᅳ디 :업더·녀? 對·됭答·답·ᄒ·ᅀᆞᄫᅩ

·딘 大·땡王왕·이 앗가·ᄫᅩᆯ ·ᄠ·디 ·곧 :업더·시

이·다 聖·셩人신·이 니ᄅ·샤[10-27]·딘 그·러커·든

다·시·가 大·땡王왕ㅅ ·ᄆ·ᄃᆯ 請·청·ᄒ·야 오·

라 찻·ᄆᆯ기·ᄅᆞᆯ 維윙那낭

·ᄅᆞᆯ 사·모리·라 ·ᄒ·야시·ᄂᆞᆯ[10-28]}

92앞(권11-2, 권11-3, 권11-4)

[11-2]{{維윙那낭·ᄂᆞᆫ :이·ᄅᆞᆯ :아다·혼 ·ᄠᅳ디·니

모·ᄃᆫ 中듕·에 :이·ᄅᆞᆯ ᄀ·ᄉᆞᆷ:알·ᄊᆡ·라}}

{比·삥丘쿨ㅣ 누·비 닙·고 錫·셕杖:땅 디·퍼

竹·듁林림國·귁 :디·나·아 沙상羅랑樹·쓩

王왕宮궁·의 ·가 錫·셕杖:땅·ᄋᆞᆯ 후·는·대 王

왕·이 드르·시·고 즉자·히 鴛원鴦향夫붕

人[11-3]신·ᄋᆞᆯ 브르·샤 齋쟁米몡 받ᄌ·ᄫᅠ·라 ᄒ

·야시·ᄂᆞᆯ 鴛원鴦향夫붕人신·이 ·말·ᄃᆞᆷ 金

금바리·예 ·ᄒᆡᆫ ·ᄡᆞᆯ ᄀ·ᄃᆞ기 다·마 比·삥丘쿨

·ᄭᅴ 나·ᅀᅡ가·니 比·삥丘쿨ㅣ 술·ᄫᅩ·딘 ·나·ᄂᆞᆫ

齋쟁米몡·ᄅᆞᆯ :어드·라 온·디 아·니라 大·땡

王왕·ᄋᆞᆯ ·보·ᅀᆞᄫᅡ·라 :오이·다 夫붕人신·이

도·라 드[11-4]·러 술·ᄫᅳᆫ·대 王왕·이 드르·시·고 깃

그·샤 ᄠᅳᆯ헤 ·나·샤 比·삥丘쿨ㅅ 알·ᄑᆡ :세 번

92뒤(권11-4, 권11-5, 권11-6)

204

·절·ᄒᆞ시·고 請:쳐ᇰ·ᄒᆞ·야 宮궁中듀ᇰ·에 드르
·샤 比·삥丘쿠ᇢ·란 노·피 안·치시·고 王와ᇰ·은
ᄂᆞᆺ가·비 안ᄌᆞ·샤 :무·르샤·ᄃᆡ 어·드러·셔 므
·슷 :일·로 ·오시·니잇·고? 比·삥丘쿠ᇢㅣ 對·됭
答·답ᄒᆞ·ᅀᆞ보·ᄃᆡ 大[11-5]·때王와ᇰ·하 :엇더 :나·ᄅᆞᆯ
모·ᄅᆞ·시ᄂᆞ·니잇·고? :아·래 八·밣姝:칭女:녕
맏ᄌᆞ·바 梵·뻠摩망羅랑國·귁 林림淨·쪄ᇰ
寺·쓰ᇰ·로 가ᅀᆞ·보ᇙ 내로·니 八·밣姝:칭女:녕
·의 기·론 찻·므·리 :모·ᄌᆞ랗·씨 聖·셔ᇰ人신·이
·ᄯᅩ :나·ᄅᆞᆯ·브리·샤 大·때王와ᇰ ·모·ᄆᆞᆯ 請:쳐ᇰ·ᄒᆞ
ᅀᆞ·바 ·오나·ᄃᆞᆫ 찻·믈 기·를 維[11-6]웡那낭·ᄅᆞᆯ :삼
ᅀᆞ·ᄫᆞ리·라 ·ᄒᆞ실·씨 다·시 ·오ᅀᆞ·ᄫᆞ이·다 王
와ᇰ·이 드르·시·고 깃·거·ᄒᆞ시·며 忽·홇然ᅇᅧᆫ
·히 ·넜·ᄆᆞ·를 ·비디·ᄃᆞᆺ 흘·리·거시·늘 鴛훤鴦

93앞(권11-6, 권11-7, 권11-8)

햐ᇰ夫부ᇰ人ᅀᅵᆫ·이 王와ᇰ·씌 슬·ᄫᅩ·ᄃᆡ :엇던 젼
·ᄎᆞ·로 :우르·시ᄂᆞ·니잇·고? 王와ᇰ·이 니ᄅᆞ·샤
·ᄃᆡ ·이 比·삥丘쿠ᇢㅣ :아·래 ·오·샤 찻·믈[11-7] 기·릃
姝:칭女:녕ᄃᆞ·려 林림淨·쪄ᇰ寺·쓰ᇰ·애 ·가신
:줄·니·미시·니 이제 ·ᄯᅩ 내 ·모·ᄆᆞᆯ 두·려다·가
維웡那낭·ᄅᆞᆯ 사·모려 ·ᄒᆞ실·씨 듣·ᄌᆞᆸ·고 깃
·거 ·ᄒᆞ가니·와 그·러·나 ᄒᆞ·디 ᄒᆞ녀·고·로 :혜
·여 ·혼·딘 내 四·ᄉᆞᆼ百·빅夫부ᇰ人ᅀᅵᆫ·이 前쪈
世·셰 ·옛 因ᅙᅵᆫ緣원·으·로 :나·ᄅᆞᆯ조·차 :살어
·든 오·ᄂᆞ·ᄅᆞᆫ 브·리·고 가·릃·씨 므·슴·ᄆᆞᆯ 슬·허 [11-7]
:우·노이·다 鴛훤鴦햐ᇰ夫부ᇰ人ᅀᅵᆫ·이 들·ᄌᆞᆸ
·고 比·삥丘쿠ᇢ·씌 닐·오·ᄃᆡ 내 ·몸·도 좃ᄌᆞ·바

값 ·싸힌가 :몬값 ·싸힌·가? 比·삥丘쿻ㅣ 닐

·오·딕 :아·래 ·가신 八·밦婇:칭女:녕·도 ·니·거

93뒤(권11-8, 권11-9, 권11-10)

시·니 므·스기 :썰보·리잇·고? 夫붕人신·이

닐·오·딕 그·러커·든 나·도 大·땡王왕 :뫼슨

·바 比·삥丘쿻[11-9] 좃즈·바 :가·리이·다 王왕·이

夫붕人신ㅅ :말 드르·시·고 깃·거 ㅅ소·사

나·라·홀 아슨 맛·디시·고 夫붕人신·과 ·ᄒᆞ

·샤 比·삥丘쿻 조츠·샤 西솅天텬國·귁·을

여·희·여 竹·듁林림國·귁·애 ·가·샤 흔 너·븐

드·르·헤 드·르시·니 나·리 져·므·러 ·히 ·디

거·늘 :세 :분·이 ·프·서리·예·셔 ·자시[11-10]·고 이·틋·날

아·ᄎᆞ·미 ·길 ·나·아·가 싫 時씽節·겷·에

鴛훤鴦향夫붕人신·이 :울·며 比·삥丘쿻·씌 닐

·오·딕 王왕·과 :즁:님·과·는 남·편 氣·킝韻·운

·이실·씨 ·길·흘 ᄀᆞ·디 아·니 ·커시·니·와 ·나·ᄂᆞᆫ

宮궁中듕·에 이싫·제 :두:서 거르메·셔 너

94앞(권11-10, 권11-11)

무 아·니 :걷다·니 오·ᄂᆞᆳ·날 :두 나·랏 스[11-11]·싀·예

허·뷔 동긴 ·ᄀᆞ·티 붓·고 ·바·리 알폴·씨 ·길·흘

:몯 녀·리로소이·다 이 ·짜·히 어·드·메잇·고?

比·삥丘쿻ㅣ 닐·오·딕 ·이 ·짜·히 竹·듁林림

國·귁·이·라 혼 나·라 히이·다 夫붕人신·이

·쏘 무·로·딕 이어·긔 갓가·빙 :사ᄅᆞ·미 지·비

잇ᄂᆞ·니잇·가? 比·삥丘쿻ㅣ 닐·오·딕[11-12] 오직

·이 ·벽·래 子:중賢현長:땽者:쟝ㅣ 지·비

206

잇·다 들·노이·다 夫붕人신·이 王왕·끠 술·보
·딕 내 ·모·물 :죵 :사무·샤 長:댱者:쟝ㅣ 지·븨
드·려·가·샤 내 ·모·물 프·르·샤 내 ·값·과 내 일
·훔·과 가·져다·가 聖·셩人신·끠 받주·봉쇼
·셔 ·호야·눌 王왕·과 比·삥丘쿨·왜 夫붕人
신ㅅ :말 드르·시·고 므슥·물 더욱 :셜븨·녀

94뒤(권11-13, 권11-14, 권11-15)

[11-12] ·샤 ·눖·므·를 비오·둣 흘·리시·고 比·삥丘
쿨·와 王왕·괘 夫붕人신·을 :뫼·샤 長:댱者
쟝ㅣ 지·븨·가·샤 :겨집죵 사·쇼·셔 ·호·야브
르·신·대 長:댱者:쟝ㅣ 듣·고 :사름 ·브즈려 보
·라 호·니 닐·오·딕 門몬 알·픠 흔 :즁·과 흔 쇼
·쾌 :고볼 :겨지·블 드·려 ·왜·셔 ·프·느이·다 長
:댱[11-14]者:쟝ㅣ 듣·고 :세·흘 드·려 드·러오·라 ·호
·야 뜯·혜 안·치습·고 :묻주·봉·딕 ·이 ·쏘·리 너
희 :죵·가? 王왕·과 比·삥丘쿨·왜 對·됭答·답
·호샤·딕 眞진實·씷·로 우리 :죵이 니이·다
長:댱者:쟝ㅣ 鴛원鴦향夫붕人신·올 다
·시 보·니 샹·녯 :사르·믜 양·진 아·닐·씨 夫붕
人신·끠[11-15] 무·로·딕 ·이 :두 :사르·미 眞진實·씷
·로 네 ·항것·가? 對·됭答·답·호·딕 眞진實·씷

95앞(권11-15, 권11-16, 권11-17)

·로 ·올호 ·니이·다 長:댱者:쟝ㅣ 무·로·딕 그
·러·면 비·디 :언매·나 호·뇨? 夫붕人신·이 對
·됭答·답·호·딕 우리 ·항 것 :둘·히 내 비·들 모
·르·시리·니 내 모·맷 비·든 金금 二·싱千쳔

斤근·이·오 내 빈욘 ·아·기 빋·도 흔가·지·니
이·다 長:댱[11-16]者:쟝ㅣ 그 :마·롤 從쭁·ᄒᆞ·야 金
금 四·ᄉᆞ千쳔斤근·을·내ㅈ야 王왕·ᄭᅴ·와 比·뼁
丘쿻·ᄭᅴ·와 받ㅈ·ᄫᆞ니·라 王왕·과 比·뼁丘
쿻·왜 그 지·븨 ·자시·고 이·틄·날 아·ᄎᆞ·미
:세 :분·이 門몬 밧·긔 ·나·샤 여·희실 쩌·긔 :몬
:내 슬·허 우·러[11-17] 오·래 머·므·더시·니 夫붕人
ᅀᅵᆫ·이 王왕·ᄭᅴ 슬·ᄫᅡᆼ·딕 오·ᄂᆞᆯ 여·희ᅀᆞ·ᄫᆞᆫ 後
:ᅘᅮᇢ·에 ·ᄭᅮᆷ 밧 아·니·면 서르·보ᅀᆞ·ᄫᆞᆯ ·길·히 :업
·건마·ᄅᆞᆫ 그·러·나 :사ᄅᆞ·미 善:션을 닷고 든

95뒤(권11-17, 권11-18, 권11-19)

·녀 나·ᄆᆞᆫ ·ᄠᅳ·디 아·니·라 利·링益·혁두ᄫᆡᆯ 이
·ᄅᆞᆯ 各·각各·각 ·각 受:쓩ᅙᅳᇢ 쓰·러·미니 大·땡王
왕·이 宮궁中듕[11-18]·에 :겨·싫 저·근 ·빈 골폰·ᄃᆞᆯ
모·ᄅᆞ시·며 ·옷 :허ᄂᆞᆫ·ᄃᆞᆯ 모·ᄅᆞ·더시·니 大·땡
王왕·하 往:왕生ᄉᆡᆼ偈·꼥·ᄅᆞᆯ 닛·디마·라 외
·와 든·니쇼·셔 ·이 偈·꼥·ᄅᆞᆯ 외·오시·면 골폰
·빈·도 브르·며 :헌 ·옷·도 암·ᄀᆞᆯ·리이·다 ᄒᆞ·고
往:왕生ᄉᆡᆼ偈·꼥·ᄅᆞᆯ 슬·ᄫᅩᆼ·딕 願·원往:왕生
ᄉᆡᆼ願·원往:왕生ᄉᆡᆼ願·원[10-19]在·찡彌밍陁땅
會·ᅘᅬᇢ中듕坐·쫭手:슝執·집香향花황常
쌍供공養·양 願·원往:왕生ᄉᆡᆼ 願·원往:왕
生ᄉᆡᆼ 願·원生ᄉᆡᆼ極·끅樂·락見·견彌밍陁
땅獲·ᅘᅱᆨ蒙몽摩망頂:뎡受:쓩記·긩訣·ᄫᅧᇙ
願·원往:왕生ᄉᆡᆼ往:왕生

96앞(권11-19, 권11-20, 권11-21)

208

싱極·끅樂·락蓮련花황生싱自·쫑[11-20]

它땅—·잃時씽成쎵佛·뿛道:뚱

{{願·원·ᄒ노·니 ·가 ·나가·지이·다 願·원·ᄒ

노·니 ·가 ·나가·지이·다 願·원·ᄒ노·니 彌

밍陁땅會·혱中듕坐·쫭·애 이·셔 소·내

香향花황 자·바 샹·녜 供공養·양·ᄒ ᅀᆞ

·바·지이·다 願·원·ᄒ노·니 ·가 ·나가·지이

·다 願·원·ᄒ노·니 ·가 ·나가·지이·다 願·원

·ᄒ노·니 極·끅樂·락[11-21]·애 ·나 彌밍陁땅·ᄅᆞᆯ

·보ᅀᆞ·바 머·리 ᄆᆞᆫ·지샤·ᄆᆞᆯ 닙ᄉᆞ·바 記·긩

莂·볋·을 受·쓩

·ᄒ ᅀᆞ·바·지이·다}}

{{{記·긩莂·볋·은 分분簡:간홀·씨·니 簡

·간·은 ·대빤:개·니 :녜·ᄂᆞᆫ 죠·희 :업서 ·대

96뒤(권11-21, 권11-22, 권11-23)

·ᄅᆞᆯ 엿·거 그·를 ·쓰·더니·라 부:톄 授·쓩

記·긩·ᄒ샤·미 글 ·쑤·미 ·ᄀᆞᆮ·고 제여·곰

달·오·미 ·대빤개·ᄀᆞᆮ[11-22]홀·씨

簡:간·을 ᄂᆞ·호·다 ᄒ니라}}}

{{願·원·ᄒ노·니 ·가 ·나가·지이·다 願·원·ᄒ

노·니 ·가 ·나가·지이·다 極·끅樂·락·애 ·가

·나 蓮련花황·애 ·나·아 나·와 ·ᄂᆞᆷ 괘 一·잃

時씽·예 佛·뿛道:뚱·ᄅᆞᆯ 일·워·지이·다}}

{王왕·이 드르·시·고 깃그·샤 :가려 ·ᄒ ᅀᆞᆯ 저

·긔 夫붕人ᅀᅵᆫ·이 王왕·ᄭᅴ 다·시 술·ᄫᆞ·ᄃᆡ 내

빙·원[11-23] ·아·기 아·ᄃᆞᆯ·옷 ·나거·든 일·후·믈므·스

기·라 ᄒ·고 ·ᄯᆞᆯ·옷 ·나거·든 일·후·믈

므·스기·라 ᄒ·리잇·고? 어버·싀 ᄀ·자 이신 저·긔 일
·후·믈 一·힗定·뎡ᄒ·사이·다 王왕·이 드르

97앞(권11-23, 권11-24, 권11-25)

·시·고 ·녔·므·를 흘·리·며 니ᄅ·샤·ᄃᆡ ·나·ᄂᆞᆫ 드
·로·니 어버·싀 :몯 ᄀ·존 子:ᄌᆞ息·식·은 ·어딘
:이·를 비·호·ᄃᆡ[11-24] :몯홀·씨 어버·싀 일·후·믈 :더
러·빙ᄂᆞ·다 ·ᄒᆞᄂᆞ·니 ·나거·든 ᄶᅡ·해무·더ᄇᆞ
·료·ᄃᆡ ᄒ·리이·다 夫붕人ᅀᅵᆫ·이 슬·봐·ᄃᆡ 大
·땡王왕ㅅ :말·ᄡᅮ미·ᅀᅡ 올커·신마·ᄅᆞᆫ 내 ᄠᅳ
·데 :몯 마·재이·다 아·ᄃᆞ·리어·든 일·후·믈 孝
·ᅘᅭ子:ᄌᆞᆼㅣ·라 ᄒ·고 ·ᄯᆞ·리어·든 일·후·믈 孝
·ᅘᅭ養·양·이·라 호[11-25]·ᄃᆡ ·엇·더ᄒ·니잇·고? 王왕
·이 夫붕人ᅀᅵᆫㅅ ·ᄠᅳ·들 :어엿·비 너·기·샤
니ᄅ·샤·ᄃᆡ 아·ᄃᆞ·리 ·나거·든 安한樂·락國·귁
·이·라 ᄒ·고 ·ᄯᆞᆯ·옷 ·나거·든 孝·ᅘᅭ養·양·이·라
·ᄒᆞ쇼·셔 :ᄆᆞᆯ :다 ᄒ시·고 ·슬·하·디 여·우·러 여
·희시·니 王왕·이 比·삥丘쿨·와 ·ᄒᆞ·샤 林림

97뒤(권11-25, 권11-26, 권11-27)

淨·쪙寺·ᄊᆞᆼ·애 ·가신·대 光광有[11-26]:ᅌᅲᆯ聖·셩人ᅀᅵᆫ
·이 ·보시·고 ᄀᆞ·장 깃그·샤 즉자·히 金금
鑵·관子·ᄌᆞ :둘·흘 받ᄌᆞ·바 찻·믈 길·이·ᅀᆞᆸ·더
시·니 王왕·이 金금鑵·관子·ᄌᆞ·를 나못 :두
그·테 ·ᄃᆞ·라 :메시·고 ·믈 기·르·며 돌·니·실 ᄶᆡ
·긔 :윈소·내 往:왕生ᄉᆡᆼ偈·꼥·를 자ᄇᆞ·샤 노
·티 아·니 ·ᄒᆞ·야 외·오·더시다 鴛훤鴦향夫
붕人ᅀᅵᆫ·이 長:댱者:쟝ㅣ 지·븨 이·셔 아·ᄃᆞ

210

·룰 나ᄒᆞ·니 양·ᄌᆡ 端돤正·졍 ᄒᆞ더·니 長[11-27]:댱

者:쟝ㅣ 보·고 닐·오·ᄃᆡ 네 아·드·릭 ·나·히 연

·아·홉만 ᄒᆞ·면 내 지·븨 아·니 이싏 相·샹·이

로·다 ·하더·라 닐·굽·ᄒᆡ어·늘 그 ·아·기 ·어마

:닚·긔 술·ᄫᅩ·ᄃᆡ 내 ·어마:닚 ·ᄇᆡ·예 이실 쩌·긔

아·바:니·미 어·듸 ·가시·니잇·고? 夫붕人신

98앞(권11-27, 건11-28, 권11-29, 권12-2)

·이 닐·오·ᄃᆡ 長[11-28]:댱者:쟝ㅣ 네 아·비·라 그 아

·기 닐·오·ᄃᆡ 長:쟝者:쟝ㅣ 내 아·비 아·니

·니 아·바:니·미 어·듸 가시·니잇·고? 夫붕人신

·이 ·ᄆᆞ디·듯 :울·며 모·ᄀᆞᆯ 메·여 닐·오·ᄃᆡ 네 아

·바:니·미 婆빵羅랑門몬 :즁:님·과 ·ᄒᆞ·샤 梵

·뻠摩망羅랑國·귁 林림淨·쪙寺·ᄊᆞᆼ·애 光

광有:울聖·셩人신 :겨신[11-29]ᄃᆡ ·가·샤 :됴ᄒᆞᆫ :일

닷ᄀᆞ·시·ᄂᆞ니·라 그 저·긔 安한樂·락國·귁

·이 ·어마:닚·긔 술·ᄫᅩ·ᄃᆡ :나·ᄅᆞᆯ 이·제 노ᄒᆞ·쇼

·셔 아·바:니·ᄆᆞᆯ ·가·보·ᅀᆞᄫᅡ·지·이다 夫붕人

신·이 ·닐오·ᄃᆡ :네 ·처섬 ·나거·늘[12-2] 長:댱者:쟝

ㅣ 닐·오·ᄃᆡ ·나·히 닐·굽 여·듧 맨ᄒᆞ·면 내 지

·븨 아·니 이실 아··희··라 ·ᄒᆞ더·니 이제 너·를

노·하 보·내·면 내 ·모·미 長:댱者:쟝ㅣ 怒:농

98뒤(권12-2, 권12-3, 권12-4))

·ᄅᆞᆯ 맛나·리·라 安한樂·락國·귁·이 닐·오·ᄃᆡ

ᄀᆞ모·니 逃똘亡망·ᄒᆞ·야 셜·리 녀·러 :오·리

이·다 그 저·긔 夫붕人신·이 :어·엿븐 ·ᄠᅳ·들

:몯 이·긔·여 門몬 밧·긔 :내·야 보·내야·ᄂᆞᆯ 安

한樂[12-3]·락國·귁·이 바·미 逃똘亡망·ᄒ·야 둗

다·가 그짓·ᄭᅩᆯ·ᄢᅵᆲ :죠·ᅌᅩᆯ 맛나·니 자·바 구·지

조·티 :녜 :엇·뎨·ᄒ항것 背·빙叛·빤·ᄒ·야·가ᄂᆞ

·다? ᄒ·고·ᄉ츠·로 :두·소·ᄂᆞᆯ 미·야·와 長:댱者

:쟝ㅣ 손·ᄃᆡ 닐·어·늘 長:댱者:쟝ㅣ 怒:농·ᄒ

·야·손소 安한樂·락國·귁·의 ᄂᆞ·ᄎᆞᆯ 피:롯·고

·웃:돚 ᄆᆞ·를 ᄇᆞᄅᆞ·니 래[12-4] 後:ᄛᆞᆼ·에 安한樂·락

國·귁·이·어마:닚·긔 다·시 :솗·고사 긴 ᄂᆞ·츠

·란 ᄢᅵ·리·고 逃똘亡망·ᄒ·야 梵·뻠摩망羅

랑國·귁·으·로·가더·니 竹·듁林림國·귁·과

99앞(권12-4, 권12-5, 권12-6)

梵·뻠摩망羅랑國·귁·과 :두 나·랏 ᄉᆞᆼ·예

·큰 ᄀᆞ·ᄅᆞ·미 이·쇼·ᄃᆡ·빈 :업거·늘 ᄀᆞ·술 조·차

:바·니다·가 忽·훓然션·히·싱[12-5]·각·ᄒ·야·딥동

:셰 무·슴 :어더·ᄢᅵ·로 어울·워 미·야 ᄆᆞ·레ᄢᅴ

·오·고 그 우·희 올·아안·자 하·ᄂᆞᆳ·긔 :비·ᅀᆞ

보·ᄃᆡ·내 眞진實·쎯ㅅ ᄆᆞᅀᆞ·ᄆᆞ·로 아·바:님·보

ᅀᆞᆸ고·져 ᄒ거·든 ᄇᆞᄅᆞ·미 부러·뎌 :ᄀᆞ·새 :건

:내쇼·셔 ᄒ·고 合·합掌:쟝·ᄒ·야 往왕生싱

偈·꼥·를 외·온·대 自쭝然션·히 ᄇᆡ[12-6]ᄅᆞ·미 부

·러·믌 ᄀᆞ·새 :건:내 부·치니 긔 梵·뻠摩망羅

랑國·귁 싸·히러·라 그·딥도·ᄋᆞ·란 :ᄀᆞ·셰 :지

·혀미·오 林림淨·쪙寺·ᄊᆞ·로·가ᄂᆞᆫ ᄆᆞ·ᄃᆡ·예

·대·수 ·히 이·쇼·ᄃᆡ 東동風봉·이·불·면 그 소

·리 南남無뭉阿항彌밍陁땅佛·뿛ᄒᆞ·고

99뒤(권12-6, 권12-7, 권12-8)

212

南남風봉·이 :불·면 攝·셥化[12-7]·황衆·즁生싱
阿항彌밍陁땅佛·뿛ᄒᆞ고 西솅風봉·이
:불·면 渡·똥盡·찐稱칭念·념 衆·즁生싱阿
항彌밍陁땅佛·뿛ᄒᆞ고 北·븍風봉·이 :불
·면 隨쒕意·ᄒᆡᆼ往·왕生싱阿
항彌밍陁땅佛·뿛·ᄒᆞ더·니
{{攝·셥化·황ᄂᆞᆫ 거·두자·바 敎·곱化[12-8]·황ᄒᆞ
실·씨·라 渡·똥盡·찐 稱칭念·념衆·즁生
싱·ᄋᆞᆫ 일쿨ᄌᆞ·바 念·념·ᄒᆞ습·ᄂᆞᆫ 衆·즁
生싱·ᄋᆞᆯ :다 濟·졩渡·똥·ᄒᆞ실·씨·라}}
安한樂·락國·귁·이 들·고 ᄀᆞ·쟝 깃·거·ᄒᆞ더
·라 그·대ᄉᆞᆲ·ᄉᆞ·ᄭᅵ예 林림淨·쪙寺·쌍ㅣ 잇
·더·니 安한樂·락國·귁·이 뎌를 向·향·ᄒᆞ야
·가·ᄂᆞᆫ 저·긔 길·헤 八·밢婇:ᄎᆡᆼ女:녕·를 맛나

100앞(권12-9, 권12-10, 권12-11)

[12-9?]니 往:왕生싱偈·꼥·를 브르·며 摩망訶항
梅젼檀딴 우룺 ·므·를 기·러·가거·늘 安한
樂·락國·귁·이 무·로·ᄃᆡ 너희 브르·논 偈·꼥
·ᄂᆞᆫ 어·드러·셔 나·뇨? 婇:ᄎᆡᆼ女:녕ㅣ 對·됭答
·답·호·ᄃᆡ 西솅天텬國·귁 沙상羅랑樹·쓩
大땡王왕 鴛훤鴦향夫붕人ᅀᅵᆫ·싀 偈·꼥[12-10?]
·니·우리·도 沙상羅랑樹·쓩大땡王왕ㅅ
夫붕人ᅀᅵᆫ들·히라·니 :녜 勝·싱熱·엹婆빵
羅랑門몬 比·삥丘쿻ㅣ·우리 王왕宮궁·의
·가·샤·우리·를 ᄃᆞ·려·오시·고 後:ᅘᅮᇢ·에 다
·시·가·샤 沙상羅랑樹·쓩·大 땡王[12-11]왕·과 鴛
훤鴦향夫붕人ᅀᅵᆫ·ᄋᆞᆯ :뫼·셔·오·시다·가 夫

붕人싄·이 허·튁 알·하 거·르·믈 :몯 :거·르실

·씨 王왕·과 比삥丘쿻 왜 竹·듁林림國·귁

100뒤(권12-11, 권12-12, 권12-13)

子:중賢현 長:댱者:쟝ㅣ 지·비 :뫼·셔다·가

:죵 사·마 ·픈·라시·늘 夫붕人싄·이 여·희·싫

저·긔 大·땡王왕·끠 :솔·ᄫᆞ샤·ᄃᆡ 往:왕生[12-12]싱

偈·꼥·를 외·오시·면 골픈 ·ᄇᆡ·도 브르·며 :헌

·옷·도 새 ᄀᆞᆮᄒᆞ·리·니 淨·쪙土:통·애 혼·ᄃᆡ ·가

나·사이·다 ·ᄒᆞ·야·시·늘 王왕·이 비·호·샤 순

·직 그·치·디 아·니 ·ᄒᆞ·야 외·오·시ᄂᆞ·니 우리

·도 ·이 偈·꼥·를 좃ᄌᆞ·ᄫᅡ 외·오·ᄂᆞ소·라 安한

樂·락國·귁·이 무·르·ᄃᆡ 沙상羅랑樹쓩·大·땡

·땡王·왕·이 어·듸 :겨시·뇨? 對·됭答·답·호·ᄃᆡ

길·헤[12-13] ·믈 기·러·오·시ᄂᆞ·니·라 安한樂·락國

·귁·이 그 :말 듣·고 ·길흐·로 向·향·ᄒᆞ·야 ·가다

·가 아·바:니 ·믈 맛·나ᅀᆞ·ᄫᅡ :두 허·튁·를 :안·고

:우더·니 王왕·이 :무·르샤·ᄃᆡ ·이·이·기 :엇뎌

101앞(권12-13, 권12-14, 권12-15)

·니 완·ᄃᆡ 늘 그·늬 허·튁 :안·고 ·이·리 ᄃᆞ·록 :우

ᄂᆞ·다? 安한樂·락國·귁·이 :온 ᄠᅳᆮ :솗·고 往:왕

生싱偈[12-14]·꼥·를 외·온·대 王왕·이 그제·ᅀᅡ 太

탱子:중ㄴ 고·ᄃᆞᆯ :아·ᄅᆞ시·고 ·긼 ᄀᆞ·새 아·나

안ᄌᆞ·샤 ·오·시 ᄌᆞᄆᆞ·기 :우·르시·고 니ᄅᆞ·샤

·ᄃᆡ 네 ·어마:니 미 :날 여·희·오 시·르ᄆᆞ·로 :사

·니다·가 ·이제 ·ᄯᅩ 너·를 여·희·오 더·욱 :우·니

ᄂᆞ·니 어셔 도·라 니거·라 王왕·과 太·탱子ᄌᆞ

214

:중·왜 슬픈 ·뜨·들 :몬[12-15] 이·긔·샤 오·래 :겨시다

·가 여·희·싫져·긔 王왕·이 놀·애·를 브르·샤

·딕 아·라 녀·리 그·쳔 이·런 이·본 길·헤 :눌 :보

리·라 ·ᄒᆞ·야 우·러·곰 온·다? ·아·가 大·땡慈쭝

悲빙 :우니·ᄂᆞᆫ 鴛훤鴦향鳥:됴·와 功공德

·득修슝行행·ᄒᆞᄂᆞᆫ ·이 내 몸·과 成쎵等:등

101뒤(권12-15, 권12-16, 권12-17, 권12-18)

正·졍覺·각 나래·사 반·ᄃᆞ·기[12-16] 마·조 :보리여

다 그 저·긔 太·탱子즈·ᆼ ᅵ :울·며 ·저ᅀᅳ·바 여

·희습·고 도로 ᄀᆞ·롮 :ᄀᆞ·쇄·와·딥·비·틱·고 往

:왕生싱偈·꼥·를 브르·니 브·ᄅᆞ·미 부·러 竹

·듁林림國·귁·으·로 :지불·여·늘 무·틱 올·아

·오·ᄂᆞᆫ 무딕·예·쇼·칠 아·히 놀·애·를 블·로·딕

安한樂·락國·귁·이·ᄂᆞᆫ 아·비[12-17]·를 보·라 가·니

·어미·도 :몯·보·아 시·르·미 더·욱 깁거·다·ᄒᆞ

야·늘 安한樂·락國·귁·이 듣·고 무·로·딕 므

·슴 놀·애 브르·ᄂᆞᆫ 다? 對·됭答·답·ᄒᆞ·딕 子증

賢현長:댱者:쟝ᅵ지·븨 鴛훤鴦향·이·라

·홀 :죠·이·ᄒᆞᆫ 아·ᄃᆞ·를 나·ᄒᆞᄂᆞᆯ 그·아·기 닐·굽

:설 머·거 아·비 보·라·니 거지·래[12-18]·ᄒᆞᆫ 대 그 어

·미 :어엿·비 너·겨 노·하 보내여·늘 그 長:댱

102앞(권12-18, 권12-19, 권12-20)

者:쟝ᅵ 鴛훤鴦향·이·를 자·바 네 아·ᄃᆞᆯ 어

·딕 가·뇨? ·ᄒᆞ·고 環환刀돌·를 메·여 뒓時씽

節·졇·에 鴛훤鴦향·이 놀애·를 블·로·딕 :고

봉·니 :몯·보·아·슬·웃 :우·니다·니 :·님하 오·ᄂᆞᆶ

나·래 넉·시·라 마·로·리어·다 ·ᄒ야·늘 長:댱[12-19]

者:쟝ㅣ 菩뽕提똉樹·쓩 미·틔 드·려다·가

삼동 :내 버·혀 더·뎻ᄂᆞ니·라 安한樂·락國

·귁·이 듣·고 菩뽕提똉樹·쓩 미·틔 가보·니

삼동:내 버혀 더·뎻거·늘 주·서다·가 次충

第·똉·로 니·ᅀᅥ노·코 짜·해 업데·여 그울며

슬하·디·여 :우·니 하·늘·히 드·러치더니[12-20] 오

·라거·늘 니·러 西솅ㅅ녁 向·향·ᄒ·야 合·ᅘᅡᆸ

掌:쟝·ᄒ·야 ·눇·믈 쓰·리·고 하·늘 브르·며 偈

·꼥·를 지서 블·로·ᄃᆡ 願원我:앙臨림欲욕

102뒤(권12-20, 권12-21, 권12-22)

命·명終즁時씽 盡:찐除뗑一·ᅙᅵᆯ切·촁諸

정障·쟝碍·앵面·면見·견彼:빙佛·뿛阿항

彌밍陁땅卽즉得·득往

:왕生싱安한樂·락刹챯

{{願·원흔돈 ·내 ᄒ마 命·명終즁홇 時씽

節·젎·에 一·ᅙᅵᆯ切·촁 ᄀᆞ·린 거·슬·다 더·러

ᄇᆞ·리·고 ·뎌 阿항彌밍陁땅佛·뿛·을 ·보

ᅀᆞ·바 ·즉자·히 安한樂·락刹챯애 ·가·나

가·지이·다}}

[권12-22] [(·즉자·히 極·끅樂·락世·솅界·갱·로·셔 四·ᄉᆞᆼ

十·씹八·밣龍룡船쒼이 眞진如영大·똉)71)

海:힝·에 ·ᄣᅥ 大·땡子:중 알·픠 오·니 그 龍

룡船쒼 가온·딧 :굴·근 菩뽕薩·삻들히 太

─────────

71) "(·즉자·히 極·끅樂·락·世·솅界·갱·로·셔 四·ᄉᆞᆼ十·씹八·밣龍룡船쒼이 眞진如영"
에서 '四·ᄉᆞᆼ'를 제외한 부분은 빠졌음. '四·ᄉᆞᆼ'가 빠진 이유는 4.3.2.1 참조.

216

·탱子:중 두·려 닐오·딕 네 父:붕母몽·눈 블

·쎠 西셩方방애 ·가·샤 부톄 드외·얫·거시

·늘 ·네 ·일 :몰·라 이실·씨 ·길 자·ㅂ·래[12-23] :오·라 ᄒ

야시·늘 太·탱子:중ㅣ 그 :말 듣·고 깃·기 獅

ᄉ子:중座·쫭·애 올·아 虛헝空콩·을 ·타 極

·끅樂·락世·셩界·갱·로 가·니·라 光광有:윻

聖·셩人ᅀᅵᆫ은 ·이젯 釋·셕迦강牟물尼닝

佛·뿛이시·고 沙상羅랑樹·쓩大·땡王왕

·은 이젯 阿항彌밍陁땅佛·뿛[12-24]·이시·고 鴛

원鴦향夫붕人ᅀᅵᆫ·은 ·이젯 觀관世·셩音흠

흠菩뽕薩·삻·이시·고 安한樂·락國·귁은

이젯 大·땡勢·솅至·징菩뽕薩·삻·이시·고

勝·싱熱·녏婆빵羅랑門몬·은 ·이젯 文문

殊쓩ㅣ 시고 八·밣婇:칭女·녕는 이젯 八

·밣大·땡菩뽕薩·삻·이시·고[12-25] 五:오百·빅弟

:똉子:중눈 이젯 五:옹百·빅羅랑漢·한·이

시·니·라 子·중賢현長:땽者·쟝는 無뭉

間간地·띵獄·옥·애 ·드·리잇ᄂ·니·라 ○

方방等:등 여·듧 ·히 니르·시·고 버·거 ·스·믈

:두 힛 ᄉ·ᅀᅵ·예 般반若:샹·ᄅᆞᆯ 니르·시·니[12-26]라

{般반若:샹 ·처섬 니ᄅ·샤·미 부텻 ·나·히 ·쉰

니·리시·니 穆·몯王왕 ㄹ·스믈:네찻 ·히 癸

:귕卯몰ㅣ·라 般반若:샹·는 :뷘 理:링·를 니

ᄅ샤 相·샹·이 쇼·ᄆᆞᆯ ·허·르시·니 五:옹蘊·훈

·이 淸쳥淨·쪙ᄒ·며 四·ᄉ諦·뎽十[12-27]씹二·ᅀᅵᆼ

緣원六·륙度·똥法·법·이·며 諸졍佛·뿛ㅅ

104앞(권12-27, 권12-28, 권12-29)

十·씹力륵菩뽕提똉 :다 淸쳥淨·쪙·타 ·ㅎ

시·며 ·빗·괴소·리로 :나·ㄹ 求끃·면 邪썅

曲·콕ㅎ 道:똥理:링·라 如셩來링 :몯 보·리

·라·ㅎ시·며 一·힗切·쳉諸졍相·샹을 여·희

·면 일·후·미 諸졍佛[12-28]·뿛·이·라 ㅎ·시·며 내 一

·힗切·쳉衆·즁生싱·을 滅·멿度·똥·호·디 혼

衆·즁生싱·도 滅·멿度·똥 得·득ㅎ·니 :업·다

·ㅎ·샤·이·런 ·뜨·들 니ㄹ·시·고 쏘 須슝菩뽕

提똉舍·샹利·링弗·붏·ㅎ·야 菩뽕薩·삻 ㄱ

ㄹ·치라·ㅎ시·니 菩뽕薩·삻이 ·밤·낫 精졍

進[12-29]·진·ㅎ·야 無뭉上·썅道

·똘·ㄹ 일·우게 드외·니·라}

104뒤

[月印千江之曲 第八 釋譜詳節 第八]

4.1.2.3 이상을 살펴보면 정통 12년의 〈월석〉 옥책은 이 방대한 분량의 〈월석〉 제8권의 전문을 처음부터 끝까지 옥간(玉簡)에 옮겨 새겼다. 그리고 이를 옮겨 새긴 정통 12년의 〈옥책〉에서 어떻게 나누어 옮겨 새겼는지도 아울러 고찰하였다. 물론 옥책에 새긴 부분을 [12-9?], [12-10?]과 같이 필자가 아직 사진으로도 보지 못한 옥편의 명문을 추정하여 넣은 것처럼 일부 부정확한 곳이 없지 않다. 그 부분은 [12-9?], [12-10?]과 같이 미상임을 표시하였다.

물론 옥책의 명문에는 다음에 논의하겠지만 일부 오자(誤字)와 탈자

(脫字), 그리고 몇 구절을 누락한 곳도 없지 않지만 대체로 정통 12년의 옥책은 〈월석〉 제8권의 전체를 정성스럽게 364편의 옥간(玉簡)에 새겨 12권으로 나누었다. 현재 여러 곳에 전전하는 다른 〈월석〉 옥책의 위작 (僞作)들에서는 이렇게 한 권을 모두 새겨 넣은 것은 보지 못하였다.

다만 정통 12년 〈월석〉 옥책에서 12권으로 분권(分卷)한 것은 전혀 분 량에 의한 것이므로 이 책의 제3장 3.3.3.1에서 검토한 바와 같이 불일사 (佛日寺)의 승려로 볼 수밖에 없는 12인의 각수(刻手)가 1인당 9엽 정도 의 분량으로 나누어 새기면서 각기 자신이 새긴 것을 각기 한 권(卷)으 로 한 것으로 추정하였다. 다음에 다시 논의하겠지만 내용으로 볼 때에 각 권의 분권(分卷)은 다른 기준을 찾기 어렵기 때문이다.

앞에서 옮겨본 {신편}〈월석〉의 제8권의 원문과 그를 새긴 정통 12년 의 〈월석〉 옥책을 비교하면 의외의 사실들이 발견된다. 모든 〈월석〉이 그러하지만 특히 〈월석〉 제8권은 〈월인〉과 〈석보〉를 합편하면서 쌍행 (雙行) 협주(夾註)를 많이 붙였다. 뿐만 아니라 협주의 협주가 거듭되어 현전하는 〈월석〉의 신편에서는 세 칸을 내려쓴 협주도 있다. 여기에서 생각지도 못한 오류가 발견된다.

4.1.2.4 주지하는 바와 같이 〈월석〉은 세종의 친제인 〈월인〉을 대두 (擡頭)하여 위 칸에 닿도록 새기고 그에 해당하는 〈석보〉를 한 칸 내려 서 써넣었다. 그리고 〈석보〉에서의 협주들은 본문 중에 쌍행으로 넣었 으나 〈월인〉과 〈석보〉를 합편하면서 새로 붙인 장문의 협주들은 쌍행 (雙行)으로 두 칸 내려서 삽입하였다.

또 이 협주의 협주를 붙여 세 칸을 내려쓴 것도 있고 또 〈월석〉의 본 문에서도 중간에 쌍행의 협주를 넣기도 하였다. 이렇게 복잡한 〈월석〉 을 옥간(玉簡)에 옮겨 새긴 불일사(佛日寺)의 승려(僧侶)들은 이러한 체재의 불경이 전혀 생소하였고 또 아직 새로 창제된 언문(諺文)에 익숙하지 않아서 많은 오류가 생겨났다.

우선 〈월석〉의 정통 12년 옥책에서 발견되는 오류는 크게 세 가지로 나눌 수 있다.

첫째는 오자(誤字)와 탈자(脫字), 탈구(脫句)를 들 수 있다. 그러나 오히려 오자는 적고 탈자와 탈구는 종종 보인다. 오자의 경우는 주로 방점(傍點)에서 보이는데 아마도 각수들은 성조(聲調)를 표시하는 방점을 잘 이해하지 못하고 다만 글자에 붙은 표시로 본 것 같다. 따라서 간혹 누락된 경우가 보인다.

둘째는 원문의 자의적인 삭제를 들 수 있다. 우선 〈월인〉의 각 장(章)은 한자의 숫자로 표시되었다. 〈월석〉에서도 같았는데 {신편}〈월석〉의 제8권에도 〈월인〉의 212~250장이 수록되어 표시되었으나 옥책에서는 이 숫자를 모두 삭제하였다. 왜 이를 삭제하였는지 이유를 알 수 없으나 각수들은 이를 불필요한 것으로 인식한 것 같다. 〈월석〉 제8권을 모두 충실하게 옮겨 새긴 것을 감안하면 이 장수(章數)의 숫자를 삭제한 것은 매우 이례적이다.

셋째의 오류는 쌍행 협주가 한 칸에 두 글자씩 두 줄로 쓰인 것을 이해하지 못하고 한 칸 두 자를 한 글자로 오해하여 이를 그대로 옮긴 것이다. 이것은 우선 각수들이 언문을 잘 이해하지 못하였기 때문에 생긴 일일 것이다. 물론 개중에는 언문을 제대로 이해하는 각수가 있어 쌍행 협주를 제대로 옮겨 새긴 것도 있지만 다수의 쌍행 협주들이 1칸 2자를 한 글자로 보아 많은 오류를 일으켰다.

넷째는 역시 쌍행 협주에서 일어난 오류인데 세종 때에 간행된 불경, 예를 들면 〈월석〉의 구권이나 〈석보〉, 〈월인〉은 판면에 계선(界線)이 거의 없거나 매우 흐리다. 따라서 한 행에 두 줄로 쓴 협주를 잘못 읽어 다음 행을 옮겨 읽는 오류가 적지 않게 보인다. 이들에 대해서는 다음에 상론하고자 한다.

4.1.2.5 앞에서 언급한 대로 〈석보〉와 〈월석〉에서는 본문의 어려운 불가(佛家)의 술어(術語)를 쌍행의 협주로 본문 안에서 설명하였는데 이러한 형태의 불경이 각수들에게는 매우 생소하였던 것 같다.

세조 때에 간행된 〈월석〉의 신편(新編)에서는 각 행의 계선(界線)이 분명하여 줄을 놓치는 일은 거의 없었다. 그러나 세종 때에 간행된 〈월인〉과 〈석보〉는 거의 계선(界線)이 보이지 않는다. 따라서 세종 때에 간행된 〈월석〉의 구권도 계선(界線)이 분명하지 않았을 것이다. 졸고(2020a)에서 세종 때의 구권 〈월석〉으로 판정한 바 있는 현전하는 〈월석〉 제4권도 후대의 목판 복각본이지만 제5장의 [사진 5-9, 5-10]에서 보이는 것처럼 계선이 분명하지 않다.

따라서 〈월석〉 구권의 제8권을 읽고 이를 옮겨 새긴 정통 12년의 옥책도 계선이 분명하지 않은 저본으로 인하여 옮겨 새길 때에 많은 고충이 따랐을 것이며 이로 인하여 많은 오류가 있었던 것으로 보인다. 이에 대하여는 다음 4.3.2.1~7에서 구체적으로 논의하려고 한다.

3) 옥책의 분권(分卷)과 그 의미

4.1.3.0 정통 12년의 〈월석〉 옥책은 모두 12권으로 나뉘었다. 그런데 이 분권(分卷)은 앞에서 언급한 것과 같이 전혀 내용과 관계없이 분량에 따라 나눈 것으로 보인다. 다만 1년을 12월로 나눈 것과 같이 〈월석〉 제8권을 권12로 나눈 것이 아닌가 한다. 왜냐하면 각 권은 29~30편의 옥간(玉簡)으로 되어서 1개월이 29일, 30일인 음력의 날짜에 맞춘 것으로 보이기 때문이다.

다만 권1, 6은 31편의 옥간으로 되었고 권2, 9, 10은 28편으로 되었고 권1은 31편으로 되어서 반드시 음력의 한 달인 29일, 30일에 맞추었다고 보기 어렵지만 30편과 29편이 압도적으로 많기 때문에 아무래도 기준은 29, 30편이었을 것이다. 또 편수(片數)가 적힌 옥간(玉簡)은 364편이지만 속표지를 빼고 나면 352편이 되는데 음력의 1년을 354일로 보기 때문에 아마도 이 날짜에 맞추려고 한 것이 아닌가 한다.

먼저 옥책의 권1은 〈월석〉 제8권의 1엽부터 12엽의 제1행 윗부분까지 옮겨 새긴 31편의 옥간(玉簡)으로 구성되었다. 그런데 옥책의 권1과 권2의 경계인 〈월석〉 제8권 12엽 앞의 첫 행 "르 마·초셔·며 ·닙·니·피 서르[1-30] 次·츠第·똉·로[2-1]"에서 '르 마·초셔·며 ·닙·니·피 서르'와 다음의 '次·츠第·똉·로'를 권1과 권2의 다른 권으로 나누어야 할 어떤 기준도 찾을 수 없다.

즉, 〈월석〉 옥책의 권1과 권2로 분권(分卷)이 된 {신편}〈월석〉의 12앞은 〈월인〉의 제212~219장과 그에 해당하는 〈석보〉를 옮긴 것으로 "[1-31] 그 摩尼ㅅ光이 百由旬을 비취여 百億 日月 모든 듯 ᄒ야 몯내 니르리라 이 寶樹들히 行列行列히 서르(11엽뒤) 마초 셔며 닙니피 서로 [2-2] 次第로 나고 닙 스싀예 고븐 곳들히 프고 곳 우희 七寶 여르미 여느 니닙마다 너븨와 길왜 다 스믈다숫 由旬이오그 니피 즈믄 비치오(12앞)"인데 여기서 '이 寶樹들히 行列行列히 서르 마초 셔며 닙니피 서로'를 끊어서 옥책에서는 권1의 마지막으로 하였다.

그리고 옥책의 권2는 다음의 "次第로 나고 닙 스싀예 고븐 곳들히 프고 곳 우희 七寶 여르미 여느 니닙마다 너븨와 길왜 다 스믈다숫 由旬이오그 니피 즈믄 비치오"에서 시작하였다. 따라서 이곳을 권1과 권2의 경계로 삼을 어떤 기준도 아직은 찾을 수가 없다. 권3도 권2가 〈월석〉 제8권의 20앞의 5행에서 끝나고 권3은 6행부터인데 이것도 내용으로 보아 따로 떼어놓을 수 없는 연결된 부분을 잘라서 옥책의 권3으로 한 것이다.

즉, 〈월석〉의 제8권 20앞은 역시 〈석보〉를 옮긴 부분으로 "[2-28] 十方애 무슴 조초 變化를 뵈야 佛事를 ᄒᆞᄂᆞ니 이 華座想이니 일후미 [3-2] 第七觀이라 華座ᄂᆞᆫ 곳 座ㅣ라"인데 이 가운데 '十方애 무슴 조초 變化를 뵈야 佛事를 ᄒᆞᄂᆞ니 이 華座想이니 일후미'를 옥책에서 권2의 끝으로 하고 권3은 '第七觀이라 華座ᄂᆞᆫ 곳 座ㅣ라'로부터 시작되게 하였다.

여기서도 역시 권2와 권3을 분권할 이유를 역시 알 수 없다. 이하의 권4와 권5, 그리고 나머지 권(卷)들의 분권도 왜 그곳에서 권을 나눠야 하는지 그 기준을 찾지 못하였다. 따라서 분량에 따라 나눈 것으로 보이며 각수들이 몇 엽(葉)씩 나누어 갖고 각자가 가진 엽수대로 옮겨 새긴 것 같다.

4.1.3.1 예를 들어 옥책의 권7과 권8의 분권은 더욱 자의적이다. 권7은 옥간(玉簡) 28편(片)에서 끝나는데 〈월석〉 제8권의 64뒤2행부터 시작하여 4행에서 끝난 다음 구절을 옮겨 새겼다.

:겨지·비 내 일[7-29]훔 듣고 淸청淨·쪙ᄒᆞ 信·신·ᄋᆞᆯ 得·득·하·야 [菩뽕提똉心심·ᄋᆞᆯ 發·벓·ᄒᆞ·야 後·ᅘᅮᆯ生싱·애 :겨지·븨 모·ᄆᆞᆯ 변]·리·디 :몯ᄒᆞ·면 正·졍覺·각 일·우·디 아·니·호·리이다.[셜·ᄒᆞ녀·스·셴·내 成쎵佛·뿛·ᄒᆞ·야 諸졍佛·뿛 나·랏 中듕·에 菩뽕薩·삻·이 내 일·훔 듣·고 修슣行·ᅘᆜᆼ·ᄒᆞ·야 [8-2] 菩뽕提똉·예 다ᄃᆞᆫ·디 :몯ᄒᆞ·면 正·졍覺·각 일·우·디 아·니·호·리이·다 셜·ᄒᆞ닐·구·벤·내 成쎵佛·뿛·ᄒᆞ·야 十씹方방菩뽕薩·삻·이 내 일·훔 듣·고 淸청淨·쪙ᄒᆞ 무ᅀᅮᆷ·ᄆᆞᆯ 發·벓ᄒᆞ·며 一·ᅙᅵᆯ切·쳉天텬人신·이 恭공敬·경·ᄒᆞ·야 禮·롕數·숭 아·니ᄒᆞ·면 正·졍覺·각 일·우·디 아·니·호·리이·다

옥책 권7의 마지막 29편은 이 가운데 "[菩뽕提똉心심·올 發·벓·ᄒ·야 後:훻生싱·애 :겨지·븨 ·모·들 빅]·리·디 :몯ᄒ·면 正·졍覺·각 일·우·디 아·니·ᄒ·리이다·셜·흔여·스·솅 ·내 成쎵佛·뿛·ᄒ·야 諸졍佛·뿛 나·랏 中듕·에 菩뽕薩·삻·이 내 일·훔"를 빼고 "듣·고 修슣行·ᄒᆢᆼ·ᄒ·야 [菩뽕提똉·예 다돌·디 :몯ᄒ·면] 正·졍覺·각 일·우·디 아·니·ᄒ·리이·다"만 새겼고 나머지는 권을 달리 하여 권8-2에 옮겼기 때문에 29편에는 1편(片)의 옥간(玉簡)에 불과 2행 의 쌍행 협주만을 옮겨 새겼다.[72]

[사진 4-1] 정통 12년 옥책의 권7-29편

권7에 옮겨 새긴 부분도 쌍행 협주여서 순서가 바뀌었고 일부 빠진 부분도 많다. 따라서 권7의 29편은 매우 여유가 있게 되었으나 그럼에 도 불구하고 여기서 권을 달리한 것이다. 아마도 말미에 '佛日寺 正統 十二年'이란 간기를 새겨 넣기 위하여 충분한 여백을 두기 위하여 분량 을 대폭 줄인 것으로 보인다.

이 협주를 여기서 끊어서 새 권으로 할 이유는 오로지 분량밖에 생각 할 수 없다. 보통 한 권이 겉표지 '월인석보(月印釋譜)'와 속표지 '월인천 강지곡석보상절(月印千江之曲釋譜詳節)'을 포함하여 31편 내외이므로 옥책의 권7도 31편의 옥간에 각자(刻字)하였으니 〈월석〉 제8권의 64뒤

---

72) 이 가운데 "[菩뽕提똉·예 다돌·디 :몯ᄒ·면]"은 권8-2의 첫 구절이 되었다.

4행에서 끝내고 이어서 옥책에서는 권8을 시작한 것은 어떤 다른 이유나 기준을 생각할 수 없다. 따라서 분량에 의하여 분권한 것으로 본다. 이를 모조한 다른 위작(僞作)들도 모두 이런 방식으로 권을 나눴다.

4.1.3.2 그렇다면 왜 이렇게 12권으로 나누었을까? 현재로서는 정확한 의미를 알 수 없고 아마도 전술한 바와 같이 12명의 각수들이 분담하는 분량에 의하여 그들이 나누어 가진 옥간(玉簡)의 수효에 따라 나눈 것으로 볼 수밖에 없다.

그래도 알 수 없는 것은 각 권의 옥간 수효가 일정하지 않고 분량도 들쭉날쭉하여 적거나 많거나 한다는 점이다. 다만 현전하는 〈월석〉 제8권은 세조 때의 신편(新編)이므로 정통 12년의 옥책에 적힌 것과는 차이가 있는 구권(舊卷)의 책일 것이다. 따라서 책의 엽차(葉次)가 동일하지 않을 것을 전제로 하여 다음과 같은 추정이 가능하다.

즉, 불일사(佛日寺)의 승려로 보이는 옥책의 각수(刻手)들이 구권(舊卷)의 엽수에 따라 각자 9엽 정도의 12로 나누고 다음에 각자 맡은 부분을 옥간(玉簡) 30편 내외에 새겨서 각자의 것을 한 권으로 하였다고 본다. 그렇지 않다면 현전하는 {신편}〈월석〉의 제8권으로는 왜 이런 분권이 가능한지, 그리고 왜 여기서 권을 나누었는지 전혀 알 길이 없기 때문이다.

갑자기 책의 중간을 띄워 옥간(玉簡)을 달리하여 적는다든지 아무런 구별이 없는 부분에서 권(卷)을 달리하는 것은 우리가 모르는 〈월석〉 제8권이 있었다고 볼 수밖에 없다. 다만 구권의 〈월석〉 제8권을 적당히 엽수대로 12로 나누고 이를 12인이 나누어 새긴 것으로 볼 수밖에 없다.

4.1.3.3 앞에 강조한 바와 같이 처음 보는 불서인 〈옥책〉을 옮겨 새길 때에 각수들은 새로 제정한 언문이나 훈민정음[73]을 과연 제대로 이해

하였을까 하는 것도 중요한 문제다. 앞에서 이 옥책이 정통 12년의 간기를 가졌으므로 언문(諺文)이 제정되어 훈민정음의 〈해례본〉이나 〈언해본〉으로 공표된 지 불과 1년도 안 되었을 때이므로 아마도 불일사(佛日寺)의 승려인 각수들은 이 문자를 제대로 이해하지 못하였다고 본다.[74]

그 증거로 〈월석〉 제8권을 옥책에 옮겨 새길 때에 큰 글자로 쓴 〈월인〉 부분이나 그다음 크기의 글자로 쓴 〈석보〉 부분은 거의 틀림없이 옮겨 적었다. 그러나 쌍행(雙行)의 협주(夾註)는 많이 틀리게 새겼다. 한 칸에 두 줄로 쓰는 쌍행의 협주 방식을 전혀 이해하지 못하고 두 줄로 된 협주이기 때문에 한 칸에 새긴 두 글자를 한 글자처럼 동시에 옮겨 새긴 경우가 다수 발견된다. 이런 일은 각수들이 새 문자를 이해하지 못하였음을 전제로 하는 것이다.

즉, 다음의 4.3.2.0~7에서 다시 논의하겠지만 쌍행의 협주는 앞의 〈석보〉에서 가져온 어려운 구절이나 단어에 대한 주석으로 두 줄로 쓰여서 한 칸에 두 글자씩 쓰였는데 옥책의 각수들은 이를 이해하지 못한 것 같다. 그리하여 한 칸에 두 글자로 쓴 것을 마치 한 칸에 한 글자로 잘못 알고 그대로 옮겨 새겼다. 이것은 옥책의 전편에 걸쳐 일어나서 필자로 하여금 이 각수들은 언문을 이해하지 못한 것으로 보게 한 것이다.

예를 들면 〈월석〉 제8권의 28뒤와 29앞, 뒤는 모두 쌍행의 협주를 옮

---

73) 필자는 諺文과 訓民正音, 正音을 구분한다. 언문은 우리말이나 우리 한자음을 적을 수 있는 문자이고 훈민정음은 동국정운식 한자음을 표음하는 데 쓰이는 기호이며 正音은 한자의 표준음, 즉 중국 漢語音을 표음할 때는 쓰는 기호이다. 이러한 구분에 대하여는 졸저(2015, 2019b)를 참조할 것.

74) 훈민정음의 공표로 보는 〈해례본〉의 간행이 세종 28년 9월이고 〈언해본〉도 같은 해 10월에 세상에 알려진 것으로 추정되므로 세종 28년 3월에 昇遐하신 昭憲王后의 1주기를 기념하기 위한 〈월석〉 옥책의 제작은 세종 29년 3월에 시작되어 그해 말에 완성되었을 것이다. 옥책의 正統 12년이란 간기가 그것을 말한다.

긴 것이다. 이를 여기에 보이면 다음과 같다.

제8권 28앞 말미

[부텻 ᄆᆞᅀᆞᆷ 大·땡慈쫑悲빙] :긔·니

28뒤 처음과 중간은 본문과 ( )안의 두 줄 협주가 다음과 같다.

1행   緣원 :업슨 慈쫑·로 衆·즁生ᄉᆡᆼ·올 거두자

2-1행   ᄇᆞ·시ᄂᆞ·니 {慈쫑ㅣ :세 가·지·니 ᄒᆞ나흔 衆

2-2행   ·즁生ᄉᆡᆼ緣원慈쫑ㅣ·니 ᅳ·힐

3-1행   切·체衆·즁生ᄉᆡᆼ·의게 브·튼 ᄆᆞᅀᆞᆷ :업수·디

3-2행   衆·즁生ᄉᆡᆼ·의게 自·쫑然션·히 利·링益·혁

4-1행   ·을 나·톨·씨·오 :둘흔 法·법緣원慈쫑ㅣ·니

4-2행   法·법 볼 ᄆᆞᅀᆞᆷ :업수·디 諸졍法·법·에 自·쫑

5-1행   然션·히 너·비 비·췰·씨·오[하략]}

그런데 옥책에는 이 협주를 다음과 같이 옮겨 새겼다.

옥책 권3-27

첫 행- :긔·니 緣원 :업슨 慈쫑·로 衆·즁生ᄉᆡᆼ·올 거두자ᄇᆞ·시ᄂᆞ·니

첫 행의 두 줄 협주 {慈쫑ㅣ :세 가·지·니 ᄒᆞ나흔 衆

          ·즁生ᄉᆡᆼ緣원慈쫑ㅣ·니 ᅳ·힐75)

둘째 행의 두 줄 협주 -

    切·체衆·즁生ᄉᆡᆼ·의게 브·튼 ᄆᆞᅀᆞᆷ :업수·디 ·을 나·톨·씨·오 :

    둘흔 法·법緣원

---

75) 옥책은 〈월석〉의 종이 책처럼 행을 칸으로 구별하지 않았다. [사진 3-8]과 [사진 4-2]에서 보
   이는 것처럼 〈월인〉과 〈석보〉 부분은 두 줄로, 협주는 네 줄로 각인하였다.

衆·즁生싱의게 自·쫑然션·히 利·링益·혁 法·법 볼 ᄆ음 :업수·디 諸졍法

이를 사진으로 보이면 다음의 [사진 4–2]의 왼쪽, 사진을 옆으로 뉘었으니 윗부분과 같다.

[사진 4–2] 〈월석〉 옥책의 권3–27편

따라서 이것을 그대로 읽으면 옥책의 권3–27편은 "[부텻 ᄆᅀᆞ·ᄆᆞᆫ 大·땡慈쫑悲빙] :긔·니 緣원 :업슨 慈쫑·로 衆·즁生싱·ᄋᆞᆯ 거두자ᄫᆞ·시ᄂᆞ·니"까지의 원문은 잘 옮겨 새겼으나 이어지는 쌍행 협주 "[慈쫑ㅣ :세 가·지·니 ᄒᆞ나흔 衆·즁生싱緣원慈쫑ㅣ니 一·잃切·쳬衆·즁生싱·의게 브·튼 ᄆᆞᆷ :업수·디 ·을 나·톨·씨·오 :둘흔 法·법緣원 衆·즁生싱의게 自·쫑然션·히 利·링益·혁 法·법 볼 ᄆᆞᆷ :업수·디 諸졍法)"라고 하여 전혀 의미를 알 수 없게 되었다.

이것은 쌍행 협주라 한 칸에 두 줄로 쓴 것을 이해하지 못하고 한 칸의 두 자를 한 글자로 옮겨 새긴 탓으로 일어난 잘못이다. 이에 대하여는 다음의 제4장 '3. 옥책에 보이는 여러 오류'에서 더 자세하게 고찰하기로 한다. 다만 쌍행의 협주를 잘못 이해한 일로부터 불일사의 승려(僧侶)로 보이는 옥책의 각수들이 새로 창제된 문자인 언문이나 훈민정음에 익숙하지 못하여 〈월석〉의 협주를 제대로 읽을 수 없었다고 판단한다.

또 협주에 협주를 덧붙이는 〈월석〉이란 불경도 잘 이해하지 못한 것으로 보았다. 그렇기 때문에 한 칸에 두 줄로 쓰인 협주를 이해하지 못하여 한 칸의 두 글자를 하나로 보아 그대로 옮긴 것이다. 이렇게 쌍행 협주를 한 칸에 두 글자를 한 자로 이해한 것은 세종 때에 간행된 〈월인〉과 〈석보〉가 계선(界線)이 명확하게 그어져 있지 않기 때문으로도 생각할 수 있다.

세조 때에 간행된 {신편}〈월석〉은 뚜렷한 계선(界線)이 보여서 이러한 쌍행 협주를 비교적 쉽게 이해할 수 있지만 아마도 {구권}〈월석〉의 제8권은 다른 세종 때의 〈월인〉이나 〈석보〉처럼 판면(板面)의 계선이 없거나 흐려서 이런 오류가 생긴 것으로 보인다. 아무튼 이것도 이 옥책을 폐기한 이유 중에 하나일 것이다.

4.1.3.4 그러면 정통 12년의 〈월석〉 옥책은 〈월석〉 제8권을 어떻게 옮겨 새겼을까? 지금으로서는 옥책에 옮겨 새긴 〈월석〉의 내용을 모두 전사하여 보일 수는 없다. 앞에서 언급한 이유대로 옥책에는 이미 마모되어 판독할 수 없는 부분이 적지 않게 있고 일부 옥간(玉簡)은 망실되기도 하였으며 또 몇몇 옥편(玉片)은 필자가 사진으로도 볼 수 없기 때문이다.

그러나 다음 옥간의 내용으로 유추할 수 있는데 이를 정리하여 보기로 한다. 다만 앞의 4.1.2.2에서 살펴본 바와 같이 옥책의 매권 1편은 '월인천강지곡석보상절(月印千江之曲釋譜詳節)'이라 새긴 속표지에 해당되므로 매권의 본문은 2편부터 시작된다. 다음에 보인 옥책의 내용은 정통 12년 〈월석〉 옥책의 각 엽(葉)과 행을 숫자로 표시한 것이다.

{신편}〈월석〉의 엽수를 말하는 숫자를 맨 앞에 제시하고 다음에 앞, 뒤를 표시한 다음에 행수를 역시 숫자로 보였다. 앞, 뒤는 한 엽(葉)의 앞면과 뒷면을 말한다. 즉 '1앞 4'는 제8권 제1엽의 앞면 4행에서 시작하거나 끝났다는 뜻이다. 따라서 정통 12년의 〈월석〉 옥책은 〈월석〉의 제8

권을 다음과 같이 옮겨 새겼다.

옥책 권1

권1-2편- 1앞4 ~ 1뒤3 권1-3편- 1뒤4 ~ 2앞3

권1-4편- 2앞3 ~ 2뒤1 권1-5편- 2뒤3 ~ 3앞5

권1-6편- 3앞6 ~ 3뒤5 권1-7편- 3뒤6 ~ 4앞5

권1-8편- 4앞6 ~ 4뒤4 권1-9편- 4뒤4 ~ 5앞2

권1-10편- 5앞2 ~ 5앞7 권1-11편- 5앞7 ~ 5뒤5

권1-12편- 5뒤5 ~ 6앞2 권1-13편- 6앞2 ~ 6앞7

권1-14편- 6앞7 ~ 6뒤5 권1-15편- 6뒤5 ~ 7앞2

권1-16편- 7앞3 ~ 7앞7 권1-17편- 7앞7 ~ 7뒤4

권1-18편- 7뒤4 ~ 8앞1 권1-19편- 8앞1 ~ 8앞5

권1-20편- 8앞5 ~ 8뒤2 권1-21편- 8뒤2 ~ 8뒤5

권1-22편- 8뒤6 ~ 9앞2 권1-23편- 9앞2 ~ 9뒤1

권1-24편- 9뒤1 ~ 9뒤6 권1-25편- 9뒤6 ~ 10앞5

권1-26편- 10앞5 ~ 10뒤2 권1-27편- 10뒤2 ~ 10뒤6

권1-28편- 10뒤6 ~ 11앞3 권1-29편- 11앞3 ~ 11뒤1

권1-30편- 11뒤1 ~ 11뒤6[76)] 권1-31편- 11뒤 ~ 11뒤끝(?)

옥책 권2

권2-2편- 12앞1 ~ 12앞6 권2-3편- 12앞6 ~ 12뒤4

권2-4편- 12뒤4 ~ 13앞2 권2-5편- 13앞2 ~ 13앞7

권2-6편- 13앞7 ~ 13뒤5 권2-7편- 13뒤5 ~ 14앞6

권2-8편- 14앞2 ~ 14앞7 권2-9편- 14앞7 ~ 14뒤5

권2-10편- 14뒤5 ~ 15앞2 권2-11편- 15앞3 ~ 15앞7

---

76) 이 옥편 권1-30, 31편은 후에 확인함.

권2-12편- 15뒤7 ~ 15뒤5　　　권2-13편- 15뒤5 ~ 16앞2

권2-14편- 16앞2 ~ 16앞6　　　권2-15편- 16앞6 ~ 16뒤2

권2-16편- 16뒤3 ~ 16뒤6　　　권2-17편- 16뒤6 ~ 17앞2

권2-18편- 17앞2 ~ 17앞7　　　권2-19편- 17앞7 ~ 17뒤4

권2-20편- 17뒤4 ~ 18앞1　　　권2-21편- 18앞1 ~ 18앞5

권2-22편- 18앞6 ~ 18뒤3　　　권2-23편- 18뒤3 ~ 18뒤7

권2-24편- 19앞1 ~ 19앞4　　　권2-25편- 19앞4 ~ 19뒤2

권2-26편- 19뒤2 ~ 19뒤7　　　권2-27편- 19뒤7 ~ 20앞4

권2-28편- 20앞5 ~ 20앞5　　　佛日寺 正統 十二年

옥책 권3

권3-2편- 20앞5 ~ 20뒤2　　　권3-3편- 20뒤2 ~ 20뒤6

권3-4편- 20뒤6 ~ 21앞4　　　권3-5편- 21앞4 ~ 21뒤2

권3-6편- 21뒤2 ~ 21뒤6　　　권3-7편- 21뒤6 ~ 22앞4

권3-8편- 22앞4 ~ 22뒤2　　　권3-9편- 22뒤2 ~ 22뒤7

권3-10편- 22뒤7 ~ 23앞4　　　권3-11편- 23앞4 ~ 23뒤3

권3-12편- 23뒤3 ~ 23뒤7　　　권3-13편- 24앞1 ~ 24앞5

권3-14편- 24앞5~ 24뒤2　　　권3-15편- 24뒤3 ~ 24뒤5

권3-16편- 24뒤6 ~ 25앞3　　　권3-17편- 25앞3 ~ 25앞6

권3-18편- 25앞6 ~ 25뒤3　　　권3-19편- 25뒤3 ~ 26앞1

권3-20편- 26앞1 ~ 26앞6　　　권3-21편- 26앞6 ~ 26뒤4

권3-22편- 26뒤4 ~ 27앞2　　　권3-23편- 27앞2 ~ 27앞7

권3-24편- 27뒤1 ~ 27뒤6　　　권3-25편- 27뒤6 ~ 28앞3

권3-26편- 28앞3 ~ 28앞7　　　권3-27편- 28앞7 ~ 28뒤4

권3-28편- 28뒤4 ~ 28뒤7　　　권3-29편- 29앞1 ~ 29앞4

권3-30편- 29앞4 ~ 29앞6　　　佛日寺 正統 十二年

옥책 권4

권4-2편- 29앞6 ~ 29뒤2	권4-3편- 29뒤2 ~ 29뒤6
권4-4편- 29뒤5 ~ 30앞2	권4-5편- 30앞2 ~ 30앞5
권4-6편- 30앞6 ~ 30뒤3	권4-7편- 30뒤3 ~ 30뒤7
권4-8편- 31앞1 ~ 31앞4	권4-9편- 31앞4 ~ 30뒤1
권4-10편- 31뒤1 ~ 31뒤4	권4-11편- 31뒤4 ~ 32앞1
권4-12편- 32앞1 ~ 32앞5	권4-13편- 32앞5 ~ 32뒤3
권4-14편- 32뒤3 ~ 33앞1	권4-15편- 33앞1 ~ 33앞5
권4-16편- 33앞5 ~ 33뒤3	권4-17편- 33뒤3 ~ 33뒤7
권4-18편- 33뒤7 ~ 34앞7	권4-19편- 34앞7 ~ 34뒤5
권4-20편- 34뒤1 ~ 35앞4	권4-21편- 35앞4 ~ 35뒤2
권4-22편- 35뒤2 ~ 35뒤7	권4-22편- 35뒤7 ~ 35뒤7
권4-23편- 35뒤7 ~ 36앞5	권4-24편- 36앞5 ~ 36뒤3
권4-25편- 36뒤3 ~ 36뒤7	권4-26편- 36뒤7 ~ 37앞5
권4-27편- 37앞5 ~ 37뒤2	권4-28편- 37뒤2 ~ 37앞7
권4-29편- 37뒤7 ~ 38앞3	佛日寺 正統 十二年

옥책 권5

권5-2편- 38앞3 ~ 38뒤2,	권5-3편- 38뒤2 ~ 38뒤7
권5-4편- 38뒤7 ~ 39앞4	권5-5편- 39앞4 ~ 39뒤3
권5-6편- 39뒤3 ~ 40앞1	권5-7편- 40앞1 ~ 40앞6
권5-8편- 40앞6 ~ 40뒤3	권5-9편- 40뒤3 ~ 41앞2
권5-10편- 41앞2 ~ 41앞7	권5-11편- 41앞7 ~ 41뒤5
권5-12편- 41뒤5 ~ 42앞3	권5-13편- 42앞3 ~ 42뒤1
권5-14편- 42뒤1 ~ 42뒤5	권5-15편- 42뒤5 ~ 43앞2
권5-16편- 43앞2 ~ 43앞5	권5-17편- 43앞5 ~ 43뒤2
권5-18편- 43뒤2 ~ 43뒤5	권5-19편- 43뒤5 ~ 44앞3
권5-20편- 44앞3 ~ 44뒤1	권5-21편- 44뒤2 ~ 44뒤6

권5-22편- 44뒤6 ~ 45앞3	권5-23편- 45앞4 ~ 45뒤1
권5-24편- 45뒤2 ~ 45뒤6	권5-25편- 45뒤7 ~ 46앞4
권5-26편- 46앞4 ~ 46뒤2	권5-27편- 46뒤2 ~ 46뒤7
권5-28편- 46뒤7 ~ 47앞4	권5-29편- 47앞4 ~ 47뒤1
권5-30편- 47뒤1 ~ 47뒤7	佛日寺 正統 十二年

옥책 권6

권6-2편- 47뒤7 ~ 48앞6	권6-3편- 48앞6 ~ 48뒤4
권6-4편- 48뒤4 ~ 49앞2	권6-5편- 49뒤2 ~ 49앞6
권6-6편- 49앞6 ~ 49뒤3	권6-7편- 49뒤3 ~ 49뒤7
권6-8편- 49뒤7 ~ 50앞5	권6-9편- 50앞5 ~ 50뒤3
권6-10편- 50뒤3 ~ 51앞2	권6-11편- 51앞2 ~ 51앞6
권6-12편- 51앞6 ~ 51뒤3	권6-13편- 51뒤3 ~ 52앞1
권6-14편- 52앞1 ~ 52앞6	권6-15편- 52앞6 ~ 52뒤3
권6-16편- 52뒤3 ~ 52뒤7	권6-17편- 52뒤7 ~ 53앞5
권6-18편- 53앞5 ~ 53뒤3	권6-19편- 53뒤3 ~ 53뒤7
권6-20편- 53뒤7 ~ 54앞4	권6-21편- 54앞4 ~ 54뒤2
권6-22편- 54뒤2 ~ 54뒤6	권6-23편- 54뒤7 ~ 55앞5
권6-24편- 55뒤5 ~ 55뒤2	권6-25편- 55뒤2 ~ 55뒤7
권6-26편- 55뒤7 ~ 56앞5	권6-27편- 56앞5 ~ 56뒤3
권6-28편- 56뒤3 ~ 56뒤7	권6-29편- 56뒤7 ~ 57앞4
권6-30편- 57앞4 ~ 57앞7	佛日寺 正統 十二年

옥책 권7

권7-2편- 57뒤1 ~ 57뒤6	권7-3편- 57뒤6 ~ 58앞4
권7-4편- 58앞4 ~ 58뒤1	권7-5편- 58뒤1 ~ 58뒤6
권7-6편- 58뒤6 ~ 59앞3	권7-7편- 59앞4 ~ 59앞7
권7-8편- 59앞7 ~ 59뒤?	권7-9편- 59뒤? ~ 59뒤7

권7-10편- 59뒤7 ~ 60앞4 | 권7-11편- 60앞4 ~ 60앞7

권7-12편- 60앞7 ~ 60뒤4 | 권7-13편- 60뒤4 ~ 60뒤7

권7-14편- 60뒤7 ~ 61앞3 | 권7-15편- 61앞3 ~ 61앞7

권7-16편- 61앞7 ~ 61뒤3 | 권7-17편- 61뒤3 ~ 61뒤6

권7-18편- 61뒤7 ~ 62앞3 | 권7-19편- 62앞3 ~ 62앞6

권7-20편- 62앞6 ~ 62뒤3 | 권7-21편- 62뒤3 ~ 62뒤6

권7-22편- 62뒤6 ~ 63앞2 | 권7-23편- 63앞2 ~ 63앞6

권7-24편- 63앞6 ~ 63뒤2 | 권7-25편- 63뒤2 ~ 63뒤6

권7-26편- 63뒤6 ~ 64앞2 | 권7-27편- 64앞2 ~ 64앞6

권7-28편- 64뒤2 ~ 64앞6 | 권7-29편- 64뒤2 ~ 64뒤5

몇 행이 빠짐. 佛日寺 正統 十二年

옥책 권8

권8-2편- 64뒤5 ~ 65앞1 | 권8-3편- 65앞2 ~ 65앞5

권8-4편- 65앞5 ~ 65뒤2 | 권8-5편- 65뒤2 ~ 65뒤5

권8-6편- 65뒤5 ~ 66앞2 | 권8-7편- 66앞2 ~ 66앞5

권8-8편- 66앞6 ~ 66뒤2 | 권8-9편- 66뒤2 ~ 66뒤5

권8-10편- 66뒤5 ~ 67앞2 | 권8-11편- 67앞2 ~ 67앞6

권8-12편- 67앞6 ~ 67뒤2 | 권8-13편- 67뒤2 ~ 67뒤6

권8-14편- 67뒤6 ~ 68앞3 | 권8-15편- 68앞3 ~ 68앞6

권8-16편- 68앞6 ~ 68뒤3 | 권8-17편- 68뒤3 ~ 68뒤6

권8-18편- 68뒤6 ~ 69앞3 | 권8-19편- 69앞3 ~ 69뒤1

권8-20편- 69뒤1 ~ 69뒤5 | 권8-21편- 69뒤6 ~ 70앞3

권8-22편- 70앞3 ~ 70앞7 | 권8-23편- 70앞7 ~ 70뒤4

권8-24편- 70뒤4 ~ 71앞2 | 권8-25편- 71앞2 ~ 71앞6

권8-26편- 71앞6 ~ 71뒤3 | 권8-27편- 71뒤3 ~ 72앞1

권8-28편- 72앞1 ~ 72앞6 | 권8-29편- 72앞6 ~ 72뒤3

권8-30편- 72뒤3 ~ 72뒤6 | 佛日寺 正統十二年

옥책 권9

권9-2편- 72뒤6 ~ 73앞4	권9-3편- 73앞4 ~ 73뒤1
권9-4편- 73뒤1 ~ 73뒤6	권9-5편- 73뒤6 ~ 74앞3
권9-6편- 74앞4 ~ 74앞7	권9-7편- 74앞7 ~ 74뒤4
권9-8편- 74뒤4 ~ 75앞2	권9-9편- 75앞2 ~ 75앞6
권9-10편- 75앞6 ~ 75뒤3	권9-11편- 75뒤3 ~ 75뒤7
권9-12편- 76앞1 ~ 76앞5	권9-13편- 76앞5 ~ 76뒤2
권9-14편- 76뒤2 ~ 76뒤7	권9-15편- 76뒤7 ~ 77앞5
권9-16편- 77앞5 ~ 77뒤6	권9-17편- 77뒤6 ~ 78앞6
권9-18편- 78앞7 ~ 78뒤6	권9-19편- 78뒤7 ~ 79앞7
권9-20편- 79앞7 ~ 79뒤6	권9-21편- 79뒤6 ~ 80앞5
권9-22편- 80앞5 ~ 80뒤4	권9-23편- 80뒤4 ~ 81앞2
권9-24편- 81앞4 ~ 81뒤1	권9-25편- 81뒤1 ~ 82앞2
권9-26편- 82앞2 ~ 82뒤1	권9-27편- 82뒤2 ~ 83앞1
권9-28편- 83앞1 ~ 83앞2	佛日寺 正統十二年

옥책 권10

권10-2편- 83앞4 ~ 83뒤2	권10-3편- 83뒤2 ~ 83뒤7
권10-4편- 83뒤7 ~ 84앞5	권10-5편- 84앞5 ~ 84뒤4
권10-6편- 84뒤4 ~ 85앞2	권10-7편- 85앞2 ~ 85뒤2
권10-8편- 85뒤3 ~ 86앞1	권10-9편- 86앞1 ~ 86앞6
권10-10편- 86앞6 ~ 86뒤4	권10-11편- 86뒤4 ~ 87앞3
권10-12편- 87앞3 ~ 87뒤1	권10-13편- 87뒤1 ~ 87뒤6
권10-14편- 87뒤6 ~ 88앞4	권10-15편- 88앞4 ~ 88뒤4
권10-16편- 88뒤4 ~ 89앞4	권10-17편- 89앞4 ~ 89뒤4
권10-18편- 89뒤4 ~ 89뒤7	권10-19편- 89뒤7 ~ 90앞3
권10-20편- 90앞3 ~ 90앞6	권10-21편- 90앞6 ~ 90뒤2
권10-22편- 90뒤2 ~ 90뒤5	권10-23편- 90뒤5 ~ 91앞1

권10-24편- 91앞1 ~ 91앞4   권10-25편- 91앞4 ~ 91앞7

권10-26편- 91뒤1 ~ 91뒤4   권10-27편- 91뒤4 ~ 91뒤6

권10-28편- 91뒤6 ~ 91뒤7?   이 옥편은 사진에 없음

옥책 권11

권11-2편- 92앞1 ~ 92앞4   권11-3편- 92앞4 ~ 92앞7

권11-4편- 92앞7 ~ 92뒤3   권11-5편- 92뒤3 ~ 92뒤6

권11-6편- 92뒤6 ~ 93앞2   권11-7편- 93앞2 ~ 93앞5

권11-8편- 93앞6 ~ 93뒤2   권11-9편- 93뒤2 ~ 93뒤5

권11-10편- 93뒤5 ~ 94앞1   권11-11편- 94앞1 ~ 94앞4

권11-12편- 94앞4 ~ 94앞7   권11-13편- 94뒤1 ~ 94뒤4

권11-14편- 94뒤4 ~ 94뒤7   권11-15편- 94뒤7 ~ 95앞3

권11-16편- 95앞3 ~ 95앞6   권11-17편- 95앞6 ~ 95뒤2

권11-18편- 95뒤2 ~ 95뒤5   권11-19편- 95뒤5 ~ 96앞1

권11-20편- 96앞2 ~ 96앞5   권11-21편- 96앞5 ~ 96뒤2

권11-22편- 96뒤2 ~ 96뒤6   권11-23편- 96뒤6 ~ 97앞2

권11-24편- 97앞2 ~ 97앞5   권11-25편- 97앞5 ~ 97뒤1

권11-26편- 97뒤1 ~ 97뒤5   권11-27편- 97뒤5 ~ 98앞1

권11-28편- 98앞1 ~ 98앞4   권11-29편- 98앞4 ~ 98앞6

佛日寺 正統十二年

옥책 권12

권12-2편- 98앞6 ~ 98뒤3   권12-3편- 98뒤3 ~ 98뒤6

권12-4편- 98뒤6 ~ 99앞2   권12-5편- 99앞2 ~ 99앞5

권12-6편- 99앞5 ~ 99뒤1   권12-7편- 99뒤1 ~ 99뒤4

권12-8편- 99뒤4 ~ 99뒤7?   권12-9편- 100앞1 ~ 100앞4?

권12-10편- 100앞4? ~ 100앞6   권12-11편- 100앞6 ~ 100뒤6

권12-12편- 100뒤6 ~ 101앞2   권12-13편- 101앞2 ~ 101앞5

권12-14편- 101앞5 ~ 101앞5   권12-15편- 101앞5 ~ 101뒤1

권12-16편- 101뒤1 ~ 101뒤4   권12-17편- 101뒤4 ~ 101뒤7

권12-18편- 101뒤7 ~ 102앞3   권12-19편- 102앞3 ~ 102앞6

권12-20편- 102앞6 ~ 102뒤2   권12-21편- 102뒤3 ~ 102뒤5

권12-22편- 102뒤(6[77]) ~ 103앞2 권12-23편- 103앞2 ~ 103앞5

권12-24편- 103앞5 ~ 103뒤1   권12-25편- 103뒤1 ~ 103뒤4

권12-26편- 103뒤4 ~ 103뒤7   권12-27편- 103뒤7 ~ 104앞3

권12-28편- 104앞3 ~ 104앞6   권12-29편- 104앞6 ~ 104앞6

佛日寺 正統十二年 終[78]

이상의 정통 12년 〈월석〉 옥책의 권1~12를 살펴보면 비록 몇 구절을 빼놓고 새기거나 명문(銘文)에 오자와 탈자가 없지는 않지만 〈월석〉 제8권을 정성스럽게 옮겨 새겼다. 다만 12권으로 나눈 것이라든지 분권하는 옥책 각 권의 마지막 옥간(玉簡)은 다른 편(片)에 비하여 분량을 적게 하여 '佛日寺 正統 十二年'이란 간기를 넣은 특징이 있다.

대부분의 최종 옥편(玉片)은 마모가 심하여 해독이 어려운 경우가 많다. 그리하여 필자는 매권 '佛日寺 正統 十二年'의 간기를 넣었을 것으로 추정하였지만 모두 확인한 것은 아니다. 마지막 12권의 말미에는 '佛日寺 正統十二年 終'이라 하여 끝났음을 의미하는 '종(終)'을 첨가하였다. 이것으로 〈월석〉 옥책이 끝났음을 말한 것이다.

---

77) 〈월석〉 권8의 102뒤6의 전반부가 누락되었음.

78) ?를 붙인 것은 해당 玉片을 필자가 볼 수 없어서 확인할 수 없음을 표시한 것이다.

2. 정통 12년의 옥책으로 본 〈월인석보〉의 구권

4.2.0.1 정통 12년의 간기를 가진 〈월석〉의 옥책은 앞에서 언급한 대로 〈월석〉의 제8권을 처음부터 끝까지 옮겨 새겼다. 간혹 탈자(脫字), 탈구(脫句)도 보이고 오자도 보이지만 제법 성실하게 전문을 옮겼다고 본다. 왜냐하면 다른 위작(僞作)들은 대부분 중간에서 끝냈기 때문이다.

언문이 창제되고 나서 필자의 주장대로라면 언해된 불서(佛書)로는 최초로 간행된 〈월석〉은 아무리 불경에 익숙한 불자(佛子)들이라도 생소하기 이를 데 없었을 것이다. 즉, 현전하는 {신편}〈월석〉을 보면 월인부(月印部)는 각 장(章)의 번호와 함께 가장 큰 문자로 인쇄되었고 이어서 그에 해당하는 석보부(釋譜部)는 조금 작은, 그래도 큰 글자로 인쇄되었다.

그리고 그에 대한 협주(夾註)는 쌍행(雙行)으로 작은 글자로 인쇄되었을 뿐만 아니라 어떤 것은 두 칸 내려쓰거나 협주의 협주는 세 칸을 내려 썼다. 〈월석〉의 월인부는 세종인 금상(今上)의 글이라 대두(擡頭)되어 각 엽의 가장 높게 쓰였고 석보부는 한 칸 내려 적었는데 협주는 다시 한 칸을 내리고 또 협주의 협주는 또다시 한 칸을 내려쓴 것이다. 그리하여 세 칸이나 내려쓴 협주들이 있다.

이러한 형식은 세종 생존 시에 간행된 〈월석〉의 구권에서 조판(組版)한 판식이지만 세조 때에 간행한 신편에서도 이를 그대로 추종하였다. 〈월석〉에서 협주(夾註)는 〈월인〉이나 〈석보〉의 본문에 들어있는 불가(佛家)의 술어를 풀이하는 경우가 대부분이다. 즉, 현전하는 {신편}〈월석〉을 보면 불가의 술어를 본문에 넣어 설명한 경우도 있지만 대부분은 따로 떼어 두 줄로 설명한 경우가 많다. 쌍행의 협주도 본문 안에서 이루어지는 경우도 있고 줄을 바꿔서 따로 설명한 경우도 있다.

협주를 개행(改行), 즉 줄을 바꾸었을 경우에는 두 칸을 내려썼다. 따라서 이미 한 칸을 내려쓴 〈석보〉에 비하여 협주는 두 칸을 내려써야 하고 또 협주의 협주인 경우에는 세 칸을 내려써야 하는 경우도 있다. 따라서 대자(大字)로 대두(擡頭)하여 쓴 〈월석〉의 월인부와 이보다 작지만 그래도 중자(中字)로 쓰인 석보부가 한 칸 내려서 실렸고 협주는 해당 부분에 작은 소자(小字)로 두 줄로 싣거나 개행하여 두 칸 또는 세 칸을 내려썼다.

4.2.0.2 이와 같은 복잡한 형식의 협주를 불일사의 승려로 볼 수밖에 없는 각수들이 제대로 이해하기 어려웠을 것이다. 거기다가 세종 때에 간행된 〈월석〉 구권의 경우에는 한 행을 표시해준 계선(界線)이 분명하지 않아 대부분의 각수들이 각 행을 구별하여 두 줄로 쓰인 협주를 정확하게 파악하기가 어려웠을 것이다.

뿐만 아니라 한자의 발음은 훈민정음으로 작은 글자로 각 한자의 오른쪽 아래에 붙여 썼다. 각 자마다 성조(聲調)를 표시하는 방점(傍點)도 붙어 있어 당시 우리말의 성조를 이해하여야 이 방점의 표기를 제대로 새길 수가 있었으나 각수들은 이를 이해하기도 어려웠을 것이다. 복잡한 형식의 새 글자의 표기 체계를 정확하게 익혀야 이 불서를 이해하고 제대로 읽을 수가 있고 옮겨 새길 수가 있었기 때문이다.

이러한 형식의 불경을 한 번도 본 적이 없는 각수(刻手)들은 이것을 귀중한 옥간(玉簡)에 새길 때에 매우 힘들었을 것임은 쉽게 추측할 수 있다. 불일사(佛日寺)의 승려(僧侶)였던 각수들은 창제가 된 지 1년도 안 된 새 문자 언문을 이해하지 못했거나 이해했어도 아주 미숙한 상태였을 것이다. 따라서 그들이 〈월석〉 제8권을 옥간(玉簡)에 새겨 옥책을 만들 때에 많은 실수가 있었다. 그리하여 결국 이 옥책은 가마솥에 넣어 폐기하기에 이른다.

1) 〈월석〉, 그리고 〈월인〉과 〈석보〉

4.2.1.0 다음은 먼저 옥책에 옮겨 새긴 〈월석〉 제8권은 어떻게 입력되었는지 실펴보기에 앞서서 〈월석〉과 〈월인〉, 〈석보〉의 상호 관계를 먼저 고찰하기로 한다. 앞에서 언급한 대로 정통 12년의 〈월석〉 옥책은 〈월석〉 제8권, 즉 '월인천강지곡(月印千江之曲) 제팔(第八), 석보상절(釋譜詳節) 제팔(第八)'을 364개의 옥간(玉簡)에 옮겨 새긴 것이다.

필자가 실물을 보고 감정한 대부분의 위작(僞作)들이 현전하는 {신편}〈월석〉을 그대로 옮겨 새겼으나 정통 12년의 옥책은 현전하는 〈월석〉 제8권을 그대로 옮겨 새긴 것이 아니다. 〈월인〉의 장수(章數)를 모두 없앴고 모두 권12로 나누었다. 그런데 앞의 4.1.3.0에서 언급한 대로 현전하는 〈월석〉 제8권으로는 이 옥책을 분권하는 기준을 찾을 수가 없다.

즉, 옥간(玉簡)에 여유가 있음에도 중도에서 끝내고 새로운 권(卷)으로 한 이유를 알 수 없어서 다른 판본을 보고 옮겨 새긴 것으로 추정하였다. 따라서 현전하는 〈월석〉의 제8권은 그 판본이 비록 초간본이더라도 세조 때에 간행된 신편(新編)이었으므로 세종 때 간행된 〈월석〉 제8권의 구권과 적어도 엽차(葉次)는 달랐던 것으로 보인다.

물론 졸고(2020a)와 본서의 제5장에서 살펴본 바와 같이 현전하는 〈월석〉 가운데는 제4권과 같이 세종 때의 구권(舊卷)으로 보이는 판본도 있지만 오늘날 전해지는 〈월석〉의 대부분은 세조 때에 간행된 신편(新編)의 목판본이다. 따라서 신편과 비교하여 구권을 이해하려면 〈월석〉과 〈월인〉, 〈석보〉의 체재를 구별하여야 한다. 다음은 이에 대하여 고찰하기로 한다.

4.2.1.1 〈월인〉과 〈석보〉의 가장 중요한 차이는 〈월인〉이 오른쪽에 훈민정음의 동국정운식 한자음을 먼저 주음(注音)하고 왼쪽에 한자를

기입한 반면에 〈석보〉는 그 반대로 한 점이다. 〈월인〉이 한글 주음을 우선하고 한자를 그 아래에 쓴 것이라면 〈석보〉는 한자를 먼저 쓰고 그 발음을 다음에 쓴 것이다.

즉, 〈월인〉이 한자의 한글 주음을 우선한 것이라면 〈석보〉와 〈월석〉에서는 한자와 그 발음을 반대로 한 것이다. 이것이 세종이 가진 새 문자에 대한 인식과 동궁 및 수양대군을 비롯한 가족들과의 차이라고 본다. 본서의 다음 제5장에서 살펴본 바와 같이 세종은 원래 한자음의 표기를 위하여 훈민정음을 제정하였다. 따라서 그가 저술한 〈월인〉에서는 훈민정음을 먼저 쓰고 다음에 한자를 쓴 것이다.

그러나 세종의 둘째따님인 정의(貞懿) 공주가 변음토착(變音吐着)을 해결한 후에 훈민정음으로 우리말을 전면적으로 표기하도록 발전하였다. 그리하여 신미(信眉) 대사가 우리말 표기에 절대로 필요한 모음의 글자, 즉 중성자(中聲字)로 11자를 첨가한 다음에 수양(首陽) 대군과 신미(信眉), 김수온(金守溫)을 시켜서 〈증수석가보(增修釋迦譜)〉를 언해하고 이를 이 글자로 적도록 하였다.

세종이 새로 제정한 문자로 우리말을 표기할 수 있는지 시험하기 위하여 이 〈증수석가보〉를 우리말로 언해하고 이를 새로 제정한 글자로 적도록 한 것이 바로 『석보상절(釋譜詳節)』, 즉 〈석보〉다. 그리고 세종이 〈석보〉를 읽고 석가에 대한 찬불가를 지으면서 새 문자의 사용을 스스로 검증한 것이 『월인천강지곡(月印千江之曲)』, 즉 〈월인〉이다.

따라서 〈석보〉와 〈월인〉은 언문(諺文)으로 쓰인 최초의 문헌이라고 볼 수 있으나 이 둘을 합편하여 『월인석보(月印釋譜)』, 즉 〈월석〉을 먼저 간행하였으니 이렇게 보면 〈월석〉이야말로 언문으로 써서 간행한 최초의 문헌이라고 할 수 있다.

[사진 4-3] 〈월인천강지곡〉 상권(上卷) 1엽

　종래에 『용비어천가(龍飛御天歌)』(이하 〈용가〉로 약칭)의 국문가사에서 먼저 새 문자를 시험하였다는 통설을 졸고(2019a)에서 여러 증거를 들어 부정하였다. 세종 27년에 제진(製進)된 〈용가〉는 조국(肇國)을 찬양한 한시가 미처 언해되지 않았기 때문에 이때에 제진된 〈용가〉는 국문가사가 없는 한문만으로 된 판본이라고 보았다.79)

　세종은 〈증수석가보〉를 언해하여 〈석보〉를 편찬하면서 언해된 내용을 새로 창제한 문자로 쓰게 하고 자신도 〈월인〉을 지으면서 이를 확인하였다고 졸고(2013)에서 주장하였다. 〈월인〉은 세종이 새 문자에 대한 검증이어서 먼저 한자음을 새 문자로 적고 그리고 다음에 해당 한자를 적은 것이다. 이때의 한자음은 동국정운식 한자음이며 이것이 백성들에게 가르쳐야 할 한자음, 즉 훈민정음(訓民正音)이었기 때문이다.

　반면에 〈석보〉는 〈증수석가보〉를 언해하여 새 문자로 표기하는 일이

---

79)　세종 28년 9월에 훈민정음 〈해례본〉이 간행되기 이전 세종 27년 4월에 製進된 〈용가〉는 국문가사가 들어있지 않은 한문본이었다. 왜냐하면 이때에 〈용가〉를 저술한 權踶, 安止, 鄭麟趾의 3인은 정인지만 빼고 세종의 새 문자 제정에 전혀 관여하지 않은 사람들이다. 따라서 그들은 조선의 肇國을 찬양하는 漢詩만을 지었고 세종 29년에 崔恒 등이 〈용가〉를 註解할 때에 肇國을 찬양한 漢詩를 언해하여 덧붙였다(졸고, 2019a).

기 때문에 군이 새 문자를 검증할 의도가 없어 한자 다음에 그 발음을 훈민정음으로 적고 우리말은 언문으로 표기하였다. 앞에서 언급한 대로 세종과 그 신하들의 새 문자에 대한 인식의 차이를 보여준 것이다. 또 이렇게 보지 않으면 한자음 표기에서 〈월인〉과 〈석보〉, 〈월석〉의 상반된 태도를 이해할 수 없다.

당시 이미 신숙주(申叔舟), 성삼문(成三問) 등 집현전의 젊은 학자들에 의하여 『동국정운(東國正韻)』(이하 〈동국정운〉)이 편찬되고 있어서 한자음 표기에는 그들의 도움을 받았으며 구결과 토를 새 문자로 표음하여 '변음토착(變音吐着)'을 해결한 정의(貞懿) 공주나 중성자(中聲字), 즉 모음자를 추가한 신미(信眉) 대사에 의하여 새로 글자가 정비되었으므로 이 문자로 우리말은 완벽하게 적게 된 것이다.

4.2.1.2 그리하여 〈석보〉와 〈월석〉은 한자를 먼저 쓰고 그 아래 오른편에 작은 글씨로 한자음을 훈민정음으로 써넣었다. 훈민정음을 먼저 쓰고 한자를 다음에 쓴 〈월인〉과는 반대로 하였는데 여기에서 세종과 다른 신하들이 갖고 있는 새 문자에 대한 생각의 차이를 읽을 수 있다.

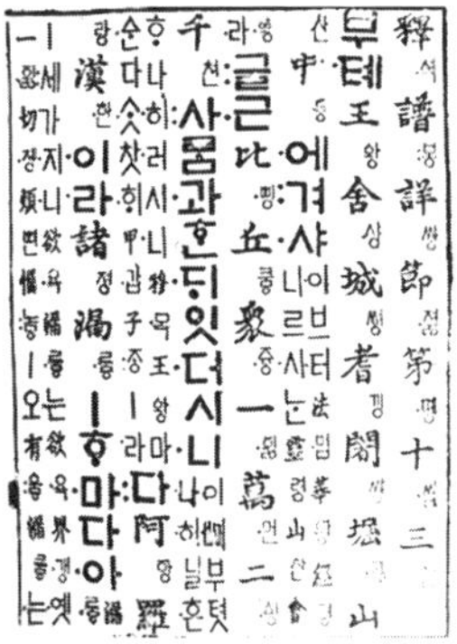

[사진 4-4] 〈석보〉 제13 앞1 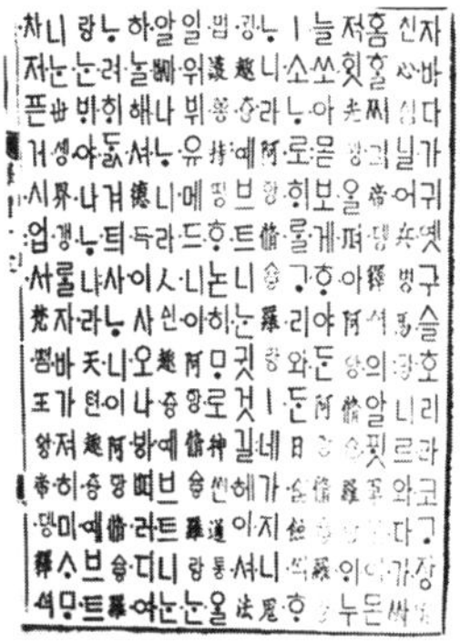 [사진 4-5] 〈석보〉 제13권 10앞

유신(儒臣)이든지 불가(佛家)의 사람이든지 세종의 신하들은 어디까지나 새 문자를 한자의 발음 표기로 사용하였으나 세종은 새 문자, 즉 훈민정음이 중심이고 한자는 그에 부응(副應)하는 것일 뿐이있다. 앞의 [사진 4-4, 4-5]에서 볼 수 있는 것처럼 〈석보〉는 앞에서 보인 [사진 4-3]의 〈월인〉과는 한자음 표기의 체재가 다르다.

〈석보〉는 본문과 쌍행의 협주로 이루어진다. 다만 [사진 4-3]의 〈월인〉이나 [사진 4-4, 4-5]의 〈석보〉처럼 판면에 계선(界線)이 분명하지 않아서 두 줄로 된 협주를 읽기가 쉽지 않다. 계선이 분명한 {신편}〈월석〉과 세조대(代)에 편찬된 다른 불경들과 비교되는 대목이다. 앞의 [사진 4-5]에 보이는 쌍행 협주는 두 줄로 읽기가 어려울 정도로 계선이 보이지 않는다.

4.2.1.3 〈월석〉은 〈월인〉을 먼저 쓰고 그에 해당하는 〈석보〉를 한 자 내려 기입하여 〈월인〉이나 〈석보〉와 전혀 다른 체재를 보인다. 즉, 다음의 [사진 4-6]에서 볼 수 있는 것처럼 〈월석〉의 월인부(月印部)는 대(大)문자로 1장 2절씩 짝지어 상·하변에 꽉 차도록 눌러쓰고 다음의 석보부(釋譜部)는 월인부보다 조금 작은 중(中)문자로 한 자 내려서 썼다.

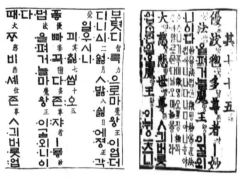

[사진 4-6] 〈월인〉 상 '끠其·칧七·씹十:오五'와 〈월석〉 제4권 25엽앞
其끵七칧十·씹五:옹80)

244

〈월석〉의 구권(舊卷)이 세종의 생존 시에 간행되었기 때문에 금상(今上)의 글인 〈월인〉을 대두(擡頭)하여 위에 올려 쓰고 신하들의 글인 〈석보〉는 한 칸 아래에 내려쓴 것이다. 세종의 생존 시에 나온 책이 아니라면 이러한 체재의 판식은 있을 수 없다. 즉, 〈월석〉이 세종 때에 편찬되었다는 또 하나의 증거가 된다.

석보부의 협주들은 역시 한 자를 더 내려서 소(小)문자로 1행에 두 줄로 기입하였다. 협주(夾註)에 다시 협주가 붙을 경우 한 자를 더 내려서 위 부분을 모두 석 자를 띈 다음에 시작하였다. 그리하여 〈월석〉에서는 월인부가 가장 높아 제1칸에 썼고 이어서 석보부가 다음에 한 칸 내려서 썼으며 이어서 협주는 두 칸, 협주의 협주는 세 칸을 내려썼다.

〈월석〉의 협주는 〈월인〉에 없던 것을 삽입한 것도 있다. 예를 들면 필자가 졸고(2020a)에서 주장한 대로 〈월석〉의 구권으로 추정되는 현전하는 〈월석〉 제4권에 앞의 [사진 4-6]의 왼쪽에서 보이는 것처럼 〈월인상〉 '끠其·칅七·씹十·오五'에 없는 협주(夾註) "妙·묳法·법·은 微밍妙·묳흔 法·법·이니 나다 나디 아니·ᄒᆞ야 츤츠니 기·푸미 微밍·오 至·징極·끅·ᄒᆞ·야 말·로 :몬 :다 닐·오미 妙·묳ㅣ라"가 현전하는 〈월석〉 제4권에는 앞의 [사진 4-6]의 오른쪽 사진에는 들어있다.

즉, 앞의 [사진 4-6]의 왼쪽에 보이는 〈월인〉 제75장의 "ᄒᆞᆼ優ퟙ婆·꿩毱다多 존尊:쟈者ㅣ ·묳妙·법法·을 ·펴거·늘"에 들어있는 '묘법(妙法)'에 대하여 [사진 4-6]의 오른쪽 사진에 보이는 〈월석〉에서는 여기에 협주를 삽입하여 "妙·묳法·법·은 微밍妙·묳흔 法·법·이니 나다 나디 아니·ᄒᆞ야 츤츠니 기·푸미 微밍·오 至·징極·끅·ᄒᆞ·야 말·로 :몬 :다 닐·오미 妙·묳ㅣ라"라고 설명한 것이다. 여기에서 〈월석〉

---

80) 현전하는 〈월석〉 제4권은 졸고(2020a)에서 혹시 현전 유일의 舊卷이 아닐까 추정하였다.

이 단순한 〈월인〉과 〈석보〉의 합편이 아님을 알 수 있다.

더욱이 다음의 제5장 5.4.1.1~2에서 주장한 바와 같이 현전하는 〈월석〉 제4권은 세종 때에 간행한 구권의 복각본이어서 협주가 세조 때의 신편에서 추가된 것으로 볼 수 없고 세종 때에 〈월인〉과 〈석보〉를 합편하여 간행하면서 이미 협주를 〈월석〉에서 추가하였음을 알려준다. 또 이 사실은 〈월석〉의 대부분이 이미 세종 때의 구권에서 마련되었음을 말한다. 또 앞의 4.4.2.2에서 살펴본 바와 같이 필자는 〈월석〉의 구권과 신편의 차이가 주로 신편에 새로 추가된 협주에서 났을 것으로 추정하였다.

4.2.1.4 〈석보〉에서 본문 내용의 특정한 어휘에 대한 협주(夾註)는 아무리 그 내용이 길어도 본문과 더불어 작은 글자로 1행에 두 줄로 기입하는 쌍행(雙行)의 협주 형식을 취한다. 즉, 한 단(段)을 내려쓰거나 줄을 달리하지 않는다.

앞의 제3장에서 살펴본 국립중앙도서관 소장의 〈석보〉 제9권은 앞의 제3장에서 3.2.2.3의 [사진 3–3]으로 보인 바와 같이 권미(卷尾)에 '정통(正統) 14년(十肆年)'이란 소장자의 식기(識記)가 있어 적어도 정통 14년, 즉 세종 31년(1449) 이전에 간행된 것으로 초간본이 틀림없다.

현전하는 〈석보〉가 대부분 세종 때에 간행된 초간본으로 보이지만 특히 제9권은 이 책을 소장했다가 황해도 장수산(長壽山) 자락에 탑(塔)을 세울 때에 이를 기증한 황해도 감사의 신자근(申自謹)이 '정통 14년'이란 식기를 적어 이 판본이 초간본임을 증명한다.

〈석보〉는 〈월인〉처럼 본문 안에 쌍행(雙行)의 협주(夾註)가 있다. 다음 [사진 4–7]에서 볼 수 있는 것처럼 본문의 보살 마가살(摩訶薩)을 설명하는 협주로 "摩망訶항薩·삻·은 :굴·근 菩뽕薩·숧·이시·다·ᄒᆞ논 :마리·라"를 〈석보〉의 본문 안에 쌍행으로 적었다. 칸을 내리거나 따로 쓰지 않고 오로지 본문에서 두 줄로 쓴 것이다.

또 앞에 보인 [사진 4-4]와 [사진 4-5], [사진 4-6], 그리고 다음의 [사진 4-7]에서 〈석보〉와 〈월인〉의 판면에 계선(界線)이 잘 보이지 않는다. 이런 판식으로 조판된 불경에서 갑자기 나타나는 두 줄의 협주는 언문에 아직 익숙하지 않은 정통 12년 〈월석〉 옥책의 각수들에게는 혼란스러웠을 것이다. 그리하여 이를 옥간(玉簡)에 옮겨 새길 때에는 줄을 따라 읽은 것이 혼란되거나 쌍행의 두 글자를 하나로 본 것 같다.

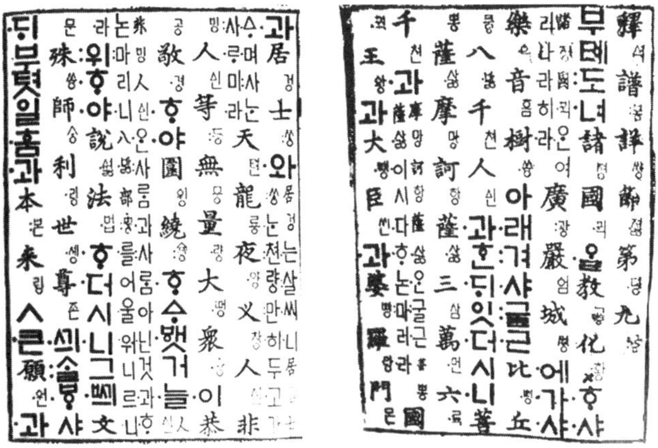

[사진 4-7] 〈석보〉 제9권 1엽

4.2.1.5 〈월석〉의 판식은 〈월인〉이나 〈석보〉와 매우 다르다. 우선 한자를 먼저 쓰고 훈민정음의 한자음은 그 밑의 오른쪽에 쓴 것은 〈석보〉와 같이 하였다. 그러나 〈월인〉에 대한 부분은 금상(今上)인 세종의 글이므로 대두(擡頭)하여 판면의 상단 맨 위로 올리고 〈석보〉는 한 칸 내려서 쓰는 판식을 보인다.

뿐만 아니라 세조 5년의 간행인 {신편}〈월석〉은 구권을 따라 〈월인〉

을 대두하였지만 판면의 계선(界線)이 분명하여 쌍행 협주를 정확히 읽을 수 있다. 그리고 〈석보〉의 협주들은 그대로 한 칸 내린 본문 안에 넣있지만 〈월석〉을 편찬할 때에 새로 붙인 협주는 따로 줄을 바꿔서 또 한 칸 더 내려썼다.

이와 같이 새 협주를 두 칸, 또는 세 칸 내려쓰는 판식이 〈월석〉의 구권(舊卷)에서부터 있었는지는 확실하지 않다. 다만 필자가 구권으로 추정하는 현전 〈월석〉의 제4권은 이렇게 협주를 두 칸, 또는 세 칸을 내려쓰지 않고 모두 본문 내에 한 행에 두 줄로 썼다. 필자는 〈월인〉을 대두(擡頭)처럼 맨 위 칸에 맞추어 쓰는 것은 구권에서 시작된 것이지만 협주를 두 칸, 또는 세 칸 내려 쓰는 판식은 〈월석〉의 신편(新編)부터 있었던 것으로 추정한다.

2) 〈월석〉 옥책 권1의 명문(銘文)

4.2.2.1 다음에는 정통 12년의 〈월석〉 옥책을 우선 권1만을 대상으로 하여 상술한 〈월석〉의 제8권을 어떻게 옮겨 새겼나 살펴보기로 한다. 권수 다음의 숫자는 옥간(玉簡)의 편수(片數)를 말한다.[81] [ ] 안의 것은 {신편}〈월석〉 제8권에 있으나 옥책에 쓰이지 않은 부분이다. 줄을 바꾼 것은 옥책의 것을 따른 것으로 /로 표시하였다.

권1-1　　月印千江之曲 第八 釋譜詳節 第八
권1-2　　[其꼉二‧싱百‧빅十‧씹二‧싱][82]

---

81) 원래 정통 12년의 〈월석〉 옥책 전편을 이기하려고 했으나 아직 세상에 공개되지 않은 유물을 자의로 열람하여 전사하기가 쉽지 않았다. 가능하면 이를 별책 부록으로 첨부하여 연구자들의 자유로운 열람이 가능하기를 기대해본다.

82) 이 부분은 〈월인〉의 것이라 '其꼉二‧싱百‧빅十‧씹二‧싱(其 212)'이라는 〈월인〉의 章數

韋위提똉希휭 請:쳥·ᄒᆞᆺ·바 淨·쪙土:통·애 ·니거·지이다
十·씹方방提똉國·귁·을 보·고·ᄒᆞ

시·니/

韋위提똉希휭 願·원·ᄒᆞᆺ·바 西솅方방·애 ·니거·지이·다
十·씹六·륙觀관經경·을 듣:ᄌᆞᆸ·고

·ᄒᆞ시·니/

권1-3 [其끵二·싱百·빅十·씹三삼] 보샤·미 :멀·리잇·가 善:쎤心
심·이 오·ᄒᆞᆯ·면 안·존 고·대·셔

·말가·히/

보·리·니 ·가샤·미 :멀·리잇·가 善:쎤根ㄱ·이 기·프·면 彈
딴指:징ㅅᆞᆺ·ᅀᅵ예 반·ᄃᆞ·기 가·리·

니 [其끵二·싱百·빅十·씹四 [其끵二·싱百·빅十·씹四승] 初총/
권1-4 觀관·과 二·ᅀᅵ觀관·은 日·싏想:샹 水:쉬想:샹·이시·며 三삼
觀관·은 地·띵想:샹·이시·니 四·ᄉᆞ觀관·과 五:옹觀관·은
樹·쓩/

想:샹 八·밣功공德·득水:싕想 六·륙觀관·은 總:종觀관想:샹
·이시·니 [其끵二·싱百·빅十·씹

五:옹] [七·칧]觀관·은83) 花황坐·쫭想:샹 八·밣觀관·은 像:
샹想:샹·이/
권1-5 시·며 九:굴觀관·은 色·식身신相·샹·이시·니 觀관世·솅音
흠大·때勢·솅 至·징十·씹觀관 十·씹

一·힗觀관·이시·며 普:퐁觀관想:샹·이 十·씹/

二·싱觀관·이시·니 [其끵二·싱百·빅十·씹六·륙] 雜·짭想:
샹·이 十·씹三삼觀관·이·며 上·썅中

듕下:행 三삼輩·빙想:샹·이 遲띵速·속間간·애 快·쾡樂·락·

가 적혀있으나 옥책에서는 모두 이 숫자를 옮겨 새기지 않았으므로 [ ]안에 넣었다. 이하 같다.
83) [七·칧]은 원문에 있는 것을 누락한 것이라 역시 [ ] 안에 넣었다.

이 ·굳호 ·리/

권1-6 功공德·득·이 기·프니·는 上·썅品:픔 三삼生싱·애 :나·디
·一·힗日싏後:흏·에 蓮련ㅅ고·지

·프리·니 [其끵二·싱百·빅十·씹七·칧] 功공德·득·이/

버·그니·는 中듕品:픔 三삼生싱·애 :나·디 七·칧日·싏 後:
흏·에 蓮련ㅅ고·지 ·프리·니

권1-7 功공德·득·이 ·또 버·그니·는 下:행品:픔 三삼生싱·애 :나·
디 七·칧七칧日·싏 後:흏·에 蓮련 ㅅ고·지/

·프리·니 [其끵二·싱百·빅十·씹八·밣] [공간] 世·솅尊존 神씬
通통力·륵·에 ·이 :말 니르 ·싫

·제 無뭉量·량壽:쓯佛·뿛·이 虛헝空콩·애/

권1-8 :뵈시·니 [공간] 韋윙提뗑希힁 恭공敬·경心심·에 ·이 :말 듣즈
·봃 ·제 西솅方방世·솅界·갱롤/ㅅ믓 보·니 [공간] [其끵二·싱
百·빅十·씹九·굴] 莊장嚴엄·이 ·뎌러·ㅎ실·씨 快·쾡樂·락·
이·뎌러·ㅎ실·씨 極·끅/

권1-9 樂·락世·솅界·갱룰 보·라:숩·노이·다 [공간] 輪륜廻횡·도·
이·러홀·씨 受:쓯苦:콩·도 ·이·러홀/

·씨 娑상婆빵世·솅界·갱·룰 여·희야·지이·다 [월인부 끝] 韋윙
提뗑希힁夫붕人싄이 {摩망竭·껋 瓶뼝沙상陁땅國·귁 夫붕人싄/
王왕ㄱ ·이·라84) 世·솅尊존·씌 술·보·딕 淨·쪙土통·애·
가·아 나·고·져 ·ㅎ·노이·다. {淨土

:통·는 ·쪙 나·라히/

·조호 ·라85) 世·솅尊존·이 ·즉자·히 眉밍間간 金금色·식光

---

84) 이 부분 역시 두 줄로 쓴 협주여서 한 칸에 두 자를 썼는데 원문은 {摩망竭·껋陁땅國·귁 瓶
뼝沙상上王왕ㄱ 夫붕人싄·이·라이다. 옥책에서는 이 두 자를 한 글자로 보아 위와 같이 새
긴 것이다.

85) 이 부분도 쌍행 협주로 두 줄로 쓰여 한 칸에 두 자를 모르고 이렇게 새겼다. 원문은 "{淨·

광·을 ·펴·샤 十·씹方방無뭉量·량 世·솅界·갱/

권1-11 ·룰 ·차 비·취시·니 諸정佛·뿛淨·쪙 土:통ㅣ :다 그어·긔 現·

현커·늘 :제 골·히·라 ·ᄒᆞ신·대

韋윙提똉똉/

希힁夫붕人신·이 阿항彌밍陁땅佛·뿛國·귁·에 ·나가·지이·

다 ·ᄒᆞ야·늘 부:톄 韋윙提똉똉希힁

ᄃᆞ·려 니ᄅᆞ·샤·ᄃᆡ/

권1-12 :네 ·며 衆·즁生ᄉᆡᇰ·ᄃᆞᆯ·히 므·슴·믈 오·올·와 ᄒᆞ고·대 ·고즈

·기 머·거 西솅方방·ᄋᆞᆯ 想:샹ᄒᆞ·라

{想:샹 ·스·쳐/

·ᄋᆞᆫ 므·슴·매 머·글·씨·라}86) :엇·뎨·호·ᄃᆞᆯ 想:샹·이·라·ᄒᆞ

거·뇨 想:샹·ᄋᆞᆯ ·훓·딘·댄 一·잃切·쳉

衆·즁生ᄉᆡᇰ·이 想:샹念·념/

권1-13 ·을 니르와·다 西솅ㅅ녁 向·향·ᄒᆞ·야 正·졍·히 안자·디·

ᄂᆞᆫ ·히·ᄅᆞᆯ 스외 ·보·아 므·슴·믈 구·디

머·거 想:샹/

·ᄋᆞᆯ 오·올·와 옮·기·디아·니·ᄒᆞ·야 ·히·디논 :양이 ·ᄃᆞ론

·봄 ·ᄀᆞᆮ거·든 ·눈 ᄀᆞᆷ·며 ·ᄠᅮ·메

:다 볽/

권1-14 ·게 ·호·미 ·이 日·싫想:샹·이·니 일·후·미 初총觀관·이·

라 {初총觀관·ᄋᆞᆫ ·첫 :보미·라}87)

버·거 水:쉬想:샹·ᄋᆞᆯ ·ᄒᆞ·야/

쩽土:통·ᄂᆞᆫ ·조ᄒᆞᆫ 나·라히·래"이다.

86) 역시 쌍행 협주여서 오류를 범하였다. 원문은 {想:샹·ᄋᆞᆫ 므·슴·매·스·쳐 머·글·씨·라
이다.

87) 쌍행 협주로서 권1에서 처음 보는 온전한 새김이다. 아마도 두 글자를 하나로 보고 옮겨 새
겨도 우연히 순서가 맞는 경우로 보인다.

·ᄆ·리 믈·ᄀ·주·를·보·아 ·ᄯᅩ 븕·게·ᄒ·야 흐·튼·ᄠᅳ:
업·게 ᄒ·고 冰빙想:샹·ᄋᆞᆯ·ᄒ·야 {冰 빙·ᄅᆞᆷᅵ/

권1-15 은 어·라88) 어·르·믜 ᄉ·ᄆᆺ 비·취논·고·ᄃᆞᆯ 보·고 瑠률璃링
想:샹·ᄋᆞᆯ·ᄒ·야·이 想:샹·이

:일·면 瑠률璃링·ᄣᅡ/

·히 ·안팟·기 ᄉ·ᄆᆺ 비·취어·든 그 아·래 金금剛강七·칧寶:볼
金금幢똥·이 琉률 璃링·ᄣᅡ·ᄒᆞᆯ 바·다 이시/

권1-16 [·니 그 幢똥 여·듧 모·해 百·빅寶:볼·로]89) 일·우·고 {百·빅
寶:볼·ᄂᆞᆫ·온 가·짓 :보·ᄇᆡ·라90)

寶볼珠즁:마·다 {寶:볼즁·ᄂᆞᆫ 珠:보·ᄇᆡ·옛 구·스리·라}91) 一·
읡千쳔光광明명·이·오 光광明명:마/

·다 八·밣萬·먼四·ᄉᆞᆼ千쳔·비치·니 瑠률璃링·ᄣᅡ·ᄒᆞᆯ 비·취
요·ᄃᆡ 億·흑千쳔日·싈·이·ᄀᆞᆮ·ᄒ·야

ᄀᆞ·초/

권1-17 :보·ᄆᆞᆯ :몯ᄒ·리·며 瑠률璃링·ᄣᅡ 우·희 黃ᅘᅪᆼ金금 노·ᄒ·로
섯·ᄂᆞ리·고 七·칧寶:볼·ᄀᆞᆯ·비/

分분明명ᄒ·고 흔·보·ᄇᆡ:마·다 五:옹百·빅 비·쳇 光광·이·
니 그 光광·이 곳·ᄀᆞᆮᄒ/

권1-18 ·며 :벼·드·리 虛헝空콩·애 ᄃᆞ·린·ᄃᆞᆺ·ᄒ·야 光광明명臺똉
ᄃᆞ외·오 樓룽閣·각千쳔萬·먼·이/

百·빅寶:볼ㅣ 모·다 이·뤳·고 臺똉ㅅ :두 겨·틔 各·각各·각·각
百·빅億·흑華ᅘᅪ幢똥·과 그·지/

권1-19 :업·슨 풍룡 가·ᄉ·로 莊장嚴엄·ᄒ·얫거·든 여·듧 가·짓 清

88) 이 협주도 오류가 있는데 원문은 "{冰빙·은 어·르미·래"이다.
89) [ ] 안의 내용은 누락된 것임.
90) 이 쌍행 협주는 한 칸의 두 자를 한 글자로 읽어도 제대로 읽힌 예의 하나다.
91) 이것도 한 글자가 잘못된 오류다. 원문은 "{寶·볼珠즁·는 :보·ᄇᆡ·옛 구·스리·래이다.

청風봉·이 [淸청 ㄳㄳ/

風봉·은 묽·고 흔 ᄇᆞᄅᆞ·미·라92) 光광明명·으로·셔 나·아 풍

룻 가·ᄉᆞᆯ 부·러 苦:콩空콩 無뭉

常쌍 無뭉/

권1-20 我:앙ㅅ소·리·를 너·펴 니르느·니 ·이 水:솅想:샹·이·니 일·

후·ᄆᆡ 第·똉二·싱觀관·이·라 ·이

想:샹/

:일쩌·긔 낫:나·치 :보·ᄆᆞᆯ ᄀᆞ·장 ᄆᆞᆯᄀᆞᆺᄆᆞᆯᄀᆞ시 ·ᄒᆞ·야 ·누·늘

·ᄠᅳ거·나 ·ᄀᆞᆷ거·나 ·ᄒᆞ야/

권1-21 ·도 일·틀 마·라 밥 머·굶 덛:만·뎡 長땽常쌍·이 :이·를 ·

싱·각ᄒᆞ·라 ·이/

·리 想:샹·ᄒᆞ·ᄆᆡ 極·끅樂·락國·귁 ·짜·ᄒᆞᆯ ·어·둘 보논·디

·니 ·ᄒᆞ다·가 三삼昧·밍·옷 得·득ᄒᆞ·면/

권1-22 ·뎌 나·랏 ·짜·ᄒᆞᆯ ᄆᆞᆯᄀᆞᆺᄆᆞᆯᄀᆞ시 分분明명·히 ·보·아 :몬 :내 니

르·리·니 ·이 地·띵想:샹·이/

·니 일·후·ᄆᆡ 第·똉三삼觀관·이·라 부:톄 阿항難난·이ᄃᆞ·려

니르·샤·ᄃᆡ :네 부텻 :마/

권1-23 ·를 디·녀 未·밍來링世·솅·옛 一·ᅙᅵᇙ切·쳉 大·땡衆·즁·

이 受:쓩苦:콩 벗·고져 ᄒᆞ·리 爲·윙

·ᄒᆞ·야 ·이 ·짜 보·논 法·법·을 니르/

·라 ·이 ·짜 ᄒᆞᆯ 본 :사·ᄅᆞ·ᄆᆞᆫ 八·밣十·씹億·흑劫·겁 生싱

死:ᄉᆞㅅ罪:쬥·를 免:면·ᄒᆞ·야 다른

:뉘·예 淨쪙國·귁·에 一·ᅙᅵᇙ定·뗭·히/

권1-24 나·리·니 ·이 :보·미 正정觀관·이·오 다른 :보·ᄆᆞᆫ 邪썅觀관·

이·라 부:톄 阿항難난·이·와

_____

92) 이 협주도 잘못되었다. 원문은 "[淸청風봉·은 묽·고 ㄳㄳ흔 ᄇᆞᄅᆞ·미·라"이다.

韋윙提똉希힁도·려 니/

 ㄹ·샤·디 地·띵想:샹·이 :일어·든 버·거 寶:뽕樹·쓩·를 :봃
·다·니 {寶:뽕樹·쓩·는 :보·빅·옛

즘·게 남·기·라}93) 낫:나·치/

권1-25 ·보·아 七·츓重뜡行행樹·쓩想·샹·올 ·ᄒᆞ·야 즘·게:마·다
노·픽 八·밣千쳔由율旬쓘·이·오

七·츓寶:봏花황葉·엽·이 ᄀᆞ·자/

{花황·지·오 葉·엽··는 고은 ·니피·라}94) 花황葉·엽:마·다
다ᄅᆞᆫ 寶:봏色·식·이 지·서 {寶:봏色·식·은 :보·빅·옛 ·비치·
라} 瑠률璃링 色·식 中듕·에 金금色·식光광·이 나·며 玻팡璨
령色·식/

권1-26 中듕·에 紅뽕色·식光광·이 나·며 瑪:망瑙:놀色·식 中듕·에
硨챵磲껑光광/

·이 나·며 硨챵磲껑色·식 中듕·에 綠·록眞진珠즁光광·이 나·
며 {綠·록·은 프·를·씨·라} 珊산瑚

瑚琥:홍珀·픽 一·힗切·체 衆·즁寶:봏/

권1-27 ·로 {珊산瑚瑚·는 바·ᄅᆞᆳ 미·틱나·ᄂᆞᆫ 남·기·니 ·가지·니 싸·
해 ·드·러 一·힗 지거·리고 ·납
:업·스니·라 琥:홍珀·픽·은 ·숤·뽁茯령·이 드외·오 ·ᄯᅩ 쳔
年년·이·면 茯 면 琥:홍珀·픽·이

드외ᄂᆞ·니 힗千쳔年년·이·라 衆·즁寶:봏·ᄂᆞᆫ 한 :보·빅·
라}95) ㅂ슥와 ·미·에 ·ᄭᅮ미·고 眞진/

---

93) 쌍행 협주를 그대로 옮겨 새겼어도 제대로 읽힌 예이다. 이하 제대로 옮겨 새긴 쌍행 협주는
 표시하지 않음.

94) 이 협주도 두 줄로 된 협주를 오해하여 잘못 옮긴 것이다. 원문은 "{花황· 는 고·지·오 葉·
 엽·은 ·니피·라이다.

95) 이것도 쌍행 협주라 잘못 옮겨 새겼다. 원문은 "{珊산瑚瑚·는 바·ᄅᆞᆳ 미·틱나·ᄂᆞᆫ 남·기·
 니 ·가지 거·리고 ·납:업·스니·라 琥:홍珀·픽·은 ·숤지·니 싸·해 ·드·러 一·힗

권1-28 珠즁·그므·리즘·게 우:마·다 닐·굽·블 두·프·니 ·그·믌 ᄉ
·ᅴ:마·다 五:옹百·빅億·흑 妙·묳

華ᅘᅪᆼ宮궁/

殿·뗜·이 {妙·묳華ᅘᅪᆼ·ᄂᆞᆫ :곱·고 ·빗날·씨·라} 梵·뻠王왕宮·
이 ·ᄀᆞ른·ᄒᆞ·야 하·ᄂᆞᆶ 童똥

子:중ㅣ 自·쫑然션·히 그 :소·배

권1-29 이·셔 {童똥子:중 童똥子:중·ᄂᆞᆫ 아·히·라}96) 童똥子:중:마·
다 五:옹百·빅億·흑 釋·셕迦강

毗삥楞릉伽꺙摩망尼닝·로 瓔ᅙᅧᆼ珞·락·ᄋᆞᆯ ᄒᆞ·니/

{釋·셕迦강毗삥楞·다·ᄒᆞ논:마리·니 :묘ᄒᆞᆫ :보·빗 일·후미·
라 릉 伽꺙·ᄂᆞᆫ 잘 이·긔 망尼닝·ᄂᆞᆫ ·ᄠᅵ·를 여·희·다 ᄒᆞ논:마·
리·니 摩 如셩

권1-30 몡·이97) 意·힁珠즁ㅣ·라 ·이구·스·리 光광明명·이 ·조·ᄒᆞ
·야 :더·러ᄫᅳᆫ ·ᄠᅵ 묻·디 아·니 ᄒᆞᄂᆞ

·니 ·이구·스·리 龍룡王왕ㄱ 頭뚱腦:놓ㅅ:소·배·셔 ·나ᄂᆞ·
니 ·이 :보·비·옷 가·져 이시·면

有:융毒·똑ᄒᆞᆫ 거·시 害·ᅘᅢᆼᄒᆞ·디 :몯ᄒᆞ·며 ·브·레 ·드러·도
아·니 슬·이·ᄂᆞ니·라 頭뚱腦:놓·ᄂᆞᆫ

머·리·옛 骨·곯髓:쉉·라

<hr />

千쳔年년·이·면 茯·뽁苓령·이 두외·오 ·쏘 一·잃千쳔年년·이·면 琥·홍珀·픽·이
두외ᄂᆞ·니·라 衆·즁寶:봏·ᄂᆞᆫ 한:보·빗·래"이다. 이 오류는 두 줄 협주를 한 줄씩 읽어
서 생긴 잘못이다. 한 칸에 두 줄로 적힌 것을 먼저 한 줄을 읽고 다음 칸으로 넘어가서 읽었
다. 어떻게 이런 오류가 생겼는지 이해하기 힘들다.

96) 이 협주는 쌍행으로 되었으나 제대로 옮긴 예이며 다만 '童똥子:중'를 두 번 겹쳐 썼다.

97) 이 부분도 두 줄로 된 협주라 오류가 생겼다. 여기까지의 협주는 "{釋·셕迦강毗삥楞릉伽꺙·
ᄂᆞᆫ 잘 이·긔·다·ᄒᆞ논:마리·니 :묘ᄒᆞᆫ :보·빗 일·후미·라 摩망尼닝·ᄂᆞᆫ ·ᄠᅵ·를 여·희·
다·ᄒᆞ논:마리·니·긔 如셩意·힁珠즁ㅣ·라"를 잘못 옮겨 새긴 것이다.

권1-31[98]) 그 摩망尼닝ㅅ 光이 百·빅由율旬쓘·을 비·취·여 百·빅億·

흑 日·싏月·웛 모·든·둧·ᄒᆞ·야

:몯:내 니르·리·라 ·이 寶:봉樹·쓩·들·히 行행列·렳行행列

렳·히 서

佛日寺 正統 十二年

권2-2   르마·초 셔·며 ·닙·니·피 서로次·ᄎᆞᆼ第·똉·로 나·고 ·닙 스

·싀·예 :고·볼 곳·들·히 ·프·고 곳

우·희 七·칧寶:봉 여·르·미 :여느·니 ·닙:마·다 너·븨·와 :

길·왜 :다·스·믈다·숫 由율旬쓘·이·오

그·니·피·즈·믄·비치·오·온가·짓·그리·미 이·쇼·딕 하

·ᄂᆞᆫ

권2-3   瓔ᄒᆡᆼ珞·락·이·ᄀᆞᆯ·고 한 :고·볼 고·지 閻염浮뿔檀딴金금ㅅ·

비치·오 여르

4.2.2.2 앞에 제시한 정통 12년 〈월석〉 옥책의 권1의 명문(銘文)을 살
펴보면 4.1.2.3에서 밝힌 바와 같이 불일사(佛日寺)의 승려로 볼 수밖에
없는 각수(刻手)들이 〈월석〉 제8권의 1~11엽까지 옮겨 새기면서 많은
오류를 범하였음을 볼 수 있다.

우선 그들은 〈월석〉에서 월인부의 가사를 큰 글자로 쓰고 그에 해당
하는 석보부를 한 칸 내려서 중간 크기의 글자로 쓰며 또 협주를 작은 글
자의 두 줄로 표기하는 형식의 불경을 각수들은 본 적이 없었을 것이다.
그래서 불일사의 승려로 보이는 각수들이 많은 잘못을 범하는데 세종의

---

98) 정통 12년 〈월석〉 옥책의 권1-30편과 다음의 권1-31편은 필자가 후에 확인하였다. 마모가
심하여 사진으로 보기가 어렵다. 1-31은 매우 소량만 옮겨 새겼는데 刻字하는 사람이 자의
적으로 끊어 새긴 것이다. 마지막 玉簡에서는 간기 '正統 十二年 佛日寺'를 써야 하기 때문
에 아마도 적은 분량으로 하였을 것이다.

새 문자, 즉 언문(諺文)을 제대로 구사하지 못한 채 〈월석〉을 읽고 이를 옥간(玉簡)에 새겨야 하는 일을 맡았기 때문이다.

정통(正統) 12년의 간기를 가진 옥책은 〈월석〉 제8권을 충실하게 옮겨 새기려고 하였으나 불일사(佛日寺)의 승려인 각수(刻手)들은 그보다 1년 전인 정통 11년 9월에 간행된 훈민정음 〈해례본〉과 같은 해 10월에 간행된 〈월석〉 제1권의 권두에 실린 〈언해본〉을 미처 보지 못하였거나 보았어도 제대로 이해하지 못했다고 보아야 한다.[99]

거기다가 〈월석〉과 같이 새 문자로 내용을 언해하여 언문으로 적고 한자음은 훈민정음으로 표음한 불서(佛書)도 불일사의 승려들에게는 처음 접하는 것이어서 이를 옥간(玉簡)에 옮겨 새기는 데는 많은 시행착오가 있었다. 특히 계선(界線)이 분명하게 그어지지 않은 〈월석〉의 구권에서 두 줄로 된 협주를 제대로 읽기가 어려웠을 것이다.

그리하여 앞에서 밝힌 바와 같이 〈월석〉 제8권 10뒤 3행부터 시작하는 비교적 긴 쌍행 협주는 한 칸에 두 줄로 쓰여서 두 자씩 적힌 것을 각기 한 글자로 옮겨 새겨서 일어난 잘못이 아니라 행을 잘못 읽어 생긴 오류이다. 즉 제8권 10뒤 3행부터는 두 줄로 쓰인 협주를 그대로 옮겨보면 다음과 같다.

3행 ① 珊산瑚꽁·ᄂᆞ 바·ᄅᆞᆯ 미·틔 나·ᄂᆞ 남·기·니
　　② ·가지 거·리·고 ·닙 :업·스니·라 琥·홍珀·픽·은 ·숪

99) 옥책이 제작된 正統 12년, 즉 세종 29년(1447)은 아직 훈민정음이 일반화되지 않았을 때이다. 졸고(2006b)에서는 세종이 새로 만든 문자, 즉 한글은 일반 백성들에게는 훈민정음의 〈언해본〉이 세상에 나온 때부터 이를 배워서 사용할 수 있다고 보았다. 그리고 〈언해본〉은 아마도 세종 28년(1446) 10월경에 언해되어 [구권]〈월석〉의 제1권 권두에 첨부되었다고 주장하였다. 학계에서는 세종 28년 9월에 훈민정음의 한문본인 〈해례본〉의 간행을 새 문자의 공표로 본다.

4행 ③ :지니 싸·해 ·드·러 ― 힗千천年년·이·면 茯

④ ·뽁荼령·이 드외·오 ·쏘 ― 힗千천年년·이

5행 ⑤ ·면 琥:홍珀·픽·이 드외ᄂᆞ·니

⑥ ·라 衆·즁寶:볼·ᄂᆞ 한 :보·빅·라}

이 부분을 정통 12년의 옥책에서는 권1의 27편에 다음과 같이 옮겨 새겼다.

{① 珊산瑚琴·ᄂᆞ 바·롨 미·틱나·ᄂᆞ 남·기·니·가 ③ 지·니 싸·해 ·드·러 ― ·힗

② 지거·리·고 ·닙 :업·스니·라 琥:홍珀·픽·은 ·숧 ④-2 ·뽁荼령·이 드외·오 ·쏘

④-1 千천年년·이·면 茯 ⑤-2 면 琥:홍珀·픽·이 드외ᄂᆞ·니

⑤-1 힗千천年년·이 ⑥ ·라 衆·즁寶:볼·ᄂᆞ 한 :보·빅·라}

따라서 숫자대로 읽지 않으면 이 두 줄로 된 협주는 전혀 알 수 없는 말이 된다. 이러한 오류는 각수가 먼저 ①을 옮겨 새기고 다음 행의 ③의 같은 글자가 있어 그것을 먼저 옮기고 다시 돌아와 ②를 새긴 것이다. 또 4행의 "― · 힗千천年년·이·면"이 두 번 들어있어 줄을 놓치고 잘못 옮겨 새겼다. 이러한 혼란은 옥책 권1의 각수가 언문을 이해하지 못한 탓으로 보이고 그로 인하여 되풀이해서 잘못을 저지르게 한다.

4.2.2.3 그동안 학계에서는 옥책에 보이는 여러 잘못으로 이것을 위작(僞作)으로 간주하였으나 오히려 이러한 오류가 이 옥책이 진품임을 말한다고 다음의 4.3.2.3에서 주장하였다. 만일 각수가 언문을 바르게 이해하였다면 이런 잘못은 일어날 수가 없기 때문이다. 이 각수는 언문

을 모르니까 〈월석〉 제8권을 그대로 옮겨 새긴 것이다.

또 이 옥책의 간기가 정통 12년, 즉 세종 29년이므로 세조 5년에 간행한 {신편}〈월석〉이 아니라 〈월석〉의 구권(舊卷)을 옮겼을 것이므로 이 옥책을 통하여 구권에 대한 여러 가지 사실을 알 수가 있다. 뿐만 아니라 이 옥책을 통하여 제8권뿐이지만 〈월석〉 구권의 참모습을 규지(窺知)할 수 있다는 점이다. 이에 대하여는 다음의 4.4.2.1~3에서 자세히 논의할 것이다.

3) 〈월석〉 옥책 명문(銘文)의 각자(刻字)

4.2.3.0 〈월석〉 제8권은 대자(大字)의 월인부와 한 칸 내려쓴 중자(中字)의 석보부, 그리고 두 줄로 된 소자(小字)의 협주로 되었다. 이와 같이 복잡한 형식의 〈월석〉을 좁은 옥간(玉簡)에 새겨 넣기는 쉬운 일이 아니다. 쌍행의 협주는 오류가 있었지만 정통 12년의 〈월석〉 옥책에는 큰 글자의 월인부와 중 글자인 석보부의 본문은 일부 탈자가 있기는 하지만 제대로 새겨 넣었다.

그러나 복수(複數)의 각수(刻手)들은 당시 한글, 즉 새로 만든 문자를 제대로 이해하지 못하고 〈월석〉과 같은 불서(佛書)를 처음 접한 탓으로 작은 글자를 두 줄로 쓴 협주들을 옥간(玉簡)에 옮겨 새길 때에 많은 오류를 범하였음을 앞에서 살펴보았다.

그들은 잘 알지 못하는 새로운 언문으로 쓰인 〈월석〉 제8권을 정성스럽게 옥간(玉簡)에 새겨 넣었지만 각수들이 언문(諺文)을 제대로 이해하지 못하고 또 쌍행 협주가 이어지는 형식의 불서(佛書)에 익숙하지 않아서 많은 오류가 정통 12년의 〈월석〉 옥책에서 발견된다. 이제까지 필자가 감정한 여러 위작(僞作)에서 전혀 찾아볼 수 없는 잘못이다.

앞의 제3장 3.3.4.1~5에서 살펴본 바와 같이 필자가 감정한 여러 〈월석〉의 옥책은 현전하는 〈월석〉의 것을 방점 하나 틀리지 않고 정확하게 기입하였다. 그도 그럴 것이 고가의 옥판에 〈월석〉을 새겨 위작을 만들 때에 막대한 자본과 제작자의 철저한 감독 아래에 제작되기 때문에 좀처럼 오류를 찾아보기 어렵다.

앞의 제3장 3.3.4.3에서 전술한 경태(景泰) 6년의 〈월석〉 위작은 중국 모처에 공장을 차려놓고 사람들을 모아서 이를 옥에 새겼다고 한다. 그래도 그들은 한글을 아는 조선족들이고 또 〈월석〉을 잘 아는 감독자의 지휘가 있어서 오류가 있을 수 없었다. 다만 정통 12년의 옥책을 흉내내어 쌍행 협주의 경우에 일부 틀리게 한 것이 눈에 띌 뿐이다.

4.2.3.1 정통 12년의 〈월석〉 옥책은 권1에서 권8에 들어있는 월인부의 212장부터 219장은 정확하게 새겨 넣었다. 즉 옥책의 권1-2편(片)에 〈월인〉 212장을 방점까지 일치하게 새겨 넣었고 옥책의 권1-3편에는 "·가샤·미 :멀·리잇·가 善:션根군·이 기·프·면 彈딴指:징ㅅㅅ·싀·예 반·ᄃ·기 가·리·니"가 역시 방점조차 틀리지 않았다.

특히 여기의 '彈딴指:징'와 옥책 권1-2편의 "韋윙提똉希힁 願·원ㅎ·ᅀ·바 西셍方방·애·니거·지이·다"(제8권 1뒤)의 '願·원ㅎ·ᅀ·바 西셍方방'는 1985년에 대제각(大提閣)에서 영인 출판한 〈월석〉 제8권에 잘 보이지 않게 영인되었다([사진 4-9] 참조).[100]

그러나 옥책에서는 이를 분명하게 "願·원ㅎ·ᅀ·바 西셍方방애", "彈딴指:징ㅅㅅ·싀·예"로 새겨 넣었다. 〈월석〉 제8권의 2엽 앞의 2행부터 시작하는 월인부의 214장도 옥책 권1-3편 끝부터 4편에 이어서 새

---

100) 그러나 1977년에 동국대학교 출판부에서 영인 출판한 것과 세종대왕기념사업회에서 1993년에 영인하여 간행한 『影印 月印釋譜 第七·八』에는 이 탈락 부분이 분명하게 보인다.

겨졌다.

즉, [사진 4-10]에 보이는 바와 같이 〈월석〉 제8권의 2엽 앞 3행의
"[初총觀관·과 二·싱觀관·은 日·싏想:샹水:쉬想·샹·이시·며 三
삼觀관·은 地·띵想·샹·이시·니 四·숭觀관·과 五·옹觀관·은 樹·
쓩想:샹, 八·밠功공德·득水:쉬想·샹, 六·륙觀관·은 總:종觀관想:
샹·이시·니"(이상 〈월인〉 214장)를 옥책에서는 제대로 새겼으나[101] 이
어지는 2엽 뒤 3행의 215장은 옥책의 권1-4편 끝 행에 "觀관·은 花황
坐·쫭想·샹 八·밠觀간·은 像:샹想·샹·이[시·며]"라고 새겨 원문의
"七·칧觀관·은"의 '七·칧'이 누락되었다.

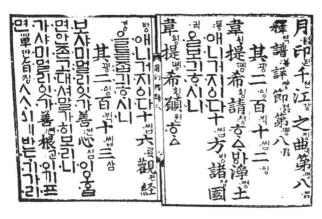

[사진 4-8] 대제각 영인 〈월석〉 제8권 제1엽[102]

---

101) [初는 앞판인 1-3에 새긴 것으로 [ ] 안의 것은 같은 판에는 없고 앞판이나 뒤판에 새긴 것
임을 표시한 것이다. 이하 같음.

102) 大提閣 영인의 〈월석〉 권8은 萬曆 35년(1607)에 豊基 毘盧寺에서 覆刻한 것을 安東 中臺
寺가 후쇄하였고 石南 宋錫夏 선생이 이것을 靑寫眞본으로 간행한 것을 다시 영인한 것이
다. 1977년에 초간본의 〈월석〉 권8이 발견되어 천혜봉(1977)의 해제를 붙여 공간되기 이전
의 일이다.

[사진 4-9] 정통 12년 옥책의 권1-4편

〈월석〉의 옥책에서 석보부는 간혹 한 구절이 빠지는 경우가 없지 않지만 월인부의 경우 전체적으로 한 자도 누락시키지 않았으므로 정통 12년의 옥책 권1-4편에서 보이는 이러한 월인부의 글자 누락은 매우 이례적인 일이다. 권1을 새긴 각수의 언문에 대한 지식을 가늠할 수 있는 대목이다.

4.2.3.2 〈월석〉 제8권의 월인부는 〈월석〉의 신편(新編)에서 각 장(章)별로 정리되었다. 그러나 옥책의 권1에서는 이러한 구별에 구애되지 않고 계속해서 원문을 새겨 넣었다. 예를 들면 〈월석〉 제8권의 1~4엽에 수록된 월인부의 212~219장은 아무런 구별이 없이 이어져서 215장이 끝나는 "普:퐁觀관想:샹·이 十·씹二·싱觀관·이시·니"에 바로 이어서 216장의 "雜·짭想:샹·이 十·씹三삼觀관·이·며"가 새겨졌다([사진 4-10] 참조).

이것은 옥책의 권9-15편에서 〈월석〉 제8권의 77엽 앞 3행까지 석보부의 해당 내용이 끝나고 다시 월인부의 220장이 시작될 때에 옥판에

[사진 4-10] 〈월석〉 옥책 권9-15

상당한 여백을 둔 것과는 매우 다르다. 이 옥책의 권9에서는 월인부의 각 장(章)이 끝나고 새로 시작할 때는 물론이고 〈월석〉의 엽수(葉數)가 달라질 때에도 여백을 두었다([사진 4-10] 참조).

다음의 [사진 4-11]은 석보부의 설명이 끝나고 월인부의 〈월인〉 220 장이 시작되는 곳은 여백을 두었음을 보여준다. 그러나 현전하는 {신편}〈월석〉 제8권의 77앞 3행까지 쓴 석보부의 부문과 4행부터 '其끵二·ᄉᆡᆼ百·빅二·ᄉᆡᆼ十·씹'으로 시작하는 월인부의 220장과는 상당한 여백을 두었다. 이러한 판식은 옥책의 권9에서 많이 발견된다. 즉, 옥책의 권9-18과 권9-19에서는 월인부의 222와 224장이 이어져서 월인부와 석보부 사이에 여백을 두었다.

[사진 4-11] 〈월석〉 옥책의 권9-18편

위의 사진에서 볼 수 있는 것처럼 권9-18의 옥편에서는 월인부 222 장의 뒤 구절이 "보·내ᅀᅡᆼ·ᄫᅧ·니"로 끝나고 조금 띈 다음에 줄을 갈아서 월인부 223장의 "婇:ᄎᆡᆼ女:녕ㅣ 金금鐘·관子:ᄌᆞᆼ:메·샤"를 새겼다.

[사진 4-12] 〈월석〉 옥책의 권9-19편

그리고 역시 [사진 4-12]에서 보이는 것처럼 월인부 224장이 "錫·셕杖:땽·올 후·느·더시·니"로 끝나고 다음 구절이 "鴛·윈鴦향夫붕人신·이"로 시작되는데 이곳도 여백을 두었다. 따라서 월인부는 정확하게 각 장(章)을 구별할 때에 첫구와 둘쨋구를 나누어 옮겨 새겼음을 알 수 있다.

석보부의 이기(移記)도 순조롭게 이루어졌던 것으로 보인다. 앞에서 살펴본 바와 같이 〈월석〉 제8권에 들어간 석보부는 월인부와 달리 한 자 내려서 월인부보다 조금 작은 글자로 새겼다. 물론 사이사이에 협주가 있고 〈석보〉의 불교 어휘와 구절을 설명한 다른 경(經)을 가져와서 〈석보〉의 내용을 길게 부연(敷衍)한 경우도 있다. 이 경우에는 앞에서 언급한 바와 같이 한 자를 더 내리고 협주(夾註)처럼 쌍행(雙行)으로 기입하였다.

4.2.3.3 옥책에서 옮겨 새길 때에 가장 혼란을 가져온 것은 두 줄로 표시된 협주나 뒤에 붙은 다른 불경들처럼 역시 1행에 두 줄로 표기된 협주 부분이다. 거의 모든 각수가 이 쌍행의 협주를 이해하지 못하고 한 칸에 한 자를 쓴 석보부의 본문과 쌍행에서 한 칸에 두 자를 쓴 협주를 혼동하여 한 칸의 두 자를 한 글자로 이해하였다.

이러한 현상은 협주에 또 협주가 붙어 석보부를 한 칸 내려쓰고 협주는 두 칸, 그리고 협주의 협주는 세 칸을 내려쓰는 경우에 더욱 혼란스러웠다. 앞에서 살펴본 바와 같이 첫 행을 옮겨 쓰고 다음 행으로 옮아가서 새기는 잘못이 그래서 일어난 것이다. 계선(界線)이 분명하지 않은 〈월석〉의 구권이기 때문에 일어난 잘못이다.

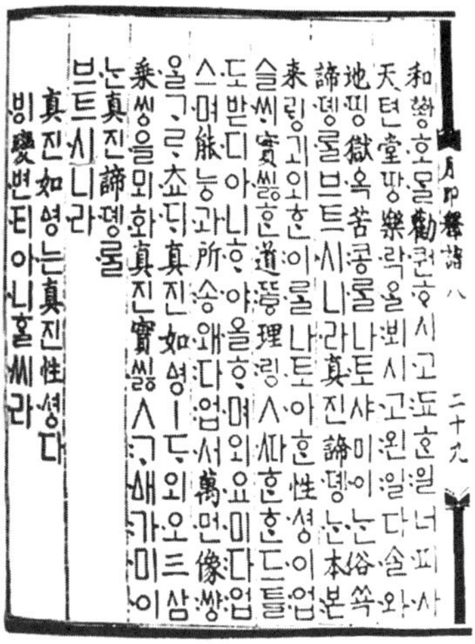

[사진 4-13] 〈월석〉 제8권 29뒤

즉, [사진 4-13]과 같이 협주의 협주가 있는 경우에는 세 칸을 내려썼다. 이 협주의 협주를 〈월석〉의 옥책에서는 어떻게 옮겨 새겼는지 살펴보기로 한다. [사진 4-13]에 보이는 〈월석〉 제8권의 29뒤 둘째 줄부터의 내용이 다음과 같이 한 행에 두 줄로 쓰였다.

2-1행 ① 地·띵獄·옥苦:콩ᄅᆞᆯ 나·토샤·미 ·이·ᄂᆞᆫ 俗쑉
2-2행 ② 諦·뎨·ᄅᆞᆯ 브트·시니·라 眞진諦·뎽·ᄂᆞᆫ 本·본

3-1행 ③ 來ᄅᆡᆼ 괴외ᄒᆞᆫ :이·ᄅᆞᆯ 나·토·아 ᄒᆞᆫ 性셩·이 :업
3-2행 ④ 슬·씨 實·씷ᄒᆞᆫ 道:ᄯᅩᇢ理:링ㅅ·ᄡᅡᄒᆞᆫ ᄒᆞᆫ ᄃᆞ틀

4-1행 ⑤ 도 받·디 아니·ᄒᆞ·야 올ᄒᆞ·며 외요·미 :다 :업
4-2행 ⑥ ᄉᆞ·며 能ᄂᆞᆼ·과 所:송·왜 :다 :업·서 萬먼像:샹

5-1행 ⑦ ·ᄋᆞᆯ ᄀᆞᄅᆞ쵸·ᄃᆡ 眞진如셩ㅣ ᄃᆞ외·오 三삼

5-2행 ⑧ 乘씽·을 뫼·화 眞진實·씷ㅅ:ᄀ·새 :가·미 ·이

6-1행 ⑨ 논 眞진諦·뎅·를

6-2행 ⑩ 브트시니라

7-1행 ⑪ 眞진如셩·는 眞진性·셩다

7-2행 ⑫ ·비 變·변·티 아·니ᄒᆞᆯ·씨·라

이 2-1행부터 7-2행까지 6행을 옥책에서는 권4-3부터 권4-4의 2행까지에 옮겨 새겼는데 실제로 다음과 같이 새겨졌다. 역시 오류가 있어 제대로 읽으려면 숫자에 따라 읽어야 한다.

권4-2편

[① 地·띵獄·옥苦:콩를 나·토셔 이상은 옥책의 권4-2편의 끝부분임. 이어서 권4-3편의 첫 행부터

권4-3편

첫 행   ① ·미 ·이·논 俗쏙 ③ 來링 괴외흔 :이·롤 나·토·아 흔 性·셩·이 :업 ⑤-1 ·도 받·디 아·니·ᄒᆞ·야

둘째 행 ② [諦·뎨·롤 브트·시니·라 眞진[103)諦·뎨·논 本:본 ④ 슬·씨 實·씷흔 道:똘理:링ㅅ·짜흔 흔 드틀

         ⑥-1 스·며 能능·과 所:송

셋째 행 ⑤-2 ·올ᄒᆞ·며 외요·미 :다 :업 ⑦·올 ᄀᆞᄅᆞ쵸·디 眞진如셩ㅣ 두외·오 三삼 ⑨-1 논 眞

103) 이 [ ]의 부분은 각수가 잊고 미처 옮기지 못한 것이다.

넷째 행 ⑥-2 왜 :다·업·서 萬·면像:쌍 ⑧乘씽·을 뫼·화 眞진實·씷

　　　　ㅅ:ㄱ·쇄 :가·미 이 ⑩-1 브트

　　　　이상 권4-3편

권4-4편

첫 행　　⑨-2 진 諦·뎅·를 ⑪眞진 如 셩·는 眞진性·셩 다

둘째 행 ⑩-2 ·시니·라 ⑫·비 變·변·티 아·니홀·씨·라　　이상 두 줄

　　　　은 옥책 권4-4편 우편

이와 같은 정통 12년의 〈월석〉 옥책 권4-2~4편의 명문을 보면 각수
들이 언문을 모르고 한 행에 두 줄로 쓴 협주여서 한 칸에 두 자를 쓴 것
을 한 자로 옮겨 새겨서 일어난 오류이다. 즉, 〈월석〉 제8권의 29뒤의 2
행부터 끝 행인 7행까지 쓰인 두 줄의 협주를 한 칸의 두 자로 된 것을
한 글자로 오해하여 다음과 같이 옮겨 새긴 것이다.

2행 ① ·미 ·이 ·ᄂᆞᆫ 俗쏙

　　 ② 諦 ·뎨·ᄂᆞᆫ 本:본

3행 ③ 來 링 괴외ᄒᆞᆫ :이·를　나·토·아 ᄒᆞᆫ 性·셩·이 :업

　　 ④ 슬·씨 實·씷ᄒᆞᆫ 道 :똘 理·링ㅅ·자 ᄒᆞᆫ ᄒᆞᆫ 드틀

4행 ⑤ ·도 받·디 아·니·ᄒᆞ·야 올 ᄒᆞ·며 외 요·미 :다 :업

　　 ⑥ ᄉᆞ·며 能능·과 所:송 왜:다:업 ·서 萬·면 像 :쌍

5행 ⑦ ·올 ᄀᆞᆮ죠·ᄃᆡ 眞진如셩ㅣ 두외·오 三삼

　　 ⑧乘씽·을 뫼·화 眞진實·씷ㅅ:ㄱ·쇄 :가·미 이

6행 ⑨ ·ᄂᆞᆫ 眞진諦·뎅·를

　　 ⑩ 브트 ·시니·라

7행 ⑪ 眞진 如 셩·는 眞진性·셩 다

　　 ⑫·비 變·변·티 아·니홀·씨·라

이렇게 두 줄을 각기 한 글자로 옮기면 옥책의 권4-3편부터 "①·미 ·이·는 俗쑉 ③來 링 괴외혼 :이·를 나·토·아 혼 性·셩·이 :업 ② 諦·뎨·는 本:본 ④슬·씨 實·쎯혼 道 :뚤 理:링ㅅ ·싸 혼 혼 드틀 ⑥스·며 能능·과 所:송 왜:다:업 ·서 萬·먼 像:썅 ⑧ 乘씽·을 뫼·화 眞진實·쎯ㅅ:マ·새 :가·미 이"가 되고 6행은 옥편이 바뀌어 권4-4편 에 다음과 같이 새겼다.

⑨ 는 [眞]진 諦·뎨·롤 ⑪眞진 如 셩·는 眞진性·셩 다
⑩ {브트} 시니·라 ⑫·비 變·변·티 아·니홀·씨·라

위의 예를 사진으로 보이면 [사진 4-14]와 같다. 다만 6행의 "⑩ 브트 ·시니·라"의 '브트'가 옥책에서 권4-3의 끝에 첨부된 것은 두 자를 한 글자로 오해한 것이 아니라 두 줄의 한 줄을 넘겨 옮긴 것이다. 앞에서도 두 줄로 된 협주에서 줄을 건너 새긴 일이 있었다. 이를 사진으로 보이면 [사진 4-14]와 같고 이러한 잘못이 옥책 전체에서 발견된다.

[사진 4-14] 옥책 권4-3, 4-4편

3. 옥책에 보이는 여러 오류

4.3.0 정통 12년 〈월석〉의 옥책에서 월인부와 석보부의 본문을 옮겨 새긴 곳에서는 거의 잘못이 없었다. 그러나 석보부나 새로 〈월석〉에서 추가한 쌍행 협주의 경우에 한 칸에 두 줄로 쓰는 방식을 이해하지 못하고 줄을 잘못 읽거나 월인부와 석보부처럼 한 칸에 한 자씩 쓴 것으로 간주하여 쌍행으로 된 한 칸의 두 자를 한 글자로 옮겨 새겨서 일어난 오류가 많다.

거기다가 오자(誤字)와 탈자(脫字), 탈구(脫句)도 있었다. 이러한 잘못은 옥책의 전권에서 발견된다. 이것은 12인의 불일사 승려들이 각기 적당한 분량을 분담하여 옥간(玉簡)에 〈월석〉의 제8권을 옮겨 새기면서 일어난 실수로 보인다. 그리고 각수들이 새로 제정된 언문을 잘 알지 못하여 〈월석〉 제8권의 도처에 보이는 쌍행의 협주를 이해하지 못하고 두 줄로 쓰여서 한 칸에 두 자가 된 것을 한 글자로 옮겨 새긴 잘못으로 볼 수밖에 없다.

이 사실은 〈월석〉의 제8권은 구권과 신편의 자순(字順)이 동일하였음을 말해준다. 즉, 한 칸에 두 자를 한 글자로 옮겨 새긴 것은 현전하는 〈월석〉 제8권의 신편에서 확인한 것이므로 구권도 이러한 자순이었을 것임을 전제로 한 것이다. 따라서 〈월석〉 제8권의 옥책에서 발견되는 오류들은 이 옥책의 저본, 즉 〈월석〉 제8권의 구권을 보여준다는 의미에서 중요하다.

그러면 정통 12년의 〈월석〉 옥책에서 발견되는 오류를 각 유형별로 고찰하기로 한다.

1) 오자(誤字)와 탈자 및 탈구(脫句)

4.3.1.0 정통 12년의 〈월석〉 옥책에서는 의외로 오자가 발견되지 않

는다. 정근(精勤)하는 승려들의 불공(佛供)하는 마음으로 정성을 다하여 〈월석〉 제8권을 옮겨 새겼기 때문일 것이다. 필자가 찾은 오류에서는 오자는 거의 없고 탈자 및 탈구(脫句)가 발견될 뿐이다.

즉, 〈월석〉 제8권의 2뒤 3행은 [사진 4-14]에서 보이는 것과 같이 월인 부의 215장 "[七·칧]觀관·은 花황坐·쫭想:샹 八·밣觀관·은 像:썅想:샹·이시·며 九:궣觀관·은 色·싴身신相·샹·이시·니"를 옮겼는데 전술한 바와 같이 '[七·칧]'을 빠트렸다. 대자(大字)로 되었을 월인부의 한 글자를 통째로 빠트린 것은 매우 이례적인 일이다. 아마도 '[其二百十四]'를 지우면서 이어지는 '[七·칧]'까지 삭제한 것으로 보인다.

4.3.1.1 탈구는 의외로 여러 곳이 보인다. 이미 앞에서도 옥책 권4-3에서 [諦·뎨·를 브트·시니·라]를 빼고 다음을 옮겨 새긴 것처럼 옥책의 권1-15편에서도 "琉륳璃링 ·싸·홀 바·다 이시"에서 끝내고 1-16편을 시작하면서 이어지는 "[·니 그 幢똥 여·듧 모·해 百·빅寶:봏·로 일]"을 건너뛰고 "·우·고 [百·빅寶:봏·는 ·온 가·짓 :보·빅·라]"를 새겼다. 옥간(玉簡)을 바꾸어 새기면서 이 부분을 빠트린 것 같다.

〈월석〉 제8권의 19앞 1행에는 "梵·뻠摩망尼닝寶:봏·와"라는 본문에 이어지는 쌍행 협주로 "[梵·뻠·은 ·조홀 ·씨·니 摩망尼닝珠즁ㅣ ·조홀 ·씨 梵·뻠摩망尼닝寶[:봏ㅣ ·라 ᄒ·니·래]"라 하였는데 옥책의 권2-24에서는 앞의 [ ] 안에 든 ':봏ㅣ·라 ᄒ·니·라'를 새기지 못하였다. 역시 계속해서 이어지는 쌍행 협주로 인하여 각수가 혼미해서 이 부분을 건너뛴 것 같다.

또 옥책 권11의 마지막 28~29편은 앞에서 언급한 바와 같이 시일에 쫓긴 듯 급박하게 권11을 끝내어 많은 탈구와 누락이 보인다. 즉, 이 부분은 제8권의 98앞의 쌍행 협주를 옮겨 새겼는데 먼저 98앞의 1행부터

7행까지를 옮겨보면 다음과 같다. 두 줄의 쌍행 협주여서 각행을 1, 2줄
로 나누어 표시한다.

1-1줄 ① ·이 닐·오·딕 長:댱者:쟝ㅣ 네 아·비·라 그 아

1-2줄 ② ·기 닐·오·딕 長:쟝者:쟝ㅣ 내 아·비 아·니·니

2-1줄 ③ 아·바:니·미 어·듸 가시·니잇·고 夫붕人신

2-2줄 ④ ·이 ·므디·둣 :울·며 모·골 몌·여 닐·오·딕 네 아

3-1줄 ⑤ ·바:니·미 婆빵羅랑門몬 :즁:님·과 ·ㅎ·샤 梵

3-2줄 ⑥ ·뻠摩망羅랑國·귁 林림淨쪙寺쌍·애 光

4-1줄 ⑦ 광有:욯聖·셩人신 :겨신 딕 ·가·샤 :됴ᄒᆞ :일

4-2줄 ⑧ 닷ᄀᆞ·시·ᄂᆞ니·라 그 저·긔 安ᄒᆞᆫ樂·락國·귁

5-1줄 ⑨ ·이 ·어마:닚·긔 술·보·딕 :나·ᄅᆞᆯ 이·제 노ᄒᆞ·쇼

5-2줄 ⑩ ·셔 아·바:니·믈 ·가 보·ᅀᆞᄫᅡ·지·이다 夫붕人

6-1줄 ⑪ 신·이 ·닐오·딕 :네 ·처섬 ·나거·늘 長:댱者:쟝

6-2줄 ⑫ ㅣ 닐·오·딕 ·나·히 닐·굽 여·듧·만ᄒᆞ·면 내 지

7-1줄 ⑬ ·븨 아·니 이실 아··희··라 ·ᄒᆞ더·니 이제 너·를

7-2줄 ⑭ 노·하 보·내·면 내 ·모·미 長:댱者:쟝ㅣ 怒:농

이것을 옥책의 권11-28과 권11-29에 다음과 같이 4행으로 옮겨 새
겼다. [ ] 안의 것은 앞이나 다음의 옥편에 새긴 것이다. 옥간(玉簡)에 새
긴 것은 한 줄에 넣었다.

권11-28

제1줄 [① ·이 닐·오·딕 長]·댱者:쟝ㅣ 네 아·비·라 그 아 ③ 아·바:니
·미 어·딕 가시·니잇·고

[붕人신]

제2줄 ②[·기 닐·오·딕 長:쟝者]:쟝ㅣ 내 아·비 아·니·니 ④ ·이 ·므
디·듯 :울·며 모·굴 메·여

닐·오·딕 네 아

제3줄 ⑤ ·바:니·미 婆빵羅랑門몬 :즁:님·과 ·ᄒ·샤 梵 ⑦-1 광有:울
聖·셩人신 :겨

제4줄 ⑥ ·뺌摩망羅랑國·귁 林림淨·쪙寺·쑹·애 光 ⑧-1 닷ㄱ·시·ᄂ
니·라 그 저

권11-29

제1줄 ⑦-2 신 딕 ·가·샤 :됴ᄒ :일 ⑨ ·이 ·어마:닔·긔 술·보·딕 :나
·ᄅᆞᆯ 이·제 노ᄒ·쇼 ⑪ 신·이 ·닐

제2줄 ⑧-2 ·긔 安한樂·락國·귁 ⑩ ·셔 아·바:니·를 ·가 ·보·ᅀᆞᄫᆞ·
지·이다 夫붕人

제3줄 ⑪ 신·이 ·닐오·딕 :네 ·처엄 ·나거·늘 [長:댱者:쟝]

제4줄 ⑫[ㅣ] 닐·외·딕 나·히 닐·굽 여·듧 맨ᄒ·면 내 지 ⑬ ·븨 아
·니 이실 아··히··라 ᄒ더·니

이제 너·를 ⑭ 노·하 보·내·면 내 ·모·미 長:댱者:쟝ㅣ 怒:농ㅣ
佛日寺 正統 十二年

어떻게 옮겨서 이런 결과가 나왔는지 살펴보면 역시 앞에서 언급한
대로 한 행에 두 줄로 된 협주여서 한 칸에 두 자씩 쓰인 것을 한 글자로
보고 옮겼기 때문이다. 즉, 옥책의 권11-28은 제1줄에 ①과 ③을 연달
아 쓴 꼴이 되었고 제2줄은 ②와 ④를 연달아 쓴 것이다. 그러나 제3줄

에서는 ⑤와 ⑦을 옮겨 새겨야 하지만 옥간(玉簡)의 공간이 부족하여 ⑦의 일부를 미처 다 쓰지 못하고 권11-29로 이월되었다. 제4줄도 ⑥과 ⑧의 일부만 옮겨 새겼는데 역시 옥간의 공간이 부족했기 때문이다.

옥책 권11-29에는 앞의 28편에 이어 제1줄에는 ⑦의 나머지 부분과 ⑨를 옮겼으나 마지막에 공간이 남아 ⑪의 앞부분 "신·이·닐"을 더 새겼다. 제2줄은 역시 ⑧의 나머지 부분과 ⑩을 옮겨 새겼고 제3줄은 ⑪을 옮겼지만 [長:댱者:쟝]를 빠트렸고 제4줄에서는 [ㅣ] 닐·외를 빼고 새겼다. 제4줄에 연속해야 하는 "[ㅎ·면 내 지 ⑬ ·븨 아·니 이실 아··히··라·ㅎ더·니 이제 너·를 ⑭ 노·하 보·내·면 내·모·미 長:댱者:쟝ㅣ 怒:노]"는 권12-2에 실었는지 확인할 수가 없다. 공교롭게도 이 옥편을 필자가 확인할 수가 없었기 때문이다.

권11-29편은 권11의 마지막 옥간이다. 따라서 옥간에 여유가 있지만 여러 탈구가 있는데 아마도 '佛日寺 正統 十二年'의 간기를 넣기 위하여 일부를 삭제한 것으로 보인다. 특히 다른 권에서도 보이는 것처럼 각 권의 마지막 옥편은 상당한 오류가 있다. 아마도 각 권의 말미는 정통(正統) 12년의 연말이 되어 서둘러 옥공을 마치려고 한 때문이 아닐까 한다.

4.3.1.2 정통 12년의 〈월석〉 옥책은 현전하는 〈월석〉 제8권의 초간본과 비교하면 역시 각 권의 말미에서 내용에서도 빠트리고 새긴 부분이 적지 않다. 즉, 〈월석〉 제8권의 64뒤에 적힌 새 협주를 옥책의 권7-28, 29와 권8-2에 옮겨 새겼다.

제8권의 해당 부분을 옮겨보면 다음과 같다. [ ] 안의 것은 앞에서 일러둔 것처럼 이를 옮긴 옥책 권7-29와 권8-2에 없는 부분이다.

64뒤

1-1줄 [·각 일·우·디 아·니·호·리이·대 셜·흔다·ㅅ·샌

1-2줄 ·내 成쎵佛·뿛·ㅎ·야 諸졍佛·뿛 나·랏 中듕

2-1줄 ·에 :겨·지·비 내 일·훔 듣고 淸쳥淨·졍흔 信

2-2줄 ·신·을 得·득·하·야 [菩뽕提똉心심·을 發·벓

3-1줄 ·ㅎ·야 後:훻生싱·애 :겨지·븨 ·모·몰 ㅂ·리·디

3-2줄 :몯ㅎ·면 正·졍覺·각 일·우·디 아·니·호·리이

4-1줄 ·다 셜·흔여·ㅅ·센 ·내 成쎵佛·뿛·ㅎ·야 諸졍

4-2줄 佛·뿛 나·랏 中듕·에 菩뽕薩·삾·이] 내 일·훔

5-1줄 듣·고 修슝行 ·ᅘᅵᆼ·ㅎ·야 菩뽕提똉·예 다돈

5-2줄 ·디 :몯ㅎ·면 正·졍覺·각 일·우·디 아·니·호·리

6-1줄 이·다

이 부분을 옥책에서는 권7-28~29편에 옮겨 새겼는데 "[菩뽕提똉心심·을 發·벓·ㅎ·야 後:훻生싱·애 :겨지·븨 ·모·몰 ㅂ·리·디 :몯ㅎ·면 正·졍覺·각 일·우·디 아·니·호·리이·다 셜·흔여·ㅅ·센 ·내 成쎵佛·뿛·ㅎ·야 諸졍佛·뿛 나·랏 中듕·에 菩뽕薩·삾·이]"를 빼고 새겼다.

이것은 상당한 분량이 누락된 것으로 다른 편에 비하여 특이하다. 아마도 옥책의 권7-29편은 권7의 마지막 끝 편이어서 '佛日寺 正統 十二年'이란 간기를 넣어야 하기 때문에 여백이 필요했을 수도 있고 마지막 옥간(玉簡)에 들어갈 부분이라 각수가 서둘러 끝낼 수도 있다고 본다.

앞에서 제8권의 98앞 4~6행의 본문도 여러 군데 빠진 것이 옥책의 권11-28로 이 권11의 마지막 옥편이었음을 상기하게 된다. 많은 탈구가 옥책의 각 권에서 마지막 편(片)에 집중된 것은 아마도 12인의 각수가 시간에 쫓겨 서둘러 끝내면서 이런 누락이 일어난 것이 아닌가 한다. 소

헌왕후(昭憲王后)가 승하하신 일주기를 맞이하여 정통 12년 3월에 시작한 〈월석〉 옥책은 그해 안에 끝내야 했었으므로 마감일이 다가오자 마지막 권에서 서둘러서 이렇게 오류를 일으키게 된 것으로 보인다.

4.3.1.3 그 외에는 정통 12년의 〈월석〉 옥책은 비교적 성실하게 〈월석〉의 제8권을 처음부터 끝까지 옮겨 새겼으나 역시 새 문자인 언문에 대한 지식의 결여로 각자(刻字)하는 데 상당한 고충이 있었을 것으로 추정된다.

그 결과 앞에서 살펴본 바와 같이 적지 않은 탈자(脫字) 및 탈구(脫句)가 생기게 된 것이며 오히려 이런 현상은 당연한 결과라고 본다. 반면에 현대의 위작(僞作)에서는 중간에 끝냈을망정 옮겨 새긴 부분에서는 거의 오류를 찾을 수 없었다. 기계의 힘을 빌리는 현대의 위작에 비하여 모든 것을 수작업으로 해야 했던 당시의 상황으로 보아 이런 오류는 전혀 이상한 것이 아니다.

정통 12년 〈월석〉의 옥책은 불경의 본문을 손으로 일일이 옮겨 새겼다. 각 글자의 획도 삐뚤빼뚤하고 새긴 깊이도 천차만별이다. 이렇게 수작업으로 진행된 각자(刻字)에서 탈자와 탈구는 예상할 수 있는 일이라고 아니할 수 없다. 더군다나 잘 모르는 언문(諺文)을 옥책에 새기는 일이 처음이던 불일사(佛日寺) 승려들로서는 이 정도의 오류는 오히려 당연한 일로 보인다.

2) 쌍행 협주의 오류

4.3.2.0 정통 12년 〈월석〉에서 보이는 오류는 앞에서 언급한 것처럼 쌍행 협주에서 주로 일어난다. 불일사의 승려로 볼 수밖에 없는 옥책의 각수들은 언문을 아직 제대로 이해하지 못했을 뿐만 아니라 〈월석〉과

같이 협주의 협주가 이어지는 불경에도 생소하였을 것이다.

특히 본문에서 갑자기 불가(佛家)의 난해한 술어를 두 줄로 설명하는 쌍행 협주를 전혀 이해하지 못한 각수들이 대부분이었다. 앞의 몇몇 각수를 제외하고는 갑자기 두 줄로 술어를 풀이하는 협주의 형식에는 익숙하지 못해서 잘못을 저지른 것으로 보인다. 그리하여 쌍행 협주에서 두 줄로 설명하기 위하여 한 칸에 두 자를 함께 쓴 것을 한 자로 잘못 알고 이를 그대로 옮겨 새기거나 한 행의 첫 줄만 옮기고 다음 행을 새기는 잘못이 거듭되었음을 앞에서 고찰하였다.

다음의 [사진 4-15]에 보이는 〈월석〉 제8권 66뒤의 복잡한 협주를 옮겨 새기는 데에서도 오류가 발견된다. 앞의 4.2.3.3에서 살펴본 바와 같이 협주에는 월인부와 석보부에 포함된 쌍행 협주 이외에도 〈월인〉과 〈석보〉를 합편하면서 새로 〈월석〉을 편집할 때에 붙인 협주가 또 있다. 이 경우에는 한 칸 내려쓴 〈석보〉보다 더 한 칸을 내려쓰고 협주의 협주를 덧붙일 때에는 세 칸을 내려쓰기도 하였다.

[사진 4-15] 〈월석〉 제8권의 66뒤

〈월석〉 제8권의 66뒷면은 앞의 [사진 4-15] 오른쪽 끝 행에서 볼 수 있는 것처럼 석보부에 대한 협주이어서 두 칸을 내려쓴 것에 끝 행에서 보이는 것처럼 다시 협주가 더하여 세 칸을 내려쓴 것이 있다. 즉, [사진 4-15]의 마지막 7행에서는 두 칸을 내려쓴 협주의 '비야성(毗耶城)'에 대한 또 다른 협주는 세 칸을 내려썼는데 이러한 협주의 협주는 또 옥책에서 어떻게 옮겨 새겼는지 다시 살펴보기로 한다.

4.3.2.1 세 칸을 내려쓴 협주의 협주도 역시 한 칸에 쌍행으로 두 줄씩 쓴 것을 이해하지 못하고 한 칸의 두 자를 한 글자로 간주하여 이를 그대로 옮겨 새겼다. 먼저 [사진 4-15]로 보인 〈월석〉 제8권 66뒤의 해당 부분을 옮겨보면 다음과 같다.

제1-1줄: ① 觀관·은 智·딩慧᷃ᅨᆯ·씨 般반若·샹ㅣ
제1-2줄: ② ·오 捨:샹相·샹·은 法·법身신·이라 奢샹
제2-1줄: ③ 摩망他탕젼·ᄎ·로 비·록 寂·쩍·ᄒ야·도
제2-2줄: ④ 샹·녜 비·취·오 毗삥婆뽕舍·샹那낭 젼
제3-1줄: ⑤ ·ᄎ·로 비록 비·취여·도 샹·녜 寂·쩍ᄒ·고
제3-2줄: ⑥ 憂ᅙᅮ畢·빓又창젼·ᄎ·로 비·취윰·도 아
제4-1줄: ⑦ ·니·며 寂·쩍·도 아·니·니 비·취여·도 샹·녜
제4-2줄: ⑧ 寂·쩍홀·씨 俗·쑉·을 닐·어·도 ·곧 眞진이
제5-1줄: ⑨ 오 寂·쩍·ᄒ야·도 샹·녜 비·췰씨 眞진·을
제5-2줄: ⑩ 닐·어·도 ·곧 俗·쑉·이·오 寂·쩍·도 아·니·며
제6-1줄: ⑪ 비·취윰·도 아닐·씨 毗삥耶
제6-2줄: ⑫ 양城쎵·에 ·이·블 마·ᄀ니·라
제7-1줄: ⑬ 毗삥耶양城쎵·은 維윙摩망 잇·던
제7-2줄: ⑭ ·싸히·라 維윙摩망ㅣ 줌줌·코 마·리

이 〈월석〉 권8의 66뒤를 옥책에서는 [사진 4-15]와 같이 옮겨 새겼는데 역시 같은 잘못이 일어났다.

[사진 4-16] 옥책 권8-8, 9, 10편

[사진 4-16]으로 보인 옥책의 권8-8편, 권8-9편, 권8-10편에 옮겨 새긴 것을 전사해보면 다음과 같다.

옥책 권8-8 중간 이후

제3줄: [스ᄆᆞ·치니]104) ①觀관 은 智·딩慧 ·꿿ᄅᆞ·씨 般 반若·ᅌᅣᆼㅣ ③-1 摩망他탕 견

제4줄: [脫탏·이·오] ②·오 솜:샹相·ᅌᅣᆼ·ᄋᆞᆫ 法·법身 신·이·라 奢샹 ④ -1 상·녜 비·취·오

104) 앞 편에 새겼음.

옥책 권8-9편

제1줄: ③-2 츠·로 비·록 寂·쪅·ㅎ야·도 ⑤·츠·로 비·록 비·취여·
　　　도 샹·녜 寂·쪅ㅎ·고 ⑥-2 ·니·며

제2줄: ④-2 毗뼝 婆뺑 舍·샹 那낭 젼 ⑥-1 憂훟畢·빓又챵 젼·츠·로
　　　비·취윰·도아 ⑧-1 寂·쪅

제3줄: ⑦ 寂·쪅도아·니·니 비·취여·도 샹·녜 ⑨ -1·오 寂·쪅·ㅎ야·
　　　도 샹·녜 비·쵤·씨 眞진

제4줄: ⑧-2 홀·씨 俗·쑉·올 닐·어·도 ·곧 眞진·이 ⑩-1 닐·어·도
　　　·곧 俗·쑉·이·오 寂·쪅·도아·니

옥책 권8-10편

제1줄: ⑨-2·올 ⑪ 비·취윰·도아·닐·씨 毗뼝耶　　　⑫-2 毗뼝耶양城
　　　셩·은 維윙摩망 잇·던

제2줄: ⑩-2·며 ⑫-1 양城셩·에·이·블마·ㄱ니·라 ⑬·짜히·라 維
　　　윙摩망ㅣ 줌줌·코 마·리
　　　[:업거·늘] 105) (이상 10편 오른편)

이렇게 옥책의 해당 부분을 전사하여 읽어보면 권8-8편과 권8-9편,
권8-10편에 새긴 내용은 전혀 의미가 통하지 않아서 숫자를 따라 읽어
야 된다. 같은 숫자의 경우는 1, 2의 순서대로 읽어야 한다.

　그러면 어떻게 이런 내용이 새겨졌을까? 이것은 앞에서 언급한 대로
〈월석〉 제8권의 66뒤를 보인 [사진 4-14]의 둘째 줄에서 위의 5자 이후
의 것을 한 칸에 두 글자 쓴 것을 한 글자로 보고 그대로 옮겨 새긴 탓에

---

105) [:업거·늘은 다음 片에 새겼음.

일어난 일이다. 쌍행 협주라 1행에 두 줄로 썼기 때문에 1행 1칸의 두 자를 한 글자로 옮겨 새긴 것이다.

즉, 〈월석〉 제8권의 66뒤의 둘째 줄의 6자부터 '츠/毗, ·로/삥, 비/婆, ·록/빵, 寂/쎠, 쩍/·샹, ·ㅎ/那, 야/냥, ·도/젼'을 한 글자로 간주하여 그대로 옮기고 이어서 셋째 줄을 '·츠/憂, ·로/흏, 비/畢, ·록/·빓, 비/又, ·취/창, 여/젼, ·도/·츠, 샹/·로, ·녜/비, 寂/쎠, ·쩍/·샹, ·ㅎ/那, 야/냥, ·도/젼'의 두 자를 한 칸에 옮겨 새겨 앞의 옥책 권8-9, 권8-10편처럼 옮겨 새기게 된 것이다.

이 사실은 〈월석〉 제8권의 구권이 신편과 행차(行次)와 쓰인 글자의 자순(字順)이 동일했음을 증언한다. 만일에 제8권에서 구권과 신편이 서로 같지 않았다면 이러한 오류를 확인하기 어려울 것이다. 신편의 글자 순서와 구권의 글자 순서가 같았을 때에 이러한 일이 일어날 수 있으므로 〈월석〉은 적어도 제8권에서 구권과 신편은 엽수(葉數)에서는 차이가 있었지만 행수(行數)와 자수(字數)는 동일하였음을 알 수 있다. 아마도 나머지 〈월석〉 구권의 모습도 그렇게 크게 차이가 있지는 않았을 것이다.

4.3.2.2 이렇게 생겨난 오류는 앞에서 살펴본 것처럼 행을 잘못 옮겨 새긴 것과는 차이가 난다. 이와 같은 옥책의 쌍행 협주를 잘못 옮겨 새긴 각수들이 제대로 언문을 이해하지 못한 것임을 전제로 한다. 그들이 언문을 완전히 이해하였다면 이러한 오류는 일어날 수 없다.

그러나 이러한 잘못된 각자(刻字)가 두 줄로 된 협주를 이해하지 못하고 한 행을 옮기고 다음 행은 건너뛰어서 새긴 오류도 있고 두 줄로 된 협주를 모르고 한 칸에는 한 자만을 쓸 수 있다고 보았기 때문에 한 칸에 두 자를 넣은 것을 한 글자로 오해하여 옮겨 새김으로써 일어난 잘못도 있다. 만일 이 옥책이 현대의 위작이라면 이러한 어처구니없는 오류는 있을 수가 없을 것이다.

이러한 잘못은 〈월석〉의 협주만이 아니라 석보부의 협주에서도 발견된다. 다음의 [사진 4-17]로 보인 〈월석〉 제8권의 20앞의 2행에서 석보부의 본문 주석에 '잡화(雜花)'에 관한 협주로 "雜・짭花・황ᄂᆞᆫ 雜・짭고・지・라"가 있다.

[사진 4-17] 〈월석〉 제8권 20앞

이 부분을 옥책에서는 권2-27편에서 다음의 [사진 4-18]에 보이는 바와 같이 "雜・짭雜・짭花고화・지・ᄂᆞᆫ・라"로 되어서 의미가 통하지 않는다. 역시 두 줄로 된 주석을 이해하지 못하고 한 줄로 쓰기 위하여 한 칸에 두 글자씩 새긴 것을 한 글자로 잘못 옮겨 새긴 때문이다. 이 부분의 〈월석〉 제8권의 해당하는 곳과 정통 12년의 〈옥책〉에서 해당하는 부분을 사진으로 보이면 다음의 [사진 4-18]과 같다.

[사진 4-18] 〈월석〉 옥책 권2-27편

　이것은 앞의 [사진 4-17]에서 보이는 것처럼 〈월석〉 제8권의 20앞의 '잡화(雜花)'에 대한 쌍행 협주 "{雜·짭花황·ᄂᆞᆫ 雜·짭 고·지·라}"를 두 줄로 쓴 '雜/雜, ·짭/·짭, 花/고, 황/·지, ·ᄂᆞᆫ/·라'를 각기 한 칸에 쓰인 한 개의 글자로 생각하고 그대로 옮겨 새겨서 [사진 4-18]에 보이는 것처럼 "雜·짭雜·짭花고화·지·ᄂᆞᆫ·라"가 되었다. 앞에서 살펴본 〈월석〉 제8권의 66앞의 협주를 옮겨 새길 때와 같은 잘못이 생긴 것이다.

　4.3.2.3 그런데 협주의 경우 제대로 새겨 넣어 올바로 읽히는 곳도 있다. 다음의 [사진 4-19]에서 보이는 것처럼 〈월석〉 제8권의 20앞 5행에 "第·똉七·칧觀관·이·라 {華횅座·쫭·ᄂᆞᆫ 곳 座·쫭ㅣ 라} 부:톄 阿항難난·이ᄃᆞ려 니르·샤·ᄃᆡ"({ } 안에 넣은 것은 雙行 夾註, 이하 같음)와 같은 협주가 있다.

[사진 4-19] 〈월석〉 옥책의 권3-2편

　이것은 옥책 권3-2편 첫째 줄의 "第·똉七·칧觀관·이·라 {華횅座·쫭·ᄂᆞᆫ 곳 座·쫭ㅣ 라}"와 같이 두 줄로 읽어도 맞도록 협주를 기입하였다. 이를 사진으로 보이면 앞의 [4-19]와 같다.

　그러나 이것도 실제로 쌍행 협주를 제대로 이해하여 옮긴 것이 아니고 [사진 4-19]에서 보이는 것처럼 〈월석〉 제8권 20앞의 5째 칸부터 '華/곳, 쌍/座, ·쫭/ㅣ, ·ᄂᆞ/·라'를 그대로 두 줄로 적어도 "華쌍座·쫭·ᄂᆞ 곳 座·쫭ㅣ라"로 읽힐 수가 있었다. 따라서 한 칸 두 자를 그대로 옮겼으나 순서가 두 줄로 읽어도 의미가 통하는 협주가 된 것이다.

　또 〈월석〉 제8권 18앞의 1~2행에 쓰인 석보부의 "八·밝萬·면四·ᅀᅵᆼ千쳔脈·믹·애 {脈·믹·은 ·주리·라} 脈·믹:마·다 八·밝萬·면四·ᅀᅵᆼ千쳔 光광·이 이·셔"에서 쌍행 협주 "{脈·믹·은 ·주리·라}"를 옥책 권2-21편은 "脈·믹·은 ·주리·라"와 같이 제대로 읽힐 수 있게 옮겨 새겼다. 그러나 이것 역시 '脈/·주, ·믹/리, ·은/·라'를 한 칸에 적어도 위의 '脈·믹'에 대한 협주와 같이 제대로 읽힐 수 있는 경우이다. 따라서 이 경우도 각수가 이 쌍행 협주를 제대로 알고 옮겨 새긴 것이 아니라 한 칸의 두 자를 그대로 옮겼어도 저절로 두 줄의 협주가 된 예라고 보아야 한다.

　4.3.2.4 그렇다고 이 각수들이 전혀 언문(諺文)을 이해하지 못했다고 보기 어려운 예가 하나 더 있다. 즉, 〈월석〉 제8권 11앞3-4행에 "童똥子:중ㅣ 自·쭝然연·히 그 :소·배 이·셔 {童똥子:중·ᄂᆞᆫ 아·히·라}"라는 구절이 있어 석보부의 본문 중에 협주가 들어있다.

[사진 4-20] 옥책 권1-29편

이 부분을 옥책에서는 [사진 4-20]에서 보이는 바와 같이 권1-29에 "童똥子:ᄌᆞᆼ 童·똥:子ᄌᆞᆼᄂᆞᆫ 아·히·라"라고 새겼으니 이 각수는 어느 정도 언문을 깨우쳤다고 여겨진다. 이것을 만일 한 칸의 두 자를 한 자로 알고 새겼다면 "童ᄂᆞᆫ 똥아 子·히:ᄌᆞᆼ·라"가 되었을 것이다. 따라서 각수들의 언문에 대한 지식은 개인차가 있었다고 보아야 한다. 이 부분을 새긴 각수는 어느 정도 언문을 깨우치고 있었음을 알려준다.

4.3.2.5 〈석보〉 부분의 협주에서 각수의 실수를 하나 더 들어보기로 한다. 〈월석〉 제8권 18뒤 6~7행과 19엽 앞의 1~3행에는 다음과 같은 협주들이 쌍행(雙行)으로 적혀있다.

[·이 蓮련花황] -18뒤 5행
臺띠·예 八·밣萬·먼金금剛강·과 甄건叔   18뒤 6행
·슉伽강寶:불·와 {甄건叔·슉迦강·ᄂᆞᆫ 블·근 ·비치·라 ·혼 :마리·니
나못   18뒤 7행
일·후미·니 ·이 :보·빈 그 나못 곳 ·빗 ᄀᆞ티 블·그니·라} 梵·뻠摩망尼닝
                                          19앞 1행
寶:불·와 {梵·뻠·은 ·조ᄒᆞᆯ ·씨·니 摩망尼닝珠즁ㅣ ·조ᄒᆞᆯ ·씨 梵·뻠摩
망尼닝寶   19앞 2행
:불ㅣ·라 ᄒᆞ·니·라} 眞진珠즁 ·그믈·로 ·쑤미·고   19앞 3행

이 예문에는 석보부에서는 { }로 표시한 바와 같이 비교적 긴 협주가 두 개 들어있는 예이다. 하나는 〈월석〉 제8권의 18뒤 6행 끝부터 "{甄건叔·슉迦강·ᄂᆞᆫ 블·근 ·비치·라 ·혼 :마리·니 나못}"과 19앞의 1행부터 "{일·후미·니 ·이 :보·빈 그 나못 곳 ·빗 ᄀᆞ티 블·그니·라}"가 그것이고 또 하나는 19앞 2행부터 "{梵·뻠·은 ·조ᄒᆞᆯ ·씨·니 摩망尼닝珠

즁ㅣ ·조홀 ·씨 梵·뺌摩망尼닝寶}"와 19앞 3행의 "{:볼ㅣ·라 ㅎ·니 ·라}"가 그것이다.

필자의 관심은 이 두 협주를 옥책에 어떻게 새겨 넣었을까 하는 점인데 첫 번째 협주는 옥책 권2-23편의 후미와 권2-24편의 첫 머리까지 역시 쌍행(雙行)으로 "甄건叔 ·슉迦강·ᄂ 블·근 ·비치·라 ·혼 :마리·니 나못 일·후미·니 ·이 :보·빗 그 나못 곳·빗 ᄀ티 블·그니·라"와 같이 제대로 새겨 넣었다.

그러나 이것 역시 앞에서 살펴본 바와 같이 한 줄의 한 칸에 두 자를 그대로 옮겼음에도 제대로 쌍행의 협주가 된 예라고 본다. 즉, 현전하는 〈월석〉 제8권의 18뒤 7행과 19앞 3행의 쌍행 협주를 두 줄로 정리하면 다음과 같다.

甄叔迦의 협주

甄건叔 ·슉 迦강· ᄂ 블·근
·비치·라 ·혼 :마리·니 나못

일·후 미·니 ·이 :보·빗 그 나
못 곳·빗 ᄀ 티 블·그니·라

梵摩尼寶의 협주

梵·뺌·은 ·조홀 ·씨·니 摩망尼닝珠
즁ㅣ ·조 홀·씨 梵·뺌 摩망尼닝寶
:볼ㅣ·라
ㅎ·니·라

이 협주를 옥책에서는 권2-23편의 끝 행에서 견숙가(甄叔迦) 다음에 두 줄로 "甄건叔 ·슉 迦강· ᄂᆞ 블·근/·비치·라 ·혼 :마리·니 나못/"과 같이 새겨서 제대로 읽힐 수가 있다. /는 개행(改行)이라 줄을 바꾸게 되는데 공교롭게도 두 글자로 하나로 보고 새겨도 제대로 된 협주가 될 수 있는 줄 바꾸기가 된 경우이다.

[사진 4-21] 옥책 권2-23, 24편

그러나 옥책 권2-24편에서는 [사진 4-21]의 아래 사진에서 볼 수 있는 것처럼 범마니보(梵摩尼寶)의 협주가 이런 행운을 얻지 못하여 옥책의 권2-24편에서 "梵·뻠·은 ·조홀 ·씨·니 摩망尼/"까지 새기고 줄을 바꿔서 "즁ㅣ ·조 홀·씨 梵·뻠 摩망尼/"로 끝을 내어 전혀 맞지 않는 엉뚱한 내용이 되었다.

거기다가 마지막의 ":볼ㅣ·라, ᄒᆞ·니·라"의 두 줄은 새기지도 못하였다. 옥책의 다른 권을 새긴 각수가 원문의 글자는 물론 방점까지 놓치지 않고 정확하게 새긴 것에 비교하면 이 곳을 새긴 각수는 언문을 모를 뿐만 아니라 좀 느슨한 승려였음을 알 수 있다. 그리고 앞 장의 3.3.4.1~5에서 살펴본 현대의 위작(僞作)에서 전혀 찾아볼 수 없는 오류였다.

4.3.2.6 이상 살펴본 바와 같이 〈월석〉 제8권을 옥간(玉簡)에 옮겨 새

긴 정통(正統) 12년의 옥책은 불일사(佛日寺)의 승려(僧侶)들로 볼 수밖에 없는 각수들이 언문(諺文)을 잘 알지 못하고 또 〈월석〉과 같은 복잡한 조판의 판식(板式)에 익숙하지 못하여 많은 잘못을 저질렀다.

우선 가장 큰 오류는 〈월석〉에 들어있는 쌍행의 협주를 제대로 이해하지 못한 것이다. 〈월석〉에는 큰 글자로 상단에 가득 차게 쓴 월인부와 비록 한 칸을 내려썼고 월인부보다는 조금 작지만 그래도 꽤 큰 글자로 한 칸에 한 자씩 쓰인 석보부의 내용은 비교적 정확하게 옮겨 새겼다.

그러나 석보부의 협주와 〈월석〉에서 추가된 협주들은 한 칸에 두 자씩 쓰인 쌍행의 협주를 전혀 이해하지 못하고 두 글자를 역시 한 칸에 쓰인 한 글자로 알고 옮겨 새겼다. 한 행에는 한 칸에 한 글자씩이라고 생각하고 두 자를 그대로 옮긴 것이다. 그래서 위에서 살펴본 바와 같이 우연히 제대로 두 줄의 협주가 되는 경우도 있지만 많은 부분에서 전혀 의미가 통하지 않게 되었다.

또 다른 오류는 한 행에 두 줄로 쓴 쌍행 협주를 오해하고 한 줄을 읽고 다음 줄이 아니라 그다음 줄을 읽어서 일어난 것도 있다. 계선이 분명하지 않은 〈월석〉의 구권에서 한 행에 두 줄로 된 협주를 잘못 알고 옮겨 새긴 것이다. 또 이 사실로부터 구권의 〈월석〉 제8권과 신편은 거의 유사한 행차(行次)와 자순(字順)을 가졌다고 볼 수 있다.

4.3.2.7 이와 같이 각수가 저지른 많은 실수와 잘못된 각자(刻字)로 인하여 이 옥책은 제대로 이용되지 못하고 폐장(閉藏)될 수밖에 없었던 것이 아닌가 한다. 이에 비하면 앞의 3.3.4.1 ~5에서 살펴본 경태(景泰) 5년의 옥책도 〈월석〉의 제8권을 옥책의 권17의 1편부터 권24의 끝까지 옮겨 새겼으나 거기서는 이런 잘못이 거의 발견되지 않고 현전하는 〈월석〉 제8권의 쌍행(雙行) 협주도 거의 정확하게 옮겨 적었다.

앞의 제3장에서 '4) 〈월석〉 옥책의 여러 위작(僞作)'에서 언급한 대로 이 경태 6년의 위작 옥책은 진본(眞本)에서 보이는 이러한 잘못을 수정하여 진품으로 보이기 위한 수단으로 〈월석〉 제8권의 같은 부분을 정확하게 옮겨 적었을 것이다. 다만 제8권만으로 부족하다고 느껴 제17권과 제7권을 함께 새겨 엄청난 수효의 옥책을 제작한 것이다.

즉, 경태(景泰) 6년(1455)의 〈월석〉 옥책은 정통(正統) 12년의 옥책을 보고 이 옥책에 각인된 내용의 여러 오류로 인하여 진품으로 인정을 받지 못할 것으로 생각하고 대대적으로 위작을 제작하였을 것으로 추정된다. 그리하여 제작 연대도 정통 12년(1447)이 세간에 알려진 〈월석〉의 간행 연도인 천순(天順) 3년(1459)보다 너무 앞서 있어서 이를 6년 정도 낮추어 경태 6년으로 절충한 것으로 보인다.

정통 12년의 〈월석〉 옥책은 앞에서 살펴본 바와 같이 각수가 저지른 많은 실수와 잘못된 각자(刻字)로 인하여 제대로 이용되지 못하고 폐장(閉藏)될 수밖에 없었던 것이 아닌가 한다. 확인되지 않은 소장자의 전언에 의하면 이 옥책은 가마솥에 넣어 불일사(佛日寺) 사리단지(舍利壇址)의 사천왕상(四天王像) 기단(基壇) 밑에 묻어두었던 것을 이곳에 도로를 내면서 드러난 것이라 한다.

이처럼 가마솥에 넣어 땅에 묻은 것은 이것을 폐기(廢棄)한 것으로 볼 수 있는데 앞에서 살펴본 바와 같이 정통 12년의 〈월석〉 옥책에서 볼 수 있는 많은 오류가 원인이 되어서 이 옥책을 버린 것이라고 추정된다. 또 경태 6년의 위작을 비롯하여 많은 〈월석〉 옥책의 현대적 위작들은 이 정통 12년의 〈월석〉 옥책에서 비롯한 것임을 알 수 있다.

4. 〈월인석보〉 제8권의 신편과 구권

4.4.0 앞에서 〈월석〉은 세종 생존 시에 간행된 구권(舊卷)이 있고 천순(天順) 3년, 세조 5년에 간행된 것은 신편(新編)으로 보았다(3.2.1.1 참조). 이것은 세조 5년에 간행된 〈월석〉의 신편에 부재(附載)된 세조의 어제서문(御製序文)에 세종이 편찬한 구권의 〈월석〉이 있고 지신이 간행하는 것은 신편이라고 분명히 밝혀두었기 때문이다.

따라서 정통(正統) 12년, 즉 세종 29년에 제작된 〈월석〉의 옥책은 그 연대로 보아 〈월석〉의 구권이어야 한다. 정통 12년은 〈월석〉의 신편이 간행된 천순(天順) 3년보다 12년이나 앞선 시기이기 때문이다. 따라서 이 옥책으로 비록 제8권에 불과하지만 〈월석〉 구권의 참모습을 규지(窺知)할 수가 있고 그런 기대로 인하여 정통 12년의 〈월석〉 옥책은 필자의 관심을 끈 것이다.

앞에서 살펴본 바와 같이 정통 12년의 〈월석〉 옥책은 〈월석〉의 제8권을 옮겨 새겼다. 현전하는 〈월석〉의 제8권은 여러 질이 전하지만 대부분 후대의 복각본이거나 후쇄본이다. 다만 1977년에 발굴되어 세상에 소개된 판본은 탑장본(塔藏本)으로 초간본으로 인정되었다. 이 책에서는 현전하는 초간본 〈월석〉 제8권과 옥책에 옮겨 새긴 내용을 비교하여 검토하였다.

즉, 이 〈월석〉 제8권에 대하여 서지학적으로 고찰한 천혜봉(1977:10)에 의하면 "[전략] 墨光이 사뭇 鮮明하고 印出에 공을 퍽 들여 印刷紙面이 참으로 優雅精麗하며 紙質 또한 古樣度를 보여주는 해묵은 楮紙인 점등에서 初刊本의 특징이 얼른 파악된다. [하략]"(한자 띄어쓰기는 원문대로)이라 하여 초간본의 〈월석〉으로 감정하였다.

1) 동국대학교 소장의 〈월석〉 제8권

4.4.1.1 원래 동국대학교 소장의 〈월석〉 제8권은 제7권과 함께 어떤 절에서 발굴되었다고 한다. 역시 천혜봉(1977)에 의하면 이 책의 훼손은 오래도록 탑(塔) 속에 보관되어 생긴 것으로 보았으며 후대에 이를 꺼내어 사찰에서 개인이 보관하다가 세상에 나오게 되었다고 소개하였다. 다만 어느 절의 어느 승려가 이를 소장하고 있었는지는 밝히지 않았다.

또 판식(板式)이 사주쌍변(四周雙邊)에 반곽(半郭)의 크기가 22×17.2cm 내지는 20.4×17.3cm에 유계(有界)에 반엽(半葉) 7행 16자이고 협주는 쌍행(雙行)으로 적었다. 판심(版心)은 관흑구(寬黑口)에 내향(內向) 흑어미(黑魚尾)로 되어서 다른 〈월석〉의 초간본과 동일하다고 한다.

세종 때에 간행된 〈월인〉과 〈석보〉는 모두 판면(板面)의 계선(界線)이 분명하지 않고 다른 초간본의 〈월석〉, 예를 들면 제4권도 이와 유사한 것으로 보인다. 이 책의 다음 5.4.1.1~2에서 고찰한 바와 같이 현전하는 〈월석〉 제4권은 구권인 것으로 보이기 때문이다. 따라서 현전하는 〈월석〉 제8권은 계선이 분명하여 세조 때에 간행된 신편(新編)이다.

다만 오랫동안 탑 속에 방치되어 습기로 인한 훼손이 심하여 제8권의 권말 부분의 5, 6장(張)이 부식(腐蝕)하여 보이지 않는다. 옥책과의 비교에서는 다른 판본의 것으로 보진(補塡)하여 고찰하였다. 동국대학교에서 편찬한 영인본에서도 다른 판본을 비교하여 훼손된 부분을 복원하였다.

4.4.1.2 앞에서 살펴본 정통 12년의 〈월석〉 옥책은 그 제작 연대로 보아 세종 때의 구권을 옮겨 새겼을 것인데 이 〈월석〉 옥책의 내용과 현전하는 〈월석〉 제8권의 내용은 대동소이하다. 부분적으로 삭제된 것이 있고 각수의 실수로 잘못 새긴 것도 있지만 전체 내용은 거의 온전하게 옥책에 옮겨 새겼으므로 〈월석〉의 제8권은 구권과 신편은 크게 차이가 나

지 않은 것으로 보인다.

특히 옥책의 권3에는 오자가 있어 {구권}〈월석〉의 오자를 그대로 반영한 것으로 보인다. 그런데 현전하는 {신편}〈월석〉의 제8권에도 같은 오자가 있어 〈월석〉 제8권의 구권과 신편은 오자까지도 그대로 답습한 것으로 보아 같은 원고를 상재(上梓)하여 간행한 것 같다. {구권}〈월석〉의 제8권은 활자본인 것을 목판에 그대로 새겨 신편으로 간행한 것으로 보인다.

즉, 옥책의 권3-30편에 "緣원·ᅌᆞ·로 닌 :이·를 나·토·아 諸졍法·법·이 반득반득 홀·씨 부텻 :이·레"를 새겼는데 이것은 {신편}〈월석〉의 29앞 5행의 "世·솅俗·쏙·ᄋᆫ 緣원·ᅌᆞ·로 닌 :이·를 나·토·아 諸졍法·법·이 반득반득 홀·씨"와 똑같다.

그러나 이 "緣원·ᅌᆞ·로 닌 :이·를"은 "緣원·ᅌᆞ·로 난 :이·를(인연으로 난 일을)"의 밑줄 친 '닌 > 난'의 오자이다. 정통 12년의 〈월석〉 옥책이 당연히 {구권}〈월석〉을 옮겨 새겼을 것이므로 잘못된 오자를 그대로 베꼈는데 이것이 {신편}〈월석〉에서도 동일하다는 것은 〈월석〉의 제8권은 구권과 신편이 어느 정도 유사했는지를 단적으로 말해준다.

이것은 다음의 제5장에서 살펴본 훈민정음의 두 〈언해본〉, 즉 고려대 소장의 〈훈민정음〉과 서강대본의 〈월석〉의 신편(新編) 제1권에 부재(附載)된 〈세종어제훈민정음〉이 실제로는 첫 장의 1엽만이 다르고 나머지가 모두 동일한 동판본(同板本)임을 상기하게 된다. 즉, 고려대본 〈훈민정음〉의 제1엽을 개판하여 서강대본의 〈세종어제훈민정음〉을 만들었음과 같이 〈월석〉의 구권과 신편은 적어도 제8권에서는 부분적인 개판(改版)이 있었을 뿐이고 내용은 세조 때의 신편과 크게 다르지 않았을 것으로 추정된다.

2) 〈월석〉의 구권과 신편

4.4.2.1 그동안 〈월석〉에 대하여 필자는 세종의 구권(舊卷)과 세조의 신편(新編)이 어떤 차이가 있을까 하고 고심하였는데 앞의 4.3.2.1에서 살펴본 바와 같이 정통 12년의 〈월석〉 옥책을 보면 〈월석〉의 구권과 신편의 차이가 그렇게 크지 않았음을 알 수 있었다. 자순(字順)까지 일치하므로 구권과 신편은 〈월석〉 제8권에서 거의 동판본(同板本)으로 보여 활자본의 구권을 신편에서는 복각한 수준의 판본으로 보인다.

앞의 3.2.2.3에서 논의한 바와 같이 『세종실록』(권113) 세종 28년 5월 28일자 기사에 "是經已成數件, 欲轉于大慈庵, 以資冥福。 – 이 불경이 이미 여러 건 완성되어 대자암으로 옮겨 명복을 빌고자 하였다"라는 기사가 있어 〈석보〉와 〈월인〉, 그리고 〈월석〉의 여러 불서(佛書)가 이때에 완성되어 대자암으로 옮겼음을 알 수 있다.

이때의 불경들은 아직 활자로 인쇄하기 이전의 원고 상태를 말할 것이다. 왜냐하면 〈석보〉는 {신편}〈월석〉의 권두에 실린 수양대군의 '석보상절서(釋譜詳節序)'에 "正統十二年七月二十五日"이라는 간기가 있어 적어도 정통 12년, 세종 29년 7월까지는 〈석보〉가 간행되지 않았기 때문이고 〈석보〉가 간행이 되지 않았으면 〈월인〉도 간행이 안 된 것으로 보아야 하기 때문이다.

다만 같은 실록에서 같은 해의 10월 5일자 기사 "然今佛經已成, 何不披覽, – 그러나 이제 불경이 이미 완성되었으니 어찌 보지 않을 수가 있겠습니까?"라는 기사가 있어 이때에 불경이 간행되어 읽힌 것임을 말한다. 이때의 불경은 〈월석〉의 구권으로 보아야 한다. 왜냐하면 세종 28년 10월에는 〈석보〉와 〈월인〉이 아직 간행되기 이전이기 때문이다.

{신편}〈월석〉은 서강대 소장의 초간본에 세조의 어제서문이 게재되었고 여기에 '천순(天順) 3년 기묘(己卯) 7월 7일 서(序)'란 간기가 있고

또 그 시작을 "어제(御製) 월인석보서"로 하여 세조 5년에 간행되었음을 알 수 있다. 그리고 천순 3년(1469)에 간행된 〈월석〉의 신편에 훈민정음의 〈언해본〉인 〈세종어제훈민정음〉이 실린 것이다.

4.4.2.2 필자는 졸고(2019d)에서 〈월석〉의 구권에 비하여 신편은 다만 협주에서 차이가 날 것이라고 주장하였다. 왜냐하면 앞의 제3장 3.2.1.1에서 인용한 〈월석〉의 '어제월인석보서(御製月印釋譜序)'에 "乃講劘研精於舊卷ᄒᆞ며 繫括更添於新編ᄒᆞ야 –녯 글워레 講論ᄒᆞ야 ᄀᆞ다ᄃᆞ마 다ᄃᆞ게 至極게 ᄒᆞ며 새 밍ᄀᆞ논 글워레 고텨 다시 더어, 出入十二部之修多羅호ᄃᆡ 曾靡遺力ᄒᆞ며 增減一兩句之去取호ᄃᆡ –十二部 修多羅애 出入호ᄃᆡ 곧 기튼 히미 업스며 ᄒᆞᆫ 두 句를 더으며 더러ᄇᆞ리며 뿌ᄃᆡ"라는 서문에서 옛 글월(舊卷)을 강론하고 가다듬어서 새 글월(新編)에 고쳐서 다시 더한 것임을 밝혔기 때문이다.

그리고 특히 12부 수다라(修多羅)에서 몇 구를 더하거나 삭제하여 신편을 만든 것이라고 하였다. 여기서 12부 수다라, 즉 십이부경이란 지야(祇夜), 화가나(和伽那), 가타(伽陁), 우타(優陁), 니타나(尼陁那), 아파타나(阿波陁那), 이제목다가(伊帝目多伽), 도타가(闍陁伽), 비불략(毗佛略), 아부달마(阿浮達摩), 그리고 우파제사(優波提舍)를 말한다.[106] 모두 〈월석〉에서 협주로 쓰인 불경들이다.

따라서 〈월석〉의 신편은 구권에 12부 수다라에서 가져온 협주를 추가한 것뿐이라고 졸고(2020a)에서 주장하였다. 〈월석〉의 신편에서 추가된 협주들은 상단에서 두 칸, 내지는 세 칸을 띄어 실었다. 〈월석〉의 구

---

106) 十二部經에 대하여는 〈월석〉(권8)의 42뒤에 "十二部經은 修多羅와 祇夜와 和伽那와 伽陁와 優陁와 尼陁那와 阿波陁那와 伊帝目多伽와 闍陁伽와 毗佛略과 阿浮達摩와 優波提舍ㅣ라"를 참고할 것.

권에서는 이와 같이 두 칸, 또는 세 칸을 띄어 적은 협주가 없을 것으로 보았다. 왜냐하면 현전하는 〈월석〉 중에서 구권으로 추정되는 〈월석〉의 제4권에서는 적어도 싱단으로부터 두 칸을 띤 협주의 협주는 발견되지 않음을 예로 들었다. 따라서 〈월석〉의 구권에는 두 칸을 내린 협주가 없을 것이라고 추정하였다.

정통 12년의 옥책에서는 〈월석〉의 제8권을 옮겨 새겼으나 그것만으로는 현전하는 판본처럼 두 칸, 또는 세 칸을 띤 협주가 있었는지 알 수가 없다. 다만 정통 12년의 옥책에 의거하면 〈월석〉의 제8권의 두 칸, 또는 세 칸을 띤 협주에서 많은 오류가 발생하여 현전하는 신편처럼 칸을 띄어 쓰지 않은 것으로 볼 수 있다. 또 〈월석〉 제8권은 신편에서 추가된 협주가 거의 없는 것을 확인할 수 있다. 이것이 정통 12년의 〈월석〉 옥책에서 얻어낸 수확이라고 할 수 있다.

4.4.2.3 다만 〈월석〉 제8권의 구권과 신편은 엽차(葉次)에서 차이가 있었던 것으로 보인다. 왜냐하면 정통 12년 〈월석〉 옥책에서는 전편을 12권으로 분권(分卷)하였는데 그 구분의 기준이 각기 9엽 정도 나누어 각자(刻字)하면서 어느 한 각수가 새기기로 한 분량을 1권으로 하였을 가능성이 크다. 왜냐하면 그 외에는 이러한 분권(分卷)의 기준을 찾을 수가 없기 때문이다.

실제로 정통 12년의 〈월석〉 옥책의 권12로 나눈 분량을 현전하는 〈월석〉 제8권으로 보면 다음과 같다.

　　권1 -11엽뒤(11엽)　　　　권2 -20엽앞(9엽)

　　권3 -29엽앞(9엽)　　　　권4 -38엽앞(9엽)

　　권5 -47엽뒤(9엽)　　　　권6 -57엽앞(10엽)

권7 –64엽뒤(7엽)	권8 –72엽뒤(8엽)
권9 –83엽앞(11엽)	권10 –91엽뒤(8엽)
권11 –98엽앞(7엽)	권12 –104엽앞(6엽)

이와 같은 각 권의 분량을 보면 평균해서 9엽 정도로 나뉜 것임을 알수 있다. 다만 쌍행 협주가 이어지는 권11, 권12에서는 다른 권에 비하여 적은 분량의 엽수를 나누어 가졌고 큰 글자로 쓰인 월인부와 석보부, 특히 월인부가 있는 권1과 권9는 분량이 많다. 큰 글자이기 때문에 옥책에 새기는 데 많은 분량을 소화할 수 있었기 때문이다.

옥책의 각 권은 앞에서 고찰한 대로 대체로 평균 9엽 정도의 분량이다. 〈월석〉 제8권은 모두 104엽으로 되었기 때문에 12인의 각수가 이를 나누어 새기려면 한 사람당 9엽 정도를 담당해야 할 것이다. 그러나 〈월석〉 제8권의 내용에 월인부와 석보부, 그리고 쌍행 협주들이 있어서 분량이 일정하지 않다. 따라서 권1은 11엽, 권2는 8엽, 권3~5는 9엽, 권6은 10엽, 권7은 7엽, 권8은 8엽, 권9는 11엽, 권10은 8엽, 권11은 7엽, 권12는 5엽, 도합 104엽을 권12로 나눈 것이다.

〈월석〉 옥책의 권1과 권9가 11엽을 소화한 것은 월인부가 들어있어서 많은 엽수를 옮겨 새길 수가 있었고 권11이 7엽, 권12가 6엽밖에 소화하지 못한 것은 이 부분이 쌍행 협주라 작은 글자로 촘촘하게 쓰였기 때문이다. 특히 권12는 마지막 권이라 '佛日寺 正統 十二年 終'이란 최종 간기를 붙여야 하기 때문에 적은 분량을 옮겨 새겼다.

그러나 쌍행 협주가 있는 권3이 9엽을 옮겨 적었고 권6은 부분적으로 쌍행 협주가 있음에도 불구하고 10엽을 옮겨 적은 것은 글자 수의 분량만을 따른 것이 아님을 알 수 있다. 아마도 각수들의 능력에 따라 적절하게 배분한 옥편(玉片)에 나누어 새긴 것으로 보인다.

4.4.2.4 따라서 옥책의 각 권에 옮겨 새긴 분량의 할당은 전혀 책의 엽수(葉數)에 따라 나눈 것으로 볼 수밖에 없다. 신편의 제8권에서 내용의 중간을 잘라서 다른 권으로 한 경우가 거의 대부분이기 때문이다. 그런데 엽수(葉數)에 따라 분담했다면 현전하는 〈월석〉의 제8권과는 엽차(葉次)가 맞지 않는다.

이로부터 〈월석〉 제8권의 구권과 신편의 차이를 감지할 수 있다. 옥책을 12권으로 분권한 것을 볼 때에 〈월석〉 제8권의 구권과 신편은 엽차(葉次)가 달랐던 것으로 보아야 할 것이다. 불일사(佛日寺)의 승려로 볼 수밖에 없는 이 각수들은 각기 몇 장의 내용을 나누어 갖고 각자(刻字)한 것이라면 각 권은 엽수 단위로 끝나야 하기 때문이다.

이렇게 본다면 엽수(葉數)별로 나누었을 때에 정통 12년의 〈월석〉 옥책은 현전하는 〈월석〉 제8권과 엽차(葉次)가 다르게 된다. 〈월석〉의 구권과 신편의 차이가 엽차에 있었음을 추정하게 하는 것은 〈월석〉의 구권이 활자 인쇄였음을 전제로 한 것이다. 즉, 구권을 기준으로 하여 신편을 편찬할 때에 활자를 정판(整版)에 올린 기존의 구권을 해판하고 다시 판을 짜서 목판에 옮겼으므로 이러한 엽차(葉次)의 차이가 생기게 된다.

옥책의 각수들은 〈월석〉의 책을 분해하여 자신이 맡은 분량의 책장(冊張)을 들고 옥간(玉簡)에 새기는 작업을 진행하였을 것으로 보아야 한다. 따라서 현전하는 〈월석〉 제8권과 옥책 각 권의 엽수가 맞지 않는 것은 현전하는 〈월석〉 제8권이 비록 초간본이라도 정통 12년의 옥책이 대본으로 한 〈월석〉 제8권과는 엽수가 서로 다른 것으로 보이기 때문이다.

다만 엽차(葉次)에서는 차이가 나지만 각 엽(葉)의 자순(字順)이 동일함을 보면 기존의 구판(舊版)을 해체하지 않고 그대로 상재(上梓)하여 목판의 〈월석〉 신편(新編)을 간행한 것으로 보인다. 흔히 활자로 조판한 활자본을 목판에 올릴 때에 엽수(葉數)의 차이가 발생하지만 각 엽(葉)

의 자순이나 행차(行次)는 동일한 경우가 많다. 그리고 목판에 새길 때에는 계선(界線)을 분명하게 하였다.

5. 마무리

4.5.0 이상 정통 12년 〈월석〉 옥책에 보이는 여러 가지 문제를 살펴보았다. 이 옥책은 〈월석〉의 제8권을 모두 옮겨 새겼는데 모두에서 언급한 대로 새 문자가 공표된 지 1년도 안 되는 시점이어서 각수들은 언문을 잘 이해하지 못하였다.

또 〈월인〉과 〈석보〉를 본문으로 하지만 〈석보〉는 해당 〈월인〉의 해설로서 한 칸 내려 적었으며 또 〈월석〉에서 새로 협주를 다는 경우 두 칸을 내려 적었다. 이렇게 복잡한 판식(板式)의 불서를 아무리 승려들이라 하더라도 전에는 미처 보지 못하거나 경험하지 못한 것이라 이 불경을 옮겨 새기는 데 많은 잘못을 저질렀다.

또 21세기 초에 갑자기 많이 세상에 나온 〈월석〉 옥책의 위작(僞作)들은 이러한 진본의 오류를 감지하고 이것으로는 진품으로 인정받기가 어려울 것으로 생각하여 위작을 만든 것으로 추정하였다. 현전하는 〈월석〉 제8권과 비교한 결과 쌍행 협주에서 너무 많은 오류를 발견하고 새로운 옥책을 만들기로 한 것이 아닌가 하고 추측해본다.

그동안 정통 12년의 옥책에서 발견되는 오류들은 이 옥책을 위작(僞作)으로 보려는 한글 연구자들에게 힘을 실어주었다. 그리하여 이 옥책을 살펴본 연구자들은 이러한 잘못으로 보아 신빙성이 없는 자료로 판단한 것 같다. 그러나 이 옥책에 보이는 오류들은 나름대로 이유가 있었고 그러한 어처구니없는 오류가 오히려 이 옥책이 진품임을 보여주는 반증으로 보았다.

4.5.1 원래 〈월인〉과 〈석보〉는 새 문자인 훈민정음에 대한 인식이 달랐다. 신미(信眉)와 김수온(金守溫), 그리고 수양대군(首陽大君)이 주도한 〈석보〉는 한자가 중심이고 훈민정음은 그 발음 표기를 위한 보조 문자로 인식하였다.

그러나 세종의 친작(親作)인 〈월인〉은 훈민정음이 우선이고 한자는 그에 부속하는 것으로 보아서 훈민정음으로 발음을 먼저 쓰고 한자를 뒤에 썼다. 이러한 새 문자에 대한 인식의 차이는 〈월인〉과 〈석보〉의 도처에서 나타나서 〈월인〉이 어디까지나 우리말 중심의 표기였다면 〈석보〉와 〈월석〉은 불경의 한문을 우선하는 기술이었다.

그러나 정통 12년의 〈월석〉 옥책에서는 〈월인〉의 본문과 같이 한자에 훈민정음으로 표음할 때에 한자의 오른편에 한자음을 새겼다. 한자와 훈민정음의 한자 표음을 동등하게 본 것이다. 보통 한 옥간(玉簡)에 2행으로 〈월석〉 제8권을 옮겨 새겼으나 한자음이 있는 경우에는 한 행에 두 줄로 한자음을 새긴 것이 된다. 〈월인〉과 같이 한자의 훈민정음 표음을 우선하거나 적어도 한자와 동등하게 인식한 셈이다.

여기에서 세종이 훈민정음이라는 새 문자를 제정하여 한자음 정리를 목표로 하였으나 둘째 따님인 정의(貞懿) 공주가 이것으로 변음토착(變音吐着)의 난제를 해결하자 우리말을 전면적으로 표기하여 언문(諺文)이 되었다는 필자의 주장을 되돌아보게 된다. 세종은 이를 시험하려고 『증수석가보(增修釋迦譜)』를 언해하여 새 문자로 적도록 하였다. 이것이 바로 〈석보〉라고 본 것이다.

그리고 〈석보〉를 보면서 세종 스스로가 이를 확인하기 위하여 〈월인〉을 직접 저술하면서 새 문자로 우리말과 한자음 표기를 확인해본 것이라는 졸저(2015)의 주장을 다시 떠올린다. 세종은 어디까지나 새 문자의 시험을 위하여 〈월인〉을 저술한 것이고 〈석보〉를 저술한 신미(信眉)와 김수온(金守溫), 그리고 수양(首陽) 대군은 새 문자로 언해한 불경을 읽기에 좋도록 표기하는 것이 그들의 중요한 목적이었다. 그들에게는 한자가 우선이고 언문은 어디까지나 그에 부속하는 것이었다.

〈석보〉와 〈월인〉은 세상에 공표하기 전에 합편하여 〈월석〉으로 먼지 간행된다. 〈월석〉은 위의 〈월인〉과 〈석보〉를 합편하면서 협주를 더하였다. 이때에는 새 문자의 실험 같은 일은 염두에 두지 않았으므로 〈석보〉와 같이 한자를 먼저 쓰고 그 발음은 훈민정음으로 뒤에 쓰는 방식을 취했다.

그리고 〈월인〉은 금상(今上)인 세종의 친제(親制)이므로 한 칸 올려쓰고 〈석보〉는 한 칸 내려썼다. 〈월인〉을 대두(擡頭)의 방식으로 옮겨온 것이다. 〈월석〉이 세종 생존 시에 편찬되어 간행되었음을 보여주는 증거이다. 〈월인〉과 〈석보〉, 그리고 〈월석〉의 기본적인 차이는 〈월석〉에서 많은 협주를 추가하였다는 점이다.

이것으로 보면 〈월인〉과 〈석보〉는 애초에 공간할 의도가 없었던 새 문자의 시험용이었고 〈월석〉만을 간행하여 세상에 보여줄 불경이었음을 알 수 있다. 그리하여 〈월인〉과 〈석보〉를 합편한 세종 28년 10월경에 〈월석〉을 먼저 간행하고 〈월인〉과 〈석보〉는 1년 후에 승하(昇遐)하신 소헌왕후(昭憲王后)의 추천(追薦)을 위하여 불사(佛事)로 세종 29년 7월에 추가로 간행한 것이다.

그러나 정통 12년의 〈월석〉 옥책에서는 한자와 더불어 이 한자음을 표음한 훈민정음도 우선하거나 동일하게 여겨서 이들 오른쪽에 옮겨 새겼다. 이 옥책의 간행은 당시 새 문자를 제정하고 이를 실험한 참가자들의 새 문자에 대한 의지를 보여준다는 의미에서 〈월석〉 옥책의 한자음 표기는 중요하다.

4.5.2 정통 12년의 〈월석〉 옥책은 〈월석〉의 제8권을 처음부터 끝까지 새겨 넣었다. 아마도 불일사(佛日寺)의 승려들이 불공(佛供)으로 〈월석〉 제8권을 고가의 옥간(玉簡)에 새겨 넣는 작업을 한 것으로 보인다. 그리고 역시 정통 12년의 〈월석〉 옥책을 제작한 것은 1년 전에 승하(昇遐)하신 소헌왕후(昭憲王后)와 관계가 있을 것이다.

즉, 소헌왕후의 위패(位牌)를 모신 개성의 불일사(佛日寺)에서 1년 전인 세종 28년(1446) 3월에 돌아가신 왕비(王妃)의 1주기(週忌)를 맞이하여 대군(大君)들이, 특히 수양대군이 모후(母后)의 명복(冥福)을 빌려고 옥책을 제작한 것으로 보는 것이 합리적인 추론이다. 역시 왕실의 작업이므로 막대한 비용이 들어가는 옥책의 제작이 가능했다고 본다.

그리고 여기에 동원된 각수(刻手)들은 불일사에 속한 승려(僧侶)들로서 소상(小喪)을 맞이한 망자(亡者)의 추천(追薦)을 위한 불사(佛事)로 작업에 임하였을 것이다. 〈석보〉나 〈월인〉이 아니라 〈월석〉을 옥책에 새긴 것은 〈석보〉와 〈월인〉이 아직 간행되지 않았기 때문이다. 〈석보〉는 수양군의 서문에 정통 12년 7월이란 간기가 있고 〈월인〉도 같은 시기에 간행된 것으로 보여서 정통 12년 3월에 소헌왕후(昭憲王后)의 1주기를 맞이하여 그 제작이 시작된 옥책에는 아직 간행되지 않은 두 책을 옮겨 새길 수가 없었다.

따라서 각수들은 새로 제정된 새 문자에 대하여 잘 모르는 상태에서 〈월석〉의 옥책을 제작하였고 그로 인하여 많은 오류가 발생하였다. 그리고 이로 인하여 이 옥책은 가마솥에 넣어 불일사의 경내 땅에 묻었다가 이곳에 도로를 내면서 발굴되어 세상에 나오게 된 것으로 추정한다.

4.5.3 정통 12년의 〈월석〉 옥책은 〈월석〉 제8권을 옮겨 새겼다. 옥책을 살펴보면 〈월석〉의 대자(大字)로 된 '월인부(月印部)'와 그보다는 작지만 그래도 어느 정도 크기의 중자(中字)로 된 '석보부(釋譜部)'는 옥책에서 거의 틀림없이 정확하게 옮겨 새겼다.

그러나 한 줄로 쓴 본문 다음에 쌍행으로 쓴 협주는 소자(小字)로 쓰였고 한 행에 두 줄로 쓴 것을 이해하지 못하였다. 즉, 두 줄로 쓰기 위하여 한 칸에 두 자를 함께 쓴 것을 한 글자로 인식하고 그대로 옮겨 새겼다. 그로 인하여 일부는 제대로 읽힌 것도 있지만 대부분 전혀 알 수 없는 문장이 되었다. 〈석보〉의 본문에 포함된 쌍행 협주도 같은 오류가 있었고 〈월석〉에 붙은 쌍행의 협주는 거의 모두가 이런 잘못이 생겼다. 따라서 이 옥책은 실제로 읽을 수 없게 되었다.

이 유물을 미리 살펴본 몇몇 유물 거간꾼들은 이런 오류가 있는 정통 12년의 옥책을 그대로 세상에 내놓을 수가 없다고 보아 위작(僞作)을 만든 것 같다. 현재 고미술품 암시장에 돌아다니는 〈월석〉의 몇몇 옥책들은 모두 정통 12년의 옥책을 모조하여 만든 위작(僞作)들이다. 필자는 이러한 위작들을 감정하면서 이러한 위조품의 제작이 얼마나 우리의 역사를 왜곡할 수 있는지 한탄을 금치 못하였다.

현재 알려진 〈월석〉 옥책의 제작 연대는 한결같이 우리가 알고 있는 〈월석〉 신편의 간행 시기인 천순(天順) 3년, 세조 5년(1459)보다 훨씬 앞선 시기로 잡았다. 필자도 처음에는 여러 옥책들의 이러한 제작 시기에 당혹감을 느꼈다. 위조품을 만들 때에 가장 조심하는 것이 세상의 눈을 속이는 것인데 현전하는 모든 위작들이 〈월석〉의 간행 시기보다 앞선 것은 상식으로 이해하기 어려운 일이다.

이것은 보통 위조품을 만들 때에 있을 수 없는 일이다. 〈월석〉이 아직 간행되기 이전에 그를 옮겨 새긴 옥책이 먼저 나왔다는 것은 도저히 이해할 수 없기 때문이다. 그러다가 정통 12년의 옥책을 보고 나서 왜 다른 위작들이 모두 천순(天順) 3년보다 앞선 시기를 잡았는지 이해할 수 있었다. 정통 12년의 것을 위조하다 보니 그보다 앞서지는 못하지만 그보다 12년이나 뒤인 천순(天順) 3년의 아래로 내려갈 수는 없었던 것이다.

4.5.4 정통 12년의 〈월석〉 옥책은 24개의 옥봉(玉棒)과 376편의 옥간(玉簡)으로 구성되었다. 이 옥편 중에서 겉표지에 해당하는 '월인석보(月印釋譜)'만을 새긴 옥간이 12개가 있다. 즉, 이것은 12권의 표지로 만든 것이기 때문이다. 그리고 속표지에 해당하는 '月印千江之曲釋譜詳節, ·웛·인천강징·콕·셕:봉·쌍·곓'만을 새긴 옥간이 12편(片)이나 있다.

옥간(玉簡)의 엽수(葉數) 표시는 속표지부터여서 엽수표시가 있는 옥간은 모두 364편이다. 그러나 여기에는 '월인천강지곡석보상절(月印千江之曲釋譜詳節)'이라는 속표지가 12편이 있어서 이를 빼면 352편의 옥간에 새긴 것이다. 352라는 숫자는 음력에서 말하는 1년의 날수에 맞춘 것으로 보인다. 보통은 354일을 음력에서 한 해의 날짜로 인정한다.

정통 12년의 옥책은 〈월석〉을 제대로 옮겨 새긴다는 의미보다는 귀중한 옥간(玉簡)에 불경을 옮겨서 1주기, 즉 소상(小喪)을 맞이한 소헌왕후의 왕생극락을 위한 불공(佛供)임을 알 수 있다. 이 옥책을 12권으로 나눈 이유는 현재로서는 정확하게 알 수 없다. 352란 1년의 날 수에 맞추어 옥간(玉簡)의 엽수를 새겼다면 아마도 12라는 숫자는 1년 12월에 맞춘 것으로 볼 수 있다.

그리고 12권으로 분권(分卷)한 기준은 현재로서는 분량에 의하여 나눈 것으로밖에 이해할 수 없다. 전혀 다른 권으로 나눌 수 없는 곳에서 분권이 이루어졌기 때문이다. 아마도 12명의 각수가 〈월석〉 제8권을 분책하여 9장 내외로 할당하고 이를 옥간에 새겨 각기 1권으로 한 것으로 보인다. 그리고 권12의 각 권은 29~30편의 옥간(玉簡)으로 되었다. 음력으로 한 달이 29일, 내지 30일인 것을 의미한 것으로 보인다. 1년 12월에 각기 29일, 30일로 옥책은 구성된 셈이다.

불일사의 승려로 보이는 각수들은 염불하면서 불공하는 자세로 옥간에 이 〈월석〉 제8권을 새겨 넣었을 것이다. 본서 제2장이 2.2.0~9에서 고려 광종(光宗)이 모후(母后)를 위하여 홍원사(弘圓寺)의 승려들로 하여금 〈부모은중경〉을 옥간(玉簡)에 새겨 옥책을 만든 것과 같은 경우라고 할 수 있다.

정통 12년의 옥책을 소장한 쪽에서는 적극적으로 이 유물을 감정하였다. 특히 포항공대 화학과 교수들의 성분 분석을 통한 이 유물의 감정은 많은 것을 시사한다. 특히 옥 속에 철분 Fe가 다량으로 함유된 것은 오랜 세월을 가마솥에 넣어 땅속에 파묻혔던 것을 파낸 것이라는 유물 소장자의 증언을 떠올리게 한다.

그리고 우리나라의 옥 전문가로서 원로 학자인 정명호 교수의 감정에서도 전통적인 뚜르개 활자근에서 사용한 철사의 녹이 이 옥책의 상하 2단에 2개씩 천공(穿孔)한 4개의 옥혈(玉穴)에서 발견된다고 한다. 그리고 이런 정도의 녹이 슬려면 몇백 년의 세월이 흘러야 한다는 감정은 이 옥책이 진품임을 증명하는 데 부족함이 없다.

4.5.5 정통 12년의 〈월석〉 옥책은 [구권]〈월석〉의 제8권을 처음부터 끝까지 옮겨 새겼다. 〈월석〉의 제8권은 인생의 영화와 고난이 극적으로 교차하는 『불설관무량수경(佛說觀無量壽經)』과 『안락국태자경(安樂國太子經)』을 저본으로 한 것이어서 인생무상을 설교하는 데 가장 바람직한 내용이다. 이 부분을 선택하여 새김으로써 불교에 대한 대중적 관심

을 얻으려고 한 것으로 보인다.

특히 〈안락국태장경〉에서 관세음보살(觀世音菩薩)로 비유되는 원앙(鴛鴦) 부인은 바로 소헌왕후(昭憲王后)처럼 왕비였으나 왕과 함께 출가하여 수도(修道)해서 왕생극락하는 내용이므로 왕후의 명복을 빌고 영혼의 추천(追薦)을 위하여 더할 나위 없는 내용의 불경이다. 이를 옥간에 옮겨 새긴 것이 소헌왕후와 관련이 있음을 말해주는 대목이다.

현전하는 〈월석〉 제8권은 천혜봉(1977)의 해제에 의하면 원래 탑(塔) 속에 들어있던 것을 어느 노승(老僧)이 발굴하여 사찰에 보관하던 것이라 한다. 탑장본(塔藏本)이라 습기로 훼손된 부분이 있으나 다른 판본에 의하여 훼손된 부분을 복원한 것을 옥책과 비교하였다. 이 책에서는 〈월석〉 제8권의 전편을 영인하여 출판한 것으로부터 큰 도움을 받았다.

세조 5년에 간행된 〈월석〉 신편(新編)의 초간본으로 보이는 〈월석〉 제8권과 이 책의 구권을 옮겨 새긴 정통 12년의 옥책을 비교한 결과 〈월석〉 제8권은 구권과 신편 사이에 별다른 차이는 없는 것으로 보였다. 다만 현전하는 〈월석〉 제8권과 옥책은 엽차(葉次)에서 차이가 있는 것으로 보이는데 엽수(葉數)에 의하여 분권한 옥책의 권수(卷數)와 잘 맞지 않기 때문이다.

즉, 불일사 승려로 볼 수밖에 없는 각수들이 각기 각자(刻字)할 분량을 엽수에 따라 할당하여 옥책에 새긴 것으로 보인다. 그러나 옥책의 각 권의 분권(分卷)과 현전하는 〈월석〉 제8권의 엽차(葉次)가 다르다. 현재로서는 〈월석〉 제8권의 경우 구권과 신편의 엽차가 달랐을 것으로 추정되고 그것은 활판 인쇄된 〈월석〉의 구권을 해판하여 새로 만든 신편에서는 다른 조판이어서 이러한 차이가 생겼다고 판단된다.

따라서 정통 12년의 〈월석〉 옥책으로 구권(舊卷)의 모습을 살펴볼 수 있는 결과로는 현재 엽차(葉次)의 차이만 인정될 뿐이다. 그 외에 내용상으로는 구권과 신편의 차이를 찾아볼 수 없었다. 오히려 {신편}〈월석〉에서 찾을 수 있는 오자까지도 정통 12년의 〈월석〉 옥책에 그대로 새겨있어 {구권}〈월석〉 제8권을 그대로 정판(整版)하여 목판본으로 간행한 것이 {신편}〈월석〉의 제8권임을 알 수 있다.

뿐만 아니라 쌍행 협주를 옮겨 새길 때에 생긴 오류를 살펴보면 현전하는 〈월석〉의 신편과 같은 자순(字順)으로 되었을 것이므로 활자본이었을 〈월석〉의 구권을 그대로 목판에 옮겨 신편을 간행하였음을 확인할 수 있다. 따라서 〈월석〉 제8권은 구권과 신편의 차이가 엽차(葉次)에서만 발견될 뿐이다.

제5장

〈월인석보〉와
훈민정음의 〈언해본〉

목차

5.0.1 필자가 『월인석보』(이하 〈월석〉)에 대하여 관심을 갖는 것은 이 불서(佛書)의 제1권 권두에 '세종어제훈민정음(世宗御製訓民正音)'이란 제목의 훈민정음 〈언해본〉이 첨부되었기 때문이다. 물론 세종 생존 시에 간행된 〈언해본〉은 '세종(世宗)'이란 묘호(廟號)를 붙일 수가 없어서

아마 '훈민정음(訓民正音)'이란 제목을 붙였을 것이다.

세종이 새 문자를 만들고 그 해설서로 한문만으로 된 {해례본}『훈민정음』(이하 〈해례본〉)이 있고 『세종실록』(권113) 세종 28년 9월조의 기사로 소개된 {실록본}『훈민정음』(이하 〈실록본〉)이 있었으며 〈해례본〉의 앞 석 장 반을 언해한 '훈민정음', 또는 '세종어제훈민정음'이 있는데 이를 훈민정음의 〈언해본〉이라 부른다.

이 3종의 새 문자 해설서 가운데 앞의 훈민정음 〈해례본〉과 〈실록본〉은 한문으로만 되었고 〈해례본〉에서 '해례(解例)' 부분만 빼면 〈실록본〉과 내용이 거의 같으므로 이 〈해례본〉과 〈실록본〉을 〈한문본〉이라 불러 우리말로 풀이된 〈언해본〉과 〈한문본〉의 둘로 구분하기도 한다. 한문만으로 된 것과 이를 우리말로 언해한 것으로 나누어본 것이다.

세종 때에 간행된 것으로 보이는 『배자예부운략(排字禮部韻略)』의 권두에도 훈민정음의 해설서가 붙었는데 구결이나 언문이 전혀 없어 이것 역시 〈한문본〉에 넣는다. 그러니까 〈한문본〉에는 〈해례본〉과 〈실록본〉, 그리고 〈예부운략본〉의 3종이 있다. 〈언해본〉도 고려대 육당문고에 단행본으로 소장된 『훈민정음(訓民正音)』(이하 〈훈민정음〉)과 현전하는 {신편}〈월석〉의 제1권 권두에 첨부된 「세종어제훈민정음(世宗御製訓民正音)」(이하 〈세종어제훈민정음〉)의 2종이 있다.

현재로는 훈민정음 〈해례본〉만이 세종 생존 시에 간행된 것으로 보아 이 책의 간행을 새 문자의 공표로 보고 이 책이 간행된 9월 상한(上澣)을 양력으로 환산하여 10월 9일을 한글날로 기념한다. 그러나 필자가 앞에서 여러 차례 주장한 바와 같이 훈민정음 〈해례본〉은 우선 어려운 한문으로 되었고 성리학(性理學)이나 성운학(聲韻學), 그리고 불가(佛家)의 성명기론(聲明記論)의 이론으로 새 문자를 설명한 것이어서 일반 백성들이 이를 읽고 새 문자를 배워 쓰기가 어려웠을 것이다.

5.0.2 조선 초기에 한문을 이해하는 일반 백성들의 수효는 그렇게 많지 않았다. 여북해야 세종의 훈민정음 서문에서 "어린 백성이 이르고자 할 것이 있어도 마침내 제 뜻을 실어 펴지 못할 사람이 많다(愚民이 有所欲言ᄒ야도 而終不得伸其情者ㅣ 多矣라)"고 하셨을까? 여기서 어리석은 백성들은 한문을 이해하지 못한다는 뜻이 포함되었다.

따라서 어려운 훈민정음의 〈한문본〉보다는 〈언해본〉이 어리석은 백성들에게 새 문자를 익히는 데 훨씬 도움이 되었을 것이다. 그러나 훈민정음 〈언해본〉은 그동안 세조 때에 간행된 {신편}〈월석〉 제1권의 권두에 첨부된 〈세종어제훈민정음〉만이 일반에게 알려졌다. 그리고 이 〈세종어제훈민정음〉이 첨부된 〈월석〉 제1권은 앞에서 논의한 바와 같이 신편(新編)이라 세조(世祖) 5년에 간행된 것이어서 세종의 친제(親制)로 알려진 새 문자의 공표를 세조 때의 〈언해본〉이라고 하기는 어려웠다.

이런 이유로 훈민정음의 〈언해본〉보다는 〈해례본〉이 새 문자 공표의 문헌으로 등장하게 되었다. 그러나 고려대 도서관의 육당문고에 『훈민정음(訓民正音)』(이하 〈훈민정음〉)이란 서명의 단행본 〈언해본〉이 있어서 연구자들의 관심을 끌었다. 세종의 어제서문이 〈세종어제훈민정음〉과 달리 '어제왈(御製曰)'로 시작하고 서명도 '훈민정음(訓民正音)'이어서 세종 생존 시에 세상에 나온 〈언해본〉일 수 있기 때문이다.

다만 고려대 소장의 〈훈민정음〉은 첫 장이 후대에 필사하여 첨가된 것이고 그 필사의 언문이 근대국어의 표기법을 반영하고 있어서 그동안 세인의 관심에서 멀어졌었다. 이런 일은 이 첫 장의 보사(補寫)가 17세기경이어서 필사자가 자신이 알고 있는 근대국어의 표기법에 맞게 옮겨 적었기 때문에 일어난 일이다.

5.0.3 그러나 졸고(2006a,b)를 비롯하여 졸고(2014, 2016d, 2020) 등에서 고려대 육당문고 소장의 〈훈민정음〉이 세조 때에 첫 장을 고쳐서 삽입한 〈세종어제훈민정음〉의 원본이며 〈월석〉의 신편을 간행할 때에 바꿔 낀 첫 장의 책판(冊版)이 망실되어 후대에 손으로 써넣은 것이라고 주장하였다.

즉, 세조 때에 〈월석〉의 신편을 간행하면서 제1권 권두에 첨부된 훈민정음의 〈언해본〉을 고쳤는데 우선 세종의 '어제서문'을 '세종어제'로 고쳤고 '어제왈(御製曰)'도 삭제한 것이다. 세조 때의 일이므로 '어제왈'이라고 하면 금상(今上)인 세조의 말이 되기 때문이다. 그리고 몇 군데 협주(夾註)도 고쳐서 새로 첫 엽(葉)을 만들고 나머지는 그대로 구권(舊卷)의 책판을 쇄출하여 〈월석〉의 권두에 첨부한 것이 〈세종어제훈민정음〉이다.

그리고 이 책의 앞의 장(章)에서 살펴본 바와 같이 {신편}〈월석〉에 첨부된 세조의 어제서문에는 세종 생존 시에 간행된 구권(舊卷)이 있었음을 밝혀두었다. 세조의 서문에 "옛 글월", 즉 구권이 있었다는 언급에 의거한 것이다. 그리고 고려대 육당문고 소장의 〈훈민정음〉이 〈월석〉의 구권에 첨부된 훈민정음의 〈언해본〉이 아닐까 하는 의혹을 제기하고 이에 대하여 여러 각도에서 살펴보았다.

이 장에서는 졸고(2020a)를 중심으로 훈민정음의 〈언해본〉에 대하여 고찰하고 그간 필자가 여러 논저로 주장한 바와 같이 세종의 새 문자의 제정과 그 공표에 대한 세간의 통설을 비판적 시각에서 살펴보기로 한다.

1. 훈민정음의 〈한문본〉과 〈언해본〉

5.1.0 주지의 사실이지만 세종이 새 문자로 훈민정음을 창제하면서
당시 이 문자에 대하여 설명한 세 개의 해설서를 저술하여 현재까지 전
해온다. 첫째는 정통(正統) 11년(1445) 9월 상한(上澣)에 쓴 정인지(鄭麟
趾)의 후서(後序)가 있는 훈민정음의 〈해례본〉이 있다.

이 책에서는 성리학(性理學)과 성운학(聲韻學), 그리고 고대인도의
비가라론(毘伽羅論)에 의거한 성명기론(聲明記論)으로 새 문자를 현학
적(衒學的)으로 설명하였다. 최만리의 반대 상소문에 나오는 것과 같
이 세종의 새 문자 제정이 '신기일예(新奇一藝)'에 불과한 것이 아님을
보여주기 위하여 일부러 어려운 이론으로 새 문자의 제정을 설명한 것
이다.

흔히 훈민정음의 〈해례본〉으로 불리는 이 해설서는 『세종실록』(권
113) 세종 28년 9월조의 기사에 "是月訓民正音成 – 이달에 훈민정음이
완성되었다"로 기록될 만큼 이 책의 간행은 조선 조정(朝廷)의 중요한 일
이었다. 이 책의 저자로는 집현전(集賢殿)의 여러 학사(學士)들을 동원하
여 새 문자 제정을 반대한 집현전 부제학(副提學)의 최만리를 압박한 것
이다.

이 책은 활자본의 복각 목판본 한 질이 현재 서울 간송(澗松)미술관에
소장되었다(국보 70호). 이 〈해례본〉은 훈민정음에 대한 세종의 어제서
문(御製序文)과 본문인 예의(例義), 해례(解例), 그리고 정인지의 후서가
모두 갖추어져 새 문자에 대한 가장 완전한 형태의 해설서라고 보아 '원
본(原本)'이라고 부르기도 한다.

이 책의 정인지 후서에 '正統 十一年 九月 上澣'이란 간기로부터 '9
월 상한(上澣)'을 양력으로 환산하여 10월 9일을 한글날로 기념하기도

한다.『세종실록』(권103) 세종 25년 12월조의 기사에 "是月上親制諺文二十八字"란 기사가 있어 이때에 언문이란 이름의 한글이 제정되었음에도 불구하고 '정통 11년 9월 상한'을 한글날로 정한 것은 〈해례본〉의 간행을 새 문자의 반포(頒布)로 본 때문이다.

다만 이 책은 너무 어려운 조음음성학의 이론에 따라 현학적으로 새 문자를 설명했기 때문에 성운학과 성리학, 그리고 비가라론(毘伽羅論)의 성명기론(聲明記論)에 대한 여간한 지식이 없으면 내용을 제대로 이해하기 어렵다. 따라서 어리석은 백성들이 이 책으로 새 문자를 배워 익혀서 언문을 사용할 것 같지는 않다.

훈민정음 〈해례본〉의 앞 석 장 반, 즉 세종의 어제서문과 예의(例義)를 언해한 훈민정음의 〈언해본〉은 본서에 주장한 바와 같이 언문으로 저술된 최초의 간행물인 〈월석〉의 제1권 권두에 첨부되었다. 아마도 고려대에 단행본으로 소장된 〈훈민정음〉은 {구권}〈월석〉의 제1권 권두에 첨부된 것을 따로 떼어 단행본으로 한 것으로 보인다. [신편]〈월석〉의 제1권 권두의 〈세종어제훈민정음〉과 첫 장만 다르고 나머지는 모두 같은 동판본(同板本)이다.

〈훈민정음〉과 〈세종어제훈민정음〉은 모두 〈언해본〉이어서 훈민정음 〈해례본〉과 같은 〈한문본〉과는 대조된다. 여기서는 이 두 훈민정음의 〈한문본〉과 〈언해본〉에 대하여 살펴보기로 한다.

1) 새 문자의 여러 해설서

5.1.1.1 세종은 새 문자를 제정하여 훈민정음이란 이름을 붙이고 그에 대한 여러 해설서를 간행하였다. 그러한 해설서의 하나인 훈민정음의 〈해례본〉은 오늘날의 언어학에서도 놀랄 만한 고도로 발달된 조음음성학의 이론으로 당시 우리말의 음운을 분석하고 이를 문자화하는 것

에 대하여 설명하였다. 지금도 〈해례본〉에 대한 새로운 해석이 계속해서 나오는 것은 이 책의 내용이 얼마나 시대에 앞서 있었고 제자(制字)의 이론이 난삽(難澁)하였는지 깨닫게 해준다.

또 하나의 훈민정음 해설서로 〈한문본〉인 〈실록본〉은 앞에서 언급한 『세종실록』(권113)의 세종 28년 9월조에 "是月訓民正音成 − 이달에 훈민정음이 완성되다"란 기사 다음에 이어지는 세종의 어제서문과 예의(例義), 그리고 정인지의 후서(後序)를 말한다. 즉, 앞의 〈해례본〉에서 '해례'만이 빠졌는데 이 〈실록본〉으로 간송문고본의 〈해례본〉 첫 장이 잘못 보사(補寫)된 것을 바로잡을 수 있었다.

즉, 간송문고 소장의 〈해례본〉은 첫 장이 망실되어 필사하여 보진(補塡)하였다. 훈민정음 〈언해본〉도 첫 장은 책판이 망실되어 후대에 이를 보사(補寫)하여 함께 편철(編綴)한 것이다. 그러나 〈해례본〉의 첫 장은 아마도 전에 소장한 사람의 낙관(落款) 등을 없애기 위하여 이 장(張)을 후대에 일부러 뜯어내고 필사하여 첨부한 것으로 보인다.[107]

한문으로 된 〈실록본〉은 '해례(解例)'만이 빠졌을 뿐 〈해례본〉과 내용이 같고 주로 한문으로 설명된 것은 대부분 동일하여 〈한문본〉과 〈언해본〉으로 양분하기도 한다(안병희, 2007). 즉, 〈실록본〉과 〈해례본〉을 〈한문본〉으로 묶은 것이다. 그리하여 훈민정음의 해설서를 한문으로 된 것과 우리말로 언해한 것으로 구분한 것이다.

세종 때에 간행된 것으로 보이는 『배자예부운략(排字禮部韻略)』의 권두에도 훈민정음의 해설서가 붙었다. 언문이나 구결이 일절 없는 한문

---

107) 현전하는 古書 가운데는 첫 장이 빠진 것이 심심치 않게 발견된다. 모두 전날의 소장자가 밝혀지는 것을 꺼려 후대에 落款이 있는 첫 장을 없앤 것이다. 다만 고려대 소장의 〈언해본〉은 새로 필사하여 첨부한 첫 장에 낙관이 있어 사정이 다르다. 따라서 애초에 첫 엽은 쇄출할 책판이 없었기 때문에 이 부분을 다른 판본에서 베껴 쓴 것으로 보아야 한다.

으로 된 〈한문본〉으로 세종의 서문과 예의(例義)만이 수록되었다. '正統 11年 丙寅 九月 日'이란 간기를 적은 세종의 서문은 다른 해설서와 달리 "御製曰: 國之語音, 異乎中國 [下略]"으로 시작한다. '어제왈(御製曰)'이 세종의 서문 앞에 들어있으니 세종 생존 시의 판본이며 역시 〈한문본〉에 속할 것이다.

5.1.1.2 그동안 훈민정음의 〈언해본〉은 〈세종어제훈민정음〉만이 널리 알려졌다. 이 〈언해본〉은 〈해례본〉의 어제서문과 예의(例義)의 석 장 반을 우리말로 언해하여 모두 18장으로 한 것으로 현전하는 {신편}〈월석〉의 제1권 권두에 첨부되었다. 필자의 여러 논저에서 주장한 대로 언문으로 작성되어 최초로 간행된 〈월석〉의 권두에 첨부하여 이를 통하여 언문을 익히고 이 책을 읽으라는 배려로 훈민정음의 〈언해본〉을 붙인 것이다.

그리고 백성들이 이해하기에 너무 난삽한 〈해례본〉이나 세종 당시에는 간행조차 되지 않았고 또 일반인들은 접하기 어려운 〈실록본〉보다는 이 〈언해본〉이 새 문자의 학습에 널리 이용되었을 것임은 두말할 나위가 없다. 따라서 〈언해본〉의 공간(公刊)을 훈민정음의 반포(頒布)로 보아야 한다고 필자는 주장하여 왔다.

그러나 이제까지 알려진 〈언해본〉은 훈민정음의 해설서 가운데 가장 늦은 시기에 세상에 나왔으며 그것도 불경의 〈월석〉에 첨부된 것이었다. 또 세종의 사후(死後)인 세조(世祖) 5년에 간행된 {신편}〈월석〉의 권두에 실린 〈세종어제훈민정음〉을 새 문자의 반포로 보기가 어려웠다. 그렇게 되면 세종이 아니라 세조가 새 문자를 제정하여 반포한 것이 되기 때문이다.

그러나 졸고(2013)와 본서의 제3장에서는 〈월석〉이 세종의 생존 시에 간행된 구권(舊卷)이 있고 여기에도 제1권의 권두에 훈민정음 해설서인 〈언해본〉이 첨부되었을 것이라고 본다면 〈언해본〉이야말로 새 문자의 공표라고 할 수 있다. 왜냐하면 훈민정음 〈언해본〉이 세종의 생존 시에 언해되어 〈월석〉의 간행으로 공표된 것이기 때문이다.

이 사실은 본서의 앞에서 제3장의 3.2.1.1에서 살펴본 바와 같이 {신편}〈월석〉의 권두에 붙어있는 세조의 어제서문(御製序文)에는 세종이 편찬한 〈월석〉의 구권이 있고 자신이 간행하는 것은 〈월석〉의 신편임을 분명하게 밝혀놓았기 때문이다. 그리고 이 책의 제3장에서 〈월석〉에는 구권과 신편이 있음을 여러 자료에 의하여 증명하였다.

거기다가 앞의 제3장 3.3.1.1~3에서 자세하게 소개한 〈월석〉 제8권의 옥책은 이 책의 초간이 간행된 천순(天順) 3년보다 12년이나 앞선 정통(正統) 12년(1447)의 간기를 가졌기 때문에 졸고(2006a, 2013)와 본서 제4장의 4.4.2.1~3에서 그것을 근거로 삼아 세종 생존 시에, 아마도 세종 28년 10월경에 {구권}〈월석〉이 간행되었다고 주장하였다.

5.1.1.3 세조의 어제서문에 등장하는 〈월석〉의 구권(舊卷)은 제3장의 3.0.1에서 살펴본 바와 같이 江田俊雄(1936a)에서 『석보상절』(이하 〈석보〉)과 『월인천강지곡』(이하 〈월인〉)을 말하는 것이고 이 서문에서 세종이 지은 〈월석〉이라고 한 것은 부왕(父王)에게 공을 돌리려는 세조의 효심이 작용한 것이라는 주장을 펼쳤다. 그리고 이러한 주장은 小倉進平(1940)에서 이를 그대로 수용하였다.

광복 이후에 江田俊雄(1936a)과 小倉進平(1940, 1964)의 주장대로 우리 학계에서도 〈월석〉은 세종 5년에 간행한 것으로 본다. 에다 도시오(江田俊雄)는 일본의 불교 전문가로서 일제 강점기(强占期)에 조선총독부 촉탁(囑託)으로 조선에 왔던 대표적인 어용 학자였다. 다만 그가 처음으로 〈월석〉에 대한 본격적인 해제를 썼기 때문에 우리 학계에 그의 주장이 알려지게 된 것이다.

또 오구라 신페이(小倉進平)는 그의 小倉進平(1940, 1964)로써 광복 이후에 우리말의 연구사, 즉 한국어학사에 지대한 영향을 끼쳤다. 지금도 그의 학설은 여러 연구자들에 의하여 신봉되고 있어 李珍昊·飯田綾織(2009)과 같은 그에 대한 연구가 이어지고 있다. 그가 논급한 한국어사 자료들은 많은 오류와 증명되기 어려운 설명이 있지만 그가 유일하게 우리 한국어사의 연구 자료들을 체계적으로 정리하였기 때문에 아직도 많은 한국어학자들이 그의 연구를 따르고 있다.

주지하는 바와 같이 〈석보〉는 후일 세조가 된 수양대군(首陽大君)과 신미(信眉), 김수온(金守溫) 형제가 『증수석가보(增修釋迦譜)』를 언해하여 만든 것으로 세종의 소작(所作)이 아니며 〈월인〉만이 김수온의 도움을 받아 세종이 친제한 것이다. 만일 훗날에 세종이 사랑하던 손자 단종(端宗)을 폐위하고 스스로 왕위에 오른 세조가 이 두 개를 합편하여 〈월석〉을 간행하면서 자신의 서문에서 이를 부왕(父王)인 세종의 저작으로 겸양할 수 있겠느냐가 필자가 갖는 의문이다.

〈월석〉의 판식(板式)은 세종이 쓴 월인부를 윗난(欄)에 꽉 차게 올리고 수양대군이 참가한 석보부를 한 칸 내려서 실었다. 이것은 임금의 글이나 말을 대두(擡頭)하는 방식과 같다. 그리하여 세종의 친제인 월인부를 대두하여 윗난에 맞추고 후일 세조가 된 수양대군과 신미, 김수온의 저술인 석보부를 한 칸 내린 것이다. 만일 〈월석〉이 세조 때에 간행된 것이라면 이러한 조판(組版)은 있을 수 없는 일이다. 〈월석〉을 물론 구권이지만 세종 생존 시에 간행된 것으로 보는 것이 타당하다.

그리고 다음에서 논의하겠지만 현전하는 〈월석〉의 여러 간본(刊本) 중에는 판식(版式)이 전혀 다른 것이 있어서 〈월석〉은 같은 시기에 일

시에 간행된 것이 아니라고 본 것이다. 현재 25권까지 발견된 방대한
양의 〈월석〉이 어떤 것은 세종 생존 시에 간행된 것도 있고 또 어떤 것
은 세조 때의 간본도 있으며 후대에 개판(改版)된 것도 있다고 보는 것이
타당하다.

또 세조 때의 간본 중에도 간행에서 선후가 있었다고 보기 때문에
〈월석〉에 구권과 신편이 있다는 세조의 어제서문(御製序文)은 사실을
말한 것이라고 믿는다. 대체로 활자본으로 간행된 것은 〈월석〉의 구권
이고 앞에서 논의한 대로 수다라(修多羅)의 여러 불경으로 협주를 더하
여 목판본으로 간행한 것은 신편(新編)으로 보인다. 이에 대해서는 전장
(前章)에서도 누차 논의하였다.

2) 〈훈민정음〉과 〈세종어제훈민정음〉

5.1.2.1 초간본으로 알려진 서강대학교 소장의 목판본 {신편}〈월석〉
제1권 권두에 첨부된 〈세종어제훈민정음〉은 '세종(世宗)'이란 묘호(廟
號)가 있기 때문에 분명히 세종의 사후(死後)에 나온 〈언해본〉이다. 그
러나 고려대학교 도서관 육당문고에 소장된 〈훈민정음〉은 단행본으로
권수(卷首)에 '세종어제(世宗御製)'가 없이 그대로 '훈민정음'이며 세종
의 서문에 '어제왈(御製曰)'이 붙어 있다.

서강대본과 고려대본의 두 〈언해본〉의 판본은 첫 엽만 다르고 나머
지 모두 동일하여 동판본(同板本)으로 알려졌다(안병희, 2007). 또 일본
에는 고려대본과 같은 훈민정음의 〈언해본〉의 필사본이 소장되었다.
즉, 일본 궁내청(宮內廳) 도서료(圖書寮)에 소장된 훈민정음의 〈언해본〉
은 필사본인데 고려대본의 〈훈민정음〉과 같이 단행본이며 권수제(卷首
題)가 '훈민정음(訓民正音)'이고 판식(版式)이 모두 고려대본과 같다. 다
만 고려대본이 판본(板本)임에 비하여 궁내청(宮內廳)본은 필사본이다.

또 하나 일본 동경(東京)의 고마자와(駒澤)대학에 가나자와 소사브로 (金澤庄三郎) 씨의 기증 문헌을 모아놓은 닥소쿠붕고(濯足文庫)에도 훈민 정음의 〈언해본〉이 소장되었는데 이것도 필사본으로 단행본이다.108) 이것은 권수제가 '세종어제훈민정음(世宗御製訓民正音)'이고 내용도 서 강대본의 〈월석〉에 부재(附載)된 〈세종어제훈민정음〉을 필사한 것이다.

따라서 훈민정음의 〈언해본〉은 권수제가 '훈민정음(訓民正音)'으로 한 것과 '세종어제훈민정음(世宗御製訓民正音)'으로 한 것의 두 계통이 있음을 알 수 있다. 그리고 이 둘은 모두 〈월석〉의 구권과 신편의 제1권 권두에 첨부되었던 것을 후대에 따로 떼어 단행본으로 편철한 것으로 보인다. 〈월석〉이란 불경에 첨부된 것을 유생들이 읽기가 어려웠기 때 문이다.

5.1.2.2 그러면 권수제가 '훈민정음'인 판본은 무엇일까? 바로 고려대 본 〈훈민정음〉이 그것이다.109) 즉, 안병희(2007:113)에서 "언해본은 간 본과 사본이 있다. 간본이 고 朴勝彬 씨 소장이었던 훈민정음과 『월인 석보』 권두의 「세종어제훈민정음」의 두 가지인데, 사본 또한 두 가지로 서 일본 궁내청과 金澤庄三郎의 소장본이 있다. 궁내청본은 박씨본과 같고, 金澤本은 아마도 월인석보본과 같아 보인다. 그러므로 언해본은

___

108) 이 필사본의 권말에 "時文政甲申冬十月七日 文昌院藏本書寫之"라는 필사기가 있어 이 것이 文政 甲申(1824)에 필사되었고 또 「世宗御製訓民正音」이 단행본으로 일본의 사찰 에 소장되었음을 알 수 있게 한다.

109) 안병희(2007:113)의 "궁내청본은 박씨본과 같고, 金澤本은 아마도 월인석보본과 같아 보 인다"와 같이 두 계통의 언해본으로 소개하였다. 실제 이 두 사본들과 서강대본 〈세종어제 훈민정음〉과 고려대본 〈훈민정음〉을 비교하면 둘 다 거의 완벽하게 전문을 옮겨 적었다. 궁 내청 소장본은 복사본을 참고하였는데 일본의 駒澤대학에서 디지털 영상으로 이 자료를 일 반인들도 열람할 수 있게 제공하고 있다.

박씨본과 월인석보본의 두 이본으로 줄어드는 셈이다"(한자와 띄어쓰기는 원문대로)라고 하여 이미 서로 다른 두 계통의 판본과 그 사본이 존재하고 있음을 밝혔다.

고려대본 〈훈민정음〉은 학계에 이미 소개된 바가 있다. 고려대 박승빈(朴勝彬) 교수의 구장본(舊藏本)으로 세간에는 '박씨본'으로 알려진 이 판본은 열람이 불편한 탓인지, 아니면 첫 장의 보사(補寫) 부분에 근대적 언문 표기가 있어서인지 열정적인 한글학자들이나 훈민정음 연구자들도 모두 이 자료를 논외로 하는 경우가 많았다.

그렇지만 이런 연구 태도는 필자로서는 매우 정당하지 않은 일로 보인다. 훈민정음의 〈언해본〉을 논의할 때에는 이 〈훈민정음〉의 판본이 가장 먼저 논의되어야 한다고 보기 때문이다. 또 이 판본을 {신편}〈월석〉의 제1권에 첨부된 〈세종어제훈민정음〉과 비교 검토가 됐어야 함에도 불구하고 이에 대한 연구는 없고 서지학적 비교만이 안병희(2007)에서 시도되었을 뿐이다.

그 연구 결과도 이들은 동일 판본이며 〈월석〉의 〈세종어제훈민정음〉을 첫 장과 일부의 보사(補寫)를 잘못하여 권수제인 '세종어제훈민정음'을 '훈민정음'으로 옮겨 썼다는 것이어서 받아들이기 어려운 주장이었다. 옮겨 쓸 때에 제목을 바꾸거나 내용을 완전히 달리하여 옮겨 쓸 수는 없기 때문이다.

5.1.2.3 그러나 전술한 대로 고려대본 〈훈민정음〉과 동일한 필사본이 일본 궁내청(宮內廳)에 소장되었다면 잘못된 보사(補寫)를 다시 필사하여 일본 궁내청에 수장(收藏)되었다고 볼 수는 없기 때문에 필사자(筆寫者)가 잘못 보사하였다는 주장은 사실과 다름을 알 수 있다. 고려대본은 또 다른 판본으로 보아야 한다.

즉, 〈언해본〉으로는 단행본으로 간행된 고려대본 〈훈민정음〉과 서강대학교에 소장된 〈월석〉의 제1권에 첨부된 〈세종어제훈민정음〉의 두 계통이 존재했다고 보는 것이 합리적이다. 특히 필자로서는 〈월석〉에 부재된 〈세종어제훈민정음〉이 보여주는 첫 장의 체재나 판식의 차이에 주목하고 이것이 〈월석〉의 구권(舊卷)과 신편(新編)의 차이에서 온 것이 아닌가 하는 의문을 제기하였다(졸저, 2015:218~221).

그동안의 연구에서 〈월석〉의 구권과 신편의 존재를 무시한 채로 연구가 진행되어서 〈언해본〉에 대한 많은 의문이 남게 되었다. 따라서 고려대본 〈훈민정음〉과 서강대본 〈월석〉의 권두에 첨부된 〈세종어제훈민정음〉을 비교하여 검토하는 일은 세종의 새 문자 제정과 그 공표에서 매우 중요한 일이다.

2. 고려대본 훈민정음의 〈언해본〉

5.2.0 앞에서 언급한 대로 일본에는 훈민정음의 〈언해본〉을 필사한 2종의 사본(寫本)이 현전한다. 앞에서 언급한 대로 하나는 {신편}〈월석〉의 〈세종어제훈민정음〉을 옮겨 쓴 것으로 동경(東京) 고마자와(駒澤)대학 도서관의 닥소쿠(濯足) 문고에 소장된 것이고 또 하나는 동경 궁내청(宮內廳)의 도서료(圖書寮)에 소장된 것으로 권수서명이 '훈민정음(訓民正音)'이며 모두 필사본이다.

일본에 전해지는 훈민정음의 〈언해본〉을 필사한 두 사본(寫本)을 사진으로 보이면 다음의 [사진 5-1]과 [5-2]와 같다.

[사진 5-1] 일본 궁내청 소장의 「훈민정음」[110]

[사진 5-2] 일본 고마자와(駒澤)대학 소장의 「세종어제훈민정음」[111]

---

110) 일본 宮內廳으로부터 복사하여 받은 것이다. 이를 위하여 노력한 일본 京都産業大學의 朴鎭完 교수에게 감사를 표한다.

111) 이 사본의 말미에 "時文政甲申冬十月七日, 久昌院藏本書之, 寶國創學 曇無智觀"이란 書寫記가 있어 行智라는 승려가 文政 甲申(1824)년에 久昌院에 소장된 판본에서 필사하였음을 알 수 있다.

[사진 5-1]로 보인 일본 궁내청 도서료에 소장된 〈훈민정음〉은 고려대학교 한적도서관의 육당문고에 단행본으로 소장된 〈훈민정음〉과 동일하다. 이 두 사진으로 보인 일본에 소장된 필사본의 훈민정음 〈언해본〉은 고려대본 〈훈민정음〉이나 서강대본 〈세종어제훈민정음〉과 동일하다.

이 두 개의 사본(寫本)은 모두 훈민정음의 〈언해본〉을 일본에서 필사한 것이다. 다만 후자의 〈세종어제훈민정음〉은 {신편}〈월석〉의 권두에 첨부된 것과 동일하여 익히 우리 학계에 알려진 것이지만 전자의 궁내청 소장의 〈훈민정음〉은 그동안 잘 알려지지 않은 〈언해본〉이다. 더욱이 이 궁내청 소장의 사본(寫本)은 졸저(2015:219)에서 소개한 고려대본 〈훈민정음〉과 동일하므로 이와 동일한 판본으로부터 일본에서 필사한 것으로 보았다.

1) 고려대본 〈훈민정음〉과 일본의 필사본

5.2.1.1 고려대본의 〈훈민정음〉은 〈언해본〉으로서 졸고(2013)에서는 세종의 생존 시에 간행된 {구권}〈월석〉의 권두에 첨부된 것을 따로 떼어 내어 단행본으로 한 것이라고 주장한 일이 있다. 즉, 〈월석〉의 간행에 대한 많은 자료들을 다시 검토하고 졸고(2019a)에서 〈석보〉의 대본이 되었던 『증수석가보(增修釋迦譜)』의 편찬에 관여한 신미(信眉)와 김수온(金守溫) 형제에 대하여 고찰하면서 당시 불경들이 어떻게 편찬되고 간행되었는가를 검토하였다.

그리고 세종의 생존 시에 〈월인〉이나 〈석보〉보다 먼저 〈월석〉이 간행되었고 〈월석〉에 첨부된 〈언해본〉의 〈훈민정음〉을 유생들이 따로 떼어 단행본으로 편철한 것이 고려대본이라고 주장하였다. 〈월석〉은 새 문자로 간행된 최초의 문헌이기 때문에 이 책의 권두에 훈민정음의 〈언해본〉을 붙여 간행한 것이라고 본 것이다.

다만 〈월석〉은 유생(儒生)들이 접하기에는 적절하지 않은 불가(佛家)의 서적이었다. 따라서 여기에 첨부된 훈민정음의 〈언해본〉을 보고 새 문자를 익히는 것이 온당하지 않았다. 그리하여 〈월석〉의 판본에서 〈언해본〉만을 따로 떼어내 쇄출하고 단행본으로 제책하여 훈민정음의 학습에 이용한 것이다.

〈훈민정음〉을 단행본으로 만들 때에 〈월석〉의 많은 책판 가운데 훈민정음 〈언해본〉의 책판만을 쇄출하여 한 권으로 편철한 것으로 보았다. 조선시대에는 책을 편찬할 때에 먼저 활자본으로 간행하고 이를 수정하여 목판본으로 다시 간행하는 것이 관례였다. 그리고 이렇게 간판된 책판들은 교서관(校書館)이나 책을 간행한 부서에 쌓아두고 필요할 때에 다시 쇄출하여 책으로 제책하였다.

고려대본 〈훈민정음〉은 이미 세조 때에 신편의 〈월석〉을 간행하면서 '어제왈(御製曰)'이 들어 있는 〈월석〉 구권(舊卷)의 〈언해본〉에 해당하는 제1엽을 수정하여 폐기하였기 때문에 그 책판은 없어지게 되었다. 〈언해본〉의 책판을 다시 쇄출할 때에 어쩔 수 없이 첫 엽(葉)의 책판에 해당하는 부분을 요권(僚卷)에서 옮겨 손으로 써 넣을 수밖에 없었다.

아마도 17세기경에 훈민정음 〈언해본〉의 책판을 인쇄하여 단행본으로 제책할 때에 수정된 제1엽의 책판은 망실되었기 때문에 첫 장인 이 부분을 보사(補寫)하여 첨부할 수밖에 없었다. 다만 이때에 첫 엽을 필사하면서 그 시대의 언문 표기법이 반영되었다. 그리고 그로 인하여 이 자료는 학계의 인정을 받지 못한 것이라고 주장한 것이다.

5.2.1.2 졸저(2019a:81~152)에서 〈월석〉의 편찬에 관여한 신미(信眉)

와 김수온(金守溫) 형제에 관한 기사를 〈조선왕조실록〉에서 찾아 고찰하면서 당시 유신(儒臣)들이 얼마나 그들을 미워하고 불교와 불경을 어떻게 배척했는가를 논의하였다.

즉, 〈조선왕조실록〉이나 다른 많은 사료(史料)에서 훈민정음의 제정에 참여한 신미와 김수온 형제들이 불가인(佛家人)이기 때문에 끊임없이 유신(儒臣)들의 핍박과 대간(臺諫)의 탄핵을 받았다는 기사가 있었다. 그리고 이를 통하여 당시 유가(儒家)와 불가(佛家)의 대립이 얼마나 심각하였으며 유생(儒生)들이 얼마나 불교를 배척하였는지 알 수 있었다.

따라서 유생들이 불경인 〈월석〉을 보는 것이 결코 자유롭지 않았고 오히려 금기(禁忌)로 여겼을 것이다. 따라서 언문(諺文)의 학습을 위하여 {구권}〈월석〉의 제1권 권두에 실린 〈언해본〉을 따로 떼어 단행본으로 제책(製冊)하여 참고할 수밖에 없었다고 졸고(2019a)에서 주장하였다. 이렇게 〈훈민정음〉이란 〈언해본〉이 단행본으로 세상에 나온 것으로 본 것이다.

조선시대에는 이미 없어진 전대(前代)의 책은 교서관(校書館)에 전해오는 책판(冊版)을 다시 쇄출하여 편철해서 사용하는 방법이 일반적이었다. 그리하여 훈민정음의 〈언해본〉도 남아있는 책판을 다시 쇄출하고 이를 책으로 제본하였을 것이다. 다만 이미 없어진 책판, 즉 〈훈민정음〉 제1엽의 책판은 손으로 베껴 써서 함께 편철하여 사용할 수밖에 없었다. 고려대 소장의 〈훈민정음〉은 바로 그런 방법으로 후대에 쇄출하고 없어진 책판은 손으로 써 넣어 편철하여 단행본으로 한 것이다.

또 그들로서도 한문본인 〈해례본〉이 너무 난삽하여 이해하기가 어려우므로 새 문자의 학습을 위하여 〈언해본〉을 선호하였고 이를 위하여 〈월석〉의 권두에 실린 것을 떼어내어 단행본으로 만들었을 것이다. 즉,

남아있는 〈월석〉 구권(舊卷)의 제1권 권두의 〈언해본〉 책판을 후대에
쇄출하고 없어진 제1엽을 필사하여 추가한 것이 고려대본 〈훈민정음〉
이라고 본다.

5.2.1.3 고려대본 〈훈민정음〉은 이미 학계에 소개되었지만 제대로 된
연구가 없을 뿐만 아니라 실물을 열람한 연구자도 매우 드물다. 이것은
훈민정음에 대한 많은 연구가 있었음에도 불구하고 이 자료가 전혀 도
외시된 것은 참으로 불가사의한 일이라 아니할 수 없었다.

우선 사진으로 고려대본 〈훈민정음〉의 앞의 한 엽(葉)과 뒤의 한 엽을
[사진 5-3]과 [사진 5-4]로 보이면 다음과 같다.

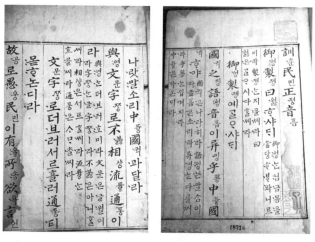

[사진 5-3] 고려대본 〈언해본〉의 『훈민정음』 첫 엽(葉)의 앞, 뒤

앞의 [사진 5-3]과 다음의 [사진 5-4]의 고려대본 〈훈민정음〉의 첫 엽
과 마지막 엽을 앞에 게시한 [사진 5-1]과 비교하면 일본 궁내청(宮內廳)
소장의 필사본과 동일하다. 그러나 다음의 5.5.1.1에서 [사진 5-13]으로

소개한 서강대 소장의 초간본 {신편}⟨월석⟩ 권두에 첨부된 ⟨세종어제훈민정음⟩의 첫 엽과는 매우 다르다. 또 ⟨세종어제훈민정음⟩을 필사하여 앞에 제시한 [사진 5-2]의 일본 고마자와(駒澤)대학 가나자와(金澤) 문고본의 첫 엽과도 물론 다르다.

그러나 다음의 [사진 5-4]와 [사진 5-5]를 보면 고려대본 ⟨훈민정음⟩ 마지막 엽은 {신편}⟨월석⟩의 제1권 권두에 실린 훈민정음의 ⟨언해본⟩, 즉 ⟨세종어제훈민정음⟩과 동일하다. 실제로 필자가 이 두 판본을 비교한 바에 의하면 첫 엽(葉)을 제외하고 제2엽부터 마지막 엽까지 모두 일치한다. 뿐만 아니라 권미제(卷尾題)가 '훈민정음(訓民正音)'으로 동일하고 판심제(版心題)도 '정음(正音)'으로 똑같다.

5.2.1.4 이로부터 ⟨세종어제훈민정음⟩은 고려대본의 ⟨훈민정음⟩과 동일 판본이며 다만 제1엽의 책판을 교체하여 수정한 것이라는 필자의 주장이 나온 것이다(졸고, 2020). 즉, 고려대본은 훈민정음의 ⟨언해본⟩의 원본이지만 이미 서강대본 ⟨언해본⟩에서 첫 엽을 책판 교체하여 권수제를 '세종어제훈민정음'으로 바꾸고 제1엽에서 주석과 내용을 모두 수정한 것이 서강대본이라는 것이다.

고려대본에서는 이미 교체되어 없어진 첫 엽의 책판을 당시에 전해 내려온 다른 판본을 보고 손으로 써넣은 것이라고 보았다(졸고, 2019a). 따라서 고려대본의 ⟨훈민정음⟩이 원본에 가까운 것이고 서강대본의 ⟨세종어제훈민정음⟩은 후대에 제1엽을 수정하여 새로운 책판을 만들고 이를 쇄출하여 나머지와 함께 {신편}⟨월석⟩의 제1권 권두에 첨부한 것으로 보았다.

[사진 5-4] 고려대본의 마지막 엽(葉)의 앞, 뒤

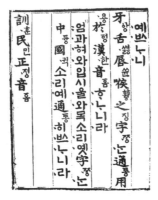

[사진 5-5] 서강대본의 마지막 엽(葉)의 앞, 뒤

앞의 [사진 5-4]와 [사진 5-5]의 둘을 비교해보면 마지막 엽은 고려대본의 〈훈민정음〉과 서강대본 {신편}〈월석〉의 제1권 권두에 실린 〈세종어제훈민정음〉과 동일하다. 실제로 필자가 이 두 판본을 비교하여 고찰한 바에 의하면 졸저(2015:220~1)에서 밝힌 바와 같이 첫 엽(葉)을 제외하고 제2엽부터 마지막 엽까지 일부 수정한 부분을 제외하고 완전하게

328

동일하였다.

뿐만 아니라 권미제(卷尾題)가 '훈민정음(訓民正音)'으로 권수제와 같고 판심제(版心題)도 동일하게 '정음(正音)'이어서 보사(補寫)된 첫 엽만 제외하면 이 둘은 동일 판본이다. 이로부터 훈민정음의 〈언해본〉은 고려대본과 서강대본에서 제1엽만 책판을 교체하여 쇄출하고 첫 장만 수정한 것이라고 졸고(2020a)에서 주장하게 된 것이다.

즉, 고려대본 훈민정음의 〈언해본〉은 원본이지만 이미 서강대본 〈언해본〉의 첫 엽을 책판 교체하여 권수제를 〈세종어제훈민정음〉으로 바꿨고 첫 엽의 내용과 주석도 모두 수정한 것이라고 본 것이다. 그리고 고려대본은 이미 책판(冊版)의 첫 엽이 교체되어 망실되었으므로 없어진 첫 엽을 그때까지 남아있던 요권(僚卷)으로부터 손으로 써 넣고 당시까지 남아있던 나머지 책판을 쇄출하여 한 권으로 제책한 것이 고려대본 훈민정음의 〈언해본〉이라는 주장이다.

아마도 17세기 말엽에 남아있던 책판을 쇄출하여 제책한 이 〈언해본〉은 여러 부를 만든 것으로 보이며 한 부가 고려대 도서관의 육당문고에 소장되고 그중 한 부가 일본으로 건너가서 이를 베껴 쓴 필사본이 일본 궁내청(宮內廳)에 수장(收藏)된 것으로 보인다.

5.2.1.5 조선시대에 책을 출판할 때에 활자본을 먼저 만들고 이를 수정하여 목판본으로 만든 다음에 그 책판을 두고두고 쇄출하여 이용하는 것이 관례였다. 비록 사역원의 역학서를 예로 한 것이지만 졸저(2017:562~3)에서 이러한 경우를 많이 조사하여 보고하였다. 이에 의하면 중간(重刊)이란 이름으로 간행된 역학서 중에는 일부 책판만 수정하고 나머지는 먼저 책판을 그대로 쇄출하여 합편하는 경우가 많았음을 밝혔다.

고려대본 〈훈민정음〉과 서강대본 〈세종어제훈민정음〉은 바로 이런 형식의 수정본으로 볼 수 있다. 다만 서강대본의 〈세종어제훈민정음〉은 이미 돌아가신 세종의 지으신 〈훈민정음〉을 '세종어제훈민정음'으로 권수제(卷首題)를 바꾸고 그 책판의 제1엽을 모두 고쳐 새로운 책판을 만든 것이다.

그리하여 제1엽의 원문과 부속하는 협주도 모두 고쳐서 〈세종어제훈민정음〉이란 이름으로 세조 5년에 간행한 {신편}〈월석〉의 제1권 권두에 붙였다. 즉, 세종은 훈민정음의 〈언해본〉을 통하여 새 문자를 익히고 그 다음에 이 문자로 써서 언문으로 쓰인 책으로는 처음으로 간행하는 {구권}〈월석〉 제1권의 권두에 첨부한 것이다. 이 〈언해본〉으로 새 문자를 익혀서 읽으라는 뜻이었다. 그리고 구권에서처럼 {신편}〈월석〉에서도 제1권의 권두에 〈세종어제훈민정음〉을 붙여 간행한 것이다.

고려대 소장의 〈훈민정음〉은 남아있는 책판을 쇄출할 때에 이미 수정된 제1엽은 {구권}〈월석〉의 제1권에 붙어있는 〈훈민정음〉을 베껴 써서 함께 편철하여 단행본으로 만든 것이다. 이 단행본을 편찬할 때가 17세기 말엽이라 이때의 언문 철자법이 제1엽을 옮겨 쓸 때에 반영되었다.

다만 왜 수정된 {신편}〈월석〉의 제1엽 책판을 버리고 {구권}〈월석〉의 것을 베껴 썼는지 알 수 없다. 아마도 단종 폐위(廢位) 사건으로 세조에 대한 반감을 가진 후대의 유신(儒臣)이 세종의 '어제왈(御製曰)'이 들어간 〈월석〉 구권에 첨부된 〈훈민정음〉을 일부러 찾아 옮긴 것으로 볼 수 있다. 그렇지 않고는 이미 〈세종어제훈민정음〉이 있음에도 불구하고 굳이 {구권}〈월석〉의 〈훈민정음〉을 찾아 베낄 이유를 찾기 어렵기 때문이다.

2) 고려대본 〈훈민정음〉의 낙서

5.2.2.1 고려대본 〈훈민정음〉에는 판본의 후미에 『세종실록』(권102) 세종 25년 12월 경술(庚戌)조의 "是月, 上親制諺文二十八字, 字倣古篆,[112] 分爲初中終聲, 字雖簡易,[113] 轉換無窮 – 이달에 임금이 친히 언문 28자를 지었으니 글자는 옛 전자(篆字)를 본떴고 초, 중, 종성으로 나누어 글자가 비록 간단하고 쉬우나 전환이 무궁하다"라는 기사를 옮겨 적었고[114] 이어서 정인지(鄭麟趾)의 후서(後序)와 발췌한 훈민정음 관련 기사를 다음과 같이 전재하였다.

> 禮曹判書鄭麟趾序曰: 有天地自然之聲, 則必有天地自然之文. 所以古人因聲制字, 以通萬物之情, 以載三才之道, 而後世不能易也. 然四方風土區別, 聲氣亦隨而異焉. 蓋外國之語, 有其聲而無其字, 假中國之字, 以通其用, 是猶枘鑿之鉏鋙也, 豈能達而無礙乎? 要皆各隨所處而安, 不可强之使同也. 吾東方禮樂文物, 侔擬中華,[115] 但方言俚語, 不與之同, 學書者患其旨趣之難曉, 治獄者病其曲折之難辨.[116] 樂歌則律呂之克諧, 無所用而不備, 無所往而不達, 雖風聲鶴唳雞鳴狗吠, 皆可得而書矣. 遂命臣等[117]詳加解釋, 以喩諸人.[118] 庶使觀者不師而自悟. 若其淵源精

---

112) 『세종실록』(권102)에는 "其字倣古篆"이지만 '其'가 삭제되었음.

113) 원문의 "合之然後乃成字, 凡于文字及本國俚語, 皆可得而書"가 삭제되었고 '字雖簡要'의 '要'가 '易'로 바뀌었음.

114) "是謂訓民正音"이 삭제되었음.

115) 실록의 원문은 '夏華'인데 여기서는 '中華'로 고쳤다.

116) 이 부분의 실록 원문은 "曲折之難通. 昔新羅 薛聰始作吏讀, 官府民間, 至今行之, 然皆假字而用, 或澁或窒, 非但鄙陋無稽而已, 至於言語之間, 則不能達其萬一焉. 癸亥冬, 我殿下創制正音二十八字, 略揭例義以示之, 名曰訓民正音. 象形而字倣古篆, 因聲而音叶七調, 三極之義, 二氣之妙, 莫不該括. 以二十八字而轉換無窮, 簡而要, 精而通, 故智者不崇朝而會, 愚者可浹旬而學. 以是解書, 可以知其義; 以是聽訟, 可以得其情. 字韻則淸濁之能卞,"인데 이 부분을 빼고 '能辨'으로 연결하였다.

義之妙, 則非臣等之所能發揮也。恭惟我殿下天縱之聖, 制度施爲超越
百王, 正音之作, 無所祖述, 而成於自然, 豈以其至理之無所不在, 而非人
爲之私也。夫東方有國, 不爲不久, 而開物成務之大智, 蓋有待於今日也
歟! 右國朝寶鑑 世宗二十八季. - 예조판서 정인지가 서문으로 말하기를
천지자연에 소리가 있으면 반드시 천지자연의 글자가 있어야 한다. 옛사람
들이 소리에 따라서 글자를 만든 이유가 그로서 만물의 뜻을 통하고 삼재
(三才)의 길을 실을 수 있었기 때문이니 후세에 쉽게 고칠 수가 없는 것이다.
그러나 사방의 풍토가 구별되고 소리의 기운도 이에 따라 다르다. 대개 외
국의 말에는 소리는 있지만 글자가 없어서 중국의 글자를 빌려서 통용하고
있으나 이것은 [도끼] 자루가 어긋나서 [도끼] 구멍에 들어가지 않는 것처럼
어찌 능히 통달하는 데 방해되지 않겠는가? 모두 각기 따르는 곳이 있어서
억지로 같게 할 수는 없는 것이다. 우리의 동방 예악의 문물이 중화에 비슷
하도록 힘썼으나 다만 우리말의 속어가 같지 않아서 책을 배우는 사람들이
그 뜻을 깨우치기 어려움을 힘들어 했으며 죄를 다루는 사람들이 그 변명하
기 어려움을 괴로워했도다. 노래를 율려(律呂)로 쉽게 화합하게 하였고 그
소용에 불비함이 없었으며 소임에 도달하지 않음이 없어서 비록 바람 소리
나 학 울음소리, 닭 우는 소리, 개 짖는 소리를 모두 글로 쓸 수가 있다. 신들
이 명을 받아 자세하게 해석을 더하여 여러 사람들을 깨우치게 하였으니 읽
는 사람 모두가 스승이 없이 스스로 깨우치게 할 것이다. 그 연원과 깊은 뜻
의 오묘함이 있다면 신들의 재능을 발휘한 것이 아니라 우리 오로지 전하의
천종의 성스러움에 있나니 제도를 베푸는 것이 백왕을 초월하시어 정음을
지으시는 것은 예전에 다른 이가 말한 바가 없도다. 자연히 이루어진 것이
며 그 지극한 이치가 이르지 않는 곳이 없으니 이것이 사람이 개인으로 만
든 것이 아니로다. 대저 동방에 나라가 있어 오래지 않지 않으니 개물성무

---

117) 원문에 없는 것을 추가하였다. 아마도 다음 구절에서 빠진 諸臣銜名과 연관이 있을 것이다.
118) 다음의 "於是, 臣與集賢殿應敎崔恒, 副校理朴彭年 · 申叔舟, 修撰成三問, 敦寧注簿姜
希顔, 行集賢殿副修撰李塏 · 李善老等謹作諸解及例, 以敍其梗槪,"가 빠졌다.

(開物成務)의 큰 지혜가 이제 열리어 오늘을 기다림이 있었던 것이로다! 〈국조보감〉 세종 28년

이와 같이 정인지 후서의 일부를 생략하고 옮긴 것은 이 책의 소장자인 유생(儒生)이 훈민정음의 학습을 위하여 {구권}〈월석〉의 권두에 첨부된 것을 따로 분리하여 한 권의 단행본으로 제책하고 뒷면에 이 기사들을 추가로 기입한 것임을 알 수 있다. 특히 『국조보감(國朝寶鑑)』의 세종 28년 기사를 옮겼다고 한 것으로 보아 이 필사가 『국조보감』이 완성된 세조(世祖) 이후의 일임을 알 수 있다.[119]

5.2.2.2 또 첫 구절이 '御製諺文二十八字'의 첫 자 '御'를 한 칸 올려 대두(擡頭)한 것으로 보면 상당한 수준의 학식이 있는 문신(文臣)이 필사한 것으로 보인다. 다음 [사진 5-6]의 오른쪽 사진을 참조하길 바란다.[120]

이러한 책 후미의 낙서를 보면 이 〈언해본〉의 〈훈민정음〉은 실제로 새 문자를 학습하려는 유생(儒生)이 소장하면서 뒤에 훈민정음에 관련된 실록의 기사를 옮겨 적은 것이며 그는 이 〈언해본〉을 통하여 새 문자를 배웠음을 알 수 있다. 또 이것으로 조선 초기에는 많은 사람들이 {구권}〈월석〉의 권두에 첨부된 〈언해본〉의 고려대본 〈훈민정음〉이나 [신편]〈월석〉의 〈세종어제훈민정음〉으로 새 문자인 훈민정음을 배웠음을 알 수 있다.

---

119) 조선 왕조에서 帝王의 善政을 뽑아 편집한 『國朝寶鑑』은 세종 때에 계획되었지만 그 완성은 세조 때의 일이다.

120) [사진 5-6]의 왼쪽 사진에서도 '殿下'의 '殿'자가 擡頭되었다.

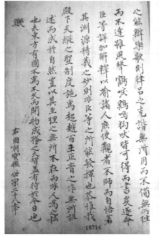

[사진 5-6] 고려대본 「훈민정음」의 권말의 낙서(落書)

5.2.2.3 중종 때에 최세진(崔世珍)이 편찬한 『훈몽자회(訓蒙字會)』의 권두에 첨부된 「언문자모(諺文字母)」(이하 〈언문자모〉)가 있어서 이후에는 훈민정음의 〈언해본〉보다는 〈언문자모〉로 새 문자를 학습했기 때문에 이 고려대본 〈훈민정음〉은 세종이 새로 제정한 새 문자에 대한 초기의 학습서로 보아야 한다.

즉, 〈언문자모〉 이전에 사용되던 훈민정음 학습서로서 세종이 창제하신 새 문자를 학습하는 단행본의 교재로는 훈민정음의 〈언해본〉이 널리 이용됐다고 본다. 현전하는 고려대본 〈훈민정음〉과 전술한 일본 궁내청(宮內廳)의 필사본이 있고 또 하나는 서강대본 {신편}〈월석〉의 제1권 권두에 첨부된 〈세종어제훈민정음〉, 그리고 이를 필사한 일본 고마자와(駒澤)대학 소장본이 현전한다. 따라서 〈언해본〉인 〈훈민정음〉과 〈세종어제훈민정음〉은 모두 단행본으로 제책되어 유생(儒生)들의 새 문자 교육에 이용되었음을 알 수 있다.

고려대본 〈훈민정음〉은 당시 고려대 교수였던 고(故) 박승빈(朴勝彬) 씨의 구장본(舊藏本)으로 알려진 것이다. 겉표지에 '훈민정음(訓民正音)'이라 쓰였다가 떨어진 흔적이 있고 제1엽은 통째로 없어져 후대에 이를 모사(模寫)하여 붙인 것으로 알려졌다. 여기에 필사된 언문이 앞에서 언급한 것처럼 근대국어의 표기법이어서 이 자료가 그동안 세인의 관심을 받지 못했던 것이다.

　5.2.2.4 제1엽의 첫 반엽 부분에 적힌 권수제(卷首題)는 '訓民正音'이라 하였고 맨 뒤의 권미제(卷尾題)도 앞에서 게시한 [사진 5-4]의 왼쪽에서 보이는 바와 같이 분명하게 '訓民正音'으로 되었다. 서강대본 {신편}〈월석〉의 권두에 부재(附載)된 〈세종어제훈민정음〉에는 권수제와 권미제가 다른데 권미제는 '訓民正音'으로 고려대본과 같지만 서강대 소장의 {신편}〈월석〉의 권두에 첨부된 것은 권수제가 '世宗御製訓民正音'이다.

　조선시대의 고문헌에서 대부분 권수제와 권미제가 동일한 것을 감안하면 서강대본의 권수제가 있는 제1엽이 후대에 수정되어 첨가되었을 가능성을 보여준다. 왜냐하면 고려대본은 권수제와 권미제가 동일하게 '훈민정음(訓民正音)'이지만 서강대본은 권미제가 '훈민정음'이나 권수제가 '세종어제훈민정음(世宗御製訓民正音)'이어서 서로 다르기 때문이다.

　〈세종어제훈민정음〉은 나중에, 즉 세조 때에 제1엽을 수정하여 책판을 따로 만들고 이것과 나머지 책판들을 쇄출하여 편철한 수정본(修整本)임을 알 수 있다. 따라서 고려대본의 〈훈민정음〉이 원본이고 〈세종어제훈민정음〉은 후대의 수정본으로 보아야 한다.

3) 고려대본 제1엽의 낙관과 보사한 시기

5.2.3.1 앞의 [사진 5–3] 오른쪽에 보이는 고려대본 〈훈민정음〉의 첫 반엽(半葉)에 찍힌 소장자의 낙관(落款)으로부터 이 문헌의 소유자가 자문(子聞) 남명학(南鶴鳴, 1654~1722)이었음을 알 수 있다. 그는 숙종(肅宗) 조 사람으로 인조(仁祖) 때 사람 남구만(南九萬)의 후손이다. 안병희 (2007:6)에서는 그가 생존한 시기에 떨어져 나간 첫 장을 보사한 것으로 추정하였다.121)

그러나 일본 궁내청(宮內廳)의 필사본을 보면 이것도 수용하기 어려운 일이다. 졸저(2015:218)에서는 〈월석〉 구권(舊卷)에 부재되었다가 단행본으로 떼어낸 것을 구하여 그 요권(僚卷)으로부터 제1엽을 옮겨 쓴 것으로 보았고 옮겨 쓰면서 부분적인 수정을 가하였다고 주장하였다. 다만 그가 17~18세기에 활약한 사람이므로 이 시대에 필사하였을 가능성을 인정할 수 있다.

즉, 다음의 [사진 5–7]에서 볼 수 있는 것처럼 '어제서문(御製序文)' 끝부분의 "사룸마다 ᄒᆡ여 수비 니겨 날로 ᄡᅳ매"는 훼손한 부분을 배접하여 고쳐 쓰면서 원문의 "날로 ᄡᅮ메"를 'ᄡᅳ매'로 교정하여 적은 것으로122) 이 시대에는 동사 어간에 동명사형 어미 '-ㅁ'이 접속될 때에는 '오/우'를 삽입하여 'ㅗ/ㅜㅁ'으로 하는 형태론적 절차가 이미 없어졌음을 알 수 있다.

---

121) 이에 대하여는 안병희(2007:6)의 "다만 『월인석보』 권두본과 다른 내용인 제1장의 보사만 이 문제된다. 그 장에 南鶴鳴(효종 5~경종 2, 1654~1722)의 藏書印이 있으므로 그의 생존 시에 보사는 이루어진 것이 아닌가 한다. 서두에 '御製曰'이 없었고 한자의 협주도 『월인석 보』 권두본과 다르다. [하략]"이란 설명을 참조.

122) [사진 5–7]의 오른쪽 참고.

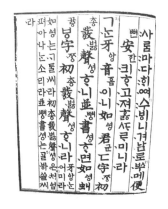

[사진 5-7] 〈언해본〉『훈민정음』(오른쪽)과 「세종어제훈민정음」(왼쪽)의 '어제서문' 말미

5.2.3.2 이에 대하여 안병희(2007:6)에서는 "[육당문고의 박승빈 씨 구장본의] 제1장이 보사되고 제2장 이하도 부분적으로 보사되었으나, 내용은 『월인석보』 권두본과 같다. 우리의 實査에 의하면 지질은 물론이고 印面의 字樣, 판식의 세밀한 점까지 서강대학교 소장 『월인석보』의 권두본과 일치한다. 현재 단행본인 것은 따로 제책한 것에 지나지 않는다. 그러므로 이 책은 『월인석보』 권두본과 별개의 이본이라 할 것이 못된다"(한자, 띄어쓰기는 원문대로)라고 하였다.

이에 의하면 훈민정음의 〈언해본〉인 고려대본 〈훈민정음〉과 서강대본 [신편] 〈월석〉의 〈세종어제훈민정음〉은 동일한 판본임을 알 수 있다. 다만 첫 장은 옮겨 쓸 때에 잘못 적은 것이라고 보았다. 그러나 앞의 [사진 5-3]에서 볼 수 있는 것처럼 고려대본 〈훈민정음〉의 첫 엽(葉)은 서강대본 〈세종어제훈민정음〉과 내용이 완전히 다르고 [사진 5-7]의 오른쪽 사진에서 보이는 것처럼 다른 엽에서도 부분적인 변개가 있었다. 단순한 잘못으로 보기 어렵다.

따라서 옮겨 쓴 부분은 권수제만이 아니고 원문과 협주까지 다르게 되었다. [사진 5-7]의 오른편에서 뚜렷하게 보이는 것처럼 '·쓰매'는 배접하여 흰 종이가 그대로 보이는 부분이다. 여기에 써 넣은 '·쓰매'는 〈세종어제훈민정음〉에서의 '·뿌·메'를 오사(誤寫)한 것이다. 필사할 때에 '매'의 방점에서도 오류가 있었다.

이러한 오사(誤寫)를 생각하면 이 책은 떨어져 나간 제1엽을 다른 판본으로부터 보사(補寫)하여 붙이고 훼손된 몇 장을 배접하여 새로 제책(製冊)한 것으로 볼 수밖에 없다. 이 보사 부분에 찍힌 낙관으로 보면 적어도 숙종 이전에 보사가 이루어졌으며 아마도 17세기 말엽이나 18세기 초엽의 일로 보인다. 이때에는 이미 근대한국어의 표기법이 일반화되었을 때이다.

따라서 고려대본 〈훈민정음〉은 원래 {구권}〈월석〉의 제1권 권두에 첨부되었던 것인데 세조 때에 {신편}〈월석〉을 간행할 때에 제1엽(葉)을 수정하여 새로운 책판을 만들고 이를 기존의 책판과 함께 쇄출하여 {신편}〈월석〉의 권두에 첨부한 것으로 보인다. 후대에 이 〈언해본〉의 책판을 다시 쇄출하여 책으로 만들 때에는 수정된 제1엽의 책판이 수정되어 없어졌기 때문에 이 부분을 다른 요권(僚卷)에서 옮겨 썼다고 보아야 한다.

그리고 훼손된 앞의 몇 엽을 수선하여 배접할 때에도 없어진 글자를 약간 고쳐서 써 넣고 새로 제책한 것이 고려대본의 〈훈민정음〉이고 이와 동일하게 편철한 다른 판본을 옮겨 쓴 것이 일본 궁내청(宮內廳)에 소장된 사본임을 알 수 있다.

5.2.3.3 고려대본 〈훈민정음〉의 첫 장은 {신편}〈월석〉의 권두에 실린 〈세종어제훈민정음〉과 전혀 다른 내용이 필사되었다. 이를 정리하여 보면 우선 제1엽의 원문이

御·어製·졩曰·웛ᄒᆞ샤ᄃᆡ 國·귁之징語:어音ᅙᅳᆷ이 류·잉乎ᅘᅩᆼ中·듕國·귁·ᄒᆞ·야

與:영文문字·ᄍᆞᆼ로 不·붏相샹流륳通통이라

故·고로 愚웅民민이 有:ᅌᅮᇢ所:송欲·욕言언 − 띄어쓰기는 필자. 이하 모
두 같음·

이고 언해문은 다음과 같다.

御·어製·졩예 글ᅌᆞ·샤ᄃᆡ 나·랏 :말소·리 中듕國·귁·과 달·라

文문字·ᄍᆞᆼ·로 더·브·러 서르 ᄉᆞᆷ·러 通통·티 :몯 ·ᄒᆞᆯ·씨 ·이런 젼·ᄎᆞ·로 어·린 百·ᄇᆡᆨ

故·고로 愚웅民민이 有:ᅌᅮᇢ所:송欲·욕言언

무엇보다도 세종이 지은 훈민정음의 서문 첫 구절에 '어제왈(御製曰)'
로 된 것은 첫 장의 보사(補寫)가 세종 때에 간행된 판본으로부터 옮겨
쓴 것임을 분명하게 증언한다. 왜냐하면 세조 때의 {신편}〈월석〉에 부재
(附載)된 〈세종어제훈민정음〉을 베낀 것이라면 절대로 '어제(御製)'를
붙일 수가 없기 때문이다. 그렇게 되면 훈민정음의 서문이 세조(世祖)의
것이 되기 때문이다.[123]

그리고 '國之語音'을 고려대본에서는 "나랏 말 소리"로 직역을 하여
서강대본에서의 "나랏 말ᄊᆞ미"와 다르다. 후자는 이 부분을 의역한 것
이고 전자는 직역한 것이다. 따라서 고려대본 〈훈민정음〉의 첫 장에 대
한 보사는 세종 때에 간행된 판본을 보고 필사한 것으로 보아야 한다. 결
코 세조 때의 {신편}〈월석〉에 부재된 〈세종어제훈민정음〉을 잘못 옮겨

---

123) 문종 때에 편찬된 『세종실록』(권113) 세종 28년 9월조에 "是 月訓民正音成。御製曰國之語
音, 異乎中國, [하략]"으로 '御製曰'이 동일하다. 모두 '御製'가 세종의 지음을 말하는 것이다.

쓴 것이 아니다.

이러한 보사(補寫)는 세조 때에 첫 엽(葉)의 책판을 교정하여 교체하였기 때문에 후대에 이 책판이 없어져서 손으로 필사하여 기입하여 삽입할 수밖에 없었다. 전술한 바와 같이 조선시대에는 일단 활자본으로 된 초판을 수정하여 완성되면 목판에 새기고 난 다음에 후에 두고두고 이 책판을 쇄출(刷出)하여 판본으로 사용하였다.

고려대본 〈훈민정음〉의 첫 장이 필사된 것은 [구권]〈월석〉의 제1권 권두에 첨부된 〈언해본〉의 〈훈민정음〉 첫 엽을 교체하여 〈세종어제훈민정음〉으로 수정하였기 때문이다. 그리고 교체된 〈훈민정음〉 제1엽의 책판은 교체되고 나서 망실되었을 것이다. 따라서 없어진 첫 엽은 후대에 당시까지 존재하던 요권(僚卷)을 보고 보사(補寫)되었는데 이때에는 후대의 언문 표기법에 맞추어 쓸 수밖에 없었을 것이다.

그러면 〈월석〉의 구권은 그동안의 〈언해본〉 연구에서 왜 돌아보지 않았는가? 그리고 고려대본 〈훈민정음〉은 그 연구에서 빠졌는지 이에 대하여 먼저 고찰하기로 한다.

3. 왜 〈월인석보〉의 구권은 무시되었는가?

5.3.0 세종 때에 간행된 〈언해본〉 〈훈민정음〉의 판본은 어떤 것일까? 앞의 3.2.1.1에서 살펴본 바와 같이 〈월석〉에는 세종 생존 시에 간행된 구권이 있고 세조 때에 간행된 신편이 있으며 서강대본 〈월석〉 제1권의 권두에 실린 〈세종어제훈민정음〉은 천순(天順) 3년, 세조 5년(1459)에 간행된 〈월석〉의 신편에 첨부된 것이다.

당연히 세종의 사후(死後)의 일이라 '세종어제(世宗御製)'라는 묘호(廟

號)가 붙었다. 따라서 '세종(世宗)'이란 묘호가 붙지 않은 〈훈민정음〉은 세종의 생존 시에 편찬된 〈월석〉의 구권(舊卷)에 첨부되었을 것이다. 그러므로 고려대 소장의 〈훈민정음〉은 세종의 생존 시의 {구권}〈월석〉에 첨부되어 간행된 것이라고 보는 것이 합리적이다(졸고, 2013).

고려대본 〈언해본〉의 〈훈민정음〉은 여기에 붙은 세종의 어제서문에 '어제왈(御製曰)'이 붙은 것으로 보아 이 판본이 세종 때에 간행한 것임을 확인할 수 있다. 그리고 〈언해본〉의 공간이 진정한 의미의 새 문자인 훈민정음의 반포라고 생각한다(졸저, 2015).

1) 〈월인〉과 〈월석〉

5.3.1.1 앞에서 언급한 대로 일제 강점기에 조선총독부의 촉탁으로 있던 일본의 불교학자 에다 도시오(江田俊雄)는 "〈월석〉에 구권이 있다"라는 세조의 서문은 〈월석〉의 구권이 실제 존재한 것을 말하는 것이 아니라 자신의 업적을 부왕에게 돌리려고 하는 겸양의 말로 보았다(江田俊雄, 1936a). 〈월석〉에 대한 최초의 해제인 江田俊雄(1936a)의 주장은 오구라 신페이(小倉進平, 1940)에 그대로 수용되었고 광복 이후에 우리 학계에서도 이를 그대로 받아들였다.

그러나 세조의 어제서문을 읽어보면 부왕인 세종의 {구권}〈월석〉과 자신의 {신편}〈월석〉의 차이에 대하여 앞의 제3장에서 살펴본 바와 같이 구체적으로 지적하고 있어서 江田俊雄(1936a)에서 주장한 대로 겸양의 표현으로 보기 어렵다. 이 서문에서 〈월석〉의 구권(舊卷)에 대하여 신편 (新編)은 여러 불경을 첨삭하여 추가하였음을 밝히고 있기 때문이다.

즉, 앞의 3.2.1.1에서 인용한 세조의 '어제서문'에 "十二部 修多羅애 出入ㅎ디 곧 기튼 히미 업스며 흔 두 句를 더으며 더러ᄇ리며 ᄲᅮ디 므슴다보ᄆᆞᆯ 닐욿 ᄀᆞ장 긔지ᄒᆞ야"라 하여 {구권}〈월석〉에 '十二部 修多羅'

의 여러 경전에서 추가하기도 하고 삭제하기도 해서 {신편}〈월석〉을 간행했다는 구체적 사실을 적시하고 있다.

5.3.1.2 현전하는 〈월석〉 가운데 3.4.1.1에서 [표 3-3]으로 보인 바와 같이 편차와 판식이 서로 다른 판본이 섞여있다. 흔히 〈월석〉은 〈월인〉과 〈석보〉를 합편한 것으로 알고 있으나 실제로 〈월석〉은 〈석보〉와 〈월인〉을 상당히 수정하여 합편한 것이다.

조권(調卷)도 달라서 〈석보〉의 제11권과 제19권이 〈월석〉의 제18권과 제21권에 실려서 권차(卷次)가 달라진다. 〈석보〉의 제11권과 제19권은 『법화경』의 제1권을 수록하고 〈월석〉의 제18권과 제21권은 『법화경』의 제2, 3권을 수록하여 권차(卷次)마저 다르게 된 것이다.

서술 형식도 〈월석〉은 〈월인〉을 앞에 한 자 높여 쓰고 이어서 해당 부분의 〈석보〉를 그에 대한 해설 형식으로 한 자 내려서 수록하였으나 모두 그대로 옮긴 것이 아니다. 우선 〈월석〉에서는 한자를 먼저 쓰고 다음에 독음(讀音)을 적었으나 원래 〈월인〉에서는 한자음을 먼저 훈민정음으로 쓰고 다음에 한자를 적었다.

그 예를 〈월인〉(상)과 〈월석〉(제4권)의 71장(章)을 비교하면 다음과 같다.

〈월인〉(상) '끠其칧七씹十 잃'124)
마魔왕王·이 :노怒ᄒᆞ · 둘 :똥道:리理 :거츨·씨 무無·수數ᄒᆞᆫ 군軍·이 ·

----

124) 현전하는 〈월인〉에는 '일(一)'이 빠져있다. 고의로 그런 것으로 보기 어렵고 각수의 실수로 보인다. 본고에서 인용한 〈월석〉(제4권)의 간본에는 '일(一)'을 넣었는데 이 판본은 경북대학교 출판부에서 1997년에 영인하여 간행한 것이다. 이 판본은 김동소(1997)에 의하면 대구에서 개인 소장의 복각 목판본을 영인한 것이라고 한다.

쩡淨甁뼝·을 :몯 무우·니

·세世존尊·이 쯔慈심心·ᄋ·로 삼三·민昧·예 ·드·르시·니 무無·수
數혼 ·늘·히 련蓮화花ㅣ 두외·니

〈월석〉(권4) '其끵七·즗十·씹一 ·힗'
魔망王왕·이 怒:농혼 ·돌 道:똥理:링 :거즐·씨 無뭉數·숭혼 軍군·이
淨·쩡甁뼝·을 :몯 무우·니
世·솅尊존·이 慈쯔心심·ᄋ·로 三삼昧·밍·예 ·드·르시·니 無뭉數·
숭혼 ·늘·히 蓮련花황ㅣ 두외·니

앞의 예에서 보이는 〈월인〉과 〈월석〉의 차이는 후자가 한자 다음에
독음을 붙인 것과 달리 전자, 즉 〈월인〉은 훈민정음으로 한자음을 먼저
쓰고 다음에 한자를 붙였다. 〈월인〉에서는 훈민정음의 한자음이 중심
이고 한자는 그에 버금가는 것이었다.

또 〈월석〉이 〈해례본〉의 정서법에 맞추어 동국정운식 한자음을 준수
하였다면 〈월인〉은 현실적인 한자음 표기에 의거하여 이를 따르지 않
은 것이 많다. 즉, 〈월석〉에서는 훈민정음 〈해례본〉의 「합자해(合字解)」
첫 머리에 "初中終三聲, 合而成字 – 초성과 중성, 종성의 삼성이 합해
야 글자를 이룬다"의 원칙에 따라 〈월석〉에서는 '魔망, 怒:농, 道:똥理:
링, 無뭉數·숭, 世·솅, 昧·밍'와 같이 종성으로 욕모(欲母) /ㅇ/, 또는
미모(微母) /ㅱ/를 붙였다.

5.3.1.3 그러나 〈월인〉에서는 이러한 한자음 표기에서 미모(微母)의
'道:똥'를 제외하고 욕모(欲母) /ㅇ/의 종성 표기가 없다. 〈월석〉이 훈민
정음 〈해례본〉 「합자해」에 맞추어 한자음을 초중종(初中終)의 삼성(三
聲)을 갖추어 쓴 것이라면 〈월인〉은 〈해례본〉 「종성해(終聲解)」의 정서

법을 추종한 것이다.

즉, 〈월인〉의 표기는 〈해례본〉의 「종성해」에서 "且ㅇ聲淡而虛, 不必用於終, 而中聲可得成音也 – 또 / ㅇ / 소리는 여리고 허해서 반드시 종성으로 쓸 필요는 없으며 중성만으로 소리를 이룰 만하다"에 따른 것이다. 오히려 〈월인〉이 〈월석〉보다 〈해례본〉의 새로운 규정을 준수하였으니 〈월석〉보다 〈월인〉이 나중에 간행된 것을 말해주는 대목이다.

따라서 〈월인〉을 세종 자신의 저술로 본다면, 그리고 박병채(1962)에서 지적한 것처럼 김수온(金守溫)이 〈월인〉의 저술을 도왔다면 그들은 〈해례본〉을 완전하게 이해하고 한자음을 현실적으로 표기하여 〈월인〉을 편찬한 것으로 볼 수 있다. 그렇게 하면서 새 문자를 우리말 표기에 사용할 수 있음을 세종 스스로가 확인한 것이다.

반면에 〈월석〉은 물론 구권(舊卷)의 경우지만 초기의 언문 제정의 영향으로 운서 표음, 즉 반절상자(反切上字)와 반절하자(反切下字)에 의거한 한자음 표기에 따른 것으로 보아야 할 것이다. 중국 〈절운〉계 운서(韻書)의 표음 방식인 반절(反切)의 표기 방법은 반드시 한자음을 반절상자인 성(聲)과 반절하자인 운(韻)으로 나누어 표음하기 때문에 욕모(欲母)와 미모(微母)의 종성(終聲)을 첨가할 수밖에 없었다. 운(韻)은 중성과 종성의 결합이기 때문이다.

그러나 후대의 〈월인〉에서는 중국 성운학의 성(聲)과 운(韻)으로 표기하는 방식이나 반절(反切)의 표기 방식을 따르지 않고 독자적으로 표기하였다. 그리하여 중성자(中聲字)만으로 반절하자를 모두 표기하는 '魔 마, 怒 :노, 理 :리, 無 무, 數 · 수, 世 · 셰, 昧 · 민'와 같은 표기를 보였다. 다만 '道 :똘'만은 'ㅸ'를 종성으로 하여 반절하자를 '뜰'로 한 것이다.

344

2) 〈석보〉와 〈월석〉

5.3.2.1 그동안 〈월인〉과 〈석보〉를 합편하여 〈월석〉을 편찬하였다고 알고 있다. 그러나 〈월석〉의 석보부는 〈석보〉를 그대로 옮기지 않고 상당한 변개가 있었음을 보여준다. 두 권을 합편할 때에 어느 정도 수정과 주석의 증보가 있었는지 살펴보기 위하여 현전하는 〈석보〉 제9권을 〈월인〉의 해당부와 비교하면 다음과 같다.

예. 〈석보〉(第九)의 첫 구절

부톄 :도·녀 諸졍國·귁·을 敎곫化·황· ᄒᆞ·샤

　　{諸졍國·귁·은 여러나·라히·라}

廣:광嚴엄城셩·에 ·가·샤 樂·악音흠樹·쓩 아·래 :겨·샤

:굴·근 比·뼁丘쿻 八·밣千쳔人ᅀᅵᆫ·과 ᄒᆞᄃᆡ 잇·더시·니

菩뽕薩·삻摩망訶항薩·삻 三삼萬·먼六·륙千쳔·과

　{摩망訶항薩·삻·은 :굴·근 菩뽕薩·삻·이시·다· ᄒᆞ논 :마리·라}

國·귁王왕·과 大·땡臣씬·과 婆빵羅랑門몬·과 居겅士:쏭·와

　{居겅·는 :살·씨·니 居겅士:쏭· ᄂᆞᆫ :쳔량 :만·히 두·고 가·ᅀᆞ·며 :사

ᄂᆞᆫ :사·ᄅᆞ미·라}

天텬龍룡夜·양叉챵人ᅀᅵᆫ非비人ᅀᅵᆫ等:등 無뭉量·량大·땡衆·즁·이

恭공敬·경· ᄒᆞ·야 圍윙繞:ᅀᅭᇢ· ᄒᆞᅀᆞ 뱃거·늘

{人ᅀᅵᆫ非비人ᅀᅵᆫ·은 ;사룸·과 ;사룸 아닌 것·과 ᄒᆞ논 :마리·니 八·밣部:

뿡·를 어·울·워 니르니·라}

:위· ᄒᆞ·야 說·쉃法·법· ᄒᆞ·더시·니 [하략]. {} 안의 것은 雙行으로 된 夾註를 말함. 이하 같음.

〈월석〉(第九) '其끵二·잉百·빅六·륙十·씹'에 해당하는 〈석보〉의 예,

부톄 :도·녀 諸졍國·귁·을 敎곫化·황· ᄒᆞ·샤

　　{諸졍國·귁·은 여러나·라히·라}

廣:광嚴엄城쎵·에 ·가·샤 樂·악音흠樹·쓩 아·래 :겨·샤

:굴·근 比·삥丘쿻 八·밣千쳔人신·과 흔듸 잇·더시·니

菩뽕薩·삻摩망訶항薩·삻 三삼萬·먼六·륙千쳔·과

{摩망訶항薩·삻·은 :굴·근 菩뽕薩·삻·이시·다 ·ᄒᆞᆫ :마리·라}

國·귁王왕·과 大·땡臣씬·과 婆뻥羅랑門몬·과 居겅士:쫑·와

{居겅·는 :살·씨·니 일·훔난마·를 ·즐겨 닐·어 淸청淨쪙·으·로 :졔 :
살·씨·라

ᄯᅩ :쳔량 :만·히 두·고 가·ᅀᆞ·며 :사ᄂᆞᆫ :사·ᄅᆞ미·라}

天텬龍룡夜·양叉창人신非비人신等:등 無뭉量·량大·땡衆·즁·이

恭공敬·겅·ᄒᆞ·야 圍윙繞;ᅀᅭᆸ·ᄒᆞᅀᆞᆸ 뱃거·늘

{人신非비人신·은 ;사름·과 ;사름 아닌 것·과 ·ᄒᆞᆫ :마리·니 八·밣部:
뽕·를 어·울·워 니르니·라}

:위·ᄒᆞ·야 說·쉃法·법·ᄒᆞ·더시·니}

  이 둘의 비교를 통하여 〈월석〉이 단순하게 〈석보〉와 〈월인〉의 두 책
을 합편한 것이 아니고 〈월석〉에서 주석을 대폭 수정한 것이 보인다.
즉, '거사(居士)'에 대한 주석이 〈석보〉보다 〈월석〉에서 "ᄯᅩ :쳔량 :만·
히 두·고 가·ᅀᆞ·며 :사ᄂᆞᆫ :사·ᄅᆞ미·라"를 추가하였다. 이와 같이 그
수정은 세조의 어제서문에서 언급한 대로 〈월석〉에서 주로 협주(夾註)
의 보완에서 많이 볼 수 있다.

  또 수양과 신미, 김수온의 〈석보〉에서는 세종의 〈월인〉처럼 자유롭
게 새 문자의 정서법을 고칠 수가 없어 동국정운식 한자음에 종성(終聲)
을 반드시 표음하는 표기법에 따라 한자음을 표기하였다. 그러나 세종
의 〈월인〉에서는 이러한 정서법에 구애되지 않고 자유롭게 한자음을
표기하였다. 누가 새 문자 제정의 주체인가를 알려주는 대목이다.

  〈석보〉를 〈월인〉과 함께 〈월석〉에 합편할 때에도 많은 변개가 있었

다. 〈석보〉와 〈월인〉이 아직 원고의 상태이고 간행되지 않았으므로 이러한 변개가 가능하였다. 여기서 현전하는 〈석보〉의 제9권과 〈월석〉의 제9권을 비교하면 〈월석〉의 석보부가 상당히 수정되었음을 알 수 있다.

5.3.2.2 〈월석〉의 제9권을 〈석보〉의 제9권과 비교하면 이런 사실을 확인할 수 있다. 세조 5년에 간행된 〈월석〉의 신편(新編)에서 특히 이러한 협주의 보완이 많이 이루어졌다. 실제로 앞의 〈석보〉와 〈월석〉 제9권에서 이어지는 "業·업障·장·이 ·스·러디·게 ᄒ·야"에 대한 협주에서는 졸고(2020a)에서 밝힌 바와 같이 〈석보〉보다 {신편}〈월석〉에서 협주가 대폭 늘어났음을 알 수 있다.

〈석보〉(第九) 첫 머리
業·업障·장·이 ·스·러디·게 ᄒ·야
{障·장·ᄋᆞᆫ 마·ᄀᆞᆯ·씨·니 煩뻔惱:놀ㅣ ᄀᆞ·리·여 菩뽕提똉·를 마·ᄀᆞᆯ·씨·라}

{신편}〈월석〉(第九)
業·업障·장·이 ·스·러디·게 ᄒ·야
{障·장·ᄋᆞᆫ 마·ᄀᆞᆯ·씨·니 聖·셩道:똫와 聖·셩道:똫方방便·뻔·을 마·ᄀᆞᆯ·씨·니
業·업障·장·ᄋᆞᆫ 煩惱障 과 報障괘라 業·업障·쟝ᄋᆞᆫ 五:오無뭉間간業·업이니
□주기거나[125] 아·비 주·기거·나 阿하羅랑漢·한 주·기거·나 :즁·을 :헐어·나

125) '□'은 판본이 훼손되어 보이지 않으나 '어미'인 듯함. '□'은 이하 판본의 불분명한 부분을 표시함.

부텻 모·매 피 :내·어·나 ·ᄒᆞᆫ 業·업·이·라

웃 :둘·흔 恩흔 義·의·를 背·삐叛·빤·혼 젼·ᄎᆞᆯ·오 :세·흔 福·복田

면·을 허·론 젼·ᄎᆞ·라

煩뻔惱:놀障·쟝·ᄋᆞᆫ 勤끈煩뻔惱:놀·와 利煩뻔惱:놀왜·니 勤끈煩뻔惱:

놀·ᄂᆞᆫ ᄌᆞ·조

煩뻔惱:놀홀·씨·오 利煩뻔惱:놀·ᄂᆞᆫ 더·어 ·갸·ᄂᆞᆫ 煩뻔惱:놀ㅣ·라

報·봉障·쟝·ᄋᆞᆫ 住·뜡흔 果:광報·봉 :마·다 聖·셩道:똘·앳 器·킝具

·꿍아·닐·씨·니

煩뻔惱:놀障·쟝·이 ᄆᆞᅀᆞ·믈 ᄀᆞ·려 ᄆᆞᅀᆞ·미 解:갱脫·퇋;몯·ᄒᆞ·야 業

·업·을 지·서

生싱·ᄋᆞᆯ 受:쓯·ᄒᆞ·야 다·ᄉᆞᆺ 길·헤 輪륜回횡ᄒᆞ·며 所:송知딩障·쟝·

이 慧·쀙·를 ᄀᆞ·려

慧·쀙解:갱脫·퇋 :몯·ᄒᆞ·야 □ᄆᆞᅀᆞ·믈 ᄉᆞᄆᆞᆺ ·몯 :알·며 諸졍法·법·

의 性·셩相·샹· ᄋᆞᆯ

ᄉᆞᄆᆞᆺ 몯 아·라 비·록 三삼界·갱·예 나·고·도 ·쏘 二·싱乘씽·에 거·

러 成쎵佛·뿛 :몯 ·홀·씨

障·쟝·이·라 ᄒᆞ·니·라 나·와 法·법·과 :두 執·집著·딱·알 :딜·면 :

두 障·쟝·이 조차 그·츠리·라

〈석보〉와 〈월석〉의 제9권의 "業·업障·쟝·이 ·스·러디·게 ᄒᆞ야"
의 '업장(業障)'에 대한 위와 같은 협주를 비교하면 〈월석〉에서 협주가
매우 많이 보완되었음을 알 수 있다. 물론 이러한 협주의 보완은 〈월석〉
의 전편에서 일어난 일일 것이다.

〈석보〉는 『석가보(釋迦譜)』, 『경덕전정록(景德傳灯錄)』 등을 인용하여
주석을 붙였고 〈월석〉의 주석 부분에는 『사분률(四分律)』, 『현우경(賢愚
經)』, 『분별공덕론(分別功德論)』, 『다론(多論)』, 『계단론(戒壇經)』, 『대품
(大品)』, 『지론(智論)』, 『갈마소(羯磨疏)』, 『십송률(十誦律)』 등을 인용하

여 〈월인〉과 〈석보〉의 내용을 설명한 것이다.

이러한 협주의 확대는 {신편}〈월석〉의 권두에 부재(附載)된 세조의 어제서문에 "녯 글워레 講論ᄒᆞ야 ᄀᆞ다ᄃᆞ마 다 듣게 至極게 ᄒᆞ며 새 ᄆᆡᇰᄀᆞ논 글워레 고텨 다시 더어(구권에 강론하여 가다듬어 모두 깨닫기를 지극하게 하며 신편에 고쳐서 다시 더하여)"라는 증언을 확인하게 한다.

5.3.2.3 〈월석〉에는 〈석보〉의 주석을 첨가한 것 이외에 또 다른 주석이 첨가될 경우 한 자를 더 내려 두 자를 띤 다음에 주석을 붙인 것이 있다. 즉, 〈석보〉(제9권 3앞)의 "像샤ᇰ法·법·이 轉흏:뒨훓 時씽節·졇·에"에 이어지는 쌍행 협주 "{法·법·이 ·처섬 盛·쎠ᇰ·히 行ᄒᆡᇰ·ᄒᆞ·야[하랴]"을 {신편}〈월석〉에서는 고쳐서 훨씬 길게 설명하고 또 그에 고친 협주에 나오는 어려운 술어도 다시 협주로 설명할 때의 협주는 한 자를 더 내려서 세 자를 내려 띄고 협주가 시작된다.

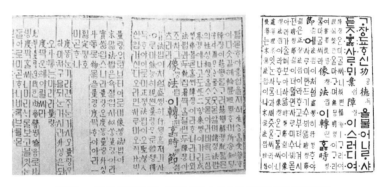

[사진 5-8] {신편}〈월석〉 제9권 3엽과 〈석보〉 제9권 2엽 앞(오른쪽)

앞의 [사진 5-8]의 왼쪽을 보면 〈월석〉(제9권 3앞 3행)의 중간에서 시작하는 '像:쌍法·법·이 轉:뒨홇 時씽節·졇·에'에 대한 다음과 같은 협주가 더 추가되었다.

> 像:썅法·법·이 轉:뒨홇 時씽節·졇에
> {法·법·이 ·처섬 盛·쎵·히 行혱홇 저·긔 :사ᄅᆞ·미 能능·히 現·현量
> 량·ᄋᆞ·로 體:톙得·득·ᄒᆞ·야 아·로·미 正·졍法·법·이·오 聖·셩人
> 신 :업·거신·디 오라면 :사ᄅᆞ·미 오·직 比비量량·ᄋᆞ로브·터 아·로·미
> 像:썅法·법·이라 末밢法·법·은 ·쇽·졀:업·시 似·ᄊᆞᆼ量량·이라 實·
> 씷 :업·스니·라 量량·은 度·똥量·량升싱斗:듕·로 物·뭃·을 量량度·
> 딱·ᄒᆞ·야 아·라 一·흻定·뗭호·미 ·근ᄒᆞ·니}
> {{度똥·ᄂᆞᆫ 기리 견주·ᄂᆞᆫ 거·시오 量량·은 하·며 :져구·믈 되·ᄂᆞᆫ 거·시
> ·라 升싱·은 ·되오 斗:듕·ᄂᆞᆫ ·마리·라 量량度·딱·은 :혜아릴·씨·라}}

이에 대한 [사진 5-8] 오른쪽의 중간부터 〈석보〉의 제9권 2엽 앞에 역
시 '像:썅法·법·이 轉:뒨홇 時씽節·졇에'에 대한 협주가 있어서 이를
여기에 옮겨 〈월석〉과 〈석보〉의 협주를 비교하면 다음과 같다.

> 像:썅法법이 轉:뒨홇 時씽節졇에
> {法·법·이 ·처섬 盛·쎵·히 行혱法·법·이 ·처섬 盛·쎵·히 行혱ᄒᆞ法·
> 법·이 ·처섬 盛·쎵·히 行혱야 :사ᄅᆞ·미 번·드·기 :수·비 :앓 時씽節
> ·졇·은 正·졍法·법·이·라 ᄒᆞ·고 부텨 ·나:겨시·던 時씽節·졇·이 더
> :멀·면 :사ᄅᆞ·미 :수·비 :몯아·라가·즐·벼·보아·사 :앓 時씽節·졇
> ·이 像:썅法·법·이·라 ᄒᆞᄂᆞ·니 像:썅·은 ·ᄀᆞ툴 씨니 道:똫理:링 잇
> 난 사ᄅᆞᆷ과 새줏흘 ·씨·라 ·이 後:ᅘᅮᇢ·는 末·밢法·법·이니 末·밢法·
> 법時씽節·졇·은 :몰·라 :거즛:말·로 니르ᄂᆞ니 末·밢·은 ·그티·라}

이 둘의 협주를 비교하면 〈월석〉의 협주에서 상당한 수정이 있었음
을 알 수 있다. 특히 〈월석〉에서 수정한 내용의 '양탁(量度)'에 대한 협주

는 "{{度똥·는 기리 견주·는 거·시오 量량·은 하·며 :져구·믈 되·는 거·시·라 升싱·은 ·되오 斗:둘·는 ·마리·라 量량度·땅·은 :혜아 릴·씨·라}}"가 추가되었다. {{ }}는 협주의 협주를 말함.

[사진 5-8]의 왼쪽에 보이는 협주들은 〈석보〉에 없는 〈월석〉에서의 협주여서 한 자를 더 내린 것이다. 따라서 이와 같은 협주의 협주를 보면 〈월인〉과 〈석보〉를 그대로 합편한 것이 아니라 이를 다시 수정하여 협 주를 보완한 〈월석〉이 있음을 확인할 수 있다.

그리고 〈월석〉의 신편에서도 협주를 추가한 것이 있었는데 {신편}〈월 석〉에서는 협주를 두 칸 내려쓰고 새로 신편에서 추가한 것은 세 칸을 내려쓴 것도 있다. 앞의 [사진 5-8]의 왼쪽 사진에서 보이는 바와 같이 세 칸을 내려쓴 협주가 보인다. 아마도 협주를 이렇게 두 칸, 또는 세 칸 을 내려서 조판한 것은 〈월석〉의 신편에서 있었던 일로 보인다.

4. 〈월인석보〉의 구권과 신편의 협주

5.4.0 현전하는 〈월석〉 중에 이렇게 두 칸, 또는 세 칸을 내린 협주가 없는 판본이 있다. 경북 대구의 개인이 소장하고 있는 〈월석〉의 제4권, 즉 권수제(卷首題)가 '月印千江之曲第四, 釋譜詳節 第四'이고 판심제 가 '月印釋譜'인 판본에는 두 자를 내려쓴 협주가 보이지 않는다.

다음의 [사진 5-9]와 [사진 5-10]으로 보인 〈월석〉 제4권은 경북대학 교 출판부에서 1997년에 영인본으로 간행하였다. 〈월인〉의 '其끵六· 륙十·씹七·칧'로 시작하는 이 판본은 남권희(1997)의 해제에 의하면 불상(佛像)의 복장품(腹藏品)으로 전해왔으며 번각본(飜刻本)인데 원본 을 고치지 않고 그대로 복각(覆刻)한 목판본이라고 한다.

[사진 5-9] {구권}〈월석〉으로 보이는『월인석보』제4권의 첫 엽[126]

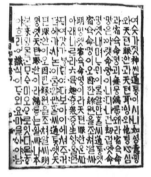

[사진 5-10]『월인석보』제4권의 39뒤-40앞

그리고 이 판본은 이미 알려진 광흥사(廣興寺)본의 다른 권과 판본이
다르다고 하였으니 {구권}〈월석〉을 복각한 판본으로 추정된다. 이 〈월
석〉의 제4권은 이와 같은 정황으로 보아 〈월석〉의 구권으로 보이는데
이제 이에 대하여 고찰하면서 〈월석〉의 구권을 유추해보기로 한다.

---

126) 사진에서 하얗게 보이지 않는 부분은 훼손된 곳이다.

1) 현전하는 〈월석〉 제4권은 구권인가?

5.4.1.1 그러나 현전하는 대부분의 〈월석〉에서는 협주의 협주가 겹쳐서 다음의 [사진 5-11]에서 볼 수 있는 것처럼 〈월석〉의 제25권에는 한 칸 아래로 내려쓴 〈석보〉에 대한 협주가 있어 두 칸을 내려썼고 또 그에 대한 협주까지 있어서 역시 세 칸을 내려쓴 것이 있다.

즉, 다음의 [사진 5-11]에서는 〈월석〉 제25권 54엽 뒤 5~6행에서 한 자를 내려쓴 〈석보〉의 "[전략] ·혹孔:콩雀·쟉·이 목·비치어·나 鴒· 갑色·싁·이어·나 밍·글·라"에 나오는 '鴒·갑'에 대한 협주 "{鴒·갑 ·은 ·뎌도·리·라}"는 석 자를 내려서 썼다.

〈월석〉 제25권의 54엽 뒷면 6행에 한 자 내려쓴 〈석보〉의 "量·량· 은 ·크니·는 ;서 ·마·를 받·고"에 대한 협주로 쓴 "{周쥴ㅅ·말·론 : 서 ·말·이·오 唐땅ㅅ·말·론 혼 ·마리·라"는 두 자를 내려썼다. 그리고 이어지는 55앞 첫 행에 ":져그·닌 말 아·오·들 받ᄂ·니"에 대한 협주로 "{{唐땅ㅅ·말·론 닷·되·라}}"에 대한 해설의 협주도 역시 석 자를 내려썼다. 다만 앞에 제시한 [사진 5-9, 10]에 보이는 〈월석〉 제4권에서는 이렇게 3칸을 내려쓴 협주가 일체 보이지 않는다.

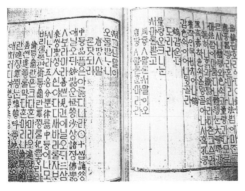

[사진 5-11] 〈월석〉 제25권의 54엽 뒤와 55엽 앞

5.4.1.2 앞에서 언급한 {구권}〈월석〉의 복각으로 추정되고 현전하는 〈월석〉 제4권의 다음 부분, 즉 [사진 5-12] 왼쪽 〈월석〉 제4권(45앞 2행)의 '月印千江之曲 其껑八·밣十·씹三삼과 오른쪽 〈월인〉의 '끠其·밣八·씹十삼三'은 서로 다르다. 즉, 〈월석〉 제4권 월인부의 83장과 현전하는 〈월인〉의 83장은 서로 완전히 다른 내용이다.

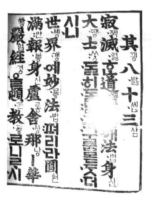

[사진 5-12] 〈월석〉 제4권의 其83(왼쪽)과 〈월인〉의 권상(卷上)의 其83(오른쪽)

앞의 [사진 5-12] 오른쪽의 현전하는 〈월인〉 상(30뒤 3행)의 '끠其·밣八·씹十삼三'의 앞 구절이 "젼前싱生·애 슈修행行 기프·신 문文쓔殊:포普현賢·돌·히 ·돌:넔·긔 ·구룸 몯 ·둗 ·더시·니"인데 이것은 〈월석〉 제4권 45앞 2행의 월인부 '月印千江之曲 其八十三'에서는 "寂·쪅滅·멿흔 道:똘場땽·애 法·법身신大·땡士:쌍·돌·히 ·돌:넔·긔 ·구룸 몯 ·둗 ·더시·니"로 내용이 완전히 다른 것으로 교체되었다.

이것은 〈월인〉의 내용이 옳기 때문에 〈월석〉의 것을 〈월인〉에서 수정한 것으로 보아야 할 것이다. 〈월석〉의 구권(舊卷)이 〈월인〉보다 먼저 간행되었음을 말해주는 좋은 예라고 볼 수 있다. 즉, 〈석보〉에서 여래

(如來)가 처음으로 정각(正覺)을 이루고 적멸도장(寂滅道場)에 있을 때에 41위(位)의 법신(法身) 대사(大士)들과 천룡(天龍) 팔부(八部)가 일시에 위요(圍繞)하여 달에 구름 끼듯 하였다는 말을 〈월석〉 제4권에서 〈월인〉의 가사로 한 것이다.

그러나 다음에 이어지는 내용은 여래(如來)가 얻은 묘법(妙法)을 널리 펴서 세계를 이롭게 하려는 뜻을 담은 화엄경(華嚴經)을 문수사리(文殊師利) 보살(菩薩)과 아난(阿難) 존자(尊者)에게 편찬하게 한 것을 말한다. 따라서 이를 통하여 사부 대중에게 돈교(頓敎)하게 한[127] 것을 말하므로 〈월인〉의 "전생에 수행이 깊으신 문수보현(文殊普賢)들이 달님에게 구름이 모여 달리는 것 같다"라는 내용이 오히려 적합하여 〈월석〉의 것을 〈월인〉에서 수정한 것이다.

2) 〈월석〉을 교정한 〈월인〉

5.4.2.1 주목할 것은 앞에서 언급한 대로 〈월석〉의 제4권의 내용이 〈월인〉에서 수정된 점이다. 즉, 〈월석〉 제4권(45앞)의 "寂滅ᄒ 道場애 法身大士돌히 들 넒긔 구룸 몯 ᄃᆞᆺ더시니"이지만 이보다 이를 수정한 〈월인〉 상(30뒤)의 "前生애 修行 기프신 文殊普賢돌히 들 넒긔 구룸 못 ᄃᆞᆺ더시니"가 오히려 바른 내용이어서 〈월석〉의 것을 〈월인〉에서 수정한 것이다.

즉, 이 구절은 전술한 바와 같이 여래(如來)가 처음으로 정각(正覺)을 얻고 보리수(菩提樹) 나무 밑의 적멸도장(寂滅道場)에서 41위(位)의 법신대사(法身大士)와 천룡팔부(天龍八部)가 일시에 위요(圍繞)하여 달에 구

---

127) '頓敎'는 제일 높은 법을 의미한다. 즉, 석가모니의 가르침 가운데 가장 높은 수준의 불법을 말한다.

름 끼듯 하였다는 말로부터 온 것이다. 〈월석〉(제4권)에서는 깨달음을 얻은 법신대사들이 달에 구름이 끼듯 모였다고 하였으나 이 구절은 돈교(頓教)에 관한 것으로 수행이 깊은 보살들이 언어와 문자를 통하지 않고 돈오(頓悟)하는 것을 말한다.

따라서 〈월석〉의 법신대사들보다 〈월인〉에서 전생에 수행이 깊어 갑자기 깨달음에 이르는 보현(普賢)들이 많다고 하는 것이 옳다. 특히 문수보살(文殊菩薩)과 아난존자(阿難尊者)의 불경을 말하는 것이므로 〈월인〉의 문수(文殊) 보현(普賢)들이라는 표현이 적절하다. 이러한 수정은 〈월석〉을 〈월인〉에서 고친 것으로 〈월인〉이 {구권}〈월석〉보다 후대에 간행된 것을 증명한다.

이와 같이 {구권}〈월석〉의 잘못을 〈월인〉에서 수정하였다는 것은 역시 〈월인〉보다 {구권}〈월석〉(제4권)이 먼저 간행된 것을 보여주는 대목이다. {구권}〈월석〉(제4권)에서 이와 같이 수정할 수 있었던 것은 이 책이 세종의 생존 시에 간행되었음을 전제로 한다. 제왕의 친제로 알려진 〈월인〉을 이렇게 완전히 고칠 수 있는 것은 저자인 세종이 생존해 있을 때의 일이 아니고는 불가능하다.

또 앞에서 예로 든 {신편}〈월석〉의 제7권에는 〈월인〉의 장차(章次)와 〈월석〉의 그것이 하나씩 차이가 난다. 즉, 〈월석〉(제7권)의 제1엽에 수록된 〈월인〉의 '끠其믷一·빅百·칢七·씹十·륙六'의 "칢七년年·을 믈·리져 ·ᄒ·야 ·츓出가家·ᄅᆯ 거·스·니 ·빿跋뎨提말·이 :긔 아·니 :웃브·니"는 〈월석〉(제7권)의 제1엽에서는 '其끵一·믷百·빅七·칢十·씹七·칢'로 바뀌어 "七·칢年년을 믈·리져 ·ᄒ야 出·츓家강·ᄅᆯ 거·스·니 跋·빿提뗑 :말·이 :긔 ·아·니 :웃브·니"가 되어 〈월인〉의 176장을 〈월석〉에서는 177장으로 하였으니 중간에 한 장(章)이 늘어난 것이다.

5.4.2.2 이러한 변개를 보면 전술한 바와 같이 세종 생존 시에 〈월석〉이 간행되지 않았으면 불가능한 일이다. 여기저기에서 세종의 친제로 밝혀놓은 〈월인〉을 그의 사후(死後)에 간행된 〈월석〉에서 이렇게 가볍게 내용과 장차(章次)를 바꿀 수는 없다.

또 〈월석〉의 내용을 〈월인〉에서 수정한 것을 보면 〈월인〉보다 {구권}〈월석〉이 먼저 간행되었음을 다시 한 번 확인할 수 있다. 그렇지 않고야 〈석보〉와 〈월인〉, 그리고 〈월석〉의 구권, 신편의 편찬에 모두 관여한 신미, 김수온 두 형제가 세종의 사후에 이미 간행된 〈월인〉을 이렇게 장차(章次)도 바꾸고 내용도 〈월인〉의 84장, 즉 '끠其·밠八·씹十·ᄉ四'에서처럼 "쪈前ᅌᅵᆼ生·애 슈修ᅘᅧᆼ行 기프·신 文殊普賢 ᄃᆞᆯ히"를 〈월석〉 제4권에서 "寂·쩍滅·몛흔 道:똥場땅·애 法身大士ᄃᆞᆯ히"로 바꿀 수 있겠는가?

현전하는 〈월석〉의 제4권이 필자가 추정한 대로 세종 생존 시에 간행한 구권(舊卷)이라면 세종의 허가를 얻어 위와 같은 변개가 가능할 것이다. 원저자의 허가 없이 이러한 변개는 불가능하며 하물며 제왕(帝王)의 친제로 밝힌 것을 후대에 간행한 책에서 마음대로 고칠 수가 없는 것은 이 시대의 자료를 아는 연구자들에게는 상식이라고 할 수 있다.

5.4.2.3 그리고 〈월석〉의 구권과 신편의 차이는 앞의 제4장 4.4.2.2에서 논의한 바와 같이 현전하는 〈월석〉 제4권과 다른 판본과의 차이처럼 본문을 수정한 것도 있지만 주로 협주를 추가하는 수준의 변개라고 보았다. 훈민정음의 〈언해본〉에서 보여주는 고려대본 〈훈민정음〉과 서강대본 〈세종어제훈민정음〉에서 그 차이를 잘 보여준다고 할 것이다.

즉, 다음에서 살펴본 서강대본 〈세종어제훈민정음〉의 첫 엽(葉)에 추가된 각종의 협주(夾註)들이 바로 〈월석〉의 구권과 신편에서 보이는 협주의 차이와 같기 때문이다. 〈세종어제훈민정음〉에서는 세조 때에 간행된 것이어서 이러한 수정이 필요했기 때문이다. 그리고 〈월석〉의 신편에서 주로 협주의 수정이 이루어졌다는 세조의 어제서문을 그대로 반영하기 때문이다.

5. 〈월인석보〉 권두의 훈민정음 〈언해본〉

5.5.0 흔히 〈세종어제훈민정음〉으로 알려진 훈민정음의 〈언해본〉은 세조 5년, 천순(天順) 3년(1459)에 간행된 {신편}〈월석〉의 제1권 권두에 부재(附載)된 것이다. 종래에는 선조 1년(1568)에 희방사(喜方寺)에서 복각한 〈월석〉의 것이 학계에서 이용되었으나 초간본으로 보이는 {신편}〈월석〉의 제1, 2권이 발굴되어 서강대학교에 소장된 것이 세상에 알려진 이후에 학계에서는 서강대 소장본을 원본으로 인정하였다(정연찬, 1972).

서강대학교 소장의 〈월석〉 제1, 2권이 초간본으로 알려지면서 이 〈월석〉 제1권 권두에 첨부된 〈세종어제훈민정음〉은 훈민정음 〈언해본〉의 최초의 것으로 학계에서 인정되었다. 그러나 앞에서 고찰한 바와 같이 〈월석〉의 구권이 언문으로 된 최초의 간행본이기 때문에 고려대 소장의 〈훈민정음〉은 〈월석〉의 구권에 훈민정음의 〈언해본〉을 붙여서 새 문자를 익힌 다음에 이를 읽도록 한 것이다.

다만 제1엽의 보사에 보이는 언문의 근대국어 표기법으로 인하여 돌아보지 않았다. 여기서는 왜 이런 일이 생겨났는지 검토하기로 한다.

1) 고려대본과 서강대본의 〈언해본〉

5.5.1.1 서강대 소장의 훈민정음 〈언해본〉의 첫 장을 사진으로 보이

면 다음의 [사진 5-13]과 같다. 이 사진은 초간본으로 알려진 서강대 소장본 {신편}〈월석〉 제1권의 권두에 첨부된 〈세종어제훈민정음〉의 첫 장을 보인 것이다.

[사진 5-13]의 오른쪽 사진과 앞의 5.2.1.3에서 보인 [사진 5-3]의 오른쪽 사진의 고려대본 〈훈민정음〉의 '훈민정음'이란 권수제가 있는 첫 장을 비교하면 매우 많은 차이가 있다. 그러나 이 첫 장을 제외하면 나머지 부분은 앞에서 살펴본 바와 같이 거의 동일하다.[128] 이로부터 이 둘은 같은 책판에서 쇄출(刷出)됐다는 동판본(同板本)의 평가를 받은 것이다(안병희, 2007).

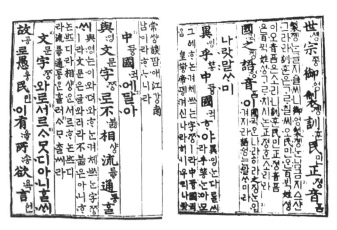

[사진 5-13] 「세종어제훈민정음」의 첫 장

우선 둘 사이의 차이는 고려대본의 보사 부분인 제1엽에서 주로 발견되는데 이들의 차이를 정리해보면 다음과 같다.

---

128) 고려대 육당문고본은 毁損이 심한 부분을 褙接하고 글자가 잘려 나간 곳을 손으로 써 넣었다. 이 부분에서도 서강대본 〈월석〉 권두의 첨가본과 차이가 몇 곳 보인다.

	[사진 5-3] 〈훈민정음〉	[사진 5-13] 〈세종어제훈민정음〉
권수서명	訓·훈民민正·졍音흠	世·솅宗종御·엉製·졩訓·훈民민正·졍音흠
협주		製·졩·눈 ·글 지·슬·씨·니 御·엉製·졩· 눈 :님금지스샨 ·그리·라 訓·훈· 은 ᄀᄅᆞ·칠·씨·오 民·은 百·빅姓·셩이·오 音흠·은 소·리·니 訓·훈民민正·졍音흠·은 百·빅姓·셩 ᄀᄅᆞ·치시·논 졍흔 소·리·라
본문	御·어製·졩曰·욇ᄒᆞ샤ᄃᆡ	
협주	御·엉·눈 :님·금 ·몸·을 當당·ᄒᆞ·ᄫᅡ·와 니르미·라 製·졩·눈 지·을·씨·라 曰·욇·은 글·ᄋᆞ시·다 ᄒᆞᆯ ·씨·라	
諺解文	御·엉製·졩·졔예 글·ᄋᆞ·샤ᄃᆡ	
본문	國·귁之징語:어音흠이 異·잉乎홍中·듕國·귁·ᄒᆞ·야	國·귁之징語:어音흠·이 異·잉乎홍中·듕國·귁·ᄒᆞ·야
협주	國·귁·은 나·라히·라 語·엉·눈 :말ᄊᆞᆷ이·라 音흠·은 소·리·라 異·잉·눈 다ᄅᆞᆯ·씨·라 乎홍·눈 ·입 ·겨지·라 中·듕·은 가온ᄃᆡ·라	國·귁·은 나·라히라 之·눈 ·입·겨지·라 語·엉눈 :말ᄊᆞ미·라 異·잉눈 다ᄅᆞᆯ·씨·라 乎홍· 눈 :아 ·모그에·ᄒᆞ논 :겨체 ·쓰는 字 쫑ㅣ라 中·듕國·귁·은 皇황帝·뎨:겨신 나·라·히· ·우·리나·랏 常썅談땀·애 江강南남·이·라 ·ᄒᆞ·ᄂᆞ니·라
언해문	나·랏 :말소·리 中·듕國·귁·과 달·라	나·랏 :말ᄊᆞ·미 中·中·듕國·귁·에 달·아
본문	與:영文문字·쫑로 不·붏相샹流륳通통이라	與:영文문字·쫑· 로129) 不·붏相샹流륳通통홀·씨
협주	與:영·눈 더·브·러 :호미·라 文·은 ·글·월이라 字·쫑·눈 ·글字·쫑ㅣ·라 不·붏·은 아·니 홀·씨·라 相샹·은 서르 홀·씨·라 流륳·눈 흐·를·씨·라 通통·은 ᄉᆞᄆᆞ·출·씨·라	與·:영·눈 ·이·와 ·더·와 ·ᄒᆞ눈 ·겨체·ᄡ 눈 字쫑ㅣ·라 文문·은 ·글·와리·라 不·붏·은 아·니·ᄒᆞ논 ·ᄠᅳ디·라 相샹·은 서르·ᄒᆞ논 ·ᄠᅳ디·라 流륳通통·은 흘·러 ᄉᆞᄆᆞ·출·씨·라
언해문	文문字·쫑·로 더·브·러 서르 흘·러 通통·티 :몯·ᄒᆞ논·다·라	文문字·쫑·와·로 서르 ᄉᆞᄆᆞᆺ·디 아·니할·ᄊ
본문	故·고로 愚웅民민이 有:울所:송欲·욕言언	좌동. 다만 '愚웅民민·이'의 聲點이 다름

[표 5-1] 훈민정음 〈언해본〉의 고려대본과 서강대본의 제1엽 비교표

이상의 훈민정음 〈언해본〉의 제1엽을 비교한 [표 5-1]을 살펴보면 〈훈민정음〉과 〈세종어제훈민정음〉의 차이는 앞에서 여러 차례 언급한 것처럼 필사자의 자의적인 변개로 인한 것으로 보기 어렵다. 이 둘은 제1엽에서 근본적인 차이가 있기 때문이다.

왼쪽 고려대 소장의 〈훈민정음〉에 비하여 오른쪽 서강본의 〈세종어제훈민정음〉이 비록 제1엽뿐이지만 언해나 협주에서 훨씬 정제된 것이다. 따라서 후일에 〈월석〉의 구권을 신편에서 수정한 것처럼 이 훈민정음의 〈언해본〉도 제1엽에서 대폭적인 수정이 있었음을 알려준다. 다만 이러한 수정은 제1엽의 한 장에서만 발견된다.

또 이때의 수정은 앞에서 살펴본 것처럼 주로 협주(夾註)에서 많이 보인다. {구권}〈월석〉보다 {신편}〈월석〉의 협주가 훨씬 정제되고 자세했음을 의미한다. 즉, 두 개의 〈언해본〉에서도 비록 제1엽에 한정되었지만 〈훈민정음〉보다 〈세종어제훈민정음〉이 매우 자세하고 정제된 주석을 붙였다.

전술한 {신편}〈월석〉의 권두에 첨부한 세조의 어제서문에서 "녯 글워레 講論ᄒᆞ야 ᄀᆞ다ᄃᆞ마 다ᄃᆞᆫ게 至極게 ᄒᆞ며 새 ᄆᆡᇰ ᄀᆞ논 글워레 고텨 다시 더어"라고 하는 구권(녯 글월)에 강론해서 고친 것을 신편(새로 만든 글월)에 더한 것이라는 언급을 상기하게 한다. 〈훈민정음〉보다 〈세종어제훈민정음〉이 '고텨 다시 더어'임을 알 수 있다.

5.5.1.2 세종 생존 시에 간행된 {구권}〈월석〉의 제1권 권두에 첨부된 〈훈민정음〉을 [표 5-1]과 같이 수정하여 세조 때에 간행한 {신편}〈월석〉에 〈세종어제훈민정음〉으로 첨부한 것이다. 이렇게 보아야 고려대본

---

129) '로'와 '·로'로 성조가 다르다. 후자의 방점이 옳고 전자가 옮겨 쓸 때에 방점을 놓친 것 같다.

〈언해본〉의 '어제왈(御製曰)'로 시작하는 세종의 어제서문을 이해할 수가 있다. 다만 이 부분을 필사할 때에 근대국어의 표기법에 따르게 되어 그동안 이 자료의 사용에 혼란을 가져왔던 것이다.

필자의 관심은 〈훈민정음〉과 〈세종어제훈민정음〉처럼 어떻게 제1엽만이 다르고 나머지는 동일한 책판을 쇄출하여 한 책으로 편철할 수 있을까 하는 문제에 있다. 그리고 만일 안병희(2007)의 주장대로 고려대본 〈훈민정음〉이 서강대본의 〈세종어제훈민정음〉을 보사(補寫)한 것이라면 내용이 이렇게 다를 수가 있는가에 대하여도 강한 의문을 갖는다.

거기다가 고려대본 〈훈민정음〉과 이와 동일한 일본 궁내청(宮內廳) 소장의 사본을 비교해보면 잘못된 보사(補寫)로 보기가 어렵다. 어떻게 잘못 보사한 것을 다시 필사한다는 말인가? 이것은 그때까지 전해온 다른 판본의 첫 장을 보사한 것으로 보는 것이 합리적이다. 즉, 그때까지 전해오는 {구권}〈월석〉의 권두에 첨부된 〈언해본〉을 옮겨 베꼈다고 보아야 한다. 지금까지 고려대본의 훈민정음 〈언해본〉이 첫 장에서 잘못된 보사가 있었다고 한 것은 차제에 수정되어야 할 것이다.

5.5.1.3 앞의 [사진 5-13]에서 보이는 것처럼 우선 〈세종어제훈민정음〉은 판본의 권수제(卷首題)가 '世宗御製訓民正音'이고 이어서 이 제목의 '御製'에 대한 협주가 이어졌다. 그러나 고려대본 〈훈민정음〉에서 '御製'에 대한 협주는 "御·엉·는 :님·금·몸·을 當당·ᄒᆞᆼ·벗·와 니르미·라 製·졩·는 지·을 ·씨·라"인데 서강대본의 〈세종어제훈민정음〉에서는 "製·졩 ·는 ·글 지·을 ·씨·니 御·엉製·졩 ·는 :님금지스샨 ·그리·라"와 같이 고려대본 〈훈민정음〉보다 그 주석이 정확해졌다.

특히 '訓民正音'에 대한 협주가 고려대본에는 없지만 서강대본에는 매우 자세하게 설명되었다. 즉, 서강대본의 〈세종어제훈민정음〉에는

'訓民正音'에 대하여 "訓·훈·은 ᄀᆞᄅ·칠·씨·오 民·ᄋᆞᆫ 百·빅姓·셩이·오 音흠·은 소·리·니 訓·훈民민正·졍音흠·은百·빅姓·셩 ᄀᆞᄅ·치시·논 졍흔 소·리·라"라는 주석을 붙였다.

여기서 우리가 주의할 것은 '正音'이 "졍흔 소·리·라"여서 글자가 아니라 올바른 발음이라는 점이다. "音흠·은 소·리·니"라는 주석이나 고려대본 〈훈민정음〉의 '國之語音'에 대한 언해가 "나랏 말 소리"인 깃처럼 음(音)은 '소리', 즉 발음이다. 고려대본 〈훈민정음〉의 제3엽 뒤 6행에 보이는 '初총發·뽍聲성'의 협주에 "·처섬 ·펴·아·나ᄂᆞ 소리·라" 하여 '소리'가 '음(音)'이나 '성(聲)'에 대응하는 언해임을 알 수 있다. '훈민정음'이 결코 "백성들에게 가르쳐야 하는 올바른 문자"가 아니라 '올바른 발음'이다.

이 협주에서 말하는 '올바른 발음'이란 졸저(2015:455)에서 주장한 바와 같이 세종이 인위적으로 재구한 동국정운식 한자음을 말한다. 원대(元代) 이후에 중국의 표준어로 등장한 동북방언의 한어(漢語) 한자음과 우리의 동음(東音)이 너무 다르므로[130] 이를 유사하게 고쳐보려는 의도로 인위적으로 개정한 것이 『동국정운(東國正韻)』(이하 〈동국정운〉)의 한자음이다.

이미 명(明) 태조 주원장(朱元璋)이 원대(元代)에 북경의 동북방언음으로 변질된 한자음을 고치려고 『홍무정운(洪武正韻)』을 편찬하고 인위적으로 중국의 표준 한자음을 정하였다. 그리고 이 표준음을 추종 세력들에게 가르치고 이것으로 과거시험을 실시하였다. 이 과거시험으로 그들을 관리에 임명하여 명(明)을 건국한 다음에 통치계급을 물갈이한

---

130) "御製曰ᄒᆞ샤ᄃᆡ 國之語音이 異乎中國ᄒᆞ야 與文字로 不相流通이라"는 『훈민정음』의 첫 구절은 바로 이 사실을 말한다.

것이다. 이 운서는 조선에서도 이 칙찬(勅撰) 운서를 훈민정음으로 번역하여 『홍무정운역훈(洪武正韻譯訓)』을 간행하였다.

세종도 명(明) 태조가 시행한 것처럼 동국정운식 한자음을 백성들에게 가르치기 위하여 인위적인 한자음을 정하였고 그 발음을 표기하는 표음문자로 훈민정음을 제정한 것이다. 즉, 동국정운의 한자음이 백성들에게 가르쳐야 하는 올바른 한자음이란 뜻으로 훈민정음(訓民正音)이라 한 것이다. 여기서 세간에 훈민정음을 마치 백성들에게 가르쳐야 하는 올바른 문자로 오해하여 왔음을 지적하지 않을 수 없다.

그리고 다음의 제7장 7.4.4.3~4에서 보인 것처럼 세종 29년에 이조(吏曹)에서 실시하는 각종 취재(取才)에서 훈민정음을 시험하고 문종 2년에는 〈동국정운〉의 한자음으로 과거를 실시하였다. 세종의 새 문자 제정이 중국을 비롯한 동아시아 여러 민족들에게서 볼 수 있는 통치계급의 물갈이와 관련이 있음을 알려주는 대목이다(졸저, 2019b:303~4).

5.5.1.4 고려대본의 〈훈민정음〉과 서강대본의 〈세종어제훈민정음〉이 제1엽의 뒷면에서도 조금씩 다르다. 우선 서강대본은 '중국(中國)'에 대한 협주가 첫 행에 이어진다. 즉, 제1엽 뒤의 제1행은 "常쌍談땀·애 江강南남·이·라 · ᄒᆞ·ᄂᆞ니·라"라는 중국에 대한 협주가 이어지고 다음 제2행에서 본문의 언해문인 "中·듕國·귁·에 달·아"가 연결되었다. 고려대본은 첫 행부터 "나·랏 :말소·리 中듕國·귁·과 달·라"와는 행차(行次)131)가 다르다.

그러나 제1엽의 마지막 행인 7행은 두 판본이 모두 "故·고로 愚웅民민이 有:ᇴ所:송欲·욕言언"으로 끝나서 다음의 제2엽 첫 장 첫 행의

---

131) 여기서 '行次'는 각 행의 순서를 말한다. 원래의 뜻과 다르게 쓴 것이다.

"·ᄒᆞ야·도"에 그대로 연결된다. 즉, 고려대본은 제1엽 5행이 "文문字·
쭝·로 더·브·러 서르 흘·러 通통·티"이고 6행이 ":몯 ·ᄒᆞᆫ·디·
라"로 끝나서 서강대본의 6행이 "文문字·쭝·와·로 서르 ᄉᆞᆺ·디 아·
니 할·ᄊᆡ"와 같이 모두 7행의 "故·고로 愚웅民민이 有:울所:송欲·욕·
言언"에 연결되도록 맞추었다. 그래야만 제2엽 첫행의 "·ᄒᆞ야·도"에
이어질 수가 있기 때문이다.

제2엽부터는 두 판본이 모두 "·ᄒᆞ야·도"로 동일하게 시작되고 이어
서 끝까지 완전하게 일치한다. 따라서 훈민정음의 〈언해본〉은 제1엽을
수정하여 책판을 만들고 나머지 책판은 그대로 둔 것이라는 필자의 주
장이 나온 것이다. 제1엽의 책판 하나만이 수정되었고 후대에 다시 이
책판들을 쇄출하여 단행본으로 만들 때에 수정된 첫 엽의 책판이 없어
서 다른 요권(僚卷)으로부터 베껴 써 넣은 것이다.

다만 고려대본의 〈훈민정음〉이나 일본 궁내청(宮內廳)의 필사본이
왜 세조 때에 수정한 판본이 아니라 세종 때에 간행된 요권(僚卷)을 베꼈
는지는 알 수 없다. 아마도 세조의 핍박을 받은 유신(儒臣) 가운데 누가
굳이 세종의 원본을 찾아 베껴 쓴 것으로 추정할 뿐이다. 사육신(死六臣)
을 비롯하여 세조를 반대하는 유신들이 결코 적지 않았을 것이고 특히
남아 있던 책판을 다시 쇄출하여 고려대본 〈훈민정음〉을 책으로 만든
17세기 말엽에는 폐위(廢位)된 단종을 복위시키고 세종을 추종하는 세
력도 만만치 않았기 때문이다.

2) 책판의 쇄출과 동판본

5.5.2.1 책판의 일부를 수정하는 방법은 조선시대의 책판 교정에서 흔
히 볼 수 있는 일이다. 졸저(2017:574)에서 역학서의 『첩해신어(捷解新
語)』(이하 〈첩해신어〉)를 중간할 때에 앞의 제1엽만 고치고 나머지는 『개

수첩해신어(改修捷解新語)』(이하 〈개수첩해신어〉)를 복각한 책판을 그대로 사용하였음을 밝혔다.

즉, 〈첩해신어〉의 1차 개수본은 건륭(乾隆) 무진(戊辰, 1748)년에 간행되었으나 실제로는 그 전해인 정묘(丁卯, 1747) 통신사행에서 개수가 이루어졌다. 이것이 소위 무진본(戊辰本) 〈개수첩해신어〉[132]이고 그 2차 개수는 정조 7년(1783)의 계미(癸未) 통신사행에서 최학령(崔鶴齡)에 의하여 시도되었다. 이것을 활자본으로 간행하였다는 기록이 있지만 활자본은 현전하는 것이 없고 이를 중간(重刊)한『중간첩해신어(重刊捷解新語)』(이하 〈중간첩해신어〉)가 이 책의 책판과 함께 여러 질이 전해온다.[133]

그런데 〈중간첩해신어〉란 것이 제2차 개수본을 복각한 책판에다가 이담(李湛)의 중간서(重刊序)가 들어있는 책판만을 따로 만들어 붙이고 나머지는 2차 개수본의 책판을 쇄출하여 함께 제책한 것이다. 따라서 판심제(版心題)가 '重刊捷解新語'인 것은 '重刊序'가 들어있는 2엽뿐이고 나머지는 모두 판심제가 '改修捷解新語'로 되었다.

이 책판들이 고려대 박물관에 소장되었으며 심지어 중간본의 맨 마지막에 첨부된 '辛丑重刊時校正官'의 함명(銜名)을 열거한 책판의 판심조차 '改修捷解新語'라고 되었다. 따라서 〈첩해신어〉의 중간(重刊)이라는 것은 바로 1~2엽의 책판을 따로 만들어 '중간서'를 새기고 이것과 전의 제2차 개수본 책판을 함께 쇄출하여 제책한 것이 〈중간첩해신어〉로 보아야 한다.[134]

---

132) 이 판본은 국내에 없고 프랑스 파리동양어학교 소장본이 유일하게 전해진다. 활자본으로 알려졌지만 실은 복각본이다(졸고, 1999).

133) 〈重刊捷解新語〉의 책판은 다수가 고려대 박물관에 收藏되었고 판본도 다수 전해진다.

134) 책판을 교체하여 왜학서의 판본을 수정하는 데 대하여 졸고(2018c:22)에서는 "[전략] 따라

고려대본 〈훈민정음〉과 서강대본 〈세종어제훈민정음〉은 바로 이러한 형태의 책판을 교정하여 교체한 탓으로 첫 엽에서 차이가 생긴 것으로 볼 수밖에 없다. 즉, 고려대본 〈훈민정음〉에다가 제1엽을 바꿔서 다른 책판을 끼운 다음에 〈세종어제훈민정음〉을 {신편}〈월석〉의 제1권에 첨부하여 간행한 것이다.

5.5.2.2 여기에서 다시 한 번 고려대본 〈훈민정음〉이 {구권}〈월석〉의 제1권 권두에 부재(附載)된 것이고 이의 제1엽을 고쳐서 {신편}〈월석〉에 붙인 것이 서강대본 〈세종어제훈민정음〉이라는 졸저(2015:218~9)의 주장을 되새겨본다. 세조 5년에 {신편}〈월석〉을 간행하면서 제1엽을 개판(改版)할 때에 권수제를 '世宗御製訓民正音'으로 '세종어제'를 추가하고 협주를 덧붙인 것으로 보았다.

서강대본 〈세종어제훈민정음〉이 고려대본 〈훈민정음〉의 제1엽만을 교체하여 쇄출한 판본이라면 원래의 제1엽 책판이 없어져서 고려대본에서와 같이 후쇄본에서는 제1엽을 필사하여 보충할 수밖에 없었다. 궁내청(宮內廳)의 필사본도 고려대본과 같다는 것은 이미 남아있는 책판으로 후쇄하였을 것이다. 그리고 책판이 없어진 제1엽만을 다른 판본을 보고 베낀 판본들이 적어도 17세기 말엽까지는 있었다고 보아야 한다.

다만 제1엽의 필사가 어느 시대에 이루어졌는가가 문제이다. 고려대본 〈훈민정음〉의 필사된 제1엽에는 전술한 바와 같이 숙종 때인 17세기

서 〈첩해신어〉의 重刊이 무엇을 말하는지 알려준다. 이에 의하면 〈重刊本〉은 제2차 改修本을 수정하여 목판본으로 간행한 것을 말한다. 대부분 사역원의 역학 교재들은 처음에 활자본으로 간행해서 수정하고 이를 목판으로 入梓하여 간행하는 것이 일반적이다. 왜냐하면 활자본의 수정은 목판본처럼 전체를 수정할 필요가 없이 해당 부분의 활자를 바꿔서 교정할 수 있기 때문이다"라고 하여 조선시대 판본 제작에 대하여 언급하였다.

말부터 18세기 초반에 활약한 남학명(南鶴鳴)의 낙관(落款)이 있으므로 17세기 말엽, 적어도 18세기 초엽 이전에 필사된 것으로 볼 수 있다. 다만 필사할 때에 이미 그 시대의 표기법에 맞추어 옮겨 써서 간행되었고 이를 후대에 그대로 반복해서 필사한 것으로 볼 수밖에 없다.

고려대본 〈훈민정음〉의 "御엉製졩曰·욇·ᄒ·샤뒤"는 서강대본 〈세종어제훈민정음〉이 세조 때에 간행된 {신편}〈월석〉의 권두에 첨부된 것이기 때문에 서강대본에서는 이 부분이 삭제되었다. 만일 이 판본에 '御製曰'이 붙으면 이것은 세조의 서문이 되기 때문이다. 이러한 여러 사실들을 감안할 때에 고려대본 〈훈민정음〉이 {구권}〈월석〉의 제1권 권두에 첨부된 원본에 가깝고 〈세종어제훈민정음〉은 후대에 수정된 것임을 알 수 있다.

5.5.2.3 세종 때에 간행한 것으로 보이는 『배자예부운략(排字禮部韻略)』(이하 〈예부운략〉으로 약칭)의 권두에 실린 '훈민정음'에서도 '御製曰'로 시작하는 훈민정음의 서문이 있다. 이 서문은 '正統 十一年 丙寅 9月 日'이라는 간기가 있으므로 세종 28년(1446)이어서 세종의 생존 시에 간행된 서적의 서문이라 '御製曰'을 붙인 것이다.

현전하는 〈예부운략〉은 세조 10년(1464)에 청도군에서 간행한 복각본을 비롯하여 숙종 4년(戊午, 1678)에 교서관에서 간행한 무신자본(戊申字本)도 있다.[135] 여기에는 세종의 어제서문이 언문이나 구결이 없이 한문만으로 되었고 역시 한문으로 된 예의(例義)만을 옮겨서 훈민정음의 〈실록본〉과 동일하지만 마지막에 "命禮曹判書鄭麟趾等作解例 —

---

135) 이 책의 범례 마지막에 "戊午三月 奉敎新印"이란 간기와 "康熙十七年 戊午 六月二十二日"이란 內賜記를 참조.

예조판서 정인지 등에게 명하여 해례를 짓게 하다"라는 기사가 있어 별도로 〈해례본〉이 있음을 암시하였다.

이 〈예부운략〉의 훈민정음은 〈실록본〉이나 〈해례본〉의 「예의(例義)」와 부분적으로 다르다. 즉, 부서(附書)의 방법이 "凡字必合而成音 – 무릇 글자는 반드시 합해야 소리를 이룬다"라는 기사 다음에 소개된 것이다. 〈실록본〉이나 〈해례본〉, 그리고 〈언해본〉에서는 모두 부서(附書)익 설명 이후에 '合而成音'을 거론했는데 〈예부운략〉에서는 순서가 바뀌었다.

또 방점(傍點)에 대하여 〈예부운략〉은 "以點辨四聲 – 방점으로 사성을 구분하였음"으로 간단하게 설명하여 다른 훈민정음 해설서와 다르다. 한어(漢語)의 사성(四聲) 표기와 다른 점을 의식한 것으로 보인다. 〈예부운략〉은 한자의 한어(漢語) 발음을 위한 운서이기 때문이다. 이로 보면 세종 생존 시에 이미 새 문자의 해설서인 몇 종류의 〈훈민정음〉이 존재했음을 알 수 있다.

3) 고려대본은 〈언해본〉의 원본인가?

5.5.3.1 훈민정음 〈언해본〉인 고려대본과 서강대본이 그동안 혼란을 준 것은 분명히 고려대본이 먼저 간행된 책판을 쇄출한 것임에도 불구하고 첫 장의 보사나 중간의 고친 부분이 근대한국어의 표기를 반영하기 때문에 이를 후대의 것으로 보았다.

즉, 세종의 훈민정음 서문의 '國之語音 㓃乎中國'에 대한 언해문이 고려대본은 "나·랏 :말소·리 中듕國·귁·과 달·라"이고 서강대본은 "나·랏 :말ㅆ·미 中·듕國·귁·에 달·아"이어서 후자가 의역이지만 철자법에서 고형을 보여준다. '달·아'가 '달·라'로 표기된 것은 17세기 이후의 일이기 때문이다.

따라서 현전하는 고려대본 〈훈민정음〉이 세종 생존 시에 간행된 (구권)〈월석〉의 권두에 첨부된 원본을 그대로 필사하였지만 표기법은 당시의 것을 따랐을 가능성이 있다. 고려대본 〈훈민정음〉의 제1엽의 필사 부분을 살펴보면 / ㅿ /의 사용이 없어졌고 동명사형의 'ㅗ/ㅜㅁ/'도 소실된 시기여서 대체로 17세기의 표기법에 맞추어 필사된 것으로 추정된다.

5.5.3.2 고려대본의 제1엽 보사된 부분은 후대에 필사자가 당시의 표기법에 맞추어 고쳐 쓴 것이다. 그리고 역시 훼손된 부분을 배접(褙接)한 제3엽 뒤의 첫 행이 서강대본이 "[전랴 · 날 · 로 · 뿌 · 메 便"이 앞의 [사진 5-기의 오른편 사진처럼 고려대본에서 "[전랴 · 날 · 로 · 쓰매 便"이어서 ' · 뿌 · 메'가 ' · 쓰매'로 후대의 표기를 보이는 것도 보사한 시대에 배접하여 수선한 곳을 고쳐 쓴 것이기 때문에 이러한 표기를 보인 것이다.

즉, 앞의 5.2.3.1에 게재한 [사진 5-기에서 〈훈민정음〉 제3엽의 일부가 훼손되어 배접하면서 새 종이에 떨어져 나간 글자를 써 넣을 때에 잘못 고친 것이다. 앞에서 언급한 것처럼 동사 어간에 'ㅗ/ㅜㅁ'를 붙여 형성되는 동명사 형성의 형태론적 절차가 이 시대에는 이미 소실되어 ' · 뿌 · 메'의 표기를 따르지 못하였다. 그리하여 ' · 메'의 방점 표기도 놓쳐서 ' · 쓰매'로 써 넣은 것으로 보아야 할 것이다.

이와 같은 고려대본의 보사 부분에서 보이는 후대의 표기 방식이 이 자료의 가치를 떨어트려 훈민정음의 〈언해본〉을 논의할 때에 이 자료는 거의 돌아보지 않게 되었다. 그러나 앞에서 살펴본 바와 같이 〈월석〉의 구권과 신편의 간행을 인정하면 고려대본 〈훈민정음〉이란 〈언해본〉의 존재를 쉽게 이해할 것이다.

6. 마무리

5.6.0 이상 고찰한 바를 요약하면 훈민정음의 〈언해본〉에는 두 계통이 있어서 하나는 고려대본의 단행본 〈훈민정음〉과 또 하나는 서강대본 {신편}〈월석〉의 제1권 권두에 첨부된 〈세종어제훈민정음〉이다. 고려대본 〈훈민정음〉은 {구권}〈월석〉의 제1권 권두에 첨부된 것을 따로 떼어 단행본으로 한 것으로 보았다.

따라서 제5장에서는 서강대본의 〈세종어제훈민정음〉보다 고려대본의 〈훈민정음〉이 원본에 가까울 것이라고 주장하였다. 왜냐하면 고려대본 〈언해본〉은 세종 생존 시에 간행된 {구권}〈월석〉에 첨부된 것이기 때문이다. 다만 고려대본 〈훈민정음〉 제1엽의 책판은 세조 5년에 {신편}〈월석〉을 간행할 때에 수정한 것으로 교체되어 이후에는 없어졌기 때문에 첫 장을 후대에 보사하여 첨가할 수밖에 없었다.

없어진 제1엽을 후대에 보사할 때에 그 시대의 표기법에 의거하여 근대국어의 표기를 보여서 그동안 학계에서 고려대본 〈언해본〉을 인정하지 않았던 것이다. 그러나 제5장에서 소개한 일본 궁내청(宮內廳)에 수장된 사본이 고려대본 계통이어서 그동안 학계에서 고려대본의 〈훈민정음〉이 서강대본의 〈세종어제훈민정음〉을 오사(誤寫)하였다는 억측은 차제에 불식(拂拭)되었을 것으로 기대한다.

원래 불경에 속하는 〈월석〉에 부재(附載)된 훈민정음의 〈언해본〉은 불교를 배척하는 유생(儒生)들에게 보아서는 안 되는 불경인 〈월석〉에 첨부된 것이라 이것을 따로 떼어 단행본으로 제책하여 사용할 수밖에 없었다. 훈민정음은 유생들에게도 한자음 학습에 매우 유용하였을 것을 알려주는 대목이다.

일본에 소장된 두 계통의 사본으로 볼 때에 훈민정음의 〈언해본〉은 세종 생존 시의 〈훈민정음〉이나 세조 때의 〈세종어제훈민정음〉이 모두 단행본으로 제책되어 유생들이 사용하였을 것임을 확인할 수 있었다. 일본에 소장된 두 계통의 훈민정음 〈언해본〉이 필사본이지만 모두 단행본으로 편철되었기 때문이다.

5.6.1 지금까지 학계에서는 훈민정음의 〈해례본〉을 원본으로 알고 있다. 여기에는 세종의 서문과 예의(例義), 그리고 해례(解例)와 정인지의 후서가 모두 갖추어졌기 때문이다. 그리고 정인지의 후서에 '正統 十一年 九月 上澣'이란 간기로부터 '9월 상한(上澣)'을 양력으로 환산하여 이 책이 간행된 10월 9일을 한글날로 정하고 기념하기도 한다.

그러나 〈해례본〉은 성리학과 성운학, 그리고 성명기론(聲明記論)에 의거하여 제자(制字)의 원리를 설명하였기 때문에 일반 서민들이 이를 이해하여 문자를 학습하기에는 너무 어려운 책이었음을 강조하였다. 그리하여 그보다는 우리말로 세종의 서문과 예의(例義)만을 언해한 〈언해본〉이 일반인들의 문자 학습에 유용하였다고 보아 〈언해본〉의 간행을 새 문자의 공표로 보아야 한다고 주장하였다.

앞 장(章)에서 〈월석〉이 〈석보〉나 〈월인〉보다 앞서서 간행된 최초의 언문 문헌임을 밝혔다. 처음으로 간행하는 언문으로 된 {구권}〈월석〉의 제1권 권두에 훈민정음의 〈언해본〉을 첨부하여 이를 통하여 언문을 익히고 〈월석〉을 읽으라는 의미가 있다. 즉, 최초로 간행되는 〈월석〉의 권두에 실어 언문이라는 새 문자를 배우게 한 것이다.

고려대 소장의 〈훈민정음〉이 세종 생존 시에 간행된 최초의 훈민정음 〈언해본〉이므로 {구권}〈월석〉의 제1권 권두에 〈훈민정음〉을 첨부하여 간행한 것을 오히려 새 문자의 반포로 보아야 한다. 다만 그동안 훈민정음의 〈언해본〉은 세조 5년에 간행된 {신편}〈월석〉의 제1권 권두에 첨부된 〈세종어제훈민정음〉만이 인정되어 세종이 새로 제정한 문자가 세조 때에 공표한 것으로 볼 수 있기 때문에 〈언해본〉은 무시되어왔다고 보았다.

그러나 고려대 소장의 〈훈민정음〉에서는 세종의 서문이 '어제왈(御製曰)'로 시작되어 세종이 생존했던 때의 것으로 볼 수 있으므로 {구권} 〈월석〉의 권두에 첨부되었을 것이다. 그렇다면 이 책의 간행은 새 문자의 공표로 볼 수 있음을 주장하였다. 그리고 이런 훈민정음 〈언해본〉을 〈월석〉의 권두에 첨부하는 일이 〈월석〉의 신편에서도 따랐는데 이때에는 세종의 사후(死後)이므로 '세종(世宗)'이란 묘호(廟號)를 붙여 〈세종어제훈민정음〉이라 하였다.

5.6.2 훈민정음의 〈언해본〉에서는 초성으로 32자의 글자를 소개하여 해설하였다. 이것은 몽운(蒙韻)의 마지막 판본인 {증정}『몽고자운』의 런던 초본에 보이는 파스파 문자 32자와 일치하고 이를 『사성통해』에서 「홍무운 31자모도」로 보인 것과 거의 유사하다. 이에 대하여는 다음의 제6장에서 구체적으로 살펴볼 것이다.

〈언해본〉의 32자에서 한음(漢音) 표기를 위하여 제시한 치두(齒頭)와 정치(正齒)를 구별하려는 5자를 빼면 27자가 남는데 이것이 초기에 세종이 새 문자로 제자(制字)한 '언문 27자'라고 주장하였다(졸고, 2019a). 한음(漢音) 표기를 위한 글자들은 한자의 정음, 즉 중국에서 인정한 한자의 표준음을 말하며 이를 정음(正音), 또는 정운(正韻)이라 하였다.

졸고(2020a)에서는 〈언해본〉의 판심제(版心題)가 '正音'인 것이 한음(漢音) 표기가 바로 명(明)의 『홍무정운(洪武正韻)』에서 정한 한자의 정음(正音)을 표기하려는 글자임을 말한 것이라고 주장하였다. 이제 이런 문제에 대하여 다음 장(章)에서 구체적으로 살펴보기로 한다.

제6장

훈민정음의 제정과
주변 문자

목차

6.0.1 졸저(2019b)에서 동아시아 여러 민족의 문자 제정과 그 사용을 살펴보면서 한글의 창제도 중국의 변방민족들이 한자 문화에 저항하기 위하여 새 국가를 건설하면 새 문자를 제정하는 관례에 따른 것임을 강조하였다. 따라서 그동안 '사상 유례가 없는' 한글이 아니라 주변 민족들의 다른 문자 제정과 관련이 있다고 본 것이다.

특히 한글의 제정은 범자(梵字)와 이를 본받은 티베트의 서장(西藏) 문자 및 몽고인들이 개발한 파스파 문자의 제정으로부터는 많은 영향을 받았다고 주장하였다. 그리하여 이 새로운 문자는 모두 첫 글자가 /k/이고 이어서 /kh/, /g/, /ng/의 순서로 첫 글자가 제정되었다. 훈민정음 예의(例義)에서 'ㄱ(君), ㅋ(快), ㄲ(虯), ㆁ(業)'의 순서로 글자를 만들었다고 한 것은 파스파 문자와 그 이전의 서장(西藏) 문자에서, 그리고 궁극적으로는 브라흐미(Brāhmi) 문자, 즉 범자(梵字)와 그로부터 발달한 실담(悉曇) 문자에서 그러한 순서로 글자를 만들었기 때문이다.

특히 원대(元代) 파스파 문자는 세계의 문자학계에서 잘 알려지지 않은 문자의 하나여서 이 문자와 한글을 비교하는 데는 한계가 있었다. 졸고(2011)에서 밝힌 바와 같이 그동안 금석문에 쓰인 파스파 문자를 중세 몽고어와 비교하여 해독한 논저들에는 많은 잘못이 있었다. 왜냐하면 금석(金石)에 새길 때에 글자의 모양이 많이 변형되기 때문에 이것을 자료로 하여 파스파 문자를 고찰한 19세기의 Pauthier(1862), Pozdněev(1895–1908) 등의 연구를 비롯하여 20세기의 Pelliot(1925), Poppe(1957), Ligeti(1973), 그리고 照那斯图·楊耐思(1984) 등에서 많은 오류가 있었다. 그리하여 지금까지 과연 파스파 문자에서 몇 글자를 만들었는지 여러 학설이 구구하였다.

필자는 현전하는 {증정}『몽고자운(蒙古字韻)』(이하 〈증정몽고자운〉)의 런던 초본을 통하여 파스파 문자를 새롭게 살펴보면서 그동안의 오류를 수정할 수 있었다. 즉, 졸저(2009)에서 중국 한자음의 반절상자(反切上字), 즉 성(聲)으로 36자모를 만들고 유모(喩母)에 속하는 모음자로 7개를 만들어 43자를 제정한다고 하였으나 실제로는 41자를 만들었다고 보았고 이를 『원사(元史)』(이하 〈원사〉)에서 확인할 수 있다고 하였다.[136]

---

136) 그 이유는 모음자 표음을 위한 喩母 /ᄝ/자가 이미 36자모에 들어있어 중복되었고 순경음

그러나 〈증정몽고자운〉 런던 초본의 자모(字母)로 제시한 36자 가운데 설상음(舌上音) 3자와 정치음(正齒音) 3자가 /ㅌ, ㆅ, ㄹ/로 동일하고 순경음의 전청과 전탁이 /ㆆ/로 동일하여 실제로는 32자만이 서로 다른 글자로 만든 것이 된다. 이 32자는 훈민정음 〈언해본〉에서 문자로 제정하여 제시한 것과 같은 숫자의 글자이다.

이 가운데 '泥 ꥆ[n]'와 '娘 ꥆ[ɳ]'의 구별마저 없앤 31자가 최세진의 『사성통해(四聲通解)』(이하 〈사성통해〉)의 권두에 첨부된 「홍무운삼십일자모지도(洪武韻三十一字母之圖)」(이하 〈홍무운 31자모도〉로 약칭)로 정리되었다(졸저, 2015:319). 즉, 다음의 6.1.2.6에서 보인 〈홍무운 31자모도〉는 〈증정몽고자운〉의 런던 초본에서 보인 32자에서 온 것이다.

6.0.2 〈사성통해〉의 〈홍무운 31자모도〉는 훈민정음 제정에 가담한 신숙주(申叔舟)의 『사성통고(四聲通攷)』에서 전재한 것이다(졸저, 2009:242~4). 따라서 신숙주를 포함하여 조선 초기에 새 문자를 제정하는 데 관여한 모든 사람들이 친숙하게 알고 있던 파스파 문자가 새 문자의 제정에 영향을 주었을 것은 더 말할 나위가 없다.

이것은 이익(李瀷)의 『성호사설(星湖僿說)』(1760?)[137]에서 훈민정음이 몽고 문자에 의거했다는 주장이나 유희(柳僖)의 「언문지(諺文志)」(1824, 『文通』, 전100권의 제19권)의 '전자례(全字例)'에서 "諺文雖刱於蒙古, 成於我東, 實世間至妙之物 - 언문은 비록 몽고에서 시작하여 우리

에서도 全清字와 全濁字가 /ㆆ/으로 중복되어 41자만 인정된 것이다.

137) 『星湖僿說』은 李瀷의 생년에 간행되지 않고 훨씬 후대에 출판되었다. 이 책의 원고는 보통 그가 80세 되던 해인 영조 36년에 조카가 정리한 것으로 알려졌다. 이것이 지금까지 알려진 바에 의하면 훈민정음과 파스파 문자와의 관계에 대하여 최초로 언급한 책으로 보인다. 아마도 조선 전기에는 明의 감시로 파스파 문자에 대하여 언급할 수 없었던 것 같다. 淸이 건국한 이후에 파스파 문자와의 관계를 비로소 다룰 수가 있었다고 보인다.

나라에서 이루어졌지만 실제로 세간에 지극히 오묘한 것이다"라고 언급한 사실을 새삼 떠오르게 한다.

유희의 〈언문지〉는 한자음 표기를 위한 표음문자가 몽고의 원(元)에서 파스파 문자로 시작하여 언문에 와서 비로소 완성되었음을 말한 것이다. 따라서 필자는 파스파 문자의 제정과 그 원리를 통하여 훈민정음의 창제를 이해하는 것이 가능하며 오히려 훈민정음을 통하여 아직 그 정체를 알 수 없는 파스파 문자를 이해할 수 있다고 생각한다.

예를 들면 그동안 파스파자의 모음 글자를 단독으로 쓸 때에 유모(喩母) 'ⵡ'를 앞에 쓰는 이유를 알 수 없었다. 즉, 파스파의 모음 글자에서 [ö]와 [ü]를 단독으로 쓸 때에는 유모(喩母) /ⵡ/를 붙여 'ⵡᑕᕑ [ö]', 'ⵡᑐᕼ [ü]'와 같이 쓴다. 훈민정음의 '외'와 '위'처럼 'ⵡ + ᑕ + ᕑ', 그리고 'ⵡ + ᑐ + ᕼ'를 연결시켜 쓴 것이다.

훈민정음의 '외'가 'ㅇ + ㅗ + ㅣ', '위'가 'ㅇ + ㅜ + ㅣ'를 연결한 것과 같은 이치라고 할 수 있다. 다만 [ö]와 [ü]를 파스파 문자에서는 하향(下向)이중모음으로 보아 [eo, iu]로 보았으나 훈민정음에서는 [oi, ui]처럼 상향(上向)이중모음으로 본 것이 서로 다를 뿐이다. 두 문자에서 [ö]와 [ü]를 서로 다르게 이해한 때문이다.

그동안 세계 문자학계에서는 파스파자의 이러한 표기를 이해하지 못하였으나 파스파 문자에서 모음은 유모(喩母)에 속하는 것으로 보아 유모 'ⵡ'를 앞에 붙인 것이고 훈민정음에서는 중성자(中聲字)들이 욕모(欲母)에 속한 것으로 보아 /ㅇ/을 앞에 붙여 쓴 것이다. 훈민정음으로 파스파 문자를 이해할 수 있는 좋은 예의 하나라고 할 수 있다.

〈증정몽고자운〉의 런던 초본에서는 36자모(字母)를 다음의 6.1.2.3의 [사진 6-1]로 보였는데 그 사진의 오른쪽 끝에 "ᑐ ᕼ ᑕ ᕑ ᑕ ᕼ 此七字歸喩母 – 'i, u, ü, o, ö, e'의 7자는 유모에 돌아가다"라고 하여 7개의 모음자가 유모(喩母)에 속한다고 밝혀놓았다. 물론 이 사진에서는 'ᅙ [i], ᅙ [u], ᄅ [ü], ᄌ [o], ᄅ [ö], ᄃ [e]'의 6자밖에 제시하지 않았다. 그러나 졸고(2011)에서 밝힌 것처럼 이 6개의 모음 글자에다가 유모(喩母)의 'ᄵ [ɑ]'를 합하여 7자의 모음 글자를 제자(制字)한 것으로 보았다.

6.0.3 이제 이 장(章)에서는 훈민정음이 주변 문자와 어떤 연관을 맺고 제정되었는가에 대한 그동안 필자가 고찰한 내용을 종합하여 정리하고자 한다. 졸저(2012)에서는 파스파 문자와 훈민정음의 관련에 대하여 검토하였고 졸저(2019b)에서는 동아시아의 여러 문자와 한글과의 관련에 대하여 논의하였다.

이 책에서는 세종의 새 문자 제정에 직접적으로 영향을 준 범자(梵字)와 실담(悉曇)에 대하여 고찰한다. 이미 세종의 새 문자 제정에 대한 주변 문자의 영향에 대하여는 졸저(2015)에서 한 번 정리하였다. 그러나이 책을 낼 때에는 범자(梵字)의 실담장(悉曇章)에 관한 연구가 빠져있었고 더욱이 반절(反切)에 대한 연구도 미처 정리되지 못하였을 때에 저술된 것이어서 이 부분이 미흡하였다.

이 장(章)에서는 세종이 훈민정음을 제정하려는 동기가 됐던 원(元)의 파스파 문자와 신미(信眉) 대사에 의하여 세종의 신 문자 제정의 원리를 제공한 실담(悉曇) 문자를 소개하고자 한다. 특히 훈민정음 〈해례본〉의 「제자해」에서 새 문자 제정이 조음음성학에 의거한 것임을 밝혀줄 고대인도의 비가라론(毘伽羅論)의 성명기론(聲明記論)을 아울러 고찰하고자 한다.

다음 6.3.2.0~4에서 논하겠지만 〈실담장(悉曇章)〉의 12마다(摩多)에 의하여 훈민정음의 11중성자(中聲字)가 제정되었다고 졸고(2019a)에서 주장한 바가 있다. 그리고 이 실담(悉曇) 문자는 결국 고대인도의 브라흐미 문자에 소급되므로 범자(梵字)로 번역된 브라흐미 문자에 대하여 좀 더 구체적으로 고찰하고자 한다.

1. 원대(元代) 파스파 문자

6.1.0 앞에서 훈민정음의 창제가 원대(元代) 파스파 문자로부터 많은 영향을 받았음을 살펴보았고 졸저(2012:15)에서 파스파 문자를 통하여 훈민정음의 제정에 대하여 좀 더 자세하게 알 수 있다고 하였다. 반대로 졸저(2009)에서 밝힌 바와 같이 아직 그 정체를 잘 모르는 파스파 문자 는 훈민정음을 통하여 그 문자 체계를 정확하게 파악할 수 있다고 주장 하였다.

특히 초기의 언문 27자에서 이것과 따로 7개의 모음자를 정한 것으로 본 것이라든지 또 이들을 다음 제7장의 7.2.1.5의 [표 7–2] '초기의 언문 27자'에 제시한 유모(喩母)에 속하게 하였고 다시 이 유모(喩母)는 동국 정운에서 욕모(欲母)로 바뀌었다고 추정한 것은 모두 필자가 파스파 문 자의 고찰로부터 유추한 것이다.

졸고(2006b, 2011)와 졸저(2009, 2012)에서 파스파 문자의 제정과 그로 부터 영향을 받은 훈민정음에 대하여 살펴보았다. 특히 졸저(2012)에서 는 파스파 문자의 제정이 훈민정음에 어떠한 영향을 주었는지 집중적으 로 살펴보았다. 이러한 연구를 바탕으로 하여 이 절(節)에서는 파스파 문자와 훈민정음과의 관계를 다시 정리하여 보기로 한다.

1) 파스파 문자의 제정과 몽운(蒙韻)의 편찬
6.1.1.0 그동안 파스파 문자에 대하여 세계의 문자학계에서는 잘 알

려지지 않은 미지의 문자로 인식되었다. 그러나 졸저(2009)에서 훈민정음을 통하여 파스파 문자를 보다 정확하게 알 수 있다고 주장한 것처럼 이 두 문자의 제정 동기나 배경, 그리고 보급 과정은 매우 유사하였다. 따라서 파스파 문자를 통하여 훈민정음의 창제 배경이나 그 원리를 알 수 있고 반대로 훈민정음을 통하여 파스파 문자를 보다 정확하게 파악할 수 있다.

파스파 문자는 중국 성운학(聲韻學)의 이론에 의거하여『절운(切韻)』(이하 〈절운〉) 계통의 운서(韻書)에서 정한 36성모(聲母)에 유모자(喩母字) 7자를 더하여 43자를 제정하였다. 즉, 졸저(2009:179~181)에서 살펴본 바와 같이 원대(元代) 성희명(盛熙明)의『법서고(法書考)』(이하 〈법서고〉)와 도종의(陶宗儀)의『서사회요(書史會要)』(이하 〈서사회요〉)에서 파스파 문자는 43자를 제정한 것으로 기술하였고 그 글자들을 책에서 제시하였다.

졸저(2012:162~165)에서 밝힌 바와 같이 〈법서고〉에 "[前略] 我皇元肇基朔方, 俗尙簡古, 刻木爲信, 猶結繩也。[中略] 乃詔國師拔思巴, 采諸梵文, 創爲國字, 其母四十有三。 - [전략] 우리 원 제국은 북쪽에서 나라를 시작하여 간결한 옛 것을 숭상하고 나무에 조각하여 편지를 하고 또 끈을 묶어 소식을 전했다. [중략] 이에 [황제가] 국사 팍스파에게 명하여 산스크리트 문자 가운데서 뽑아 국자(國字)를 처음 만드니 그 자모(字母)가 43개이다"라는 기사와 함께 42개의 파스파 문자와 그에 해당하는 한자를 보였다(졸저, 2012:162의 사진 참조).

또 졸저(2012)의 같은 곳에 〈서사회요〉의 "[前略] 奄有中夏, 爰命巴思八, 采諸梵文, 創爲國字, 其功豈小補哉。字之母凡四十三。 - 전략] 한여름에 갑자기 팍스파에게 명하여 범문(梵文)에서 뽑아서 국자(國字)를 창제하였으니 어찌 그 공이 작겠는가? 자모(字母)는 모두 43개 이다"이라 하여 역시 범문(梵文), 즉 산스크리트 문자에서 뽑아서 국자를 만들었다고 하였고 자모가 43이라 하였다. 그러나 역시 졸저(2012:163)에서 사진으로 보인 것처럼 〈서사회요〉에서는 41개의 문자만을 한자와 함께 들고 있다.

6.1.1.1 그러나 실제로는 졸저(2012:163~4)에 사진으로 보인 것처럼 〈법서고〉와 〈서사회요〉에 보인 36성모(聲母) 가운데 중복되는 글자가 있어서 이 두 책에서는 34자밖에 제시하지 못하였다. 그리하여 여기에 유모자(喩母字) 7자를 더하여 41자를 제정한 것으로 추정한 것이다. 앞에서 언급한 〈원사〉(권202) '석로(釋老) 팍스파(八思巴)'조에는 41자를 만든 것으로 밝혀두었기 때문이다. 따라서 파스파 문자는 실제로 34자의 자음자(子音字)와 7자의 모음자(母音字)를 제정한 것으로 보아야 한다.

그동안 문자학계에서는 다음의 6.1.2.1에서 살핀 것과 같이 파스파 문자가 몇 자가 만들어졌는지 분명하게 밝히지 못하였다. 다만 Poppe(1957)에서 자음 30자, 그리고 모음 8자를 보였으며 이로부터 우리 학계에서도 파스파 문자는 모두 38자를 제정한 것으로 본다(6.1.2.1의 [표 6–1] 참조). 거기다가 고(故) 주나스트(照那斯圖) 박사는 모두 56자의 파스파 글자를 재구하여 照那斯图 · 楊耐思(1984)에서 도표로 보였다(6.1.2.2 [표 6–2]의 왼쪽 표 참조).

그러나 이들의 연구가 앞에 든 원대(元代)의 두 문헌이나 〈원사(元史)〉의 기술과 맞지 않음을 알 수 있고 따라서 이를 신빙할 수 없음을 깨닫게 된다. 반면에 졸고(2011)에서는 영국 대영도서관(British Library)에 소장된 〈증정몽고자운〉의 런던 초본을 통하여 32개의 자모(字母)를 제정한 것으로 보았다.

그리고 또 여기에 7개의 모음자를 더 만들어 유모(喩母)에 귀속시켰음을 밝혔다. 따라서 이러한 주장을 펼쳐서 일본 학술지에 실린 졸고(2011)는 파스파 문자의 연구에서 새로운 차원을 연 것으로 보지 않을 수 없다. 원래 졸고(2011)는 일본에서 파스파 문자의 8모음 체계를 가장 많이 주장한 핫토리 시로(服部四郞)의 모교이며 그가 교수로 봉직하였던 동경대학(東京大學) 언어학과의 논문집에 실었다. 국내에서는 파스파 문자에 대한 연구가 빈약하여 이 논문을 심사하여 그 옳고 그름을 판정할 수 없다고 생각했기 때문이다.

필자가 처음 『동경대학언어학논집(東京大學言語學論集)』에 투고한 탓인지 아니면 원고의 내용이 너무 파격적이라 그랬는지 모르지만 이 원고는 1년 넘도록 혹독한 심사를 거친 다음 제31호의 권두 논문으로 게재되었다. 국경을 넘어서 오로지 학문의 진리를 추구하는 이 논문집의 편집위원과 논문 심사위원에게 경의를 표하지 않을 수 없다.

6.1.1.2 남송(南宋)을 멸망시키고 중원(中原)에 몽고의 원(元)을 세운 쿠빌라이 칸(忽必烈汗)은 새 국가에는 새 문자를 제정한다는 중국 북방 민족의 전통에 따라 파스파 문자를 제정하고 이를 조령(詔令)으로 반포하여 제국(帝國)의 정문(正文)으로 사용하였다.[138]

파스파 문자의 제정은 〈원사(元史)〉의 기사에 의하면 지원(至元) 6년(1269)에 팍스파(八思巴) 라마가 파스파 문자 41개 자모를 만들었다고

---

138) 실제로 티베트의 吐蕃국을 부흥시킨 송첸감포(松贊干布) 대왕은 7세기 중엽에 서장문자를 제정하여 사용하였고 몽골계 거란족의 遼나라는 10세기 초엽에 나라를 세우자마자 契丹문자를 제정하여 사용하였으며 여진족의 金나라에서도 12세기 초반에 건국하면서 바로 女眞문자를 만들었다. 이어서 몽골의 칭기즈칸(成吉思汗)은 13세기 초에 몽고-위구르 문자, 元을 세운 세조 쿠빌라이 칸(忽必烈汗)은 13세기 후반에 파스파 문자, 만주족의 淸을 세운 누르하치(奴兒哈赤)는 17세기 중엽에 만주-위구르 문자를 국초에 제정하여 자신들의 언어 표기에 사용하였다(졸저, 2015:58~131).

기록하였다.139) 즉, 〈원사〉(권202) 「전(傳)」 89 '석로(釋老) 팍스파(八思巴)'조에

中統元年世祖卽位, 尊他爲國師, 授給玉印。令他製作蒙古新文字, 文字造成後進上。這種文字祇有一千 多個字, 韻母共四十一個, 和相關聲母造成字的, 有韻關法; 用兩個, 三個, 四個韻母合成字的, 有語韻法; 要點是以諧音爲宗旨。至元六年, 下詔頒行天下。 – 중통(中統) 원년에 세조(쿠빌라이 칸)가 즉위하고 [팍스파를] 존경하여 국사를 삼았다. [그에게] 옥인(玉印)을 수여하고 몽고의 새 문자를 제작하도록 명령하여 그는 문자를 만들어 바쳤다. 문자는 일천 몇 개의 글자이었고 운모(韻母)는 모두 41개이었으며 성모(聲母)가 서로 관련하여 글자를 만들고 운이 연결하는 법칙이 있어 두 개, 세 개, 또는 네 개의 운모가 합하여 글자를 이루며 어운법(語韻法)이 있어 요점은 음이 화합하는 것이 근본 내용이다. 지원(至元) 6년(1269)에 반포하여 천하에 사용하라는 조칙(詔勅)을 내리다.

라는 기사가 있어 파스파 문자가 운모(韻母), 즉 어두 자음에 대한 글자로 41개를 만들었으며 지원(至元) 6년에 조칙(詔勅)으로 반포되었음을 알 수 있다(졸저, 2015:303).

〈원사〉(권6) 「세조기(世祖紀)」에 "至元六年二月己丑, 詔以新製蒙古字, 頒行天下。 – 지원 6년 2월 기축(己丑)일에 새로 만든 몽고 글자를 천하에 반포하도록 조칙(詔勅)을 내리다"라는 기사에 의거하면 파스

---

139) '파스파'란 문자의 명칭은 이를 제정한 팍스파(八思巴) 라마에서 가져온 것이다. '八'의 발음이 현대 普通話에서 '파'로 발음되면서 그 문자의 명칭도 '파스파'로 불린다. 다만 졸저와 졸고에서는 사람의 이름일 경우에는 그가 토번 사람으로 ḥP'ags-pa Lama, Tib. འཕགས་པ་ (八思巴 喇嘛)라는 이름에서 온 것이므로 티베트어의 이름을 살려서 팍스파로 읽는다. 팍스파 라마에 대하여는 졸저(2009)나 졸저(2019b:112~115)를 참고할 것.

파 문자는 원(元) 세조, 즉 쿠빌라이 칸(忽必烈汗)에 의하여 지원(至元) 6
년(1269)에 황제(皇帝)의 조령(詔令)으로 반포되었음을 알 수 있다.140)

  6.1.1.3 이렇게 제정된 파스파 문자로 먼저 전술한『몽고운략(蒙古韻
略)』(이하 〈몽고운략〉)을 편찬하였다. 이 운서는 〈절운〉계 운서를 총망
라한 송대(宋代)의『대송중수광운(大宋重修廣韻)』(이하 〈광운(廣韻)〉)을
간략하게 줄여 과거시험을 관장하는 예부(禮部)에서 편찬한『예부운략
(禮部韻略)』(이하 〈예부운략〉)의 한자음을 파스파 문자로 발음을 붙인 것
으로 보인다.141)

  이 〈예부운략〉은 원(元)의 황공소(黃公紹)가 편찬한『고금운회(古今韻
會)』(이하 〈고금운회〉)에 의하여 한자의 북경(北京) 표준음을 수정하고
그에 의거한『신간운략(新刊韻略)』이 편찬되었다. 원(元)에서는 이를 저
본으로 하여 〈몽고운략〉을 수정한 한자음을 파스파 문자로 표음한『몽
고자운(蒙古字韻)』(이하 〈몽고자운〉)을 간행하였다. 즉, 〈몽고자운〉은
북경의 한어를 반영하여 그 발음을 파스파 문자로 표음한 것이다(寧忌
浮, 1992, 1994).

  이 운서들은 모두 원대(元代) 한자의 표준음인 정음(正音)을 정하기

---

140) 그 詔令은 "詔令說 : 朕認爲用字來書寫語言, 用語言來記錄事情, 這是從古到今都采用
    的辨法. 我們的國家在北方創業, 民俗崇尙簡單古樸, 沒來得及制定文字, 凡使用文字
    的地方, 都沿用漢字楷書及畏兀文字, 以表達本朝的語言. 査考遼朝, 金朝以及遠方各
    國, 照例各有文字, 如今以文敎治國逐漸興起, 但書寫文字缺乏, 作爲一個朝代的制度
    來看, 實在是沒有完備. 所以特地命令國師八思巴創制蒙古新字, 譯寫一切文字, 希望
    能語句通順地表達淸楚事物而已. 從今以後, 是頒發詔令文書, 都用蒙古新字, 幷附以
    各國自己的文字."와 같다(졸저, 2015:304~5).
141) 이 〈蒙古韻略〉은 현전하지 않아 어떤 운서인지 분명하지 않으나 寧忌浮(1994)에 의하면
    『禮部韻略』을 파스파 문자로 한자음을 표음한 것이라고 한다. 조선에서도 전기에 〈몽고
    운략〉이 신숙주의『四聲通攷』등에 그 이름을 보인다.

386

위한 것이며 이것으로 과거시험을 보게 하여 관리들을 채용하기 위한 것이다. 원대(元代)에 하급관리들은 한인(漢人)들이었는데 이들을 자신들의 추종 세력으로 물갈이한 것이다. 마치 훈민정음으로 〈동국정운〉의 한자음을 표음하여 편찬하고 이를 당시의 과거시험에 사용한 것과 같다.[142]

중원(中原)에 몽골 제국(帝國)을 건국한 원(元)의 세조(世祖), 즉 쿠빌라이 칸(忽必烈汗)은 몽고인들의 한자 교육을 위하여 한자의 중국어 정음(正音)과 속음(俗音)을 표음하기 위한 파스파 문자를 제정하고 〈예부운략〉을 이 문자로 표음하여 〈몽고운략〉을 편찬한 것이다.[143] 그리고 〈예부운략〉을 북경(北京)의 한자음을 반영한 원대(元代) 〈고금운회〉, 또는 〈고금운회거요〉에 의거하여 수정한 것이 『신간운략(新刊韻略)』이고 이를 다시 파스파자로 번역한 것이 〈몽고자운〉이다.

6.1.1.4 조선에서는 이 운서를 도입하여 한자의 정음(正音)을 익히려고 하여 신숙주(申叔舟)의 『사성통고(四聲通攷)』에서 〈몽고운략〉과 〈몽고자운〉의 서명이 보인다. 그러나 조선 초기에 한자의 중국 정음(正音)

---

142) 다음의 6.6.4.5에 제시한 새 문자의 교재로 『훈민정음』, 『동국정운』, 『홍무정운역훈』을 과거의 출제서로 한 것을 참고할 것. 『세조실록』(권21), 세조 6년 9월 경인(庚寅)조의 기사에 의함.

143) 중국 宋代에 과거시험의 표준음을 〈廣韻〉으로 정하고 이를 간략하게 줄여서 과거를 관장하는 禮部에서 〈禮部韻略〉을 간행하였다. 이것을 다시 간략하게 한 〈新刊韻略〉을 파스파 문자로 발음을 표기하여 그 이름을 〈蒙古韻〉이라 하였다(寧忌浮, 1994; 졸저 2009:59). 아마도 〈禮部韻略〉을 줄여 파스파로 표음한 것이 〈蒙古韻略〉이고 이를 다시 元代 黃公紹의 〈古今韻會〉에 의거하여 수정한 것이 〈蒙古字韻〉일 것이며 이를 다시 〈古今韻會擧要〉에 의거하여 朱宗文이 증정한 것이 (增訂)〈蒙古字韻〉(1308)일 것이다(졸저, 2012:167). 이 蒙韻들은 모두 한자의 동북방언음, 즉 北京 주변의 漢兒言語의 발음을 반영한 것이다.

을 〈몽고운략〉이나 〈몽고자운〉에 의거하는 것은 문제가 있었다.

원(元)을 멸하고 명(明)을 건국하여 태조가 된 주원장(朱元璋)이 당시 수도였던 금릉(金陵), 즉 지금의 남경(南京)의 말을 관화(官話)로 하여 표준어로 삼고 황제의 칙령(勅令)으로 『홍무정운(洪武正韻)』을 편찬하는 등 이 한자음을 강력하게 보급하였기 때문에 명초(明初)에는 이 몽운(蒙韻)의 발음이 정음(正音)이 될 수 없었다(졸고, 2012).

조선 사역원에서 한어(漢語) 교재로 널리 알려진 〈노걸대〉는 원본(原本)이 원대(元代) 대도(大都), 즉 북경(北京)의 말이었으나 성종 때에 이를 수정한 〈산개(刪改) 노걸대〉는 남경(南京)관화를 반영하였고 조선 전기의 사역원에서는 이 말을 교육하였다(졸저, 2017:293~4). 그러나 15세기 초에 명(明)의 3대 황제인 성조(成祖), 즉 영락대제(永樂大帝)가 북경(北京)으로 천도(遷都)하여 다시 이 지역의 언어, 즉 중국어의 동북방언인 한어(漢語)의 중요성이 인정되었다.

그리하여 원대(元代)의 〈고금운회〉를 근거로 하여 한자음을 정리한 〈몽고자운〉, 그리고 〈증정몽고자운〉 등의 몽운(蒙韻)이 중요한 운서로 다시 등장하게 되었다.[144] 신숙주의 『사성통고(四聲通攷)』에서 전재한 것이겠지만 중종 때 최세진의 『사성통해(四聲通解)』(이하 〈사성통해〉)에서는 〈몽고운략〉과 〈몽고자운〉, 그리고 〈증정몽고자운〉과 같은 몽운(蒙韻)의 한자음이 많이 반영되었다.

세종은 이 몽운에 맞추어 조선 한자음을 정리한 〈동국정운〉의 한자음을 새로 인위적으로 만들어 이를 파스파 문자처럼 새로 제정한 문자로 표음하고 이 한자음을 '訓民正音 – 백성들에게 가르쳐야 하는 바른

---

144) 淸代 北京의 만다린에 맞추어 수정한 〈老乞大〉는 〈老乞大新釋〉이란 이름을 얻었고 후대에 정착된 北京官話를 반영한 것은 〈重刊老乞大〉라 하였다(졸저, 2017:336~340).

한자음'이라 하여 가르칠 것을 강조하게 된다. 명(明) 태조의 언어, 문자 정책을 추종한 것이다.

2) 파스파 문자의 자모(字母)

6.1.2.1 파스파 문자는 어떻게 제정되었을까? 앞에서 언급한 바와 같이 이 문자에 대하여는 제대로 된 연구가 없었다. 우리 학계에 가장 널리 알려진 것은 Poppe(1957)에서 소개된 것이 거의 전부이다. 이 논저는 Pozdněev (1895~1908)의 연구를 비롯하여 Ligeti(1956, 1962) 등 러시아와 헝가리에 서 연구된 것을 종합한 것이다.

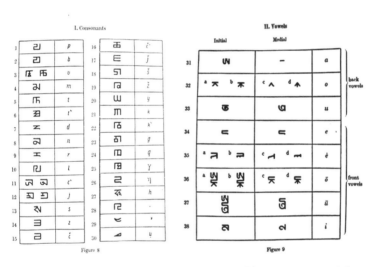

[표 6-1] Poppe가 제시한 파스파 문자의 자음과 모음(Poppe, 1957:19~24)

Poppe(1957)에서는 파스파 문자의 자음과 모음을 다음과 같이 제정 한 것으로 소개하였다. 즉, 앞의 [표 6-1]에서 보이는 것처럼 Poppe는 자음(子音)의 글자로 30개와 모음의 글자로 8개를 추정하여 제시하였다. 그러나 자음자(子音字)로 제시한 것 중에 30번의 /ᅰ[ɥ]/와 같이 모음자(母音字)로 보아야 할 것도 들어있다.145)

Poppe(1957)에서 파스파 문자로서 소개한 30개의 자음자(子音字)와 8개의 모음자(母音字)를 옮겨보면 앞의 [표 6-1]과 같다. 또 원래 파스파 문자는 전술한 몽운(蒙韻)에서 아음(牙音)의 /k, kh, g, ng/로 시작하는데 [표 6-1]에서는 순음 /p, b, v, m/으로 시작하였으며 그나마 /ph/를 놓쳤다. 그리고 모음자로는 8개를 제시하였는데 /e/와 /ĕ/의 구별은 음성상으로 구별하기가 어렵고 문자로 보아도 뚜렷하게 구별되지 않는다.

6.1.2.2 Poppe의 이러한 38개의 글자는 앞의 6.1.1.2에서 언급한 〈원사〉(권202)의 41자와 맞지 않고 또 원대(元代) 성희명(盛熙明)의 〈법서고〉와 도종의(陶宗儀)의 〈서사회요〉에서 언급한 43자보다 많이 적다. 따라서 학계에 널리 알려진 Poppe(1957)의 파스파 문자는 문제가 있음을 알 수 있다.

더욱이 중국 사회과학원의 고(故) 주나스트(照那斯圖) 박사는 다음의 [표 6-2]의 왼쪽 표와 같이 파스파 문자를 56자로 재구하여 제시하였다. 금석문의 파스파 문자를 조사하면서 여러 이체자(異体字)들을 제대로 이해하지 못한 탓으로 보인다. 오른쪽의 표에서는 〈원사(元史)〉의 41자에 맞추었으나 역시 자음자와 모음자가 혼동되었다.

---

145) /ᅰ[ɥ]/는 실제로는 /u, ü/였다. 앞의 모음에 따라 [u]가 되거나 [ü]가 된다. 즉, 후설모음이 앞에 오면 /u/가 되고 전설모음이 오면 /ü/가 된다. 중세몽고어에서는 강력한 모음조화가 있었기 때문이다.

[표 6-2] 주나스트(照那斯圖)의 파스파 56자와 후대의 41자

이 [표 6-2]의 표에서 보인 파스파 문자들은 〈증정몽고자운〉의 런던 초본에 의거하여 필자가 재구한 다음의 [표 6-3]과 비교하면 상당한 차이가 있다. 특히 원대(元代)에 간행된 성희명(盛熙明)의 『법서고(法書考)』나 도종의(陶宗儀)의 『서사회요(書史會要)』의 43자와도 서로 크게 다르다.

고(故) 주나스트 박사는 많은 파스파 문자를 금석의 명기(銘記)에서 발굴하여 해독하면서 照那斯图 · 楊耐思(1984)에서 [표 6-2]의 왼쪽 표의 56자와 같이 많은 파스파 문자를 제시하였으나 사실과는 많은 차이가 있어서 照那斯图(2003:23)에서 이를 수정하여 [표 6-2]의 오른쪽 표와 같이 정리하였다.146) 그러나 이것도 현전하는 〈증정몽고자운〉의 런

146) 주나스트 박사가 2008년 11월 18~19일에 열린 한국학중앙연구원의 국제학술회의에 참석하러 서울에 와서 필자가 제시한 파스파의 32자모와 7개 喩母字를 보고 대단히 충격을 받은 것 같았다. 파스파 문자의 연구에 평생을 바친 노학자의 난감해하던 모습을 지금도 잊을 수가 없다. 필자는 그가 어째서 〈증정몽고자운〉 런던 초본을 그의 파스파 문자 연구에 이용하지 않았는지 이해할 수가 없었다.

던 초본과 비교하면 많은 차이가 있다.

6.1.2.3 졸고(2011)에서는 전술한 바와 같이 대영도서관 소장의 〈증정 몽고자운〉 런던 초본에 의거하여 파스파 문자의 글자가 41개이지만 그 가운데 설상음(舌上音)의 3자와 정치음(正齒音)의 3자가 동일하고 순경음의 전청과 전탁이 동일하여 실제로는 32자모(字母)의 글자를 만들었다고 주장하였다. 이 32자모는 훈민정음 〈언해본〉에서 초성 32자로 소개한 것과 일치한다.

다음의 [표 6-3]의 자모도를 보면 파스파 문자는 자모(字母), 즉 음절초 자음의 글자로 36자를 만들었으나 표에서 보이는 바와 같이 설상음(舌上音) 3자와 정치음 3자가 /ㅌ, ㅠ, ㄹ/로 동일하고 순경음의 전청과 전탁이 /ㆆ/로 동일하여 결국은 4개의 글자가 똑같다. 따라서 졸고(2011)에서는 이 4자를 제외하고 자음자(子音字)의 글자로 모두 32자를 만든 것이라고 주장하였다.

七音　四聲	牙音	舌音		脣音		齒音		喉音	半音	
		舌頭音	舌上音	脣重音	脣輕音	齒頭音	正齒音		半舌音	半齒音
全　淸	見	端	知	幫	非	精	照	曉		
次　淸	溪	透	徹	滂	敷	淸	穿	匣		
全　濁	群	定	澄	並	奉	從	床	影		
不淸不濁	疑	泥	娘	明	微			喩	來	日
全　淸						心	審	(ㅿ)		
全　濁						邪	禪			

[표 6-3] 몽고자운의 36자모도(졸저, 2009:187에서 인용, 실제는 32자모)

그리고 여기에 따로 유모(喩母)에 속하는 7자(실은 6자)를 더하여 모두 38개의 문자를 제자(制字)한 것으로 졸저(2009)에서는 주장하였다. 즉, 〈증정몽고자운〉의 런던 초본(鈔本)의 권두에 다음과 같은 36자모도와 그에 해당하는 파스파 글자를 제시하였다. 그리고 따로 유모(喩母)에 속하는 자를 보였는데 그 〈자모(字母)〉를 사진으로 보이면 다음과 같다.

[사진 6-1]과 [표 6-3]은 원래 졸저(2009:41)에 실렸던 것을 여기에 옮긴 것이다. 졸저(2009)에서는 이 사진과 도표를 두 번 실어서 졸저(2009: 186~7)에도 같은 사진과 도표가 게재되었다. 왜냐하면 이 사진과 도표는 파스파 문자의 자음과 모음의 글자를 극명하게 보여주기 때문이고 그때까지 아무도 이 사진과 그를 도표로 보인 것에 주목하지 않았기 때문이다.

[사진 6-1] {증정}〈몽고자운〉 36자모와 7개 유모자(喩母字)

6.1.2.4 앞의 [사진 6-1]에 보이고 이를 정리한 앞의 [표 6-3]을 보면 파스파 문자는 중국 전통의 36자모에서 실제로는 같은 글자가 4자가 있어서 모두 서로 다른 32자의 반절상자(反切上字)를 글자로 하여 보였다.

이 숫자는 훈민정음 〈언해본〉에서 한음(漢音)을 포함하여 32자를 예로 들고 설명한 자모의 숫자와 동일하다.

다만 순경음에서는 이 몽운(蒙韻)에서 전청과 전탁이 같았지만 『사성통해(四聲通解)』(이하 〈사성통해〉)에서 전재된 「광운삼십육자모지도(廣韻三十六字母之圖)」(이하 〈광운 36자모도〉)에서는 순경음의 전청과 차청이 /ㅸ/으로 동일하여 차이가 있다. 즉, 다음의 [사진 6-2]의 〈광운 36자모도〉에서도 설상음(舌上音)의 셋과 정치음(正齒音)의 셋이 모두 /ㅈ, ㅊ, ㅉ/으로 동일하고 순경음에서는 전청과 차청이 /ㅸ/으로 동일하다. 따라서 [사진 6-1]의 〈증정몽고자운〉 런던 초본의 자모도를 [사진 6-2]의 〈사성통해〉의 〈광운 36자모도〉와 비교하면 훈민정음의 글자가 파스파자와 일대일로 대응하도록 제자(制字)되었음을 보여준다.

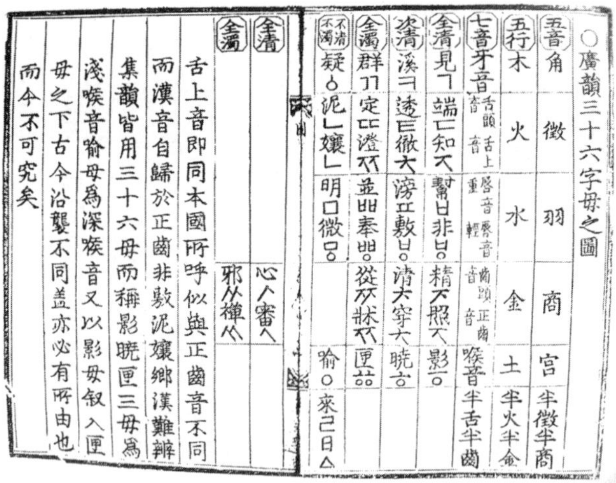

[사진 6-2] 『사성통해』 권두의 〈광운 36자모도〉

〈증정몽고자운〉의 자모도의 파스파자를 정음의 글자로만 바꿔서 옮긴 것으로 보이는 〈사성통해〉의 〈광운 36자모도〉를 옮겨보면 앞의 [사진 6-2]와 같다. 이 [사진 6-2]의 〈광운 36자모도〉를 도표로 보이면 다음의 [표 6-4]와 같다.

七音\四聲	牙音	舌音		脣音		齒音		喉音	半音	
		舌頭音	舌上音	脣重音	脣輕音	齒頭音	正齒音		半舌音	半齒音
全 清	見 ㄱ	端 ㄷ	知 ㅅ	幫 ㅂ	非 ㅸ	精 ㅈ	照 ㅈ	影 ㆆ147)		
次 清	溪 ㅋ	透 ㅌ	徹 ㅊ	滂 ㅍ	敷 ㅸ	清 ㅊ	穿 ㅊ	曉 ㅎ		
全 濁	群 ㄲ	定 ㄸ	澄 ㅉ	並 ㅃ	奉 ㅹ	從 ㅉ	床 ㅉ	匣 ㆅ		
不清不濁	疑 ㆁ	泥 ㄴ	孃 ㄴ148)	明 ㅁ	微 ㅱ			喩 ㅇ	來 ㄹ	日 ㅿ
全 清						心 ㅅ	審 ㅅ			
全 濁						邪 ㅆ	禪 ㅆ			

[표 6-4] 〈사성통해〉의 〈광운 36자모도〉

[표 6-3]의 〈증정몽고자운〉 런던 초본의 파스파 32자모와 이를 훈민정음의 초성자로 바꿔서 표로 한 [표 6-4]의 〈광운 36자모〉를 비교하면 대체로 유사하지만 사소한 차이가 발견된다. 우선 설상음(舌上音)의 불청불탁이 '낭(娘)'에서 '양(孃)'으로 바뀌었고 후음(喉音)의 전청, 차청, 전탁의 순서가 바뀌어서 런던 초본에서 '曉[ꑇ], 匣[ꑁ], 影[ꑍ]'이 '影[ㆆ], 曉[ㅎ], 匣[ㆅ]'으로 바뀌었다.

먼저 정치음(正齒音)과 설상음(舌上音)의 3자가 동일한 것은 몽운(蒙韻)의 런던 초본에서 파스파 글자가 동일한 것과 같다. 이에 대하여 [사진 6-2]의 〈광운 36자모도〉의 왼쪽에 보이는 주석에 "舌上音卽, 同本國

---

147) 전청과 차청 및 전탁의 순서가 바뀜.
148) 한자가 '娘'에서 '孃'으로 바뀜.

所呼似與正齒音不同, 而漢音自歸於正齒。 非, 敷, 泥, 孃鄉漢難辨。[下略 – 설상음은 곧 우리나라의 정치음과 비슷하나 같지는 않고 한음에서 정치음으로 돌아갈 뿐이다. '非[ᄫᅵ] : 敷[ᄫᅵ]'와 '泥[ㄴ] : 孃[ㄴ]'는 우리 한자음과 한음에서 분간하기 어렵다. [하략]"라 하여 설상음과 정치음이 같은 이유, 그리고 '非와 敷', 그리고 '泥와 孃'이 /ᄫ/와 /ㄴ/으로 같은 음가임을 설명하였다.

즉, 설상음과 정치음은 똑같지는 않는데 한음(漢音)에서 설상음을 정치음에 귀속시켰기 때문에 따로 분리한다는 것이다. 또 '非'와 '敷'가 [ᄫ]으로 같고 '泥'와 '孃'이 [ㄴ]으로 같은 것은 이들이 우리 한자음이나 한음에서 분간하기 어렵기 때문이라고 하였다. 다만 〈몽운〉의 런던 초본에서는 전청의 '非[ㆄ]'가 차청의 '敷[ㆄ]'가 아니라 전탁의 '奉[ㆄ]'과 글자가 같다. 아마도 〈몽운〉의 판본에 따라 자모가 조금씩 달랐음을 말해주는 대목이다.

6.1.2.5 〈광운 36자모도〉가 실은 『집운(集韻)』(이하 〈집운〉)의 36자모에 의거한 것임을 알려주는 설명이 있다. 즉, [사진 6-2]의 〈광운 36자모도〉의 왼쪽에 보이는 한문의 주석에서 앞의 글에 이어 "[前略] 集韻皆用三十六母, 而稱影, 曉, 匣三母, 爲淺喉音喩母, 爲深喉音。 又以影母敘入匣母之下, 古今沿襲不同, 盖亦必有所由也, 而今不可究矣。 – 〈집운〉은 모두 36자모를 쓴다. 그러나 '影[ㆆ], 曉[ㅎ], 匣[ㆅ]'의 세 자모는 얕은 후음인 유모를 깊은 후음으로 삼은 것이다. 또 영모(影母, ㆆ)로써 순서가 갑모(匣母, ㆅ)의 아래에 들어가게 한 것은 옛날과 지금의 것을 따르지 않았는데 모두 반드시 그렇게 한 이유가 있겠으나 지금은 알수가 없다"라고 하여 후음의 순서가 바뀐 것을 지금은 알 수 없다는 설명이 있다.

이 설명은 훈민정음 〈해례본〉의 「제자해(制字解)」의 다음과 같은 설명을 곁들여야 제대로 이해할 수 있다.

全淸並書則爲全濁,　以其全淸之聲凝爲全濁。唯喉音次淸爲全濁者, 盖以ㆆ聲深不爲之凝, ㅎ比ㆆ聲淺, 故凝而爲全濁也。 – 전청을 병서하면 전탁이 되는데 그 전청의 소리가 엉겨야 전탁이 되는 것이다. 다만 후음은 차청을 [병서하여] 진탁으로 하였는데 대제로 'ㆆ'의 소리가 깊어서 엉기지 않기 때문이다. 'ㅎ'에 비하여 'ㆆ'의 소리가 얕아서 그렇기 때문에 엉겨서 전탁이 된다.

이 설명에 의하면 후음에서 전청인 'ㆆ[影]'을 병서하여 전탁을 삼지 않고 차청이 'ㅎ[曉]'를 두 번 써서 전탁을 삼은 것은 'ㅎ'이 소리가 얕아서 엉기기 때문이라는 것이다. 여기서 '깊고 얕다(深淺)'는 것은 조음위치를 말하는 것으로 'ㆆ'보다 'ㅎ'이 앞에서 조음되므로 이를 병서해서 전탁의 소리, 즉 유성음을 표음할 수 있다는 뜻이다.

따라서 〈광운 36자모도〉의 앞과 같은 설명, 즉 얕은 후음을 깊은 후음과 바꾸어 효모(曉母, ㅎ)를 병서해서 갑모(匣母, ㆅ)로 한 것에 대하여 조음음성학의 이론에 의하여 설명한 것이다. 다만 종래대로가 아니라 후음의 순서를 바꾼 것에 대하여 왜 영모(影母, ㆆ)를 전청으로 하고 효모(曉母, ㅎ)를 차청으로 했는지는 지금으로서는 알 수 없다는 것이다. 새 문자를 제정할 당시에 후음(喉音)에 대한 고민이 있었음을 알려주는 대목이다.

6.1.2.6 〈광운 36자모도〉는 원래 당대(唐代)부터 정해진 36성모(聲母)라고 한다. 즉, 졸저(2015: 259)에서 당대(唐代)의 수온(守溫)이란 승려는 당시 중국어의 어두 자음을 범자(梵字)의 자음과 같이 모두 36개로 보고 고

대(古代) 인도의 조음음성학에 의하여 아설순치후(牙舌脣齒喉)와 전청(全淸), 차청(次淸), 전탁(全濁), 불청불탁(不淸不濁)으로 나눈 것이라고 한다.

후지는 조음방식에 의하여, 그리고 전자는 조음위치에 의한 자음의 분류였다는 것이다. 이러한 분류 방법은 김완진·정광·장소원(1997)에 의하면 수대(隋代) 육법언(陸法言)의 『절운(切韻)』(601 A.D.)에서 시작하여 당대(唐代) 손면(孫愐)의 당운(唐韻, 751 A.D.), 송대(宋代) 진팽년(陳彭年) 등의 〈광운〉(1008 A.D.)으로 이어졌다고 한다. 그리하여 다음과 같은 자모도를 보였다.

四聲 ＼ 五音	牙音	舌音		脣音		齒音		喉音	半舌音	半齒音
		舌頭音	舌上音	脣重音	脣輕音	齒頭音	正齒音			
全淸	見 k	端 t	知 tʂ	幫 p	非 β	精 ts	照 tś	影 ?		
次淸	溪 kh	透 th	撤 tʂh	滂 ph	敷 β	淸 tsh	穿 tśh	曉 h		
全濁	群 g	定 d	澄 dʐ	並 b	奉 f	從 dz	狀 dʑ	匣 ɤ		
不淸不濁	疑 ng	泥 n	孃 ñ	明 m	微 w			喩 Ø	來 r, l	日 ńz
全淸						心 s	審 ś			
次淸						邪 z	禪 z			

[표 6-5] 당대(唐代) 36성모(聲母)의 자모도(字母圖)(졸저, 2015:259에서 전재)

그러나 이러한 36성모는 원래 성명기론(聲明記論)에서 고대인도의 범어(梵語)의 음운에서 가져온 것이다. 한때 실담(悉曇)의 35자모에 맞추어 〈운회 35자모도〉라고도 하였으나 한어(漢語)에서는 모두를 인정하기 어려워 점차 줄여서 31자모만을 인정하게 된다. 이 31자모는 역시 〈사성통해〉의 〈홍무운 31자모도〉로 정리된다.

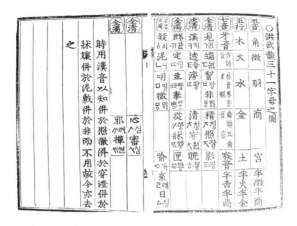

[사진 6-3] 〈사성통해〉 권두의 〈홍무운(洪武韻) 31자모도〉

이 [사진 6-3]을 보기 쉽게 도표로 그리면 다음과 같다.

五音	角	徵	羽		商		宮	半徵	半商
五行	木	火	水		金		土	半火	半金
七音	牙音	舌頭音	脣音重	脣音輕	齒頭音	正齒音	喉音	半舌	半齒
全淸	見ㄱ:견	端ㄷ뒌	幫ㅂ방	非ᄫ비	精ᄼ징	照ᅎ·쟐	影ㆆ:힝		
次淸	溪ㅋ키	透ㅌ틀	滂ㅍ팡		淸ᄎ칭	穿ᅔ쳔	曉ㆅ향		
全濁	群ㄲ꾠	定ㄸ·띵	並ㅃ:삥	奉ᅗ뽕	從ᅏ쭝	狀ᅑ쫭	匣ㆅ향		
不淸不濁	疑ㆁ이	泥ㄴ니	明ㅁ밍	微ㅱ비			喩ㅇ유	來ㄹ래	日△·싱
全淸					心ᄼ심	審ᄾ·심			
全濁					邪ᄽ써	禪ᄿ·쎤			

[표 6-6] 〈홍무운 31자모도〉(졸저, 2015:319에서 인용)

이 [표 6-6]으로 보인 〈홍무운 31자모〉가 훈민정음 〈언해본〉에서 제
시한 한음(漢音)을 포함한 한자음 표기의 32자인 것이다. 즉, 훈민정음

〈언해본〉에서는 한음(漢音)의 표음을 위한 것이라는 전제를 붙였지만 훈민정음 17자에다가 전탁의 6자, 순경음(脣輕音)의 4자, 그리고 치두(齒頭)와 정치(正齒)를 구분하는 5를 더하여 32자를 소개하였으나 〈홍무운 31자모도〉에서는 순음경(脣音輕)에서 차청(次淸)의 /ㆄ/가 빠져서 31자모가 된 것이다.

3) 파스파 문자의 모음자

6.1.3.1 앞의 [사진 6-1]로 보인 〈증정몽고자운〉 런던 초본의 권두에 실린 36자모도에는 유모(喩母)의 'ᛁᚾ(ɯ)[ɑ]'를 빼고는 모음자는 들어있지 않다. 다만 사진의 오른쪽에 "ꡜ ꡚ ꡘ ꡗ ꡔ ꡐ 此七字歸喩母 — 'i, u, ü, o, ö, e'의 7자는 유모에 돌아가다"가 보일 뿐이다.

이것이 유모(喩母)에 속하는 7개의 모음 글자들인데 실제로는 앞의 [사진 6-1]에서는 'ꡜ[i], ꡚ[u], ꡘ[iu, ü], ꡗ[o], ꡔ[eu, ö], ꡐ[e]'의 6자만 제시되었다. 여기에 36자모에 이미 들어있는 '유모(喩母)'의 'ᛁᚾ(ɯ)[ɑ]'를 합하여 7개 모음자가 된다는 뜻이다. 졸고(2011)에서 처음으로 밝힌 이 주장은 현재 세계 문자학계에서 거의 받아들이고 있다.

앞에서 언급한 원대(元代)의 〈법서고〉나 〈서사회요〉에서는 43개의 글자라고 하였다. 이때의 43자는 성운학(聲韻學)의 36성모(聲母)에 7개 유모자(喩母字)를 합한 숫자지만 실제로 두 책에서 제시한 파스파 글자는 41자뿐이다. 즉, 유모(喩母) [ᛁᚾ]가 36성모에 이미 들어있어서 이를 빼면 35성모가 되며 유모자(喩母字)라고 소개한 글자는 모두 6자지만 실제로 유모 [ᛁᚾ]를 합하여 7자가 된다는 뜻이다.

6.1.3.2. 그러나 앞의 〈법서고〉와 〈서사회요〉의 두 책에서 43자를 제시하지 못하고 42, 또는 41자를 제시한 것은 이와 같이 한 글자가 두 번

계산되었기 때문이다. 그리하여 몽고 글자, 즉 파스파 문자는 41자를 만든 것으로 〈원사〉에 밝혀두었다.

이에 대하여는 앞의 6.1.1.2에서 인용한 〈원사(元史)〉(권202)「전(傳)」 89 '석로 팍스파(釋老八思巴)'조의 "[前略] 這種文字祇有一千多個字, 韻母共四十一個, [下略]"라 하여 41자를 만들었다고 『원사(元史)』(이하 〈원사〉)에 밝혀놓았다.

또 『양념재문초(養恬齋文鈔)』(권3)에 수록된 나이지(羅以智)의 「발몽고자운(跋蒙古字韻)」에서도 이 〈원사〉의 기사에 의거하여 "[前略] 考元史, 蒙古字其母四十有一 [下略] — [전략] 〈원사〉를 고찰해보면 몽고자는 그 모(母)가 41이 있다 [하략]"라 하여 몽고자(蒙古字), 즉 파스파 문자가 41자임을 명시하였다.149) 따라서 파스파 문자는 공식적으로 41자를 제정한 것으로 보았다.

그리고 이 가운데 7자는 모음을 표기하는 글자이며 이 모음자는 유모(喩母)와 그에 속한다는 7자 'ⵎ [a], ⵠ [i], ⵕ [u], ⵤ [iu, ü], ⵣ [o], ⵡ [eu, ü], ⵥ [e]'를 말한다. 이것은 초기의 언문에서 욕모자(欲母字) /ᄋᆞ, 으, 이/와 /오, 아, 우, 어/의 7자와 그것으로 표기한 음운이 거의 일치한다.

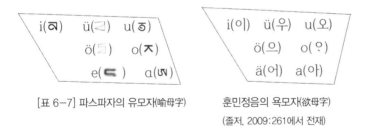

[표 6-7] 파스파자의 유모자(喩母字)　　　훈민정음의 욕모자(欲母字)

(졸저, 2009:261에서 전재)

<hr>

149) 羅以智의 「跋蒙古字韻」에 대하여는 졸저(2009:197)를 참고할 것.

이 모음들을 앞의 [표 6-7]과 같이 모음의 부등변사각형에 보이면 파스파 문자의 유모(喩母)에 속하는 글자와 훈민정음의 욕모자(欲母字)가 얼마나 유사한지 알 수 있다. 이로부터 이익(李瀷)의 『성호사설(星湖僿說)』에서 정음(正音)이 몽고 문자에 의거하였다고 보았고 앞의 6.0.2에서 인용한 서파(西陂) 유희(柳僖)의 「언문지(諺文志)」(1824), 『문통(文通)』, '전자례(全字例)'에서 "諺文雖刱於蒙古, 成於我東, 實世間至妙之物"이라는 지적이 나온 것이다.

6.1.3.3 파스파 문자의 유모(喩母)에 속하는 모음자를 중성(中聲)으로 격상하여 초성(初聲)과 대등하게 인정한 것은 전술한 바와 같이 신미(信眉) 대사가 새 문자 제정에 참여한 다음의 일로 보인다. 신미는 범자(梵字)의 실담장(悉曇章)에서 마다(摩多)에 의거하여 모음자를 초성과 대등한 중성(中聲)의 글자로 끌어올렸다. 실담장에서는 마다(摩多, mata), 즉 모음자가 우선이고 자음의 체문(体文, vyañjana)은 그에 부속하는 음운으로 보았기 때문이다(다음의 6.2.2.2를 참고할 것).

그리하여 신미(信眉)는 욕모(欲母)의 7자에 재출자(再出字) /ㅛ, ㅑ, ㅠ, ㅕ/를 더하여 11자를 만들고 이를 중성(中聲)이라 하였으며 이를 초성(初聲)의 17자와 결합하여 훈민정음 28자로 한 것이다. 중성의 7자에 재출자(再出字) 4자를 더하여 11자로 한 것은 실담장(悉曇章)에서 마다(摩多) 12자에 맞춘 것이다.[150] 그리하여 초성 17자와 중성 11자를 더하여 훈민정음 28자가 된 것이다.

우리말의 음운을 초성(初聲), 중성(中聲), 종성(終聲)으로 나누었으나

---

150) 成俔의 『慵齋叢話』(권7)에 "世宗設諺文廳, 命申高靈成三問等製諺文, 初終聲八字, 初聲八字, 中聲十二字, 其字體依梵字爲之"의 중성 12자가 바로 이것을 말한다.

초성과 종성을 같은 글자로 하여 초, 종성과 중성, 즉 자음과 모음을 각기 다른 글자를 만들어 표기함으로써 한자의 동음(東音)은 물론 우리말의 전면적 표기가 가능하게 되었다. 이 언문 28자로 우리말을 표기할 수 있게 되어 〈증수석가보〉를 언해한 우리말을 표기하여 〈석보〉를 편찬할 수 있게 되었고 〈월인〉을 지으면서 세종은 스스로 이 글자로 우리말을 표기할 수 있음을 확인할 수 있었다. 이러한 과정을 거쳐 언문이란 우리 글자가 제정된 것이다.

즉, 〈동국정운〉을 표음하기 위하여 제정한 훈민정음으로부터 한자의 한어음(漢語音)을 표음할 수 있는 정음(正音)으로 발전하고 드디어 우리말의 전면적 표기가 가능한 언문(諺文)으로 발전한 것이다. 이렇게 언문이란 이름의 한글은 제정된 것이다.

2. 범자(梵字)와 훈민정음

6.2.0.1 성현(成俔)의 『용재총화(慵齋叢話)』(권7, 이하 〈용재총화〉)에 "世宗設諺文廳, 命申高靈成三問等製諺文, 初終聲八字, 初聲八字, 中聲十二字, 其字體依梵字爲之 – 세종이 언문청을 설치하고 고령부원군 신숙주와 성삼문 등에게 언문을 짓게 하였다. 초성과 종성의 8자, 초성 8자, 중성 12자다. 그 자체는 범자에 의지하여 만들었다"라고 하여 언문, 즉 한글이 범자(梵字)에 의거하여 만들었다고 하였다.

성현(成俔, 1439~1504)은 성종 때 활약한 문신(文臣)으로 알려졌지만 세종이 새 문자를 제정할 때에 한참 수학할 나이였으므로 훈민정음의 제정에 대하여 익히 알고 있었을 것이다. 비록 〈용재총화〉가 중종 20년(1525)에 간행되었지만 성현이 이 책을 집필한 때는 세종이 새 문자를 제정하고 나서 얼마 지나지 않은 때의 일이다. 당시 고위 문신(文臣)으로 문학에 이름을 날리던 그는 언문의 창제 경위를 비교적 소상하게 알고 있었을 깃이다.

또 지봉(芝峯) 이수광(李晬光, 1525~1628)의 『지봉유설(芝峯類說)』(1614, 20권 10책) 권18에서 "我國諺書字樣, 全倣梵字 – 우리나라 언서, 즉 언문의 글자 모양은 모두 범자를 모방한 것이다"라고 하여 성현(成俔)의 주장을 이어받았다. 이때, 즉 선조 이후에는 언문이 매우 많이 보급되어 널리 쓰여서 이러한 주장은 상당한 근거가 없이는 함부로 언급할 수 없는 때였다.

6.2.0.2 졸저(2019a:90)에서 훈민정음의 중성(中聲)이 초성(初聲)과 대등하거나 오히려 음절의 중심으로 취급된 것은 신미(信眉)가 새 문자의 제정에 참여한 다음의 일로 보았다. 그전에는 반절상자(反切上字)의 대운(大韻)을 중심으로 하는 중국 성운학(聲韻學)에 의거하여 초성만을 언문 27자로 제정하고 파스파 문자와 같이 유모(喩母), 후일의 욕모(欲母)에 속하는 모음의 7자, 즉 기본자 / 어, 으, 이/와 초출자 /오, 아, 우, 어/를 제자하여 〈운회〉를 번역하는 데 썼지만 이 모음자들은 부수적인 것으로 보았다.

이것은 앞에서 살펴본 몽운(蒙韻), 즉 〈증정몽고자운〉의 런던 초본에서 볼 수 있었던 것처럼 36자모와 유모자(喩母字) 7자를 제정하여 43자로 한 파스파 문자의 제정과 연관이 있었다. 성운학(聲韻學)에서 반절하자(反切下字)인 소운(小韻)은 음절 초의 자음인 대운(大韻)에 비하여 중요성이 떨어졌기 때문이다.

즉, 〈절운〉 이후의 운서에서는 한자음을 먼저 초성에 해당하는 반절상자의 대운(大韻)이라 하고 나머지를 소운(小韻)이라 하여 이에 따라 한자를 배열하는 방식을 취했기 때문이다. 그리하여 다음의 제7장 7.2.1.4 에서 살펴본 바와 같이 〈광운〉에서는 36자모(字母)에 206운으로 나누어 한자를 배열하고 그 자형(字形)과 자의(字意), 즉 글자의 모양과 그 뜻을 밝혔다.

6.2.0.3 그러나 역시 제7장의 7.2.3.4에서 고찰한 바와 같이 훈민정음에서는 소운(小韻)을 다시 중성(中聲)과 종성(終聲)으로 나누어 종성을 초성과 동일하게 보았고 소운의 한 부분인 중성을 대운(大韻)인 초성과 대등하게 하였다. 그리고 모두 29자의 중성자(中聲字)를 모음의 글자로 제정하였음에도 불구하고 11자만을 들어 중성 11자로 한 것은 〈실담장〉의 마다(摩多) 12자에 이끌린 것으로 보았다.

그로부터 『훈몽자회(訓蒙字會)』의 〈언문자모〉에서는 '속소위반절(俗所謂反切) 27자'를 초성 16자와 중성 11자로 하였다. 여기서 '속소위(俗所謂)'란 수식어를 붙인 것은 초기 훈민정음에서 반절상자(反切上字)의 대운(大韻) 중심으로 27자를 만든 것과 다르며 중국 성운학(聲韻學)의 성(聲)과 운(韻)의 구분 방법이나 반절법(反切法)과도 매우 다르기 때문이었다.

뿐만 아니라 훈민정음의 '예의(例義)'에서는 "終聲復用初聲 — 종성은 초성을 다시 쓰다"라고 하여 초성과 종성이 같은 자음(子音)임을 분명하게 밝혔다. 즉, 초성, 중성, 종성의 삼분법은 음운을 자음(子音)과 모음의 둘로 나눈 것이나 다름없다. 범자(梵字)에서 마다(摩多)와 체문(体文)으로 나눈 것과 같다.

이렇게 음운을 분석하여 문자를 제정하는 것은 몽고의 원대(元代)에 제정한 파스파 문자에서도 찾아보기 어려운 새로운 방식이다. 훈민정음이 파스파 문자보다 생명력을 갖고 오래 유지된 이유이기도 하고 세종의 새 문자 창제가 파스파 문자를 뛰어넘어 오늘날까지 우리말 표기와 한자음 표기에서 유용하게 사용되는 이유이기도 하다.

그러면 성운학(聲韻學)과 파스파 문자에 의거하여 새 문자를 제정하다가 어떻게 훈민정음에서는 이와 같은 자음과 모음의 글자로 나누게 되었는지 살펴보지 않을 수 없다. 이제 다음에는 이에 대하여 고찰하기로 한다.

1) 범어(梵語)와 범자(梵字)

6.2.1.0 고대인도에서 사용되던 산스크리트어는 인도-유럽어족의 인도어파에서 핵심 언어였다. 넓게는 고대인도의 아리아어(Arian)로서 베다(Vedic) 경전의 언어를 포함하며 좁게는 고전 산스크리트어(Sanskrit), 즉 범어(梵語)를 말한다.

산스크리트란 말은 saṁs-kr(완성하다)에서 온 saṁskrtam(완성된 언어)란 의미여서 당시 민간인들이 사용하던 prākṛt(속어)에 대하여 아어(雅語)의 의미로 붙인 이름이다. 한자로는 조물주인 Brahman을 범천(梵天)으로 번역한 것처럼 중국과 한국, 일본에서는 산스크리트어를 범어(梵語)라고 부른다. 또 그들의 글자인 산스크리트 문자(Sanskrit script), 즉 브라흐미(Brāhmi) 문자를 범자(梵字)라고 하였다.

기원전 2천년경부터 인도에 침입한 아리아족은 펀자브(Punjab) 지역으로부터 동부의 갠지스(the Ganges)강 유역으로 확장하였다. 따라서 범어(梵語)는 인도 전역으로 퍼져나갔고 이 언어를 기록한 범자도 고대인도에서 널리 사용되었다. 당연히 고대인도의 석가(釋迦)도 이 언어와 이 문자를 사용하였을 것으로 추정된다.

베다 경전의 언어로 알려진 산스크리트어는 졸저(2019b:139~150)에서 비교적 자세하게 고찰한 파니니(Pānini, 波儞尼, 波你尼)의 『팔장(八章,

Aṣṭādhyāyī)』(이하 〈팔장〉)에서 문법과 음운이 정리되었다. 흔히 산스크리트어 문법서, 또는 범어문법서로 알려진 이 〈팔장〉은 범어를 비가라론(毘伽羅論)이란 문법으로 연구한 문법서이며 〈팔장〉은 범어의 교육을 위한 교재로서 교사들만이 이해할 수 있었다.[151]

6.2.1.1 산스크리트어는 베다 경전의 언어일 뿐만 아니라 인도의 많은 종교에서 경전의 언어로 사용되었다. 특히 불교의 경전이 이 언어와 우리가 범자(梵字)라고 부르는 산스크리트 문자로 쓰였다. 고대인도의 강력한 언어인 산스크리트어는 인구어족의 고대 인도어파(Old Indic Branch of Indo-European Lang. Family)나 중세 인도어파(Middle Indic)의 특성을 가진 언어로서 불교도들이 사용한 산스크리트어를 특별히 불교 범어(Buddhist Sanskrit)라고 부른다.

수많은 불교의 경전에 쓰인 산스크리트어는 많은 방언을 포함하고 있어서 불교범어(佛敎梵語)는 가끔 불교 혼효범어(混淆梵語, Buddhist Hybrid Sanskrit)라고도 하여 베다 경전의 산스크리트어와 구별하기도 한다. 특별히 불교 경전에 쓰인 산스크리트 문자를 실담문자(siddhamātṛkā)라고 한다. 실담(悉曇, siddham)은 '悉談, 悉檀, 悉旦, 悉馱, 七旦, 肆曇' 등의 한자로 전사(轉寫)하였다. '실담(悉曇)'이란 말의 의미는 범어(梵語)의 'siddh(완성하다의 어근)'에 과거수동분사 '-ṃ'을 붙여 만든 'siddham' 이어서 "완성된 것"이란 뜻을 갖는다.

즉, 자음에 모음을 결합시켜 만든 음절문자를 말하며 졸고(2016b)에

---

151) 〈팔장〉은 입문서가 아니고 梵語에 상당한 지식을 가진 전문 교육자를 위한 것이라 특수한 용어를 사용하였고 수드라(sūtra)라는 공식으로 문법, 즉 언어규칙이 설명되어 일반인들은 이해하기 어려웠다. 이미 기원전 2세기경에 파탄잘리(Patañjali)의 해설서가 나왔다(졸고, 2016b).

서는 불경(佛經)에 등장하는 반자(半字)에 대하여 만자(滿字)를 의미한다고 보았다. 불가(佛家)에서 범자(梵字)의 교육을 반만이교(半滿二敎)라 하여 반자교(半字敎)와 만자교(滿字敎)로 나누었다. 자음과 모음의 알파벳 교육인 반자교에 대하여 실담(悉曇)의 교육은 만자교라고 하였다. 만자교란 명칭은 자음과 모음이 결합하여 비로소 완성된 문자인 만자(滿字)가 된다고 본 것이며 이를 교육하는 것이 만자교였다.

6.2.1.2 기원전 4, 3세기경에 불타(佛陀), 즉 석가모니(釋迦牟尼, Śakyamuni)가 활동하던 시기에 어떤 언어가 사용되었는지는 아직 결론이 없고 여러 학설이 분분하다. 다만 불타(佛陀)가 베다(Vedic) 경전의 언어를 거부하고 교리의 포교를 위하여 많은 언어를 수용한 것은 틀림이 없는 것 같다. 따라서 순수한 베다 경전의 산스크리트어와 여러 방언을 수용한 불교범어는 베다 경전의 산스크리트어, 즉 원래의 범어와 구별되어야 한다.[152]

이 불교의 범어(梵語)를 불교혼효범어(佛敎混淆梵語, Buddhist Hybrid Sanskrit)라고 부르는 이유가 여기에 있다. 당시 석가(釋迦)가 태어난 가비라성(迦毘羅城)과 그가 활동한 갠지스강 유역에서 사용되던 마가디어(Māgadhī), 그리고 주변의 방언을 이 언어에 융합시킨 반(半) 마가디어(Ardha-Māgadhī)가 불타(佛陀)를 비롯하여 그의 제자들이 사용한 언어로 추정된다.

이 언어는 현존하는 문헌이 없어서 이 인공어가 불타가 사용한 성어

---

152) 釋迦가 활동하던 시기에 가장 강력한 언어로는 Māgadhī語가 있었다. 이 말과 주변의 방언을 조합하여 만든 Ardha-Māgadī(半마가디어)는 일종의 인공 언어였으며 당시 불교와 경쟁하던 자이나교의 Mahāvīra는 분명히 半마가디어를 사용하였다고 학계가 인정한다. 佛陀도 이 언어를 사용하였을 것이라는 학설이 설득력을 얻고 있다.

(聖語, lingua sacra)라는 주장과 불타의 설법은 여러 방언으로 번역된 것이라는 주장이 있어서 현재로는 확인하기 어렵다. 그러나 석가가 활동하던 시기에 이 지역에서 사용되던 문자는 브라흐미(Brāhmī) 문자였다.153) 실담(悉曇)은 이 문자에서 발달한 것이다. 중국과 한국, 일본에 전달된 진언(眞言) 불경은 모두 브라흐미 문자로부터 발달한 실담(悉曇) 문자로 기록된 것이다.

브라흐미 문자는 기원전 4, 3세기의 마우리아(Maurya) 왕조로부터 5세기의 굽타(Gupta) 왕조까지 오랫동안 사용되었기 때문에 불타의 설법을 소개한 초기의 불전은 이 문자로 쓰였을 가능성이 크다. 브라흐미 문자는 인도의 서북단(西北端) 기르기트에서 출토된 산스크리트의 불전(佛典)『근본설, 일체유부비나야파승사(根本說, 一切有部毘奈耶破僧事)』에서 이 문자가 브라만(Brahman), 즉 범천(梵天)의 계시(啓示)로 만들어진 문자로 소개되어 브라흐미(Brāhmī)라는 이름을 얻었고 한자로 범자(梵字)라고 쓰게 되었다고 설명하였다.

기원전 3세기경에 세워진 아소카왕(Asoka, 阿育王)의 비문은 이 브라흐미 문자로 쓰였으며 따라서 산스크리트어로 된 초기 불경도 브라흐미 문자로 적혔을 것이다. 앞에서 불교범어가 있어 고전 산스크리트어로 쓰였음을 지적하였다. 불교 경전만이 아니라 고전 산스크리트어로 쓰인 불교문학의 작품들이 존재하므로 초기 불경들은 모두 고전 산스크리트어로 작성되어 브라흐미 문자로 기록하였을 것이다.

브라흐미 문자는 구조적으로 어두(語頭)의 모음자(母音字)와 자음자(子音字)가 하나의 단위로 인정되어 필요에 따라 모음 기호가 붙게 된다.

---

153) 브라흐미(Brāhmī) 문자와 이로부터 발달한 데바나가리(Devanagari) 문자에 대하여는 졸저(2012:25~26)에서 카로스디(Kharoṣṭhī) 문자와 더불어 소개되었다.

이 단위를 악샤라(akṣara)라고 하는데 이런 단위별 문자 조합이 실담(悉曇)에서 그대로 전달된다. 현대 문자학에서 말하는 음절문자인 것이다. 즉, 자음과 모음이 결합하여 문자를 이룬다.

6.2.1.3 범자(梵字)라고 불리는 브라흐미(Brāhmi) 문자에서 모음은 14자(字)로 구분하였다. 졸고(2016b)에서는 『대반열반경(大般涅槃經)』(이하 〈대반열반경〉)에서 글자의 근본이 14자의 모음자임을 석가(釋迦)의 설법으로 설명되었다.

즉, 〈대반열반경〉(권8) 「문자품(文字品)」에서 불타(佛陀)와 가섭(迦葉) 보살과의 대화에서 14자가 글자의 근본이라면서 이 글자들을 다음과 같이 설명하였다.

迦葉菩薩復白佛言: 世尊云: 何如來說字根本? 佛言: 善男子, 說初半字, 以爲根本, [中略] 是十四音名曰字本。噁者, 不破壞故. 不破壞者, 名曰三寶. 喩如金剛. 又復噁者, 名不流故. 不流者卽是如來. 如來九孔無所流故. 是故不流. 又無九孔, 是故不流. 不流卽常, 常卽如來. 如來無作. 是故不流. 又復噁者, 名爲功德. 功德者卽是三寶. 是故名噁. 阿者名阿闍梨. 阿闍梨者, 義何謂耶? 於世閒中, 得名聖人. 何謂爲聖? 聖名無著, 少欲知足. 亦名淸淨, 能度衆生於三有流, 生死大海. 是名爲聖. 又復阿者, 名曰制度. 修持淨戒, 隨順威儀. 又復阿者, 名依聖人. 應學威儀進止, 擧動, 供養, 恭敬, 禮拜三尊, 孝養父母, 及學大乘. 善男女等具持禁戒, 及諸菩薩摩訶薩等, 是名聖人. 又復阿者, 名曰敎誨. 如言汝來, 如是應作, 如是莫作. 若有能遮非威儀法, 是名聖人. 是故名阿. 億者, 卽是佛法, 梵行廣大, 淸淨無垢, 喩如滿月. 汝等如是, 應作不作, 是義 非義, 此是佛說, 此是魔說. 是故名億. 伊者, 佛法微妙甚深, 難得如自在天. 大梵天王法, 名自在.若能持者, 則名護法. 又自在者, 名四護世. 是四自在則能攝護大涅槃經. 亦能自在敷揚宣說. 又復伊者, 能爲衆生, 自在說法. 復次, 伊者, 爲

自在故, 說何等是也. 所謂修習方等經典. 復次, 伊者, 爲斷嫉妒, 如除稗
穢, 皆 悉能令變成吉祥. 是故名伊. 郁者, 於諸經中, 最上最勝增長上上.
謂大涅槃. 復次, 郁者, 如來之性. 聲聞, 緣覺所未曾聞. 如一切處, 北鬱單
越, 最爲殊勝. 菩薩若能聽受是經, 於一切衆, 最爲殊勝. 以是義故, 是經
得名最上最勝. 是故名郁. 優者, 喻如牛乳諸味中上. 如來之性, 亦復如
是, 於諸. 經中最尊最上. 若有誹謗, 當知是人與牛無別. 復次, 優者, 是人
名爲無慧正念. 誹謗如來微密秘藏當知是人甚可憐愍, 遠離如來秘密之
藏, 說無我法. 是故名優. 咽者, 卽是諸佛法性涅槃. 是故名咽. 嘢者, 謂如
來義. 復次, 嘢者, 如來進止, 屈申, 擧動無不利益一切衆生. 是故名嘢. 烏
者, 名煩惱義. 煩惱者名曰諸漏. 如來永斷一切煩惱. 是故名烏. 炮者, 謂
大乘義, 於十四音, 是究竟義, 大乘經典, 亦復如是, 於諸經論最爲究竟.
是故名炮. 菴者, 能遮一切諸不淨物於佛法中能捨一切金銀寶物. 是故名
菴. 阿者, 名勝乘義. 何以故? 此大乘典大涅槃經於諸經中最爲殊勝, 是故
名阿.

- 가섭보살이 다시 여쭌 것에 대하여 부처님께서 말씀하셨다. "세존이시
여, 어떤 것이 여래께서 말씀하신 글자의 근본입니까?" "선남자야, 처음에
반쪽 글자半字를 말하여 근본을 삼아 가지고 [중략] 이 열네 가지 음을 글
자의 근본이라고 하는 것이다.

'애噁, aı'는 파괴하지 못하기 때문이니, 파괴하지 못하는 것을 이름하여 삼
보라고 한다. 그것은 마치 금강과 같다. 또 '아(噁)'는 흐르지 않기 때문이니
흐르지 않는 것은 여래이다. 여래의 아홉 구멍에는 흐를 것이 없으므로 흐
르지 않으며 또 아홉 구멍이 없으므로 흐르지 않는다. 흐르지 않는 것은 항
상(恒常)하고 항상함은 곧 여래이다. 여래는 짓는 것이 없으므로 흐르지 않
는다. 또 '아(噁)'는 공덕이라 하니 공덕은 곧 삼보이다. 그러므로 '아(噁)'라
고 한다.

애阿, aı는 이름이 아사리(阿闍梨)이다. 아사리란 뜻은 무엇인가? 세간에서
성인이라 하니, 어째서 성인이라 하는가? 성인은 집착이 없으니 욕심이 없
어 만족할 줄을 알기 때문에 청정이라고도 한다. 세 가지 유(有)에서 흐르며

나고 죽는 바다에서 중생들을 제도하므로 성인이라 한다. 또 '아(阿)'는 제도(制度)라고 하니, 깨끗한 계행을 지키고 위의를 잘 차린다. 또 '아(阿)'는 성인을 의지함이라 하니, 위의와 기동을 배우고 삼보를 공양하고 공경하여 예배하며, 부모에게 효도하고 대승을 배우는 것이다. 선남자·선여인으로 계율을 잘 지키는 이와 보살마하살을 성인이라 한다. 또 '아(阿)'는 가르침이라 이름하니, '너희들은 이런 일은 하고 이런 일은 하지 말라'고 말하고, 위의답지 못한 일을 못하게 하는 이를 성인이라 한다. 그러므로 '아(阿)'라고 한다.

이[億, i]는 곧 부처님 법이다. 범행(梵行)이 넓고 크고 깨끗하여 때가 없음이 보름달 같다. 너희들은 이런 일은 하고 이런 일은 하지 말며, 이것은 옳은 것이며 이것은 옳지 않은 것이며, 이것은 부처님 말씀이며 이것은 마군의 말이다. 그러므로 이(億)라고 이름한다.

이[伊, ī]는 부처님 법이 미묘하고 깊어서 얻기 어렵다는 것이다. 마치 자재천과 대범천왕의 법을 자재라고 하는 것과 같으며, 만일 이것을 보호하면 법을 보호한다고 하는 것이다. 또 자재라고 함은 세상을 보호하는 사천왕[四護世]이라 하니, 이 네 가지 자재는 〈대반열반경〉을 거두어 보호하며, 또 자재하게 선전하고 연설한다. 또 '이(伊)'는 자재하기 위하여 말하니, 그것은 방등경전을 닦아 익히는 것이다. 또 '이(伊)'는 질투를 끊으려는 것이니, 돌피를 뽑는 것 같아서 모두 길상한 일로 변하는 것이므로 '이(伊)'라고 한다.

위[郁, u]는 모든 경전 중에 가장 높고 가장 훌륭하며 자꾸 늘어나는 것이니 곧 대열반이다. 또 '우(郁)'는 여래의 성품이어서 성문이나 연각은 듣지 못하는 것이다. 모든 곳에서 북쪽의 울단월이 가장 훌륭하듯이, 보살이 이 경을 들어 가지면 모든 중생에게 가장 높고 가장 훌륭하므로 '우(郁)'라고 한다.

위[優, ū]는 마치 우유가 모든 맛 가운데 뛰어난 것이듯 여래의 성품도 그와 같아서 모든 경전 가운데 가장 높고 가장 으뜸이 되며, 만일 비방한다면 이 사람은 소와 다를 것이 없다. 또 '우(優)'는 이 사람을 지혜와 바른 생각이 없는[無慧正念] 이라 이름하며, 여래의 비밀한 법장을 비방하면 이 사람은 매우 불쌍한 것이다. 여래의 비밀한 법장을 떠나고 내가 없다는 법을 말하므로 우(優)라 한다.

에[咽, e]는 부처님들 법의 성품인 열반이므로 '에(咽)'라고 한다.

애[嘢, æ]는 여래라는 뜻이다. 또 '애(嘢)'는 여래의 나아가고 멈추고 굽히고 펴는 동작으로서 중생을 이익 되게 하지 않음이 없으므로 '애(嘢)'라고 한다.

오[烏, o]는 번뇌란 뜻이다. 번뇌는 루(漏)라고 하는 것이니, 여래는 모든 번뇌를 영원히 끊었다. 그래서 '오(烏)'라고 하는 것이다.

우오[炮, uo, ㅎ]는 대승이란 뜻이다. 14음에서 이것이 나중이 되듯이 대승 경전도 이와 같아서, 모든 경과 논에서 가장 나중이므로 '오우(炮)'라고 한다.

에오[菴, eo, ㅎ]는 모든 부정한 것을 막는 것이다. 부처님 법에서는 온갖 금은과 보물을 버리므로 '에오(菴)'라 한다.

예[俄, ä]는 훌륭한 법이란 뜻이다. 왜냐하면 이 대승경전인 『대열반경』은 모든 경 가운데 가장 훌륭하므로 '예(俄)'라고 한다."

이를 보면 "아(噁, a, 단음), 아(阿, ā, 장음), 이(億, i, 단음), 이(伊, ī, 장음), 우(郁, u, 단음), 우(憂, ū, 장음), 에(咽, e), 애(嘢, æ), 오(烏, o, 단음), 오(炮, ō, 장음), 에오(菴, 아마도 ö를 말함인 듯), 아(俄 ä)"를 들었으니 〈대반열반경〉에서는 모두 12개밖에 찾을 수 없었다(졸고, 2019b:157).

아마도 팔만대장경에 들어있는 〈대반열반경〉에서는 전설모음의 'ē, 긴 에'와 'iu, 이우 ü'를 빠트린 것 같다. 이 두 음운의 문자는 '에(咽, e, 짧은)'와 '에오(菴, ö)'에 대응하는 문자일 것이다. 그렇다면 〈대반열반경〉에서 제시한 모음의 문자는 "아(噁, a), 아(阿, ā), 이(億, i), 이(伊, ī), 우(郁, u), 우(憂, ū), 에(咽, e), 에(ē), 오(烏, o), 오(炮, ō), 애(嘢, æ), 에오(菴, ö), 이우(ü), 예(俄 ä)"의 14자가 될 것이다.

이 모음자에 대하여는 다음 6.2.2.2의 실담장(悉曇章)에서 다시 논의하기로 한다.

6.2.1.4 〈대반열반경〉에서는 모음에 이어서 자음으로 '迦[ka], 佉 [kha], 伽[ga], 呿[gha], 俄(nga)'로부터 "遮[ca], 車[cha], 闍[ja], 膳[jha], 喏 [ṇa]"와 "咤[ṭa], 侘[ṭha], 茶[ḍa], 袒[ḍha], 拏[ṇa]", 그리고 "多[ta], 他[tha], 陁[ḍa], 彈[ḍha], 那[ṇa]" 및 "波[pa], 頗[pha], 婆[ba], 滼[bha], 摩[ma]"에 이어서 "賒[ṣa], 沙[ṣha], 娑[za], 蛇[zha], 囉[ra], 羅[la], 和[va], 呵[ɤa], 睆 [ɤua]"의 34개 자음자를 소개하였다. 아마도 '賒[ṣa], 鎩[ẓa]'의 2자가 빠진 것 같다.

그 전문을 〈대반열반경〉(권8) 「문자품」에서 옮기고 우리말로 풀이하면 다음과 같다.

迦者, 於諸衆生, 起大慈悲, 生於子想, 如羅睺羅, 作妙上善義. 是故名迦. 佉者, 名非善友. 非善友者, 名爲雜穢. 不信如來秘密之藏. 是故名佉. 伽者, 名藏. 藏者, 卽是如來秘藏, 一切衆生皆有佛性, 是故名伽. 呿者, 如來常音. 何等名爲如來常音? 所謂如來常住不變. 是故名. 俄者, 一切諸行破壞之相. 是故名俄. 遮者, 卽是修義. 調伏一切諸衆生故, 名爲修義. 是故名遮. 車者, 如來覆蔭一切衆生, 喩如大蓋, 是故名車. 闍者, 是正解脫, 無有老相. 是故名闍. 膳者, 煩惱繁茂, 喩如稠林. 是故名膳. 喏者, 是智慧義, 知眞法性, 是故名喏. 咤者, 於閻浮提, 示現半身而演說法, 喩如半月, 是故名咤. 侘者, 法身具足, 喩如滿月, 是故名侘. 茶者, 是愚癡僧, 不知常與無常, 喩如小兒. 是故名茶. 袒者, 不知師恩, 喩如羝羊. 是故名袒. 拏者, 非是聖義, 喩如外道. 是故名拏. 多者, 如來於彼告諸比丘, 宜離驚畏, 當爲汝等說微妙法. 是故名多. 他者, 名愚癡義, 衆生流轉生死纏裹, 如蠶蛾蛶. 是故名他. 陁者, 名曰大施, 所謂大乘. 是故名陁. 彈者, 稱讚功德, 所謂三寶, 如須彌山高峻廣大, 無有傾倒, 是故名彈. 那者, 三寶安住, 無有傾動, 喩如門閫, 是故名那. 波者, 名顚倒義, 若言: 三寶悉皆滅盡, 當知是人爲自疑惑, 是故名波. 頗者, 是世閒災, 若言: 世閒災起之時, 三寶亦盡. 當知是人愚癡無智, 違失聖旨, 是故名頗. 婆者, 名佛十力,是故名婆. 澌者, 名爲重擔. 堪任荷負無上正法, 當知是人是大菩薩, 是故名澌. 摩者, 是諸菩薩嚴峻制度, 所謂大乘大般涅槃, 是故名摩. 蛇者, 是諸菩薩在在處處, 爲諸衆生說大乘法. 是故名蛇. 囉者, 能壞貪欲, 瞋恚, 愚癡, 說眞實法, 是故名囉. 羅者, 名聲聞乘. 動轉不住, 大乘安固無有傾動. 捨聲聞乘, 精勤修習無上大乘, 是故名羅. 和者, 如來世尊爲諸衆生雨大法雨. 所謂世間呪術, 經書, 是故名和. 奢者, 遠離三箭. 是故名奢. 沙者, 名具足義. 若能聽是大涅槃經, 則爲已得聞持一切大乘經典, 是故名沙. 娑者, 爲諸衆生演說正法, 令心歡喜, 是故名娑. 呵者名心歡喜奇哉世尊離一切行, 怪哉! 如來入般涅槃, 是故名呵. 晥者, 名曰魔義. 無量諸魔不能毀壞如來秘藏, 是故名晥.

- 迦 [ka]는 모든 중생들에게 대자대비를 일으키는 것이다. 아들이란 생각하는 라후라(羅睺羅)와 같아서, 묘하고 선한 뜻을 지으므로 '가(迦)'라고 한다. 佉 [kha]는 착하지 않은 벗이라 한다. 착하지 않은 벗은 잡되고 더러움을 이르며 여래의 비밀한 법장을 믿지 않으므로 '카(佉)'라고 한다. 伽 [ga]는 장(藏)이라 이름한다. 장은 여래의 비밀한 장을 말한다. 모든 중생이 모두 불성이 있으므로 '아(伽)'라고 한다. 무거운 음인 呿 [gha]¹⁵⁴는 여래의 항상한 음이다. 무엇을 여래의 항상한 음이라 하는가? 여래는 항상 머물고 변하지 않으므로 '아하(呿)'라고 한다. 俄 [nga]는 온갖 행을 파괴하는 모양이다. 그러므로 '아(俄)'라고 한다.

遮 [ca]는 곧 닦는다는 뜻이다. 모든 중생들이 조복(調伏)하는 것을 닦는다하며 그러므로 '자(遮)'라고 한다. 車 [cha]는 여래가 모든 중생들을 가려주는 것이다. 비유하면 큰 일산과 같으므로 '차(車)'라고 한다. 闍 [ja]는 곧 바른 해탈로서 늙는 모양이 없으므로 '아(闍)'라고 한다. 膳 [jha]¹⁵⁵는 번뇌가

---

154) 이 한자는 고려대장경 연구소에서 제공하는 정자본 〈대반열반경〉에는 나오지 않는다. 한글대장경에서 찾은 것인데 여기에는 한자에 오자가 많아서 이것도 믿을 수가 없다.

155) [gha]는 범어에 존재하는 유성유기음 계열의 음운이다. 우리말에 없을 뿐만 아니라 이 음운에 대한 한글도 없다.

성한 것이다. 빽빽한 숲과 같으므로 '쟈(膳)'라고 한다. 喏 [ɳa]는 지혜라는
뜻이다. 참된 법의 성품을 알므로 '냐(喏)'라고 한다.

咤 [ta]는 염부제에서 몸을 반쯤 나타내고 법을 연설하는 것이다. 반달과 같
으므로 '다(咤)'라고 한다. 佗 [tha]는 법신이 구족한 것이다. 보름달과 같으
므로 '타(佗)'라고 한다. 荼 [da]는 어리석은 승려이다. 항상 함과 무상함을
알지 못하는 것이 어린아이와 같으므로 '야(荼)'라고 한다. 祖 [dha]는 스승
의 은혜를 알지 못하는 것이다. 마치 숫양[羝羊]과 같으므로 '뺘(祖)'라고 한
다.156) 拏 [ɳa]는 성인이 아니라는 뜻이다. 마치 외도와 같으므로 '나(拏)'라
고 한다.

多 [ta]는 여래가 저기에서 비구들에게 말하기를 '놀라고 두려움을 떠나라.
너희들에게 미묘한 법을 말하겠다'라고 하므로 '다(多)'라고 한다. 他 [tha]
는 어리석다는 뜻이다. 중생들이 생사에서 헤매기를 자기의 실로 몸을 얽는
누에와 같으므로 '타(他)'라고 한다. 陀 [da]는 크게 베풂이다. 이른바 대승이
다. 그러므로 '야(陀)'라고 한다. 彈 [dha]는 공덕을 칭찬함이다. 이른바 삼보
가 수미산처럼 높고 가파르고 커서 뒤바뀌지 않으므로 '뺘(彈)'라고 한
다.157) 那 [ɳa]는 삼보가 편안히 머물러 기울어지지 않는 것이 문지방과 같
으므로 '나(那)'라고 한다.

波 [pa]는 뒤바뀌었다는 뜻이다. 만일 삼보가 모두 없어졌다고 말하면 이 사
람은 스스로 의혹하는 것이므로 '바(波)'라고 한다. 頗 [pha]는 세간의 재앙
이다. 만일 세간의 재앙이 일어날 때에는 삼보도 끝난다고 말하면 이 사람
은 어리석고 지혜가 없어 성인의 뜻을 어기는 것이므로 '파(頗)'라고 한다.
婆 [ba]는 부처님의 열 가지 힘[十力]을 이르는 것이다. 그러므로 '빠(婆)'라
고 한다. 滼 [bha]는 무거운 짐이다. 위없는 바른 법을 짊어질 수 있으며 이
사람이 대보살임을 알아야 한다. 그러므로 '빠(滼)'라고 한다.158) 摩 [ma]는

---

156) 역시 齒槽音(dental-alveola)에서의 유성유기음이다.

157) 이 음운도 齒音(dental)에서의 유성유기음이다.

158) 역시 兩脣音에서의 유성유기음이다.

보살들의 엄숙한 제도이다. 대승의 대반열반이므로 '마(摩)'라고 한다.

耶 [ya]는 보살들이 간 데마다 중생들을 위하여 대승법을 말하는 것이므로 '야(耶)'라고 한다. 囉 [ra]는 탐욕·성냄·어리석음을 깨뜨리고 진실한 법을 말하므로 '라(囉)'라고 한다. 羅 [la]는 성문승은 흔들리고 머물러 있지 않으며, 대승은 편안하여 흔들리지 않는다. 그러므로 성문승을 버리고 위없는 대승을 부지런히 닦으므로 '라(羅)'라고 한다. 和 [va]는 여래 세존께서 중생들에게 큰 법의 비를 내림이라 하니, 세간의 주문·술법의 경전이 그것이다. 그러므로 '와(和)'라고 한다.

奢 [ṣa]는 세 가지 화살을 멀리 떠남이다. 그러므로 '사(奢)'라고 한다. 沙 [ṣha]는 구족하다는 뜻이다. 이 『대열반경』을 들으면 곧 온갖 대승 경전을 듣고 지니는 것이므로 '사(沙)'라고 한다. 娑 [za]는 중생들을 위하여 바른 법을 연설하며 마음을 즐겁게 함이다. 그러므로 '사(娑)'라고 한다. 呵 [ɣa]는 마음이 즐거움이다. 신기하게 세존께서는 온갖 행을 떠났고, 특이하게 여래께서는 열반에 드시므로 '하'라고 한다. 睆 [ɣhang]은 마군이란 뜻이다. 한량없는 마군들도 여래의 비밀한 법장을 깨뜨리지 못하므로 '황(睆)'이라고 한다.[159)]

이에 의하면 〈대반열반경〉(권8) 「문자품」에서 제시한 범자(梵字)로 연구개음(velar)의 '迦[ka], 佉[kha], 伽[ga], 呿[gha], 俄[nga]'로부터 경구개음(palatal)의 "遮[ca], 車[cha], 闍[ja], 膳[jha], 喏[ṇa]", 치경음(alveolar)의 "咤[ta], 佗[tha], 茶[da], 祖[dha], 挐[ṅa]", 치음(dental)의 "多[ṭa], 他[ṭha], 陁[ḍa], 彈[ḍha], 那[ṇa]", 양순음(bilabial)의 "波[pa], 頗[pha], 婆[ba], 湴[bha], 摩[ma]"를 소개한 것이다.

그리고 구강공명음을 수반하는 '倻[ya], 囉[ra], 羅[la], 和[va], 呵[ɣa],

159) 睆은 고려대장경 연구소에서 제공하는 정자본 〈대반열반경〉에는 나오지 않는다. 한글대장경에서 찾은 것인데 한글대장경의 한자는 오자가 많아서 이것도 믿을 수가 없다.

晥[ɣha]'와 경구개권설음(palatal-retroflex)의 '奢[ṣa], 沙[ṣha], 娑[ẓa]'를 더 제시하였다. 그런데 아마 여기에서도 '賒[ẓha]'와 鑭[lẓa]'의 2자가 빠진 듯하다. 필자가 참고한 〈대반열반경〉은 고려대장경 연구소에서 제공한 것인데 많은 오자(誤字)와 탈자(脫字)가 있어 혼란을 주는 자료여서 확인하기 어렵다.

이렇게 소개된 36자를 정리하면 다음과 같다.

① 迦[ka], 佉[kha], 伽[ga], 呿[gha], 俄[nga]

② 遮[ca], 車[cha], 闍[ja], 膳[jha], 喏[na]

③ 咤[ta], 佗[tha], 茶[da], 祖[dha], 拏[ṅa]

④ 多[ṭa], 他[ṭha], 陀[ḍa], 彈[ḍha], 那[ṇa]

⑤ 波[pa], 頗[pha], 婆[ba], 滼[bha], 摩[ma]

⑥ 奢[ṣa], 沙[ṣha], 娑[ẓa], 賒[ẓha], 鑭[lẓa]

⑦ 倻[ya], 囉[ra], 羅[la], 和[va], 呵[ɣa], 晥[ɣha]

6.2.1.5 이렇게 소개된 36자는 중국 성운학(聲韻學)에서 전통적인 36자모의 근거가 되었다. 또 여기에 소개된 36자에 앞에서 제시한 모음자 14자를 더하면 모두 50자가 된다. 이로부터 일본의 가나(假名) 문자가 고쥬온즈(五十音圖)라는 이름을 얻은 것 같다. 이 문자들은 고대인도의 성명기론(聲明記論)에 의거하여 조음위치와 조음방식에 따라 구별한 음운들을 표기한 것이다.

그리고 이로부터 영향을 받은 중국 성운학(聲韻學)에서 아설순치후(牙舌脣齒喉)의 조음위치에 따른 오음(五音)의 구별과 조음방식에 따른 사성(四聲), 즉 전청(全淸), 차청(次淸), 전탁(全濁), 불청불탁(不淸不濁)에 의하여 문자를 분류하였다. 서양의 조음음성학이 〈팔장〉에서 보여준 비가라론(毘伽羅論)의 음성 연구인 성명기론의 영향을 받아 발전한 것

이기 때문이다.[160)]

먼저 앞에 제시한 범자(梵字) ①의 가(迦)행 'ka, kha, ga, gha, nga'는 아음(牙音)이고 ②의 자(遮)행 'ca, cha, ja, jha, ɲa'은 설두음(舌頭音)에 해당하며 ③의 다(吒)행 'ta, tha, da, dha, na'는 치두음(齒頭音)에 들어갈 수 있다. 그리고 ④의 다(多)행 'ṭa, ṭha, ḍa, ḍha, ṇa'는 설상음(舌上音)으로 구분될 것 같다. ⑤의 파(波)행 'pa, pha, ba, bha, ma'가 순음(脣音)이 될 것임은 의심의 여지가 없다.

⑥의 사(奢)행 'ṣa, ṣha, ẓa, ẓha, ɮa'는 정치음(正齒音)으로 구분될 것이다. 다만 나머지 ⑦의 'ya, ra, la, va, ɤa, ɤha'는 혼란스럽지만 후음(喉音)으로 구분될 것과 반음(半音), 즉 반설음(半舌音)에 들어갈 수 있는 글자로 보아야 할 것이다.

6.2.1.6 그리고 ① 아음(牙音)의 'ka, kha, ga, gha, nga'와 ② 설두음의 'ca, cha, ja, jha, ɲa', ③ 설음(舌音)의 'ta, tha, da, dha, ṅa', ④ 치두음의 'ta, tha, da, dha, ṅa', ⑤ 순음(脣音)의 'pa, pha, ba, bha, ma'를 보면 같은 조음위치에서 조음방식에 따른 구별임을 알 수 있다.

즉, 전청(全淸)의 무표음(unmarked, 무성무기음), 차청(次淸)의 유기음(aspirate), 전탁(全濁)의 유성음(voiced), 유성유기음(voiced-aspirate), 불청불탁(不淸不濁)의 비음(nasal)을 구별하였음을 알 수 있다. 유성유기음은 범어(梵語)에만 존재하는 음운 계열이어서 중국의 사성(四聲)에서 이를 표시하는 술어가 없다.

특히 전게한 〈대반열반경〉(권8)의 「문자품」에서는 유음(流音, liquid)

---

160) 毘伽羅論의 음성 연구인 聲明記論에 대하여는 졸고(2016b)에서 상세하게 논의되었다. 비가라론을 漢譯하여 '記論'이라 하고 언어의 음성인 聲明을 비가라론의 방법으로 연구하는 것이 성명기론이다.

에 대하여 "魯·流·盧·樓如是四字, 說有四義。謂佛·法·僧及以對
法。[中略] 吸氣舌根隨鼻之聲。長短超聲, 隨音解義。皆因舌齒, 而
有差別。如是字義能令衆生, 口業清淨。衆生佛性則不如是假於文
字, 然後清淨。— 로[魯, rʳ], 류[流, rʳ], 로[盧, lʳ], 류[樓, lʳ]의 네 글자는 네 가지 뜻을 말
하는 것이니 이른바 부처, 교법, 승가와 대법을 말한 것이다. [중략] 숨을
들이키는 소리[吸氣]는 혀의 뿌리가 코를 따르는 소리이다. 긴 소리, 짧
은 소리, 두드러진 소리 따위로 음에 따라서 뜻을 해석하는 것이 모두 혀
와 이로 인하여 차별이 생긴다. 이런 글자의 뜻들이 중생의 구업(口業,
발화를 말함)을 깨끗하게 한다. 중생의 불성은 그렇지 않아서 문자를 빌
린 뒤에야 깨끗해지는 것이 아니다"라 하여 유음(流音)이 설근(舌根), 즉
혀의 뒷부분에서 나는 소리임을 밝혀놓았다.

이것은 범어(梵語)의 일부 방언에서 변별적인 로[魯, rʳ], 류[流, rʳ], 로
[盧, lʳ], 류[樓, lʳ]의 구별을 언급한 것이므로 범자(梵字)로 표기된 유음
(流音)에 대하여 얼마나 정확한 조음음성학적 지식으로 이 문자를 설명
했는지 알 수 있다. 이 유음(流音)들은 구강 내에서 공명을 갖는다는 모
음의 성격과 발음기관의 장애를 수반하는 자음의 성질을 모두 갖고 있
어 모음도 아니고 자음도 아닌 성격의 음운이다.[161]

6.2.1.7 이렇게 마다(摩多) 14자와 체문(体文) 36자, 도합 50자의 특성
을 밝힌 이 〈대반열반경〉(권8) 「문자품」의 설명은 동아시아 여러 문자

---

161) 촘스키는 그의 Chomsky · Halle(1968)에서 변별적 자질로 [vocalic(모음성)], [consonantal
(자음성)]과 더불어 [syllabic(성절성)]을 주요 부류자질(the major class features)로 보아
자음과 모음을 구분하였다. 만일 이것을 인정하여 이 자질로 로[魯, rʳ], 류[流, rʳ], 로[盧, lʳ],
류[樓, lʳ]의 流音을 자질로 표시한다면 [+vocalic, +consonantal, −syllabic]일 것이다. 모
음과는 [+consonantal]로, 자음과는 [+vocalic]으로 변별된다.

의 제정과 설명에 얼마나 많은 영향을 끼쳤는지 알 수 있게 한다. 중국의
성운학(聲韻學)에서 36자모를 인정하고 그를 오음(五音)과 사성(四聲)으
로 나눈 것은 물론이고 일본의 가나문자의 고쥬온즈(五十音圖)를 비롯
하여 티베트의 서장(西藏) 문자, 원대(元代)의 파스파 문자, 그리고 우리
의 언문(諺文)에도 지대한 영향을 끼쳤다.

그리하여 범자(梵字)의 체문(体文)과 서장(西藏) 문자, 파스파 문자는
모두 /ka, kha, ga, [gha], nga/의 순서로 자음 글자를 만들었고 훈민정
음에서도 'ㄱ 기역(其役)'을 첫 글자로 하였으니 이 모든 문자에서 /k/을
첫 글자로 한 것이다. 다만 유성유기음의 [gha]는 범어(梵語)에서만 변별
적이고 티베트어와 몽골어, 그리고 우리말에서 존재하지 않는 음운이
므로 이를 표음하는 글자는 제자(制字)되지 않았다.

즉, 훈민정음에서는 아음에서 /ㄱ[k] {君字初發聲}, ㅋ[kh] {快字初發
聲}, ㄲ[g] {叫字初發聲}, ㅇ[ng] {業字初發聲}/의 4자를 첫 글자로 만들
어 제시하고 이어서 설음의 /ㄷ[t] {斗}, ㅌ[th] {呑}, ㄸ[d] {覃}, ㄴ[n] {那}/,
순음의 /ㅂ[p] {彆}, ㅍ[ph] {漂}, ㅃ[b] {步}, ㅁ[m] {彌}/, 치음의 /ㅈ[ts]
{卽}, ㅊ[tsh] {侵}, ㅉ[dz] {慈}, ㅅ[s] {戌}, ㅆ[z] {邪}/, 후음의 /ㆆ[ʔ] {挹}, ㅎ
[h] {虛}, ㆅ[ɣ] {洪}, ㅇ[∅] {欲}/의 순서로 제자(制字)하였다. 실담(悉曇)
문자나 티베트 서장(西藏) 문자, 파스파 문자가 모두 유사한 순서로 글자
를 만들어 분류하였던 것이다.

2) 실담(悉曇) 문자

6.2.2.0 중국에 반입된 불경은 후대의 실담(悉曇, siddhamātṛkā) 문자
로 쓰였을 가능성이 크다고 전술한 바가 있다. 왜냐하면 실담(悉曇) 문자
는 6세기경부터 10세기에 걸쳐 인도의 갠지스강 유역과 동부인도, 서북
인도에서 널리 사용되었기 때문이다.

원래 '실담(悉曇)'은 "성취(成就), 길상(吉祥)"의 의미였던 것이 문자의 명칭이 되었다는 속설이 있지만 졸고(2017b)에서는 반자(半字)에 대하여 만자(滿字)를 가리킨다고 보았다. 범어(梵語)의 'siddh(완성하다의 어근)'에 과거수동분사 '-ṃ'을 붙인 '悉曇, siddhaṃ'은 "완성된 것"이란 의미를 갖기 때문에 이로부터 온 실담(悉曇)은 '만자(滿字)'로 본 것이다.

실담문자는 전술한 고대인도의 브라흐미(Brāhmi) 문자로부터 4세기의 굽타(Gupta) 문자를 거쳐 5세기경에 인도 전역에 보급된 문자로 알려졌다. 싯담마드리카(siddhamātṛkā) 문자로 불리는 이 글자의 자형이 범자와 유사하여 아마도 중국이나 한반도, 일본에 전달된 범자(梵字)를 가리키는 것으로 알려졌다.

이 땅에서 이런 사실을 신라로 거슬러 올라갈 수 있고 고려와 조선의 승려들은 이 문자를 익혀서 불경을 진언(眞言)으로 독경(讀經)하는 학승도 있었을 것이다. 일본에서는 다음의 6.2.3.1에서 살펴본 바와 같이 나라(奈良) 시대에 고쥬온즈(五十音圖)를 이 실담(悉曇) 문자로 적은 예가 발견되지만 한반도에서는 고구려어, 백제어, 신라어를 이 문자로 기록한 흔적은 아직 발견되지 않고 있다.

6.2.2.1 중국에 불경이 들어와서 한역(漢譯)된 최초의 불경은 고려대장경에 수록된 불경으로 서기 67년경의 후한(後漢) 명제(明帝) 때의『사십이장경(四十二章經)』(이하 〈사십이장경〉)으로 본다(졸고, 2017b).

〈사십이장경〉의 서두에는 이 불경이 전래된 설화를 옮겨놓았다. 그에 의하면 꿈속에서 불타(佛陀)를 접한 후한(後漢)의 명제(明帝, 57~75 A.D.)가 불법을 구하기 위해 중랑장(中郎將) 채음(蔡音)과 박사 진경(秦景) 등을 천축(天竺)에 파견했으며 그들은 대월지국(大月氏國)에서 천축의 고승 가섭마등(迦葉摩騰)과 대월지국의 승려 법란(法蘭)을 만났다고 한다.

중국의 황제(皇帝)가 불경을 얻으려고 한다는 사실에 감동하게 된 가섭마등과 법란의 두 고승(高僧)은 후한(後漢) 영평(永平) 10년(67 A.D.)에 다라수(多羅樹) 잎에 새긴 불경 〈사십이장경〉과 불상(佛像)을 백마 네 필에 싣고 낙양(洛陽)에 도착하였다. 황제는 이들에게 거처를 마련하고 불경과 불상을 싣고 온 백마(白馬)를 사육하기 위하여 백마사(白馬寺)를 지었는데 이것이 중국 최초의 불교 사찰(寺刹)이다.

이곳에서 불교를 전파하던 가섭마등(迦葉摩騰)과 법란(法蘭)은 〈사십이장경〉을 한역(漢譯)하였으며 이것이 현존하는 최초의 한역(漢譯) 불경으로 알려졌다. 〈사십이장경〉은 불교의 요지를 42장에 걸쳐 간략하게 설명하고 있어서 붙여진 이름이며 부처의 교훈집이다. 이후 불경의 한역은 중국에서 후한(後漢)시대로부터 원대(元代)에 이르기까지 1천여 년간 계속되었으며 한역(漢譯)된 불경의 수효만도 수천 권에 달한다.

후한 영평(永平) 10년에 가져온 〈사십이장경〉 등의 불경은 비록 다라수(多羅樹) 잎에 새긴 것이지만 범자(梵字), 즉 브라흐미(Brāhmi)의 문자로 적은 것으로 보인다. 왜냐하면 실담(悉曇)은 그 시대에 아직 유행하지 않은 문자였기 때문이다. 일본에서는 전술한 바와 같이 견당사(遣唐使)로 중국에 다녀온 기비노마기비(吉備眞備, 693/695~775)가 범자(梵字)에 의거하여 고쥬온즈(五十音圖)를 만든 것으로 보아 실담(悉曇)의 47자는 그때까지 아직 일본에서 유행하지 않았던 것으로 보아야 할 것이다.

기비노마기비(キビノマキビ)는 일본의 영구(靈龜) 2년(716)에 견당(遣唐) 유학생으로 선발되어 당(唐)에 가서 오랫동안 그곳에 체류하고 돌아왔으며 천평승보(天平勝寶) 4년(752)에 다시 일본의 견당(遣唐) 부사(副使)로 중국을 방문한 바 있다. 그가 범자(梵字)의 50자에 의거하여 오늘날에도 쓰이는 가나의 고쥬온즈(五十音圖)를 만들었지만 일본에서는 곧 실담(悉曇)의 47자에 의거한 이로하(伊路波) 47자가 이 글자의 교재로

널리 사용된다(졸저, 2017:595~605).

즉, 실담(悉曇) 문자에서는 모음으로 마다(摩多) 12자와 자음으로 체문(体文) 35자를 인정하여 47자를 교육하였다. 그로부터 가나문자도 고쥬온즈(五十音圖)보다 이로파(伊路波), 또는 이려파(伊呂波, 以呂波) 47자로 교육하는 것이 유행하였다. 조선 사역원에서도 일본어를 배우는 왜학(倭學)에서 가나문자의 교재로 다음에 논술할 〈수상통〉과 〈횡상통〉, 즉 고쥬온즈보다 이로하 47자를 기본 교재로 하였다.[162]

6.2.2.2 앞의 6.2.1.3에서 거론한 〈대반열반경〉(권8)「문자품(文字品)」에서는 반자(半字)의 모음자 마다(摩多)로 14자를 제시하였다. 그리고 '迦[ka]'로 시작하는 36개의 자음자와 더불어 '噁[a]'에서 '俄[ä]'까지의 모음자 14자를 합하여 모두 50자의 글자를 범자(梵字)로 제시하였다. 이 36자의 자음자가 중국에 들어가 36성모(聲母)가 된 것임을 졸고(2017b)에서 주장한 바가 있다.

범어(梵語)를 기록한 싯담마드리카(siddhamātṛkā) 문자, 즉 실담(悉曇)에서는 47자의 범자(梵字)를 제시하였다. 이 가운데 12자는 마다(摩多, 모음)이고 체문(体文, 자음)은 35성(聲)으로 구분하여 모든 47개의 글자로 한 것이다. 앞의 〈대반열반경〉에서 제시한 모음 14자와 자음 36자의 50자와는 차이가 있다.

당(唐)의 지광(智廣)이 편찬한 『실담자기(悉曇字記)』(이하 〈실담자기〉)(권1)의「실담장(悉曇章)」에서는 모음의 마다(摩多)와 자음의 체문(体文)을 해설하고 그 합성법을 18장으로 나누어 설명하였다. 여기에 소

---

162) 일본어의 가나문자 교재인 〈伊路波〉는 弘治 5년(1492)에 조선 司譯院에서 간행한 것이 일본 가가와(香川)대학 도서관에 소장되었다. 이 자료에 대한 것과 일본 가나문자 교재의 변천에 대하여는 졸저(2017:515~518)를 참고할 것.

개된 마다(摩多) 12음과 체문(体文) 35성을 더한 47자의 〈실담장(悉曇章)〉은 다음과 같다.

摩多—阿[a], 阿[ā], 伊[i], 伊[ī], 歐[u], 歐[ū], 藹[e], 藹[ai], 奧[o], 奧[au], 暗[aṃ], 疴[aḥ]

体文—迦[ka], 佉[kha], 誐[ga], 伽[gha], 哦[nga],
　　　者[tsa], 車[tsha], 惹[za], 社[zha], 若[na],
　　　吒[ta], 他[tha], 茶[da], 茶[dha], 拏[na]
　　　多[ṭa], 他[ṭha], 陀[ḍa], 陀[ḍha], 那[ṇa],
　　　波[pa], 頗[pha], 婆[ba], 婆[bha], 磨[ma],
　　　也[ja], 羅[ra], 囉[la], 縛[va], 奢[śa], 沙[ṣha], 紗[za], 訶[ɣa], – 遍口聲
　　　濫[llam], 乞灑[kṣa] – 重字 – 졸고(2016b:9)[163]

　여기에 제시한 마다(摩多) 12자와 체문(体文) 35자는 각각 반자(半字)로 불리었다. 불경에 자주 등장하는 반자교(半字敎)는 범어(梵語)의 알파벳으로 볼 수 있는 반자(半字)를 교육하는 것이고 이것이 가장 우선임을 여러 불경에서 강조하였다.[164] 반면에 실담(悉曇)은 만자(滿字)로 보아 만자교(滿字敎)에서 교육된다.

　또 전술한 〈대반열반경〉의 36 체문과 〈실담자기〉의 35 체문 사이에는 차이가 있다. 범자(梵字)의 경구개권설음 '奢[ṣa], 沙[ṣha], 婆[za], 賒[zha], 鎩[ʐa]'은 실담(悉曇)에서 '賒[zha], 鎩[ʐa]'의 2자가 빠졌고 중자

---

163) 梵字의 예시는 전산 지원이 안 되어 제외하였다. 摩多 12음과 体文 35성의 발음 표기는 필자가 시도한 것이다.

164) 다음의 6.4.3.1에서 소개한 일본 가나문자의 〈수상통〉과 〈횡상통〉, 즉 五十音圖에서 '이로하(伊呂波)'를 모두 〈伊呂波半字竪相通〉, 〈伊呂波半字橫相通〉이라 하여 '半字'라 한 것은 바로 여기에 근거한 것이다.

(重字), 즉 중자음(重子音) '濫[llam], 乞灑[kṣa]'가 추가되었다. 경구개권설음의 '[ṣa], 沙[ṣha], 娑[za]'는 편구성(遍口聲)에 속하게 하였다.

즉, 앞의 6.2.1.4에 정리한 〈대반열반경〉의 범자 36자의 경구개권설음 '⑥ 奢[ṣa], 沙[ṣha], 娑[za], 賒[zha], 鑠[ẓa]'에서 마지막 '賒[zha], 鑠[ẓa]'의 2자를 빼고 ⑦로 구분한 "儞[ya] 囉[ra], 羅[la], 和[va], 呵[ɤa], 睆[ɤha]" 가운데서도 '睆[ɤha]'가 빠졌다. 범자(梵字)의 36자에다가 실담(悉曇)은 2자를 추가하고 3자가 빠져서 결국 35자가 되었다. 모두 고대인도의 실담(悉曇, siddhamātṛkā) 문자에서 변별적으로 본 음운의 글자들이다.

6.2.2.3 실담(悉曇)의 마다 12자와 체문 35자, 합하여 47자는 모두 반자(半字)로서 불경에서 자주 보이는 반만이교(半滿二教), 즉 반자교(半字教)와 만자교(滿字教)는 바로 이 문자를 교육하는 것을 말한다. 즉, 반자교는 마다와 체문의 각각을 교육하는 것이고 만자교는 이 둘을 결합한 실담문자의 교육을 말한다.

〈대반열반경〉(권8)의 「문자품(文字品)」(第四之五)에서 이 반자교(半字教)와 만자교(滿字教)의 중요성을 계속해서 강조한다.

　　是故半字於諸經書, 記論, 文章而爲根本。又半字義皆是煩惱言說之本, 故名半字。滿字者乃是一切善法言說之根本也。譬如世間爲惡之者, 名爲半人修善之者, 名爲滿人。如是一切經書·記論。皆因半字而爲根本。[中略] 善男子, 是故汝今應離半字, 善解滿字。迦葉菩薩白佛言: 尊我等應當善學字數。今我値遇無上之師, 已受如來慇懃誨勅, 佛讚迦葉: 善哉善哉, 樂正法者, 應如是學。 — 그러므로 반쪽 글자(半字)가 모든 경서(經書)와 기론(記論)과165) 문장의 근본이 된다. 또 반쪽 글자의 뜻은 모든 번뇌

---

165) 여기서 記論은 고대인도의 梵語 문법인 毘伽羅論을 말한다. 비가라론을 한역하여 記論이

를 말하는 근본이므로 반쪽 글자라 하고, 완전한 글자는 모든 선한 법을 말하는 근본이다. 마치 세상에서 나쁜 짓 하는 이를 반쪽 사람이라 하고, 선한 일 하는 이를 완전한 사람이라 하는 것과 같다. 이와 같이 모든 경서와 기론은 다 반쪽 글자로 근본을 삼는다. [중략] "선남자야, 그대들은 지금 반쪽 글자를 여의고 완전한 글자를 잘 알아야 한다." 가섭보살이 부처님께 말씀드렸다. "세존이시여, 저희들은 마땅히 글자의 수를 잘 배우겠습니다. 저희들이 지금 위없는 스승을 만나서 여래의 은근한 가르침을 받았습니다." 부처님께서 가섭보살을 칭찬하였다. "훌륭하고 훌륭하다. 바른 법을 좋아하는 사람은 그렇게 배워야 한다."166)

이러한 불경의 '반자(半字)'에 대한 설명은 이것이 범자(梵字)의 모음과 자음의 글자를 말하고 '만자(滿字)'는 이들이 결합하여 형성된 음절이거나 형태, 또는 단어, 문장임을 분명하게 알려준다.167) 만자(滿字)는 앞의 6.2.1.1에서 실담(悉曇)이 범어(梵語)의 'siddham – 완성된 것'에서 온 것이라는 설명을 환기하게 된다.

앞에 인용한 〈대반열반경〉의 기사로부터 우리는 반자(半字)는 알파벳이며 만자(滿字)는 실담(悉曇)이고 비가라론(毘伽羅論), 즉 기론(記論)은 이러한 언어 단위의 결합을 연구하는 문법이라는 사실을 가르쳐준다(졸고, 2016b). 그리고 반쪽 글자의 교육에서 벗어나 완전한 글자의 교육,

---

라 한 것이다. 졸저(2019b:130)에서 이에 대하여 자세하게 논의하였다.

166) 여기에 이어서 50자의 梵字에 대하여 설명하였는데 첫 줄에 摩多 12음을 들고 다음 줄에 体文 34聲을 배열하였다. 迦[k]에서 시작하여 茶[dh]로 끝나며 다음에는 摩多 4자로 '魯, 流, 盧, 樓'를 추가하여 12음과 더불어 摩多 16음을 채웠다. 역시 体文의 34聲과 더불어 50음이 된다.

167) 『大唐西域記』(권2)에 "그 문자梵字를 말함를 상고해보면 梵天의 제작이라고 한다. 原始를 則으로 하여 47언이나 된다"라고 하여 47자로 하였으나 『大莊嚴經』「示書品」에서는 '濫[r]'자를 제외하여 46자를 들었고 『金剛頂經』「字母品」에서는 阿[a]에서 시작하여 乞灑[ks]로 끝나는 50자를 들었다. 즉 16摩多에 34体文을 들어 역시 濫[r]을 제외하였다.

그리고 이를 종합한 비가라론의 연구로 나아갈 것을 앞의 불경에서 석가(釋迦)의 비유로 설명하였다.

6.2.2.4 앞에서 언급한 당대(唐代) 지광(智廣)의 〈실담자기〉에는 마다(摩多) 12자와 체문(体文) 15자로 모두 47자를 인정하였다. 그에 따라 중국과 주변의 불교 국가에서는 범자(梵字)라는 브라흐미(Brāhmi)의 50자보다 실담(悉曇, siddhamātṛkā)의 47자를 배우게 된다.

예를 들면 일본에서 가나문자의 교육은 전술한 고쥬온즈(五十音圖)로부터 중국 〈천자문(千字文)〉에 의거한 〈아메쓰치노코토바(阿女都千ノ詞)〉로 옮겨간다. 가나문자를 학습하는 데나라이노우타(手習詞歌)에서는 〈천자문〉을 노래로 부르는 가나문자의 교재 〈아메쓰치노코토바〉는 'あめつち(天地)'로 시작하여 〈천자문〉의 순서로 가나문자를 대입시켜 노래로 부르는 방식의 교재이다.

졸저(2014:368~370)에 의하면 나라(奈良) 말기(8세기 말)에 이 〈아메쓰치노코토바〉가 시작되었다고(大矢透, 1918) 소개하였으나 橋本進吉(1949)에는 데나라이노우타(手習詞歌)가 헤이안(平安) 초기(9세기 초)에 시작되었으며 헤이안 중기에 성황을 이루었다고 보았다. 따라서 실담(悉曇)이 유행한 이후에 편찬된 가나(假名) 문자 교재인 것이다.

〈아메쓰치노코토바〉 이후에는 '이로하우타(いろは歌)'로 가나(假名) 문자의 교육이 이루어졌다. 다카다(高田與清)의 『마쓰노야힛기(松屋筆記)』(권 107)의 '데나라이(手習い)'조에 〈나니하쓰(なにはつ, 難波津)〉가 〈아사카야마(アサカヤマ, 浅香山)〉보다 먼저 유행한 이로하우타(いろは歌)였으며 이 노래가 시작된 것은 사가천황(嵯峨天皇) 시대(809~823)였다고 하였다(졸저, 2014:371). 따라서 데나라이노우타(手習詞歌)라는 가나문자의 교재가 '이로하(いろは)' 이외에도 몇 개가 더 있었음을 알 수 있다.

'이로하우타(いろは歌)'가 가나문자의 교재가 된 것은 실담(悉曇)의 47자를 노래에 맞추어 가나(假名)로 바꾼 것이다. 고쥬온즈(五十音圖)가 브라흐미(Brāhmi) 문자, 즉 범자(梵字)의 50음에 맞춘 것이라면 이로하우타(いろは歌)는 실담(悉曇)의 47자에 맞추었다. 이러한 구별은 자형(字形)보다는 자수(字數)에 의거한 것이다. 아마도 브라흐미 글자에서 발달한 실담(悉曇)으로 '이로하우타(いろは歌)'를 적은 것이 후대에 가나문자의 교재로 정착된 것으로 보인다.

3) 일본의 가나(假名) 문자

6.2.3.1 일본의 가나(假名) 문자는 범자(梵字)에서 모음자를 기본으로 한 것처럼 'a[ア], i[イ], u[ウ], e[エ], o[オ]'의 ア[a]행 모음 5자를 기본으로 하였다. 실담(悉曇)의 마다(摩多) 12자에서 장음과 단음의 구별을 없애고 이중모음을 제외한 것이다.

그리고 이 5모음자에 'k, s, t, n, h, m, i계중모음, r, w계중모음'을 결합한 'カ[ka], サ[sa], タ[ta], ナ[na], ハ[ha], マ[ma], ヤ[ya], ラ[ra], ワ[wa]' 행의 순서로 45글자를 더하여 모두 50자를 정하고 끝에 'ン[ng]'을 추가한 것이다. 역시 범자(梵字)의 문자 체제를 따른 것으로 보지 않을 수 없다(졸고, 2016b).

현대 일본 가나문자의 교재인 고쥬온즈(五十音圖)는 바로 범자(梵字)의 50자에 맞추어 가나문자를 만든 것이다. 범자(梵字)에서는 기본 음운으로 14자의 모음을 정하고 이어서 36개의 자음으로 나누었기 때문이다. 일본의 헤이안(平安) 시대에 고쥬온즈(五十音圖)로 가나(假名) 문자를 정리한 기비노마기비(吉備眞備)는 아마도 이 50자의 범자(梵字)에 의거하여 이 가나문자 교재를 편찬한 것으로 보인다.

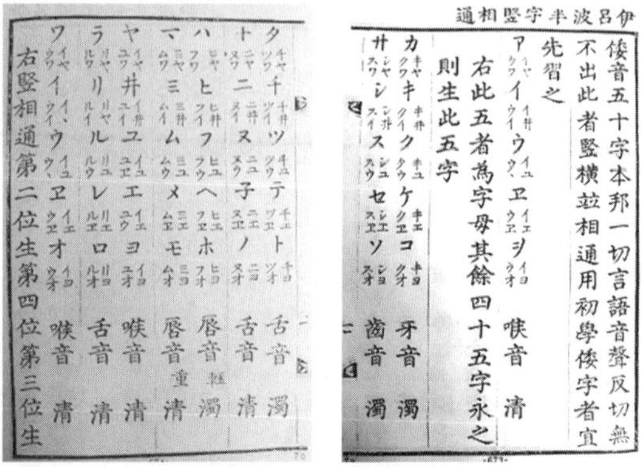

[사진 6-4] 이려파반자수상통(伊呂波半字竪相通)

즉, 앞의 [사진 6-4]에서 볼 수 있는 것처럼 조선 사역원(司譯院)의 왜학서인 『중간첩해신어(重刊捷解新語)』(이하 〈중간첩해신어〉)의 마지막 권10 하(下)에 부록된 「이려파반자수상통(伊呂波半字竪相通)」(이하 〈수상통〉)이 있다. 이 〈수상통〉은 사진의 오른쪽에 쓰인 "倭音五十字, 本邦一切言語音聲反切, 無不出此者, 竪橫竝相通用, 初學倭字者宜先習之. - 일본어 발음168)의 50자는 우리나라(일본을 말함-필자)169)의 모든 언어와 음성, 그리고 반절이 이것에서 나오지 않은 것이 없으니 〈수상통〉과 〈횡상통〉은 일본 글자를 배우는 사람들에게는 마땅히 먼저 이를 배워야 한다"라는 기사와 함께 다음과 같이 50음을 배열하고 이를 성명기론(聲明記論)과 실담학(悉曇學)의 이론으로 설명하였다.

---

168) 福井久藏 編(1939:59)에 所收된 「以呂波問辨」에서는 이 '倭音' 대하여 "[前略]然ニ貝原が倭漢名數ニ。倭音五十字ト標目ヲ出セルハ一笑ニ勘タリ。ソノ無稽コゝニ至レリ[下略] - 그러나 가이하라 아쓰노부(貝原篤信)가 〈왜한명수〉에 왜음 50자라고 제목을 붙인 것은 一笑에 붙일 만큼 황당무계하다"라고 하여 이로하(以呂波)에 많은 저술을 남긴 諦忍 禪師는 이 〈수상통〉과 〈횡상통〉을 폄하하였다.

169) 이 글은 일본의 貝原篤信의 『倭漢名數』(1689)에서 인용한 것이라 여기서 '本邦'은 일본을 말함(졸저, 2017:590).

[사진 6-4]에 보이는 〈수상통〉을 보기 쉽게 정리하면 다음과 같다.

アイウエヲ　喉音
　　右此五字爲字母, 其餘四十五字永之則生此五字
カキクケコ　牙音　　濁
サシスセソ　齒音　　濁
タチツテト　舌音　　濁
ナニヌネノ　舌音　　清
ハヒフヘホ　脣音 輕 濁
マミムメモ　脣音 重 清
ヤイユエヨ　喉音　　清
ラリルレロ　舌音　　清
ワイウエオ　喉音　　清

5개 모음자 다음에 "右此五字爲字母, 其餘四十五字永之則生此五字 – 앞의 5자, 즉 '아, 이, 우, 에, 오'를 자모로 삼고 나머지 45자를 읽으면 [모두] 이 5자에서 나오다"라는 설명이 있다. 이 말은 앞에 든 모음의 5자를 자모로 하고 나머지 45자는 모두 이 다섯 자에서 나온다는 뜻이다. 앞의 6.2.1.3에서 〈대반열반경〉(권8)의 언급과 같이 기본자가 모음이며 범자(梵字)와 같이 14자가 아니라 5자로 하여 일본어를 표기한다는 뜻이다.

6.2.3.2 조선 사역원의 왜학서 〈중간첩해신어〉에 부록된 〈수상통〉과 이어서 게재한 「이러파반자횡상통(伊呂波半字橫相通)」(이하 〈횡상통〉)은 현재 일본에서 가나(假名) 문자의 기본 교재인 고쥬온즈(五十音圖)를 말한다. 일본어의 가나문자에서 'アイウエヲ, カキクケコ'를 〈수상통

(竪相通)〉, 즉 세로로 연결되는 문자로 보았고 이에 대하여 'アカサタナ
ハマヤラワ'와 같이 가로로 연결되는 문자는 〈횡상통〉이라 한 것이다.

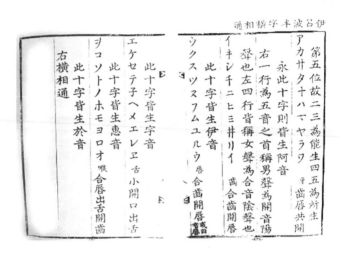

[사진 6-5] 이려파반자횡상통(伊呂波半字橫相通)

[사진 6-5]에서 보이는 것처럼 〈횡상통〉에서 "アカサタナハマヤラ
ワ 牙 齒脣共開永, 此十字則皆生阿音 – '아, 가, 사, 다, 나, 하, 마, 야,
라, 와'는 아음(牙音)이고 치아와 입술을 모두 열고 발음하며 이 열 자는
모두 아(阿)음에서 나온 것이다"라고 하여 아[a], 그리고 이것과 결합된
것은 개구음(開口音)이고 이 자음들, 'ka, sa, ta, na, ha, ma, ya, ra, wa'는
모두 아[a]에서 나온 것으로 보았다.

이 일본어 가나(假名) 문자의 〈수상통〉과 〈횡상통〉은 전혀 범자(梵字)
의 문자에 기대어 만든 것으로 우선 반자(半字)란 술어는 앞에서 언급한
것처럼 불경에 자주 등장하는 반만이교(半滿二敎)의 반자교(半字敎), 반
자론(半字論)의 반자를 말하므로 '이로하(伊呂波)'의 가나문자를 반자로

인식한 것이다.

이것이 나라(奈良) 시대에 기비노마기비(吉備眞備, 693/695~775)가 만든 고쥬온즈(五十音圖)와 같은 것인지는 확인할 수 없으나 현대 일본에서 사용하는 가나(假名)의 고쥬온즈는 여기에 'ん[n, ng]'을 더하여 51자임에도 불구하고 오십음도(五十音圖)라고 한 것으로 보아 전술한 범자(梵字)의 50자에 맞춘 것으로 볼 수밖에 없다.[170]

또 이 〈수상통〉과 〈횡상통〉을 통하여 무엇을 탁음(濁音)으로 하고 청음(淸音)으로 했는지 알 수 있다. 즉, 구강(口腔) 또는 비강(鼻腔)에서의 공명을 수반하는 음운은 청(淸)이라 하고 공명(共鳴)이 없는 순수 자음들은 탁(濁)이라 한 것이다. Chomsky·Halle(1968)에서 제시한 변별적 자질로 이를 표시하면 [+resonant]의 공명성(共鳴性)을 갖는 자질을 갖는 것은 청(淸)이고 그것이 없는 탁(濁)은 참자음(true consonants)을 가리킨 것이다.

6.2.3.3 또 위의 〈횡상통〉과 〈수상통〉에서 '아음(牙音), 치음(齒音), 설음(舌音), 순음(脣音), 후음(喉音)'의 구별은 중국 성운학(聲韻學)에서 '아설순치후(牙舌脣齒喉)'의 오음(五音)이 어디서 왔는지를 말해준다.

즉, 지음의 조음위치에 따라 연구개(velar)의 위치에서 조음되는 음운을 아음(牙音)으로 보았고 치음(齒音)은 경구개(硬口蓋)에서 조음되는 경개구음(hard-palatal)을 말하며 설음(舌音)은 치경(齒莖)에서 발음되는 치

---

170) 일본에서는 法隆寺에 전해지는 貝葉에 쓰인 悉曇字가 남아있어 나라(奈良) 시대 이전부터 悉曇學이 발달한 것으로 보고 있으며 헤이안(平安) 시대에는 密敎의 전래와 더불어 悉曇學은 크게 융성하였다. 弘法대사 空海가 『梵字悉曇字母幷釋義』와 『大悉曇章』을 저술하여 일본에서의 悉曇學을 선도하였다. 이후 가마쿠라(鎌倉) 시대에도 悉曇學에 대한 많은 저술이 발표되었고 에도(江戶) 시대에도 이 문자에 대한 연구는 계속되었다.

경음(alveolar)이고 순음(脣音)은 입술에서, 후음(喉音)은 성문(聲門)에서 발음되는 순음(labial)과 성문음(laryngeal)을 말하는 것임을 알 수 있다.

따라서 앞의 6.2.1.4~5에서 논급한 50자의 범자(梵字)가 迦[ka]행은 아음(牙音)이며 咤[ta]행과 多[ta]행은 설음(舌音)이고 波[pa]행은 순음(脣音), 賖[ṣa]행은 치음(齒音), 그리고 倻[ya]는 후음(喉音), 또는 설음(舌音) 이었음을 알 수 있다. 모두 조음위치에 따른 구별임을 시사한다. 즉, '아설 순치후(牙舌脣齒喉)'라는 것은 조음위치가 '연구개(velar), 치경(alveolar), 양순(labial), 경구개(hard-palatal), 성문(laryngeal)'의 순서에 따라 구별한 것임을 알려준다.

그리하여 중국 성운학(聲韻學)에서는 전청(全淸)의 'k, t, p'와 차청(次淸)의 유기음 'kh, th, ph', 그리고 전탁(全濁)의 유성음 'g, d, b', 불청불탁(不淸不濁)의 비음(鼻音) 'ng, n, m'으로 구분한다. 다만 범어(梵語)에서만 변별적인 유성유기음의 'gh, dh, bh'은 한어(漢語)나 우리말, 그리고 일본어에 없는 음운이어서 성운학(聲韻學)에서는 이를 지칭하는 명칭이 없게 되었다.

6.2.3.4 중국 성운학은 서역(西域)의 역경승(譯經僧)들이 창안한 반절법(反切法)에서 온 것이지만 그 기원은 성명기론(聲明記論)에 의한 범자(梵字)의 문자 분류로부터 발달한 것이며 실담(悉曇) 문자를 한어(漢語) 표기에 맞춘 것임을 다시 한 번 확인할 수 있다. 그리하여 인도어에만 있는 유성유기음을 제외하고 전청, 차청, 전탁, 불청불탁으로 구분하여 평음(平音), 유기음, 유성음, 비음 및 구강 공명음을 구별하였다. 조음방식에 의한 구분이다.

훈민정음이 중국 성운학에 의거하여 아설순치후(牙舌脣齒喉)의 조음위치와 전청(全淸), 차청(次淸), 전탁(全濁), 불청불탁(不淸不濁)의 조음방식에 따른 분류가 가능하다고 알려진 것이지만 사실은 근원적으로는 범자(梵字)에 의거한 것임을 깨닫게 한다. 즉 오음(五音)과 사성(四聲)이 모두 범자나 실담의 성명기론(聲明記論)에서 온 것임을 알 수 있다.

여기서 지봉(芝峰) 이수광(李睟光)이 『지봉유설(芝峰類說)』(1614, 20권 10책) 권18에서 "我國諺書字樣, 全倣梵字 – 우리나라 언서의 글자 모양은 모두 범자를 모방한 것이다"라고 하는 이유를 알 수 있다. 글자 자형을 모방한 것이 아니라 문자 체계를 범자에서 가져왔다는 뜻이다. 즉, 훈민정음의 제자해(制字解)가 범자의 제자로부터 영향을 받았음을 암시한 것이다.

4) 조선 사역원의 〈이로파(伊路波)〉

6.2.4.0 조선 사역원에서 가나문자 교재로 홍치(弘治) 5년(1492)에 편찬한 『이로파(伊路波)』(이하 〈이로파〉)가 있다. 이 자료가 임진왜란 때에 일본으로 반출되어 현재는 일본 다카마쓰시(高松市)에 있는 가가와(香川) 대학 도서관의 간바라(神原) 문고에 소장되었다.[171]

다음의 [사진 6–6]으로 보이는 이 자료는 일본 가나문자의 변천을 연구하는 데 중요한 자료이다. '伊路波'라는 제목 밑에 "四體字母 各四十七字"라 하여 '이로하 47자'의 가나 글자를 '히라가나(平仮名)', '마나(眞字) 1', '마나(眞字) 2', 그리고 '가타가나(片假字)'의 4체로 보였다.

즉, 'いろは'의 /い/에 대하여 'い, 以, 伊, イ'와 /ろ/에 대하여 'ろ, 呂, 路, ロ', 그리고 /は/에 대하여 'は, 波, 葉, ハ'의 서로 다른 네 글자의 자체를 보인 것이다. 첫 번째가 히라가나(平仮名)의 자체(字体)이며 두 번

---

171) 이 자료는 일본의 서지학자로 알려진 神原甚造 씨가 수집하여 香川대학에 기증한 것이다. 이에 대하여는 졸저(2017:516~519)를 참조할 것.

째와 세 번째가 마나(眞字), 즉 한자이고 마지막 네 번째가 가타가나(片假名)이다. 이런 방식으로 47자의 이로하(以呂波) 글자를 제시하고 그 발음을 징음으로 표음한 것이 조선 사역원에서 편찬한 〈이로파〉임을 알 수 있다.

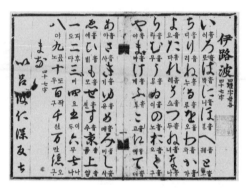

[사진 6-6] 일본 가가와(香川)대학 소장의 『이로파(伊路波)』

6.2.4.1 원래 '이로하우타(いろは歌)'는 헤이안(平安) 시대에 활동한 홍법대사(弘法大師) 구가이(空海, 744~835)가 지은 것으로 알려졌다.[172] 또 일본의 가나문자 연구에서는 한자의 편방(偏旁)을 떼어내어 문자로 사용하였다. 가나(假名, 假字) 문자의 자형(字形)은 홍법(弘法) 대사가 통일한 것이라는 학설이 유력하다.

조선 사역원의 가나문자 교재인 〈이로파〉에서 보여주는 가나문자의 자형(字形)이 구가이(空海)가 통일한 자형과 유사한 점을 들어 이 자료의 중요성을 강조하였다(졸고, 2004). 즉, 일본 운주(雲州)의 신문사(神門寺)

---

172) 이러한 주장은 耕雲明巍(?~1429)의 『倭片假字反切義解』(1400?) 등 오래전의 자료에서도 있었다.

에는 홍법(弘法) 대사의 진적(眞跡)이라는 이로하(以呂波)가 있어 福井久藏 編(1939:57~59)에 수록된 「이로하문변(以呂波問辨)」에서 옮겨서 사진으로 보이면 [사진 6-6]과 같다.

[사진 6-7]에 보인 가나문자의 홍법(弘法) 대사 자형과 앞의 [사진 6-4]로 보인 〈이로파(伊路波)〉의 자형은 매우 유사하다. 더욱이 [사진 6-7]의 마지막에 '一二三四五六七'과 '八九十百千萬億'익 숫자가 덧붙은 것은 앞의 [사진 6-6]으로 보인 사역원의 〈이로파〉가 이를 원본으로 하여 옮겨온 것이 이것이 아닌가 하는 의구심을 떨칠 수가 없다. 조선 사역원에서 편찬한 〈이로파〉의 중요성이 여기에 있는 것이다.

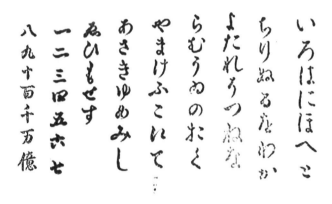

[사진 6-7] 홍법(弘法)대사의 이로하(以呂波)

특히 〈이로파〉에 보인 가나문자의 자형은 역시 조선 사역원에서 편찬한 『첩해신어(捷解新語)』(이하 〈첩해신어〉)에서도 그대로 반영된다. 임진왜란 때에 납치되었다가 쇄환된 후에 사역원의 왜학 역관이 된 강우성(康遇聖)이 짓고 안신휘(安愼徽)가 서자(書字)한 왜언(倭諺) 대자(大字)로 쓰인 활자본 {원본}〈첩해신어〉의 가나문자 자체(字体)는 앞에 [사진

6-6]에 보인 〈이로파〉와 유사하다. 그리고 이 자체는 제1차 개수(改修) 때까지 계속되다가 최학령(崔鶴齡)의 제2차 개수 때에 자형이 바뀐다.

그리하여 제2차 개수인 무진(戊辰, 1748) 개수본의 『개수첩해신어(改修捷解新語)』(이하 〈개수첩해신어〉)부터는 앞의 [사진 6-4]와 [사진 6-5]에서 볼 수 있는 것처럼 새로운 가나문자의 자체로 쓰였다. 따라서 홍법(弘法) 대사의 '이로하우타(以呂波歌)'에서 통일된 가나문자의 자형은 에도(江戸) 중기까지 사용되었음을 알 수 있다.

즉, 〈첩해신어〉의 〈중간본〉 권두에 첨부된 이담(李湛)의 서문에 제2차로 개수할 때에 오사카(大坂, 大阪를 말함), 에도(江戸)에서 유행하는 가나문자의 자형으로 고친다고 하였으니 아마도 에도(江戸) 시대에 들어와서 가나문자가 바뀌기 시작하여 에도(江戸) 중기에는 이 새 자형으로 통일된 것으로 보인다. 그리고 제2차 개수인 무진(戊辰) 〈개수첩해신어〉에서는 새로운 가나문자로 교재를 편찬한 것이다.

6.2.4.2 '이로하우타(いろは歌)'가 전술한 고쥬온즈(五十音圖)와 같이 범자(梵字), 특히 실담(悉曇)에 의거한 것임을 밝혀놓은 전거가 있다. 즉, 일본 에도(江戸) 시대에 기노쿠니(紀伊国)에서 이름을 날리던 승려 젠조우(全長)가 겐분(元文) 원년(1736)에 간행한 『이로하자고록(以呂波字考錄)』[173]의 서문에,

---

173) 福井久藏(1939)가 편집한 『以呂波字考錄』은 全長의 〈以呂波字考錄〉(2권), 諦忍의 〈以呂波問辨〉(1권), 滕孔榮의 〈和翰名苑〉(3권), 伴直方의 〈以呂波歌考〉(1권), 關根爲寶의 〈假名類纂〉(1권), 그리고 伴信友의 〈假字本末〉(2권)의 6권 10책을 모은 것이다. 필자가 주로 참고한 伴直方의 〈以呂波歌考〉은 無窮會가 소장한 手稿本을 영인한 것이다.

夫、いろはは吾朝の字書なり。唐土の說文に、同じ國字の字躰を
悉く書つらねたる故に。又四十七字は、日本の字母なり。天竺の摩
多躰文に似たり。此四十七字をもつて合字合聲すれば、あらゆる字
を出生す。梵漢和三國の言葉數萬言をしるすといへども、音訓とも
に字としてたらず、といふ事なし。これ字母なるにあらずや。され
ば日本にては、おさなきもの筆をとるのはじめには、まづ此字母を
習ふをもつて、事とす。しかれども、日本人只是を和朝の作り字の
ようにのみおもひて、本字根源を知る人、世にまれなり。たまたま
しれる人もまた、本字の正俗僞字のたがひを、辨ぜざるもの多し。
[下略] 福井久藏(1939:4)

– 이 '이로하'는 우리나라(일본을 말함 – 필자주)의 자서(字書)이다. 당나라
의 '설문'(〈說文解字〉를 말함 – 필자주)과 같이 나라의 글자 모양을 자세하게
써 보였기 때문이다. 또 47자는 일본의 자모이다. 천축의 마다(摩多)와 체문
(体文)과 유사하다. 이 47자를 갖고 합자(合字)하고 합성(合聲)하면 온갖 글
자를 나오게 한다. 범어(梵語)와 한어(漢語), 그리고 일본어 세 나라의 말의
수만 어를 기록한다고 말하지만 발음과 뜻을 함께 글자로서 모자라는 일이
없다. 이것을 자모라고 하지 않을 수 없다. 그렇다면 일본에서는 어린아이
들이 처음으로 붓을 잡을 때에는 먼저 이 자모를 배워야 할 것이다. 그렇다
하더라도 일본인만이 이것을 일본에서 만든 문자처럼 생각하고 글자의 근
원을 아는 사람은 세상에 드물다. 아는 사람이라도 본래 글자의 정속(正俗)
과 위자(僞字)를 서로 구별하지 못하는 사람이 많다. [하략]

라고 하여 천축(天竺)의 범자(梵字)에서 모음의 마다(摩多)와 체문(体文,
본문에서는 躰文)에 의거하여 '이로하우타(いろは歌)'가 작성된 것임을
말하고 있다.

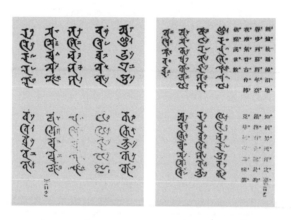

[사진 6-8] 범자로 쓰인 이로하우타(いろは歌)[174]

실제로 일본 에도(江戸) 후기에 편찬된 〈이로하문변(以呂波問辨)〉(이하
〈이로하문변〉)에는 실담(悉曇) 글자로 쓰인 이로하(いろは)를 보였다. 즉,
福井久藏 編(1939:60~61)에 수록된 〈이로하문변〉에 다음과 같은 문답(問
答)이 오고간 다음에 실제 실담으로 쓰인 이로하(以呂波)를 앞의 [사진
6-8]과 같이 실었다.

여기에 실린 문답을 옮겨 우리말로 번역하면 다음과 같다. 번역은 필자.

問: ソノ梵字ト。本邦ノ神語ト。音ノ差別如何
　　그 범자와 우리나라(일본)의 신어와 음의 차이는 어떠한가?
答: 全ク異ナルフナシ。仍テ梵字ヲ以テ以呂波ヲ書ニ。障アルフナ
　　シ。無㝵自在ナリ
　　전혀 다른 것은 없다. 또 범자로 이로하를 쓰는 데 장애는 없고 무애 자
　　재하다.

---

174) 福井久藏 編(1939:60)에 所收된 「以呂波問辨」에서 인용함.

問: 梵字ノ以品呂ト云モノ。終ニ末ダ見聞セザル所ナリ。望ムラク
  ハ乞フ開示シ玉へ
  범자의 이품려(以品呂, 以呂波의 오자로 보임)라고 하는 것은 끝내 아직
  보고 듣지 못하였으니 바라건대 제발 보여주시오.

答: イカニモ來請ノ如クセン。先神語四十七字ヲ以テ以呂波ヲ書
  シ。次ニ梵字四十七字ヲ以テ以呂波 ヲ書シ。次ニ梵字ヲ以テ五十
  字門ヲ書メ拜瞻セシメン。敬ヒ愼テ拜覽スベシ
  이렇게까지 요청을 하니 먼저 신어(神語) 47자로서 이로하를 적고 다음
  에 범자 47자로 이로하를 썼으며 다음에 범자로 50자를 썼으니 배첨(拜
  瞻)할 것. 경신(敬愼)해서 보아야 할 것임.

위의 문답에 의거하여 [사진 6-8]을 보면 오른쪽의 한자로 적은 이로
하(以呂波)는 신어(神語)로 쓴 것이라 하였고 그다음은 범자(梵字)로 47
자의 이로하(以呂波)를 적은 것임을 알 수 있다. [사진 6-8]의 왼편의 것
은 고쥬온즈(五十音圖)를 역시 범자로 쓴 것이다. 따라서 이로하(以呂波)
와 고쥬온즈가 동시에 가나문자 교재로 사용되었고 실담문자로 발음을
표음하였음을 알 수 있다.

6.2.4.3 앞의 [사진 6-8]의 오른쪽에 보이는 이로하(以呂波) 47자를 신
어(神語)라고 한 것은 〈이로하문변(以呂波問辨)〉을 쓴 불승(佛僧) 체인
(諦忍)이 일본의 가나문자를 신대(神代) 문자로 인정하고 그로부터 나온
것으로 보았기 때문이다.

즉, 〈이로하문변〉에서 범자로 쓰인 'いろは 우타(歌)'에 앞서 다음과
같은 문답이 있다. [ ] 안의 글자는 필자가 해독의 편의를 위하여 삽입한
것임.

問: 神代ニ文字アリシ道理。棠ニ至極セリ。若爾ラバ一字ナリモ、

ソノ字殘リテ今ニ傳ルベシ。絶テ

世ニ流ハラザルコ如何ゾヤ - 신대(神代)에 문자가 있었던 것은 도리

로 참으로 지극한 것이다.

만약 [ニ의] '니(爾)'도 그 한 글자인데 그 남은 것이 이제 전해야 하지만

끊어져 세상에 쓰이지 않은 것은 어떤 일인가?

答: 舊キ神社ニハ。上古ノ神字于今殘 リテ。儼然トメ存在スルナリ。

平岡 宮泡輪 宮ノ神字ノ記錄 ノ如キ是ナリ。然シモ深密ニメ。通

用シガタキ故ニ。世ニハ流行セザルナリ。末ノ世ニハ漢字及 ビ以

呂波字。甚ダ省易ニメ。專用ニ尤便ナル故ニ。神字ハ深く藏シ

テ居ナリ。是自然ノ勢ナリ。止本邦ノミナラズ。異邦モ又上古

ノ文字ハ通用セズ。後世作ル所ノ新字盛ニ流行スルナリ [下略] -

옛날 신사(神社)에는 상고의 신자(神字)가 지금도 남아있으니 [니(爾)가]

엄연히 존재한다. 히로오카(平岡)의 아와미야(泡輪宮)에 신자(神字)의

기록이 이것이다. 다만 깊이 은밀하게 감춰져서 통용하기 어렵기 때문

에 세상에는 유행할 수 없었다. 요즘 세상에는 한자 및 이로하의 글자가

많이 생략하여 전용하기에 매우 편해서 신자(神字)는 깊숙이 숨게 된 것

이다. 이런 자연적인 형세로 우리나라만이 아니라 다른 나라에서도 상

고의 문자는 통용하지 않았고 후세에 만든 새 글자가 매우 많이 유행하

게 되었다. [하략]

이 기사에 의하면 신어(神語)란 상고의 문자, 즉 신대(神代)에 사용한

가나문자로 쓰인 말을 말하는 것으로 볼 수 있다. 따라서 [사진 6-8]의

오른쪽에 보이는 '이로하(以呂波)'의 "イ圍, ロ爐, ハ坡, ニ爾, ホ舖, ヘ

泪, ト堵"로 시작하는 47자는 상고(上古), 즉 신대(神代)의 문자에서 온

것이라고 하였음을 알 수 있다.175)

일본에서 이와 같이 범자(梵字)가 표음문자로 쓰였음을 감안할 때에

한반도, 즉 신라와 고려, 조선 초기에 불가(佛家)에서 범자를 표음문자로 하여 향찰이나 이두문, 또는 구결을 표기하였을 가능성이 있다. 다만 이런 표기를 보이는 자료는 현재 전하는 것이 없다. 아마도 이러한 전통이 신미(信眉)에게 전달되어 세종의 새 문자 제정에 표음문자인 범자의 영향을 받게 되었을 것이다.

6.2.4.4 현재로서 사역원에서 편찬한 〈이로파(伊路波)〉가 일본의 어떤 전적(典籍)에서 가져온 것인지 분명하지 않으나 전술한 바와 같이 홍법(弘法) 대사가 통일한 가나문자의 자형을 보여줌으로써 상당히 오래된 전거에 의거하여 작성된 것임을 알 수 있다.

〈이로파〉가 가나(假名) 문자의 교재로 홍치(弘治) 5년(1492)에 편찬한 왜학(倭學) 역관(譯官)들을 위한 것이지만 이 책의 간행으로 일본의 가나문자와 '이로하(以呂波)' 교재의 존재를 당시 식자(識者)들은 잘 이해하였을 것임을 암시한다. 특히 〈이로파(伊路波)〉에서 가나문자의 하나하나에 정음(正音)으로 표음하여 그 음가를 밝힌 것은 정음(正音)이 범자(梵字)와 같이 표음문자의 역할을 한 것으로 본 것이다.

또 일본의 가나문자만이 아니라 한자나 몽고어의 몽고-위구르 문자 및 만주어의 여진-위구르 문자, 즉 후대의 만주-위구르 문자의 학습에서도 사역원에서 모두 정음(正音)으로 글자의 음가를 표음하여 배웠다(졸저, 2014, 2017). 이것은 일본 가나문자를 범자로 표음하는 것에서 가져왔을 것도 충분히 추정할 수 있는 일이다.

---

175) 나머지 39자는 "チ知、リ利、ヌ努、ル流、ヲ汗、ワ窓、カ嘉、ヨ譽、タ哆、レ列、ソ蘇、ツ廚、ネ年、ナ奈、ラ羅、ム務、ウ有、ヰ彙、ノ能、オ於、ク胸、ヤ夜、マ摩、ケ氣、フ普、コ古、ヱ會、テ轉、ア亞、サ挈、キ紀、ユ庾、メ馬、ミ味、シ紫、ユ依、ヒ棐、モ茂、セ世、ス數"이다.

3. 실담(悉曇)의 마다(摩多)와 훈민정음의 중성(中聲)

6.3.0 훈민정음이 파스파 문자와 기본적으로 다른 것은 중성(中聲)을 반절상자(反切上字)의 성(聲)과 동등하게, 아니 더 중요하게 여기고 문자를 정한 것이다. 〈해례본〉「제자해(制字解)」에 "[前略] 盖字韻之要, 在於中聲, 初終合而成音. [下略] - [전략] 자운의 요체는 중성에 있으니 초성, 종성과 합하여 자음을 이룬다. [하략]"라 하여 중성이 초성, 종성과 합하여 자음, 즉 음절을 이룬다고 본 것이다.

이것은 중국 성운학에서 초성에 해당하는 성(聲)을 중시하여 대운(大韻)이라 하고 중성(中聲)에 해당하는 유섭(紐躡)이나 종성(終聲)에 해당하는 운미(韻尾)를 합하여 운(韻), 즉 소운(小韻)이라 한 것과 많이 다르다. 또 한자음 표음의 반절법(反切法)과도 다른데 반절하자(反切下字)의 일부에 불과한 모음을 중성(中聲)이라 하여 초성(初聲)과 대등하게 본 것이다.

오히려 전술한 〈해례본〉의 설명대로 중성을 자운(字韻)의 요체로 생각하여 결국은 초성과 종성, 그리고 중성으로 삼분한 것은 초성과 종성의 자음(子音), 그리고 중성(中聲)의 모음(母音)으로 나눈 것과 같다. 이것은 전술한 바와 같이 범자, 또는 실담의 마다(摩多)에 의거하여 중성을 체문(体文)과 대등하거나 오히려 체문을 포용하는 것으로 보았다.

파스파 문자에서는 모음자를 제자(制字)하기는 하였으나 36성모(聲母)의 자음자와 대등하게 보지 않고 유모(喩母)에 귀속시켰다. 물론 이것은 이 문자의 모델인 서장(西藏) 문자에서 모음자는 없고 자음의 부속시킨 것보다는 한 발 나아간 것이나 훈민정음의 중성처럼 성모(聲母)와 대등하거나 그보다 더 중요한 음운으로 인식하지는 못하였다.

훈민정음이 파스파 문자보다 뛰어나고 생명력을 가진 것은 전혀 중성자(中聲字)의 제정 때문이라고 보는 이유가 여기에 있다. 이제 이 절(節)에서는 이것에 대하여 좀 더 자세하게 고찰하기로 한다.

1) 실담(悉曇)의 마다(摩多)

6.3.1.1 앞에서 범자(梵字)의 모음자인 마다(摩多)는 중국 성운학(聲韻學)의 자운(字韻)과 다른 것임을 강조하였다. 중국 한자음의 연구인 성운학에서는 반절상자, 즉 음절 초의 자음과 나머지 반절하자의 운(韻)으로 이분(二分)하여 성(聲)과 운(韻)이라 하였으나 범자의 실담(悉曇)에서는 자음과 모음으로 나누어 후자를 마다(摩多), 전자를 체문(体文)으로 나누었다.

즉, 앞의 6.2.2.2에서 살펴본 바와 같이 〈실담장(悉曇章)〉에서는 모음인 마다(摩多, mata)와 자음인 체문(体文, vyañjana)으로 나누어 문자를 만들었다. '마다(摩多)'는 산스크리트어의 'mata', 즉 'mātr'를 한자로 전사한 것이다. 영어의 'vowel'을 '모음(母音)'으로 번역한 것은 이에 대한 범어(梵語)의 'mātr, mata'가 '어머니(母)'라는 뜻을 가졌기 때문이다. 근대에 일본의 번역가들이 이 뜻을 살려 'vowel'을 모음(母音)이라 하였고 우리가 이를 받아들인 것이다.

반면에 'vyañjana'는 범어(梵語)에서 "장식, 암시"란 뜻을 가졌으며 자음문자를 의미한다. 모음의 마다(摩多)에 대하여 이를 장식한다는 의미로 부속문자라고 한 것이다. 즉, 자음이 마다를 장식하여 뜻을 분할한다고 본 셈이다. 다만 한역(漢譯)에서 이것을 '체문(体文)'이라고 한 것은 '체용(体用)'의 '체(体)'에서 왔다. 중국 성리학(性理學)의 체용론(体用論)에서의 '체(体)'는 사물의 본체, 근본적인 것을 가리킨다. 따라서 범어(梵語)와는 반대의 의미로 해석하여 체문이라 한 것이다.

체용론에서 '용(用)'이란 사물의 작용 또는 현상, 파생적인 것을 가리키는 개념으로 사용되므로 원래대로 한다면 범자의 'vyañjana'를 '용문(用文)'으로 했어야 한다. 그러나 중국 성운학(聲韻學)에서 반절상자(反切上字)의 '성(聲)'을 대운(大韻)이라 하여 한자음에서 중심의 음운으로 인식하였기 때문에 성(聲), 즉 초성(初聲)을 음절의 본체로 이해하고 '체(體)의 글자', 체문(体文)이라고 부른 것이다.

근대시기에 일본 번역가들이 이를 자음(子音, consonant)으로 번역한 것은 체문(体文)이 원래 'vyañjana'이어서 이 글자들이 마다(mata)에 부속하는 것으로 본 실담장(悉曇章)의 취지를 살린 것이다. 즉, 모음(母音)에 부속되는 음운으로 인식하려는 뜻에서 자음(子音)이라 한 것이다. 실담학(悉曇學)이 일본에서 얼마나 세력을 가졌는지 알려주는 대목이다.

6.3.1.2 전술한 〈대반열반경〉(권8)「문자품」에서는 마다(摩多)를 반자(半字)의 14자로 하였고 이것이 글자의 근본이라고 하였다. 즉, 앞의 6.2.1.3에서 인용한「문자품」의 불타(佛陀)와 가섭(迦葉) 보살과의 대화 중에서 '噁[ɑ]'로 시작하여 '俄[ä]'로 끝난 14자의 모음자를 보였는데 이것은 바로 범어(梵語), 즉 브라흐미(Brāhmi) 문자의 모음 글자인 마다(摩多)를 말한 것이다.

〈대반열반경〉에서는 반자(半字)의 14 기본자 이외에도 '迦[ka]'로부터 '㖡[ɣha]'까지 36자의 자음자(子音字)를 보이고 이를 14자와 결합하여 모두 50자라 하였다(앞의 6.2.1.4~5). 이들은 중국 성운학(聲韻學)에서 36 성모(聲母)로 인식되어 한자음의 중심 부분이 되었다. 중국 한자음이 어두 자음, 즉 성(聲)에 의존하여 의미가 분화됨에 따라 이를 대운(大韻)이라고 한 것이다. 즉, 중국어에서 현대 음운론에서 말하는 어두 자음의 기능부담량(機能負擔量)이 매우 컸기 때문이다.

범자(梵字)의 문자 연구인 반자론(半字論)에서 어두 자음으로 소개된

36자는 〈대반열반경〉(권8)의 「문자품」에서 제시되어 앞의 6.2.1.4에 정리되었다. 또한 중국 성운학에서는 한자음의 36자모로 인정되어 송대(宋代)의 칙찬(勅撰) 운서인 〈광운〉에서는 36성모(聲母)를 인정하고 앞의 6.1.2.4에서 [표 6–4]로 보인 것처럼 〈광운 36자모〉의 자모도(字母圖)를 그렸다.

즉, 〈광운〉에서는 어두 자음, 즉 초성으로 36음을 정하고 이를 대운(大韻)이라 하여 문자를 배열하는 기준으로 삼았다. 그리고 여기에 14의 마다(摩多)를 더한 50자는 일본의 가나(假名) 문자의 정서법인 고쥬온즈(五十音圖)의 근거가 되었다. 모두 범자(梵字)로부터 문자의 수효가 결정된 것이다. 따라서 그동안 한자음의 음운을 분석하여 훈민정음의 글자를 만들었다는 통설은 믿을 수 없게 된다.

6.3.1.3 그러나 앞에서 언급한 당(唐)의 지광(智廣)이 편찬한 〈실담자기〉(권1)의 「실담장(悉曇章)」에서는 '阿[a]'로 시작하여 '痾[ɑh]'로 끝나는 모음자를 모두 12자만 보였다. 즉, 앞의 6.2.2.2에서 보인 것과 같이 '阿[a], 阿[ā], 伊[i], 伊[ī], 歐[u], 歐[ū], 藹[e], 藹[ai], 奧[o], 奧[iu], 暗[ɑm], 痾[ɑh]'의 12자를 마다(摩多)로 하였다. 12개의 모음자(母音字)만 인정한 것이다.

그리고 체문(体文)으로는 아음(牙音), 치음(齒音), 설음(舌音), 순음(脣音)의 순서대로 '迦[ka], 佉[kha], 誐[ga], 伽[gha], 哦[nga]; 者[tsa], 車[tsha], 惹[za], 社[zha], 若[na]; 吒[ta], 他[tha], 茶[da], 茶[dha] 拏[na]; 多[ṭa], 他[tha], 陀[ḍa], 陀[dha], 那[ṇa]; 波[pa], 頗[pha], 婆[ba], 婆[bha], 磨[ma]'의 25자를 보였다. 이어서 편구성(遍口聲)이라 하여 구강(口腔) 내에서 공명(共鳴)과 마찰을 수반하는 '也[ja], 羅[ra], 囉[la], 縛[va], 奢[śa], 沙[ṣa], 紗[sa], 訶[ɤa]'의 8자, 그리고 중자(重字)로 '濫[llam], 乞灑

[kṣa]'를 더하여 모두 35자를 보였다.

실담(悉曇)에서는 마다(摩多) 12자와 체문 35자를 더하여 47자가 되는데 이것은 일본 가나(假名) 문자의 '이로하우타(歌)'에서 'いろは 47자'의 근거가 되었다. 따라서 〈대반열반경〉의 50자와 〈실담자기〉의 47자가 서로 글자의 수효가 다르다. 모음자인 마다(摩多)에서 2자가 줄고 자음자인 체문에서 1자가 준 것이다. 따라서 고대인도의 브라흐미(Brāhmi) 문자와 후대의 싯담마드리카(siddhamātṛkā) 문자가 글자의 수효에서 조금씩 서로 달랐음을 알 수 있다.

일본에서는 범자의 50자에 맞춘 고쥬온즈(五十音圖)로서 가나(假名) 문자를 학습하였으나 실담(悉曇)의 47자가 알려진 다음에는 '이로하(以呂波) 47'로 가나문자를 배우게 된다. 즉, 일본에서 헤이안(平安) 시대 이후에는 고쥬온즈(五十音圖)보다 '이로하 47'이 유행하여 이것으로 가나문자를 학습하였다. 그러나 현대에는 다시 고쥬온즈로 돌아왔다. 일본의 가나문자가 범자와 실담으로부터 얼마나 영향을 받았는지 알려주는 대목이다.

2) 훈민정음의 중성(中聲)

6.3.2.0 훈민정음에서는 모음의 중성자(中聲字)를 11자로 소개하였다. 즉, 기본자 'ᄋ, 으, 이'에다가 초출자(初出字) '오, 아, 우, 어'의 4자, 그리고 재출자(再出字) '요, 야, 유, 여'의 4자를 훈민정음의 〈해례본〉과 〈언해본〉에서 제시하였다. 그러나 실제로는 〈해례본〉에서는 29자의 중성자(中聲字)를 제자(制字)하여 제시하였다.[176]

---

176) 훈민정음 〈해례본〉「中聲解」에는 중성 11자 이외에 'ᅪ, ퟉, ᅯ, ᆑ, ·ᅵ, ᅴ, ᅬ, ᅢ, ᅱ, ᅰ, ᆈ, ᅤ, ᆔ, ᅨ, ᅫ, ᅰ, ퟋ, ᆒ'의 18자를 더 만들어 29자를 제시하였다. 6.2.2.2를 참고할 것.

졸고(2019a)에서 훈민정음의 중성자가 실제로 29자를 만들어 보였음에도 불구하고 11자만을 인정한 것은 전술한 실담장(悉曇章)의 마다(摩多) 12자에 맞춘 것이라고 주장하였다. 실제로 앞의 6.2.0.1에서 인용한 성현(成俔)의 〈용재총화〉(권7)에서는 "中聲十二字, 其字體依梵字爲之"라 하여 중성을 12자로 보기도 하였다.

세종이 새 문자를 제정하기 시작한 초기에는 파스파 문자가 모음자를 유모(喩母)에 속하는 것으로 간주하여 7자를 제자(制字)하였으며 훈민정음에서도 이에 맞추어 욕모(欲母)에 들어가는 7자를 만든 것으로 보인다. 즉, 욕모(欲母)에 속하는 7자로 기본자 'ㆍ(天, 圓), ㅡ(地, 平), ㅣ(人, 立)'를 천지인(天地人) 삼재(三才)에 의거하여 제자하고 이들을 결합하여 초출자 'ㅗ(天地), ㅏ(人天), ㅜ(地天), ㅓ(天人)'의 4자를 더한 7자를 만들어 사용하였다. 이들은 모두 욕모에 속하기 때문에 이들이 단독으로 쓰일 때에는 '오, 으, 이, 오, 아, 우, 어'로 욕모(欲母)의 /ㅇ/을 앞에 붙여 쓰게 되었다고 본 것이다(졸고, 2018b).

그러다가 신미(信眉) 대사가 실담(悉曇)의 마다(摩多) 12자에 맞추어 재출자(再出字) 'ㅛ, ㅑ, ㅠ, ㅕ'를 더하여 11자를 중성(中聲)으로 하였다. 그렇지 않고는 재출자 4자만이 훈민정음의 중성 11자에 들어갈 이유가 없기 때문이다. 전술한 바와 같이 훈민정음 〈해례본〉에서는 다음의 제7장 7.3.3.3에서 살펴본 바와 같이 모두 29개의 중성자(中聲字)를 만들어 보였는데 굳이 11자만을 따로 떼어 중성 11자로 한 것은 실담의 마다(摩多)와의 관계를 인정하지 않을 수 없다.

6.3.2.1 물론 〈해례본〉에서 이와 같이 중성자(中聲字)를 따로 제정한 것은 파스파 문자에서 유모(喩母)에 속하는 7자를 만든 것에서 영향을 받은 것이지만 파스파자와 달리 중성(中聲)을 욕모(欲母)에 속하는 것으

로 보지 않고 완전히 분리시켜 대운(大韻)의 초성과 대등하게 본 것은 범자(梵字), 즉 실담(悉曇)의 영향이다.

이것은 실담에서 자음의 체문(体文)과 모음의 마다(摩多)로 나누어 문자를 제정한 것에 따른 것이므로 성운학이나 파스파 문자와는 직접 관련이 없다. 〈해례본〉에서는 중성 11자에 대하여 다음과 같이 설명하고 있다.

中聲凡十一字 - 중성은 모두 11자이다.
  ·舌縮而聲深, 天開於子也。形之圓, 象乎天也。
  ·는 혀가 쭈그려들고 소리가 깊다. 하늘이니 자시에 열린다. 모양은 둥글고 하늘을 상형했다.
  一 舌小縮而聲不深不淺, 地闢於丑也。形之平, 象乎地也。
  一는 혀가 조금 쭈그러들고 소리가 깊지도 얕지도 않다. 땅이니 축시에 열리다. 모습은 평평하고 땅을 상형했다.
  ㅣ舌不縮而聲淺, 人生於寅也。形之立, 象乎人也。
  ㅣ는 혀가 쭈그러들지 않고 소리가 얕다. 사람은 인시에 태어났다. 모습은 서 있고 사람을 상형했다.
  此下八聲, 一闔一闢。
  이하 8성은 한번 닫히고 한번 열린다.

이 설명은 중성 11자에 대하여 기본자 3개가 '·, 一, ㅣ'이며 이들은 설축(舌縮)과 성(聲)의 심천(深淺), 그리고 합벽(闔闢)을 변별적 자질로 하여 음운을 구별하였다. 설축(舌縮)과 설소축(舌小縮), 설불축(舌不縮)은 현대 음성학에서 말하는 혀의 높이를 말한다. 설축은 혀가 밑으로 깔리는 모양이고 설소축은 혀가 조금 들리는 모습, 그리고 설불축은 혀가 전혀 깔리지 않고 들려 있는 모습을 지적한 것이다.

6.3.2.2 촘스키(Chomsky)의 생성음운론을 가장 잘 설명한 Chomsky·Halle(1968)에서 모음에 적용하는 [high, low]의 변별적 자질(辨別的資質, distinctive features)을 설정하여 모음을 분류하였다. 이 자질은 모음을 발음할 때에 보이는 혀의 높이에 의한 구별을 말한다.

이 자질에 의하면 설축은 [−low, +high]이고 설소축은 [−low, −high]이며 설불축은 [+low, −high]의 자질을 말할 것이다. 즉, 혀(tongue)의 높낮이로 설명한 것으로 현대 생성음운론의 이론에 잘 부합한다. 두 이론, 즉 생성음운론이나 훈민정음 〈해례본〉의 이론이 모두 고대인도의 성명기론(聲明記論)에서 온 때문이다.[177]

반면에 성(聲)의 심천(深淺) 자질은 역시 위치자질로 보인다. 성천(聲淺)은 전설모음으로 [−back]의 자질을 말한 것이고 후설모음은 성심(聲深)으로 [+back]의 자질을 말한 것이다. 다만 불심불천(不深不淺)이 있어 전설과 후설에 이어 중설(central)의 모음을 인정하였기 때문에 전설(front) 자질을 설정하여 중설은 [−back, −front]로 자질 표시를 하여야 할 것이다.

합벽(闔闢)은 개구도와 입술 모양과 관련이 있는 것으로 원순(圓脣), 즉 현대 생성음운론의 [rounded, 이하 rd로 약칭] 자질로 보인다. 합(闔)은 입을 닫고 입술을 펴서 하는 모음이고 벽(闢)은 입을 벌리고 입술을 둥그렇게 하는 모음을 말한 것 같다. 즉 원순모음과 비원순모음을 합벽(闔闢)의 자질로 표시한 것이다.

위의 기술에 의하면 'ㆍ'는 [+low, +back, +rd]이고 'ㅡ'는 [−low, −back, −rd]이며 'ㅣ'는 [−low, +back, −rd]로 보아야 할 것이다. 따라서 'ㆍ'와 'ㅡ'는 오행(五行)에서 양음(陽陰)으로 서로 대립(對立)되는 위치에

---

177) 생성음운론이 파니니의 〈팔장〉으로부터 발달한 것이라는 주장은 졸고(2016b)를 참고할 것.

있다고 본 것이다. 서양에서 음운의 대립을 논의한 구조주의 음운론은 20세기 들어와서의 일인데 훈민정음을 제정할 때에 이러한 음운의 대립(opposition)을 인정하고 체계적으로 음운을 파악한 것은 놀라운 일이다.[178]

그리고 "ㅗ는 ·와 같으나 구축(口蹙)이라(ㅗ與·同而口蹙)"라 하여 'ㅗ'는 후설에 원순모음임을 밝혔다. "ㅏ는 ·와 같으나 평순이다(ㅏ與·同而口張)"라 하여 'ㅏ'는 '·'와 같이 후설모음이지만 평순모음임을 밝힌 것이다. 반면에 'ㅜ'는 'ㅡ'와 같이 전설에 원순모음이니 "ㅜ는 ㅡ와 같으나 입술을 쭈그린다(ㅜ與ㅡ同而口蹙)"라 하였다. 'ㅓ'는 'ㅡ'와 같이 전설모음이나 평순(平脣) 모음이라고 하여 "ㅓ는 ㅡ와 같되 입술이 퍼진다(ㅓ與ㅡ同而口張)"로 명시하였다.

'ㅜ'와 'ㅓ'에 대한 이러한 훈민정음 〈해례본〉의 기술은 매우 중요한 의미를 갖는다. 즉, 'ㅜ'와 'ㅓ'가 오늘날처럼 후설의 '위[u]'나 '어[ə]'가 아니라 전설의 '[ü], [e]'이었음을 알려준다.[179] 이것은 훈민정음의 중성자(中聲字)의 문자 체계를 밝히는 데 획기적인 사안이며 이로부터 훈민정음의 중성자(中聲字)가 당시 우리말의 모음 체계에 따른 것이 아니고 파스파 문자를 본뜬 것이라는 주장이 나온 것이다.[180]

나머지 'ㅛ, ㅑ, ㅠ, ㅕ'는 모두 ㅣ계 이중모음임을 "起於ㅣ-ㅣ에서

178) 이에 대하여는 졸고(2002)와 졸저(2015:264~269)에서 훈민정음 〈해례본〉의 生位成數로 중성의 11자를 설명한 것이 『河圖』에서 정리한 대립의 위치를 말한 것이어서 이미 〈해례본〉에서는 모음을 대립적 체계로 이해한 것이라고 주장하였다. 음운의 대립과 체계적 파악은 20세기 들어와서 구조음운론이 발달한 다음의 일이다.

179) 이에 대하여는 이미 김완진(1963)에서 중세한국어의 '우'가 오늘날처럼 후설 고모음의 [u]가 아니라 전설 고모음의 [ü]임을 밝혔다.

180) 본서 제6장의 6.1.3.3의 말미에 소개한 [표 6-7] '파스파자의 喩母字와 훈민정음의 欲母字'를 참조할 것.

나오다"라는 설명으로 알려준다. 즉, 〈해례본〉의 「제자해」에 "ㅛ與ㅗ 同而起於ㅣ, ㅑ與ㅏ同而起於ㅣ, ㅠ與ㅜ同而起於ㅣ, ㅕ與ㅜ同而起 於ㅣ – ㅛ는 ㅗ와 같으나 ㅣ에서 나오다, ㅑ는 ㅏ와 같으나 ㅣ에서 나오 다, ㅠ는 ㅜ와 같으나 ㅣ에서 나오다, ㅕ는 ㅓ와 같으나 ㅣ에서 나오다" 라고 하여 이들이 i계 이중모음임을 밝혀놓았다.

6.3.2.3 위의 초성과 중성에 〈해례본〉의 설명에 대한 현대 음운론의 이론에 입각한 해설은 모음의 중성을 중심으로 일찍이 졸고(2002)에서 시도되어 졸고(2011)에서 정리되었고 졸저(2015:279~280)에서는 자음 의 초성으로 확대하여 고찰하였다. 이것이 한글이 과학적인 문자라는 증거가 될 것이다.

이러한 음운에 대한 지식은 중국 성운학(聲韻學)이나 파스파 문자의 제정에서는 얻을 수 없는 것이다. 필자는 이것이 고대인도의 성명기론 (聲明記論)의 이론에서 가져온 것이라고 주장하였다. 물론 성운학에서 조음위치의 아설순치후음(牙舌脣齒喉音)의 오음(五音)을 구별하였고 전 청, 차청, 전탁, 불청불탁의 사성(四聲)과 평상거입(平上去入)의 성조도 사성(四聲)으로 나누었으나 이것을 제대로 조음위치와 조음방식으로 설명하지는 못했다.

고대인도에서는 베다(vedic) 경전의 산스크리트어, 즉 범어의 문법과 음운을 학술적으로 연구하는 비가라론(毘伽羅論, Vyākaraṇa)이 있었는 데[181] 이를 한역(漢譯)하여 '기론(記論)'이라 하였다. 그리고 인간의 발 화(發話)에 필요한 음성의 연구는 성명(聲明)이라 하여서 성명의 비가라

---

181) 범어 'Vyākaraṇa'는 범어의 "분석하다"에서 나온 말이니 '분석문법'이라고 해야 할 것이다. 문장을 분석하여 그 구성요소들을 밝히고 음절을 분석하여 음운과 변별적 자질을 추출하 는 언어 연구를 말한다. 이에 대하여는 졸고(2018a) 참고.

론적인 연구를 성명기론(聲明記論)이라고 한역(漢譯)한 것이다.

인간 언어의 음성을 연구하는 성명(聲明), 즉 섭타필태(攝拖必馱, śabda-vidyā)를 밝히는 '싱명(聲明)'은 불가(佛家)에서 5명(明, pañca-vidyā-sthāna)의 하나인데 오명(五明)은 다섯 가지 학문이나 기예를 말한다. 여기서 '명(明, vidyā)'은 배운 것을 분명히 한다는 뜻이다. 보통은 첫째 성명(聲明), 둘째 공교명(工巧明), 셋째 의방명(醫方明), 넷째 인명(因明), 다섯째 내명(內明)으로 나눈다(졸저, 2019b:137).

성명기론(聲明記論)은 '성명(聲明)'을 비가라론(毘伽羅論)으로 연구하는 것이다. 고대인도에서 범어의 문법 연구인 비가라론은 불경 속에 들어 있어 학계에 잘 알려지지 않았지만 그 일부가 기원전 5~4세기에 파니니(Pāṇini)가 저술한 Aṣṭādhyāyī, 『팔장(八章)』(이하 〈팔장〉)으로 소개되어 19세기 말엽에 서양에 알려졌다.

〈팔장〉은 세계 언어학사에서 최초의 굴절어(屈折語)의 문법서로 알려졌으며 세계 삼대(三大) 고전문법서로 언어학사에서 인정하고 있다. 흔히 범어(梵語) 문법서라고 알려진 이 〈팔장〉의 이론 속에는 현대 음성학과 비견되는 고도로 발달된 조음 음성학이 포함되었다. 19세기 말에 독일어로 번역되어 서방세계에 알려졌다.

3대 문법서는 파니니의 〈팔장〉을 위시하여 기원전 2세기경 헬레니즘 시대에 편찬된 드락스(Dionysus Thrax)의 『문법기술(文法技術, Téchnē Grammatikē, Τέχνη γραμματική)』이나 기원 후 6세기경 Pax Romana 시대에 활약한 프리스키아누스(L. Priscianus, 영문명 Priscane)의 『문법교정(文法教程, Institutiones Grammaticae)』을 들고 있다. 흔히 〈팔장〉을 범어 문법, 〈문법기술(技術)〉을 희랍문법, 〈문법교정(教程)〉을 라틴문법으로 부르며 이 세 문법서에서 굴절어(屈折語) 문법의 기초가 완성되었다(졸저, 2019b:149~150).

그러나 〈팔장〉에 대하여 서양언어학사에서 저자인 파니니(Pāṇini)에 대하여 잘 알지 못한다고 기술하였고(Robins, 1997)[182] 그 문법 이론도 비록 〈팔장〉이 O. Böhtlink에 의하여 독일어로 번역되어 1887년에 간행되었지만 서양에서는 이 이론을 제대로 이해하지 못한 것으로 보인다 (Robins. 1997). 원래 이 책은 산스크리트어를 교육하는 교사들의 참고서였으며 일반인들이 읽을 책은 아니었기 때문이다.

따라서 본고장에서도 해설서가 뒤를 이었는데 가장 유명한 해설서로는 기원전 2세기경에 인도에서 편찬된 파탄잘리(Patañjali)의 『대주석(Mahā-bhāṣya, great commentary)』이 가장 중요하고 기원후 7세기경에 다시 집필된 바르트르하리(Bhartṛhari)의 『문장단어론(Vākya Padīya)』도 넓은 의미에서 〈팔장〉의 해설서라고 할 수 있다(졸저, 2015:255~256).

〈팔장〉은 현대 언어학을 시작한 유럽과 미국의 언어학자들에게 지대한 영향을 끼쳐서 언어의 공시적(共時的) 연구가 시작되었고 음운을 체계적으로 고찰하는 구조주의 연구 방법이 개발되었다(Robins, 1997). 스위스-제네바 학파를 창설한 드 소쉬르(F. de Saussure)는 〈팔장〉과 산스크리트어에 조예(造詣)가 깊었고 미국의 공시적 연구를 이끈 블름휠드 학파의 블름휠드(L. Bloomfield)는 그의 『언어』(Bloomfield, 1935)에서 〈팔장〉을 "인류 지성이 만든 최고의 기념비"라고 극찬하였다.

특히 서방세계에 별로 알려지지 않았지만 드 소쉬르와 동일 시대에 공시적이며 구조적인 언어 연구를 주창한 보드엥 드 꾸르뜨네(1845~1929)는 〈팔장〉을 깊이 있게 연구하여 소개하였다. 그리하여 그의 제자로서

---

182) 필자는 불경의 여러 기록으로부터 파니니(波膩尼, 波你尼, Pāṇini)에 대한 새로운 사실들을 찾아 학계에 보고하였다(졸저, 2019b:140~143).

처음으로 한국어가 알타이어족에 속한다고 주장한 폴리봐노프(E. D. Polivanov)는 드 소쉬르의 공시적인 연구가 별로 새로울 것이 없다고 할 정도였다(졸저, 2019b:315~6).[183]

음운의 변별적 자질을 중요시하는 성명기론의 연구 방법은 촘스키 (N. Chomsky)의 생성음운론(generative phonology)에도 많은 영향을 끼친 것으로 보인다(졸고, 2016b). 〈팔장〉에서는 언어의 구성이 규칙적으로 이루어진다고 보아 4천 개 가까운 규칙(sudra)으로 음운, 형태, 통사의 구성을 설명하였다. 이것은 그대로 생성음운론에 접목되었다고 필자는 생각한다.

중국에도 불경을 통하여 〈팔장〉의 문법과 음운 연구가 유입되었으나 중국어와 범어(梵語)가 문법구조에서 기본적인 차이가 있어 문법의 연구인 비가라론(毘伽羅論)보다는 음운 연구, 즉 성명기론(聲明記論)이 한자음 연구에 이용되었을 뿐이다. 그리하여 중국 성운학(聲韻學)의 기본 이론이 성명기론에 의거하여 발달한 것이다.

6.3.2.4 훈민정음 제정에 성명기론(聲明記論)의 이론이 지원된 것은 졸저(2019a:103)에서 신미(信眉) 대사에 의한 것으로 보았다. 그가 불경 속에 들어있는 이 음성이론을 세종의 새 문자 제정에 접목시킨 것이다.

전술한 바 있는 김수온의 『식우집(拭疣集)』(권2) 「복천사기(福泉寺記)」에 전해지는 세종과 신미의 만남에서 신미에 대하여 "談辨迅利, 義理精暢 ─ 말로 분변하는 것이 빠르고 날카로웠으며 뜻과 이치가 정밀하게 전개하였다"라고 묘사한 것은 신미가 성명기론으로 한자음 표기와

---

183) 졸저(2019b:313~370)에서는 보드엥 드 꾸르뜨네를 포함한 러시아 여러 언어학자들과 학파들의 공시적이며 구조적인 언어 연구에 대하여 살펴보았다. 그들은 한결같이 산스크리트어에 정통하였다.

우리말 표기에 필요한 문자의 제정에서 야기하는 문제점을 잘 갈파(喝破)했기 때문일 것이다.[184]

그리하여 초기의 언문 27자를 제정하고 모음은 욕모(欲母)에 속하는 7자(·, ㅡ, ㅣ, ㅗ, ㅏ, ㅜ, ㅓ)만을 제정하여 〈운회〉, 즉 『몽고자운』을 번역하였으나 신미에 의하여 중성(中聲)을 실담(悉曇)의 마다(摩多)처럼 독립된 글자로 정하고 초성보다 오히려 중성을 중요하게 여긴 것은 신미의 실담장(悉曇章)에 대한 지식이 영향을 준 것으로 본다. 그리고 실담(悉曇) 마다(摩多)의 12자에 맞추어 재출자 'ㅛ, ㅑ, ㅠ, ㅕ'를 더 추가하여 중성 11자를 만든 것도 신미의 조언으로 보인다.

졸저(2019b:105)에서 신미대사가 새 문자 제정에 참가하기 이전의 훈민정음에서는 언문 27자의 자모도가 있었고 여기에 욕모(欲母)에 귀속하는 7자를 추가하였다고 보았다. 필자가 신미가 참여하기 이전의 자모도(字母圖)라고 주장한 것을 다음 제7장의 7.2.1.5에서 [표 7-2] '초기의 언문 27자'로 소개하였다. 이 표는 원래 졸고(2019a)와 졸저(2019b:181)에서 보인 것을 이번에 옮겨 온 것이다.

다음의 7.2.1.5에서 [표 7-2]로 보인 초기의 언문 27자를 인정하면 후음 전탁(全濁)에서도 전청(全淸)을 쌍서(雙書)한다는 원칙도 지킬 수가 있고 이영보래(以影補來)가 'ㆆ'으로 'ㄹ'을 보충하여 '發[벓]'처럼 'ㄹㆆ'으로 입성(入聲)을 만들었다는 것을 제대로 이해할 수가 있게 된다. 동국정운에 따르면 이것은 이읍보려(以挹補閭)가 되어야 하기 때문이다. 따라서 이러한 자모도에 맞추어 초기의 언문 27자는 제정되었을 것이다. 이에 대하여는 다음의 제7장에서 다시 논하기로 한다.

---

184) 『拭疣集』의 해당 기사를 옮겨보면 "初世宗大王聞尊者名, 自山召至, 賜坐從容, 談辨迅利, 義理精暢, 奏對稱旨, 自是寵遇日隆"(『한국문집총간』 권9, 1988:75~77)과 같다.

6.3.2.5 초기에는, 즉 신미가 참여하기 이전에는 언문 27자에 파스파 문자의 유모자(喩母字) 7자에 기대어 '·, ㅡ, ㅣ'의 기본자 3개를 천지인(天地人)의 삼재(三才)를 상형(象形)하여 만들었고 이들을 결합하여 'ㅗ, ㅏ, ㅜ, ㅓ'의 4자를 더 하여 모두 7자를 제정하였다.

앞의 6.1.3.1에서 논의한 바와 같이 파스파 문자에서도 모음자를 표기하는 7자를 제정하였다. 즉, 영국 런던의 대영도서관(British Library)에 소장된 〈증정몽고자운〉의 런던 초본 권두 '자모(字母)'에 보이는 36자모도의 오른쪽에 "ᘴ ᘰ ᘳ ᘵ ᘶ ᘱ 此七字歸喩母 — /i, u, ü, o, ö, e/의 7자는 유모에 돌아가다"가 보인다(앞의 6.1.2.3에 제시한 [사진 6–1]의 오른쪽 끝).

이것은 유모(喩母)에 속한다는 모음자들로서 실제로는 모두 6개만 제시한 것이다. 그동안 학계에서는 이것이 모음자를 표시한 것인지도 몰랐고 여기서 7자(字)라고 한 것은 유모(喩母)의 /ᘄ, ᘊ[a]/[185]를 포함하여 'ᘴ[i], ᘰ[u], ᘳ[i+o/u, ü], ᘵ[o], ᘶ[e+o/u, ö], ᘱ[e]'의 7개 모음을 표기한 글자를 말한 것인 줄도 몰랐다.[186] 이 사실은 졸고(2011)에서 처음으로 밝힌 것이다.

훈민정음에서는 이것에 의거하여 전술한 기본자 3자 '·, ㅡ, ㅣ'와 이를 결합하여 만든 'ㅗ, ㅏ, ㅜ, ㅓ'를 합하여 모두 7자를 욕모(欲母)에 속한다고 하였다. 파스파자에서 /ü, ᘳ/를 [i ᘴ + u ᘰ]로. /ö, ᘶ/를 [e ᘱ + o ᘵ]로 글자를 결합하여 글자를 만든 것에 기대어 훈민정음에서도 'ㅗ[·+ㅡ], ㅏ[ㅣ+·], ㅜ[ㅡ+·], ㅓ[·+ㅣ]'와 같은 글자의 조합

---

185) 이 두 문자는 서로 異體字로 몽고어 [a]를 표기한 모음자이다.

186) 파스파자의 ᘳ'에 밑부분 'ᘁ'는 약자로 'o/u'를 표기할 때에 쓰인다. 'ᘴ[i]'도 약자로 'ㅡ'로 쓰인 경우이다. 이들을 가로로 모아쓰면 'ᘳ[ü, i + u]'가 된다. 'ᘶ'도 'ᘱ'와 'ᘁ'를 결합한 문자이므로 'e + o/u'여서 [ö]를 표음한 것이다.

을 생각한 것으로 보인다.

이 둘을 비교하여 앞의 6.1.3.2에서 [표 6-7]로 제시하였다. 파스파의 유모자(喩母字)와 훈민정음의 욕모자(欲母字)들은 거의 같은 모음의 글자들이고 이를 가지고 〈운회〉, 즉 〈몽고자운〉을 번역하여 한자음을 표음하기는 매우 쉬웠다.[187] 훈민정음과 파스파 글자를 일대일로 대응시키면 그 번역은 쉽게 이루어질 수 있기 때문이다.

3) 신미(信眉) 대사와 중성

6.3.3.0 졸고(2019a)에서는 신미(信眉) 대사가 중성(中聲)을 욕모(欲母)에 부속하는 것이 아니라 초성(初聲)과 대등한 음운임을 주장하여 훈민정음을 초성, 중성, 그리고 종성으로 삼분(三分)하게 하였다고 주장하였다. 그리고 초성과 종성을 같은 것으로 보아 훈민정음 〈해례본〉과 〈언해본〉의 예의(例義)에서 "終聲復用初聲 — 종성은 초성을 다시 쓰다"라고 하였다.

즉, 초성과 종성은 같은 음운으로 앞에서 논의한 실담(悉曇)의 체문(体文)에 속하는 자음이며 중성은 이들과 구별되는 마다(摩多)로서 모음으로 보아 음운을 자음과 모음의 둘로 구별한 셈이 되었다. 이것은 전술한 범자(梵字)와 실담(悉曇)에서 마다(摩多)와 체문(体文)으로 나눈 것과 같다. 이로써 훈민정음이 중국의 한자음 표기인 반절법(反切法)과 성운학(聲韻學)의 이론에서 벗어난 것이다.

이렇게 범자(梵字)의 자음과 모음으로 새 문자를 구분하여 문자를 정

---

187) 〈운회〉는 元代 黃公紹의 〈고금운회〉, 또는 그의 제자 熊忠이 이를 요약한 〈고금운회거요〉를 말하며 이것으로 〈몽고운략〉을 수정하여 〈몽고자운〉을 편찬하였으니 실록의 '韻會'는 바로 〈몽고자운〉을 말한다. 이에 대하여는 졸저(2015:177~178) 참조. 특히 주 43에 소개된 〈몽고자운〉의 朱宗文 自序를 참고할 것.

비함으로써 비로소 표음문자가 되어 동국정운식 한자음 표기의 기호인 훈민정음(訓民正音)이나 중국 한어(漢語)의 표준 한자음을 표음하는 정음(正音)이 아니라 우리말 표기가 가능한 언문(諺文)으로 다시 태어나게 된 것이다. 그리고 이 문자로 우리말과 우리 한자음을 제대로 표기할 수 있게 되었다.

다시 말하면 훈민정음이 신미(信眉)에 의하여 중국 성운학(聲韻學)이나 반절법(反切法)의 제자(制字) 방식에서 한 걸음 더 나아가서 표음문자인 범자(梵字)나 실담(悉曇)에서처럼 자음과 모음으로 언어음을 표기할 수 있는 문자가 된 것이다. 따라서 신미(信眉) 대사가 비록 늦게 세종의 새 문자 제정 사업에 참가하게 되었지만 그의 공헌은 무시할 수 없을 것이다.

실제로 언문을 이용하여 최초로 편찬한 〈석보〉와 〈월석〉을 지은 것도 신미의 일이었음을 잊어서는 안 될 것이다. 그리고 훈민정음의 〈해례본〉에서 현대의 조음음성학에 못지않은 음운 이론으로 새 문자의 제정에 대하여 설명할 수가 있었다. 비록 〈해례본〉의 편찬자로 그의 이름은 들어있지 않으나 새 문자의 해설은 불가(佛家)의 성명기론(聲明記論)에 입각한 것이다.

6.3.3.1 신미 대사는 졸고(2019a)와 졸저(2019a:83~93)에서 그 생애를 중심으로 고찰한 바가 있다. 그는 조선 태종 때에 출사(出仕)하여 옥구진(沃溝鎭) 병마사(兵馬使)까지 지낸 김훈(金訓)의 첫째 아들로 본명은 김수성(金守省)이다. 그는 졸저(2019a:84)에서 태종 3년(1403)에 출생한 것으로 추정하였다.

아비 김훈(金訓)이 불충불효(不忠不孝)의 대죄로 삭탈관직이 된 다음에 과거를 볼 수 없는 폐고(廢錮)의 처분을 받게 되자 김수성은 다니던 성균관(成均館)을 그만두지 않을 수가 없었다. 그런 와중에 예문관(藝文館) 대제학을 지낸 외조부 이행(李行)의 천거로 당시 회암사(檜巖寺)에 와 있던 조선 초기의 명승 함허당(涵虛堂)에게 출가(出家)하여 승려가 되어 이름을 신미(信眉)라고 하였다(졸저, 2019a:90~93).

함허당(涵虛堂)은 대자암(大慈庵)의 주지로 왕실의 불사(佛事)에 깊이 관여하였다. 세종 6년에 함허당은 태종의 3주기를 마치고 대자암을 떠나 운악산(雲嶽山)으로 갔으며 신미는 스승과 헤어져 속리산(俗離山) 복천사(福泉寺)에서 공부하다가 효령대군(孝寧大君)의 소개로 세종을 만났고 이후 서울로 불러 올려 궁궐 안의 내불당(內佛堂)에 거주하면서 세종의 새 문자 제정을 도왔다(졸저, 2019a:102~3).

그가 세종을 만나서 새 문자 제정에 도움을 주었던 시기는 세종 27년 이후의 일로 추정된다. 세종의 새 문자 제정에 대하여 세종 26년 2월 경자(庚子, 20일)에 집현전 부제학 최만리(崔萬理) 등의 반대 상소로 시작된 유신들의 반대를 보고 세종은 새 문자의 제정에 대한 전면적인 검토가 필요함을 알게 되었을 때였다. 그런 때에 신미가 새로운 이론을 갖고 이 문자의 제정에 참여하게 된 것이다.

6.3.3.2 신미(信眉)가 세종을 만난 것에 대하여 그의 동생인 김수온(金守溫)의 『식우집(拭疣集)』(권2) 「복천사기(福泉寺記)」에

歲庚午, 世宗大王不豫, 移御孝寧之第, 文宗及我主上殿下侍側, 醫藥禱祀, 尚未得效. 於是招集淨侶, 至誠精勤, 果獲靈應, 聖躬乃安 [中略] 初世宗大王聞尊者名, 自山召至, 賜坐從容, 談辨迅利, 義理精暢, 奏對稱旨, 自是寵遇日融 – 경오년, 세종대왕이 몸이 좋지 않아서 효령의 저택으로 이어하셨고 문종과 우리 주상 전하가 시측을 하셨으나 의약과 기도가 효력을 얻지 못하였다. 이에 정갈한 승려들을 불러 모아 정성으로 보살폈더니

과연 영험한 응험을 얻어서 임금의 몸이 편안하게 되었다. [중략] 처음에 세종대왕이 존자(신미를 말함)의 이름을 듣고 산에서 불러다가 자리를 주고 종용하게 대화를 나누었는데 말이 신속하고 예리하며 논의의 이치가 정창하여 이로부터 임금의 총우가 매일 더하였다.

라는 기사가 있다(졸고, 2019a에서 재인용).

이 기사에 의거하여 세종이 신미의 이름을 듣고 그를 효령(孝寧) 대군의 저택에서 만난 것으로 기술한 것이다. 그러나 이 기사의 내용은 경오년(1450), 즉 문종 즉위년에 쓴 것으로 세종이 이미 돌아간 때의 일이라 문맥이 맞지 않는다. 즉, 이 기사에서는 세종이 다시 건강해졌다고 하였으니 적어도 '歲庚午', 즉 문종 즉위년의 일은 아닐 것이다. 심지어 이 기사에 의거하여 신미가 세종을 처음 만난 것은 경오(庚午)년이라는 주장도 나와서 혼란을 더한다.[188]

만일 이 기사대로라면 경오(庚午)년에 "聖躬乃安 – 임금의 몸이 편안해지다"라는 일은 있을 수가 없다. 이해에는 세종이 돌아가고 문종이 즉위한 때라 이런 기술은 앞뒤가 맞지 않는다. 다만 세종과 신미의 만남에 대한 기사로는 이것이 유일하기 때문에 여기에 의존하여 그가 속리산(俗離山)의 복천사(福泉寺)에서 불려 와 세종을 만났고 신미와의 대화에서 많은 도움을 받았다고 보게 된 것이다.

김수온의 『식우집(拭疣集)』(이하 〈식우집〉)은 책 이름 그대로 부정확한 기사가 많다. 아마도 세종이 효령대군(孝寧大君)의 추천으로 수양대군을 시켜 신미를 복천사에서 불러 올려 효령의 집에서 만난 것은 세종

---

188) 〈한글새소식〉 573(2020. 5)에 실린 홍현보(세종대왕기념사업회 교육부장)의 글에 이 기사를 들고 세종이 신미를 庚午(1450)에 처음 보았다고 강변하였다. 이미 『세종실록』에 신미에 대한 많은 기사를 전혀 보지 못한 어이없는 주장이다.

27년 4월경의 일일 것이다. 왜냐하면 세종 28년 5월에 이미 신미(信眉)가 주도하여 새 문자로 불경을 언해하는 사업이 많이 진전되었음을 암시하는 실록의 기사가 있다.

즉,『세종실록』(권112) 세종 28년 5월 갑오(甲午)에 다음과 같은 기사가 있다.

○大會僧徒, 轉經于大慈菴. 初命集賢殿修撰李永瑞, 敦寧府注簿姜希顔等, 泥金寫經于誠寧大君第, 首陽, 安平兩大君來往監督, 越數旬而成. 至是, 大設法席, 大君諸君皆與焉. 其赴會僧, 凡二千餘, 至七日而罷, 靡費不貲. 少尹鄭孝康亦參是會. 孝康性傾巧, 外示淸淨, 內懷貪欲, 凡諸佛事, 盡心爲之, 以求媚於上, 常稱美奸僧信眉曰: "我和尚, 雖處廟堂, 有何不足乎?" – 대회 승도들이 대자암으로 불경을 옮겨가다. 처음에 집현전 수찬 이영서, 돈령부 주부 강희안 등으로 성령대군의 집에서 금니로 불경을 베끼도록 명하였는데 수양과 안평대군이 왕래하면서 감독하게 하여 수십 일이 넘어 완성하였다. 이에 이르러 법석을 크게 열고 대군과 여러 군들이 모두 참여하게 하였다. 그때에 참석한 승려가 2천여 명에 이르렀고 7일에서야 파했으니 그 비용이 적지 않았다. 소윤(少尹) 정효강(鄭孝康)이 역시 이 회에 참예하였는데, 효강이 성질이 기울어지고 교사(巧邪)하여 밖으로는 맑고 깨끗한 체하면서 안으로는 탐욕을 품어, 무릇 불사(佛事)에 대한 것을 진심(盡心)껏 하여 위에 예쁘게 뵈기를 구하고, 항상 간승(奸僧) 신미(信眉)를 칭찬하여 말하기를, "우리 화상(和尙)은 비록 묘당(廟堂)에 처하더라도 무슨 부족한 점이 있는가" 하였다.

이 기사를 보면 세종 28년 5월에는 이미 세종의 총애를 받는 신미를 추종하는 유신(儒臣)들도 있었으며 신미가 주도하여 대자암(大慈庵)에서 대대적인 불사를 열었음을 알 수 있기 때문이다(졸고, 2019a).

또 훈민정음 〈해례본〉에서 집현전(集賢殿) 학사가 아닌 사람으로 유일하게 정인지(鄭麟趾)의 후서(後序)에 이름을 올린 돈령부(敦寧府) 주부(注簿) 강희안(姜希顔)이 불경의 전사(轉寫)에 참여하였음을 이 기사를 통하여 알 수 있다. 아마도 강희안은 단순한 불경의 전사가 아니라 불경의 언해와 편찬에 참여하였을 것이다. 신미가 이렇게 임금의 총애를 받아 불경의 언해를 주도할 정도이면 몇 년의 세월이 흘렀을 것으로 추정하지 않을 수 없다.

6.3.3.3 졸저(2019a:103)에서 세종이 신미(信眉)를 만난 것은 새 문자 제정이 많이 진척되었을 때로 보았다. 즉, 세종 25년 12월에 언문 27자를 제정하여 이것으로 세종 26년 2월에 〈운회〉를 번역하고 새로운 한자음 표기를 시도하던 때까지는 신미가 이 문자의 제정에 관여하지 않았을 것이다.

필자는 세종이 신미(信眉)를 만난 것은 소헌왕후(昭憲王后)의 죽음과 관련이 있다고 본다. 세종의 선왕(先王)인 태종이 훙거(薨去)하자 신미의 스승인 함허당(涵虛堂)이 성령(聖寧) 대군의 능침이 있는 대자암(大慈庵)의 주지로 있으면서 태종의 장례(葬禮)와 훗날의 3주기까지 많은 불사를 수행하였다.

함허당은 3주기를 마치고 이곳을 떠났는데 세종이 왕후(王后)가 돌아갔을 때에도 그것을 잊지 못하여 그의 제자인 신미(信眉)를 불렀을 것이다. 거기서 소헌왕후의 왕생극락을 기원하는 추천(追薦)으로 여러 불경, 특히 〈석보〉와 〈월인〉의 편찬을 주도하게 되었을 것이다. 신미의 스승인 함허당이 대자암(大慈庵)에서 〈법화경〉을 소개하는 '법화법광(法華法廣)'의 법회(法會)를 연 것과 같다.

다만 이숭녕(1986)에서 지적한 바와 같이 〈조선왕조실록〉을 비롯하여 이 시대의 유신(儒臣)들의 저술에서 신미(信眉)에 대한 기록은 매우 인색하였다. 오로지 그를 간승(奸僧)으로 매도하는 기사가 있을 뿐이고 그에 대한 정보는 엉성하기 짝이 없다. 그나마 전술한 김수온(金守溫)의 〈식우집〉에서 그를 거론한 것은 신미가 그의 실형(實兄)이기 때문이다.

6.3.3.4 신미에 대한 기사를 〈조선왕조실록〉에서 찾아보면 모두 68건이 검색된다. 내용별로 보면 〈세종실록〉에 10건, 〈문종실록〉에 26건, 〈단종실록〉에 1건, 〈세조실록〉에 7건, 〈예종실록〉에 5건, 〈성종실록〉에 18건, 〈연산군일기〉에 1건이 발견된다.

신미에 관한 기사는 주로 그의 동생 김수온(金守溫)과 관련하여 등장한다. 신미(信眉)와 김수온 두 형제에 관련된 기사를 보면 유가(儒家)에서 얼마나 그들을 혐오(嫌惡)하고 기피했는지 알 수 있다. 그들에 관한 기사가 하나같이 그를 폄하(貶下)하고 핍박(逼迫)하는 것이어서 조선 전기에 유가(儒家)와 불가(佛家)의 다툼이 어느 정도였는지 말해준다. 그리고 〈조선왕조실록〉의 기록이 유신(儒臣)들의 전유물이었음을 다시 한 번 깨닫게 한다.

신미에 관한 실록의 기사는 『세종실록』(권112) 세종 28년 5월 갑오(甲午)의 기사에 처음 등장한다. 신미를 칭찬한 소윤(少尹) 정효강(鄭孝康)에 대하여 "常稱美奸僧信眉"라 하여 늘 간승 신미를 칭찬하였다고 폄하(貶下)하였다. 다만 이 기사에서 정효강이 "我和尚, 雖處廟堂, 有何不足乎?"라 하여 그가 묘당의 중신(重臣)이 되어도 부족하지 않다고 한 것으로 보아 신미의 인품이 결코 실록의 기사대로 간사하지만은 않았던 것으로 보인다.[189]

---

189) 이 실록의 기사를 옮겨보면 ○大會僧徒, 轉經于大慈菴. 初, 命集賢殿修撰李永瑞, 敦寧府注簿姜希顔等, 泥金寫經于誠寧大君第, 首陽, 安平兩大君來往監督, 越數旬而成. 至是, 大設法席, 大君諸君皆與焉. 其赴會僧, 凡二千餘, 至七日而罷, 糜費不貲. 少尹鄭

〈세종실록〉에 신미를 간승(奸僧), 즉 "요망한 중"으로 기록한 곳은 『세종실록』(권121) 세종 30년 7월 경술(庚戌)의 기사에서 가장 분명하다. 유신(儒臣)인 생원(生員) 유상해(兪尙諧) 등이 올린 상소문에

> 臣等聞妖僧信眉矯詐百端, 自謂生佛, 陽爲修善之方, 陰懷寄生之謀, 其眩惑人心, 蓁蕪聖學, 莫之勝說。且信眉之弟校理守溫以儒術著名, 而 助說異端之敎, 依阿貴近, 以資進取。乞將守溫, 正名其罪; 特斬妖僧, 以 絶邪妄, 則臣民咸知大聖人之所爲, 出於尋常萬萬也。不報。 - "신 등이 듣건대, 요망한 중 신미가 꾸미고 속이기를 백 가지로 하여 스스로 생불이라 하며, 겉으로 선을 닦는 방법을 하는 체하고 속으로 붙여 사는 꾀를 품어서 인심을 현혹시키고 성학(聖學)을 황폐하게 만드는 것이 이루 말할 수가 없습니다. 또 신미의 아우인 교리 수온이 유술(儒術)로 이름이 났는데, 이단의 교를 도와서 설명하고 귀하고 가까운 사람에게 붙어서 아첨하여 진취에 쓰니, 비옵건대, 수온을 잡아다가 그 죄의 이름을 바루고, 특히 요망한 중을 베어 간사하고 요망한 것을 끊으면, 신하와 백성이 모두 대성인의 하는 일이 보통에서 뛰어남이 만만인 것을 알 것입니다"라고 하였으나, 회답하지 아니하였다.

라는 기사가 있어 두 번이나 신미(信眉)를 '요망한 중(妖僧)'이라 불러 처단할 것을 요구하였다.

이 기사를 보면 요즘에도 진영 논리가 기승을 부리지만 당시 유교와 불교의 다툼이 얼마나 치열했는가를 알 수 있다. 그로 인하여 불가(佛家)의 일은 실록에 기록되지 않았고 세종의 새 문자 창제에 참여한 불가의

孝康亦參是會。孝康性傾巧, 外示淸淨, 內懷貪欲, 凡諸佛事, 盡心爲之, 以求媚於上, 常稱美奸僧信眉曰: "我和尙, 雖處廟堂, 有何不足乎?"와 같다. 大慈庵의 法會가 얼마나 성대했는지 알려준다.

사람들이 세상에 알려지지 않았다. 그리고 결과적으로 불가의 이론이 훈민정음의 제정에 얼마나 많은 영향을 주었는지 어둠 속에 묻히게 된 것이다.

요즘에 한글 예찬론자들이 신미(信眉), 김수온(金守溫)을 비롯한 불가인(佛家人)들의 한글 창제에 관여한 사실을 인정하지 않고 무조건 배척하는 것을 보면서 다시 한 번 세종 시대에 유교와 불교의 대립이 오늘날에 재현되는 것 같아 가슴이 아프다. 정말 역사는 반복되는 것 같다.

6.3.3.5 앞에서 논의한 대로 세종이 새 문자를 창제하여 〈고금운회〉를 번역하여 파스파 문자와 같이 한자음 표기에 적합한지를 검토하였다. 그리고 정의(貞懿) 공주가 변음토착(變音吐着)을 해결하고 구결과 토(吐)를 훈민정음으로 표기하면서 세종은 우리말의 전면적 표기가 가능함을 깨닫고 신미와 김수온, 그리고 수양대군으로 하여금 〈증수석가보(增修釋迦譜)〉를 언해하여 〈석보〉를 편찬하게 한다.

따라서 〈석보〉는 비록 간행된 것은 〈월석〉의 구권보다 늦지만 새 문자로 우리말을 표기한 최초의 자료이며, 여기에 신미(信眉) 형제의 언해와 언문 표기가 주도적 역할을 하였음을 필자의 여러 논저에서 강조하였다.190) 특히 졸고(2019a)에서는 신미(信眉) 대사의 불경에 대한 지식과 한문에 조예(造詣)가 깊은 김수온(金守溫)의 언해, 그리고 수양대군의 감독과 보조로 최초의 언문 자료인 〈석보〉가 저술되었고 이를 보고 세

---

190) 새 문자를 제정하여 〈용비어천가〉에 처음 이 문자로 우리말을 표기하도록 시도하였다는 통설이 있다. 그러나 다음의 제7장 7.1.3.2에서 살펴본 것처럼 훈민정음의 〈해례본〉과 〈언해본〉이 간행되기 이전인 세종 27년(1445)에 제진(製進)된 〈용비어천가〉는 그 편찬자들이 새 문자를 전혀 이해하지 못하는 인물이어서 한문으로만 된 문헌으로 보아야 한다. 그 안의 肇國을 讚歌한 漢詩를 언해하여 수록한 〈용비어천가〉는 세종 29년(1447)에 간행된다. 이에 대하여는 졸고(2014, 2019b), 졸저(2019a:118~121)를 참고할 것.

종 스스로가 〈월인〉을 지으면서 언문으로 우리말을 표기할 수 있음을 확인하게 되었다고 주장하였다.

특히 신미의 〈실담장(悉曇章)〉에 대한 지식은 실담(悉曇)의 마다(摩多)에 맞추어 중성(中聲)을 소운(小韻)에서 분리하여 독자적 지위를 부여하면서 자음과 모음을 표기하는 언문이란 글자가 완성된 것이다. 만일 신미가 중성을 독립시켜 초성(初聲)과 대등한 위치에 놓지 않았으면 세종의 훈민정음이 우리말 표기의 언문이란 문자로 발전하지 못하고 파스파 문자처럼 당대에 쓰이다가 소멸되었을 것이다.

당시 우리말, 즉 조선어는 중국 한자음과 달리 모음이 중요한 역할을 한다. 따라서 모음을 표기하는 별도의 글자가 없었으면 이 글자로 우리말 표기가 성공하지 못하였을 것이다. 비록 늦게 새 문자 제정에 참여하였지만 신미의 공은 중요하다고 하지 않을 수 없다. 모음자를 따로 설정하지 않은 서장(西藏) 문자는 물론이고 모음을 유모(喩母)에 속한다고 보아 7개의 글자만 인정한 파스파 문자와 같이 세종이 새 문자를 제정하였다면 오늘날의 한글은 존재하지 않았을 것이다.

4) 새 문자의 제정과 신미

6.3.4.0 〈석보〉와 〈월인〉, 그리고 이를 합편한 〈월석〉의 간행은 세종의 새 문자 제정에서 하나의 전환점으로 보아야 한다. 그러나 이 세 불경의 편찬에 대하여 실록은 아무런 기록을 남기지 않았다. 오히려 〈세종실록〉의 기록에서는 대군(大君)들이 신미(信眉)를 추종하고 불교에 물드는 것을 못마땅하게 보았을 뿐이다.

즉, 『세종실록』(권116) 세종 29년 6월 병인(丙寅)조의 기사에 "○司諫院啓: [前略] 守溫之兄, 出家爲僧, 名曰信眉。首陽大君珛, 安平大君瑢, 酷信好之, 坐信眉於高座, 跪拜於前, 盡禮供養。守溫亦佞佛, 每

從大君往寺, 披閱佛經, 合掌敬讀, 士林笑之. - 사간원에서 계하기를 '수온의 형이 출가하여 중이 되어 이름을 신미라고 하였는데, 수양대군 이유(李瑈)와 안평대군 이용(李瑢)이 심히 믿고 좋아하여, 신미를 높은 자리에 앉게 하고 무릎을 꿇어 앞에서 절하여 예절을 다하여 공양하고 수온도 또한 부처에게 아첨하여 매양 대군들을 따라 절에 가서 불경을 열람하며 합장하고 공경하여 읽으니, 사림에서 모두 웃었다'라고 하다" 라 하여 수양대군과 신미, 그리고 김수온이 수양과 안평 등의 대군들과 불경을 읽는 것을 옳지 않게 보았다.

다만 불경을 번역한 것에 대하여 『세종실록』(권121) 세종 30년 9월 신묘(辛卯)의 기사에

○辛卯/金守溫守承文院校理. 守溫素佞佛者也. 其兄僧信眉造飾僧道, 得幸於上, 守溫夤緣左右, 交結首陽, 安平兩大君, 反譯佛書. 若有內佛事, 則與司僕少尹鄭孝康瞑目兀坐, 竟日徹夜, 合掌念經, 唱佛說法, 略無愧色. 又常誘大君曰: '大學, 中庸不及法華, 華嚴微妙.' 諸大君以爲忠於上, 上特命除政曹, 會無窠闕, 姑授是職. - 신묘 [중략] 김수온으로 승문원교리를 삼았는데, 수온은 본래 부처에 아첨하는 자이다. 그 형 중 신미가 승도를 꾸미면서 임금께 총애를 얻었는데, 수온이 좌우를 인연하여 수양과 안평의 두 대군과 결탁해서 불서를 번역하고, 만일 궁내에서 불사가 있으면, 사복 소윤(司僕少尹) 정효강과 더불어 눈을 감고 돌올하게 앉아서 종일 밤새 합장하고 경을 외고 염불을 하며 설법하여 조금도 부끄러워하는 빛이 없었다. 또 항상 대군들을 꾀어 말하기를 '〈대학〉과 〈중용〉이 법화나 화엄의 미묘함에 미치지 못하다' 하므로, 여러 대군들이 임금에게 충성하는 것이라 여기어 임금이 특별히 정조(政曹)를 제수하라고 명하였는데, 마침 빈자리가 없기 때문에 우선 이 벼슬을 준 것이었다. 밑줄 필자.

라는 기사에서 김수온이 수양과 안평대군과 함께 불서(佛書)를 번역하였음을 알려줄 뿐이다. 여기서 불서란 전술한 〈증수석가보(增修釋迦譜)〉를 말할 깃이고 이를 번역하여 편찬한 것이 〈석보〉임을 알 수 있다.

6.3.4.1 그리고 『세종실록』(권123) 세종 31년 2월 병자(丙子)조의 기사에

○以朴薑爲工曹參議, 趙完璧僉知中樞院事, 金守溫守兵曹正郎, 知製教. 守溫能詩文, 性酷好浮屠, 夤緣得幸, 以前直長, 不數年超拜正郎, 嘗以未爲製教爲恨, 至是特授之. 凡守溫除拜, 率非銓曹所擬, 多出內旨. 上連喪二大君, 王后繼薨, 悲哀憫愴, 因果禍福之說, 遂中其隙. 守溫兄僧信眉倡其妖說, 守溫製讚佛歌詩, 以張其教. 嘗大設法會于佛堂, 選工人, 以守溫所製歌詩, 被之管絃, 調閱數月, 而後用之. 上之留意佛事, 守溫兄弟贊之也.

– 박강을 공조 참의로, 조완벽을 첨지중추원사로, 김수온을 병조정랑, 지제교로 삼았다. 수온은 시문에 능하고, 성품이 부도(浮屠)를 매우 좋아하여, 이 인연으로 [왕의] 사랑함을 얻어, 전 직장에서 수년이 못 되어 정랑에 뛰어올랐고, 일찍이 지제교가 되지 못함을 한스러워하였는데, 이에 이르러 특별히 제수되었다. 무릇 수온의 제수는 대개가 전조(銓曹)에서 의논한 것이 아니고 내지에서 나온 것이 많았다. 임금이 두 대군을 연달아 잃고, 왕후가 이어 승하하여 비애하고 감창하는 마음에 인과화복의 말이 드디어 허전한 틈에 들어맞았다. 수온의 형인 중 신미가 그 요사한 말을 주창하고, 수온이 찬불가시를 지어 그 교를 넓혔다. 일찍이 불당에서 법회를 크게 베풀고 악공을 뽑아 수온의 지은 가시에 관현을 맞춰 연습하게 하여 두어 달 뒤에 쓰게 하였다. 임금이 불사에 뜻을 둔 데는 수온의 형제가 도운 것이다.

라는 기사가 있다.

여기서 찬불가시(讚佛歌詩)란 〈월인천강지곡(月印千江之曲)〉, 즉 〈월인〉을 말할 것이니 이것은 세종이 〈석보〉를 읽고 찬불가(讚佛歌)인 〈월인〉을 지을 때에 김수온이 도운 것을 비판한 것이다.[191] 이 곡(曲)이 불당(아마 궁궐 안의 내불당을 말함인 듯)에서 관현악으로 연주되는 것을 실록의 편찬자인 유신들은 감당하기 어려운 왕의 처사여서 김수온(金守溫)에 기대어 이를 비판한 것으로 보인다.

졸저(2015) 등에서 주장한 바와 같이 세종이 새 문자로 훈민정음을 제정한 다음에 이를 우리말 표기에 쓸 수 있음을 불경인 〈석보〉에서 시험하였고 〈월인〉에서 세종이 스스로 그 사용을 확인하여 언문(諺文)이란 이름을 얻었으므로 이 두 불경의 편찬은 새 문자 제정에서 매우 중요한 의미를 갖는다.

그러나 이에 대한 기사는 앞에 든 〈세종실록〉의 기사 이외에는 어디에도 〈석보〉와 〈월인〉의 편찬에 대하여 언급하지 않았다. 〈조선왕조실록〉이 불가(佛家)의 행사나 불서(佛書)의 간행에 대하여 얼마나 인색했는지 알려주는 대목이다. 다만 불가의 실담(悉曇)에 의거하여 만든 새 문자를 불가(佛家)의 책에서 먼저 사용하는 것은 어쩌면 당연한 일로 보인다.

김수온이 중신(重臣)으로 발탁된 것이 세종의 뜻이지 묘당(廟堂), 즉 전조(銓曹)에서 추천된 것이 아님을 앞의 기사에서 읽을 수 있다. 앞의 기사에서 김수온의 형인 신미의 덕택으로 그가 병조정랑(兵曹正郞)과 지제교(知製敎)의 벼슬을 얻었다고 한 것처럼 여러 실록의 기사에서 세종이 신미(信眉)를 총애하여 김수온이 출세하였음을 밝혀놓았다.

즉,『세종실록』(권123) 세종 31년 1월 병술(丙戌)조의 기사에 "김수온을 병조정랑으로 삼았다. 수온은 그의 형인 중 신미 때문에 특별히 정조

---

191) 이 기사에 의거하여 朴炳彩(1962)에서는 〈月印千江之曲〉을 金守溫의 저술로 보았다.

에 제수하기를 명하였다(金守溫守兵曹正郞。守溫以兄僧信眉之故, 特命除政曹。)"라고 하여 신미에 대한 세종의 총애로 김수온도 요직에 나아갔음을 알 수 있다. 병조정랑은 이조정랑(吏曹正郞)에 버금가는 요직이었기 때문이다.

6.3.4.2 세종과 신미와의 관계는 각별하였다.『세종실록』(권127) 세종 32년 1월 임인(壬寅)에 "○壬寅/上疾瘳, 精勤猶不罷, 仍大作佛事, 召僧信眉, 迎入寢內設法, 待以尊禮。 – 임인/ 임금의 병환이 나았는데도 정근을 파하지 않고 그대로 크게 불사를 일으켜 중 신미를 불러 침실 안으로 맞아들여 법사를 베풀게 하였는데 높은 예절로써 대우하였다"라는 기사가 있어 세종이 병상(病床)에서도 신미를 높이 받든 것으로 보인다. 따라서 유신(儒臣)들의 반감은 더욱 클 수밖에 없었다.

세종이 승하(昇遐)하고 문종이 즉위하자 신미는 궐(闕) 안의 내불당을 떠나 현등사(懸燈寺)로 나아간 것으로 보인다.『문종실록』(권1) 문종 즉위년 4월 무인(戊寅)조에

○傳旨承政院曰: '義禁府嘗囚懸燈寺僧雪正, 予卽命放送, 今聞雪正到淸溪寺, 義禁府發卒掩捕。雪正先王所敬僧, 信眉所住寺僧也。故已命放送, 而發卒掩捕, 其問所由以啓。' 義禁府啓曰: '本府無有此事。' 卽下諭書于京畿監司, 令覈掩捕之由, 且曰: '今後信眉住處, 毋得侵犯。' – 승정원에 전지하기를 "의금부에서 일찍이 현등사의 중 설정을 가두어두었던 것을 내가 즉시 석방해 보내라고 명하였는데, 지금 듣건대 설정이 청계사에 도착하니 의금부에서 군사를 내어 붙잡았다고 한다. 설정은 선왕께서 존경하던 중인 신미가 거주하던 절의 중이다. 그런 까닭으로 이미 석방해 보내라고 명했는데 군사를 내어 붙잡았으니, 그 이유를 물어서 아뢰게 하라" 하니, 의금부에서 아뢰기를 "본부에서는 이런 일이 없었습니다" 하였

다. 즉시 유서를 경기 감사에게 내려서 설정을 붙잡은 이유를 핵실(覈實)하도록 하고, 또 말하기를 "금후에는 신미가 거주하는 곳에는 침범하지 못하게 하라" 하였다.

는 기사가 있어 그가 현등사에 잠시 머물고 있었음을 알 수 있다.

그러나 그는 곧 전일에 거처하던 속리산(俗離山) 복천사(福泉寺)로 다시 옮겨 간 것 같다.『문종실록』(권2) 문종 즉위년 6월 갑오(甲午)조에 ○甲午/諭忠淸道監司權克和曰: "僧信眉, 改創福泉寺於報恩縣地, 丹艧之具, 隨宜備給." - 충청도 감사 권극화에게 유사하기를, '중 신미가 보은현 땅에 복천사를 고쳐 지으니, 단청의 제구를 적당히 갖추어 주어라 하였다"는 기사가 있어 문종 즉위년 6월경에는 보은(報恩) 속리산에 복천사(福泉寺)를 고쳐 짓고 그곳으로 옮겨 거주한 것으로 보인다.

6.3.4.3 문종은 선왕의 뜻이라고 하며 신미에게 '선교종도총섭(禪教宗都摠攝) 밀전정법(密傳正法) 비지쌍운(悲智雙運) 우국이세(祐國利世) 원융무애(圓融無礙) 혜각존자(慧覺尊者)'란 칭호를 내려 금란지(金鸞紙)에 관교(官教)를 쓰고 자초폭(紫綃幅)으로 싸서 사람을 시켜 보내었다고 한다.

즉,『문종실록』(권2) 문종 즉위년 7월 무신(戊申)조에 "[前略] 又以僧信眉爲禪教宗都摠攝密傳正法悲智雙運祐國利世圓融無礙慧覺尊者, 以金鸞紙書官教, 裹以紫綃幅, 遣人就賜之, 我朝以來, 無如此僧職. [下略] - [전략] 또 신미 승려로 하여금 '선교종도총섭, 밀전정법, 비지쌍운, 우국이세, 원융무애, 혜각존자'를 삼아 금란지에 관교를 쓰고 자초폭으로 싸서 보내주었는데 우리 국조 이래로 이러한 승직은 없었다. [하략]"라는 기사가 있어 문종이 신미에게 이러한 직첩(職帖)을 내린 것을 알 수 있다.

즉, 문종이 즉위하여 여러 신하에게 관직과 작위(爵位)를 내릴 때에 신미에게도 혜각존자(慧覺尊者)라는 불승(佛僧)에게 최고의 존호(尊號)를 내린 것이다. 물론 이러한 직첩(職帖)에 대한 유신들의 반대는 대단하였다. 특히 "祐國利世 – 나라를 돕고 세상을 이롭게 하다"라는 칭호에 대하여 많은 유신들이 반대하였다.

먼저 당시 사헌부(司憲府) 장령(掌令)이던 하위지(河緯地)가 연이어 반대 상소를 올렸고(『문종실록』 문종 즉위년 7월 辛亥 및 癸丑조 기사) 사간원(司諫院)의 우정언(右正言)인 홍일동(洪逸童)이 관교를 환수하라고 주청(奏請)하였으며 집현전의 직제학(直提學)이던 박팽년(朴彭年)이 과격한 언사로 이를 반대하였다. 특히 박팽년은 신미의 직첩에 우국이세(祐國利世)란 칭호를 맹렬하게 공격하였다.

박팽년은 신미를 노간(老奸)이라 부르며 그의 존호(尊號)가 부당함을 극간(極諫)하여 문종의 분노를 사서 고신(告身)을 뺏기고 삭직(削職)하게 되었는데 신미와 박팽년은 오랜 사혐(私嫌)이 있었다. 즉, 그는 성균관(成均館)에서 신미와 같이 수학하였으나 신미, 당시는 김수성(金守省)에 대하여 성균관 학생 시절부터 서로 사이가 좋지 않았다.

위의 『문종실록』(권2) 문종 즉위년 7월 무신(戊申)조의 기사에서 "신미는 간사한 중입니다. 일찍이 학당에 입학하여 함부로 행동하고, 음란하고 방종하여 못 하는 짓이 없으므로 학도들이 사귀지 않고 무뢰한으로 지목하였습니다. 그 아비 김훈이 죄를 입게 되자, 폐고(廢錮)된 것을 부끄럽게 여겨 몰래 도망하여 머리를 깎았습니다(信眉姦僧也, 嘗赴學堂, 猖狂淫放, 無所不至, 學徒不齒, 目之爲無賴。及其父訓之被罪也, 恥其廢錮, 潛逃薙髮。)"라는 박팽년의 상소가 있어 그가 성균관에서 같이 공부할 때부터 신미를 좋지 않게 보았음을 실토하였다.[192]

6.3.4.4 박팽년을 위시하여 신숙주(申叔舟), 하위지(河緯地), 유성원(柳誠源) 등과 같이 전에 집현전(集賢殿)의 학자로서 세종의 사랑을 받던 사람들이 문종 즉위년에 갑자기 신미에 대한 불만을 터뜨린 것은 세종의 새 문자 제정에서 신미의 새로운 이론, 즉 불가(佛家)의 성명기론(聲明記論)에 의거하여 자신들의 문자학에 대한 지식이 철저하게 짓밟힌 탓으로 보인다.

세종이 초기에는 중국 성운학(聲韻學)과 원대(元代) 파스파 문자의 제정 원리가 새 문자를 만드는 데 중추적 역할을 하였고 젊은 유학자들도 여기에 동참하였으나 신미가 추후에 참여하여 불가의 성명기론으로 성운학의 이론을 혁파(革罷)하고 초중종성(初中終聲)의 삼분법을 주장하여 언문 자모를 획기적으로 개혁하자 당시 집현전의 젊은 학자들은 체면을 잃게 된 것이다.

실제로 훈민정음의 〈해례본〉은 비록 그들의 편찬으로 되었으나 내용은 성명기론에 의거한 신미의 주장이 많이 반영되었다. 따라서 성운학과 파스파 문자의 제정 이론으로 새 문자를 제정하여 훈민정음을 제정하는 데 깊숙하게 관여했던 젊은 집현전 학자들은 신미의 불가(佛家) 이론에 의하여 밀려나게 된 셈이다.

다만 〈해례본〉에 신미가 아니라 집현전 학사들의 이름만 보인 것은 최만리 반대 상소를 염두에 두고 집현전을 중심으로 편찬한 것으로 하려는 정치적 배려가 있었던 것으로 보인다. 최만리가 중심이 되어 집현전의 중요 인물들이 반대 상소에 동참하자 세종은 이를 무마하기 위하여 〈해례본〉의 편자들을 주로 집현전의 젊은 학사들로 채운 것으로 보

---

192) 실제로 김수성, 즉 신미는 몰래 도망가서 머리를 깎은 것이 아니라 그의 외조부인 禮文館 대제학 李行의 천거로 당시 유명한 학승인 涵虛堂에게 출가하여 승려가 된 것이다(졸저, 2019a:90).

아야 할 것이다.

그만큼 〈해례본〉의 문자 설명은 고대인도의 성명기론(聲明記論)에 의거한 것이 많다. 이에 대하여는 별도의 논문에서 살펴보기로 한다.

6.3.4.5 세종의 승하(昇遐)와 문종의 즉위를 틈타서 신미를 몰아내려는 유신들의 상소(上訴)는 모두 문종의 불윤(不允)으로 끝이 난다. 세종의 총애를 받다가 그가 돌아가고 문종이 즉위하면서 신미가 궁궐의 내불당에서 나가자 일시에 유신(儒臣)들이 신미의 직첩(職帖)을 빌미로 공격하였으나 문종은 끝까지 이를 들어주지 않았다.

오히려 속리산 복천사(福泉寺)로 낙향(落鄕)한 신미를 안평대군 용(瑢)을 시켜 문안까지 하게 하였다(『문종실록』 문종 1년 9월 庚子조의 기사). 그리고 전술한 바와 같이 부왕인 세종의 유지에 따라 신미에게 많은 편의를 보아주었기 때문에 유신들의 공격이 그렇게 힘을 얻지 못하였다. 다만 그는 궁궐로 돌아가지 못하였고 이절 저절로 옮겨 다니게 된다.

단종이 즉위했을 때에도 유신(儒臣)들은 신미를 비롯한 불가(佛家)의 사람들을 공격하였으나 신미와 친밀한 관계에 있고 또 불교에 호의적인 세조가 즉위하면서 이러한 유신(儒臣)들의 공격은 종지부를 찍는다. 이후 신미와 김수온 형제는 세조의 두터운 신임을 얻었고 동생 김수온은 출세를 거듭한다.

유신(儒臣)들은 왕위가 바뀔 때마다 불가인(佛家人)인 신미(信眉)를 공격하여 내치려 하였으나 그에 대한 세종의 총애가 워낙 각별하였기 때문에 문종도 이를 어쩌지 못하였다. 더구나 신미와 친분이 두터웠고 호불(好佛)하는 세조가 등극하자 신미는 비로소 유신의 핍박으로부터 벗어나게 되었다.

그러나 그는 후대의 제왕들과는 세종처럼 교유하지 않았다. 새 문자를 제정하는 일이 더 이상 없었기 때문이다.

4. 마무리

6.4.1 이상 세종의 새 문자 제정에 직접적으로 영향을 준 원대(元代) 파스파 문자와 고대인도의 범자(梵字), 그리고 이로부터 발달한 실담(悉曇) 문자에 대하여 살펴보았다. 원대(元代) 파스파 문자는 고려 후기에 원(元) 제국(帝國)의 공용 문자로 제정되었다. 그리고 황제(皇帝)의 조칙(詔勅)으로 반포된 문자여서 원(元)과 밀접하게 접촉하던 고려 후기로부터 조선 전기에 이 땅에서 널리 알려진 문자였다.

실제로 고려의 중신(重臣)들은 이 문자를 알고 있었으며 고려의 역관들은 이 문자로 시험을 보았다(졸저, 2017:426). 조선에서도 초기에는 이 문자를 역관들에게 시험하여 배우게 하였으며 유신(儒臣)들도 한자음 학습에 도움을 주는 이 문자를 익히 알고 있었던 것으로 추정된다(졸저, 2017:100~105). 한자음 운서인 최세진의 〈사성통해〉에서는 파스파 문자로 발음을 단 〈몽고운략〉 등의 몽운(蒙韻)을 인용하였다.

그리고 이것은 훈민정음의 제정에 직접 관여한 신숙주의 『사성통고(四聲通攷)』(이하 〈사성통고〉)에서 전재한 것으로 보아 세종의 새 문자 제정에 관여한 인사들은 이 문자를 모두 알고 있었을 것으로 추정된다. 즉, 〈사성통해〉의 권두에 실린 26조 범례의 첫머리에 〈몽고운략〉을 들고 〈사성통고〉에 실린 한자의 속음(俗音)은 몽운(蒙韻)에서 가져온 것이 많다고 하여 〈사성통해〉에서도 몽운의 한자음으로 정음과 속음을 구별하였다고 한다.

6.4.2 〈사성통해〉 권두의 범례(凡例) 26조의 첫 번에 "〈몽고운략〉은 원나라의 소찬인데 오랑캐가 중국에 들어와 국자(國字, 파스파 문자를 말함)로 한자의 발음을 전사하여 만든 운서로서 국인(國人, 몽고인을 말함)들을 가르치려고 한 것이다. 발음을 취하여 글자를 만든 것이 매우 정교하고 또 올바르게 되어서 〈사성통고〉에서 실은 [한자의] 속음은 혹 몽운(蒙韻)의 발음과 같은 것이 많다. 그러므로 이번에 〈사성통해〉를 편찬하면서 반드시 몽음(蒙音)을 참고하여 [한자의] 정음과 속음의 같고 다름을 밝히는 증거로 삼으려고 한다"라고 하였다.[193]

이 기사로 보면 파스파 문자가 한자음의 표음을 위하여 매우 유용하였음을 말하고 있다. 중종 때의 최세진이 이런 생각을 가진 것은 바로 세종 때에 새 문자의 제정에 참여한 문신(文臣)들도 같았을 것이다. 당시에는 파스파 문자가 첩아월진(帖兒月眞), 또는 첩월진(帖月眞)이라는 이름으로 역관들도 배우고 시험을 보았다는 기록이 남아 있다(졸저, 2017:428).

세종은 아마 파스파 문자를 통하여 한자음 학습에 유용한 훈민정음을 구상한 것으로 보인다. 훈민정음(訓民正音)이란 글자 명칭을 보더라도 백성들에게 가르쳐야 하는 올바른 한자음의 표음을 위하여 새 문자를 제정하였고 문자의 이름도 그로부터 '훈민정음'이라 한 것이다. 파스파 문자가 보여준 한자음의 명확한 표음이 세종의 새 문자 제정의 동기가 되었다.

그리하여 파스파 문자에 맞추어 훈민정음을 제정하였으나 이 문자에서는 모음을 독립시키지 않고 유모(喩母)에 속한 것으로 보았다. 파스파

---

193) 〈사성통해〉의 권두에 실린 '凡例 二十六條'의 첫 머리에 놓인 전문을 옮겨보면 "一 蒙古韻略元朝所撰也. 胡元入中國, 乃以國字飜漢字之音, 作韻書, 以敎國人者也. 其取音作字至精且切, 四聲通攷所著俗音, 或同蒙韻之音者多矣. 故今撰通解, 必參以蒙音, 以證其正俗音之同異."와 같다. 구두점은 필자.

문자가 모델로 삼은 티베트의 서장(西藏) 문자가 모음자를 따로 만들지 않고 자음자에 부속하는 구분부호만을 만든 것보다는 한 걸음 나아간 것이지만 여전히 모음을 유모(喩母)에 부속하는 것으로 보았다.

세종의 새 문자 제정에서도 초기에는 대운(大韻)의 성(聲), 즉 초성의 언문 27자만을 만들고 파스파 문자처럼 유모(喩母), 후대의 욕모(欲母)에 속하는 7자의 모음자를 만든 것 같다. 아마도 천지인(天地人)을 상형한 기본적인 3 모음자에 이들을 한 번씩 결합시켜 만든 초출자(初出字) 4자를 더하여 모두 7자를 제자(制字)하였다. 그리하여 한글에서는 모음의 글자를 단독으로 쓸 때에는 욕모(欲母) / ㅇ/을 붙여 쓰게 된다.

6.4.3 파스파 문자에서처럼 모음을 유모(喩母)에 부속하는 것이 아니라 중요한 음운으로 음절 형성의 주체로 본 것은 아마도 신미(信眉) 대사의 조언에 의한 것으로 보인다. 신미는 고대인도의 범자(梵字), 특히 실담(悉曇)의 마다(摩多)에 의거하여 모음의 중요성을 인정하고 중성(中聲)을 소운(小韻)에서 분리하여 초성의 자음과 대등하게 본 것이다.

그리하여 반절상자의 대운(大韻)과 반절하자의 소운(小韻)으로 양분한 것으로부터 소운(小韻)을 중성과 종성으로 다시 나누고 대운(大韻)의 초성과 더불어 삼분(三分)하였다. 그러나 초성과 종성은 글자가 같으므로 결국은 초, 종성의 자음(子音)과 중성의 모음으로 2분한 것이 된다. 음절 초 자음보다는 음절의 핵인 모음이 중요한 우리말의 표기에서 중성은 중요한 역할을 하게 되고 훈민정음이 우리말 표기의 언문(諺文)으로 나아갈 수 있게 된 것이다.

그동안 우리 학계에서는 고대인도의 범자(梵字)와 불경의 문자로 널리 알려진 실담(悉曇)으로부터 세종의 새 문자 제정에서 영향을 받은 사실에 대하여 침묵하였다. 그러나 조선 성종 때에 활약한 성현(成俔)의

〈용재총화(慵齋叢話)〉에서 언문(諺文)이 범자의 영향을 받은 것을 밝힌 바가 있고 임진왜란 이후에 이수광(李睟光)의 〈지봉유설(芝峯類說)〉에서도 같은 언급이 있다.

이미 우리의 선조들은 세종의 새 문자 제정에서 범자(梵字)와 실담(悉曇) 문자로부터 영향을 받았음을 알고 있었던 것이다. 본서에서는 중국 당대(唐代)의 지광(智廣)이 편찬한 『실담자기(悉曇字記)』로부터 마다(摩多)와 체문(体文)을 배열한 〈실담장〉의 순서대로 중성(中聲)의 중요성이 인식되었고 'ㄱ[k], ㅋ[kh], ㄲ[g], ㅇ[ng]'의 순서로 훈민정음이 제정된 이유를 알 수가 있었다.

제7장

───────

세종의 새 문자 창제와
〈월인석보〉

목차

7.0.1 이 장(章)에서는 앞에서 논의한 내용을 바탕으로 하여 세종의 새 문자 창제에 대하여 그동안 필자가 주장하여 온 내용을 정리하고 새로운 시각으로 새 문자의 제정을 고찰하여 이 책의 결론으로 하려고 한다. 또 앞에서 살펴본 내용을 요약 정리하여 그동안 우리가 잘못 이해하

거나 전혀 알 수 없었던 새 문자 창제와 관련된 문제들에 대하여 다시 한 번 살펴보기로 한다.

그동안 학계에서는 세종이 새 문자로 훈민정음을 세종 25년 12월에 친제하셨고 이를 세종 28년 9월에 완성하여 반포(頒布)한 것으로 인정하고 있다. 즉, 『세종실록』(권103) 세종 25년(1443) 계해(癸亥)년 12월의 기사에 "是月, 上親制諺文二十八字。 其字倣古篆, 分爲初中終聲, 合之然後, 乃成字。 凡于文字及本國俚語, 皆可得而書。 字雖簡要, 轉換無窮, 是謂訓民正音。 – 이달에 임금이 친히 언문 28자를 제정하셨다. 글자는 고전을 본떴고 초성, 중성, 종성으로 나누어 합쳐진 후에 글자를 이룬다. 문재한자의 발음 및 우리말을 모두 기록할 수가 있다. 글자는 비록 간단하지만 전환이 무궁하니 이것이 소위 훈민정음이다"란 기사가 실록에 나타난 가장 이른 시기의 기사이며 따라서 훈민정음의 제정도 이때에 일단 마무리된 것으로 본다.

그러나 『세종실록』(권113) 세종 28년(1446) 9월조의 기사에 "是月訓民正音成, 御製曰: [中略] 正音之作, 無所祖述 – 이달에 훈민정음이 완성되었다. 임금이 지어 말씀하시기를 [중략] 훈민정음을 지은 것은 옛 사람이 저술한 바가 없다"라는 기사에 의거하여 훈민정음, 즉 한글이 이 해의 9월에 완성된 것으로 선학(先學)들은 오해하였다.

그리하여 한때 9월을 양력으로 환산하여 10월 말을 가갸날로 정하여 기념한 일도 있었으나 {해례}『훈민정음』(이하 〈해례본〉)이 발견되어 그 책의 후미에 첨부된 정인지(鄭麟趾)의 후서(後序)에 '正統 十一年 九月 上澣'이란 간기로부터 이 책이 정통 11년(1446) 9월 1~9일에 간행되었음을 알게 되었다.

그리고 앞에서 인용한 실록의 기사 "是月訓民正音成 – 이달에 훈민정음이 완성되었다"가 '훈민정음'이란 문자를 말하는 것이 아니라 〈해례본〉이란 책의 완성임을 깨닫게 되었다. 그러나 당시 학계의 원로들이 이미 10월의 가갸날을 인정하고 있었으므로 그들의 후학들은 이 책의 간행을 새 문자의 반포라고 우기면서 9월 상한(上澣)을 양력으로 환산하여 10월 9일을 한글날로 정하여 국가의 기념일로 정하였다.

참으로 어처구니없는 사연으로 제정된 기념일이다. 훈민정음 〈해례본〉의 간행을 새 문자의 반포로 보기도 어렵고 실록에 처음 등장하는 기사보다 3년이나 나중에 새 문자의 완성이라고 본 것도 제대로 판단한 것으로 보기 어렵다.

7.0.2 그러면 과연 훈민정음 〈해례본〉의 간행을 새 문자의 반포로 간주할 수 있을까? 필자는 여러 곳에서 훈민정음의 〈해례본〉이 지나치게 설명이 현학적이고 음가로 든 한자도 어려운 벽자(僻字)여서 일반 백성들이 이 책을 보고 새 문자를 깨우쳐 알기는 어려웠을 것이라고 누차 주장하였다.[194]

그보다는 『월인석보(月印釋譜)』(이하 〈월석〉) 제1권의 권두에 첨부된 '세종어제훈민정음'이라든지 단행본으로 전하는 '훈민정음'이 오히려 일반 백성들에게 쉽게 새 문자를 배울 수 있는 교재라고 주장하였다. 이 책에서는 '훈민정음'이 {신편}〈월석〉에 붙은 「세종어제훈민정음(世宗御製訓民正音)」(이하 〈세종어제훈민정음〉)과 {구권}〈월석〉에 붙어 있던 것을 따로 떼어내어 단행본으로 한 『훈민정음(訓民正音)』(이하 〈훈민정음〉)이 있으며 이것들은 모두 훈민정음의 학습교재인 〈언해본〉을 말한 것이라고 주장하였다.

---

194) 예를 들면 /ㅂ/에 대하여 "ㅂ彆字初發聲 – 'ㅂ'은 별자(彆字) 처음 나오는 소리이다"라고 하였는데 '별(彆– 활시울 뒤틀릴 별)'자는 僻字여서 어리석은 백성들이 쉽게 알기 어려운 한자이다.

제5장의 5.5.1.1에서 고찰한 바와 같이 〈세종어제훈민정음〉은 {신편}〈월석〉 제1권의 여러 판본에서 권두에 첨부되었고 요즘에는 서강대학교 소장의 {신편}〈월석〉 제1, 2권이 초간본으로 알려져 여기에 부재(附載)된 것을 〈언해본〉의 원본으로 보아왔다. 또 단행본으로 전해오는 〈훈민정음〉은 고려대 도서관의 육당문고에 소장되어 있고 일본 궁내청(宮內廳)에는 이를 필사한 사본도 있다. 모두가 훈민정음의 〈언해본〉이다.

고려대 소장의 단행본 〈훈민정음〉은 필사된 앞의 첫 장만 다를 뿐이고 나머지는 모두 〈세종어제훈민정음〉과 일치하기 때문에 동판본(同板本), 즉 동일한 책판을 쇄출하여 편철한 〈언해본〉으로 앞의 제5장에서 논술하였다. 아마도 이 고려대본도 {구권}〈월석〉의 제1권 권두에 첨부하려고 간판한 책판을 후대에 따로 떼어 쇄출(刷出)하여 단행본으로 제책한 것으로 보인다고 하였다.

따라서 훈민정음이란 이름으로 창제된 언문(諺文), 즉 한글은 〈월석〉의 간행과 깊은 연관이 있다고 보아야 한다. 『증수석가보(增修釋迦譜)』(이하 〈증수석가보〉)를 수양대군과 신미, 김수온이 언문으로 언해한 『석보상절(釋譜詳節)』(이하 〈석보〉)이 저술되었고 이를 보고 세종이 석가(釋迦)를 찬양한 『월인천강지곡(月印千江之曲)』(이하 〈월인〉)을 지었으며 이 둘을 합편하여 {구권}〈월석〉을 세종 28년 10월경에 먼저 간행하였다고 보았다.

그리고 세종 28년(1446) 3월에 승하(昇遐)하신 세종의 왕비 소헌왕후(昭憲王后)의 소상(小喪)을 맞이하여 왕비의 왕생극락을 추천(追薦)하기 위해서 〈석보〉와 〈월인〉이 세종 29년 7월에 간행하였다. 그렇다면 세종 28년 10월에 간행한 〈월석〉이야말로 세종이 창제한 새 문자로 써서 세상에 공표한 최초의 문헌이다. 따라서 제1권 권두에 훈민정음의 〈언해본〉을 첨부하여 어리석은 백성들이 이 문자를 익히고 이 책을 읽게 한 것이다.

그러므로 훈민정음 〈해례본〉의 간행을 훈민정음의 공표로 본 것은 차제에 재고되어야 할 것이다. 왜냐하면 필자는 훈민정음의 〈언해본〉을 〈월석〉의 구권에 첨부하여 간행함으로써 새 문자를 공표한 것이며 훈민정음의 〈해례본〉은 그전에 이 문자를 이론적으로 정리한 해설서에 불과한 것으로 보기 때문이다.

7.0.3 앞의 제4장에서 논의한 바와 같이 정통(正統) 12년(1447), 즉 세종 29년이란 간기를 갖고 있는 이 옥책은 〈월석〉의 제8권을 옮겨 새겼다. 이 옥책 364편(片)의 옥간(玉簡)에는 〈월석〉의 구권(舊卷), 즉 〈월인〉과 〈석보〉를 합편하여 세종(世宗)이 생존 시에 '월인천강지곡석보상절', 즉 '월인석보(月印釋譜)'라는 이름으로 간행한 {구권}〈월석〉을 옮겨 새긴 것이다.

즉, 정통 12년, 세종 29년의 옥책은 〈월석〉 제8권의 104엽을 모두 옮겨 새긴 것임을 앞의 제4장에서 고찰하였다. 그리고 〈월석〉에는 구권(舊卷)과 신편(新編)이 있는데 이 옥책은 〈월석〉의 구권을 새겼다고 보았다. 왜냐하면 이 옥책에 정통(正統) 12년(1447)이란 간기가 있으므로 세조 5년, 즉 천순(天順) 3년(1459)에 간행된 〈월석〉의 신편은 아직 간행되기 전의 일이기 때문이다. 정통 12년은 세종 29년으로 아직 세종이 살아있을 때의 일이다.

따라서 세종은 새 문자를 창제한 다음에 그 제정 이유를 서문에 쓰고 글자의 자형(字形)과 그 음가, 그리고 정서법을 간략하게 설명한 예의(例義)를 언해하여 〈월석〉의 권두에 첨부하여 공간함으로써 이 문자를 세상에 공표한 것이다. 〈월석〉의 제1권 권두에 세종의 어제서문과 예의(例義)를 언해하여 첨부한 것은 이것으로 새 문자를 익혀 〈월석〉을 읽으라는 배려일 것이다.

그 이전에 세종의 아들인 수양대군과 측근인 신미(信眉), 그리고 김수온(金守溫)으로 하여금 〈증수석가보〉를 언해하여 〈석보〉를 짓게 하여 문자의 사용을 시험하고 세종이 〈월인〉을 스스로 지으면서 새 문자로 우리말의 표기를 확인한 것임을 앞에서 밝혔다. 〈석보〉에서 시험한 세 문자로 우리말 표기가 가능함을 스스로 확인한 것이 〈월인〉이다. 그리고 원고로 된 〈석보〉와 〈월인〉을 합편하여 〈월석〉을 먼저 간행하면서 제1권 권두에 훈민정음의 〈언해본〉을 첨부한 것이다.

굳이 불경을 택하여 훈민정음의 〈언해본〉을 첨부한 것은 새 문자가 불가(佛家)의 이론에 근거하여 제정되었을 뿐만 아니라 먼저 한자에 중독된 유신(儒臣)들의 강력한 반대를 피하고 또 몽골의 원(元)에서 파스파 문자를 제정한 것처럼 새 문자를 제정하는 것을 못마땅하게 생각하는 명(明)의 감시를 피하기 위함이었다.

또 불가(佛家)의 이론인 성명기론(聲明記論)과 불경의 글자인 실담(悉曇)에 의거하여 만든 새 문자로 〈월석〉과 같은 불경을 적는 것은 어쩌면 당연하다고 보았을 것이다. 그리고 불경은 원래 범자(梵字)로 쓰인 원전(原典)이 있어서 명(明)의 눈을 피하기에 적절하였기 때문이다. 명(明) 태조가 가장 먼저 타파하여야 하는 호원(胡元)의 잔재(殘滓)가 파스파 문자여서 이를 모방한 것으로 오해할 수 있는 새 문자에 대한 명(明)의 감시를 피하는 방법으로 불전(佛典)을 택한 것이기도 하다.

다만 불경의 진언(眞言)으로 알려진 범자(梵字)는 당시 아시아에 널리 알려진 표음문자이지만 배우기 어렵고 원(元)의 파스파 문자는 한자음 학습에 매우 유용하였지만 명(明)의 감시가 심하여 이 문자를 사용하기가 어려웠다. 따라서 새로운 문자를 만들지 않으면 안 되었고 새 국가를 세우면 새 문자를 만든다는 중국 북방민족들의 전통에도 합당하였다.

이런 이유로 세종은 새 문자를 제정하고 〈월석〉의 권두에 〈언해본〉을 첨부하여 세상에 알린 것이다.

7.0.4 거기다가 원(元)의 건국으로 중국의 언어 중심지가 장안(長安)의 서북방언에서 북경(北京)의 동북방언으로 바뀌면서 우리 한자음, 즉 동음(東音)과 중국 한자음이 서로 많이 다르게 되었다. 세종의 어제서문에 "國之語音이 異乎中國ᄒᆞ야 與文字로 不相流通ᄒᆞᆯ씨 ‒ 나랏 말소리 中國과 달라 文字로 더브러 서르 흘러 通티 몯 ᄒᆞ논디라"195)는 바로 이런 상황을 말한 것이다.

세종은 이런 한자음의 차이를 줄여보기로 하고 동국정운식이라는 인위적인 한자음을 제정하여 이를 새 문자로 표기하면서 이를 "訓民正音 ‒ 백성들에게 가르쳐야 하는 올바른 한자음"이라고 한 것이다. 그리고 여기에 쓰인 문자의 명칭도 훈민정음이라고 하였다. 후에 정의(貞懿) 공주가 변음토착(變音吐着)의 난제를 훈민정음으로 해결하자 이 문자로 우리말을 전면적으로 표기하게 되어 문자의 이름도 언문(諺文)으로 하였다고 주장하였다.

그리고 졸저(2019b)에서 동아시아 여러 민족의 문자 제정과 그 사용을 살펴보면서 한글의 창제도 중국의 변방민족들이 한자 문화에 저항하기 위하여 새 국가를 건설하면 새 문자를 제정하는 관례에 따른 것임을 강조하였다. 따라서 그동안 '사상 유례가 없는' 한글이 아니라 주변 민족들이 한자와 다른 문자를 제정하여 사용한 것과 관련이 있다고 본 것이다.

범자(梵字)를 본받아 제정한 티베트의 서장(西藏) 문자와 이를 모방하여 몽고인들이 개발한 파스파 문자로부터 한글은 많은 영향을 받았다

---

195) 고려대본 〈훈민정음〉에서 인용한 것임.

고 주장하였다. 그리하여 이 세 문자는 모두 첫 글자가 /k/이고 이어서 /kh/, /g/, /ng/의 순서로 첫 글자가 제정되었다. 훈민정음에서 'ㄱ(君), ㅋ(快), ㄲ(虯), ㆁ(業)'의 순서로 글자를 만든 것은 파스파 문자와 그 이전의 서장(西藏) 문자에서, 그리고 궁극적으로는 브라흐미(Brāhmi) 문자, 즉 범자(梵字)와 그로부터 발달한 실담(悉曇) 문자로 소급된다.

7.0.5 특히 원대(元代) 파스파 문자는 세계의 문자학계에서 잘 알려지지 않은 문자의 하나여서 이 문자와 한글을 비교하는 데는 한계가 있었다. 졸고(2011)와 이 책의 제6장 6.1.2.1에서 밝힌 바와 같이 그동안 금석문에 쓰인 파스파 문자를 중세몽고어와 비교하여 해독한 논저들에는 많은 잘못이 있었다.

왜냐하면 금석(金石)에 새길 때에 글자의 모양이 많이 변형되기 때문에 이것을 자료로 하여 파스파 문자를 고찰한 Pauthier(1862), Pozdněev (1895~1908), Pelliot(1925)를 비롯하여 Poppe(1957), Ligeti(1973), 그리고 照那斯图·楊耐思(1984) 등에서 많은 오류가 있었다. 그리하여 지금까지 과연 파스파 문자에서 몇 글자를 만들었는지 여러 학설이 구구하였다.

필자는 현전하는 {증정}『몽고자운(蒙古字韻)』(이하 〈증정몽고자운〉)의 런던 초본을 통하여 파스파 문자를 새롭게 살펴보면서 그동안의 오류를 수정할 수 있었다. 즉, 졸저(2009)에서 중국 한자음의 반절상자(反切上字), 즉 성(聲)으로 36자모를 만들고 유모(喩母)에 속하는 모음자로 7개를 만들어 43자를 제정한다고 하였으나 중복되는 것이 있어서 실제로는 41자를 만들었다고 보았고 이를 〈원사(元史)〉에서 확인할 수 있다고 하였다.[196]

---

196) 그 이유는 모음자 표음을 위한 喩母 /ʊ/자가 이미 36자모에 들어있어 중복되었고 순경음

그러나 제6장의 6.1.2.3의 [표 6-3]으로 살펴본 바와 같이 몽고자운의 36자모 가운데 설상음(舌上音) 3자와 정치음(正齒音) 3자가 /ㅌ, ㆅ, ㄹ/로 동일하고 순경음의 전청과 전탁이 /ㆆ/로 동일하여 실제로는 32자만이 성모(聲母), 즉 초성의 글자로 만든 것이다. 이 가운데 '泥 ㆁ[n]'와 '娘 ㅁ[ŋ]'의 구별마저 없앤 31자가 최세진의 『사성통해(四聲通解)』(이하 〈사성통해〉)의 권두에 첨부된 「홍무운삼십일자모지도(洪武韻三十一字母之圖)」(이하 〈홍무운 31자모도〉로 약칭)로 정리된 것이다(졸저, 2015:319).

7.0.6 〈사성통해〉의 〈홍무운 31자모도〉는 훈민정음 제정에 가담한 신숙주(申叔舟)의 『사성통고(四聲通攷)』에서 전재한 것이다(졸저, 2009). 따라서 신숙주를 포함하여 조선 초기에 새 문자를 제정하는 데 관여한 모든 사람들이 친숙하게 알고 있던 파스파 문자가 새 문자의 제정에 영향을 주었을 것은 불문가지의 사실이다.

이것은 이익(李瀷)의 『성호사설(星湖僿說)』(1760?)에서 훈민정음이 몽고 문자에서 왔다는 주장[197]이나 유희(柳僖)의 「언문지(諺文志)」(1824, 『文通』, 전100권의 제19권)의 '전자례(全字例)'에서 "諺文雖刱於蒙古, 成於我東, 實世間至妙之物 ― 언문은 비록 몽고에서 시작하여 우리나라에서 이루어졌지만 실제로 세간에 지극히 오묘한 것이다"라고 언급한 사실을 새삼 떠오르게 한다.

유희의 〈언문지〉는 한자음 표기를 위한 표음문자가 몽고의 원(元)에서 파스파 문자로 시작하여 조선의 언문에 와서 비로소 완전하게 되었음을

에서도 全淸字와 全濁字가 /ㆆ/으로 중복되어 41자만 인정된 것이다.

197) 星湖 李瀷(1681~1763)이 『星湖僿說』(30권 30책)에서 언문의 蒙古字 관련설을 펼 수 있었던 것은 明이 멸망하고 만주족의 淸이 선 다음이기 때문이다. 이보다 앞선 成俔의 『慵齋叢話』에서는 아마도 明의 감시 때문에 언문과 파스파 문자에 대하여 언급할 수 없었던 것 같다.

말한 것이다. 따라서 필자는 파스파 문자의 제정과 그 원리를 통하여 훈민정음의 창제를 이해하는 것이 가능하며 오히려 훈민정음을 통하여 아직 그 정체를 알 수 없는 파스파 문자를 이해할 수 있다고 생각한다.198)

훈민정음을 한자음 정리를 위하여 제정하고 나서 세종의 둘째 따님인 정의(貞懿) 공주가 이를 가지고 '변음토착(變音吐着)'의 난제를 해결하자 세종은 이 문자로 우리말을 표기할 수 있을 것으로 생각하기 시작하였다. 왜냐하면 변음토착은 바로 구결이나 토(吐)의 표기에서 일어나는 문제였기 때문에 한문으로 적을 수 없는 구결과 토를 해결함으로써 훈민정음으로 우리말을 전면적으로 표기할 수 있다고 보게 된 것이다.

7.0.7 그 시작이 〈증수석가보〉를 언해하여 〈석보〉를 편찬하는 일이었는데 여기에 주도적인 역할을 한 사람이 바로 신미(信眉) 대사이다. 다만 그는 세종의 새 문자 제정이 어느 정도 진척된 다음에 참가하였다. 즉, 세종이 파스파 문자로부터 영감을 얻어 우리도 한자음 표기를 위한 표음문자의 필요성을 인정하고 새 문자를 제정하기 시작하였고 이를 세종 25년 12월에 일단락이 되어 신하들에게 알린 다음에 비로소 신미는 이 일에 참여하였다.

세종의 신문자 제정은 처음에 명(明)의 주의를 끌지 않기 위하여, 그리고 한문에 중독된 유신(儒臣)들의 반대를 피하기 위하여 가족 중심으로 시작하였다. 그리하여 파스파 문자의 자음자에 해당하는 반절(反切) 27자를 만들고 이를 훈민정음(訓民正音)이라 하였다. 아마도 세종 25년

---

198) 실제로 세계의 문자학계에서는 파스파 문자에서 모음자를 단독으로 쓸 때에 ꡁꡜꡗꡣ[ü], ꡁꡜꡌꡒ[ö]'와 같이 왜 喩母 /ꡁꡜ/을 앞에 쓰는지 알 수 없었다. 이것은 훈민정음의 中聲字 표기에서 欲母 /ㅇ/을 붙여 '위, 외'와 같이 쓰는 것을 보고 파스파 문자에서 모음자를 喩母에 속한다고 본 것임을 확인할 수 있었다.

12월의 『세종실록』 기사 "上親制諺文二十八字 [중략] 是謂訓民正音"은 "上親制訓民正音二十七字"이었을 것이다.

이 기사가 세조 때에 〈세종실록〉을 편찬하면서 앞의 기사와 같이 수정되어 등재되었을 것으로 보인다. 세종은 훈민정음 27자에다가 파스파 문자의 유모자(喩母字)에 해당하는 욕모자(欲母字) 7자를 더하여 세종 26년 2월에 젊은 집현전 학사들로 하여금 이 글자로 〈운회〉를 번역하게 명한다고 추정하였다.

7.0.8 〈운회〉를 번역하라는 왕명(王命)으로 인하여 새 문자 제정이 세상에 알려져 최만리(崔萬理)를 비롯한 집현전 학자들의 집단적인 반대에 부딪히게 된다. 이 반대를 보고 세종은 훈민정음을 좀 더 보완할 필요를 느껴서 범자(梵字)와 실담(悉曇) 문자에 조예가 깊은 신미 대사를 속리산 복천사(福泉寺)에서 불러 올려 새 문자 제정에 참여하도록 한 것으로 보인다.

앞에서 논의한 바와 같이 신미(信眉)는 실담장(悉曇章)의 12자의 마다(摩多), 즉 모음자에 의거하여 욕모자(欲母字) 7자를 11자로 확대하고 이를 중성자(中聲字)로 하였다. 그리고 모음의 중성을 대운(大韻)의 초성과 대등하게 취급하였다. 즉, 자음의 초성과 모음의 중성으로 나눈 것이 되었다.

우리말의 음절을 반절이나 성운학(聲韻學)에서처럼 반절상자(反切上字)의 성(聲)과 반절하자(反切下字)의 운(韻)으로 2분한 것이 아니라 초성(初聲), 중성(中聲), 종성(終聲)으로 3분하였다. 그리고 초성과 종성은 같은 것으로 하여 범자(梵字)에서처럼 마다(摩多)와 체문(体文), 즉 모음과 자음으로 우리말의 음운을 나누었다.

그리하여 자음으로는 초성 17자, 그리고 모음의 중성으로는 11자로 하여 모두 28자라 하여 이를 훈민정음 28자로 불렀다. 종성이 실제로 초성에 속한다고 본 것은 28자 중에는 종성이 초성에 포함되었기 때문이다. 훈민정음이 얼마나 범자와 실담장(悉曇章)에서 영향을 받았는지 알 수 있다.199)

그리고 이 문자로 우리말을 전면적으로 표기하기에 이르러 명칭을 언문(諺文)이라 하였다. 훈민정음이 한자음 정리를 위한 기호였다면 언문은 우리말을 표기하는 문자가 된다. 비로소 새 문자가 만들어진 것인데 이미 〈석보〉에서 실험한 것을 세종이 스스로 〈월인〉에서 확인하고 이를 〈월석〉의 제1권 권두에 첨부하여 간행함으로써 새 문자를 공표한 것이다.

이제 이 장(章)에서는 이러한 필자의 주장을 종합하여 〈월석〉의 옥책에 대한 연구의 결론을 대신하기로 한다. 이미 세종의 새 문자 제정에 대하여는 졸저(2015)에서 한 번 정리하였다. 그러나 이 책을 낼 때에는 범자(梵字)의 실담장(悉曇章)에 관한 연구가 빠져있었고 더욱이 반절(反切)에 대한 연구도 미처 정리하지 못하였을 때여서 이 책에서 그에 대한 것을 추가한 것이다.

1. 세종의 훈민정음 제정

7.1.0.0 훈민정음은 전게한 『세종실록』(권103) 세종 25년(1443) 계해(癸亥)년 12월의 기사가 실록에 나타난 가장 이른 시기의 것이다. 원(元)

---

199) 成俔(1439~1504)의 『慵齋叢話』(권7)에 "世宗設諺文廳, 命申高靈, 成三問等製諺文, 初終聲八字, 初聲八字, 中聲十二字, 其字體依梵字爲之"와 芝峰 李晔光의 『芝峰類說』(1624, 20권 10책)의 권18에 "我國諺書字樣, 全倣梵字"라고 하여 이미 이 시대에 諺文이 梵字로부터도 영향을 받은 것임을 알고 있었다.

나라 파스파 문자를 본받아 조선에서 새 문자를 제정(制定)하려는 것을 좋지 않게 보는 명(明)의 눈치를 보아야 하고 또 한문에 중독된 유신(儒臣)들의 반대를 무릅써야 하는 세종으로서는 암암리에 가족들과 새 문자 제정의 작업을 수행하였다.

그리고 어느 정도 마무리하고 갑자기 이를 공표하여 세종 25년 12월에 "上親制諺文二十八字 – 임금이 친히 언문 28자를 짓다"라는 실록의 기사로 나타난 것이다. 다만 졸저(2019a:260)에서 이 기사는 세종 당시의 것과 달라서 후일 세조 때의 실록청에서 〈세종실록〉을 간행할 때에 고친 것이라고 보았다.

즉, 임홍빈(2008, 2013)에서 이 기사가 날짜의 간지(干支)가 없어 나중에 추가된 것이라고 주장하였는데 필자도 '훈민정음 27자'로 되었던 기사를 '언문 28자'로 고쳐서 실록에 실었다고 추정하였다(졸고, 2017b). 왜냐하면 실록의 기사는 마음대로 추가할 수가 없고 실록의 근거가 된 일지(日誌)가 있었기 때문이다.

왜냐하면 전게한 세종 25년의 실록 기사는 "是月, 上親制諺文二十八字。[中略] 是謂訓民正音。"이란 기사로부터 원래 이 문자가 '훈민정음(訓民正音)'으로 불렸고 이제는 '언문(諺文)'이라고 한다는 뜻이기 때문이다. 앞에서 언급하고 다음의 7.1.1.0에서 주장한 것처럼 "上親制訓民正音二十七字"를 위의 기사로 바꾼 것으로 보았다.

또 세종 25년 12월의 기사보다 불과 2개월 후인 세종 26년 2월조에 실린 최만리(崔萬理)의 반대 상소문에는 언문(諺文) 27자라고 하였다.[200] 이 '언문 27자'는 『훈몽자회』의 「언문자모(諺文字母)」의 부제(副題)인

---

200) 그동안의 통설에서는 이 최만리의 반대 상소에 등장하는 '諺文二十七字'가 '二十八字'의 오자라고 하였는데 실록에서 오자를 인정하지 않는 엄격한 규율을 무시한 어처구니없는 주장이다.

"俗所謂反切二十七字 – 속되게 소위 반절 27자라고 하는 것"에 보이는 '반절 27자'이기도 하다. 따라서 세종 25년 12월까지는 반절상자(反切上字), 즉 초성을 표기하는 문자로 27자를 제정한 것으로 본 것이다.

7.1.0.1 반절(反切)은 졸고(2017b)에서 밝힌 것처럼 중국에 온 서역(西域)의 역경승(譯經僧)들이 한자음을 표음하는 방법으로 고안된 것이다. 따라서 반절이란 한자음 표기를 말하는데 〈언문자모〉의 '반절(反切) 27자'는 언문이 한자음 표기에 사용되는 글자였었음을 알려주는 증거이다. 즉, 언문을 반절로 한 것은 이 글자의 시작이 한자음 표기를 위한 것이었음을 분명하게 알려준다.

물론 반절 27자에 파스파 문자와 같이 유모(喩母)에 속하는 모음자 7자를 함께 만들어 〈운회〉를 번역하는 데 사용하였다. 유모(喩母)는 훈민정음 〈해례본〉과 동국정운에서 욕모(欲母)가 되었고 신미(信眉)가 욕모(欲母) 7자에 재출자(再出字) 4자를 더하여 중성을 11자로 하였다. 우리가 중성자(中聲字)들을 단독으로 표기할 때에 / ㅇ /을 붙여 쓰는 것은 전에 이 중성자들이 욕모(欲母)에 속하였던 것임을 증언한다. 그렇지 않고는 왜 모음은 'ㅇ, ㅡ, ㅣ, ㅗ, ㅏ, ㅜ, ㅓ'로 / ㅇ /을 붙여 쓰는지 설명할 길이 없다. 이에 대하여는 졸고(2017b)에서 자세하게 논의하였다.

7.1.0.2 세종 25년 12월 이후에는 몇몇 젊은 유신(儒臣)들의 도움을 얻어 〈운회(韻會)〉라는 운서(韻書)를 번역하면서 본격적으로 한자음 표기에 이 새 문자를 사용하는 방법을 모색하였다. 즉, 세종 26년 2월 병신(丙申, 16일)에 집현전(集賢殿) 교리인 최항(崔恒) 등으로 〈운회〉를 번역하게 한 것이 이 문자로 작업한 최초의 일이며 젊은 유학자들의 도움을 받기 시작한 첫 번째 사업으로 보인다.

이에 대하여는 『세종실록』(권103) 세종 26년 2월 병신(丙申, 16일)조에 다음과 같은 기사가 있다.

집현전 교리 최항, 부교리 박팽년, 부수찬 신숙주·이선로·이개, 돈령부 주부 강희안 등에게 명하여 의사청에서 언문으로 〈운회(韻會)〉를 번역하게 하다. 동궁과 진양대군(수영대군을 말함—필자 주) 이유·안평대군 이용으로 하여금 그 일을 관장하되 모두 임금의 품의하여 결단하도록 하였으므로 상을 거듭 내려주고 내려주는 것이 넉넉하고 후하게 하였다(○丙申: 命集賢殿校理崔恒, 副校理朴彭年, 副修撰申叔舟, 李善老, 李塏, 敦寧府注簿姜希顔等, 詣議事廳, 以諺文譯韻會, 東宮與晉陽大君瑈, 安平大君瑢, 監掌其事. 皆稟睿斷, 賞賜稠重, 供億優厚矣。).

이 기사를 보면 〈운회〉의 번역을 위하여 가족들 이외에도 세종을 추종하는 젊은 유신(儒臣)들로서 집현전의 최항, 박팽년, 신숙주, 이선로 등이 참가하였고 유일하게 돈령부(敦寧府)의 주부(注簿)인 강희안이 포함되었다. 그는 비록 집현전의 학사는 아니나 역시 새 문자의 제정에 관심을 가진 신진 학자였음을 알 수 있다. 또 다음의 7.2.2.5에서 논의한 것처럼 강희안은 신미(信眉)의 추종자이기도 하였다.

여기서 〈운회〉의 번역은 바로 원대(元代)의 『고금운회(古今韻會)』, 또는 『고금운회거요(古今韻會擧要)』라는 운서의 번역을 말하며 운서(韻書)의 번역이니 여기서 말한 역(譯)은 의미의 언해가 아니라 발음의 표음임을 알 수 있다. 새로 만든 문자로 한자의 동북방언음을 표음하려고 한 것이다. 또 이로 인하여 세종이 새 문자를 제정하려고 한 것이 세상에 알려져 바로 유신(儒臣)들의 격렬한 반대에 부딪힌다.

7.1.0.3 즉, 〈운회〉의 번역을 명한 4일 후인 2월 경자(庚子, 20일)에 최

만리(崔萬理)의 반대 상소가 올라온다. 전부터 세종이 암암리에 새 문자를 제정하고 있다는 소문은 들었으나 집현전의 젊은 학자들에게 이 문자로 〈운회〉를 번역하도록 명한 것이 알려져서 그들은 바로 반대의 상소를 올린 것이다.

그리고 이 반대 상소에서 새 문자의 제정을 반대하는 가장 중요한 이유가 명(明)이 이것을 마땅치 않게 여기고 반대한다는 것이었다. 조선에서 제왕(帝王)의 하는 일을 명(明) 황제(皇帝)의 힘을 빌려 제압하려는 뜻도 있었을 것이지만 명(明)에서 새 문자의 제정을 달가워하지 않는다는 사실을 잘 알고 있었다는 증거이기도 하다.

실제로 한자 문화를 지키려는 한족(漢族)의 세력과 이에 저항하는 북방민족의 세력이 새 문자의 제정으로 한반도에서 부딪힌 것이다. 마치 동북아에서 황제(黃帝)와 치우(蚩尤)의 싸움이 계속되는 것처럼 중국의 북방민족들은 한자 문화에 대항하고 자신들의 정체성을 지키기 위하여 나라를 세우면 새 문자를 제정하여 왔던 것이다.

1) 언문 27자

7.1.1.0 졸저(2019a)에서는 세종 26년 2월에 〈운회〉를 번역할 때에는 다음의 7.2.1.5에 제시한 [표 7–2]의 '초기의 언문 27자'와 같이 초성의 자음 27자와 유모(喩母), 후일에 욕모(欲母)에 속한다고 보았던 7자, 즉 /ᄋ, ᄋ, 이/와 /오, 아, 우, 어/의 모음자로 〈운회〉의 한자음을 번역하였다고 보았다.

이와 같이 한자음의 표음을 위한 문자이므로 언문이란 명칭보다는 한자음 표음에 사용되었기 때문에 반절(反切)로 인식되어 '반절 27자'로도 불린 것 같다. 원래 반절이란 다음에 언급한 대로 서역의 역경승(譯經僧)들이 한자의 발음을 표기하기 위하여 두 개의 한자로 하나의 발음을 표음하는 방법이다. 중국의 성운학(聲韻學)도 이로부터 발달한 것이다.

이렇게 한자음 표음에서 주역을 맡았던 반절의 훈민정음(이때에는 언문이 아니었음)에 신미(信眉) 대사가 새 문자 제정에 참가하여 범자(梵字)로부터 발달한 실담장(悉曇章)의 마다(摩多)에 맞추어 모음자인 중성(中聲)을 추가하였다고 보았다. 즉, 초기에는 27자의 반절상자(反切上字), 즉 초성을 표기하는 글자로 언문 27자를 제정한 것이다.

그리고 여기에 유모(喩母)에 속하는 7자, 즉 천지인(天地人) 삼재(三才)를 상형(象形)한 'ㆍ, ㅡ, ㅣ' 기본 3자에다가 이를 서로 결합한 초출자(初出字) 'ㅗ, ㅏ, ㅜ, ㅓ'의 4자를 더 만들어 유모에 속한다고 보았고 이로써 운회(韻會)를 번역하려고 하였다. 유모는 후일 동국정운식 23자모에서 욕모(欲母)로 바뀐다.

그러나 언문 27자에서 우리말과 우리 한자음, 즉 동음(東音)의 표기에 불필요한 전탁(全濁)의 6자와 순경음(脣輕音)의 4자, 도합 10자를 제외하여 초성을 17자로 줄였다. 그리고 여기에 욕모(欲母)의 7자에다가 재출자(再出字) 'ㅛ, ㅑ, ㅠ, ㅕ'를 더하여 중성 11자를 만들고 이를 초성 17자와 합하여 모두 28자로 정한 것이 훈민정음 〈해례본〉에서 훈민정음 28자가 된다. 또 이것이 세종의 어제서문과 예의(例義)에 명시된 '훈민정음이십팔자(訓民正音二十八字)'이기도 하다.

따라서 『세종실록』(권103) 세종 25년(1443)의 기사 '훈민정음 27자'를 문종 때에 실록청에서 〈세종실록〉을 편찬하면서 '언문 28자'로 고친 것이다. 즉, 본서의 모두에서 인용한 『세종실록』(권103) 세종 25년 12월조의 기사의 "是月上親制諺文二十八字 [中略] 是謂訓民正音"은 원래 "是月上親制訓民正音二十七字"였던 것을 고쳐서 '언문 28자'로 하고 "是謂訓民正音 - 이것이 소위 훈민정음이다"를 덧붙인 것이다.

〈언문자모〉에서 '반절(反切) 27자'를 초성 16자와 중성 11자의 27자로 한 것은 후대에 여항(閭巷)에서 자의적으로 고친 것이다. 우선 반절법(反切法)에서 중성(中聲)만으로는 반절하자(反切下字)가 될 수 없고 여기에 종성(終聲)이 합해야 하기 때문에 중성(中聲)만을 반절(反切)이라 할 수 없기 때문이다. 그리하여 이것은 원래 반절법과 어긋나기 때문에 〈언문자모〉에서는 '속소위(俗所謂)'라는 말을 앞에 얹은 것이라고 보았다(졸고, 2016b, 2017a).

따라서 이 언문 27자는 원래 반절상자(反切上字), 즉 초성만을 27자로 한 것이 〈언문자모〉에서는 와전(訛傳)되어 초성(初聲) 16자와 중성(中聲) 11자를 합하여 반절 27이라고 한 것으로 된 것이다. 훈민정음 28자 가운데 초성 17자의 후음(喉音) 전청(全淸)인 'ㆆ 挹'이 우리말과 우리 한자음의 표기에 쓰이지 않아서 이를 제외하고 16자로 하고 중성 11자를 더하여 27자로 본 것이다.

7.1.1.1 필자는 세종이 원대(元代)에 몽고인들이 한자를 학습하기 위하여 파스파 문자를 제정하여 한자 학습의 발음기호로 이용한 것에 착안하여 훈민정음을 제정한 것으로 주장하여 왔다(졸저, 2009). 원(元)나라의 영향을 많이 받은 고려후기에 파스파 문자는 당시 고려의 지식층 사이에는 널리 알려진 표음문자였기 때문이다.

예를 들면 고려 충렬왕(忠烈王) 2년에 설치된 통문관(通文館)은 후일 사역원(司譯院)으로 개명하였지만 여기서 역관들에게는 파스파 문자인 첩아월진(帖兒月眞)이 반드시 배워야 하는 문자였으며 역과(譯科)에서는 이를 시험하기도 하였다.[201] 조선 초기에도 파스파 문자는 한자음을

---

201) 조선 초기에는 譯科를 通事科라고 하였다. 『太祖實錄』(권6) 태조 3년 11월 乙卯조에 '通事科'의 試式이 실려 있어 무엇을 시험하였는지 알 수 있다. '習蒙語者', 즉 몽고어 학습자에게는 '문자'라고만 적혔지만 『通文館志』(권2) 「科擧」 '蒙學八冊'조에 열거한 몽고어 시

배우는 지식인들에게 널리 알려진 문자였다. 따라서 초기에 세종이 새 문자를 제정할 때에는 당연히 이 문자가 모델이 되었을 것이다.

앞의 6.1.1.3에서 논의한 대로 파스파 문자로 한자음을 정리한『몽고운략(蒙古韻略)』(이하 〈몽고운략〉)이나『몽고자운(蒙古字韻)』(이하 〈몽고자운〉), 그리고 주종문(朱宗文)의 {증정(增訂)}『몽고자운』(이하 〈증정 몽고자운〉)이란 이름의 몽운(蒙韻)들이 〈사성통해〉와 같은 조선 전기의 운서에서 참고한 것으로 그 서명이 등장하기 때문이다.

따라서 이 시대의 식자(識者)들은 이들 몽운에 쓰인 파스파 문자에 대하여 잘 알고 있었을 것으로 추정된다. 세종 때에 신숙주가 편찬한『사성통고』에 〈몽고운략〉의 서명이 보이므로 세종도 몽고인들의 한자학습을 위하여 파스파 문자를 사용한 사실을 잘 알고 있었으며 이로부터 조선에서도 이러한 문자의 필요성을 느끼게 되었을 것이다.

그러나 한족(漢族), 그것도 오아(吳兒)의 명(明)에서는 원(元)에서 제정한 파스파 문자를 호원(胡元), 즉 오랑캐 원나라의 잔재(殘滓)로 간주하고 가장 먼저 이를 철폐시켰다. 한자 문화에 저항하기 위하여 북방민족들이 왕왕이 새 문자를 제정하였기 때문이다. 예를 들면 몽골계통인 거란족의 요(遼)에서 만든 거란(契丹) 문자나 퉁구스 계통인 여진족의 금(金)에서 제정한 여진(女眞) 문자, 그리고 몽골 제국(帝國)의 몽고-위구르 문자 등이 그러하다.

그런 형편에 원(元)에 귀화하여 쌍성총관부(雙城摠管府)의 다루가치(達魯花赤) 벼슬을 지낸 이자춘(李子春)의 후예들이 세운 조선에서 몽고의 원(元)처럼 새 문자를 만드는 것을 명(明)에서 달가워할 리가 없었다.

험 책자 중에 처음에 사용한 科試書로 '帖月眞'이 들어있다. '帖月眞'은 '帖兒月眞'이라고 도 쓰며 몽고어 'dörberjin(四角)'을 한자로 표기한 것으로 '四角문자'란 뜻의 파스파 문자를 말한다. '帖月眞'은『經國大典』(권3)「禮典」'譯科蒙學'조에도 科試書로 등장한다.

거기다가 명(明)에 굴종하여 몽고를 배척하고 한문화와 한자에 중독된 조선의 유신(儒臣)들도 새 문자의 제정을 받아들이기 어려웠다.202)

그리하여 세종은 초기에는 동궁(東宮)과 정의(貞懿) 공주, 수양대군 (首陽大君)을 비롯한 자녀들의 도움을 받아 새 문자를 제정하기 시작하였다. 가족 중심의 비밀 프로젝트였던 것인데 물론 이때에는 우리말 표기보다는 주로 한자의 발음 표기를 위한 것이었다. 그리하여 세종 25년까지 한자음 표기에서 가장 유용한 반절법(反切法)에서 반절상자(反切上字), 즉 대운(大韻)의 초성 27자를 만들어 이를 전술한 바와 같이 '훈민정음 27자'로 신하들에게 공표하기에 이른다.

7.1.1.2 초성의 글자는 발음기관을 상형하여 만든 아설순치후(牙舌脣齒喉) 오음(五音)의 기본 5자에다가 인성가획(引聲加劃)하던지 이체자 (異体字)를 만들던지 하여 모두 17자를 만들었다. 원래 정초(鄭樵)의『통지(通志)』의「육서략(六書略)」에 등장하는「기일성문도(起一成文圖)」에 기본자의 'ㄱ'에서 'ㅇ'까지 한글 글자의 자형(字形)이 부호로 제시되었으나 거기에는 이것이 발음기관을 상형한 것이라는 언급은 없었다.203)

즉, 다음의 7.3.3.0에서 논의한 것처럼 훈민정음의〈해례본〉「제자해 (制字解)」에서는 아설순치후 오음(五音)의 기본자를 모두 발음기관과 발

---

202) 대표적인 것이 세종에게 올린 崔萬理의 반대 상소를 들 수 있다. 集賢殿 副提學의 요직에 있던 그는 당대 儒臣들을 대표하여 이 상소를 올린 것으로 상소문의 내용에 가장 중요한 요점은 明에서 새 문자의 제정을 달가워하지 않을 것이라는 점과 새 문자 창제로 인하여 漢字를 배우지 않게 되고 그로 인하여 중국 聖賢들의 여러 儒經을 읽지 못하게 되어 儒學이 폐절될 것을 두려워한다는 것이었다.

203) 鄭樵의『通志』에 포함된「六書略」과「七音略」은 훈민정음〈해례본〉의 여기저기서 그 내용을 인용한 흔적이 보인다. 따라서 훈민정음 제정에 관여한 인사들이「起一成文圖」에 대하여 잘 알고 있었을 것임은 자명하다.

음할 때의 조음기관의 모양을 본떠서 만들었다고 밝혀두었다. 그리고 여기에 'ㄱ-ㅋ, ㄴ-ㄷ-ㅌ, ㅁ-ㅂ-ㅍ, ㅅ-ㅈ-ㅊ, ㅇ-ㆆ-ㅎ'으로 인성가획(引聲加劃)하여 9자를 만들었으며 'ㅿ, ㆁ, ㄹ'과 같은 이체자(異体字)도 3자를 인정하여 12자를 더 만들어 모두 17자가 되게 하였다. 즉, 오음(五音)의 기본자 5자에다가 인성가획의 9자, 그리고 이체자 3자를 더한 17자를 말한다.

이로부터 훈민정음에 대하여 정인지(鄭麟趾)의 후서에서 "正音之作, 無所祖述, 而成於自然 – 정음을 지은 것은 옛날에 말한 바가 없이 자연히 이루어진 것이다"라는 해설과 더불어 무소조술(無所祖述)의 창제란 평가를 얻었다. 그리고 "豈以其至理之無所不在, 而非人爲之私也 – 이 지극한 이치가 없는 곳이 없으니 어찌 사람이 사사로이 한 것이겠는가?"라고 감탄하게 된 것이다.

전게한 몽운(蒙韻)에서 유모(喩母)에 속한다는 모음 7자를 만들어 사용한 파스파 문자처럼 세종도 천지인(天地人) 삼재(三才)를 상형(象形)하여 'ㆍ(天圓), ㅡ(地平), ㅣ(人立)'의 3자를 만들고 이 셋을 결합하여 'ㅗ(天地), ㅏ(人天), ㅜ(地天), ㅓ(天人)'의 4자를 더 만들어 모두 7자를 파스파 문자처럼 유모(喩母)에 속한다고 하였다.

후에 전통적인 36자모에서 유모(喩母)를 훈민정음과 〈동국정운〉에서는 욕모(欲母)로 고쳤기 때문에 이들은 욕모자(欲母字)로 하였다.[204] 위에 든 7자의 모음자를 비롯하여 모든 중성자(中聲字)를 단독으로 쓸 때에는 모두 욕모의 /ㅇ/을 붙여 쓰는 이유가 여기에 있다(졸고, 2018b와 다음의 7.2.3.1~2 참조).[205]

---

204) 중국의 聲韻學에서 36자모의 운목 한자는 '見[k]'부터 '日[ȵ]'까지이다. 이것을 『東國正韻』에서는 '君[ㄱ]'에서 '穰[ㅿ]'으로 모두 교체하였다. 따라서 원래 喩母였던 것이 欲母가 되었다.

실제로 제6장 6.1.2.3의 [표 6-3]으로 보인 '몽고자운의 36자모도'에서 파스파자의 유모(喩母) /ᢅ/는 중세몽고어의 [ɑ]를 표음하고 또 유모(喩母)로도 쓰여서 모음을 단독으로 쓸 때에는 /ᢅ/를 붙여 쓴다. 즉, 중세몽고어의 [ö]와 [ü]는 전술한 바와 같이 'ᢅᠣᢅ, ᢅᠣᢅᠣᢅ'와 같이 쓴다. 훈민정음에서는 [ö]와 [ü]를 '외, 위'로 쓴다. 욕모(欲母) /ㅇ/을 앞에 쓴 것이나 파스파자에서 유모(喩母) /ᢅ/를 앞에 쓴 것이 모두 모음을 유모(喩母), 욕모(欲母)에 속한다고 보았기 때문이다.

　또 앞에서 살펴본 'ㅇ'의 아래 'ㆍ'는 원래 천원(天圓)을 상형(象形)한 것이어서 동그라미였다. 따라서 욕모(欲母)의 /ㅇ/과 같았을 것인데 원래 'ㆍ'가 [ɐ]의 음가를 가진 중성의 글자이며 또 욕모(欲母)로도 쓰인 것은 파스파 문자의 유모(喩母) /ᢅ/가 원래 [ɑ]의 음가를 가진 모음자이었음을 상기하게 된다. 훈민정음이 얼마나 파스파 문자의 영향을 받았는지 알려주는 대목이다.

　7.1.1.3 세종 25년 12월에 제정한 것을 공표한 '훈민정음 27자'에다가 유모자(喩母字), 그러니까 동국정운에서는 욕모자(欲母字)의 7자로서 2개월 후인 세종 26년 2월에 '운회(韻會)'를 번역하게 한다.

　'운회'는 전술한 바와 같이 원대(元代)에 북경 한어음의 표준음을 제시한 황공소(黃公紹)의 『고금운회(古今韻會)』(이하 〈고금운회〉)이거나 그의 제자 웅충(熊忠)이 간행한 『고금운회거요(古今韻會擧要)』를 말한

---

205) 졸고(2018b), "파스파 문자의 喩母와 훈민정음의 欲母-왜 한글에서는 모음자에 /ㅇ/을 붙여 쓰는가?-"(『국제고려학(International Journal of Korean Studies)』, 제17호, pp. 489~520)에서 훈민정음에서 中聲字를 단독으로 쓸 때에 欲母 /ㅇ/을 붙여 쓰는 것은 파스파 문자에서 모음자를 단독으로 쓸 때에 喩母 /ᢅ/를 붙여 쓰는 것에서 유래한 것으로 보았다. 예를 들면 [ö]와 [ü]의 파스파자는 /[ö] ᢅᠣᢅ/, /[ü] ᢅᠣᢅᠣᢅ/이다.

다.206) 또 운서(韻書)의 번역(飜譯)이므로 내용의 언해가 아니라 발음의 전사(轉寫)인 '역(譯)'이었다.

원래 〈고금운회〉는 원대(元代)에 편찬된 운서(韻書)이다. 원(元)에서는 몽고인들이 중국을 통치하기 위하여 한어(漢語)를 학습하려고 노력하였고 그러기 위해서는 한자를 배우지 않으면 안 되었다. 원(元) 세조(世祖)인 쿠빌라이 칸이 팍스파(八思巴) 라마를 시켜 파스파 문자를 제정하게 하고 그 문자로 송대(宋代) 한자음의 표준운서인『예부운략(禮部韻略)』(이하 〈예부운략〉)207)을 전사(轉寫)하여『몽고운략(蒙古韻略)』(이하 〈몽고운략〉)을 간행하였다. 몽고인들의 한자음 학습에 도움을 주기 위해서였다. 이것은 세종이 훈민정음을 제정하고 바로 〈동국정운〉을 편찬한 것과 같은 맥락이다.

그런데 앞의 제6장 6.1.1.3에서 논의한 바와 같이 송대(宋代)『대송중수광운(大宋重修廣韻)』(이하 〈광운〉) 계통인 〈예부운략〉은 한자의 중고음(中古音)208)을 반영하므로 북경의 한어음(漢語音)을 반영하는 〈고금운회〉로 〈몽고운략〉의 한자음을 수정하여『몽고자운(蒙古字韻)』(이하 〈몽고자운〉)을 편찬하였다.209) 이 운서(韻書)로서 당시 원(元)의 수도인

---

206) 黃公紹의 〈古今韻會〉는 너무 방대하여 학계에서는 책으로 간행되지 않은 것으로 보고 있다. 그의 제자인 熊忠이 이를 줄여서『古今韻會擧要』를 간행하여 오늘까지 전해온다. 그러나 花登正宏(1997)에서는 조선의『東國正韻』이 〈古今韻會〉를 반영하므로 실제로 조선에서는 이 운서를 참고한 것으로 보아 〈古今韻會〉도 실제로 간행되어 세간에 유포되었다고 주장한다.

207) 〈禮部韻略〉은 宋代의 표준운서인 宋代의 〈廣韻〉을 줄인 것으로 과거시험을 관장하는 禮部의 官撰 운서라 상당히 널리 알려졌다. 세종 때에는 이 운서를 조선에서도 간행하였다.

208) 한자의 中古音은 唐代 長安의 발음을 표준으로 하였기 때문에 元代 北京의 漢字音과는 상당한 차이가 있었다.

209) 〈禮部韻略〉을 파스파자로 전사한 것이 〈蒙古韻略〉이고 〈예부운략〉을 〈古今韻會〉로 수정한 것이 〈新刊韻略〉인데(寧忌浮, 1992, 1994) 졸저(2015:227)에서는 〈신간운략〉을 파

북경(北京)과 주변에서 통용되는 한어(漢語)의 현실 한자음을 배우기 위한 것이었다.

명(明)의 초기에는 금릉(錦陵), 즉 남경(南京)의 말을 기준으로 하여 남경관화(南京官話)를 표준어로 하였으나 명(明)의 3대 황제인 성조(成祖, 재위 1403~1424), 즉 영락제(永樂帝)가 북경(北京)으로 천도하여 다시 북경의 동북방언인 한어(漢語)가 세력을 얻었다. 세종 때에 원대(元代)의 〈고금운회〉와 몽운(蒙韻)이 다시 중요한 한자음의 운서로 등장한 이유가 여기에 있다.

따라서 앞에서 인용한 『세종실록』(권103) 세종 26년 2월 병신(丙申, 16일)조의 "命集賢殿校理崔恒, [中略] 以諺文譯韻會, 東宮與晋陽大君瑈, 安平大君瑢, 監掌其事 [下略]"라는 기사에 나오는 '以諺文譯韻會'의 〈운회〉를 번역한다는 것은 결국 〈몽고자운〉의 번역을 말한다. 다만 명(明)과 이를 추종하는 유신들의 눈치를 보아 '몽고자운'이라 못하고 '운회'라고 한 것이다.

이때의 몽운(蒙韻), 즉 〈몽고자운〉의 번역은 파스파 문자로 한자의 발음이 전사된 것을 훈민정음으로 바꾸는 것이어서 두 문자의 일대일 대응만 알고 있으면 어렵지 않게 번역하게 된다. 특히 이 일을 감장(監掌)한 것이 세종의 아들들인 수양대군(首陽大君, 晋陽은 먼저 칭호)과 안평대군(安平大君)이니 그들은 이미 새 문자의 창제에 깊이 관여했기 때문에 그들의 지시를 받아 〈운회〉의 번역이 진행되었음을 알 수가 있다.

7.1.1.4 졸고(2018b)에서 세종의 '언문 27자'에는 모음인 중성(中聲)의 글자들이 포함되지 않았다고 보았다. 물론 파스파 문자처럼 7개의 모음

스파자로 번역한 것이 〈蒙古字韻〉이라고 보았다.

자를 만들었지만 이를 따로 독립시키지 않고 유모(喩母), 즉 욕모(欲母)
에 포함시켰다는 것이다. 반절상자인 대운(大韻)만을 문자로 만들어 27
자를 제정하였기 때문이다.

그러면 모음을 표음하는 중성자(中聲字)는 어떻게 만들어진 것일까?

파스파 문자에서 모음자는 별도로 인정하지 않고 유모(喩母)에 속하
는 것으로 〈몽고자운〉에서 밝혀놓았다. 그리하여 현재 영국의 대영도
서관(British Library)에 소장된 〈증정몽고자운〉의 런던 초본(鈔本) 권두
에 반절상자인 파스파 36자(실제로는 32자)를 제시하고 별도로 6개의 모
음자를 보인 다음에 이 7자는 유모(喩母)에 돌아간다고 하였다.210)

졸저(2009:470)와 제6장의 6.1.3.1에서 논의한 바와 같이 실제로는 /
ㅈ[o], ㄹ[ö], ㄷ[e], ㅎ[u], ㄹ[ü], ㄹ[i]/의 6자밖에 제시하지 않았으나
36자모에 들어가 있는 유모(喩母) /ᛜ, ㄖ/는 그 자체가 모음 [a]를 나타
내므로 이것과 함께 모두 7개의 모음자란 뜻이다. 그러나 /ᛜ, ㄖ/ [a]를
제외하고 나머지 모음자들은 모두 유모(喩母)에 속하는 것으로 간주하
여 대운(大韻) 중심의 36자모표(字母表)에서 제외하였다.

훈민정음에서도 중성자(中聲字), 즉 모음자는 천지인(天地人) 삼재(三
才)를 상형(象形)한 기본 3자와 이를 결합하여 만든 초출자(初出字) 4자
를 합하여 7자를 만들었으나 이들을 언문 27자에는 포함시키지 않고 유
모(喩母), 즉 욕모(欲母)에 부속한 것으로 보았다. 중성자(中聲字)를 단독
으로 쓸 때에는 욕모 / ㅇ/을 붙여 쓰는 것은 그런 이유로밖에 설명할 수
없기 때문이다(졸고, 2018b).

또 중국 전통의 36자모에서 유모(喩母)는 동국정운 23자모에서는 욕

---

210) 6.1.2.3의 [사진 6–1]에 [增訂]『蒙古字韻』의 권두 '자모(字母)'에 보이는 36자모도의 오른
    쪽에 "ㄖ ㅎ ㅈ ㄹ ㄷ 此七字歸喩母"가 있다. 6.1.3.1의 설명을 참조할 것.

모(欲母)이다. 파스파 문자에서 모음 7자를 유모(喩母)에 귀속시키고 36 자모에 포함시키지 않았다. 따라서 파스파 문자에서처럼 최초의 언문 27자에는 중성(中聲)의 11자가 포함되지 않은 것으로 본다.

2) 중성(中聲)의 등장

7.1.2.1 졸고(2019a)에서는 신미(信眉) 대사가 세종의 새 문자 제정에 참가하여 중성(中聲)을 반절하자(反切下字), 즉 소운(小韻)에서 종성(終聲)과 분리하여 따로 설정하고 앞에 언급한 욕모자(欲母字) 7자에 재출자(再出字) 4자를 더하여 11개의 중성자(中聲字)를 제정하였다고 주장하였다.

대운(大韻)인 초성과 대등하게 소운(小韻)의 일부인 중성을 독립적으로 인정한 것은 세종의 새 문자 제정에서 매우 중요한 일이다. 한글이 단순하게 파스파 문자를 모방한 것이 아님을 보여주는 증거이기도 하다. 중성을 독립적으로 본 것은 아마도 실담장(悉曇章)의 마다(摩多)에 의거하여 신미(信眉) 대사가 조언한 것에 따른 것으로 보인다.

신미(信眉)는 조선 초기의 유명한 학승인 함허당(涵虛堂)의 적통(嫡統)을 이은 제자로 스승으로부터 고대인도의 성명기론(聲明記論)을 배워서 익혔고 범자(梵字)와 실담(悉曇)에도 깊은 지식이 있었다.[211] 그는 실담(悉曇)의 모음자인 마다(摩多) 12자에 맞추어 11자의 중성자를 제안하였으며 이를 17개의 초성과 합하여 훈민정음 28자를 제정하게 한 것으로 보인다.

함허당의 학통을 이어받은 신미는 실담의 자음인 체문(体文)과 모음

---

211) 涵虛堂은 조선 초기에 활약한 無學 대사의 제자로 고려 懶翁 和尙의 적통을 이어받은 수준 높은 學僧이다(졸저, 2019a:90~92).

인 마다에 대하여 깊이 알고 있었을 것이다(졸저, 2019a:110). 중국 성운학(聲韻學)은 고대인도의 성명기론에서 발달한 것이고 성운학의 36자모도(字母圖)도 범자(梵字)의 체문(体文) 36자에서 온 것이다. 제6장의 6.2.2.2에서 논의한 바와 같이 후대의 〈실담장(悉曇章)〉에서는 35개의 자음(子音)과 12개의 모음으로 나누어 자음을 체문(体文, vyanjana)이라 하고 모음을 마다(摩多, mata, mātr)라고 하였다. 실담장에서는 마다(摩多)가 중심이고 체문(体文)은 그에 부속하는 것으로 보았다.

실제로 제6장의 6.2.0.1.1에서 인용한 성현(成俔)의 『용재총화(慵齋叢話)』(권7)의 "[前略] 初終聲八字, 初聲八字, 中聲十二字, 其字體依梵字爲之"라고 하여 12자의 중성(中聲) 글자라고 하였다. 중성이 범자(梵字)에 의하여 설정된 것임을 시사(示唆)하는 발언이다.

7.1.2.2 그러나 중국의 한자음은 어두 자음의 기능부담량(機能負擔量)이 크므로 자음인 체문(体文)을 반절상자(反切上字), 또는 성(聲)이라 하여 성운(聲韻) 연구의 중심으로 잡고 모음인 마다(摩多)는 그에 부속하는 것으로 보아 운(韻)의 한 부분으로 삼았다. 이것은 개음절 구조인 범어(梵語)와 그렇지 않고 어두 자음이 중요한 한어(漢語)와의 음절에서 구조적 차이가 있었기 때문이다. 인도와 중국에서 음운 인식이 서로 상이했었음을 알 수 있다.

우리의 한자음, 즉 동음(東音)은 한어(漢語)보다는 범어(梵語)에 가까운 음절구조를 보이므로 모음이 중요하다. 그리하여 훈민정음의 〈해례본〉의 「제자해(制字解)」에서 "盖字韻之要, 在於中聲 – 대체로 자운의 요점은 중성에 있다"라 하여 자운(字韻)에서 중성, 즉 모음의 중요성을 강조하였다. 〈실담장(悉曇章)〉에서 모음의 마다(摩多)가 중심이고 자음의 체문(体文)은 그에 부속하는 것으로 보기 때문이다.

이러한 실담장(悉曇章)의 음운 인식을 이어받아 신미(信眉)가 모음을 소운(小韻)에서 따로 분리하고 이를 중성(中聲)이라 하여 따로 초성(初聲)과 대등한 위치가 되도록 하였다고 필자는 추정한다. 11개의 중성자를 인정한 것은 전술한 것처럼 아마도 〈실담장〉의 마다(摩多) 12자에 맞춘 것으로 보인다. 앞에서 인용한 성현(成俔)의 〈용재총화〉에서 "中聲十二字, 其字體依梵字爲之"라고 한 것은 범자(梵字), 즉 실담(悉曇)에 의거하여 중성(中聲)을 설정하였음을 말한다.

또 여기서 중성을 12자라고 한 것은 〈실담장(悉曇章)〉의 마다(摩多)에서 중성의 개념을 가져온 것임을 분명하게 말해준다. 그렇지 않으면 기본자 'ㆍ, ㅡ, ㅣ'의 3자나 초출자(初出字) 'ㅗ, ㅏ, ㅜ, ㅓ'의 7자만으로도 충분히 모음자를 대표할 수 있었는데 굳이 재출자(再出字) 'ㅛ, ㅑ, ㅠ, ㅕ'를 추가해서 11자로 할 이유가 없기 때문이다.

실제로 훈민정음 〈해례본〉「중성해(中聲解)」에서는 다음의 7.2.3.4에서 살펴본 것처럼 29개의 중성자(中聲字)를 만들어 제시하였다. 개중에는 『홍무정운역훈(洪武正韻譯訓)』의 정음(正音) 표기나 〈동국정운〉의 훈민정음, 그리고 〈월석〉 등의 불경에 쓰인 언문(諺文) 표기에서 한 번도 사용한 일이 없는 중성자도 있다. 파스파 문자에서처럼 그저 기계적으로 모음자를 만든 기제(機制)에 따라 글자를 만들어 보인 것이다.

7.1.2.3 이렇게 훈민정음의 초성, 중성, 종성의 삼분(三分)이 이루어지고 초성과 종성은 같은 글자로 표기하여 동일한 것으로 간주하면서 결국은 자음의 초성 17자와 모음의 중성 11자로 훈민정음 28자가 이루어졌다. 이 28자로서 파스파 문자보다 훨씬 더 정확하게 우리의 한자음인 동음(東音)과 우리말을 기술(記述)할 수 있게 되었다.

그리고 초성 17자에 전탁(全濁)의 6자와 순경음 4자를 더하여 훈민정음 27자를 만들어 동국정운식 한자음을 표음하기에 이른다.[212] 여기에 다시 치두(齒頭)와 정치(正齒)를 구별한 5자를 더하여 모두 32자의 초성으로 한자의 한어(漢語) 정음(正音)까지 표음하게 되었다. 훈민정음 〈언해본〉에서 훈민정음 초성 17자에 다시 15자를 더하여 32자를 설명한 것은 새로 제정된 문자가 한자의 중국 정음(正音), 즉 표준음까지 표음할 수 있는 문자임을 보인 것이다. 이것은 훈민정음 〈언해본〉의 판심서명(版心書名)이 '정음(正音)'임을 떠올리게 한다.

따라서 세종이 창제한 새 문자는 『홍무정운역훈(洪武正韻譯訓)』(이하 〈홍무정운역훈〉)과 같이 한자의 정음(正音)과 동국정운식 한자음의 훈민정음(訓民正音), 그리고 우리말과 우리 한자음의 언문(諺文)이 각기 다른 용도에서 불린 이름임을 알 수 있다. 세종은 한글을 군이 훈민정음이라고 불렀고 유신(儒臣)들은 정음(正音)이라 불렀으며 일반인들은 보통은 언문(諺文)이라고 부른 이유가 여기에 있다.

각기 자신들의 필요에 따라 새 문자의 명칭을 달리 부른 것이다. 즉, 세종은 동국정운식 한자음의 표기를 위하여 새 문자를 제정한 것이고 유신(儒臣)들은 이 문자를 한자의 한어(漢語) 표준음인 정음(正音) 표기에 이용하였으며 백성들은 이 문자로 자신들의 말을 표기하였기 때문이다.

세종은 동국정운식의 새 한자음을 보급하는 데 중점을 두었고 유신들은 〈예부운략〉, 〈홍무정운역훈〉 등 표준 한자의 정음을 익혀 한시(漢詩) 등을 짓는 데 도움을 얻으려 하였으며 일반인들은 언문으로 우리말

---

212) 그동안 동국정운 23자모라 하여 순경음을 포함시키지 않았다. 그러나 훈민정음 〈해례본〉의 例義나 이를 언해한 〈언해본〉에서 모두 脣輕音을 제정하여 제시하였다. 〈해례본〉의 「用字例」에서는 'ㆆ' 대신 'ㅸ'의 사용을 고유어로 예를 들어 설명하였다. 또 〈동국정운〉의 한자음 표기에도 순경음은 사용되었다. 따라서 순경음을 빼놓을 수 없으므로 동국정운 23자모라기보다는 순경음을 포함한 27자모라고 하여야 할 것이다.

을 기록하여 서신을 주고받았다.

7.1.2.4 졸저(2009:188~192)에서 밝힌 바와 같이 실제로 파스파 문자도 표기 대상에 따라 자수(字數)를 늘리거나 줄이기도 하고 같은 글자의 음가도 중국 한자음 표기에 사용된 경우와 몽고어를 표기하는 경우에 서로 달랐다.

또 파스파 문자로 범어(梵語)를 표기하거나 티베트어를 표기할 때에도 문자 체계를 달리하여 매우 복잡한 문자 체계를 가졌다. 그로 인하여 결국은 인민들은 파스파 문자의 사용을 기피하게 되었고 원(元) 제국이 망하기도 전에 이 문자의 사용이 급격하게 줄어들어 거의 폐절(廢絶)되었다.

훈민정음도 초기에는 표기 대상에 따라 그 문자 체계가 달라진다. 즉, 우리말이나 우리 한자음을 표기하는 데 초성으로 17자면 충분하지만 동국정운식 한자음 표기에는 성모(聲母)로 27자모를 인정하였고 한어(漢語)의 표준 한자음, 즉 정음(正音)의 표기에는 32자모가 필요하였다. 더욱이 중성에서도 표기 대상에 따라 여러 글자가 추가되거나 삭감되었다. 모두 파스파 문자의 표기 방법에서 영향을 받은 것이다.

오늘날에는 이 문자의 명칭이 남한에서는 한글이지만 북한에서는 조선 글이고 또 많은 사람들이 세종처럼 훈민정음이라 부르기도 한다. 한때 아녀자들의 글자라 하여 안글, 또는 암글이라고 부르기도 하였다. 대한제국(大韓帝國) 시대에는 처음으로 '나라의 글자'란 뜻의 국문(國文)이 되었으나 일제(日帝) 강점기(强占期)에 다시 언문(諺文)이 되었다. 이에 반발하여 일제 강점기에는 우리말의 연구자들은 정음(正音)이라 불렀다.

그러다가 일제 강점기에 조선어학회에서 일제에 의하여 언문으로 돌아간 것을 받아들이지 못하고 한글이란 명칭을 새로 사용하기 시작한 것이 남한에서는 정식 명칭으로 굳어지게 되었다. 그 당시에 독립운동의 일환으로 우리말을 연구하는 분들에게 국문(國文)에서 다시 언문으로 돌아간 것을 용납할 수 없었기 때문이다.

즉, 일제 강점기에 국문(國文)은 일본의 가나문자였으며 이를 식민 통치자들이 법률로 정했기 때문에 어쩔 수 없이 '한글'이란 명칭을 새로 만들어 쓴 것이다. 세종이 창제한 새 문자가 모두 용도에 따라 다르게 불린 것임을 이해하지 못한 탓으로 이러한 명칭의 혼란이 생긴 것이다. 과연 통일 후에는 어떤 명칭으로 불릴지 걱정이 되지 않을 수 없다.

3) 변음토착(變音吐着)과 언문

7.1.3.0 졸고(2014)에서 밝힌 것처럼 세종이 세종 25년 12월에 새 문자를 제정한 다음에 중요한 일이 터졌다. 이 글자로 세종의 둘째 따님인 정의(貞懿) 공주가 '변음토착(變音吐着)'의 난제를 해결한 것이다. '변음토착'이란 "발음을 바꿔서 토를 달다"의 이두식 표기이며 '호고(爲古), 이라(是羅)'에서 '호(爲), 이(是)'와 '이다(是如)'와 같은 구결 토에서 한자를 석독(釋讀)하여 실제 발음과 다르게 토를 단 경우를 말한다. 한자에 익숙한 사람들에게는 매우 괴로운 표기 방법이다.

졸저(2015:183~5)에서 인용한 『죽산안씨대동보(竹山安氏大同譜)』 '정의공주유사(貞懿公主遺事)'조의 기사에 "世宗憫方言不能以文字相通, 始製訓民正音。而變音吐着猶未畢究, 使諸大君解之, 皆未能遂下于公主, 公主卽解究以進, 世宗大加稱賞, 特賜奴婢數百口。 – 세종이 우리말(方言은 이런 의미로 쓰였음)이 문자로 [중국과] 상통하지 못하는 것을 걱정하여 훈민정음을 제정하기 시작하였다. 그러나 발음을 바꾸어 토를 다는(變音吐着) 것에 대하여 아직 연구가 끝나지 못해서 여러 대군(大君)들을 시켜 [이 문제를] 풀게 하였으나 모두 미치지 못하고 공주

512

에게 내려 보냈다. 공주가 즉시 이를 해결하여 바치니 세종이 크게 칭찬하고 특별히 노비 수백 명을 내려주었다"(죽산안씨대종회 편, 1999, 『竹山安氏大同譜』권5 pp. 88~89)라는 기사에서 정의(貞懿) 공주가 '변음토착(變音吐着)'의 난제를 해결한 것이라 하였다.

7.1.3.1 정의(貞懿) 공주가 '변음토착(變音吐着)'의 난제를 해결했다는 것은 세종의 어제서문에서 볼 수 있는 것처럼 구결을 모두 훈민정음으로 달아서 한자를 음독(音讀)만이 아니라 석독(釋讀)으로도 읽는 것을 해결한 것으로 보인다.

즉, 훈민정음의 〈언해본〉에서 세종의 어제서문을 "國之語音이 異乎中國ᄒᆞ야 與文字로 不相流通ᄒᆞᆯᄊᆡ"(밑줄 필자)에서 밑줄 친 '−이, −ᄒᆞ야, −로, −ᄒᆞᆯᄊᆡ'와 같이 훈민정음으로 구결을 달았다.213) 구결 토를 한자 대신에 훈민정음을 사용한 것이다. 이것이 변음토착(變音吐着)의 어려운 문제를 해결한 셈이다.

졸저(2019b:66~8)에서는 정의공주가 변음토착을 해결한 것만으로 이렇게 큰 상을 받을 수는 없다고 보았다. 『죽산안씨대동보』의 기사를 〈조선왕조실록〉에서 확인해보니 실제로 세종으로부터 정의공주가 상(賞)을 받았다는 기사는 없고 그의 동생인 세조(世祖)로부터 여러 차례 토지와 노비를 하사(下賜)받은 일이 있어 졸저(2019a:68~70)에서는 정의공주가 「언문자모」를 지어 새 문자의 보급에 기여하였기 때문에 상을 받은 것이라고 보았다.214)

---

213) 이 세종의 훈민정음 서문은 고려대 소장본인 〈훈민정음〉에서 가져왔다. 따라서 〈세종어제훈민정음〉과는 조금 차이가 난다. 다만 류 > 異의 수정을 거쳤다. 〈실록본〉에 맞춘 것이다.

214) 이에 대하여는 졸저(2919a:69)에 "세조는 貞懿공주에게 큰 賞을 여러 번 내린다. 즉, 세조 1년 8월에 楊洲의 田土 1結을 하사하고 세조 4년에 白川온천으로 목욕을 가는 공주에게

최세진(崔世珍)의 『훈몽자회(訓蒙字會)』(이하 〈훈몽자회〉)의 권두에 첨부된 「언문자모(諺文字母)」(이하 〈언문자모〉)는 그동안 이기문(1963)을 비롯하여 학계에서 최세진의 소작(所作)이 아닐 것이라는 견해가 있었다. 졸저(2015:189~196)에서는 이것이 세조 4년에 최항(崔恒) 등이 편찬한 『초학자회(初學字會)』(이하 〈초학자회〉)의 권두에 첨부되었다가 이 자서(字書)를 모델로 하여 최세진이 『훈몽자회』를 편찬할 때에 옮겨 실은 것으로 추정하였다.215)

오늘날 〈초학자회〉가 일부 낱장으로만 발견될 뿐(홍윤표, 2017b) 전권이 전해지지 않아서 사실 여부를 확인할 길은 없지만216) 졸저(2019a:66~68)에서 밝힌 바와 같이 〈초학자회〉가 간행된 다음 해인 세조 6년에 왕이 정의공주에게 쌀 100석을 하사한 것은 〈초학자회〉에 실린 〈언문자모〉가 새 문자의 보급에 크게 기여하는 것을 보고 상을 내린 것으로 보인다.

7.1.3.2 세종은 '변음토착(變音吐着)'을 훈민정음으로 대신할 수 있는 것을 보고 이 글자로 우리말을 전면적으로 표기할 수 있다고 생각한 것 같다. 그리하여 새 문자의 제정에 참가하여 많은 공헌을 한 신미(信眉) 대사와 김수온(金守溫)으로 하여금 수양대군과 더불어 『증수석가보(增修釋迦譜)』(이하 〈증수석가보〉)를 언해하고 새 문자로 표기하게 하여 이 문자로 우리말을 적을 수 있음을 시험하게 한다.

쌀 10석과 黃豆 5석을 내리도록 황해도 감사에게 명한다. 뿐만 아니라 세조 6년 9월 壬寅에 쌀 1백석을 하사하였다"라는 기술을 참조할 것.

215) 같은 崔世珍의 『四聲通解』에는 권두에 이 책의 모델이 된 申叔舟의 『四聲通攷』의 凡例를 옮겨 실었다.

216) 홍윤표(2017b)에서 소개한 〈초학자회〉의 낱장들은 그 발굴 경위가 불명확하고 제시된 자료들도 〈초학자회〉의 것인지 확인하기 어렵다.

이것이 『석보상절(釋譜詳節)』(이하 〈석보〉)이다. 〈증수석가보〉는 김수온이 『석가보(釋迦譜)』와 『석가씨보(釋迦氏譜)』를 참고하여 편찬한 것이다. 한문에 능통한 김수온과 불경에 밝은 신미(信眉) 형제가 함께 이 불경을 우리말로 언해한 것이 바로 〈석보〉이며 비록 간행은 〈월석〉의 구권보다 늦지만 새 문자로 쓰인 최초의 문헌이다. 〈석보〉의 편찬은 수양대군이 지휘하여 이루어졌다.

이 〈증수석가보〉를 언해한 〈석보〉를 수양대군이 수시로 세종에게 전달하였을 것이고 세종은 이를 보면서 『월인천강지곡』(이하 〈월인〉)을 직접 저술하면서 이 문자가 동국정운식 한자음만이 아니라 우리말도 표기할 수 있음을 스스로 확인한다. 앞의 제4장(章)에서는 〈석보〉와 〈월인〉은 거의 동시에 저술하여 이를 합편한 다음에 『월인석보』(이하 〈월석〉)란 이름으로 먼저 간행하였음을 밝혔다.

그간 학계에서는 새 문자가 제정되고 나서 『용비어천가(龍飛御天歌)』(이하 〈용가〉)에 처음으로 그 사용이 시도되었다고 알려졌다. 그러나 〈용가〉는 〈해례본〉이나 〈언해본〉이 간행되어 새 문자가 공표되고 난 이후인 세종 29년에 비로소 완성된 것이다. 세종 27년에 제진(製進)된 〈용가〉는 한문본이어서 여기에는 조선의 조국(肇國)을 찬양한 한시(漢詩)를 언해하여 새 문자로 표기한 국문가사가 포함되지 않았을 것이다.

즉, 졸저(2019a:118~121)에서는 세종 27년에 제진(製進)한 〈용가〉는 그 편찬자들이 권제(權踶), 정인지(鄭麟趾), 안지(安止) 등인데 이들은 새 문자 제정에 직접 관여하지 않아서 이 문자를 이해하지 못하였기 때문에 이때의 〈용가〉는 한문으로만 되었고 조선의 조국(肇國)을 찬양한 한시(漢詩)도 언해되지 않았다고 보았다. 다만 세종 27년의 〈용가〉는 아직 발견되지 않아 이를 확인할 수는 없다.

그러나 정통(正統) 12년 2월, 즉 세종 29년에 완성된 〈용가〉는 현전한다. 이 책의 제10권 권미에 첨부한 최항(崔恒)의 '용비어천가발(龍飛御天歌跋)'을 보면 집현전(集賢殿) 응교(應敎) 최항을 비롯하여 박팽년(朴彭年), 강희안(姜希顏), 신숙주(申叔舟), 이현로(李賢老), 성삼문(成三問), 이개(李塏), 신영손(辛永孫) 등이 〈용가〉를 "就加註解(주석과 언해를 더 붙임)"하였다고 했기 때문에 이때에 그들이 〈용가〉의 한시(漢詩)를 언해하여 언문으로 실었을 것으로 추정한 것이다.[217]

〈용가〉는 125장(章)의 한시(漢詩)와 이를 언해한 국문가사가 있고 이를 해설한 한문이 있다. 정통(正統) 12년 2월에 쓴 최항(崔恒)의 발문(跋文)이 있는 현전하는 〈용가〉는 국문가사가 먼저 쓰였고 다음에 이에 대한 한시(漢詩)를 실었으며 한 칸 내려서 이에 대한 해설이 한문으로 쓰였다. 아마도 후대에 이 시가(詩歌)를 주해하여 앞에 싣고 뒤에 한시(漢詩)를 붙인 것으로 보인다. 즉, 〈용가〉의 최항(崔恒)이 쓴 발문(跋文)에 다음과 같은 기사가 있어 이 사실을 확인할 수 있다.

[前略] 惟慮所述事蹟, 雖載在史編, 而人難遍閱, 遂命臣及守集賢殿校理朴彭年 [中略] 等就加註解. 於是粗敍其用事之本末, 復爲音訓, 以便觀覽共十一卷. 於乎, 昔之聖人, 以詩爲敎, 叶之聲律用之鄕國, 以化成天下. 至今千載之下, 尙能使人感發而興起, 況於當代之事乎?[下略] - [전략] 여기에 서술된 사적을 살펴보면 비록 역사책에 있다 하더라도 사람들이 두루 열람하기 어려워 드디어 신을 비롯하여 집현전 응교 박팽년 [중략] 등이 주석과 언해를 더하였습니다. 그로부터 그 쓰인 일들의 본말을 겨우 알게 되었고 음과 훈을 살려서 보기에 편하도록 모두 11권으로 하였습니다. 옛날 성인들은 시로서 가르쳤는데 성률에 맞고 지방과 도시에 쓰이게 되어

---

217) 이에 대하여는 졸저(2019a:118~121)에서 자세하게 논의하였다. 특히 현전하는 〈용가〉의 원본을 예로 들어 그 사실을 증명하였다.

천하에 이루게 되었습니다. 지금 천년이 지났지만 사람들로 하여금 감동이 일어나서 흥을 키우니 하물며 당대의 일이야 어떻겠습니까?

이 주해(註解)에 참가한 젊은 학자들은 신영손을 빼고는 거의 모두가 새 문자 제정에 직접 가담하여 훈민정음 〈해례본〉의 편찬에 이름을 남긴 사람들이었다. 따라서 그들이 〈용가〉의 원본에 실린 조선을 건국한 조국(肇國) 찬양의 한시(漢詩)에 주석을 붙이고 또 이를 언해하여 새 문자로 표기한 것으로 보인다.

이렇게 한시(漢詩)를 언해하고 주석을 덧붙여 간행한 것이 세종 29년에 간행되어 오늘날에도 전하는 〈용가〉라고 본다. 세종 28년에 훈민정음 〈해례본〉과 〈언해본〉이 간행되기 이전인 세종 27년에 제진(製進)된 〈용가〉에는 한시(漢詩)를 언해하여 앞에 게재한 국문가사가 없었다고 보아야 한다. 따라서 새 문자를 〈용가〉에 먼저 시험하고 세상에 공표하였다는 통설은 이제 수정되어야 한다.

7.1.3.3 이상의 논의를 종합하면 다음과 같다. 먼저 세종의 새 문자 제정은 원대(元代) 파스파 문자를 근거로 하여 한자음 표기를 목표로 가족을 중심으로 작업이 진행되었고 이를 중국에 가서 확인하는 과정에서 성삼문(成三問), 신숙주(申叔舟) 등의 젊은 학자들이 참가하게 되었다.

그러나 뒤늦게 참가한 신미(信眉) 대사가 고대인도의 비가라론(毘伽羅論)에서 음성을 연구한 성명기론(聲明記論)을 도입하여 새 문자의 제정에서 모음자를 추가한다. 그리하여 새로 만든 글자를 초성, 중성, 종성으로 나누어 3분 체제를 완성하였다. 다만 초성과 종성을 동일한 것으로 보아 결국 자음의 초성과 종성, 그리고 모음의 중성으로 나눈 것과 같다. 실담장(悉曇章)의 마다(摩多), 즉 모음과 자음의 체문(体文)으로 나눈 것에 따른 것이다.

이 문자로 우리말과 우리 한자음, 즉 동음(東音)을 표기하여 언문(諺文)이란 명칭을 얻는다. 그 이전까지는 세종이 친제한 새 문자는 원(元)의 파스파 문자처럼 한자음 표기를 위한 것이어서 정음(正音), 또는 훈민정음(訓民正音)이었다. 그러다가 정의(貞懿) 공주가 변음토착(變音吐着)의 난제를 훈민정음으로 해결하자 이 글자로 우리말의 전면적인 표기가 가능함을 깨닫고 〈증수석가보〉를 언해하여 〈석보〉를 편찬함으로써 이를 시험하고 세종 자신도 〈월인〉을 집필하면서 새 문자로 우리말과 우리 한자음의 표기가 가능함을 확인한 것이다.

그리고 이 책의 제4장 4.4.2.1~3에서 살펴본 바와 같이 〈월인〉과 〈석보〉를 합편(合編)하여 〈월석〉의 구권을 편찬하고 이를 먼저 세종 28년 10월경에 활자본으로 간행하였을 것이다. 그리고 〈월인〉과 〈석보〉는 돌아가신 소헌왕후(昭憲王后)의 추천(推薦)을 위하여 세종 29년 7월에 간행한다. 세종의 정비(正妃)인 소헌왕후는 세종 28년 3월에 돌아가셨으므로 아마도 소상(小喪)을 맞이하여 〈석보〉와 〈월인〉이 간행된 것으로 보인다.

새 문자에 대하여 집현전의 소장학자들로 하여금 훈민정음의 〈해례본〉을 편찬하게 하여 문자 제정에 대하여 여러 음성 이론으로 체계적인 설명을 하였다. 그리고 이 〈해례본〉의 모두(冒頭) 부분인 어제서문과 예의(例義)의 석 장 반을 언해한 훈민정음 〈언해본〉을 세종 28년 10월경에 간행한 {구권}〈월석〉의 제1권 권두에 첨부하여 공간함으로써 세상에 새 문자를 공표한 것이다.

이후 훈민정음은 다음의 7.4.4.3에서 '새 문자의 제정과 공표'의 예로 제시한 것과 같이 하급관리인 아전서리(衙前胥吏)를 뽑는 이과(吏科)에 출제되어 중인(中人) 계급의 지식인들에게 보급한다. 그리고 이 새 문자는 한문(漢文)에 대한 겸양으로 언문(諺文)이라 불리면서 일반 백성들의 실용 문자로 발전한다. 이때에 전술한 정의(貞懿) 공주의 〈언문자모〉가 새 문자의 보급에 지대한 공헌을 한 것이다.

즉, 한자음 표기가 목적이었던 '훈민정음'보다 우리말 표기를 위한 '언문(諺文)'은 〈언문자모〉에서 그 정서법을 쉽고 자세하게 가르쳐주기 때문이다. 어려운 한문의 훈민정음 〈해례본〉보다 이두문(吏讀文)과 구결(口訣)에 자주 쓰인 쉬운 한자로 새 문자의 음가와 표기법을 설명한 〈언문자모〉를 통하여 급속하게 퍼져나가게 되었다.

그리하여 새 문자가 제정된 지 100년도 안 되어 여항(閭巷)에서 언문 편지가 유행하고 150년이 되었을 때에는 언문으로 쓴 문학작품이 쏟아져 나오게 된다.[218) 다만 조선시대 국가의 정식 문자는 한자이었고 모든 공문서는 이문(吏文)으로 작성되었다. 졸고(2006c, 2012)에서 밝힌 바와 같이 원대(元代)에 시작된 한이문(漢吏文)에 따라 조선이문(朝鮮吏文)이 생겨났고 이 이문(吏文)으로 조선시대에는 정식 공문서가 작성되어 그 효력을 갖게 된다.[219)

언문은 국문(國文)이라 하여 대한제국시대에 처음으로 정식 국가 문자로 인정되었으나 곧 일제(日帝) 강점기(强占期)를 거치면서 다시 언문으로 돌아갔다. 그리고 이에 반발하여 조선어학회에서 한글이란 명칭

---

218) 졸고(2003:89~98)에서 소개한 坡平 尹氏 母子 미라에서 발굴된 諺簡은 이 미라의 매장 연대가 1566년으로 확인되어 이 시기에 작성된 것으로 증명되었다. 이 언간은 1555년을 전후한 順天 金氏의 언간과 1571년부터 1593년까지의 松江 鄭澈 家의 언간들과 어깨를 나란히 하는 초기 언간들이다. 새 문자가 창제된 지 100년이 지나 閭巷에서 유행한 언문 편지가 다수 발견된 것이다.

219) 『受敎輯錄』(1698) 「戶部」 '徵債'조에 "出債成文, [중략] 諺文及無證筆者, 勿許聽理." 이라 하여 언문으로 쓴 것, 증인이 없거나 쓴 사람이 분명하지 않은 경우에는 債券의 효력을 인정하지 않고 오로지 吏文으로 작성된 것만 효력을 인정하였다(졸저, 2015:168~173).

을 만들어 사용하였다. 오늘날에는 한글이 대한민국의 유일한 공식 문자이고 북한에서도 조선 글이라 하여 동일하게 여긴다.

세계의 문자학계에서는 한글을 우수한 표음문자로 인정하며 Sampson(1985)에서는 인류 최초의 변별적 자질의 문자로 한글이 소개되기도 하였다. 현대 서양 조음음성학의 원조인 고대인도의 성명기론(聲明記論)과 중국 성운학(聲韻學)의 이론으로 한글을 제정하였기 때문이다. 즉, 훈민정음 〈해례본〉의 「제자해」는 이 두 이론과 성리학(性理學)으로 한글의 제자(制字)를 체계적으로 설명하였다.

졸저(2019b:326)에서는 화란인 하멜(Hendric Hamel)이 쓴 『표류기』에서 당시 조선의 문자생활을 소개하면서 양반 사대부는 한문(漢文)을 주로 쓰고 중인(中人)인 아전서리(衙前胥吏)들은 이문(吏文)을, 상민(常民)인 일반 백성들은 언문(諺文)을 사용한다고 증언하였음을 소개하였다. 언문, 즉 한글은 우리 국민의 글자로 오래전부터 이 땅에서 자리 매김하고 있었다.

2. 언문(諺文)과 반절(反切)

7.2.0 세종이 한자음 표기를 위한 새 문자의 제정을 기도했을 때에 가장 기본적인 음운의 지식은 중국 성운학(聲韻學)에서 얻을 수밖에 없었다. 한자음에 대한 중국의 성운학적인 연구는 당시 조선의 유학자(儒學者)들에게 널리 알려진 음운 연구의 이론이었기 때문이다.

중국에서 성운학의 발달은 한자에 대한 여러 운서(韻書)를 편찬하게 된다. 중국 한자의 발음으로 한자를 분류한 운서가 성행하여 많은 운서가 간행되었다. 현전하는 운서로 가장 오랜 것은 수대(隋代)의 『절운(切

韻)』(601)인데 이 운서는 서명으로 보아 반절(反切)에 의거하여 한자를 분류하였음을 알 수 있다.

졸고(2017b)에서는 한자의 발음을 표음하는 방법은 수대(隋代) 이후에 오로지 반절법(反切法)에 의존하였다고 보았다. 반절(反切)은 한자의 발음을 서로 다른 2자의 한자로 표음하는 방법이다. 예를 들면 한자 '東'의 발음을 반절로 '德紅切'이라 하여 '德[dé]'의 첫 소리 [d]와 紅[hóng]의 다음 소리 [ông]을 결합하여 [dông]으로 표기하는 방법이다.[220]

이때의 '德'의 [d]를 반절상자(反切上字), '紅'의 [ông]을 반절하자(反切下字)라고 하며 또 다른 술어로 후자를 운(韻)이라 하고 전자를 성(聲)이라 한다. 성(聲)과 운(韻)을 다루는 학문을 중국의 성운학(聲韻學)이라 하니 이 학문은 반절(反切)에서 기원한 것이다. 졸고(2017b)에서 처음으로 밝혀진 이 사실은 이 논문이 번역되어 일본과 중국의 중국어학 전문 학술지에 실려 동양 삼국에서 모두 인정하게 되었다.[221]

표의문자인 한자를 배울 때에는 자형(字形)과 자의(字意)만이 아니라 발음인 자음(字音)도 따로 배워야 한다. 졸고(2017b)에서 밝힌 바와 같이 서역(西域)에서 중국에 와서 한문으로 불경(佛經)을 번역하던 고대인도의 역경승(譯經僧)들이 한자의 자음(字音)을 배우기 위하여 마련한 것이 반절(反切)의 방법이다. 언문도 한때에 반절(反切)로 불렸던 것은 훈민정음이 한자음 표음을 위한 것으로 시작하였기 때문이다. 훈민정음이

---

220) 反切의 연원과 그 발전에 대하여는 졸고(2017b)와 졸저(2019b:229~234)에서 자세하게 논의하였다. 이미 西域의 學僧인 眞諦 법사가 번역한 6세기의『婆藪盤豆法師傳』에 反切이 나타난다. 眞諦는 梁의 武帝 때(502~549)에 중국에 와서 활동하였다.

221) '反切考'란 제목의 졸고(2017b)는 2018년 7월에 일본어로 번역되어 일본의 중국어학 전문지인『中國語學 開篇』(東京: 好文出版) vol. 36에 실렸고 두 달 후인 9월에 중국어로 번역되어『國際漢學』(北京, 外語敎學與硏究出版社)의 秋之卷에 실렸다. 한자를 사용하는 東洋 三國에서 모두 이 논문을 소개한 것이다.

동국정운식 한자음 표기를 위한 것이기 때문에 반절이란 명칭을 가졌던 것이다.

한자음을 첫 자음인 성(聲)과 다음에 후속히는 모음이 포함된 운(韻)으로 나누어 문자를 교육하는 방법은 고대인도의 범자(梵字) 교육에서 반자교(半字敎)와 만자교(滿字敎)에서 온 것이다. 고대인도에서 음절문자인 범자(梵字)의 교육은 음절 초의 자음을 후속하는 모음과 분리하여 이를 각기 반자(半字)로 보고 이를 따로따로 가르치는 것을 반자교(半字敎)라고 하였다.

이 둘의 결합된 범자(梵字)의 실담(悉曇)을 만자(滿字)로 보아 자음과 모음이 결합된 범자의 교육은 만자교(滿字敎)라고 하였다. 불경에 많이 등장하는 반만이교(半滿二敎)라는 것은 반자교와 만자교를 말하며 모두 범자(梵字), 즉 브라흐미 문자의 교육을 말한다. 반자교가 알파벳 교육이라면 만자교는 실담(悉曇)의 문자 교육이었다.

후한(後漢) 이후에 중국으로 온 서역(西域)의 역경승(譯經僧)들은 한자의 발음도 범자 교육의 반자교(半字敎)에서처럼 음절 초의 자음(子音)의 성(聲)과 그에 후속하는 운(韻)으로 나누는 반절(反切)의 방법으로 한자(漢字)의 발음을 표음하여 배웠던 것이다.

1) 반절(反切)과 훈민정음

7.2.1.1 앞에서 언급한 '동(東)'을 '德紅切'로 표음하는 반절(反切)의 표음 방식은 고대인도에서 범자(梵字)의 교육인 반자교(半字敎)와 만자교(滿字敎)에서 온 것이다. '德[d]'과 '紅[ŏng]'은 각기 반자(半字)로 보고 이를 결합한 '東[dŏng]'을 만자(滿字)로 본 것으로 반자교는 알파벳 교육이고 만자론(滿字論)은 음절문자인 실담(悉曇)의 교육이었다.

중국의 한자음을 성(聲)과 운(韻)의 둘로 나누어 표음하는 방식은 서역(西域)의 역경승(譯經僧)들이 범자의 반자론(半字論)에서 첫 자음과 후속하는 모음으로 나눈 것처럼 한자의 발음을 둘로 나누어 표음하는 데서 기원한 것이다. 한자음의 음절 초 자음인 반절상자를 '성(聲)'이라 하고 반절하자를 '운(韻)'으로 구분하여 표음하는 것은 모두 고대인도의 반자론(半字論)에서 온 것이기 때문이다.

한자음(漢字音)을 만자(滿字)로 보고 이를 성(聲)과 운(韻)으로 나누어 이 각각을 반자(半字)로 하는 방식의 음운 인식은 성운학의 기본이었다. 따라서 성운학이 반절법에서 반절상자(反切上字)인 성(聲)과 반절하자(反切下字)인 운(韻)을 각기 반자(半字)로 하고 한자음은 만자(滿字)로 본 것이다.

7.2.1.2 고대인도에서 범자(梵字)는 자음과 모음을 따로 글자를 만들었다. 즉, 제6장의 6.2.1.3과 6.2.2.2에서 마다(摩多)라고 부르던 모음의 글자로 14, 또는 12개, 그리고 자음의 체문(体文)은 36 내지 35개를 인정하여 각기 그에 대응하는 글자를 만들고 이를 결합하여 음절문자로 사용하였다.

앞의 제6장 6.2.1.0에서 논의한 바와 같이 문자학에서 브라흐미(Brāhmi)로 불리는 범자(梵字)는 흔히 산스크리트 문자로 알려졌다. 고대인도에서는 이 문자로 석가모니(釋迦牟尼)의 언어인 범어(梵語, Sanskrit), 더 정확하게 말하면 앞의 6.2.1.1에서 논급한 불교혼효범어(Buddhist Hybrid Sanskrit)를 표기한 것이 불경이다. 초기 불경은 범자, 즉 브라흐미 문자로 표기된 것이다. 뿐만 아니라 범자는 역사적으로 많은 종교의 경전을 표기하는 문자이기도 하였다.

범자는 음절문자로서 자음과 모음이 결합하여 한 글자로 표기된다. 더욱이 범어(梵語)가 개음절 언어여서 범자(梵字)는 자음 + 모음의 형식의 문자가 대부분이다. 따라서 중국에 온 서역의 역경승(譯經僧)들은 이에 의거하여 음절 초 자음(子音)을 반절상자(反切上字)로 하고 그에 후속하는 모음과 자음을 반절하자(反切下字)로 하는 반절법(反切法)을 고안하여 중국 한자음 표기에 사용하였다.

한자를 자음(字音)에 따라 분류하고 반절(反切)로 한자음을 표기하는 운서(韻書)는 현재 남아 있는 것으로 전술한 수대(隋代)에 육법언(陸法言)이 편찬한 『절운(切韻)』(601 A.D., 이하 〈절운〉)이 가장 오래된 것이다. 이 운서는 서명에서 볼 수 있는 것처럼 반절(反切)에 따라 한자를 분류하여 자의(字意)와 자형(字形)을 알려준다.

한자는 표의문자이기 때문에 자형(字形)과 자의(字意)만이 아니라 자음(字音)도 따로 표시하여야 한다. 표음문자의 경우는 글자가 바로 발음을 보여주지만 표의문자는 글자가 발음보다는 뜻을 많이 반영하기 때문에 자음을 별도로 배워야 한다. 초기에는 이 한자의 발음을 저 한자의 발음과 같다는 직음법(直音法)으로 표음하는 길밖에 없었으나 서역의 역경승들이 반절법(反切法)을 고안하여 사용한 다음부터는 거의 모든 운서가 반절(反切)로 자음(字音)을 표음하였다.

이후의 모든 절운계(切韻系) 운서들은 반절로 한자음을 표음하였고 오로지 이 반절의 방법으로 운서의 한자음을 표음하였다. 따라서 반절법(反切法)의 연구는 반절상자를 성(聲)으로 하고 반절하자를 운(韻)으로 나누어 분류하는 성운학(聲韻學)을 이해하는 기초가 된다. 그런 의미에서 고대인도의 반자론(半字論)과 만자론(滿字論)에 입각하여 반절(反切)을 고찰한 졸고(2017b)는 성운학 연구에서 기초를 놓은 연구라고 할 수 있다.

이렇게 반절법에서 발달한 중국의 성운학은 한반도에서도 널리 알려진 한자음 연구였으며 역시 반절법도 이 땅에서 사용한 유일한 한자음 표음 방법이었다. 세종과 새 문자 제정에 관여한 모든 이들이 반절(反切)에 대하여 잘 알고 있었을 것임은 두말할 나위가 없다. 그리하여 세종이 동국정운식 한자음을 표음하기 위하여 제정한 훈민정음은 반절(反切)로도 불리었던 것이다. 후일 언문에서 글자를 초성(初聲)과 중성(中聲)으로 나누는 것이 반절의 방법과 유사하기 때문이다.

7.2.1.3 반절법의 발달은 칠음(七音)과 청탁(淸濁)의 사성(四聲)으로 음운을 분류하는 방법이 중국 성운학에서 유행하게 되었다. 칠음의 근거가 되는 오음(五音)은 '아음(牙音), 설음(舌音), 순음(脣音), 치음(齒音), 후음(喉音)'과 같이 발화음의 조음위치를 말한다.[222] 여기에 반설(半舌), 반치(半齒)를 더하여 칠음(七音)이 된 것이다.

청탁의 사성(四聲)과 칠음(七音)으로 음성을 구별하는 것은 남송(南宋)의 정초(鄭樵)가 쓴 『통지(通志)』에서 깊이 논의되었다. 정초(鄭樵)의 이론은 앞에서 언급한 '기일성문도(起一成文圖)'를 비롯하여 새 문자 제정자들이 많이 참고한 문헌이다. 여북해야 훈민정음 〈해례본〉의 정인지(鄭麟趾) 후서(後序)에는 정초의 「육서략(六書略)」에서 한 구절이 그대로 인용되었겠는가?[223] 성운학에 기초하여 발전시킨 정초의 이론은 훈민정음의 제정에서 상당한 영향을 끼쳤다.

사성(四聲)은 원래 평상거입(平上去入)의 성조를 가리켰지만 성운학에서는 전청(全淸), 차청(次淸), 전탁(全濁), 불청불탁(不淸不濁)의 조음방식을 말하기도 한다. 전청은 평음(平音), 즉 무기(無氣) 무성음(無聲音)을 말한다. 현대 음성학에서 말하는 무징표(無徵標, unmarked) 계열의 음성

---

222) 五音이 조음위치를 말한다는 것에 대하여는 다음의 7.4.1.3을 참고할 것.

223) 〈해례본〉 말미의 鄭麟趾 後序에 "[前略] 雖風聲鶴唳, 鷄鳴狗吠, 皆可得而書矣. [下略]"는 鄭樵의 「六書略」에 들어있어 아마도 거기서 따온 구절일 것이다.

이다. 차청은 유기음(aspirate), 전탁은 유성음(voiced)이고 불청불탁은 비음(nasal), 또는 구강공명음(resonant)을 말한다. 현대 음성학에서도 조음방식에 따른 음성의 분류에 쓰이는 술어들이다.

칠음(七音)을 경(經)으로 하고 사성(四聲)을 위(緯)로 하여 36성(聲)을 자모도로 그리는 운도(韻圖)의 방식은 운경(韻鏡)으로 발전하는데 龍宇純(1990)에 전재된 '운경서작(韻鏡序作)'에 다음과 같은 기사가 있다.

[前略] 先朝中有七音序略, 其要語曰 '七音之作, 起自西域, 流入諸夏. 梵僧欲以此敎傳天下, 故爲此書. [中略] 華僧從而定三十六爲字母, 輕重淸濁不失其倫, 天地萬物之情, 備於此矣. 雖鶴唳風聲鷄鳴狗吠雷霆經耳, 蚤虻過目, 皆可譯也, 況於人言乎?[下略]' - [전략] 옛 나라에서 〈칠음서략〉224)이 있었는데 그 중요한 말은 "칠음의 시작은 서역에서 일어나 중국으로 유입된 것이다. 범승들이 이 가르침을 천하에 전하고자 하였는데 그러므로 이 책을 지었다. [중략] 중국의 승려들은 이를 따라서 36자모를 정하고 경중과 청탁의 순서를 잃지 않았으니 천지 만물의 뜻이 여기에 모두 구비되었다. 비록 귀에 울리는 학 울음이나 바람 소리, 닭 울음, 개 짖음, 천둥소리와 눈에 보이는 벌레들을 모두 옮길 수 있으니 하물며 사람의 말이야?" [하략]

이 기사에서 밝힌 바와 같이 불경(佛經)을 중국에 전하고 그를 번역하여 불교를 전파하려는 서역의 승려들이 중국어와 한자를 학습하기 위하여 중국의 음운을 조음위치와 조음방식으로 나누어 고찰한 것에서 칠음(七音)과 사성(四聲)이 유래되었음을 말한다. 고대인도의 성명기론(聲明記論)에 의거한 음성의 분류라고 할 수 있다(졸고, 2016b).

---

224) 〈七音序略〉은 宋代 鄭樵의 저작인 〈七音略〉의 서문을 말한다.

또 아설순치후(牙舌脣齒喉)의 오음(五音)에서 왜 칠음(七音)이 되었는 가 하는 질문에 대한 전게한 龍宇純(1990:22)에서 다음과 같이 언급되 었다.

[前略] 又曰舌齒一音, 而曰二何耶? 曰五音定於脣齒喉牙舌, 惟舌與齒 迭有往來, 不可主夫一, 故舌中有帶齒聲, 齒中而帶舌聲者. 古人立來日 二母, 各具半徵半商, 乃能企其秘. 若來字則, 先舌後齒, 謂之舌齒, 日字 則先齒後舌, 謂之齒舌, 所以分爲二, 而通五音曰七, 故曰七音[下略] − [전략] 또 묻기를 설음과 치음은 하나이거늘 어찌하여 둘이라 하는가? 답하 기를 오음은 순치후아설음인데 설음과 치음은 왕래가 있어 하나로 하기는 불가하다. 그러므로 설음 가운데 잇소리를 띠는 것이 있고 치음 가운데 혓 소리를 띠는 것이 있어서 옛 사람들은 '래(來)'와 '일(日)'의 두 자모로 하여 각기 반치, 반상을 갖추게 한 것은 그 비밀이 여기에 있다. 만약에 래(來)모 라면 혓소리가 먼저 나고 다음에 잇소리가 나므로 말하기를 설치음이라고 하고 일(日)모는 잇소리가 먼저 나고 다음에 혓소리가 나니 치설음이라 하 여 둘로 나누게 되니 다섯 음이 일곱이 되어 칠음이라고 한다.

이 기사를 보면 예로부터 오음(五音)이 있었음을 알 수 있다. 다만 래 모(來母)와 일모(日母)는 설치음(舌齒音)과 치설음(齒舌音)으로 구분하여 자모도(字母圖)에서 별도로 취급하였고 이 두 자모를 위하여 반설음(半 舌音)과 반치음(半齒音)을 오음(五音)에 추가하여 칠음(七音)으로 하였음 을 알 수 있다.

7.2.1.4 조음위치의 칠음(七音)과 조음방식의 사성(四聲)을 경(經)과 위(緯)로 하여 자모를 도식(圖式)으로 이해하는 방식은 당대(唐代) 이후 에 매우 활발하게 중국 성운학에서 이용되었는데 이를 운경(韻鏡)이라

하였다. 즉, 『운경(韻鏡)』의 「조운지치(調韻指徵)」에 다음과 같은 기사가 있다.

[前略] 聲音者經緯之機杼也. 縱爲經, 橫爲緯, 經疏四聲, 緯貫七音. 知四聲則, 能明乘降於闔闢之際, 知七音則, 能辯淸濁於毫釐之間, 欲通音韻, 必自此始. [下略] – 말소리는 경위가 [베틀의] 북과 같다. 세로를 경으로 하고 가로를 위로 하여 경은 사성을 트이게 하고 위는 칠음을 꿰뚫게 한다. 사성을 알면 능히 입을 열고 다무는 사이에 오르내림을 분명하게 하며 칠음을 알면 능히 청탁의 작은 차이를 구별할 수 있어 음운에 통하고자 하면 반드시 이로부터 시작해야 한다.

이러한 기사를 보면 사성(四聲)이 평상거입(平上去入)의 성조를 말하는 것이 아니라 소리의 청탁(淸濁)을 가리키는 것임을 알 수 있다. 즉, 여기서 사성(四聲)은 전청(全淸), 차청(次淸), 전탁(全濁), 불청불탁(不淸不濁)을 말한 것이다.

이러한 칠음(七音)과 사성(四聲)을 경위(經緯)로 하여 자모도를 만드는 일은 당(唐) 이후에 발달하였다. 특히 송대(宋代) 초기의 〈광운〉에서는 성(聲)으로 36자모를 인정하고 이를 다시 206운(韻)으로 분류하는 운서였다. 고대인도의 파라문서(婆羅門書), 즉 범자(梵字)의 36자모로부터 성모(聲母) 36자를 정하고 그에 부속하는 206운을 나눈 것이다.[225)]

---

225) 이에 대하여는 〈廣韻〉을 康熙 43년 6월에 중간하면서 쓴 朱彝의 '重刊廣韻序'에 "[전략] 分韻二百有六部 [중략] 又惑于婆羅門書, 取華嚴字母三十有六하략"이란 기사를 참조할 것.

七音 四聲	牙音	舌音		脣音		齒音		喉音	半舌	半齒
		舌頭音	舌上音	脣重音	脣輕音	齒頭音	正齒音			
全清	見 k	端 t	知 ʈʂ	幫 p	非 β	精 ts	照 tʂ	影 ʔ		
次清	溪 kh	透 th	撤 ʈʂh	滂 ph	敷 β	清 tsh	穿 tʂh	曉 h		
全濁	群 g	定 d	澄 dʐ	並 b	奉 f	從 dz	狀 dʐ	匣 ɤ		
不清 不濁	疑 ng	泥 n	孃 ɳ	明 m	微 w			喩 ∅	來 r, l	日 nz
全清						心 s	審 ʂ			
次清						邪 z	禪 z			

[표 7-1] 〈광운〉의 36자모도

절운계(切韻系) 운서와 중국 성운학의 연구를 집대성한 송대(宋代) 〈광운〉의 36자모도는 원대(元代) 파스파 문자로 한자음을 표음한 몽운(蒙韻), 즉 〈몽고운략〉, 〈몽고자운〉, 그리고 〈증정몽고자운〉 등의 자모(字母)에서 모방되었고 파스파 문자 41자를 제정한 기반이 되었다. 이 36자모를 정리하면 앞의 [표 7-1]과 같다.

7.2.1.5 세종이 처음에 만든 언문 27자는 졸저(2019b:181)에서 중국 성운학(聲韻學)의 36자모도(字母圖)에 의거하여 우리 한자음, 즉 동음(東音)의 표음을 위한 성모(聲母)로서 초성(初聲) 27자만을 인정하고 이를 다음의 [표 7-2]와 같이 자모도로 정리한 것으로 보았다.

七音＼四聲	牙音	舌音	脣音		齒音	喉音	半音	
			脣重音	脣輕音			半舌音	半齒音
全淸	見 ㄱ	端 ㄷ	幫 ㅂ	非 ㅸ	精 ㅈ	曉 ㆅ		
次淸	溪 ㅋ	透 ㅌ	滂 ㅍ	敷 ㆄ	淸 ㅊ	影 ㆆ		
全濁	群 ㄲ	定 ㄸ	並 ㅃ	奉 ㅹ	從 ㅉ	匣 ㆅ		
不淸不濁	疑 ㆁ	泥 ㄴ	明 ㅁ	微 ㅱ		喩 ㅇ	來 ㄹ	日 ㅿ
全淸					心 ㅅ			
全濁					邪 ㅆ			

[표 7-2] 초기의 언문 27자[226)]

　이것은 〈절운〉 이후에 중국의 전통적인 성운학(聲韻學)에서 한자음을 음절 초 자음의 성(聲)을 36개로 보고 이를 조음위치로서 아설순치후(牙舌脣齒喉)의 오음(五音)과 여기에 반설(半舌), 반치(半齒)를 더한 칠음(七音)으로 나누고 조음방식으로 전청, 차청, 전탁, 불청불탁의 사성(四聲)으로 나누어 칠음과 사성을 경위(經緯)로 하여 그린 〈광운〉, 즉 〈예부운략〉의 자모도에 맞춘 것이다.[227)]

　[표 7-2]의 자모도는 아직 어디에도 분명하게 보여주는 자료는 없지만 〈동국정운〉 등에서 자주 보이는 '이영보래(以影補來)'는 이 자모도로서만 설명이 가능하다. 즉, 동국정운식 한자음 '發 벓'의 표음에서 볼 수 있

---

226) 이 도표는 졸고(2019a)에서 재인용하였으며 이 자모도에 의거하여 東國正韻序와 『사성통해』 '凡例에 등장하는 "以影補來"가 'ㄹㆆ'임을 알 수 있다. 그리고 이 논문에서 喉音의 次淸字를 雙書하여 全濁字를 만든 것이 아니라 애초에 全淸을 雙書한 것임을 알 수 있다고 하였다.

227) 원래 四聲은 平上去入의 성조를 말하지만 『韻鏡』에서는 조음방식의 全淸, 次淸, 全濁, 不淸不濁을 四聲으로 불렀음을 전술하였다. 성운학에서는 四聲이 平上去入聲의 성조도 말하고 全淸 이하의 조음방식을 말하기도 하였다.

는 받침의 'ㄹㆆ'을 '이영보래(以影補來)'라고 하는데 영모(影母) 'ㆆ'으로 래모(來母) 'ㄹ'을 보충하여 '發 벓'이 입성(入聲)임을 표한다는 뜻이다.

'ㆆ 영모(影母)'나 'ㄹ 래모(來母)'는 [표 7-2]의 언문 27자 자모도(字母圖)에서만 가능하다. 왜냐하면 훈민정음의 '예의(例義)'나 『동국정운』에서는 운목(韻目)의 한자를 모두 바꾸어 'ㆆ'은 읍모(挹母)로 하였고 'ㄹ'은 려모(閭母)이기 때문이다. 다음의 [표 7-3]에서 바뀐 운목자를 볼 수 있다. 따라서 '이영보래(以影補來)'는 〈동국정운〉이나 훈민정음에 의하면 '이읍보려(以挹補閭)'이어야 한다. 그럼에도 불구하고 'ㄹㆆ'을 '이영보래(以影補來)'라고 한 것은 [표 7-2]와 같은 '언문 27자'가 애초에 있었음을 증언하는 것이다.

뿐만 아니라 [표 7-2]의 언문 27자를 보면 모두 전청자를 쌍서(雙書)해서 전탁자를 만들었다. 그러나 다음의 [표 7-3]의 동국정운 23자모나 훈민정음을 보면 후음(喉音)에서만 차청자(次淸字) 'ㅎ'을 쌍서해서 전탁자(全濁字)를 만든 것이 된다. 이것은 다른 전탁자에 비하여 매우 특이하게 다른 일이다.

이에 대해서 훈민정음의 〈해례본〉은 제6장의 6.1.2.5에 인용한 바와 같이 「제자해(制字解)」에서 장황한 해설을 붙였으나 중국 전통의 자모도인 [표 7-1]의 〈광운 36자모도〉에서는 '효모(曉母)'가 전청의 위치에 있어서 이에 대응하는 다음 [표 7-3]에서 '허모(虛母) ㅎ'은 전청이어야 한다. [표 7-2]의 초기의 언문 27자에 의하면 중국 전통의 후음(喉音) 전청(全淸)은 효모(曉母)이었고 이에 대응하는 [표 7-3]의 허모(虛母), 즉 'ㅎ'을 쌍서한 것이라면 역시 전청자(全淸字)를 두 번 쓴 것이 된다.

다만 앞에서 제시한 [표 7-2]는 지금까지는 이러한 자모도를 보여주는 어떤 자료도 없다. 다만 『사성통해』의 권두에 실려 있는 〈광운(廣韻) 36자모도〉와 〈운회(韻會) 35자모도〉, 그리고 〈홍무운(洪武韻) 31자모도〉에서 그 원형을 찾을 수 있다. 특히 앞 제6장의 6.1.2.6에서 제시한 [사진 6-3]의 '〈사성통해〉 권두의 〈홍무운(洪武韻) 31자모도〉'에서 그 흔적을 볼 수가 있을 것이다.

또 6.1.2.6에서 [사진 6-3]을 도표로 제시한 [표 6-6] '〈홍무운 31자모도〉'에서 순음경(脣音輕)의 차청 'ㆄ'을 더하면 32자가 되어 훈민정음의 〈언해본〉에서 한음(漢音)을 위하여 보여준 32자와 일치한다. 또 이 32자에서 치두(齒頭)와 정치(正齒)를 구별한 5자를 빼면 27자가 되는데 이것이 [표 7-2]로 보인 '초기의 언문 27자'가 된다.

비록 지금까지는 [표 7-2]와 같은 자모도는 없지만 [사진 6-3]과 [표 6-6]으로 제시한 〈사성통해〉 권두의 〈홍무운 31자모도〉를 보면 한음(漢音)이 아니라 우리말과 동국정운식 한자음 표기를 위한 언문 27자는 위의 [표 7-2]와 같은 자모도가 존재했을 가능성은 매우 높다.

2) 〈동국정운〉 23자모

7.2.2.1 {해례}『훈민정음』(이하 〈해례본〉)에서는 이들의 운목(韻目) 한자를 모두 바꾸었고 이에 의거하여 작성된 『동국정운』의 23자모는 다음의 [표 7-3]과 같다. 앞에 보인 [표 7-2]에서 살펴본 바와 같이 훈민정음은 중국의 전통 운서에서는 〈광운〉의 36자모도에 의거하여 초성, 즉 성모(聲母) 중심으로 문자를 제정하였다. 그리고 각 글자의 해당 운목자도 아음(牙音)에서 '見 > 君, 溪 > 快, 群 > 虯, 疑 > 業'으로 바꾸고 나머지, 설(舌), 순(脣), 치(齒), 후(喉)에서도 모두 대응 한자를 교체하여 만든 자모도가 [표 7-3]이다.

	牙音	舌音	脣音	齒音	喉音	半舌音	半齒音
全　淸	ㄱ(君)	ㄷ(斗)	ㅂ(彆)	ㅈ(卽)	ㆆ(挹)		
次　淸	ㅋ(快)	ㅌ(呑)	ㅍ(漂)	ㅊ(侵)	ㅎ(虛)		
全　濁	ㄲ(虯)	ㄸ(覃)	ㅃ(步)	ㅉ(慈)	ㆅ(洪)		
不淸不濁	ㆁ(業)	ㄴ(那)	ㅁ(彌)		ㅇ(欲)	ㄹ(閭)	ㅿ(穰)
全　淸				ㅅ(戌)			
全　濁				ㅆ(邪)			

[표 7-3] 〈해례본〉과 〈동국정운〉의 23자모도[228]

즉, 〈동국정운〉에서는 훈민정음 〈해례본〉의 음가 표시 한자로 23자모를 인정하였고 대응 한자를 바꾸었지만 'ㄱ'에서 'ㅿ'에 이르도록 운목 한자와 그에 대응하는 초성의 글자를 [표 7-3]과 같이 모두 바꿔 보였다. 그리고 동음(東音)의 첫 소리를 표기하는 데 유성음의 전탁(全濁)이 필요 없어 17자로 충분하다고 보았으나 동국정운식 한자음 표음에는 중국 전통 운서에서 인정하는 전탁(全濁), 즉 유성음의 6자를 더하여 23자를 인정한 것이다.

그러나 훈민정음의 글자에 대하여 대강(大綱)을 설명한 예의(例義)에서는 "連書脣音之下, 則爲脣輕音"이라는 구절이 들어 있어 〈언해본〉에서 이를 "○·를 입시·울 쏘·리 아·래 니·서·쓰·면 입시·울 가·비야·ᄫᅠᆼ 소·리 드외ᄂᆞ·니·라"라고 언해하였다. 실제로 순음(脣音)/ㅂ, ㅍ, ㅃ, ㅁ/에 대하여 /ㅸ, ㆄ, ㅹ, ㅱ/의 순경음을 인정한 것이다.

그리고 훈민정음 〈해례본〉의 「제자해(制字解)」에서 초성에 대한 설명의 말미에 "○連書脣音之下, 則爲脣輕音者, 以輕音脣乍合而喉聲

---

228) 이 23자모도에서 全濁의 6자(ㄲ, ㄸ, ㅃ, ㅆ, ㅉ, ㆅ)를 제외하면 훈민정음 초성 17자가 된다.

多也。 - ○를 순은 아래에 이어 쓰면 즉 순경음이 되니 가벼운 소리가 되어 입술이 잠깐 합쳐지므로 목구멍소리가 많다"라는 기사가 있어 순경음의 음성적 특징을 설명하였다.

훈민정음의 〈언해본〉에서 이 순경음(脣輕音)들은 본문에서 "가·비야·ᄫᆞᆯ"의 '·ᄫᆞᆯ'과 "復·뽕用·용初총聲셩"의 '·뽕'와 같이 우리말과 한자음 표기에서 실제로 사용되었다. 또 훈민정음 〈해례본〉의 「용자례(用字例)」에서는 초성 17자 가운데 'ㆆ'을 빼고 순경음 전청의 'ㅸ'으로 들어 '사ᄫᅵ(蝦)', '드ᄫᅵ(瓠)'의 용자례(用字例)를 보였다. 즉, 순음에서 'ㅂ, ㅍ, ㅁ, ㅸ' 4자의 용자례를 보이고 후음에서는 'ㆆ, ㅇ'만 용자례를 들었다.

따라서 순경음 /ㅸ, 퓽, 뾩, ퟲ/ 4자는 초기의 언문자모에 포함되어야 하며 따라서 [표 7–3]의 23자모보다 27자모가 되어야 한다. 즉, 앞의 [표 7–2]로 보인 초기의 언문 27자가 훈민정음의 〈해례본〉이나 〈언해본〉에서 모두 인정한 것이기 때문이다. 실제로 훈민정음에서 최만리의 반대 상소에 나오는 '언문 27자'는 이것을 말하는 것으로 반절상자(反切上字), 즉 자음(子音)을 글자로 만든 것으로 보아야 한다.

7.2.2.2 그리고 앞의 제6장 6.1.3.1에서 논의한 바와 같이 파스파 문자의 7개의 모음자를 유모(喩母)의 글자로 한 것처럼 동국정운에서는 욕모(欲母)에 속하는 문자로 7자를 만들어 앞에서 언급한 언문 27자와 함께 〈운회〉, 즉 〈몽고자운〉을 번역한 것으로 보인다.[229]

---

229) 『세종실록』(권103)에 등장하는 "以諺文譯韻會"의 '韻會'는 元代 黃公紹의 『古今韻會』를 말하는데 元에서 파스파 문자를 제정하고 바로 만든 한자음 운서 『蒙古韻略』이 당시 한자의 北京 표준음과 맞지 않아 〈고금운회〉에 의거하여 수정한 『新刊韻略』을 파스파자로 표음한 것이 『蒙古字韻』이다. 따라서 실록에서 "언문으로 운회를 번역하다"는 결국 〈몽고자운〉의 번역을 말하며 파스파 문자와 正音의 일대일 대응만 설정하면 그 번역은 간단하게 이룰 수 있다. 본서 6.1.1.3 참조.

파스파 문자를 본떠서 만든 초기의 언문 유모(喩母), 즉 욕모(欲母)에 속하는 7자는 천지인(天地人) 삼재(三才)를 본뜬 기본자 'ᄋ, ㅡ, ㅣ'와 이들을 한 번씩 결합시켜 만든 초출자(初出字) '오, 아, 우, 어'였을 것이다. 즉, 이에 대하여는 다음의 '3) 파스파자의 유모(喩母)와 훈민정음의 욕모(欲母)'를 논한 7.2.3.2에서 다시 논의하겠지만 파스파 문자에서는 모음자 7개를 제정하였으나 이를 유모(喩母)에 속하는 것으로 간주하여 이를 따로 36자모로 인정하지 않았다.

중국 전통의 36자모에다가 모음을 표음하는 유모자(喩母字) 7자를 더하여 파스파 문자는 43자를 제정한 것으로 원대(元代)의 『법서고(法書考)』와 『서사회요(書史會要)』에 기술되었다.[230] 다만 앞의 제6장 6.1.2.3에서 구체적으로 논의하고 거기에서 [표 6-3]의 '몽고자운 36자모도'를 제시한 것처럼 유모(喩母)의 /ᘂ/는 이미 36자모에 들어있었고 순경음(脣輕音) 전청의 비(非)모와 전탁의 봉(奉)모가 /ᘓ/로 동일하여 2자가 겹친다.

『원사(元史)』(권202) 「전(傳)」89 '석로(釋老) 팍스파(八思巴)'조에서는 이 2자를 빼고 모두 41자를 제정한 것으로 기술하였다. 다만 앞의 제6장 6.1.2.1에서 [표 6-1]로 보인 Poppe(1957)의 파스파자 재구에서는 자음으로 30자와 모음으로 8자를 제시하여 모두 38자로 하였다. 이것은 특히 {증정}『몽고자운』의 런던 초본을 보지 못했거나 보았어도 이해하지 못한 연구이기 때문에 일어난 착오일 것이다.

파스파 문자에서 비록 유모(喩母)에 속한다고는 하였지만 모음자 7개

---

230) 元代 盛熙明의 『法書考』와 陶宗儀의 『書史會要』에서 파스파 문자를 43자로 제정한 것으로 본 것에 관하여는 졸저(2009:179~182)에서 상세하게 논의하면서 43자를 사진으로 보였다. 그러나 43자의 글자를 보인다고 했지만 실제로 이 두 책에서 제시한 파스파 글자는 모두 41개에 불과하였다.

를 제정한 것은 이 문자의 모델이었던 서장(西藏) 문자가 모음을 표기하는 문자를 만들지 않고 자음에 부속하는 부호(符號) 5개를 만든 것보다 크게 발전한 것이다.231) 이로써 파스파 문자는 중국 한자음을 표음할 수 있었으며 글자의 모습도 한자와 같이 사각(四角)이어서 그 이름을 첩아월진(帖兒月眞, dörberjin), 즉 사각문자라고 하였다.

7.2.2.3 앞에서 논의한 대로 훈민정음에서도 처음에는 7개의 모음자를 유모(喩母), 즉 훈민정음의 욕모(欲母)에 소속하는 것으로 보고 언문 27자에는 넣지 않았다. 그러던 중성(中聲)을 따로 독립시키어 초성(初聲)과 대등하게 인정하고 욕모(欲母)의 7자에 4자를 더하여 11자의 중성자(中聲字)를 정한 것은 신미(信眉) 대사가 새 문자 제정에 참여한 이후의 일로 보인다.

졸저(2019a:103)에 의하면 전술한 바와 같이 신미(信眉)가 새 문자 제정에 참여한 것은 언문의 제정이 어느 정도 진척된 다음의 일이라고 한다. 아마도 세종 27년 4월쯤에 고대인도의 성명기론(聲明記論)에 깊은 지식을 가진 신미(信眉)가 새 문자의 제정에 참여하여 실담(悉曇)의 마다(摩多, mata, mātr, 모음) 12자에 따라 앞의 욕모(欲母) 7자에다가 재출자(再出字) 4자를 추가하여 11자를 중성(中聲)이라 하였을 것으로 추정된다.

그리고 한자음을 초성(初聲)과 종성(終聲), 그리고 중성(中聲)으로 3분하였다. 다음의 7.2.3.4와 7.3.3.3에서 논의한 것처럼 훈민정음 〈해례본〉에서는 모두 29자의 중성자(中聲字)를 제정하여 보였음에도 불구하고 11자만을 중성(中聲)이라 한 것은 실담(悉曇)의 마다(摩多) 12자에 맞춘 것이라고 볼 수밖에 없다.232)

---

231) 西藏문자에서 모음을 구분부호로 만든 것에 대하여는 졸저(2019b:262)를 참고할 것.

그리고 이렇게 초기 욕모(欲母) 7자를 중성 11자로 한 것은 성명기론(聲明記論)과 〈실담장(悉曇章)〉을 숙지하고 있던 신미(信眉)의 조언(助言)에 의거한 것으로 보는 것이 합리적이다. 〈실담장〉의 마다(摩多) 12자에 맞추어 훈민정음의 중성 11자를 인정한 것이다. 이러한 모음자의 중성을 인정한 것은 〈실담장〉에 의거한 것으로 보이기 때문이다.

그리고 우리 한자음, 동음(東音)의 표음에 필요한 초성과 종성의 자음을 17자로 줄이고 여기에 중성의 모음 11자를 더하여 28자를 정하게 된다. 이것이 『세종실록』(권103) 세종 25년 12월조에 등장하는 "是月上親制諺文二十八字 [中略] 是謂訓民正音"과 훈민정음의 〈한문본〉과 〈언해본〉에 등장하는 훈민정음 28자이다.

물론 세종 25년의 실록 기사는 후대에 추가되거나 수정된 것이고 세종 25년에는 신미가 새 문자의 창제에 참여하지 않았을 때이다. 아마도 원래의 기사는 앞의 7.1.1.0에서 고찰한 바와 같이 '訓民正音二十七字'이었을 것이며 세조 초년에 〈세종실록〉을 편찬하면서 이 부분만을 훈민정음의 〈해례본〉과 같이 '諺文二十八字'로 고친 것으로 보인다(졸고, 2019a).

7.2.2.4 〈세종실록〉의 편찬은 문종 때부터 시작되었으나 여러 가지 사연이 있어 완성되어 간행된 것은 세조 1년으로 추정한다. 즉, 『문종실록』(권12) 문종 2년 2월 병인(丙寅)조의 기사에 〈세종실록〉을 감수하는 사람이 세종조의 신하로서는 문제가 있다는 지적이 있어서 집현전이 이

---

232) 전게한 成俔의 『慵齋叢話』(권7)에 "世宗設諺文廳, 命申高靈, 成三問等製諺文, 初終聲八字, 初聲八字, 中聲十二字, 其字體依梵字爲之"에서는 中聲을 〈悉曇章〉의 摩多와 같이 12자로 보았다. 『慵齋叢話』는 비록 중종 20년(1525)에 간행되었으나 저자 成俔(1439~1504)은 세종의 새 문자 제정과 거의 같은 시대에 활약하던 儒臣이다.

를 상고하는 일이 있었으며 김종직(金宗直)이 실록의 편찬에 빠졌다가 다시 들어가는 우여곡절이 있었다. 그리하여 문종 2년에 비로소 〈세종실록〉이 시찬(始撰)되었다.

즉, 『문종실록』(권12) 문종 2년 2월 병술(丙戌)에 "始撰世宗實錄, 許詡, 金銚, 朴仲林, 李季甸, 鄭昌孫, 辛碩祖等, 分年撰修, 皇甫仁, 金宗瑞, 鄭麟趾, 摠裁監修。時史官多避忌, 史草或有墨抹塗竄者, 或只謄承政院日記, 以塞責耳。 — 〈세종실록〉을 비로소 찬술(撰述)하기 시작하였다. 허후·김조·박중림·이계전·정창손·신석조 등은 연대를 나누어 찬수하고 황보인·김종서·정인지는 총재(摠裁) 감수하였다. 이때 사관들로서 기피하는 자가 많았으므로, 혹은 먹으로 사초(史草)의 자구를 지우고 고쳐 쓴 것도 있었고, 혹은 다만 〈승정원일기〉만 등사해서 책임을 면할 뿐이다"라는 기사가 있어 이때에 비로소 〈세종실록〉이 시작되었음을 알려준다.

따라서 〈세종실록〉이 완성되어 간행된 것은 세조 때의 일이다. 『세조실록』(권2) 세조 1년 8월 경오(庚午)조에 "春秋館啓: '近因世宗, 文宗實錄修撰, 時政記未暇纂集, 今實錄垂成, 請纂壬申五月十五日以後時政記。' 從之。 — 춘추관에서 아뢰기를 '근래 〈세종실록〉·〈문종실록〉의 편찬으로 인하여 시정기를 찬집할 겨를이 없었습니다. 이제 실록이 완성되어가고 있으니, 청컨대 임신년 5월 15일 이후의 시정기를 찬집토록 하소서.' 그대로 따르다"라는 기사가 있어 세조 1년쯤에 〈세종실록〉은 완성되었음을 알 수 있다.

7.2.2.5 이에 의하면 『세종실록』(권103) 세종 25년 12월의 기사는 이때에 교정되어 게재되었을 가능성이 있다. 적어도 훈민정음 〈해례본〉이 세상에 나온 다음에 〈세종실록〉이 찬술되었으므로 이때 '훈민정음

27자'가 '언문 28자'로 바뀌었을 것으로 추정된다. 임홍빈(2006)에서 주장한 바와 같이 〈세종실록〉의 세종 25년 12월 기사는 추후에 수정되어 추가된 것으로 보이기 때문이다.

초성의 17자, 그리고 중성의 11자를 설명한 해설서가 집현전 소장학자들의 {해례}『훈민정음』, 즉 〈해례본〉 훈민정음이며 이 책을 편찬하여 새 문자 제정의 이론적 근거를 세상에 알렸다. 그리고 〈해례본〉의 편찬은 앞에서 언급한 대로 최만리(崔萬理)의 반대 상소와 직접적인 관련이 있을 것이다.

즉, 최만리의 반대 상소에 "[前略] 厭舊喜新, 古今通患, 今此諺文不過新奇一藝耳 [下略] – [전략] 옛것을 싫어하고 새것을 좋아하는 것은 고금에 통하는 걱정거리인데 지금 이 언문은 새롭고 기이한 하나의 재주에 불과할 따름입니다. [하략]"라는 말이 있다. 여기서 언급된 새 문자의 제정이 단순한 '신기일예(新奇一藝)'가 아님을 강조하기 위하여 어려운 성리학(性理學)과 성운학(聲韻學)의 이론, 그리고 불가(佛家)의 성명기론(聲明記論)에 의거하여 문자 제정의 원리를 현학적(衒學的)으로 설명하였다. 특히 최만리가 소속된 집현전 소장학자들을 동원하여 〈해례본〉을 편찬한 것으로 하였을 것이다.

이 〈해례본〉에는 신미(信眉)의 성명기론(聲明記論)에 의거한 문자 제정의 배경이론을 주로 거론하였고 중국의 성리학(性理學), 그리고 파스파 문자의 제정에서 보인 중국 성운학(聲韻學)의 이론이 모두 동원되어 매우 어렵게 새 문자인 훈민정음을 해설하였다. 새 문자의 제정이 결코 신기일예(新奇一藝)가 아님을 보이려고 한 것이다.

신미(信眉) 대사의 이름은 〈해례본〉의 편찬자에 들어있지 않으나 〈해례본〉「제자해」와 기타의 설명은 중국의 성리학과 성운학과 더불어 고대인도의 성명기론에 의거하였다. 편찬자의 이름에는 신미가 없으나 유일하게 집현전 학사가 아니라 돈령부(敦寧府) 주부(注簿)로 참가한 강희안(姜希顏)이 평소에 신미를 추종하였으므로[233] 그를 통하여 신미의 이론이 〈해례본〉에 영향을 주었을 것으로 추정된다.

그리하여 초성 17자와 중성 11자는 훈민정음이란 이름으로 간행된 〈해례본〉, 〈실록본〉, 그리고 〈언해본〉에서까지 모두 언문 28자로 정리되었다. 훈민정음, 또는 반절(反切) 27자였던 새 문자가 비로소 초성 17자와 중성 11자의 언문(諺文)으로 정착된 것이다.

3) 파스파자의 유모(喩母)와 훈민정음의 욕모(欲母)

7.2.3.1 중국의 한자음 표기에 사용된 반절법(反切法)은 반절상자인 성(聲)과 운(韻)으로 이분(二分)하였지만 훈민정음에서는 초성, 중성, 종성으로 삼분(三分)하였다. 그리고 모음인 중성(中聲)을 자음의 초성(初聲)과 대등하게 인정한 것은 세종의 새 문자 창제에서 의미가 매우 깊은 일이다.

그러나 신미(信眉)가 참여하기 이전에는 초기의 언문 27자로서 전술한 7.2.1.5의 [표 7-2]로 보인 '초기의 언문 27자'와 같이 한자음의 음절초 자음, 즉 성(聲)만을 문자로 만들었다. 그리고 여기에 파스파 문자에서 유모(喩母)에 속한다는 7개 모음자에 맞추어 욕모(欲母)에 속하는 7자를 추가하여 몽운(蒙韻)의 15운(韻)을 전사(轉寫)하고 〈운회〉의 번역에 임하였을 것이다.

---

233) 姜希顏이 불교에 심취하고 신미를 따른 것은 『문종실록』(권1) 문종 즉위년 4월 癸未의 기사에 "○作佛事于大慈庵, 凡七日. 前此上爲大行王, 命副知敦寧姜希顏, 正郎李永瑞, 注簿成任, 司勇安惠, 緇流七人, 用泥金寫經. [下略] – 불사를 대자암에서 행한 지가 무릇 7일 동안이나 되었다. 이보다 앞서 임금이 대행왕을 위하여 부지돈녕 강희안·정랑 이영서·주부 성임·사용 안혜와 중 7인에게 명하여 이금을 사용하여 불경을 베껴 쓰도록 하였다"라는 기사로 보아 강희안이 불경의 寫經에도 동원될 정도로 그의 佛心은 깊었던 것 같다.

파스파 문자는 전술한 대로 그 문자가 모델로 삼은 티베트의 서장(西藏) 문자와 달리 모음자를 별도로 제정하였다. 이것은 동아시아 여러 민족의 문자 제정에서 획기적인 일이다. 즉, 앞의 제6장 6.1.2.3에 게재한 [사진 6-1]에서 〈증정몽고자운〉 런던 초본의 권두의 '자모(字母)'를 전재하였다.

이 사진에서 36자모도의 오른쪽에 "ᠳ ᠵ ᠴ ᠵ ᠯ ᠴ 此 七字歸喩母 – /i, u, ü, o, ö, e/의 7자는 유모에 돌아가다"가 보인다. 이것은 유모(喩母)에 속하는 글자, 즉 모음이 7자란 의미이고 실제로는 유모(喩母)를 뺀 모두 6자만 제시하였다. 유모(喩母) /ᠣᠸ/ [ɑ]를 포함하여 7자가 된다는 것이다.

그동안 학계에서는 이것이 모음자를 표시한 것인지도 몰랐고 여기서 7자라고 한 것은 유모(喩母)의 /ᠣᠸ, ᠣᠸ[ɑ]/[234]를 포함한 것인 줄도 몰랐다. 졸고(2011)에서 이것이 'ᠳ[i], ᠵ[u], ᠴ[i+o/u, ü], ᠵ[o], ᠯ[e+o/u, ö], ᠴ[e]'와 /ᠣᠸ[ɑ]/의 7모음을 표기한 글자를 말한 것임을 처음으로 밝혔다. 중세몽고어의 7모음, 즉 /i, u, ü, o, ö, e, ɑ/에 해당하는 음운을 문자로 만든 것이다.[235]

7.2.3.2 그동안 세계 문자학계에서는 파스파 문자에 8개의 모음자가 있는 것으로 보았다. 즉, 러시아의 Pauthier(1862)를 비롯하여 헝가리의 Legeti(1956, 1962, 1973), 그리고 구소련의 Poppe(1957, 1965)에서 파스파

---

234) 이 두 문자는 서로 異體字로 중세몽고어 모음 [ɑ]를 표기한 모음자이다.
235) 일본어로 쓴 졸고(2011)는 일본에서 파스파 문자의 모음에 대하여 가장 많은 논문을 발표한 服部四郎 씨의 모교이자 교수였던 東京大學 언어학과의 학술지에 실린 것이다. 파스파 문자의 모음자에 대하여 服部四郎 교수와 다른 의견을 주장한 졸고(2011)는 1년에 걸친 혹독한 심사를 거쳐 『東京大學言語學論集』 제31호의 권두 논문으로 실렸다.

문자의 모음은 8자로 기술되었다.236) 특히 일본의 저명한 알타이어학자 핫토리 시로(服部四郎)는 그의 服部四郎(1984)에서 Poppe(1957)의 8개의 모음에 동조하면서 파스파자가 / ᠊ [e]/와 별도로 / ᠊ , ᠊ [é]/가 있었음을 밝히려고 노력하였다.237)

필자는 영국 런던의 대영도서관에 소장된 〈증정몽고자운〉 사본의 권두에 실린 「자모(字母)」의 36자모도에서 유모(喩母)에 속하는 7자라고 한 것은 중세몽고어에 있는 7개의 모음에 맞추어 제자한 모음자(母音字)들이라고 주장하였다. 졸고(2011)에서 처음으로 몽운(蒙韻)의 유모자(喩母字)들이 실제로 한자음과 몽고어 표기에서 모음을 표기한 파스파 글자라는 주장과 파스파자가 7개 모음자를 제정했다는 주장은 이 문자의 연구에서 획기적인 것이었다.

세종이 새 문자를 제정한 파스파 문자처럼 초기에는 역시 유모자(喩母字), 후에 욕모자(欲母字)로 기본자와 초출자를 합한 7자의 모음자를 제정한 것으로 보인다. 즉, 언문(諺文) 27자의 초성, 즉 반절상자를 파스파 문자의 32자와 맞추고 욕모(欲母)라고 한 /ᄋ, 으, 이, 오, 아, 우, 어/의 7자로 〈몽운〉의 15운을 전사하여 〈운회〉를 번역하려고 하였다.

그러다가 신미(信眉) 대사가 이보다 2년 후인 세종 27년 4월경에 새 문자의 제정에 참여하고 중성, 즉 모음자로 재출자(再出字) /요, 야, 유, 여/의 4자를 앞의 7자에 추가하여 중성 11자를 정하면서 이를 초성과 대등하게 본 것이라고 졸저(2019a:110)에서 주장하였다. 그전에 초기의 〈훈민정음 27자〉에서는 모음의 7자를 유모(喩母)에 속한 것으로 보았다.

---

236) Nicholas S. Poppe 교수가 Poppe(1957, 1965)를 집필할 때에는 그가 미국으로 망명하여 Seattle의 Washington 대학에서 교수로 재직할 때이니 미국 학자로 보아야 할 것이다.

237) 이 두 문자의 음가와 자형은 제6장의 6.1.2.1의 [표 6-1]에서 확인할 수 있다.

모음의 중성을 자음의 초성에 대등한 글자로 인정한 것은 훈민정음의 제정이 단순히 파스파 문자의 모방이 아님을 알려주는 대목이다. 파스파 문자에서는 모음자들을 유모(喩母)에 부속하는 것으로 보았기 때문이다. 그리고 원(元) 제국(帝國)의 강력한 지원을 받아 한자음을 비롯하여 제국의 여러 민족들의 언어를 표기하도록 만든 파스파 문자가 제국의 멸망과 더불어 모두 폐질(廢絶)되었다.

그에 비하여 훈민정음이란 이름으로 제정된 언문(諺文)이 우리말을 표기하는 문자로 강한 생명력을 갖고 계속된 것은 신미(信眉)가 모음의 글자로 중성자(中聲字)를 인정하여 우리말 표기에 적절한 모음자를 만들었기 때문임을 잊어서는 안 될 것이다.

7.2.3.3 졸저(2019a:110)에서는 세종의 새 문자 제정에 신미대사(信眉大師)가 참여한 것은 세종 27년 4월경의 일로 보았다. 김수온(金守溫)의 『식우집(拭疣集)』에서는 세종과 신미의 만남에 대하여 비교적 자세하게 서술하였다. 즉, 효령(孝寧) 대군으로부터 신미(信眉) 대사를 소개받은 세종은 수양대군을 시켜 속리산(俗離山)의 복천사(福泉寺)에서 수행하고 있는 대사를 불러 올렸다고 한다.

효령대군 집에서 처음 신미를 만난 세종은 새 문자의 제정에 대하여 많은 것을 물었을 것이다. 자기의 형에 관한 이야기여서 그런지 전계한 『식우집』에서 이 부분을 매우 감동적으로 서술하였다.[238] 세종과의 만남 자리에서 신미는 불가(佛家)의 범자(梵字) 학습에서 널리 알려진 반자론(半字論)과 만자론(滿字論), 그리고 고대인도의 비가라론(毘伽羅論)의 방법으로 음성을 연구하는 성명기론(聲明記論)에 대한 지식을 뽐냈을

---

238) 金守溫의 『拭疣集』에 실린 이 기사는 졸저(2019a:102)에서 전문을 전재하였다.

것이다.

중국 성운학이나 원대(元代) 파스파 문자의 제정 원리와 성운학(聲韻學)만 알고 있던 세종에게는 성명기론(聲明記論)이란 고대인도의 음성학 지식에 크게 놀란 것으로 보인다. 그리고 실담장(悉曇章)의 문자 체계에서 특히 많은 감동을 받았을 것이다. 그리하여 유신(儒臣)들의 극렬한 반대에도 불구하고 궁궐 안에 내불당(內佛堂)을 마련하여 신미를 거주하게 하면서 새 문자의 제정에서 그의 도움을 받았다.

졸저(2019a:89~137)에서는 세종의 신미에 대한 사랑을 유신(儒臣)들이 얼마나 질투하여 배척하였는가를 자세히 고찰하였다. 세종이 신미를 아끼고 그의 실제(實弟)인 김수온(金守溫)을 중용하는 것에 대하여 대간(臺諫)에서는 끊임없이 반대하였다. 그리고 신미를 탄핵하는 상소를 올린 것이 〈세종실록〉 여러 곳에 실려 있다.

7.2.3.4 졸고(2018a)에서는 초기의 훈민정음 27자처럼 음절 초의 자음(子音)을 중심으로 하여 문자를 제정하고 초기에는 이에 부속하여 파스파 문자의 유모(喩母)처럼 모음을 표음하는 7자를 만들어 유모(喩母), 후대의 욕모(欲母)에 속하게 하였다고 보았다.

그리하여 천지인(天地人) 삼재(三才)를 상형(象形)한 기본자 'ㆍ(天圓), ㅡ(地平), ㅣ(人立)'의 3자를 만들고 이를 한 번씩 결합한 'ㅗ[天 + 地], ㅏ[人 + 天], ㅜ[地 + 天], ㅓ[天 + 人]'의 4자를 더하여 초기의 언문 27자에서는 이것을 욕모(欲母)에 속하는 7자라 하였다. 초성의 글자들을 오음(五音)에 맞춘 5개의 기본자에다가 인성가획(引聲加劃)한 것과 같은 이치로 중성자를 만든 것이다.

그러다가 신미대사가 새 문자의 제정에 가담하면서 실담(悉曇)의 마다(摩多)와 같은 11자의 모음자를 제정하여 이를 중성(中聲)이라 하였는데 초출자(初出字)의 4자에다가 '아래·', 즉 천원(天圓)을 한 번 더 결합시킨 재출자(再出字) 'ㅛ [天天 + 地], ㅑ [人 + 天天], ㅠ [地 + 天天], ㅕ [人 + 天天]'의 4자를 더하여 이를 중성 11자라고 하였다.

훈민정음의 〈해례본〉의 「중성해(中聲解)」에서는 앞에 든 중성 11자 이외에도 두 개의 모음자를 결합한 것으로 'ㅘ, ㅝ, ㆅ, ㆀ'를 만들어 제시하였고, 그리고 'ㅣ'를 제외한 모든 중성자(中聲字)에 'ㅣ'를 결합한 '·ㅣ, ㅢ, ㅚ, ㅐ, ㅓ, ㅒ, ㅣ, ㅖ, ㅙ, ㅞ, ㅙ, ㅞ' 등을 더하여 모두 29개의 모음 글자를 만들어 보였다. 개중에는 우리말 표기는 물론 동국정운식 한자음 표기에도 사용되지 않은 글자도 포함되었다.

그럼에도 불구하고 중성 11자만을 들고 초성 17자와 합하여 훈민정음 28자로 하였다. 이것은 실담장(悉曇章)의 마다(摩多) 12자와 관련이 있다고 보아야 한다. 그리고 초성 17자는 당시 우리말에 변별적이지 못한 유성음의 전탁 6자와 순경음 4자를 빼고 초성을 17자로 한 것이다. 그리고 중성 11자는 처음에 파스파 문자의 유모자(喩母字)에 이끌려 7자를 만들고 여기에 재출자 4자를 더하여 11자로 하여 초성 17자와 합하여 훈민정음 28자를 완비한다.

앞의 제6장 6.2.0.1에서 인용한 『용재총화(慵齋叢話)』(권7)의 "[前略] 初終聲八字, 初聲八字, 中聲十二字, 其字體依梵字爲之 [下略]"라는 기사에서 언급한 12자의 중성을 떠오르게 한다. 즉, 성현(成俔)의 책에서는 초성과 종성으로 쓸 수 있는 8자와 초성으로만 쓰이는 8자를 합하여 자음자를 16자로 하고 중성 12자로 하여 모음을 12자로 보아서 모두 언문 28자라 하였다.

따라서 이 12자는 실담장(悉曇章)의 마다(摩多) 12자에 맞춘 것인데 초성 17자에서 한 글자를 깎고 중성 11자에서 한 글자를 더한 것이다. 그리하여 초성 16자와 중성 12자로 훈민정음 28자를 인정한 것은 실담

(悉曇)의 마다 12자가 얼마나 훈민정음 중성에 영향을 미쳤는지 알려주는 대목이다.

7.2.3.5 앞의 제6장 6.2.2.2에서 논의한 바 있는 실담(悉曇) 문자는 브라흐미 문자를 말하는 파라문서(婆羅門書), 즉 범자(梵字)로부터 변천한 것이다. 실담은 자음(子音)인 체문(体文)과 모음인 마다(摩多)가 결합한 음절문자이다. 따라서 체문과 마다를 각각 따로 가르치는 반자교(半字教)가 있고 체문과 마다의 결합으로 된 실담(悉曇)을 가르치는 만자교(滿字教)가 있다.239) 불경에 자주 등장하는 반만이교(半滿二教)란 바로 이 반자교와 만자교의 문자 교육을 말한다.

반자교의 배경이론인 반자론(半字論)에서 모음과 자음인 마다(摩多)와 체문(体文)은 동등한 음운이며 이들을 표기하는 독립된 글자들이다. 앞의 제6장 6.2.2.2에서 살펴본 당(唐)의 지광(智廣)이 편찬한『실담자기(悉曇字記)』(이하〈실담자기〉)(권1)의「실담장(悉曇章)」에서는 마다를 기본으로 보고 체문을 그에 부속하는 것으로 보았다.240)

마다(摩多)의 'mata, mātr'가 범어(梵語)에서 '어머니'인 것처럼 모음이 음절 구성의 중심이고 자음의 체문(体文) 'vyanjana'는 그에 부속한다는 뜻을 가졌다. 즉, 'vyanjana'는 범어(梵語)에서 "수식하다. 장식하다"는 뜻을 가졌으므로 모음에 부속하여 말의 뜻을 바꾼다는 의미로 보아야 한다.

이것은 왜 우리가 영어의 'vowel'을 '모음(母音)'으로 번역하고 'con-

---

239) 悉曇(siddham)은 梵語로 완성된 문자, 즉 滿字라는 뜻을 가졌다(졸고, 2016b).

240) 졸저(2019:156~7)와 제6장의 6.2.1.3에서는『大般涅槃經』에서 釋迦와 迦葉의 대화 중에 摩多에 대하여 언급하면서 마다가 모든 글자의 기본임을 강조한다. 이로부터 梵字에서 모음자인 摩多를 얼마나 중요하게 생각했는지 알 수 있다.

sonant'를 '자음(子音)'으로 번역하는지 알려주는 대목이다. 다만 한문에서 'vyanjana'를 체문(体文)이라 한 것은 한어(漢語)에서 한자음은 음절 초의 자음이 중요한 변별력을 가졌기 때문에 이를 체용(體用)에서 체(体)의 글로 한 것이다. 오히려 모음이 자음에 부속하는 것으로 보는 것이 중국 성운학(聲韻學)의 태도이다.

즉, 성(聲)이 우선이고 운(韻)은 그에 부속하는 것으로 보는 것이 중국 성운학의 음운 인식 방법이다. 중국어와 범어(梵語)의 음절 구조가 다르기 때문이다. 그리하여 티베트의 서장(西藏) 문자에서는 중국의 성운학에 따라 모음자를 따로 만들지 않고 자음자에 부속하는 구분(區分) 부호(diacritical mark) 4개만을 인정하였다(졸저, 2019b:112).

또 서장(西藏) 문자를 모델로 하여 제정된 파스파 문자에서는 모음의 글자를 중세몽고어의 7모음 체계에 맞추어 7자를 제정하였으나 이 글자들을 독자적인 음운으로 보지 않고 36자모의 하나인 유모(喩母)에 속한다고 보았다. 반절상자(反切上字)의 초성인 자음에 부속하는 모음자로 중세몽고어의 7모음에 맞추어 유모(喩母)의 7자를 제정한 것이다.

훈민정음에서도 앞에서 논의한 것처럼 초기의 언문 27자에서는 모음자들을 여기에서 제외하고 따로 욕모(欲母)에 속한 것으로 보았을 것이다. 즉, 앞에 보인 7.2.1.5의 [표 7-2]에 의하면 욕모(欲母)는 원래 유모(喩母)이었으며 이러한 제자(制字) 방식은 파스파 문자의 영향으로 보지 않을 수 없다. 초기에 세종이 새 문자를 제정할 때에 그 동기가 파스파 문자였기 때문이다.

졸고(2017c, 2018a)[241]에서 밝힌 것처럼 우리가 한글의 모음자를 단

---

241) 졸고(2018b)는 일본 朝鮮語學會의 第68回 朝鮮學大會에서 구두로 발표한 졸고(2017c)를 정리하여 논문으로 발표한 것이다.

독으로 쓸 때에 /ㅇ/을 붙여서 'ㅇ, 으, 이, 아, 어, 오, 우'로 쓰는 것은 초기에 우리의 모음 글자들이 유모(喩母), 즉 훈민정음의 예의(例義)나 동국정운에서는 욕모(欲母)에 속한다고 보아 앞에 초성이 없을 때에는 욕모 /ㅇ/을 앞에 붙여 쓴 것이다.

그렇지 않고는 왜 한글의 모음자를 단독으로 쓸 때에 /ㅇ/을 붙여 쓰는가를 설명할 길이 없다. 파스파 문자에서도 유모자(喩母字), 즉 모음자를 단독으로 쓸 때에는 유모(喩母) /ᛜ/를 앞에 붙여서 ᛜᚲᚱ [ö], ᛜᚲᚱᚶ [ü]와 같이 쓴다(연속하는 파스파 글자를 옆으로 뉘었다). 훈민정음으로 이를 전사하면 '[ㅇ + ㅓ + ㅗ], [ㅇ + ㅣ + ㅜ]'와 같으나 훈민정음에서는 순서를 반대로 '외[ㅇ + ㅗ + ㅣ], 위[ㅇ + ㅜ + ㅣ]'로 쓴다(졸고, 2018b).

파스파자의 'ᛜᚲᚱ'와 'ᛜᚲᚱᚶ'를 훈민정음으로 전사하면 /ㅇ + ㅓ + ㅗ/의 '언'와 /ㅇ + ㅣ + ㅜ/의 '위'와 같다. 파스파자가 하향이중모음으로 [ö]와 [ü]를 이해했다면 훈민정음의 '외, 위'는 이를 상향이중모음으로 본 것이다. 훈민정음이 훨씬 조음음성학에 근사한 이해라고 볼 수 있다.

3. 〈언문자모〉의 속소위(俗所謂) 반절 27자

7.3.0 앞에서 새 문자로 제정된 훈민정음의 해설로 〈해례본〉, 〈실록본〉, 〈예부운략본〉과 여기에 수록된 세종의 어제서문 및 예의(例義)만을 언해한 〈언해본〉이 있음을 살펴보았다. 그러나 〈해례본〉과 〈실록본〉, 〈예부운략본〉은 주로 한문으로 되었고 내용이 '해례(解例)' 부분만 빼면 모두 유사하므로 이 셋을 〈한문본〉으로 통합하고 〈언해본〉과 더불어 둘로 구분하기도 한다고 앞에서 언급하였다.

그러나 훈민정음 글자의 '해례'를 포함한 〈해례본〉은 중국의 성운학

(聲韻學)과 성리학(性理學), 그리고 불가(佛家)의 성명기론(聲明記論)에 의거하여 새 문자를 설명한 것이라 일반 백성들이 이해하기 어렵다. 나머지도 모두 새 문자의 음가를 중국 전통 운서의 자모도(字母圖)나 동국정운의 운목(韻目) 한자, 그것도 어려운 벽자(僻字)로 설명되어서 서민들이 알기 어려웠다. 예를 들면 "ㅂ 彆字初發聲"의 'ㅂ 彆'의 "彆 – 활짱이 뒤틀린 별"은 좀처럼 사용하지 않는 벽자(僻字)이다.

훈민정음의 〈언해본〉도 먼저 언문을 알아야 읽을 수 있으며 세종의 어제서문과 예의(例義)만을 우리말로 언해한 것이라 자세한 정서법은 알 수 없었다. 또 훈민정음의 〈한문본〉과 같이 각 글자의 음가를 위와 같은 어려운 한자의 벽자(僻字)들로 설명하여 알기 어렵고 비록 언해되었다 하더라도 고문(古文) 투로 된 한문의 언해라 이해하기 어려웠다.

그리하여 당시 여항(閭巷)에서 널리 쓰이는 이두(吏讀)와 구결(口訣)에 쓰이던 친숙한 한자로 음가를 설명하고 글자 조합의 방법을 설명한 『훈몽자회』의 「언문자모」가 이 문자의 보급에 지대한 공헌을 하게 된다. 이에 대하여 졸저(2019a:301~309)에 소개된 「언문자모」의 연구를 다시 살펴보면서 이것이 새 문자의 보급을 어떻게 촉진시켰는지 고찰하기로 한다.

1) 〈언문자모〉

7.3.1.1 최세진의 『훈몽자회』(이하 〈훈몽자회〉)의 권두에 실린 범례(凡例)와 「언문자모(諺文字母)」(이하 〈언문자모〉)는 새 문자의 보급에 결정적으로 기여한다. 이 책의 범례에 부재된 〈언문자모〉는 협주(夾註)에 "俗所謂反切二十七字 – 속되게 소위 말하는 반절 27자"라 하여 언문(諺文)이 '반절(反切)'이란 이름으로도 불리었음을 알 수 있게 한다.

이 〈언문자모〉는 〈훈몽자회〉의 범례에 "凡在邊鄙下邑之人, 必多不

解諺文. 故今乃幷著諺文字母, 使之先學諺文, 次學字會則庶可有曉誨之益矣. [下略] – 무릇 변방이나 시골 마을의 사람들이 언문을 이해하지 못하는 수가 많아서 이제 언문자모를 함께 싣는다. 먼저 언문을 배우게 하고 다음에 훈몽자회를 배우면 깨우치고 이해하는 데 모두 도움이 있을 것이다. [하략]"라 하여 전부터 있던 〈언문자모〉가 새 문자의 교재였음을 알려준다.

따라서 〈언문자모〉를 통하여 언문을 깨우치게 하고 그로부터 〈훈몽자회〉를 읽을 수 있게 하였음을 알 수 있다. 이것은 마치 언문으로 된 〈월석〉을 처음으로 간행하면서 제1권 권두에 훈민정음의 〈언해본〉을 첨부한 것과 같은 취지라고 할 수 있다. 〈언해본〉으로 새 문자를 익히고 그로부터 〈월석〉을 읽으라는 것이다.

〈언문자모〉는 훈민정음의 보급을 위하여 후대에 간편한 이두와 구결에서 자주 쓰던 한자로 그 사용법을 설명한 것이다. 즉, 'ㄱ'을 '기역(其役)'으로, 'ㄴ'을 '니은(尼隱)', 'ㄷ'을 '池*末'로 그 음가를 설명한 것이다. 여기에 쓰인 한자 '其役, 尼隱'의 한자들은 모두 구결이나 토에서 자주 쓰이는 한자들이고 '*末'은 원문자여서 석독(釋讀)하도록 한 것으로 이두에서 자주 사용하는 우리말의 한자 표기 방법이다.

7.3.1.2 이러한 풀이의 간편성과 실제 문자생활을 영위하는 중인(中人)들이 늘 사용하는 한자와 이두 표기의 방법으로 설명되어 〈언문자모〉는 새 문자의 보급에 크게 기여하였다. 이 〈언문자모〉는 아마도 훈민정음 제정 당시까지 거슬러 올라갈 수 있을 것으로 보인다. 앞의 7.1.3.1에서 논의한 바와 같이 〈언문자모〉를 세종의 둘째 따님인 정의(貞懿) 공주의 소작으로 보면 세조 때에 이미 이러한 언문 교재가 있었을 것이다.

〈훈몽자회〉에는 세조 때에 간행된『초학자회(初學字會)』(이하 〈초학자회〉)의 것이 많이 인용되었다. 그리고 이 〈언문자모〉의 정서법은 순전히 우리 한자음, 즉 동음의 표기를 위한 것이기 때문에 이 두 자서(字書)의 관계는 매우 긴밀하다고 본다. 만일 언문자모가 〈초학자회〉에 부재된 것을 〈훈몽자회〉에 전재한 것이라면 이것은 최세진(崔世珍)의 저작이 아닐 수 있으며 따라서 이 〈언문자모〉이 견해는 최세긴의 그것과 다를 수도 있다. 이에 대하여는 이미 이기문(1963)에서 논의된 바 있다.

7.3.1.3 졸저(2019b)에서는 한자를 상용하던 사람들에게 난제였던 '변음토착(變音吐着)'을 정의(貞懿) 공주가 훈민정음으로 해결함으로써 세종이 창제한 새 문자로 한자음 표기만이 아니라 우리말의 전면적 표기로 발전하게 된 것이라고 다음과 같이 주장하였다.

> 훈민정음으로 우리말, 즉 고유어를 기록하도록 발전한 것은 세종의 따님인 정의(貞懿) 공주가 구결, 즉 토를 세종이 고안한 새 문자로 기록하여 '변음토착(變音吐着)'의 난제를 해결하면서 가능하게 된다. 당시 석독구결(釋讀口訣)이나 송독구결(誦讀口訣)에 쓰인 구결자들은 대부분 약자(略字)를 사용하여 원래의 한자와는 많이 다르게 변모하였다. 거기다가 발음을 달리하여 토를 달아 읽는 이로 하여금 어렵게 만드는 문제도 있었다. 정의공주는 이러한 부호와 같은 구결자 대신에 새 문자를 대입하여 표기하는 데 성공하였고 이로부터 고유어를 새 문자로 표기하도록 발전하게 된다. 왜냐하면 구결자로 표시된 형태부들은 모두 고유어의 조사와 어미들이었기 때문이다. 졸저(2019b:52)

뿐만 아니라 졸저(2019a:66~70)에서는 언문자모를 정의공주의 소작으로 보았다. 조선후기의 이우준(李遇駿)의『몽유야담(夢遊野談)』「창조

문자(剙造文字)」조에 "我國諺書, 卽世宗朝延昌公主所製也 - 우리나라 언서는 세종조의 연창공주가 지은 것이다"라 하여 언서(諺書), 즉 언문(諺文)은 연창(延昌) 공주, 즉 정의(貞懿) 공주기 지은 것이라고 하였다.[242] 여기서 우리나라의 언서(諺書), 즉 언문이 정의공주의 소제(所製)라는 주장으로부터 〈언문자모〉를 공주가 지은 것이 아닌가 하는 생각을 하게 된다.

앞에서 '변음토착(變音吐着)'은 구결 토의 문제이므로 공주가 구결 토에 관심을 많이 가졌고 거기에 쓰이는 한자를 주목한 것으로 볼 수 있다. 〈언문자모〉는 동국정운의 운목자(韻目字)가 아니라 구결 토나 이두에서 많이 쓰는 익숙한 한자로 새 문자의 음가를 표기하였다. 따라서 어려운 운서의 운목(韻目) 한자보다 이두나 구결에 쓰이는 한자는 조선의 일반 백성들에게 친숙할 수밖에 없는데 이러한 한자로 새 문자를 설명한 〈언문자모〉는 일반인들에게 새 문자를 쉽게 배우게 하였다.

7.3.1.4 졸저(2015:183)와 앞의 7.1.3.0에서 소개한 『죽산안씨대동보 (竹山安氏大同譜)』의 '정의공주유사(遺事)'에 보이는 기사에서 공주가 '변음토착(變音吐着)'의 난제를 해결한 일에 대하여 언급하였다.

변음토착(變音吐着)은 한문의 구결(口訣)에서 형태부, 즉 조사(助詞)와 어미(語尾)의 우리말을 한자를 빌려 토(吐)를 달 때에 "-은(隱), -이(伊), -ᄒ니(爲尼), -이라(是羅), -이다(是如)"와 같이 한자의 발음과 새김을 빌려 적는다. 즉, 앞의 예에서 "-ᄒ니(爲尼), -이라(是羅), -이다(是如)"의 '尼, 羅'는 발음을 빌렸지만 '爲, 是, 如'는 새김을 빌려 '-ᄒ, -이, -다'로 읽는 것이다.

---

242) 貞懿 공주는 세종의 둘째 딸로 延昌尉 安孟聃에 출가하여 延昌 공주가 되었다.

이와 같이 '시(是), 위(爲), 여(如)'의 자음(字音)을 바꿔서 '-이, -ㅎ, -다'로 토를 단 것을 '변음토착(變音吐着 – 음을 바꿔서 토를 달다)'이라 한 것이다(졸고, 2006b). 이와 같은 변음(變音)의 토(吐)는 한자를 익숙하게 구사하고 한문에 정통한 유신(儒臣)들에게는 매우 이상하고 괴로운 문자의 표기 방법이었다.

성의공주가 이를 해결하여 전세한 『죽산안씨대동보』에서는 세종으로부터 노비 수백구(數百口)를 하사받았다는 기사가 있다. 그러나 졸저(2019a:68~70)에서는 〈세종실록〉의 기사에서 세종이 따님인 정의(貞懿) 공주에게 노비를 하사하는 상(賞)을 내렸다는 기사가 없고 세조 때에 왕으로부터 여러 차례 전결(田結)과 곡식을 하사한 일이 있음을 밝혔다. 특히 『세조실록』(권2) 세조 1년 8월 기사(己巳)에 "양주 전토 1결을 하사하다"라는 기사와 『세조실록』(권21) 세조(世祖) 6년 9월 임인(壬寅)조에 쌀 1백석을 하사하였다는 기사가 눈에 띈다.

이와 같이 세조가 누님인 정의(貞懿) 공주에게 특별히 전토와 많은 곡식을 내린 것은 〈언문자모〉의 저술과 관련이 있을 것이다. 특히 『세조실록』(권14) 세조 4년 10월의 기사에 보인 것처럼 최항(崔恒)과 한계희(韓繼禧) 등이 시작하고 이승소(李承召)가 언해를 마친 〈초학자회〉가 세조 6년경에 간행되었다.

아마도 세조 6년 9월에 왕이 정의공주에게 내린 쌀 1백석은 〈초학자회〉가 간행되고 이 책의 권두에 첨부되어 〈언문자모〉가 새 문자의 보급에 크게 기여하자 공주의 업적을 표창하기 위하여 상으로 내린 것이 아닌가 한다. 세조도 수양대군 시절부터 훈민정음의 제정에 깊이 관여하였고 부왕인 세종과 더불어 새 문자의 보급에 열심이었기 때문이다.

7.3.1.5 〈초학자회〉란 자서(字書)의 권두에 〈언문자모〉가 첨부된 것

은 그동안 유생(儒生)들이나 중인(中人)들의 언문을 학습하는 데 새로운 길을 터주게 된다. 훈민정음의 〈언해본〉을 첨부한 『월인석보』는 불경이라 유자(儒者)들이 읽지 않을 것이므로 이 불경의 권두에 첨부된 〈언해본〉으로 새 문자의 보급은 아무래도 제한적일 수밖에 없었다.

그러나 유생(儒生)들에게 〈초학자회〉는 한자를 배우려면 반드시 보아야 하는 교재이므로 여기에 〈언문자모〉를 첨부한 것은 새 문자인 훈민정음의 학습을 위해서 매우 유용했던 것이다. 이로 인하여 새 문자는 널리 보급될 수 있었다. 〈세조실록〉에 등장하는 세조가 정의공주에게 내린 전결(田結)과 곡식의 하사(下賜)는 부왕인 세종과 함께 새 문자의 제정과 보급에 힘썼던 수양대군, 즉 세조가 이를 보급하는 데 기여한 상(賞)으로 공주에게 내린 것으로 보아야 할 것이다.

원(元)나라의 국자(國字)로서 쿠빌라이 칸(忽必烈汗) 황제(皇帝)의 전폭적인 지원을 받으며 화려하게 등장한 파스파 문자가 제국(帝國)의 멸망과 더불어 100년 만에 완전히 사라졌다. 그러나 훈민정음은 한자음 표음으로부터 우리말 표기의 언문으로 발전하여 오늘날까지 사용 중이다. 그렇게 된 이유는 〈언문자모〉에 의하여 어리석은 백성들이 쉽게 배울 수 있어 서민들 사이에 널리 보급되었기 때문이다.

2) 〈언문자모〉로 본 새 문자 제정 원리

7.3.2.1 반절(反切)은 훈민정음을 여항(閭巷)에서 속되게 부르는 명칭이었으며 〈언문자모〉의 협주인 '반절 27자'는 초기에 반절상자(反切上字), 즉 초성으로 27자를 제정하여 〈운회〉를 번역하면서 한자음을 표기할 때에 붙은 명칭으로 보인다. 여항(閭巷)에서는 한자음 표기의 반절(反切)로 생각하여 그렇게 부르던 것이 중종(中宗) 때의 〈훈몽자회〉까지 전해 내려온 것이다(졸고, 2017b).

그러나 실제로 〈언문자모〉에서는 훈민정음의 초성 17자에서 읍모(挹母) 'ㆆ'자를 제외한 16자에 중성 11자를 더하여 반절 27자라고 하였다. 이 것은 〈훈몽자회〉에서 처음 시도된 것이 아니고 전술한 바 있는 성현(成俔)의 『용재총화(慵齋叢話)』(권7)의 "[前略] 初終聲八字, 初聲八字, 中聲十二字, 其字體依梵字爲之"에서도 초성과 종성으로 같이 쓰는 8자와 초성만으로 쓰는 8자라 하여 모두 16자의 초성자(初聲字)를 보였는데 여기에도 아마 'ㆆ'이 빠졌을 것이다. 〈언문자모〉가 그 이전에, 적어도 성현(成俔)이 활약하던 시대, 즉 세조 연간에 이루어졌음을 시사한다.

반절하자(反切下字), 즉 운(韻)은 중성과 종성이 결합한 것이어서 중성만으로 운(韻)이라 할 수 없기 때문에 초성과 더불어 중성도 반절(反切)로 인정한 것은 잘못된 것이다. 따라서 〈훈몽자회〉에서는 '속소위(俗所謂)'란 수식어를 앞에 붙여 "俗所謂反切二十七字 − 속되게 소위 말하는 반절 27"로 불렀다.

여항에서 속되게 반절 27자라고 하여 초성 16자와 중성 11자로 보는 것은 잘못이라는 의미가 이 말 속에는 포함되었다. 원래는 초성 27자만을 반절 27자라고 했던 것을 후대에 초성과 중성을 함께 반절이라고 하는 것은 잘못되었다는 것이다. 그동안 이 '속소위(俗所謂)'가 무엇을 뜻하는지 제대로 연구된 바가 없었다(졸고, 2017b).

7.3.2.2 먼저 〈언문자모〉에서는 '초성과 종성으로 쓰이는 것'과 '초성만으로 쓰이는 것'으로 나누었다. 그리고 먼저 "初聲終聲通用八字 − 초성과 종성으로 모두 쓸 수 있는 8자"라 하여 다음 [표 7−4]에서 8자의 초성과 종성의 예를 보였다.

성＼문자	ㄱ	ㄴ	ㄷ	ㄹ	ㅁ	ㅂ	ㅅ	ㆁ
초　성	기(其)	니(尼)	디(池)	리(梨)	미(眉)	비(非)	시(時)	이(異)
종　성	역(役)	은(隱)	귿(末*)	을(乙)	음(音)	읍(邑)	읏(衣*)	응(凝)

[표 7-4] 「언문자모」 초성종성통용(初聲終聲通用) 8자[243]

　이것은 훈민정음 〈해례본〉 '종성해'에서 "八終聲可足用 – 8개의 받
침으로 족히 쓸 수 있다"의 8종성 체계를 따른 것으로 훈민정음 '예의(例
義)'의 "終聲復用初聲 – 종성은 모든 초성을 다시 쓰다"와는 다른 태도
이다. 아마도 〈해례본〉 이후에는 8종성(終聲)이 일반적이었던 것으로
보인다.[244]

　앞에서 살펴본 바와 같이 세종의 〈월인〉에서는 이 '팔종성가족용'의
원칙에 맞추어 이(異)의 /ㅇ(꼭지 없는)/은 종성으로 사용하지 않고 오직
응(凝)의 /ㆁ(꼭지 있는)/만을 종성으로 하여 한자음을 표기하였으나
〈석보〉와 〈월석〉에서는 초중종성(初中終聲)을 모두 갖춰야 한다는 훈민
정음 〈해례본〉의 정서법에 따라 이(異)의 /ㅇ/도 종성으로 사용하였다.

　즉 〈해례본〉 「합자해(合字解)」의 "初中終三聲, 合而成字 – 초, 중,
종성이 합해야 글자를 이루다"라는 정서법에 맞추어 〈석보〉와 〈월석〉
에서는 "迦강毘삥羅랑國·귁·에"(〈석보〉 제6권 1앞6행)의 '迦강毘삥羅
랑', 그리고 "世·솅宗종御·엉製·졩"(〈월석〉 제1권 권두)의 '世·솅御·
엉製·졩'와 같이 초성의 이(異)의 /ㅇ/도 종성으로 써서 초중종(初中終)

---

243) [표 7-4]에서 *을 표시한 '귿(末*)', 웃(衣*)은 본문에서 圓文字로 표시하여 "俚語爲聲 – 우
　리말로서 발음을 삼다"라고 하였으므로 '末*'은 '귿(=끝)', '衣*'는 '옷'으로 釋讀한 것이다.
244) 현대 한국어에서는 어말자음 중화 현상에 의하여 'ㅅ:ㄷ'의 구별도 없어져서 받침 위치에
　서 7자음만 구별된다.

의 삼성(三聲)을 모두 갖추어 한자음을 표기하였다.

그러나 〈월인〉에서는 "샤舍 위衛·국國슈須·똟達·이"(148장)의 '샤舍, 위衛, 슈須'와 같이 초성과 중성만을 표기한 한자음이 있었다. 이에 대하여는 앞에서 예로 보인 것과 같이 초성과 종성으로 통용하는 'ㅇ 이응(異凝)'의 설정에 대한 최세진(崔世珍)의 견해를 주목해야 한다.

그는 〈훈몽자회〉의 편자이며 이 책의 권두에 붙인 〈언문자모〉의 끝 부분에 다음과 같은 설명을 붙였다.

> 唯ㆁ之初聲, 與ㅇ字音俗呼相近, 故俗用初聲則皆用ㅇ音. 若上字有
> ㆁ音終聲, 則下字必用ㆁ音爲初聲也. ㆁ字之音動鼻作聲, ㅇ字之音發爲
> 喉中, 輕虛之聲而已, 初雖稍異而大體相似也 [下略] ― 다만 'ㆁ[꼭지가 있
> 는] 초성은 'ㅇ'[꼭지가 없는]자와 더불어 속되게 발음하면 서로 비슷하다.
> 그러므로 속용으로 초성에 모두 'ㅇ'[꼭지가 없는]음을 쓴다. 만약에 앞 자
> 에 'ㆁ'[꼭지가 있는] 음을 종성으로 갖고 있으면 뒷 자도 반드시 'ㆁ'[꼭지가
> 있는]음을 써서 초성을 삼아야 한다. 'ㆁ'[꼭지가 있는]자의 발음은 코를 울
> 려서 소리를 만들며 'ㅇ'재[꼭지가 없는]의 발음은 목구멍 가운데서 가볍고
> 허하게 만든 소리일 뿐이다. 비록 처음에는 조금 다르지만 대체로는 서로
> 비슷하다.

이에 의하면 최세진은 'ㅇ[꼭지가 없는]음'과 'ㆁ[꼭지 있는]음'을 구별하여 'ㆁ[꼭지가 있는]음'은 종성으로만 쓸 수 있고 'ㅇ[꼭지가 없는]음'은 초성으로만 쓸 수 있음을 주장하여 'ㆁ'과 'ㅇ'을 혼용한 'ㅇ 異凝'을 인정하지 않았다는 것이다(이기문, 1963:84~5). 오늘날의 'ㅇ'의 사용과 같은 주장이다.

이 사실을 감안하면 종성에서 'ㅇ[꼭지가 없는]'을 인정한 〈언문자모〉는 최세진의 소작이 아님이 더욱 분명해진다. 여기에서 〈언문자모〉가 세종

의 둘째 따님인 정의(貞懿) 공주의 소작(所作)이라는 졸저(2015:189~192)의 주장이 나온 것이다. 또 성현(成俔)의 『용재총화』에서 이미 〈언문자모〉와 같은 주상을 펴고 있음을 떠올리게 한다.

7.3.2.3 다음으로 "初聲獨用八字 – 초성으로만 쓰는 8자"라 하여 훈민정음 17개 초성 가운데 위에 적은 8개를 제외하고 우리 한자음과 우리말의 음절 초 표기에서 불필요한 읍(挹)모의 'ㆆ'을 뺀 8개의 초성을 나열하였다. 이를 표로 보이면 다음과 같다.

성 \ 문자	ㅋ	ㅌ	ㅍ	ㅈ	ㅊ	ㅿ	ㅇ	ㅎ
초성	키(箕)*	티(治)	피(皮)	지(之)	치(齒)	싀(而)	이(伊)	히(屎)

[표 7–5] 언문자모 초성독용(初聲獨用) 8자

이 표에서도 '箕*'와 같이 '*'표가 있는 것은 원문에서 원(圓)문자로서 이두에 쓰이는 석독(釋讀)의 표시였으며 따라서 "箕 키 기"이므로 이 한자의 새김인 '키'를 표음한 것이다. 언문자모에서 제시한 초성자 가운데 종성과 통용하는 8자는 초성과 종성 모두의 보기를 들어 "ㄱ 其役, ㄴ 尼隱, 池末*, …"과 같이 2자의 예를 들었으나 초성 독용(獨用)의 경우는 초성의 보기만을 들어 "ㅋ 箕*, ㅌ 治, ㅍ 皮, …"와 같이 1자의 예만 보인다.

따라서 이들을 문자의 명칭으로 보기 어려우나 후대에는 이를 문자의 이름으로 삼아 'ㄱ-기역, ㄴ-니은, ㄷ-디귿, …' 등으로 불리게 되었다. 다만 초성 독용(獨用)의 8자는 끝에 '으 + 받침'으로 하여 오늘날의 정서법에서는 'ㅋ-키읔, ㅌ-티읕, ㅍ-피읖, ㅎ-히읗' 등으로 부르게 된 것이다. 두 개의 한자로 초성과 종성의 예를 든 문자의 음가가 명칭으로 굳어진 것이다.

홍기문(1946)에 의하면 훈민정음의 〈언해본〉에 보이는 "ㄱ눈, ㅋ눈, ㅇ눈, ㄷ눈, …" 등의 조사(助詞)를 근거로 하여 훈민정음 창제 당시의 초성자의 명칭은 'ㄱ-기, ㅋ-키, ㅇ-이, ㄷ-디, …'였다고 주장하였다. 그리하여 훈민정음 〈언해본〉의 "ㄱ눈, ㅋ눈, ㅇ눈, ㄷ눈, ㅌ눈, ㄴ눈, …" 등은 "기눈, 키눈, 이눈, 디눈, 티눈, 니눈, …"으로 읽었을 것이라고 보았고 〈언문자모〉의 이 명칭은 오늘날과는 달리 초성과 종성의 예만을 보인 것이라고 주장하였다.

그러나 앞에서 언급한 범자(梵字)의 체문(体文)에서 첫 글자의 명칭이 "ka, kha, ga, gha, nga"이고 티베트의 서장(西藏)문자도 "ka, kha, ga, nga"로 시작하며 훈민정음과 가장 밀접한 관계에 있는 파스파 문자도 첫 글자가 "ka, kha, ga, nga"이므로 〈언해본〉의 'ㄱ. ㅋ, ㅇ'이 "개[ka], 캐[kha], 애[nga]"로 읽었을 가능성도 없지 않다.

다만 〈언해본〉에서 'ㄲ'는 각자병서(各字竝書)의 방법으로 제자(制字)할 수 있음을 말했을 뿐 글자는 제시하지 않았으므로 '깨[ga]'가 있었는지는 확실하지 않다. 실제로 당시에 이미 유성음 '깨[ga]'와 무성음 '가[ka]'의 구별이 불가능했을 것으로 보이기 때문이다. 이기문(1961)에 의하면 이미 15세기의 한국어에서 유성(有聲) 대 무성(無聲)의 대립이 소멸되었다고 보았다.

7.3.2.4 여기서 주목할 것은 〈언문자모〉에서 'ㆆ 읍(挹)'모가 제외된 점과 훈민정음의 예의(例義), 즉 〈해례본〉과 〈언해본〉에서 보인 초성의 배열순서가 다른 점이다. 즉, 〈언문자모〉의 초성에서 초성종성통용 8자나 초성독용 8자에도 'ㆆ'이 들어있지 않은 점은 여러 사실을 돌아보게 된다. 한때에 이에 의거하여 훈민정음은 애초에 27자만 제정하였다는

주장도 나오게 되었다(이동림, 1959).

현재로서는 'ㆆ'을 제외한 것은 이 글자가 우리말이나 우리 한자음, 즉 동음(東音)의 표기에 불필요하다고 생각한 때문이라고 볼 수밖에 없다. 그러나 현재 낱장으로 발견된 〈초학자회〉에도 'ㆆ'은 쓰였고 동국정운식 한자음에 널리 쓰이는 'ㆆ'이 삭제된 것은 아마도 중성 11자에 맞추어 초성 16자로 해야 초기의 언문 27자에 맞출 수가 있었기 때문으로 볼 수 있다.

초성과 종성에 통용하는 8자와 초성으로만 쓰이는 8자로의 구분은 이미 성현(成俔)의 『용재총화(慵齋叢話)』에 나오는 이야기이므로 최세진의 창안으로 생각하기 어렵다. 아마도 정의(貞懿) 공주가 창안하여 이미 세종 연간에 유행한 〈언문자모〉에서 'ㆆ'은 삭제되었을 것이다. 초기의 훈민정음 27자에 맞추어 『용재총화』의 기사에서 'ㆆ'은 삭제되었으나 후일에 언문 28자가 되자 중성을 12자로 한 것이라고 보아야 하겠다.

즉, 앞의 제6장 6.2.0.1에서 인용한 『용재총화』(권7)의 "[前略] 初終聲八字, 初聲八字, 中聲十二字, 其字體依梵字爲之"라는 기사에 의하면 전부터 훈민정음의 문자를 초성과 종성에 통용하는 8자, 그리고 초성으로만 쓰이는 8자, 중성 12자로 보아 모두 28자로 보았음을 알 수 있다.[245] 정의공주는 27자에 맞추어 초성 17자에서 'ㆆ'을 삭제한 16자와 여기에 중성 11자를 합하여 27자로 하였으나 후일 언문 28자가 되자 『용재총화』에서는 중성 12자로 하여 28자를 만든 것이다.

---

245) 成俔의 『慵齋叢話』에 등장하는 中聲 12자는 悉曇章에서 摩多 12자와 혼동한 것으로 보인다. 원래 反切 27자인 것을 훈민정음 28자에 맞추기 위하여 中聲을 12자로 본 것이다.

3) 오음(五音)과 사성(四聲)에 의한 분류

7.3.3.0 훈민정음에서는 오음(五音), 즉 '아(牙), 설(舌), 순(脣), 치(齒), 후(喉)'의 순서로 자모를 배열하고 같은 오음(五音) 안에서는 청탁(淸濁), 즉 앞의 7.2.1.3에서 논급한 사성(四聲) '전청(全淸), 차청(次淸), 불청불탁(不淸不濁), 전탁(全濁)'의 순서로 초성을 배열하였다. 그러나 〈언문자모〉에서는 오음(五音)의 순서대로 하였으되 초성과 종성으로 통용되는 것을 먼저 배열하고 청탁의 순서에서도 불청불탁의 것을 앞에 두었다.

그리하여 훈민정음에서는 'ㄱ(아음 전청), ㄴ(설음 불청불탁), ㅁ(순음 불청불탁), ㅅ(치음 전청), ㅇ(후음 불청불탁)'의 순서로 기본 글자를 만들었다. 그러나 〈언문자모〉에서는 'ㄱ(아음 전청), ㄴ(설음 불청불탁), ㄷ(설음 전청), ㄹ(반설음 불청불탁), ㅁ(순음 불청불탁), ㅂ(순음 전청), ㅅ(치음 전청), ㅇ(아음 불청불탁)'의 순서로 초성과 종성으로 쓸 수 있는 8자를 인정한 것이다.

이것을 보면 훈민정음의 제자(制字)에서 최불려자(最不戾字)를 기본자로 하고 인성가획(引聲加劃)하는 방법을 〈언문자모〉에서도 그대로 따른 것으로 보인다.[246] 즉, 초성자(初聲字)의 제자는 훈민정음 〈해례본〉「제자해」에 의하면 설음, 순음, 후음에서 최불려자인 불청불탁의 'ㄴ, ㅁ, ㅇ'을 기본자로 하였다.

그리고 아음에서와 같이 불청불탁이 이체자이거나 치음과 같이 아예 불청불탁이 없는 경우에 전청의 'ㄱ, ㅅ'을 기본자로 하여 'ㄴ, ㅁ, ㅇ, ㄱ, ㅅ'의 아설순치후(牙舌脣齒喉)의 기본자 5개를 정하고 앞의 7.1.1.2

---

[246] 〈해례본〉에 등장하는 最不戾字는 "가장 거세지 않은 소리의 글자"이지만 실제로는 鼻音 'ㄴ[n], ㅁ[m]'이나 口腔내 공명을 수반하는 'ㅇ[ɦ]'이다. 그러나 牙音의 最不戾字였을 'ㆁ[ng]'은 異体字였고 齒擦音에는 不淸不濁이 애초에 없어서 牙音에서는 全淸의 'ㄱ[k]'으로 기본자를 삼고 齒音에서도 전청의 'ㅅ[s]'을 기본자로 하였다.

에서 언급한 대로 각기 인성가획(引聲加劃)하는 방법으로 14자를 만들었다. 그리고 'ㆁ, △, ㄹ'과 같이 이체자(異体字) 3자를 더하여 17자를 제자(制字)한 것이다.

7.3.3.1 〈언문자모〉의 초성 배열에서도 같은 방법을 취하여 최불려자(最不屬字)인 불청불탁의 글자를 앞에 두고 인성(引聲)에 따라 전청, 차청의 순서로 가획(加劃)하여 초성자를 제정하고 배열하였다. 다만 아음(牙音)에서는 불청불탁이 이체자 'ㆁ'이었다. 아음의 불청불탁의 /ng/가 후음(喉音)의 불청불탁인 'ㅇ[꼭지 없는]'과 유사하다고 보아 이를 본뜬 'ㆁ[꼭지 있는]'으로 이체자를 만든 것이다.

치음(齒音)에서는 불청불탁의 음이 애초에 없었기 때문에 전청을 기본자로 하였다. 치음, 즉 경구개음(palatal)의 위치에서는 비음(nasal)이 생성되지 않기 때문이다. 나머지 설음, 순음, 그리고 후음에서는 모두 불청불탁의 글자를 기본자로 하여 인성가획(引聲加劃)하였다. 즉, 훈민정음 〈해례본〉의 「제자해(制字解)」에서는 아설순치후(牙舌脣齒喉) 오음(五音)의 기본자 5자를 다음과 같이 발음기관을 상형(象形)하여 제자(制字)하였음을 밝혀두었다.

ㄱ – 象舌根閉喉之形 – ㄱ은 혀뿌리가 목구멍을 막는 모습을 본뜬 것.
ㄴ – 象舌附上顎之形 – ㄴ은 혀가 위 입천장에 닿는 모습을 본뜬 것.
ㅁ – 象口形 – ㅁ은 입모습을 본뜬 것.
ㅅ – 象齒形 – ㅅ은 이(치아)의 모습을 본뜬 것.
ㅇ – 象喉形 – ㅇ은 목구멍의 모습을 본뜬 것.

이것을 보면 훈민정음은 아설순치후(牙舌脣齒喉)의 초성 5자를 각기 발음기관을 상형하여 제자(制字)하였음을 알 수 있고 이를 기본자로 하여 인성가획하거나 이체자를 만든 것이다.

7.3.3.2 다만 아음(牙音)의 'ㆁ-業母' 불청불탁을 후음(喉音) 'ㅇ-欲母'의 이체자(異体字)로 제자한 것은 이를 후음(喉音)으로 간주한 때문이다. 원래 'ㆁ-業母'음은 후성(喉聲)이 많아서 그 글자의 모습도 후음의 'ㅇ-欲母'와 유사하게 하기 위하여 인성가획(引聲加劃)에 따르지 않고 이체자(異体字)로 만들었다고 〈해례본〉의 「제자해」에서 설명하고 있다.

따라서 아음(牙音)에서의 기본자는 전청의 /ㄱ/이 되었고 치음(齒音)에서는 아예 불청불탁의 글자가 없어서 역시 전청의 /ㅅ/이 기본자가 되어 여기에서 인성가획(引聲加劃)을 하게 된다. 그리하여 'ㄱ → ㅋ, ㄴ → ㄷ → ㅌ, ㅁ → ㅂ → ㅍ, ㅅ → ㅈ → ㅊ, ㅇ → ㆆ → ㅎ'으로 글자가 만들어졌다. 이렇게 만든 14자에 이체자(異体字) 'ㆁ(꼭지가 있는), △(반치음), ㄹ(반설음)'의 3개를 더하여 초성 17자를 제자(制字)한 것이다. 'ㅇ(꼭지가 없는)'과 'ㆁ(꼭지가 있는)'이 전혀 다른 글자임을 알 수 있다.

초성 독용(獨用)의 경우도 'ㅋ(아음 차청), ㅌ(설음 차청), ㅍ(순음 차청), ㅈ(치음 전청), ㅊ(치음 차청), △(반치음 불청불탁), ㅇ(후음 불청불탁), ㅎ(후음 차청)'의 순서로 배열하여 오음과 청탁(淸濁)의 순서가 '아음 → 설음 → 순음 → 치음 → 후음'과 '불청불탁 → 전청 → 차청'이어서 오음(五音)의 순서는 맞지만 청탁의 순서가 훈민정음의 초성 배열과 조금 어긋남을 알 수 있다.

훈민정음은 세종이 파스파 문자의 자모 순서, 즉 아음에서 파스파자의 'ka[ꡂ], kha[ꡀ], ga[ꡃ], nga[ꡜ]'에 맞추어서 'ㄱ[k], ㅋ[kh], ㄲ[g], ㆁ[ng]'의 순서로 제자(制字)했으나 〈언문자모〉에서는 'ㄱ, ㄴ, ㄷ, ㄹ, ㅁ, ㅂ, ㅅ, ㅇ'으로 하여 기본자와 전청 및 불청불탁의 8자를 먼저 들고 이어서 'ㅋ, ㅌ, ㅍ, ㅈ, ㅊ, △, ㅇ, ㅎ'의 순서로 언문 글자를 정리했다.

오음(五音)의 순서에 맞추었지만 역시 기본자를 우선하고 인성가획(引聲加劃)의 글자 및 이체자를 다음으로 본 것이다. 정의(貞懿) 공주의 〈언문자모〉가 훈민정음을 그대로 따른 것이 아님을 보여준다. 어디까지나 우리말의 음운 순서와 우리 한자음, 동음(東音)에 맞추어 글자를 배열하고 음가를 설명한 것이며 이로부터 앞에서 인용한 이우준(李遇駿)의 『몽유야담(夢遊野談)』「창조문자(刱造文字)」조에 "我國諺書, 卽世宗朝延昌公主所製也"란 주장이 나오게 된 것이다.

7.3.3.3 중성(中聲)의 제자는 앞의 제6장 6.3.2.0에서 고찰한 것처럼 훈민정음 〈해례본〉에서 '천(天), 지(地), 인(人)' 삼재(三才)를 상형(象形)하여 기본자 "丶, ㅡ, ㅣ" 3자를 기본자로 만들고 이를 조합(組合)하여 모두 11자의 중성자를 제자(制字)하였음을 명기하였다. 그리고 이들을 동출음(同出音), 즉 발음위치가 같은 것끼리 합용(合用)하여 4개를 더 만들고 이를 다시 모두 'ㅣ'와 합용하는 상수합용(相隨合用)까지 합치면 모두 29개의 중성자를 만들었다.

즉, 기본자 '丶, ㅡ. ㅣ' 3자, 초출자(初出字) 'ㅗ, ㅏ, ㅜ, ㅓ' 4자, 재출자(再出字) 'ㅛ, ㅑ, ㅠ, ㅕ'의 4자가 있어 모두 11자가 되었다. 그리고 여기에 ㅣ의 상수합용(相隨合用)이라 하여 ㅣ를 제외한 10자에 ㅣ를 더한 '丶ㅣ, ㅢ, ㅚ, ㅐ, ㅟ, ㅔ, ㅚ, ㅒ, ㅟ, ㅖ'의 10자와 또 동출합용자(同出合用字) 4개 'ㅘ, ㅝ, ㅑ, ㅖ', 그리고 여기에 다시 ㅣ를 더한 4개 'ㅙ, ㅞ, ㅙ, ㅞ'를 더하여 도합 29개의 중성자를 만든 것이다.

이와 같이 훈민정음 〈해례본〉에서는 29자의 모음자를 제자(制字)하였음에도 불구하고 훈민정음의 중성을 'ㆍ, ㅡ, 이, 오, 아, 우, 어, 요, 야, 유, 여'의 11자로 한 것은 실담(悉曇) 문자의 마다(摩多) 12자에 맞춘 것으로 볼 수밖에 없다. 앞의 6.1.2.1에서 인용한 『용재총화』의 '中聲十二

字, 其字體依梵字爲之'를 다시 상기하게 된다.

〈언문자모〉에서 중성은 역시 그 음가를 이두나 구결에서 많이 쓰이
는 글자로 표시하였다. 그리하여 중성 11자를 다음과 같이 보였다.

문자	ㅏ	ㅑ	ㅓ	ㅕ	ㅗ	ㅛ	ㅜ	ㅠ	ㅡ	ㅣ	ㆍ
차자	阿	也	於	余	吾	要	牛	由	応*	伊*	思*

[표 7-6] 〈언문자모〉의 중성 자모도(字母圖)

이 도표에서 *가 붙은 '應(응)' {不用終聲 – 받침은 쓰지 않음}과 '伊'
{只用中聲 – 중성만 씀}, 그리고 '思(ᄉ)' {不用初聲 – 초성은 쓰지 않음}
는 이 중성을 나타내는 적당한 한자가 없었기 때문에 앞의 것과 같은 한
자를 빌리고 종성을 쓰지 않는다든지, 중성만 쓴다든지, 초성을 쓰지 않
는다는 설명을 붙여 모음자의 음가를 설명한 것이다.

이것도 〈언해본〉 훈민정음에서 "ㆍ 는, ㅡ는, ㅣ 는, ㅗ는, ㅏ 는, ㅜ는,
ㅓ는, ㅛ는, ㅑ 는, ㅠ는, ㅕ는"이므로 조사(助詞)의 연결로 보아 중성의
문자 이름이 'ᄋ, 으, 이 …'였다는 주장이 있다(홍기문, 1946:48~52). 역시
순서는 이미 그 음가에 문제가 있었던 'ᄋ'를 가장 뒤로 한 것이 눈에 띈
다. 어디까지나 〈언문자모〉가 우리말 표기의 순서에 따른 것임을 알 수
있다.

7.3.3.4 〈언문자모〉에서는 "ㅏ ㅑ ㅓ ㅕ ㅗ ㅛ ㅜ ㅠ ㅡ ㅣ "의 순서로
〈해례본〉이나 〈언해본〉의 순서를 바꾸었다. 훈민정음의 예의(例義)에
서는 11자 중성(中聲)을 인정하였고 그 순서는 "ㆍ ㅡ ㅣ ㅗ ㅏ ㅜ ㅓ ㅛ
ㅑ ㅠ ㅕ"였으나 언문자모에서는 기본자 3개가 뒤로 물러났으며 그 순

서도 'ᅳ, ㅣ, ᆞ'로 바뀌었다.

그러나 중성의 이러한 배열방법은 신숙주의 『사성통고(四聲通攷)』에서 이미 있었던 것으로 언문자모에서 처음 시작한 것은 아니다. 아마도 파스파 문자의 유모(喩母) /ᗺ/에 맞추어 무리하게 글자로 만든 'ᆞ'가 뒤로 물러난 것으로 보인다. 'ᆞ'는 한자음 표기에서 매우 혼란되었으며 우리말 표기에서도 17세기 이후에 혼란을 거듭하다가 20세기에 들어와서 그 표기가 없어졌다.

이와 같이 초성과 중성의 자모 순서가 바뀐 것은 성현의 『용재총화』에서 볼 수 있었던 자모의 3분법, 즉 초성종성통용(初聲終聲通用)의 8자와 초성독용(初聲獨用) 8자, 그리고 중성(中聲) 12자의 구분과 관계가 있는 것으로 볼 수 있다. 중성의 경우는 장구(張口), 즉 비원순모음의 중성자를 먼저 배열하고 축구(縮口), 즉 원순모음의 것을 다음에 배열하는 방법을 세종 때부터 사용해왔다.

즉, 「사성통고범례」에 "如中聲ㅏㅑㅓㅕ張口之字, 則初聲所發之口不變, ㅗㅛㅜㅠ縮口之字, 則初聲所發之舌不變 ― 예를 들면 중성 'ㅏ, ㅑ, ㅓ, ㅕ'는 입이 펴지는 글자들이어서 초성을 발음할 때에 입이 변하지 않고 'ㅗ, ㅛ, ㅜ, ㅠ'는 입이 쭈그러드는 글자여서 초성을 발음할 때에 혀가 변하지 않다"라고 하여 장구지자(張口之字), 즉 평순음의 글자인 'ㅏ, ㅑ, ㅓ, ㅕ'와 축구지자(縮口之字), 즉 원순음의 글자인 'ㅗ, ㅛ, ㅜ, ㅠ'와 같이 중성의 순서를 정하였는데 이미 세종 때에 이 순서는 결정된 것이다.

'ᆞ'가 가진 원순성은 이미 인정되지 않아서 평순모음으로 간주된 것으로 보인다. 또 중성의 자형이 종(縱)으로 된 것을 앞으로 하고 횡(橫)으로 된 것을 뒤로 하였으며 기본자를 맨 마지막으로 하였다. 이는 음성학적으로 보면 개구도(開口度)에 따라 배열한 것으로 보는 견해도 있다.

이상의 초성과 중성의 배열 순서를 정리하면 [표 7-7]과 [표 7-8]과 같다.

	牙音	舌音	脣音	歯音	喉音
初声과 終声 通用	ㄱ	ㄴ ㄷ ㄹ	ㅁ ㅂ	ㅅ	ㆁ
初声 獨用	ㅋ	ㅌ	ㅍ	ㅈ ㅊ ㅿ	ㆆ ㅎ

[표 7-7] 〈언문자모〉 초성(初聲)의 자모 순서

字形	縱	縱	縱	縱	橫	橫	橫	橫	橫	縱	橫
口形	口張	口張	口張	口張	口蹙	口蹙	口蹙	口蹙	不深不淺	声淺	声深
中声字	ㅏ	ㅑ	ㅓ	ㅕ	ㅗ	ㅛ	ㅜ	ㅠ	ㅡ	ㅣ	·

[표 7-8] 〈언문자모〉 중성(中聲)의 자모 순서

4) 초성과 중성의 합용(合用)

7.3.4.1 다음으로 〈언문자모〉에서 "初中聲合用作字例 - 초성과 중성을 합용하여 글자를 만드는 예"와 "初中終三聲合用作字例 - 초성, 중성, 종성의 3성을 합용하여 글자를 만드는 예"라고 하여 초성과 중성, 그리고 종성을 합용하여 글자를 만드는 예를 다음과 같이 보였다.

初中聲合用作字例
가갸거겨고교구규그기ᄀᆞ
以ㄱ其爲初聲, 以ㅏ阿爲中聲, 合ㄱㅏ爲字則가, 此家字音也, 又以ㄱ役爲終聲, 合가ㄱ爲字則각, 此各字音也. 餘倣此 - ㄱ(其)으로서 초성을 삼고 ㅏ(阿)로서 중성을 삼아 글자를 만들면 '가'가 된다. 이는 家(가)자의 음이다. 또 ㄱ(役)을 종성으로 삼아 가(家)와 ㄱ을 합하여 글자를 만들면 '각'이 되는데 이는 各(각)자의 음이다. 나머지도 이와 비슷하다.

이 설명은 "ㄱ(其) + ㅏ(阿) = 가(家), 가(家) + ㄱ(役) = 각(各)"의 자모 합자법을 설명한 것이다. 이어서 초중성(初中聲) 합용(合用) 작자례(作字例)로 '가갸거겨고교구규그기ᄀᆞ, 나냐너녀노뇨누뉴느니ᄂᆞ, 다댜더뎌도됴두듀드디ᄃᆞ …' 등 176자(16×11)와 초성, 중성, 종성의 3성 작자례로 "각(各), 간(肝), 갇(笠*), 갈(刀*), 감(柿*), 갑(甲), 갓(皮*), 강(江)"의 예를 들었다. 여기에서 *표가 있는 한자는 역시 원(圓)문자로 석독(釋讀)함을 말한다.

이로부터 〈언문자모〉가 얼마나 실용적이었는지 알게 한다. 즉, 한자로 음가를 표기할 때에 이두에서 사용한 석독의 방법을 이용하여 각 글자의 음가를 설명하였으므로 이두를 사용하던 중인 계급에서 쉽게 이 글자를 이해할 수 있었다.

7.3.4.2 성조를 사성(四聲)으로 표기하는 방법도 언문자모에서 언급되었다. 같은 한자가 성조의 차이에 따라 하나 이상의 뜻이나 음으로 사용될 때에 그 본뜻이나 그 본음(本音)이 아닌 것은 한자의 네 귀에 '돌임(圈點)'을 붙여 표시하는 '평상거입정위지도(平上去入定位之圖)'의 방법으로 이 성조를 이해하도록 하였다.

예를 들어 '행(行)'은 평성일 때에 "녈 힝"으로 읽고 '녈'은 "다니다"는 의미고 '힝'은 성조가 평성(平聲)이기 때문에 아무런 표시가 없다. 훈민정음에서 방점(傍點)으로 사성을 표음할 때에도 평성은 무점(無點), 즉 방점이 없었기 때문이다. 이것을 본음(本音)과 본의(本義)라고 하고 다른 뜻과 다른 발음을 가진 "져·제 항"(평성)은 '｡行'과 같이 좌측 하단에 권점을 붙인다.

반면에 또 다른 뜻의 ":힝·덕:힝"(거성)은 '行°'과 같이 우측 상단에 권점을 붙이는 방법도 있었다. 실제로 같은 자가 여러 의미, 또는 음으로 읽히는 예는 〈훈몽자회〉에서 33개나 찾을 수 있다. 물론 이 방법도 『용비어천가(龍飛御天歌)』나 {해례본}『훈민정음』 등에서 이미 사용한 바 있다.

이와 같이 〈언문자모〉의 새 문자 소개와 음가 및 정서법의 설명은 매우 요령이 있고 간단하여 배우는 사람으로 히여금 쉽게 깨우칠 수 있게 되었다. 이로 인하여 언문의 사용법이 널리 보급되었으며 새 문자의 보급에 언문자모가 끼친 영향은 실로 대단하다고 할 수 있다.

7.3.4.3 불가(佛家)에서도 이 〈언문자모〉를 '언본(諺本)'이란 이름으로 교육하였다. 즉, 융경(隆慶) 3년(1569) 대선사(大禪師) 설은(雪誾)이 지은 『진언집(眞言集)』 권두에 이 '언본(諺本)'이란 이름의 〈언문자모〉가 실렸고 그의 중간본에도 계속해서 게재되었다. 따라서 〈언문자모〉는 이 시대에 매우 유행하였음을 알 수 있다. 정의(貞懿) 공주의 〈언문자모〉가 새 문자의 보급에 절대적인 역할을 한 것으로 보는 소이(所以)가 여기에 있다.

최세진은 훈민정음이 창제된 지 80년 만에 혜성과 같이 나타나서 세종조에 이룩했던 한어(漢語)의 발음 전사와 한자음 표기, 그리고 고유어를 표기하는 새 문자에 대하여 종합적으로 재검토하였다. 특히 정의(貞懿) 공주의 〈언문자모〉를 그의 〈훈몽자회〉의 권두에 실어 새 문자 보급에 크게 공헌하였다.

실로 훈민정음은 최세진에 의하여 중흥(中興)이 되었고 앞으로의 발전이 보장되었던 것이다. 이후에 새 문자는 하나의 국자(國字)로서 고유어의 표기는 물론이고 외국어의 발음 전사와 한자 교육에 있어서 동음(東音)의 표기에 이용되었던 것이다.

4. 새 문자의 공표와 〈월인석보〉

7.4.0 앞에서 세종이 새 문자를 제정하면서 거쳤던 여러 과정을 살펴보았다. 처음에는 중국 성운학과 반절법(反切法), 그리고 원대(元代) 파스파 문자의 제정에 기대어 새 문자를 만들고 새로 개정한 동국정운식 한자음의 표기를 위한 글자라는 의미의 훈민정음이란 이름을 붙였다.

즉, 성운학에서 성(聲)에 해당하는 반절상자(反切上字)를 중심으로 27자를 만든 훈민정음은 파스파 문자의 유모자(喩母字)처럼 7개의 모음자를 따로 만들어 욕모(欲母)에 소속시켰으나 신미(信眉)가 새 문자의 제정에 참여하여 이들을 중성(中聲)이라 하였다. 그리고 모음인 중성을 초성(初聲)과 대등한 위치로 끌어올렸다. 우리말을 표기하기 위하여 중성, 즉 모음의 표기가 매우 중요했기 때문이다.

이렇게 하여 자음과 모음의 글자가 구비되어 한자음 표음에 불편함이 없게 되었다. 또 정의(貞懿) 공주가 훈민정음으로 변음토착(變音吐着)의 난제를 해결하면서 우리말 표기의 언문(諺文)으로 나아갔다고 필자는 추정한다. 이제부터는 세종이 이렇게 제정한 새 문자를 어떻게 공표하였는지 그동안 필자의 여러 논저에서 논의한 것을 정리하여 살펴보기로 한다.

1) 훈민정음 〈해례본〉의 간행

7.4.1.1 지금까지 학계에서는 정통(正統) 11년(1446) 9월 상한(上澣)에 {해례}『훈민정음』(이하 〈해례본〉으로 약칭)의 간행을 새 문자의 반포(頒布)로 보고 이날을 양력으로 환산하여 10월 9일을 한글날로 기념한다.

그러나 앞에서 여러 차례 언급한 바와 같이 〈해례본〉은 어려운 성운학과 성리학(性理學), 그리고 고대인도의 성명기론(聲明記論)의 이론으로 신문자를 현학적(衒學的)으로 설명한 것이어서 일반 백성들이 이해하기에 매우 어려웠다. 〈해례본〉은 문자 제정의 이론을 설명한 학술서로서 편찬된 것이기 때문이다. 따라서 어리석은 백성들이 새 문자를 배우고 사용하는 교재로서는 적절하지 않았다.

그럼에도 불구하고 새 문자인 언문(諺文)이 제정된 지 1세기 만에 이미 여항(閭巷)에서 이 문자로 소식을 전하는 언간(諺簡)들이 있었으므로 새 문자는 일찍부터 백성들에게 퍼져나갔음을 알 수 있다. 그러면 백성들의 새 문자 학습에 이용된 첫 교재는 무엇이었을까? 당연히 머리에 떠오르는 것으로 훈민정음 〈언해본〉과 〈언문자모〉를 들 수 있다.

〈언문자모〉보다는 훈민정음의 〈언해본〉이 먼저 새 문자의 교재로 이용되었다. 다만 그동안 〈언해본〉은 세조 5년, 천순(天順) 3년(1459)에 간행된 {신편(新編)}〈월석〉의 제1권 권두에 첨부된 〈세종어제훈민정음〉만이 세상에 알려져서 이것을 세종의 새 문자 공표로 보기 어려웠다. 따라서 『세종실록』(권 113) 세종 28년에 "是月訓民正音成 − 이달에 훈민정음이 완성되다"란 기사에 등장하는 〈해례본〉의 완성과 그 간행을 새 문자의 공표로 보았다.

그러나 앞에서 고찰한 것처럼 세종 생존 시에 {구권}〈월석〉이 간행되었고 그 권두에 훈민정음의 〈언해본〉이 첨부되었다면 이것을 바로 새 문자의 공표로 보아야 할 것이다. 백성들은 이 〈언해본〉으로 언문(諺文)을 익혀 문자 생활을 하였기 때문이다. 특히 제5장에서 고찰한 바와 같이 훈민정음의 〈언해본〉은 원래 〈월석〉의 제1권 권두에 첨부된 것이지만 단행본으로 떼어내어 이를 베껴 써서 교재로 한 흔적이 많은 것을 감안하지 않을 수 없다.

훈민정음의 〈해례본〉은 '세종의 어제서문', '예의(例義)', 그리고 '해례(解例)'로서 '제자해(制字解), 초성해(初聲解), 중성해(中聲解), 종성해(終

聲解), 합자해(合字解)'와 '용자례(用字例)'가 있다. 여기에 정인지(鄭麟趾)의 후서(後序)가 더하여 〈해례본〉은 '세종의 어제서문, 예의, 해례, 정인지 후서'의 네 부분을 모두 갖추었다.

이것은 같은 한문본의 〈실록본〉이 '해례'만 빼고 세 부분 모두를 실었고 〈언해본〉은 세종의 어제서문과 예의(例義)만을 우리말로 해석한 것이다. 역시 세종 때에 간행한 것으로 보이는 『배자예부운략(排字禮部韻略)』의 권두에도 세종의 어제서문과 예의만이 실렸다. 따라서 새 문자는 '세종의 어제서문'과 '예의'가 중심임을 알 수 있다.

세종의 어제서문은 새 문자를 만든 이유를 밝힌 것이고 예의(例義)는 글자의 자형과 음가, 그리고 그 사용법의 대강(大綱)을 설명한 것이다. 그에 비하여 해례(解例)와 정인지의 후서는 이를 부연(敷衍) 설명한 것이다. 즉, '해례'는 예의(例義)의 글자에 대한 자형과 음가, 그리고 그 사용법을 장황하게 설명한 것이고 정인지의 후서는 어제서문을 달리 해설한 것이다. 따라서 어제서문과 예의가 모든 훈민정음의 해설서에서 중심이 됨을 깨닫게 한다.

7.4.1.2 훈민정음의 〈해례본〉에서 가장 중요한 해설은 '제자해(制字解)'라고 볼 수 있다. 여기서 훈민정음 글자의 자형이 초성자(初聲字)들은 발음기관(發音器官)을 상형(象形)하여 기본자를 제자하고 거기에 인성가획(引聲加劃)하여 나머지 글자를 만들었으며 중성자(中聲字)들은 천지인(天地人) 삼재(三才)를 상형하고 이를 결합하여 글자를 만들었음을 밝혔기 때문이다. 그리고 이러한 문자 제정이 한글을 독창적이라고 한 것이다.

물론 초성자의 기본자들은 정초(鄭樵)의 『통지(通志)』「육서략(六書略)」에 등장하는 '기일성문도(起一成文圖)'의 부호와 일치하지만 '해례'에서는 이를 독자적으로 발음기관의 상형임을 밝혀두었다. 그리고 아설순치후(牙舌脣齒喉)로 나누어 각 발음 위치에서 조음기관의 특성을 문자로 한 것은 지구상의 어떤 문자에서도 찾아볼 수 없는 독창적인 문자의 제정 방식이다.

이러한 제자 방식은 서장(西藏) 문자를 본뜬 파스파 문자와도 구별되며 범자(梵字)를 그대로 모방한 것이 아니라는 점에서 독창적이란 평가를 얻는다. 따라서 제6장 6.2.0.1에서 인용한 성현(成俔)의 『용재총화(慵齋叢話)』의 "其字體依梵字爲之"나 이수광(李晬光)의 『지봉유설(芝峰類說)』의 "我國諺書字樣, 全倣梵字"라는 기사는 사실과 다르다. 아마도 여기서는 문자의 체계를 모방한 것으로 본 것 같다.

또 전게한 이익(李瀷)의 『성호사설(星湖僿說)』에서 언문의 몽고 문자 기원설이나 유희(柳僖)의 「언문지(諺文志)」의 "諺文雖刱於蒙古, 成於我東, 實世間至妙之物 ― 언문은 비록 몽고에서 시작하여 우리나라에서 이루어졌지만 실제로 세간에 지극히 오묘한 것이다"라는 주장을 이해할 수 있다. 즉, 언문(諺文)이 비록 파스파 문자에서 시작하였지만 훈민정음에서 완성되어 한글이 전혀 새로운 방식으로 만들어진 오묘한 문자임을 강조한 것이다.

7.4.1.3 훈민정음의 〈해례본〉은 새로 제정된 문자에 대하여 성명기론(聲明記論)의 이론으로 그 음가를 설명하였다. 현대 음성학이나 음운론에 비추어 조금도 손색이 없는 거의 완벽한 설명이다. 즉, 조음위치에 의하여 아음(牙音), 설음(舌音), 순음(脣音), 치음(齒音), 후음(喉音)으로 나누고 조음방식에 따라 전청(全淸), 차청(次淸), 전탁(全濁), 불청불탁(不淸不濁)으로 나누었다.

이러한 음운 자질에 따른 구별은 고대인도의 성명기론에서 이루어진 음운의 식별 방법이었는데 실담(悉曇)의 문자들은 이와 같은 조음위치와 조음방식에 의하여 음운을 구분하고 문자를 배열하였다. 또 이 이론이 중국에 들어가서 성운학에서 같은 방법으로 성(聲), 즉 초성을 분류하여 배열하는 운경(韻鏡)과 자모도(字母圖)가 유행하였다. 〈사성통해〉 등에 많이 등장하는 〈광운 36자모도〉, 〈운회 35자모도〉, 그리고 〈홍무운 31자모도〉 등의 자모도가 바로 이러한 연구의 산물이다.247)

훈민정음 〈해례본〉에서 아설순치후(牙舌脣齒喉)의 음운 분석이 조음위치에 의한 것임을 잘 알고 있었다. 즉, 〈해례본〉의 「제자해」에서 "[前略] 故五音之中, 喉舌爲主也。喉居後而牙次之, 壯東之位也。舌齒又次之, 南西之位也。脣居末, 土無定位而寄旺四季之義也。[下略] – [전략] 그러므로 오음 가운데 후음과 설음이 중심이다. 후음은 뒤에 있고 아음이 다음이니 [사방으로 보면] 동쪽의 위치이다. 설음과 치음이 또 그다음인데 남서의 위치이다. 순음은 끝에 있는데 [오행으로는] 토이어서 위치가 정해지지 않고 사계에 왕성하다는 뜻이다"라고 한 것은 조음위치에 의한 음운의 구별임을 명시한 것이다.

이를 보면 '아설순치후'의 오음(五音) 중에서 후음(喉音)이 가장 뒤에 있으며 다음에 아음(牙音)이 있고 설음(舌音)과 치음(齒音)이 그다음이며 순음(脣音)이 끝에 있다고 하여 순음(labial), 설음(alveolar), 치음(dental or palatal), 아음(velar), 그리고 후음(laryngal)의 순서대로 조음위치(point of articulation)를 설명한 것이다.

이어서 조음방식에 의한 분류로 역시 「제자해」에서 전청(全淸), 차청(次淸), 전탁(全濁), 불청불탁(不淸不濁)으로 나누어 전청(non-aspirate,

---

247) 〈사성통해〉의 권두에 소개된 〈광운 36자모도〉, 〈운회 35자모도〉, 그리고 〈홍무운 31자모도〉에 대하여는 졸저(2015:315~320)에서 사진과 더불어 이를 보기 쉽게 도표로 작성하여 제시하였다.

voiceless), 차청(aspirate), 전탁(voiced), 불청불탁(nasal or sonorant)으로
분류하여 /ㄱ, ㄷ, ㅂ, ㅈ, ㅅ, ㆆ/은 전청이고 /ㅋ, ㅌ, ㅍ, ㅊ, ㅎ/은 차청
이며 /ㄲ, ㄸ, ㅃ, ㅉ, ㅆ, ㆅ/은 전탁, 그리고 /ㆁ, ㄴ, ㅁ, ㅇ, ㄹ, ㅿ/은
불청불탁으로 구분하였다.

역시 현대의 생성음운론의 이론에 의거한 조음방식(manner of articula-
tion)의 실명에 맞추어 손색이 없다. 따라서 조음위치를 경(經)으로 하고
조음방식을 위(緯)로 하여 7.2.2.1의 [표 7-4]에서 훈민정음 〈해례본〉과
〈동국정운〉의 자모도(字母圖)를 보였다. 다만 7.2.1.4에 보인 [표 7-1]
'〈광운〉의 36자모도'와 7.2.2.1의 [표 7-4] '〈해례본〉과 〈동국정운〉의 23
자모도'에서는 아음(牙音)을 처음으로 하고 후음(喉音)을 자모도의 끝에
둔 것은 전술한 〈해례본〉의 순서와 달리 아설순치후(牙舌脣齒喉)의 순
서에 맞춘 것이기 때문이다.

후음이 가장 뒷부분에서 발음되지만 앞에서 논의한 실담(悉曇) 문자
에 맞추어 조음위치를 '아설순치후(牙舌脣齒喉)'로 순서를 정한 것이다.
그동안 오음(五音)을 오행(五行)에 맞추어서 순서를 바꾸었다는 속설을
차제에 수정하고자 한다. 원래 〈해례본〉의 「제자해」에서 깊은 곳으로부
터 '후음 → 아음 → 치음 → 설음 → 순음'의 순서임에도 불구하고 이를
아설순치후의 순서로 바꾼 것은 실담장(悉曇章)의 순서에 따른 것이다.

즉, 앞의 제6장 6.3.1.3에서 살펴본 〈실담장〉에서는 초성의 체문(体
文)으로 '迦[ka] → 者[tsa] → 吒[ta] → 多[ṭa] → 波[pa]'의 순서로 35자를
보여서 여기에 맞추어 중국 성운학에서는 '견(見, k) → 단(端, t) → 지(知,
tş) → 방(幫, p)'의 순서가 되었다. 동국정운에서는 첫 자를 'ㄱ(君)'으로
하여 아음이며 'ㄷ(斗)'의 설음, 'ㅂ(彆)'의 순음, 'ㅈ(卽)'의 치음, 'ㆆ(挹)'
의 후음순서로 배열하였다. 그리하여 아설순치후(牙舌脣齒喉)의 순서
가 된 것이다.

이것은 〈해례본〉이 중국 성운학과 파스파 문자에 의거한 것만이 아니라는 주장과 맞물려있다. 우선 모음의 중성(中聲)을 독립시켜 초성(初聲)과 대등하게 본 것도 그러하고 성운학에서는 성(聲)과 운(韻)으로 둘로 나누어보았으나 〈해례본〉에서는 초성과 중성, 그리고 종성의 셋으로 나눈 것도 그러하다. 그리고 초성과 종성은 같으나 중성만은 따로 문자를 제정했다는 점은 성운학의 이론과 매우 다르다. 이로부터 고대인도의 성명기론이 우리의 관심을 끌게 된다.

2) 〈해례본〉의 훈민정음 28자

7.4.2.1 훈민정음 〈해례본〉은 신미(信眉)가 새 문자 제정에 참여한 다음에 간행되었다. 그리하여 초성 가운데 우리 한자음, 즉 동음(東音)의 표음에 필요하지 않은 전탁(全濁)의 6자(字)와 순경음 4자를 뺀 17자에 중성 11자를 더하여 28자로 하고 초성으로는 17자만 인정하였다. 다만 전탁(全濁)과 순경음(脣輕音)과 같은 유성음의 글자는 17자에 넣지 않고 그 자형과 음가를 훈민정음의 예의(例義)에서 보였을 뿐이다.

7.2.2.1의 [표 7-3]에서 보인 '〈해례본〉과 동국정운의 23자모도'는 〈동국정운〉에서 동국정운식 한자음 표기에 필요한 전탁의 6자를 전술한 17자에 더하면 이것이 바로 동국정운 23자모로서 이를 도표로 그린 것이다. 후에 신미가 새 문자의 제정에 참여하여 초기 27자의 운목자(韻目字)를 모두 바꾸게 된다.

임홍빈(2006)에서는 이렇게 운목자를 교체한 것은 세종의 군(君)과 동궁(東宮)의 규(虯) 등으로 하여 이것이 왕실의 작업임을 표한 것이라고 하였다. 즉, 운목의 한자 군(君)은 임금, 그리고 규(虯)는 '새끼 용'이란 뜻이 있어 아직 왕이 되지 않은 동궁을 말한다고 본 것이다. 왕과 동궁을 지칭하는 한자로 운목자를 고친 것이라고 한다.

현재로서는 이 주장을 믿을 수밖에 없지만 왜 전통 36성모자(聲母字)를 버리고 새로운 운목(韻目)의 한자를 선택하였는지 알 수 없다. 그리고 이 운목자로 〈동국정운〉을 편찬한 것도 이해할 수 없다. 아무래도 파스파 문자와 차별화를 두려고 〈몽운〉에서 택한 운목 한자를 모두 바꾼 것은 아닌지 의심할 뿐이다. 조금이라도 원대(元代) 파스파 문자의 영향에서 벗어나려는 의도가 있었을 것이다.

7.4.2.2 훈민정음의 예의(例義)에서는 전탁(全濁)의 글자를 전청자(全淸字) 다음에 '병서(並書)'라 하여 글자를 보였고 〈언해본〉에서는 "글 바쓰면"으로 언해하였다. 즉, 전탁을 인정하지 않고 전청을 병서하여 전탁자를 만들 수 있음만 보인 것이다.[248] 차청의 'ㅋ'이나 불청불탁의 'ㆁ'을 별도로 글자의 자형과 한자로 음가를 표시하는 것과 다르다.

이러한 훈민정음 예의(例義)의 전탁자(全濁字)에 대한 태도는 아음 다음에 설음과 순음, 치음, 그리고 후음에서도 똑같아서 훈민정음에서 전탁을 어떻게 보았는지 알려준다. 전탁은 원래 유성음(有聲音)을 말하는데 우리말에 유성과 무성의 음운 대립이 없어 전탁음의 표기가 필요 없었다. 이 사실은 실담(悉曇)의 유성음에서도 확인되었을 것이다.

그럼에도 불구하고 예의(例義)에서 자형과 음가를 보인 것은 전통적인 중국 운서에 맞추려는 동국정운식 한자음에서 이에 대한 표기가 필요했기 때문이다. 훈민정음이 〈광운〉 계통의 중국 전통 운서의 대운(大

---

248) 이를 〈언해본〉에서 아음(牙音)의 경우만 예로 보이면 "ㄱ는 牙ㆁ音ㆆ이니 如君ㄷ字 初發聲ㅎ니 並書ㅎ면 如虯ㅸ字 初發聲ㅎ니라 - ㄱ는 엄쏘리니 君군ㄷ字ㆆ 처엄 펴아나ᄂᆞᆫ 소리ㄱㅌ니 골바쓰면 虯ㆊㅸ字ㆆ 처엄 펴아나ᄂᆞᆫ 소리ㄱㅌ니라"라 하여 전탁의 'ㄲ'을 따로 설명하지 않고 전청의 'ㄱ'에 이어서 설명하여 전탁을 인정하지 않음을 표시하였다. 다음의 설음과 순음, 치음, 후음에서도 아음과 같이 하였다.

韻), 즉 성(聲)에 맞추려고 초성을 정한 것임은 된소리 계열의 음운이 당시 우리말에 분명히 변별적이었음에도 불구하고 이를 인정하지 않은 것으로도 알 수 있다. 된소리는 ㅅ계 합용병서, 또는 ㅂ계 합용병서로 표기하였다.

즉, 우리말에서 비변별적인 유성음의 전탁(全濁)은 인정하여 글자를 만드는 방법을 훈민정음의 예의(例義)에서 제시하고 문자까지 보였으나 우리말에서 의미를 분화시키고 있던 된소리를 표음하기 위한 글자를 만들지 않은 것은 훈민정음이 중국 전통 운서의 표음을 위한 것이 일차적 목표이었음을 확인할 수 있다.

이기문(1961)에 의하면 15세기 한국어에서 된소리 계열이 이미 의미를 분화시키고 있었다고 보았다. 그럼에도 불구하고 된소리 계열의 글자를 만들지 않고 오히려 이미 없어진 유성음 계열의 전탁자(全濁字)를 만든 것은 훈민정음이 우리말 음운에 맞추어 글자를 만든 것이 아니고 중국 성운학, 그리고 나아가서는 실담(悉曇) 문자에 의거한 것임을 깨닫게 한다.

7.4.2.3 훈민정음 예의(例義)에서는 아설순치후(牙舌脣齒喉)의 오음(五音)에 반설(半舌), 반치(半齒)를 더한 칠음(七音)으로 나누어 아음(牙音)에서 'ㄱ, ㅋ, ㆁ'과 설음(舌音)에서 'ㄷ, ㅌ, ㄴ', 순음(脣音)에서 'ㅂ, ㅍ, ㅁ', 치음(齒音)에서 'ㅈ, ㅊ, ㅅ', 후음(喉音)에서 'ㆆ, ㅎ, ㅇ', 그리고 반치음(半齒音) 'ㅿ'과 반설음(半舌音) 'ㄹ'로 모두 17자를 만들어 보였다.

이것은 초기의 언문 27자에서 전탁의 6자 'ㄲ, ㄸ, ㅃ, ㅆ, ㅉ, ㆅ'과 순경음의 'ㅸ, ㆄ, ㅹ, ㅱ' 4자를 뺀 것이다. 이것은 우리말에서 이미 변별력을 잃은 유성음(有聲音)을 제외한 것이다. 그리하여 이 초성 17자의 자음으로 우리 한자음, 즉 동음(東音)이나 우리말 표기에 이 자음으로 충분하게 표기할 수 있다고 본 것이다.

그러나 한자의 중국 표준음이나 동국정운식 한자음 표기를 위하여
이 유성음의 글자들은 다시 사용되었다. 조선 초기에 한자음의 표준음
으로 인정한 명(明) 태조의 흠찬(欽撰) 운서인 『홍무정운(洪武正韻)』을
새로 제정된 정음으로 발음을 달고 뜻까지 해설한 『홍무정운역훈(洪武
正韻譯訓)』(이하 〈홍문정운역훈〉)에서 한자음 전사를 위하여 전탁과 순
경음을 표기할 글자들이 필요했기 때문이다.

또 중국의 전통 운서 체재에 맞추어 우리 한자음을 정리한 〈동국정
운〉의 한자음 표기에서도 전탁의 쌍서자(雙書字)를 인정하지 않을 수 없
었고 '高 곻, 鳩 귷'운의 종성을 표기하기 위하여 순경음의 'ㅱ'을 쓰지
않을 수가 없었다.[249] 따라서 한자의 중국 표준음을 표기하기 위하여,
그리고 중국 전통 운서의 체재에 맞춘 〈동국정운〉의 한자음 표기에는
전탁과 순경음의 글자들이 다시 쓰이게 된다.

7.4.2.4 훈민정음 〈해례본〉은 문신(文臣)들이 주도하여 간행한 것처
럼 정인지(鄭麟趾)의 후서(後序)에 다음과 같은 참여 문신들의 함명(銜
名)이 열거되었다.

　　[前略] 遂命詳加解釋, 以喩諸人。於是, 臣與, 集賢殿應敎臣崔恒, 副
　校理臣朴彭年, 臣申叔舟, 修撰臣成三問, 敦寧府注簿姜希顔, 行集賢殿
　副修撰臣李塏, 臣李善老等, 謹作諸解及例, 以敍其梗槪。[下略] － [전략]
　명을 받들어 자세하게 해석을 더하였으니 이로써 여러 사람들에게 깨우치
　게 하였습니다. 이에 신과 더불어 집현전 응교 신 최항, 부교리 신 박팽년,
　신 신숙주, 수찬 성삼문, 돈령부 주부 강희안, 행 집현전 부수찬 신 이개, 신
　이선로 등이 삼가 해설 및 예를 만들어 그 경개를 펼쳤습니다. [하략]

---

249) 〈동국정운〉의 26운 가운데 '高, 鳩'운은 16, 17번째의 韻이다.

이를 보면 모두 집현전의 문신(文臣)들이고 돈령부 주부인 강희안만이 다른 부서의 인물일 뿐이다. 즉, 집현전(集賢殿) 대제학(大提學)인 정인지를 비롯하여 집현전의 응교 최항, 부교리 박팽년, 신숙주, 수찬 성삼문, 부수찬 이개, 이선로 등이 모두 집현전의 관원이다. 이것은 아마도 집현전 부제학(副提學)인 최만리(崔萬理)의 반대 상소를 의식하여 이들을 저자로 등장시킨 것으로 보인다.

실제로 훈민정음 〈해례본〉을 편찬한 인물로 신미(信眉)와 김수온(金守溫)이 빠진 것이 더욱 그런 의심을 하게 된다. 신미는 원래 승려라 해례의 일에 관여하였더라도 이름을 넣기가 어려웠을 것이지만 김수온마저 빠진 것은 아무래도 집현전을 중심으로 해례의 작업이 이루어졌음을 강조하기 위한 것으로 보인다.

다만 눈에 띄는 사람으로 돈령부(敦寧府)의 주부(注簿)인 강희안(姜希顔)을 들 수 있는데 그는 앞에서 거론한 바와 같이 대자암(大慈庵)으로 불경을 옮기고 불경을 사경(寫經)하였으며 신미(信眉)가 중심이 되어 일으킨 큰 불사(佛事)에 참여하였던 인물이다. 아마도 그가 집현전 관원이 아니었음에도 불구하고 〈해례본〉의 편찬 인물로 들어간 것은 신미(信眉)를 대신한 것으로 보인다.

따라서 신미가 중심이 되어 〈해례본〉을 저술하였지만 최만리 등의 반대 상소를 의식하여 집현전 학사들이 이를 편찬한 것으로 하고 강희안의 이름을 넣어 신미를 대신한 것으로 볼 수 있을 것 같다. 김수온의 행적에서 훈민정음의 해례에 참여하였다는 기록을 접할 수 있어 신미와 김수온의 형제가 훈민정음 〈해례본〉의 저술에 관여했음을 시사한다.

3) 훈민정음 〈언해본〉의 32 초성

7.4.3.1 훈민정음의 〈언해본〉은 그동안 세종 5년, 천순(天順) 3년

(1459)에 간행된 {신편}〈월석〉의 제1권 권두에 첨부된 〈세종어제훈민정음〉만이 알려져서 〈언해본〉이 세종의 사후에 편찬된 것으로 학계에 알려졌다.

그러나 앞에서 살펴본 바와 같이 세종의 생존 시에 〈월석〉의 구권(舊卷)이 간행되었고 그의 제1권 권두에도 〈언해본〉이 첨부되었을 것이다. 그리고 고려대 도서관 육당문고에 소장된 〈훈민정음〉이 바로 {구권}〈월석〉의 권두에 있던 〈언해본〉을 유생(儒生)들이 따로 떼어 단행본으로 편철하여 사용한 새 문자의 교재라고 추정하였다.

훈민정음 〈언해본〉에서는 초성으로 32자를 제자(制字)하여 설명하였다. 이것은 훈민정음 〈해례본〉에서 예의(例義)의 언문 28자를 초성의 17자와 중성의 11자만을 소개한 것과 다르다. 훈민정음의 〈한문본〉에서 소개한 초성 17자에 전탁(全濁)의 6자와 순경음(脣輕音) 4자, 그리고 치두(齒頭)와 정치(正齒)를 구별하여 5자를 더한 32자를 설명하였기 때문이다.

반면에 훈민정음의 '예의(例義)'에서는 전탁(全濁)을 표기하기 위하여 병서(並書)의 방법과 /虯[ㄲ], 覃[ㄸ], 步[ㅃ], 即[ㅉ], 邪[ㅆ], 洪[ㆅ]/의 운모(韻母) 한자를 제시하였을 뿐이다. 그리고 순경음 표음을 위하여 예의(例義)의 말미에 "ㅇ連書脣音之下, 則爲脣輕音 – ㅇ을 순음 아래 이어 쓰면 순경음이 되다"라는 구절을 넣었을 뿐이다. 이로부터 쌍서(雙書)의 전탁 6자와 순음(純音) /ㅂ, ㅍ, ㅃ, ㅁ/에 /ㅇ/을 더한 순경음 /ㅸ, ㆄ, ㅹ, ㅱ/의 글자가 가능하게 되었지만 〈해례본〉에서는 그 자형(字形)조차 보여주지 않았다.

7.4.3.2 그러나 〈언해본〉에서는 이 전탁자 6자와 순경음 4자에다가 한음(漢音)의 표기를 위한다는 단서를 달았지만 치두(齒頭)와 정치(正齒)

를 구별한 5자 /ㅅ:ㅿ, ㅈ:ㅊ, ㅊ:ㅊ, ㅆ:ㅆ, ㅉ:ㅉ/를 더하였다. 훈민정음 〈해례본〉에서 초성 17자에 전탁의 6자와 순경음 4자를 더한 27자에서 〈언해본〉에서는 5자를 더하여 32자를 인정하고 소개한 깃이다.

즉, 우리말과 우리 한자음, 즉 동음(東音)을 표기하기 위한 초성으로 17자를 제정하고 거기에 동국정운식 한자음 표기를 위하여 전탁의 6자와 순경음 4자를 추가하여 10자를 더한 27자를 해설하였다. 그리고 한어(漢語)의 정음(正音)을 표기하기 위하여 5자를 더한 32자를 〈언해본〉에서 추가로 설명한 것이다.

〈언해본〉의 초성(初聲) 32자에 중성(中聲) 11자를 더하면 43자가 되는데 이것은 원대(元代) 성희명(盛熙明)의 『법서고(法書考)』와 도종의(陶宗儀)의 『서사회요(書史會要)』에서 파스파 문자를 43자로 본 것과 일치한다. 즉, 〈광운〉에서 반절상자로 36성(聲)을 인정한 것에 〈몽운(蒙韻)〉에서 모음의 표음을 위한 유모(喩母) 7자를 더하여 43자로 본 것에 맞춘 것이다.[250]

여기서 우리는 〈언해본〉의 판심제(版心題)가 '정음(正音)'임을 상기하게 된다. 권수제(卷首題)가 훈민정음이지만 판심은 정음이다. '훈민정음(訓民正音)'이 백성들에게 가르쳐야 하는 동국정운식 한자음을 표기하기 위한 것이라면 '정음(正音)'은 한자의 한어(漢語) 표준음의 표기를 위한 것이다. 표기 대상에 따라 명칭을 달리하였다.

〈언해본〉의 판심에 보이는 '정음(正音)'은 이러한 한자음의 표기를 위

---

250) 여기서 말하는 〈蒙韻〉은 파스파 문자를 제정한 이후에 이 문자로 『禮部韻略』을 번역한 『蒙古韻略』과 이를 『古今韻會』 및 『古今韻會擧要』에 의거하여 수정한 『蒙古字韻』이 있으며 元末에 朱宗文이 이를 다시 漢語의 동북방언음으로 고쳐 간행한 {증정}『몽고자운』이 있다. 그러나 이들은 모두 失傳되었으며 마지막 〈증정본〉을 淸代 乾隆연간에 필사한 鈔本이 영국 런던의 大英도서관에 收藏되었다(졸저, 2009).

한 글자들임을 은연중에 암시하고 있다. 그동안 우리가 간과한 깊은 뜻
이 판심서명에 있었음을 깨닫게 한다. 따라서 〈언해본〉은 〈해례본〉과
달리 우리말과 우리 한자음, 즉 동음(東音)은 물론이고 동국정운식 한자
음과 한자의 한어 표준음까지 모두 적을 수 있는 새 문자의 해설서였다.

즉, 언문(諺文)과 훈민정음(訓民正音), 정음(正音)을 모두 설명한 것이
다. 여기에서 〈언해본〉의 중요성을 찾을 수 있고 유신(儒臣)들이 이를
〈월석〉에서 떼어내어 단행본으로 하여 참고한 이유가 여기에 있다. 일
반 백성들은 〈언문자모〉를 통하여 새 문자를 쉽게 배웠지만 양반 사대
부는 훈민정음의 〈언해본〉으로 새 문자를 배운 것이다.

유생(儒生)들은 한자의 정음, 즉 중국 표준음에 맞추어 한시(漢詩)를
짓고 책(策)이나 부(賦)를 지었기 때문이다. 또 훈민정음으로 동국정운
식 한자음을 익혀야 과거시험에 응시할 수 있었다. 따라서 양반들의 사
회에서는 〈언문자모〉는 인정되지 않고 훈민정음 〈언해본〉이 중요한 새
문자의 교재였다. 이것은 왜 필자로 하여금 훈민정음의 〈언해본〉이 간
행된 것을 새 문자의 공표로 보아야 하는지 알려주는 대목이다.

7.4.3.3 〈언해본〉에서 보여준 반절상자(反切上字), 즉 초성(初聲)의 글
자는 전체 32자에서 한음(漢音) 표기를 위한 정치음(正齒音) 5자를 빼면
27자가 남는다. 이것이 전술한 '초기의 언문 27자'이다(졸고, 2019c). 그
리고 이 초기 언문 27자의 자모도를 앞의 7.2.1.5의 [표 7-2]로 보였다.

훈민정음 제정에 관하여 실록에 처음 등장하는 세종 25년 12월의 "是
月 上親制諺文二十八字 - 이달에 임금이 친히 언문 28자를 만들다"(『세
종실록』, 권102)라는 기사와 세종의 어제서문에서 "予爲此憫然, 新制
二十八字 - 내가 이를 불쌍하게 생각하여 새로 28자를 지었다"라고 한
언문 28자는 신미(信眉) 대사가 훈민정음 제정에 참여한 이후에 수정된

것이다.

　처음에는 반절상자의 성(聲)만을 27자로 한 것이 세종 26년 2월에 올린 최만리(崔萬理)의 반대 상소에 등장하는 '언문 27자'이며 〈언문자모〉의 부제(副題)인 "俗所謂反切二十七字 – 속되게 소위 반절 27자"에 나타나는 '반절 27자'이다. 반절(反切)은 한자음을 표음하는 방식이다. 따라서 새로 만든 문자를 반절(反切)이라 한 것은 이 글자가 우선 한자음 표기와 연관되어 제자(制字)된 것임을 말한다.

　졸고(2019b)에 의하면 신미 대사가 범자(梵字)의 실담장(悉曇章)과 고대인도의 성명기론(聲明記論)에서 모음을 표기하는 마다(摩多)를 근거로 하여 중성(中聲) 11자를 추가하였다고 보았다. 그전에는 반절상자인 초성만 27자를 만들어 〈운회(韻會)〉를 번역하려고 하였다는 것이다. 왜냐하면 세종 25년 12월에 제정하고 2개월이 지난 세종 26년 2월에 올린 최만리의 반대 상소에는 언문 27자라고 하였기 때문이다.

　졸고(2019d)에서 〈절운(切韻)〉계 운서와 같이 반절상자의 대운(大韻)을 중심으로 편운(編韻)한 것에 따라 초성인 27자의 성(聲)과 욕모(欲母)에 부속하는 것으로 본 7자를 갖고 〈몽운〉에서 인정한 15운(韻)을 표음하였다. 그리고 이로써 〈운회〉를 번역하라는 명령이 『세종실록』(권 103) 세종 26년 2월 병신(丙申)조 "[前略] 以諺文譯韻會 – 언문으로 〈운회〉를 번역하다"라는 기사처럼 신하들에게 내린 것이다.

　여기서 〈운회〉는 원대(元代) 황공소(黃公紹)의 『고금운회(古今韻會)』, 또는 웅충(熊忠)의 『고금운회거요(古今韻會擧要)』를 말하며 언문으로 번역하다의 역(譯)은 언문으로 발음을 붙인다는 뜻이다. 〈운회〉가 한자음을 밝히는 운서이므로 내용의 번역은 의미가 없기 때문이다. 실제로 최세진이 〈노걸대〉와 〈박통사〉의 한자에 발음을 붙이는 것을 '번역노걸대박통사(飜譯老乞大朴通事)'라 하여 〈사성통해〉에 첨부하였다.[251] 〈세종실록〉에 보이는 역(譯)이 언해(諺解)가 아님을 보여주는 예이다.

7.4.3.4 서강대 소장의 〈언해본〉에서 '訓民正音'에 대한 협주가 "訓·
훈民민正·정音흠·은百·빅姓·셩 ㄱ ㄹ·치시·논 졍흔 소·리·라"이
어서 훈민정음(訓民正音)이 백성에게 가르쳐야 하는 '졍한 소리', 즉 '正
音'이다. 정음(正音)은 한자의 표준음을 말한다. 일찍이 중국에서는 하
나의 한자(漢字)에 방언과 역사적 변화의 차이에 따른 여러 다른 발음이
있어서 이를 속음(俗音)으로 불렀다.

그리고 중국의 조정(朝廷)에서 표준음을 정하여 이를 정음(正音), 또
는 정운(正韻)이라 하였다. 따라서 중국에서 새로운 국가가 세워지면 반
드시 황제(皇帝)의 명으로 흠찬운서(欽撰韻書)를 국초에 간행하여 나라
의 정음(正音), 또는 정운(正韻), 즉 표준음운을 반포하였다. 그리고 이
발음으로 과거시험을 보아 추종 세력으로 통치계급을 물갈이하는 관례
가 있었다.

졸저(2015)에서 강조한 바와 같이 중국의 북방민족들이 새로운 나라
를 세우면 새로운 문자를 제정한 것처럼 한족(漢族)들도 새 왕조를 세우
면 새 표준음, 즉 정음을 정하고 이로써 과거시험을 실시하였다. 중국에
서 통치 기반을 구축하기 위한 중요한 작업이 새로운 문자나 한자의 새
발음을 정하는 것이었다.

한자(漢字)는 표의(表意) 문자여서 그 발음은 방언과 시대에 따라 다
르게 된다. 수천 년의 역사와 광대한 지역에서 사용되는 한자의 중국어

---

251) 필자는 조선시대에 번역과 언해가 구분되어 사용되었다고 본다. 최세진의 '飜譯老乞大朴
通事凡例의 번역이 한자의 한어음 표음을 말하였기 때문이다. 졸저(2015)를 비롯한 대부
분의 논저에서 번역은 발음의 표음(transcription)이고 언해는 내용의 번역(translation)으
로 구분하였다.

발음은 하나일 수가 없다. 따라서 한 세력이 중원을 통일하고 국가를 세우면 먼저 자신들의 발음으로 한자의 정음(正音), 즉 표준발음을 정하고 그 발음에 따라 과거시험을 보게 하여 통치계급의 물갈이를 하였던 것이다. 따라서 한자의 정음을 정하는 일은 조국(肇國)의 기반을 다지는 매우 중요한 사업이었다.

따라서 한글을 훈민정음으로 부른다든지 일제 강점기의 한글 연구자들처럼 정음으로 부르는 것은 온당치 않다. 우리말을 표기하는 것은 언문(諺文), 또는 국문(國文)이고 정음이나 훈민정음은 한자음을 표기하는 발음기호라는 의미로 보아야 한다. 1920년대 우리말과 글의 연구 학술지가 〈정음(正音)〉인 것이나 요즘 한글학회와 같은 취지로 결성한 훈민정음학회가 필자의 귀에 거슬리는 것은 이런 이유가 있기 때문이다.

7.4.3.5 중국에서 현전하는 가장 오래된 운서(韻書)는 수(隋)나라를 세운 문제(文帝) 때에 육법언(陸法言)이 편찬한 『절운(切韻)』(601)이다. 그리고 당대(唐代)에는 여러 〈당운(唐韻)〉이 있었고[252] 송대(宋代)에 『대송중수광운(大宋重修廣韻)』(이하 〈광운〉) 등의 운서가 모두 흠찬(欽撰) 운서이다. 원대(元代)의 『몽고운략(蒙古韻略)』, 또는 『몽고자운(蒙古字韻)』과 명초(明初)에 간행된 『홍무정운(洪武正韻)』이 모두 나라를 세운 다음 건국 초기에 표준 한자음을 정하려는 목적으로 편찬된 운서들이다.

유창균(1966)에서 훈민정음이 〈동국정운〉을 편찬하기 위하여 제정된 표음기호임을 강조하였다. 세종이 한자의 중국 정음(正音), 한자의 한어 표준음과 우리 한자음의 차이를 극복하기 위하여 새로운 동국정운식 한자음을 인위적으로 만들고 이를 표기하기 위한 수단으로 훈민정음

---

252) 특별히 孫愐이 편찬한 『唐韻』(751)을 말하기도 한다(졸저, 2015:259).

을 제정한 것이라는 주장이었다.253)

이것은 세종의 어제서문에서 첫머리에 등장하는 "國之語音, 異乎中國 – 나라의 말소리가 중국과 달라"가 우리말과 한어(漢語)의 차이를 말한 것이 아니라 한자의 한어음(漢語音)과 우리 동음(東音)의 차이를 말한 것이다. 고려대에 소장된 훈민정음의 〈언해본〉〈훈민정음〉에서 어제서문의 '國之語音, 㕦乎中國'을 "나·랏 :말소·리 中듀國·귁·과 달·라"로 언해하여 '國之語音'을 "나랏 말소리"로 강조한 것도 그런 이유가 있었을 것이다.254)

따라서 이러한 차이를 극복하기 위하여 동국정운식 한자음을 제정하였으며 이 한자음이 백성들에게 가르쳐야 하는 올바른 한자음, 즉 훈민정음이 될 것이다. 그리고 이 명칭의 글자는 동국정운식 한자음을 표기하는 기호의 명칭으로도 사용되었다. 그렇지 않고는 '훈민정음'이란 이름의 문자 명칭이 있을 수가 없기 때문이다.

훈민정음을 제정한 세종의 시대에는 『홍무정운(洪武正韻)』이 명(明)의 인위적으로 정한 정음으로 표준 한자음이었으며 이러한 추세에 맞추어 세종이 편찬한 한자음의 운서가 〈동국정운〉이다. 말하자면 세종이 말하는 우리나라의 한자 정음(正音)은 〈동국정운〉의 한자음이었고 이것이 백성들에게 가르쳐야 하는 올바른 발음, 즉 훈민정음이었다.

---

253) 〈동국정운〉의 모델은 〈洪武正韻〉이다. 〈홍무정운〉은 明 太祖 朱元璋이 한자의 南京官話音을 正韻, 즉 표준음으로 하려는 의도로 만든 인위적인 운서이다. 결코 당시 현실음을 반영한 것이 아니다. 마찬가지로 〈동국정운〉도 인위적으로 정한 한자음이며 당시 우리 한자음인 東音에 의거한 운서가 아니다.

254) 고려대 육당문고 소장의 〈언해본〉『훈민정음』에서는 '㕦乎中國'이다. 아마도 초기의 훈민정음의 〈언해본〉에 첨부된 세종의 御製序文에는 '異乎中國'이었겠지만 補寫할 때에 이렇게 쓴 것 같다. 왜냐하면 다른 훈민정음에서는 〈실록본〉까지도 '異乎中國'이기 때문이다.

4) 세종의 새 문자 제정의 일정

7.4.4.1 현재 훈민정음 제정은 〈조선왕조실록〉과 〈석보상절〉, 〈월인석보〉 등의 서문 등을 참고하여 살펴보면 다음과 같은 순서를 거쳐 새 문자의 제정이 이루어진 것으로 보인다. 그동안 필자가 추구한 새 문자 제정의 경위는 졸저(2006b)에서 시도되어 연구가 진척되면서 조금씩 바뀌었다.

이제 그동안의 시행착오를 거쳐 수정한 새 문자 제정의 경위를 종합하여 정리함으로써 이 장(章)의 결론을 대신하고자 한다.

먼저 훈민정음의 제정과 그 배경

세종 2년(1419): 좌의정 박은(朴訔)의 계청(啓請)으로 집현전 설치.

세종 13년(1431): 설순(偰循)이 어명을 받아『삼강행실도(三綱行實圖)』(한문본) 편찬.

세종 16년(1434):『삼강행실도』간행.

세종 24년(1442) 3월:『용비어천가(龍飛御天歌)』의 편찬을 위한 준비.『세조실록』권95, 세종 24년 3월 壬戌조에 "時上方欲撰龍飛御天歌 故乃下此傳旨 – 이때에 임금이 용비어천가를 편찬하고자 하여 이 뜻을 아래에 전하다"라는 기사 참조.

세종 25년(1443) 12월: 세종이 훈민정음 28자를 친제하여 발표함.『세종실록』(권102) 세종 25년 조에 "是月上親制諺文二十八字 [中略] 是謂訓民正音 – 이달에 임금이 친히 언문 28자를 만들다. [중략] 이것이 소위 훈민정음이라고 불리는 것이다"라는 기사 참조. 그러나 이 기사는 "訓民正音二十七字"였던 것을 '언문 28자'로 고친 것으로 보아야 한다.

세종 26년(1444) 2월 丙申(16일): 〈운회(韻會)〉의 번역을 명함.『세종실록』(권103) 세종 26년 2월

병신(丙申)조에 "命集賢殿校理崔恒, [中略] 指議事廳, 以諺文譯韻

會, 東宮與晋陽大君瑈, 安平大 君瑢, 監掌其事, 皆稟睿斷, 賞賜稠重, 供億優厚矣. – 집현전 교리 최항 등에게 명하여 언문으로 〈운회〉를 번역하게 하다. 동궁 및 진양대군 유와 안평대군 용이 그 일을 감독하고 관리하게 하였다. 그러나 모두 [임금에게] 품하게 하여 직접 결정하다. 상을 내릴 때에는 많고 후하게 하고 모두 대우를 잘하게 하였다"라는 기사 참조.

세종 26년(1444) 2월 庚子(20일): 최만리(崔萬理)의 반대 상소문. 『세종실록』 (권 103) 세종 26년 2월 경자(庚子)조에 "庚子: 集賢殿副提學崔萬理 等上疏曰: [下略] – 경자(20일)에 집현전 부제학 최만리 등이 상소하여 말하기를 [하략]"이란 기사 참조.

세종 27년(1445) 1월: 신숙주·성삼문 등이 운서를 물으려고 요동에 유배된 명(明)의 유학자 황찬(黃瓚)에게 보냄. 『세종실록』(권107) 세종 27년 정월 신사(辛巳)조에 "遣集賢殿副修撰申叔舟, 成均 注簿成三問, 行司勇孫壽山于遼東, 質問韻書 – 집현전의 부수찬인 신숙주와 성균관의 주부인 성삼문, 그리고 역관 손수산을 요동에 보내어 운서에 대하여 질문하다"라는 기사와 『보한재집(保閒齋集)』 책7, 부록, 이파(李坡)의 '신숙주묘지(墓誌)'에 "時適翰林學士黃瓚, 以罪配 遼東, 乙丑春命公隨入朝使臣, 到遼東 見瓚質問, 公諺字飜華音, 隨問輒解, 不差毫釐, 瓚大奇之, 自是往還遼東凡十三度 – 그때 한림학사 황찬이 죄를 입어 요동에 유배되었다. 을축년(1445) 봄에 신숙주로 하여금 중국에 들어가는 사신을 따라가도록 명하였다. 요동에 이르러 황찬을 만나 질문하였는데 신숙주는 언문으로 중국의 발음을 번역하였으며 문제를 쉽게 풀이하여 황찬이 크게 기특하게 여기었다. 이로부터 요동을 갔다 온 것이 13번이다"라는 기사 참조.

세종 27년(1445) 4월: 『용비어천가』(한문본) 제진(製進). 『세종실록』(권108) 세종 27년 4월 무신(戊申)조에 "議政府右贊成權踶, 右贊參鄭麟趾, 工曹參判安止等, 進龍飛御天歌十卷 – 의정부 우찬성 권제, 우참찬 정인지, 공조참판 안지 등이 『용비어천가』 10권을 바치다"라는 기사와『용비어천가』권두에 부재된 정인지의 서문에 "正統十年乙丑 夏四月 日, 資憲大夫, 議政府右參贊, 集賢殿大提學, 知春秋館事, 世子右賓客, 臣鄭麟趾拜手稽首謹序"라는 간기, 그리고 安止의 進箋文에 "正統十年 四月 日, 崇政大夫, 議政府右贊成, 集賢殿人提學, 知春秋館事, 兼成均大司成, 臣 權踶, 資憲大夫, 議政府右參贊, 集賢殿大提學, 知春秋館事, 世子右賓客, 臣 鄭麟趾, 嘉善大夫, 工曹參判, 集賢殿 提學, 同知春秋館事, 世子右副賓客, 臣 安止等上"이란 기사 참조.

세종 27년(1445) 5월: 세종이 세자에게 양위하려다가 그만둠.『세종실록』(권108) 세종 27년 5월 갑술(甲戌)조에 "向者予欲禪位世子, 閑居養病, 卿等泣請不已, 勉從之"라는 기사 참조.

세종 28년(1446) 3월: 소헌왕후(昭憲王后) 승하(昇遐).『세종실록』(권111), 세종 28년 3월 신묘(辛卯) 조에 "王妃薨于首陽大君第 − 왕비가 수양대군의 집에서 돌아가시다"라는 기사 참조.

세종 28년(1446) 丙寅:『석보상절』과『월인천강지곡』간행 시작.『월인석보』신편의 세조 御製 서문.

7.4.4.2 위와 같이 드디어 새 문자가 불경의 언해를 통하여 우리 말 표기에 적당한 것을 시험하여 확인하고 언문(諺文)이란 이름으로 다시 태어난다.

새 문자의 제정과 공표

세종 28년(1446) 9월: 훈민정음 〈해례본〉 완성.『세종실록』(권113) 세종 28년 9월조에 "是月 訓民正音成, 御製曰: [中略] 正音之作, 無所祖述 − 이달에 훈민정음이 완성되었다. 임금이 지어 말씀하시기를 [중략] 훈민정음을 지은 것은 옛사람이 저술한 바가 없다"라는 기사 참조.

세종 28년 10월(?): 훈민정음 〈언해본〉 완성.

세종 28년 10월(?): 『월인천강지곡석보상절』, 즉 『월인석보(月印釋譜)』구권 간행. 처음으로 언문으로 된 『월인석보』구권을 간행하면서 권두에 훈민정음 〈언해본〉을 첨부.

세종 28년(1446) 11월: 언문청(諺文廳) 설치. 『세종실록』(권114) 세종 28년 11월 임신(壬申)조에 "命太祖實錄入于內, 遂置諺文廳, 考事迹添入龍飛詩 – 태조실록을 입내하도록 명하고 이어서 언문청을 설치하였으며 사적을 〈용비어천가〉의 시가에 첨가하여 삽입하도록 하였다"는 기사 참조. 그러나 『慵齋叢話』(권7)에는 "世宗設諺文廳, 命申高靈, 成三問等制諺文 – 세종이 언문청을 설치하고 신숙주와 성삼문 등으로 하여금 언문을 짓게 하다"라는 기사가 있어 언문청이 실록의 기록보다 좀 더 일찍 설치된 것으로 보는 견해가 있고 왕실에서 언문청의 설치를 비밀로 하였을지도 모른다는 견해가 있다(김민수, 1990:105).

7.4.4.3 이렇게 제정된 새 문자는 훈민정음이란 이름으로 과거시험을 보게 하는 등으로 본격적으로 새 문자를 보급하였다.

새 문자의 보급

세종 28년(1446) 12월: 이과(吏科)와 취재(取才)에서 훈민정음을 부과함. 『세종실록』(권114) 세종 28년 12월 기미(己未)조에 "傳旨吏曹: 今後吏科及吏典取才時, 訓民正音並令 試取, 雖不通義理, 能合字 取之 – 이조에 전지하기를 '이제부터는 이과와 이전의 취재할 때에는 훈민정음을 함께 시험하되 비록 그 뜻과 이치에 통하지 않더라도 능히 합자할 수 있으면 채용하라'고 하다"라는 기사 참조.

세종 29년(1447) 2월: 『용비어천가(龍飛御天歌)』완성과 국문가사. 『용비어천가』(권10) 崔恒의 발문에 "殿下覽而嘉之, 賜名曰龍飛御天歌。 [中略] 就加註釋, 於是 粗敍其用事之本末, 復爲音訓, 以便觀覽, 共十一卷 [中略] 正統十二年二月日 [中略] 崔恒拜手稽首謹跋。 – 전

하가 보시고 기뻐하시며 이름을 내려주기를 용비어천가라고 하였다. [중략] 주석을 더하여 비로소 거칠게나마 일의 쓰임에 있어서 본말을 서술하게 되었다. 다시 발음과 뜻을 붙여 보기에 편하게 하였다. 모두 11권이다. [중략] 정통 12년(1447) 2월에 최항이 절하며 머리를 숙여 삼가 발문을 쓰다"라는 기사 참조.

세종 29년(1447) 4월: 각종 취재에서 훈민정음 시험 강화. 『세종실록』(권 116) 세종 29년 4월 신해(辛亥)조에 "先試訓民正音, 入格者許試他 才。各司吏典取才者並試訓民正音 - 먼저 훈민정음을 시험하고 합격한 자에게만 다른 시험에 응시할 수 있게 하다. 각 관청에서 이전(吏典)의 취재를 하는 경우 훈민정음을 함께 시험하다"라는 기사 참조.

세종 29년(1447) 7월: 『석보상절』, 『월인천강지곡』 간행. 소헌왕후(昭憲王后)의 일주기를 맞이하여 원고로 있던 〈석보〉와 〈월인〉을 간행함.

세종 29년(1447) 9월: 『동국정운(東國正韻)』 완성. 『세종실록』(권117) 세종 29년 9월 무오(戊午)조에 "是月 東國正韻成, 凡六卷, 命刊行 - 이달에 동국정운이 완성되다. 모두 6권으로 간행을 명하다"라는 기사와 『동국정운』의 권두에 있는 신숙주의 서문에 "正統十二年 丁卯 九月下澣 - 정통 12년(1447) 9월 하순"이라는 간기 참조.

세종 29년(1447) 12월(?): 개성(開城) 불일사(佛日寺)에서 『월인석보』 옥책 (玉冊) 제작. 시작은 소헌 왕후의 忌日인 3월에 시작하였으나 완성은 그해 마지막 달에 끝난 것으로 보인다. 불일사(佛日寺) 제작의 〈월인석보〉 옥책 매권 권미에 붙인 "正統 十二年 佛日寺"란 간기를 참조.

세종 30년(1448) 10월: 『동국정운』 보급. 『세종실록』(권122) 세종 30년 10월 경신(庚申)조에 "頒東國 正韻于諸道及成均館四部學堂, 乃敎曰: 本國人民熟俗韻已久, 不可猝變, 勿强敎, 使學者隨意爲之 - 동국정운을 모든 도(道)와 성균관, 사부 학당에 나누어주다. 그리고 임금이 말씀하기를 '본국의 백성들이 속운에 익숙한 지 이미 오래되어 갑자기 변경하는 것은 불가하므로 억지로 가르치지 말 것이며 배우는 사람의 뜻에 따르도록 하라'고 하시다"라는 기사 참조.

세종 32년(1450) 1월: 중국 사신(使臣)에게 신숙주 등이 운서를 질문함. 『세종실록』(권126) 세종 32년 윤정월 무신(戊申)조에 "命直集賢殿成三問, 應敎申叔舟, 奉禮郎孫壽山, 問韻書使臣, 三問等因館 伴以見 [中略] 三問, 叔舟將洪武韻講論良久 – 집현전 직전 성삼문, 응교 신숙주, 봉례랑 손수산 등이 중국의 사신에게 운서를 질문하다. 성삼문 등이 사신이 머무는 곳에 함께 가서 만나 [중략] 성삼문·신숙주가 홍무정운을 갖고 오래도록 강론하다"라는 기사 참조.

7.4.4.4 세종 이후에도 새 문자의 보급은 진행되었고 세조 때에 이러한 정책은 극대화된다.

새 문자의 보급 정책
문종 원년(1450) 10월: 정음청(正音廳) 설치. 『문종실록』(권4) 문종 원년 10월 무술(戊戌)조의 기사 참조.
문종 2년(1452) 4월: 『동국정운』한자음에 의한 과거시험 실시. 『문종실록』(권13) 문종 2년 4월 무진(戊辰)조에 "禮曹啓: 進士試取條件, [中略] 一. 東國正韻旣已參酌 古今韻書定之, 於用韻無所 防礙 [下略] – 예조에서 계하기를 진사 시험의 조건으로 [중략] 첫째 동국정운은 이미 고금의 운서를 참작하여 정한 것이어서 운을 맞추는 데 방해되거나 장애됨이 없다. [하략]"라는 기사 참조.
단종 원년(1452) 12월: 『동국정운』과 『예부운략』의 한자운을 모두 과거에 사용하도록 함. 『단종실록』(권4) 단종 즉위년 12월 임자(壬子)조에 "議政府據禮曹呈啓: 曾奉敎旨於科擧, 用東國 正韻, 然時未印頒, 請依舊用禮部韻 [中略] 從之 – 의정부에서 예조가 올린 계에 의거하여 '일찍이 임금의 뜻을 받들어 과거에서 동국정운을 사용하였으나 이때에는 미처 인쇄하여 나누어주지 못하였으므로 [예조에서] 청하는 바에 의하여 옛날같이 예부운에 의거하자'고 하였다. [중략] 그대로 따르다"라는 기사 참조.

단종 3년(1455) 4월: 『홍무정운역훈(洪武正韻譯訓)』 완성. 『홍무정운역훈』
의 신숙주 서문에 "景泰六年 仲春旣望 – 경태 6년(1455) 중춘(4월) 보
름"이라는 간기 참조.

7.4.4.5 세조 때에 새 문자의 보급에 결정적인 계기가 된 〈언문자모〉
가 공표된다. 이때에는 훈민정음으로 표음한 동국정운식 한자음과 언
문으로 우리말을 표기하여 불경의 언해가 성황을 이룬다.

구결(口訣)과 이두에 사용되는 한자로 새 문자를 해설한 〈언문자모〉
는 하층계급의 백성들에게 이 문자를 보급하게 하였다. 특히 이 시대의
문자생활의 주역인 중인(中人) 계급에게 매우 편리한 새 문자의 해설서
가 되었다. 반면에 양반 사대부는 구결과 이두의 한자 표기법으로 설명
한 〈언문자모〉를 기피하고 새 문자의 교육을 훈민정음의 〈언해본〉에
의거하게 되었다.

새 문자 교재의 편찬

세조 4년(1458): 최항 등의 『초학자회(初學字會)』 편찬.

세조 4년(1458): 정의공주의 〈언문자모(諺文字母)〉 공표? 아마도 이때에 간
행된 『초학자회』 권두에 『훈몽자회』에 첨부된 〈언문자모〉가 부재(附
載)되었을 것으로 추정됨.

세조 5년(1459) 7월: 『월인석보』 신편(新編) 간행. 훈민정음 언해본의 수정
본 「세종어제훈민정음」을 권두에 첨부.255) 세조의 어제월인석보서
(御製月印 釋譜序)에 "天順三年 己卯 七月七日序"란 간기 참조.

---

255) 여기서 '수정본'이란 세종의 〈언해본〉인 〈훈민정음〉을 '세종어제훈민정음'으로 제목을 바
꾸고 협주를 첨가한 것을 말함.

세조 6년(1260) 6월:『훈민정음』,『동국정운』,『홍무정운역훈』을 과거의
　　출제서로 함.『세조실록』(권21), 세조 6년 9월 경인(庚寅)조에 "禮曹
　　啓:　訓民正音先王御製之書,　東國正韻,　洪武　正韻皆先王撰定之
　　書。吏文又切於事大, 請自今文科初場試講三書, 依四書, 五經例給
　　分, 終場幷試 吏文, 依對策例給分。從之 - 예조에서 계하기를 '훈민
　　정음은 선왕이 만드신 책이고 동국정운과 홍무정운역훈도 모두 선왕
　　께서 정하여 편찬한 책이며 이문(吏文)[256]은 또 사대(事大)에 중요한
　　것입니다. 지금부터는 과거의 문과에서 초장(初場)에는 앞의 세 책을
　　강론하는 것으로 시험하고 사서(四書)와 오경(五經)의 예에 의하여 점
　　수를 주며 종장(終場)에는 이문을 함께 시험해서 대책(對策)의 예에 의
　　거하여 점수를 주겠습니다'라고 하다. 그대로 따르다"라는 기사 참조.

세조 7년(1461): 간경도감(刊經都監) 설치.

세조 8년(1462) 6월: 과거에 홍무운(洪武韻)을 예부운(禮部韻)과 함께 쓰게
　　함.『세조실록』(권28) 세조 8년 6월 계유(癸酉)조에 "禮曹啓: 在先科
　　擧時只用禮部韻, 請自今兼用洪武 正韻, 譯科並試 童子習。從之
　　- 예조에서 계하기를 '전에는 과거를 볼 때에 예부운(禮部韻)만을 사
　　용하였으나 이제부터는 홍무정운을 겸용하고 역과(譯科)는 동자습(童
　　子習)을 함께 시험하도록 청합니다'라고 하다. 그대로 따르다"라는 기
　　사 참조.[257]

　　이상은 졸저(2019a:45~52)에서 재인용하였으나 일부 수정함.

7.4.4.6 이와 같은 훈민정음 제정과 〈월석〉, 그리고 〈월인〉, 〈석보〉의

---

256) 여기서 吏文은 漢吏文을 말함. 졸고(2006c)에서는 漢吏文에 대비하여 朝鮮吏文이 시작
　　된 것은 조선 초기의 일로 보았다. 중종 때에 崔世珍은 한이문의 庭試에 장원으로 入格하
　　고 東班으로 遷轉한다.

257) 졸고(2006a)에서 〈월인석보〉의 舊卷이 세종 30년에 간행된 것으로 본 것을 이 기회에 바
　　로잡는다.

간행은 새 문자의 제정과 이를 검증하고 보급하는 과정이 촘촘하게 짜인 일정에 의하여 숨 가쁘게 진행된 것임을 알 수 있다.

즉, 위에 나타난 일정에 의하면 세종 25년 12월에 훈민정음을 발명한 다음에 맨 처음 이 신문자로 시도한 사업은 바로 원대(元代)의 『고금운회(古今韻會)』, 또는 『고금운회거요(古今韻會擧要)』의 한자음을 이 문자로 표음한 것이다. 이것은 결국 파스파 문자로 한자음을 정리한 〈몽운〉, 즉 『몽고자운(蒙古字韻)』을 정음으로 번역한 것을 말한다.

훈민정음에 대한 『세종실록』(권103) 세종 25년 12월의 맨 처음의 기사에서도 "○是月 上親制諺文二十八字 [中略] 凡于文字及本國俚語, 皆可得而書。 – 이달에 임금이 친히 언문 28자를 지으셨다. [중략] 대체로 문자 및 우리나라의 말도 모두 이 글자로 쓸 수 있다"라 하여 한자의 발음 및 우리말을 모두 쓸 수 있다는 내용을 보면 애초에 이 문자는 한자 발음의 표음과 고유어 표기를 위하여 만든 문자이며 170여 년 전에 원(元)나라에서 만든 파스파 문자와 같은 목적으로 제정된 것으로 볼 수 있다.258)

---

258) 이것은 훈민정음의 御製序文의 원문 첫머리에 "國之語音, 異乎中國, 與文字不相流通, –
    [한자의] 우리나라 발음이 중국과 달라서 문자가 서로 통하지 않으니"에 그 뜻이 들어 있다.
    즉, 같은 한자이나 그 발음이 달라서 서로 통하지 않는다는 뜻이다. 〈東國正韻〉에서의 훈
    민정음은 〈蒙古字韻〉의 파스파 문자처럼 발음기호의 역할을 한 것이다.

제8장

마치면서

8.0 이상 정통(正統) 12년(1447)의 간기를 가진 『월인석보』의 옥책을 살펴보면서 그와 관련된 세종의 새 문자 창제의 여러 문제를 논의하였다. 우리는 훈민정음의 〈언해본〉이 권두에 첨부된 『월인석보(月印釋譜)』(이하 〈월석〉)가 천순(天順) 3년(1459), 세조 5년에 간행된 것으로만 알고 있었다.

그러나 그보다 12년이나 이른 정통 12년(1447)에 비록 제8권뿐이지만 이를 옥간(玉簡)에 새긴 옥책이 발견되어 〈월석〉의 간행에 대한 재검토가 필요하게 되었다. 그동안 학계에서는 이 옥책을 위작(僞作)으로 보고 이를 논외(論外)로 하여 거들떠보지도 않았다. 그러나 필자는 여러 논저에서 정통 12년의 〈월석〉 옥책이 진품(眞品)으로 보인다고 주장하였다.

이 책에서도 그것이 진품임을 여러 각도에서 증명하여 보였다. 이것은 현전하는 {신편}〈월석〉의 제1권 권두에 첨부된 세조의 어제서문에서 〈월석〉에는 세종이 편찬한 구권(舊卷)이 있고 자신이 편찬하는 것은 신편(新編)임을 분명히 하였음을 근거로 하였다. 그리고 현전하는 대부분의 〈월석〉이 신편이라고 보았다.

정통 12년, 세종 29년의 〈월석〉 옥책은 연대로 보아 세종 생존 시에 간행한 {구권}〈월석〉의 제8권을 옮겨 새긴 것이 된다. 이 책에서는 옥책에 새긴 〈월석〉을 현전하는 초간본 {신편}〈월석〉 제8권과 비교하면서 어떤 차이가 있는지 검토하였다. 그 결과 이 옥책에는 〈월석〉 제8권을 충실하게 옮겨 새겼으며 {신편}〈월석〉의 제8권과 비교하여 구권과 보면 큰 차이가 없으나 엽차(葉次)에서 차이가 있었던 것으로 추정하였다.

그리고 옥책에서는 쌍행(雙行) 협주를 이해하지 못하고 두 줄로 쓰기 위하여 한 칸에 두 자를 쓴 것을 한 글자로 인식하여 그대로 옮기는 실수가 있어서 이 옥책을 위작(僞作)으로 보았으나 오히려 이것이 이 옥책이 진품임을 반증하는 것으로 보았다. 후대의 위작이라면 이러한 어처구니없는 실수는 저지르지 않았을 것이다. 필자는 여러 질(秩)의 〈월석〉 옥책을 감정하여 위작으로 판정하였다. 그러나 이 위작의 〈월석〉 옥책들은 현전하는 〈월석〉의 해당 권을 비록 일부이지만 정확하게 옮겨 새겼다.

정통 12년의 〈월석〉 옥책이 진품이라면 그동안 학계가 인정한 〈월석〉의 간행을 천순(天順) 3년으로 본 것을 근본적으로 다시 검토할 필요가 있게 된다. 뿐만 아니라 〈월석〉의 제1권 권두에 첨부된 훈민정음 〈언해본〉의 공간(公刊)도 다시 살펴보아야 했다. 그동안 세조 5년에 간행된 {신편}〈월석〉의 제1권 권두에 실린 〈세종어제훈민정음〉만을 유일한 훈민정음의 〈언해본〉으로 보았기 때문이다.

훈민정음 〈언해본〉으로는 고려대 소장본의 단행본 〈훈민정음〉이 있다. 그동안 학계에서는 이 자료에 대하여 별로 관심을 갖지 않았으나 이 〈언해본〉에서 세종 어제서문의 첫 시작이 '어제왈(御製曰)'이어서 세종의 생존 시에 간행된 것으로 보인다. 그렇다면 이 판본이 〈세종어제훈민정음〉보다 먼저 세상에 나온 원본에 가까운 것이 된다.

당연히 훈민정음 〈언해본〉의 연구에서 이 자료가 중심이 되어야 하지만 그동안 학계의 무관심 속에서 이 〈훈민정음〉은 방치되었다. 이 책에서는 정통 12년의 〈월석〉 옥책을 연구하면서 이에 수반하는 훈민정음 〈언해본〉의 공간과 또 그와 관련된 훈민정음의 공표에 대하여 새로운 시각에서 논의하지 않을 수 없었다.

제6장은 그동안 필자가 주장한 세종의 새 문자 창제가 주변의 여러 문자와 관련이 있다는 것을 종합하여 정리한 것이다. 세종은 원대(元代) 파스파 문자의 제정으로부터 새 문자를 제정해야 한다는 동기를 갖게 되었다고 주장하였다. 한자음 학습을 위하여 파스파 문자와 같은 한자음을 표음할 수 있는 표음문자의 필요성을 느꼈기 때문이다.

그리고 비록 신미(信眉) 대사의 조언이기는 하지만 모음을 표기하는 글자를 만들어 보다 나은 표음문자가 되었다. 아시아의 여러 문자를 제정할 때에 영향을 준 범자(梵字), 그리고 그로부터 발달한 실담(悉曇) 문자는 음절문자이지만 표음문자여서 이로부터 영향을 받은 것이다. 본서에서는 그 문자들이 어떻게 세종의 새 문자 제정에 이용되었는지 살펴보았다.

특히 고대인도에서 발달한 비가라론(毘伽羅論)의 음성 연구인 성명기론(聲明記論)의 이론을 소개하고 훈민정음 〈해례본〉의 「제자해」 등에서 보여주는 고도로 발달된 조음음성학이 이 이론에서 온 것임을 밝혔다. 이 성명기론은 서양의 조음음성학의 원조(元祖)이기 때문에 한글이 현대 서양의 음성학 이론에 손색이 없는 음운 분석과 제자(制字)에 대한 해설을 붙일 수가 있었다.

제7장은 이 책의 결론으로서 정통 12년의 〈월석〉 옥책으로 야기된 여러 문제들, 특히 훈민정음 제정에 관련된 여러 사실을 종합하여 정리하여 결론으로 삼은 것이다. 그러나 제2~5장에서는 〈월석〉의 신편과 구권에 관한 논의를 살펴보았다. 이제 각 장의 논의 내용을 요약하여 이 책을 읽는 독자에게 전체 내용을 여기에 정리하여 소개하고자 한다.

8.1 먼저 '제2장 불경의 옥책'에서는 옥책(玉冊)이 무엇인가를 살펴보면서 불경을 옥간(玉簡)에 새겨 옥책으로 한 예를 셋을 들어 고찰하였다. 이 책에서는 신라 진흥왕(眞興王) 12년(551)의 〈예불대참회문(禮佛大懺悔文)〉의 옥책이 가장 오래된 것으로 보았으며 고려 광종 13년(962)의 〈부모은중경(父母恩重經)〉과 고종 25년(1238)의 〈예불대참회문〉의 옥책을 소개하였다. 이 셋의 옥책을 예로 들어 불경을 옥책으로 만드는 일이 이 땅에서 얼마나 자주 있었는지를 살펴보았다.

동이(東夷)족에 속하는 고구려, 백제, 신라 사람들은 옥(玉)을 매우 존중하였으며 여기에 귀중한 것을 새겨 오래도록 후세에 전하려는 노력이 불경을 옮겨 새긴 옥책을 만든 이유임을 밝혔다. 특히 한중일(韓中日) 삼국 중에서 유일하게 우리만이 불경을 옥책에 옮겨 새겨 후세에 전하려고 하였음을 강조하였다.

그리고 불가(佛家)에서는 불경을 옥에 새기는 일을 중요한 불공(佛供)의 하나로 여겨서 사찰에서는 이러한 불경의 옥책을 꾸준하게 제작한 것으로 보았다. 그러다가 세조가 옥석(玉石)의 채취를 금하는 칙령을 내려 일반 사찰에서 옥에 불경을 새겨 만든 옥책이 중지된 것으로 추정하였다. 즉, 『세조실록』(권41) 세조 13년(1467) 2월 정사(丁巳)에 다음의 기사가 있다.

승정원에서 교지를 받들어 제도 관찰사(諸道觀察使)에게 치서(馳書)하기를 "옥석(玉石)과 약석(藥石) 및 모든 보물(寶物)이 나는 곳은 모두 다 신기(神氣)가 모인 곳이다. 그런데 근자에 상(賞)을 바라는 무리들이 대체(大體)를 돌보지 아니하고 망령되게 제멋대로 캐내서 산맥(山脈)을 손상시키는 데 이르렀으니, 이와 같은 사실을 널리 알려서 함부로 제멋대로 캐내지 못하게 하라"라 하고, 이어서 경중(京中)의 마을과 거리에 방(榜)을 널리 붙여서 사람마다 이러한 뜻을 다 알게 하라고 명하였다(○承政院奉旨馳書于諸道觀察使曰: "玉石藥石凡寶物産處, 皆神氣所鍾. 近者, 邀賞之徒, 不顧大體, 妄自掘取, 以致損傷山脈. 其廣行知會, 毋令擅自掘取." 仍命張榜于京中街里, 使人人悉知此意.).

이 기사에 의하면 세조 때부터 옥석(玉石)의 채취가 금지되어 사사로이 옥석을 캘 수 없게 되었음을 알 수 있다. 이로 인하여 당연히 사찰에서 옥을 구하기 어렵게 되었고 옥책의 제작도 자연히 없어지게 되었다. 필자는 세조 이후에 제작된 옥책을 보지 못한 것은 세조의 전술한 칙령

(勅令)에 따른 것으로 보인다.

8.2 '제3장 정통 12년의 〈월석〉 옥책'에서는 이 책의 주요 연구 대상인 현전하는 〈월석〉의 정통 12년 옥책에 대하여 진위(眞僞) 감정의 입장에서 검토하였다. 이 옥책은 다른 위작(僞作)들과 같이 개성 불일사(佛日寺)에서 제작되었다고 간기에 적혔는데 이 사찰(寺刹)은 고려 광종(光宗)이 모후(母后)를 위하여 창건한 절로 조선 세조의 사후에 소실(燒失)되었다.

그러나 이 절은 조선 세조의 원찰(願刹)이기도 하고 세종의 왕비(王妃)이며 세조의 모후(母后)인 소헌왕후(昭憲王后)의 위패(位牌)를 모신 곳이다. 정통 12년에 이곳에서 〈월석〉 제8권을 옮겨 새겨 옥책으로 만든 것은 승하(昇遐)하신 소헌왕후의 1주기(週忌)를 맞이하여 왕후의 왕생극락을 기원하는 불사(佛事)로 이루어진 것으로 보았다.

왜냐하면 왕후가 돌아가신 것이 세종 28년, 즉 정통 11년 3월이어서 정통 12년은 왕후의 서거(逝去) 1주년이 되는 때이기 때문이다. 아마도 일주기인 정통 12년 3월의 기일(忌日)에 옥책을 만들기 시작하여 그해 연말에 완성시킨 것으로 보인다. 옥책 각 권의 말미에는 각수들이 시일에 쪼들려서 빨리 끝내려고 한 흔적이 많이 보이기 때문이다.

정통 12년의 〈월석〉 옥책은 많은 다른 위작(僞作)을 만들게 하였다. 우선 이 옥책은 〈월석〉의 구권(舊卷)을 옮겨 새길 때에 많은 실수가 있었다. 이를 현대인들이 진품으로 받아들이기 어렵다고 생각한 때문에 위작들은 새롭게 〈월석〉의 옥책을 만들려고 한 것 같다. 또 이 옥책이 북한에서 발굴되어 유통 과정을 제대로 알 수가 없었기 때문이다. 그로부터 여러 사람들이 이를 위조하여 암암리에 판매하는 일이 생겨나게 된 것이다.

필자도 5종의 〈월석〉 옥책을 감정하여 위작으로 판정하였다. 그러나 모든 옥책 위작들의 제작 연대는 학계가 〈월석〉의 간행 연대로 인정하는 천순(天順) 3년(1459)보다 항상 앞서 있었다. 따라서 〈월석〉이 간행되기 이전에 옥책부터 나오게 되는 이상한 일이 생긴 것이다. 필자는 이런 일들이 〈월석〉 옥책의 위작들이 정통 12년(1447)의 옥책을 모조한 데서 온 것으로 보았다. 학계가 인정하는 〈월석〉의 간행 연도보다 진품의 연대에 맞추어 제작 시기를 적당히 조절한 것이다.

이 정통 12년의 옥책을 소장한 쪽에서는 거금을 들여 옥책에 대한 과학적인 검증을 시도하였다. 그 결과 포항공대 화학과 나노 분석 전문가들의 정밀한 감정이 있었다. 그에 의하면 추출된 옥책의 모든 성분에서 현대적 물질은 없었으며 철분이 많이 옥에 스며들었음을 지적하였다. 감정 팀들은 이런 정도의 철분이 스며들려면 수백 년의 세월이 흘러야 한다고 지적하였다. 아마도 옥책을 가마솥에 넣어 땅에 묻어서 폐기하였기 때문에 철분이 옥에 스며들어 간 것으로 보인다.

또 우리나라의 저명한 옥 전문가 정명호 박사는 이 옥책의 천공(穿孔)이나 각자(刻字)가 모두 우리나라의 전통적인 옥공예 방법으로 이루어졌고 각자도 현대 기구를 사용하지 않은 것으로 보아 진품으로 판정하였다. 특히 옥혈(玉穴)에 묻은 철분이 녹이 슬어 육안으로도 그 모습을 확인할 수 있었는데 이런 녹이 슬려면 몇백 년의 세월이 필요하다고 증언하였다.

특히 필자는 졸고(2013)에서 준풍(峻豊) 3년(962)에 개성 홍원사(弘圓寺)에서 제작한 〈부모은중경〉의 옥책과 제작 방법이나 옥의 질까지 같음을 중요한 근거로 하여 정통 12년 〈월석〉의 옥책을 진품으로 보았다. 준풍 3년의 〈부모은중경(父母恩重經)〉 옥책은 예술 작품으로 보아도 손색이 없었으며 정통 12년의 옥책은 이 옥책의 수법을 그대로 답습하여 제작되었다.

또 가희(嘉熙) 2년(1238)의 〈예불대참회문(禮佛大懺悔文)〉 옥책도 고려시대의 옥공예의 정수를 보여주는 희대의 보물이어서 찬탄을 금하지 못하였다. 더구나 불경에서는 별로 쓰이지 않던 금문(金文)으로 새겨졌다. 그리고 이들을 통하여 불경을 옥책에 새기는 불사(佛事)는 조선 세종 때까지 면면하게 이어졌다고 보았다. 그리고 세조 이후에는 이러한 전통이 끊어졌음을 안타까워하였다.

8.3 '제4장 『월인석보』 제8권과 옥책'에서는 정통 12년의 옥책이 옮겨 새긴 〈월석〉 제8권을 검토하여 〈월석〉의 구권과 신편의 차이를 찾으려고 노력하였다. 옥책에서 〈월석〉의 제8권을 옮겨 새긴 것은 이 권의 내용이 인생에서 영화와 고통이 극적으로 교차하는 『불설관무량수경(佛說觀無量壽經)』과 『안락국태자경(安樂國太子經)』(이하 〈안락국태자경〉)을 저본으로 한 것이라 불교의 정토사상을 전파하기에 적당하였기 때문으로 보았다.

특히 〈안락국태자경〉은 왕후장상(王侯將相)의 영화가 한낱 뜬구름과 같다는 인생무상을 설교하는 데 가장 적합한 부분이었다. 특히 한때 왕비였다가 불도(佛道)를 찾아 떠나서 여러 고난을 거쳐 무상도를 얻어 왕생극락한다는 〈안락국태자경〉의 원앙(鴛鴦)부인에 대한 이야기는 돌아가신 소헌왕후의 추천(追薦)을 위하여 제작하는 옥책에 들어갈 적절한 내용이었다.

이 〈안락국태자경〉은 매우 인기가 있어서 실제로 일본 다카지현(高知縣) 사가와마치(佐川町)에 있는 아오야마(靑山) 문고에는 조선 선조(宣祖) 때에 그린 〈안락국태자전변상도(安樂國太子轉變相圖)〉가 소장되어 조선시대에 안락국 태자의 불교설화가 얼마나 인기가 있었는지를 말해준다.

일명 〈사라수탱(沙羅樹幀)〉이라고도 불리는 이 불화(佛畵)는 원래 있었던 〈사라수구탱(沙羅樹舊幀)〉이 많이 헐어서 선조(宣祖) 9년(1576) 6월에 다시 그린 것이라고 하니 아마도 그 이전, 즉 세종, 세조 연간부터 매우 유행한 불교 설화이었음을 확인할 수 있다.[259] 이때에 유행하던 〈안락국태자경〉을 탱화로 그려서 불교를 전파하려던 것이 〈안락국태자전변상도〉인 것으로 보인다.

붐일사(佛日寺)에서는 〈월석〉의 여러 내용 가운데 이 부분을 옥책에 옮긴 이유가 인생의 영화와 고난이 극적으로 교차하는 〈월석〉 제8권을 선택하여 인생무상(人生無常)을 설교함으로써 불교에 대한 대중적 관심을 얻으려고 한 것으로 보아야 할 것이다. 대중에게 불교의 정토(淨土) 사상을 전달하기에는 〈안락국태자경〉만한 불경이 없기 때문이다.

다만 옥책에서는 〈월석〉 제8권을 옮겨 새기면서 자의적으로 분권하여 권12로 나누었는데 분량에 따라 각수들이 적당한 분량의 엽수로 나누어 새기고 자신이 새긴 부분을 각기 한 권으로 한 것으로 보았다. 아마도 불일사의 승려(僧侶)로 보이는 12인의 각수가 각기 30편 내외의 옥편(玉片)에다가 〈월석〉 제8권을 옮겨 새길 9엽 정도를 나누어 갖고 각자가 새긴 부분을 권으로 나누어 모두 권12로 한 것 같다.

현재로서는 옥책에서의 분권(分卷)은 분량에 따라 엽수 단위로 한 것 이외에는 다른 기준을 찾을 수 없다. 그러나 엽수대로 나누었다면 권을 나눌 때에 엽차에 따라 달라져야 하는데 정통 12년의 옥책은 현전하는 〈월석〉 제8권의 엽수와 달리 분권되었다. 아마도 〈월석〉 제8권의 구권과 신편의 조권(調卷)에서 엽차(葉次)에 차이가 있었던 것으로 보인다.

---

259) 〈沙羅樹幀〉은 먼저 있었던 〈沙羅樹舊幀〉이 너무 헐어서 萬曆 4년(1576) 6월에 比丘尼 慧因과 慧月 등이 궁중의 지원을 받아 이를 다시 그린 것으로 선조와 왕비, 後宮들, 그리고 그 母后인 恭懿王의 大妃와 世子嬪을 기리기 위한 것임을 對松居士의 畵誌에 쓰였다고 한다. 홍윤표(2013:19~20).

현전하는 {신편}〈월석〉의 제8권으로는 이 옥책에서 보이는 엽(葉) 단위의 분담이 불가능하기 때문에 〈월석〉의 구권과 신편에서는 제8권에서는 엽차(葉次)의 차이가 있다고 보았다. 그 외에 쌍행 협주에서 현전하는 초간본 제8권과 옥책에서 차이가 발생하지만 극히 사소함을 강조하였다. 아마도 〈월석〉 제8권은 구권과 신편에서 엽차 이외에는 별다른 차이는 없는 것으로 보았다.

옥책에서는 쌍행 협주에서 집중적인 오류가 있었다. 그것은 옥책의 각수들이 한 줄에 쌍행으로 설명하는 협주를 이해하지 못한 탓으로 보인다. 그리하여 본문 안에서 두 줄로 설명하기 때문에 한 칸에 두 자가 들어간 것을 이해하지 못하고 이것을 한 글자로 인식하고 그대로 옮겨 새겨 많은 오류가 생겼다.

각수 중에는 언문을 어느 정도 이해하여 두 줄로 된 협주를 정확하게 옮긴 것도 없지 않지만 대부분 두 줄로 된 협주를 잘못 옮겨 새겼다. 이 옥책을 제작한 시기가 새 문자인 훈민정음이 〈해례본〉이나 〈언해본〉으로 공표된 지 1년이 채 안 된 때여서 불일사의 승려로 보이는 각수들이 언문을 제대로 이해하지 못한 탓일 것이다.

옥책에서 쌍행 협주를 이해하지 못한 또 하나의 이유는 〈월석〉의 구권(舊卷)이 〈석보〉나 〈월인〉처럼 세종의 생존 시에 간행된 활자본 불경에서 판면(版面)의 계선(界線)이 분명하지 않아서 각 행의 구별이 어려웠기 때문으로 보았다. 계선이 분명하지 않은데 한 행에 두 줄로 된 협주를 제대로 읽기가 어려웠을 것이다.

불서(佛書)의 판식(版式)에서 계선이 분명하게 된 것은 세조 때에 들어와서의 일이다. 주로 세종 때에 간행된 불경을 목판으로 간행하면서 계선(界線)을 뚜렷하게 하였다. 물론 세조 5년에 간행한 {신편}〈월석〉에서처럼 계선이 분명하다면 이것을 옮겨 새길 때에 정통 12년의 옥책과 같은 쌍행(雙行)에서의 오류는 일어나지 않았을 것이다.

정통 12년의 〈월석〉 옥책은 그 제작 연대로 보아 〈월석〉의 신편이 아니라 본서에서 주장한 대로 세종 28년 10월경에 간행한 〈월석〉의 구권을 옮겨 새겼을 것이다. 그런데 정통 12년의 옥책은 〈월석〉의 제8권을 옮겨 새겼는데 현전하는 이 판본은 제7권과 함께 어느 사찰의 탑장본(搭藏本)으로 발견되어 세상에 알려진 것으로 천혜봉(1977)에 의해 그 경위가 학계에 보고되었다.

세종 때에 간행된 〈월인〉과 〈석보〉는 모두 판면(板面)의 계선(界線)이 분명하지 않고 본서에서 구권으로 본 〈월석〉의 제4권도 이와 같아서 계선이 분명하지 않다. 물론 현전하는 〈월석〉 제4권은 후대에 복각(覆刻)한 목판본이므로 약간의 계선을 흐릿하게 보여준다. 그러나 앞에 소개한 〈월석〉 제8권은 계선이 뚜렷하여 세종 때에 간행된 〈월석〉의 신편임을 알 수 있다. 따라서 같은 〈월석〉 제8권을 옮겨 새긴 정통 12년의 옥책과 현전하는 〈월석〉 제8권은 구권과 신편으로 비교될 수 있었다.

제4장에서 이 둘을 비교한 결과 〈월석〉의 제8권은 구권과 신편이 크게 다르지 않고 다만 엽차(葉次)에서 차이가 있는 것으로 보았다. 따라서 현전하는 신편들도 대체로 구권과 유사하였을 것으로 추정하며 다만 권에 따라, 특히 제20권 이후의 〈월석〉에서 많은 협주의 추가와 교정이 있었다고 보았다.

이것은 〈월석〉의 제1권 권두에 첨부한 훈민정음 〈언해본〉이 고려대본 〈훈민정음〉과 서강대본 〈세종어제훈민정음〉처럼 후자가 전자의 제1엽만을 수정하고 나머지는 같은 책판을 쇄출한 동판본(同板本)이었다. 대부분의 〈월석〉도 세종 때의 활자본으로 된 구권을 세조 때에 목판본으로 간행하면서 일부 책판을 수정하여 동일 판본으로 간판한 것으로 보인다.

8.4 '제5장 『월인석보』와 훈민정음의 〈언해본〉'에서는 훈민정음의 〈언해본〉이 갖는 의미를 살펴보고 고려대에 소장된 단행본의 〈훈민정음〉과 서강대본 {신편}〈월석〉 초간본의 권두에 첨부된 〈세종어제훈민정음〉과의 관계를 집중적으로 논의하였다.

두 자료가 모두 훈민정음의 〈언해본〉이고 고려대본의 첫 장에 필사된 부분만이 다를 뿐 나머지는 동일한 책판을 쇄출하여 편철한 동판본(同板本)이라고 보았다. 다만 첫 엽의 한 장만이 다른데 첫 장의 서로 다른 필사 부분이 어째서 다른가 하는 문제를 집중적으로 고찰하였다. 그리하여 결론적으로 고려대본 〈훈민정음〉이 원본을 베낀 것이고 서강대본 〈세종어제훈민정음〉이 세조가 5년에 〈월석〉의 신편을 간행할 때에 수정한 것임을 밝혔다.

고려대본 〈훈민정음〉의 제1엽 첫 장에 찍힌 낙관(落款)에 의하여 이 책이 자문(子聞) 남명학(南鶴鳴, 1654~1722)의 소장이었음을 알 수 있다. 그런데 이 첫 장은 후대에 없어진 제1엽의 책판을 보사(補寫)한 부분이므로 이 보사가 남명학보다 이전인 17세기 후반에 이루어진 것임을 알려준다. 본서에서는 남명학이 이 책을 구입하기 전에 이 보사가 이루어질 수 있으므로 17세기 말엽에 다른 요권(僚卷)을 보고 옮겨 베낀 것으로 보았다.

종전에는 고려대본의 필사된 첫 장은 잘못 옮겨 쓴 것이라는 것이 학계의 통설이었으나 일본 서릉부(書陵部) 도서료(圖書寮)에 고려대본과 똑같은 필사본이 있음을 소개하면서 이 통설이 잘못되었음을 지적하였다. 잘못 필사한 것을 다시 옮겨 쓸 일은 없기 때문이다. 이로부터 그동안 우리의 훈민정음 연구가 얼마나 소홀하고 선입견에 찬 연구였는가를 반성하게 한다.

8.5 '제6장 훈민정음의 제정과 주변 문자'에서는 그동안 필자가 여기 저기에서 세종의 새 문자 제정이 독창적인 것이 아니라 주변의 여러 문자 제정과 관련을 맺고 이루어진 것임을 살펴본 것을 정리한 것이다.

그리하여 원대(元代) 파스파 문자를 비롯하여 고대인도의 범자(梵字)와 그로부터 발달한 실담(悉曇) 문자를 고찰하고 이 문자들이 어떻게 세종의 신문자 제정에 영향을 주었는지 살펴보았다. 졸고(2020b)에서 주장한 것처럼 실제로 파스파 문자와 실담문자는 세종의 새 문자 제정에 많은 영향을 끼쳤다.

예를 들면 원대(元代)의 파스파 문자가 모음자를 만들기는 하였으나 유모(喩母)에 속하는 것으로 보아 이를 따로 독립된 글자로 인정하지 않았다. 초기의 훈민정음 27자에서는 파스파 문자와 같이 유모(喩母), 후대의 욕모(欲母)에 속하는 7자를 만들었으나 초기의 27자에는 이를 따로 인정하지 않고 27자의 욕모 /ㅇ/에 부속하는 것으로 보았음을 밝혔다. 파스파 문자가 모음자를 단독으로 쓸 때에 유모(喩母) /ⱴ/를 앞에 쓰는 것처럼 훈민정음에서 중성자(中聲字)를 단독으로 쓸 때에 욕모(欲母) /ㅇ/을 붙여 쓴다.

이에 비하여 세종의 언문에서는 중성(中聲)을 초성(初聲) 및 종성(終聲)과 대등하게 취급하여 훈민정음이 파스파 문자를 그대로 답습한 것이 아님을 밝혔다. 즉, 범자(梵字)의 마다(摩多)와 같이 중성, 즉 모음자의 중요성이 새 문자 제정에서 강조되어 우리말의 표기에서 모음을 자유롭게 적을 수 있게 되었다.

실제로 파스파 문자에 비하여 훈민정음이 뛰어난 문자가 된 것은 모음을 표기하는 중성자(中聲字)의 인정에 있었다. 그리하여 파스파 문자가 원(元) 제국(帝國)의 멸망과 함께 사라졌음에 비하여 언문은 500여 년이 지난 현재에도 우리말 표기에 유일한 문자로 사용되고 있으며 앞으로도 그 사용은 계속될 것이다.

이러한 필자의 주장은 그동안 학계의 오랜 통설에 막히어 무시되었다. 오히려 국수주의적 한글 연구자들에 의하여 필자의 연구는 사문난적(斯文亂賊)으로 몰리어 후학들이 이러한 필자의 주장에 접근하기도 어려웠다.

8.6 제7장은 〈월석〉의 연구로 세종의 새 문자 제정에 대한 논의의 결론으로 첨부된 것이다. 앞에서 살펴본 바에 의하면 훈민정음의 〈언해본〉은 그동안 〈세종어제훈민정음〉만이 알려져 세조 때에 〈언해본〉이 편찬된 것으로 알았지만 세종의 생존 시에 만들어진 〈언해본〉도 있었음을 알지 못하였다. 이것은 정음(正音), 훈민정음(訓民正音), 언문(諺文)이란 이름으로 제정된 한글에 대하여 우리가 많은 사실을 잘못 알거나 모르고 있었음을 깨닫게 하였다.

예를 들면 한글의 첫 글자는 /ㄱ/이다. '낫 놓고 기역자도 모르다'라는 속담처럼 한글 첫 글자가 'ㄱ 其役'인데 왜 /ㄱ/이 한글의 첫 글자가 되었는지 제대로 아는 한글 연구자는 찾아보기 어렵다. 영어의 AB가 로마자의 alpha, beta에서 왔고 그래서 문자 명칭도 알파벳인 것을 모르는 식자(識者)는 거의 없을 것이다. 그런데 자신들이 매일 사용하는 한글이 왜 /ㄱ/으로 시작하는지 알지도 못하고 관심도 없다.

또 모음, 즉 중성을 단독으로 쓸 때에는 /ㅇ/을 붙인다. 이것이 욕모(欲母)에서 온 것이며 중성자(中聲字)를 모두 욕모(欲母)에 속한다고 보아 /ㅇ/을 붙여 쓰는 이유를 제대로 아는 국어학자도 거의 없다. 동국정운식 한자음 '發 벓'에서 종성으로 쓰인 'ㄹㆆ'이 왜 '이읍보려(以挹補閭)'가 아니고 '이영보래(以影補來)'라고 하는지 시원하게 설명하는 훈민정음 전문가도 찾아보기 어렵다.

그리고『세종실록』(권103)의 세종 25년 12월의 기사에 '훈민정음 28자'로 되었는데 2개월 후의『세종실록』(권103) 세종 26년 2월에 실린 최만리의 반대 상소에서는 왜 '언문(諺文) 27자'로 했는지, 그리고『훈몽자회』의「언문자모」의 부제(副題)는 왜 '반절(反切) 27자'로 했는지 아무도 제대로 된 설명을 하지 못한다.

　또한 언문(諺文)을 반절(反切)로 본 것에 대하여 우리 학계는 오래도록 침묵하였다. 중국의 현전하는 운서(韻書)들이 모두 반절로 한자의 자음(字音)을 표음하였는데 동양삼국(東洋三國)에서 이 반절이 어디에서 연원(淵源)하였고 어떻게 발전하여 전파되었는지 고찰한 연구가 없었다. 본서에서 졸고(2017b)를 옮겨서 이를 밝히고 〈언문자모〉의 소위(所謂) 반절 27자라고 한 것이 원래 반절처럼 훈민정음이 한자음 표음을 위한 것이었음을 밝혔다.

　더욱이 〈언해본〉에서는 훈민정음 28자가 아닌 정음(正音) 32자를 설명하였다. 그러면 왜 〈해례본〉에서 인정하지 않은 치두음(齒頭音)과 정치음(正齒音)을 〈언해본〉에서는 구별하였는지, 그리고 〈언해본〉에서 말한 한음(漢音)이란 무엇인지 알려주는 한자음 연구자도 아직 만나보지 못했다. 이 모두가 한글에 대하여 우리가 모르는 사실이 정말로 많다는 것을 일깨워줄 뿐이다.

　8.7 필자는 이 책에서 한글에 대한 이러한 미지(未知)의 사실을 우리 주변의 다른 문자 제정과 비교하여 추구하였다. 그렇지만 학계에서는 한글을 다른 문자와 비교하는 것을 거부하였다. 뿐만 아니라 한글이 독창적으로 제정된 것이 아니고 기존의 여러 음성 이론에 의거하여 새 문자가 만들어졌다는 필자의 주장을 철저하게 배척하였다.

　필자의 주장이 얼마나 사실과 부합하는지, 그리고 어떤 전거와 자료를 천착(穿鑿)하여 그러한 결론에 도달하였는지에 대하여는 관심이 없고 오로지 정설과 다르고 자신들이 터득한 지식과 차이가 있는 필자의 주장에 분노하고 배척할 뿐이었다. 더욱이 아직도 논저나 학술 이론으로 필자의 주장을 비판한 일도 없었다.

이제라도 감정적이거나 국수주의적 시각이 아니고 여러 전거나 이론에 의거하여 합리적이고 설득력이 있는 비판과 질정(叱正)이 있기를 바라는 마음 간절하다. 그리고 진리를 탐구하고 사실을 밝히는 것이 학문하는 사람의 중요한 임무이며 동시에 목적이 되어야 함을 깨닫기 바라는 마음 또한 절실하다.

나의 주장이 학계로부터 심하게 비판을 받는 것을 보다 못한 어떤 젊은 수학자가 필자에게 독일의 유명한 물리학자 막스 플랑크(Max Planck)의 다음과 같은 말을 보내왔다. 그 말을 이 책의 말미에 적어 이 책을 출판하는 필자의 심경을 대신하고자 한다.

A new scientific truth does not triumph by convincing its opponents and making them see the light, but rather its opponents eventually die, and a new generation grows up that is familiar with it.

| 참고문헌 |

한국인의 논저, 저자명의 가나다순

강순애(1998), "새로 발견된 初槧本『月印釋譜』卷25에 관한 연구,"『書誌學研究』(한국 서지학회), 제16輯

_____(2001),『권20 연구·영인 月印釋譜』, 아세아문화사, 서울

경북대학교출판부(1997),『月印釋譜第四』(慶北大出版部 古典叢書 1), 慶北大學校 出版部, 대구

고영근(1993), "〈석보상절〉, 〈월인천강지곡〉, 〈월인석보〉,"『국어사 자료와 국어학의 연구』, 문학과 지성사, 서울

金東昭(1997), "〈월인석보〉 권4 연구,"『월인석보 권4』, 경북대학교출판부, 대구, pp. 137~168

金敏洙(1955), "『釋譜詳節』解題,"『한글』(한글학회), 제112호

_____(1990),『全訂版 新國語學史』, 一潮閣, 서울

金英培(1972),『釋譜詳節 第23·24 注解』, 一潮閣, 서울

_____(1985), "月印釋譜 第二十二에 대하여,"『韓國文學研究』제8호

김완진(1963), "國語母音體系의 新考察,"『震檀學報』, 제24호, pp. 63~99 이 논문은 김완지(1971)에 재록됨.

_____(1971),『국어모음체계의 연구』, 一潮閣, 서울

_____(1975), "訓民正音 子音字와 加劃의 원리,"『語文研究』(한국어문교육연구회) 7, 8호

_____(1978), "모음체계와 모음조화에 대한 反省,"『어학연구』, 14-2호, pp. 127~139

_____(1994), "中人과 言語生活,"『震檀學報』, 제77호

金完鎭·鄭光·張素媛(1997),『國語學史』, 韓國放送通信大學出版部, 서울

김주원 외(2007). 김주원·이현희·이호권·정삼훈·정우영·조규태, "훈민정음 언해본의 정본 제작에 관한 연구,"『국어사연구』(국어사학회), pp. 7~40

南廣祐(1973),『李朝漢字音의 研究』, 東亞出版社, 서울

남권희(1997), "〈月印釋譜〉卷四 覆刻本의 形態 書誌,"『月印千江之曲 第四 釋譜詳節 第四』(경북대 출판부 고전총서 1, 경북대학교 출판부, 대구, pp. 133~168

南星祐(2008), "월인석보 제19에 대하여,"『역주 월인석보 제19』, 세종대왕기념사업회, 서울

노태조(2005),『佛敎系 孝行文學 研究』, 중앙인문사, 대전

려증동(2001),『배달글자』, 한국학술정보(주), 파주

劉 烈(1983),『세나라시기의 리두에 대한 연구』, 과학, 백과사전출판사, 평양

孟仁在(2015), "月印釋譜 玉冊에 대하여,"『글마루(宗文)』, No. 54(2015년 2월호), pp. 58~60

閔泳奎(1969), "月印釋譜 解題,"『韓國의 名著』, 玄岩社, 서울

朴炳彩(1962), "月印千江之曲의 編纂經緯에 대하여,"『文理論集』, 제6집, pp. 2~23

_____(1991),『論註 月印千江之曲』[附 原本影印], 世英社, 서울

朴相國(1977), "월인석보 목판고,"『文化財』(문화재관리국), 제11호, pp. 1~20

史在東(2006),『月印釋譜의 佛敎文化學的 硏究』, 中央人文社, 대전

세종대왕기념사업회(1991a),『역주 석보상절 제6·9·11』, 세종대왕기념사업회, 서울

_____(1991b),『역주 석부상절 제13·19』, 세종대욍기념사업회, 서울

_____(1993),『역주 월인석보 제7·8』, 세종대왕기념사업회, 서울

_____(2008),『역주 월인석보 제19』, 세종대왕기념사업회, 서울

沈載完(1962), "月印釋譜 第21, 異本攷,"『靑丘大學論文集』, 제5집

沈載完, 李鉉奎 編著(1991),『月印釋譜-無量崛板 第21研究-』, 慕山學術研究所, 대구

安炳禧(1994), "『月印釋譜』의 編刊과 異本," 震檀學會編『韓國古典 심포지엄』第4輯, 一潮閣, 서울

_____(2007),『훈민정음 연구』, 서울대학교출판부, 서울

俞昌均(1966),『東國正韻研究』, 螢雪出版社, 서울

_____(1975),『蒙古韻略과 四聲通攷의 研究』, 螢雪出版社, 大邱

李基文(1961),『国語史槪説』, 民衆書館, 서울

_____(1963),『국어 표기법의 역사적 연구』, 한국연구원, 서울

李東林(1959), "月印釋譜와 關係佛經의 考察,"『白性郁博士頌壽記念佛敎學論文集』, 서울

_____(1974), "訓民正音創製經緯에 對하여 - 俗所謂 反切二十七字와 相關해서 -,"『국어국문학』(국어국문학회) 제64호, pp. 59~62

이동술(1997), 『韓國寺刹寶鑑』, 우리출판사, 서울

李民樹(1972), 『역주 父母恩重經』, 乙酉文化社(乙酉문고 100), 서울

李載駿(2015), "세계적 보물 대한민국 한글 문화유산 '월인석보옥책' 고증
　　　　문화재 지정사업," 『글마루(宗文)』, No. 54(2015년 2월호), pp.
　　　　53~57

李珍昊·飯田綾織(2009), 『小倉進平과 國語音韻論』, 제이앤씨, 서울

李泰鎮(2012), 『새 韓國史 – 선사시대에서 조선 후기까지 –』, 까치글방, 서울

임홍빈(2006), "한글은 누가 만들었나: 한글 창제자와 훈민정음 대표자," 『국
　　　　어학논총』(이병근선생 퇴임기념), 태학사, pp. 1347~1395.

_____(2008); "訓民正音의 몇 가지 問題," 한국학중앙연구원 主催 '八思
　　　　巴文字와 訓民正音' 國際學術會議 자료집

鄭然燦(1972), "月印釋譜 第一·二 解題," 『影印 月印釋譜 第一·二』, 西
　　　　江大 人文科學研究所, pp. 373~389

鄭明鎬(2013), "月印釋譜玉冊所見書," 『월인석보 옥책의 감정서』, 紅山
　　　　中國陶瓷박물관, 서울

_____(2019), "正統 12年 佛日寺의 月印釋譜 玉冊 工藝에 대한 考察," 국
　　　　회 백봉정치문화교육연구원 2019 하계심포지엄(일시: 2019년
　　　　6월 4일 10:00~12:00; 장소: 국회의원회관 제1회의실) 발표.

졸고(2001), "所謂 佛日寺版 『月印釋譜』 玉冊에 대하여," 제28회 국어학
　　　　회공동연구회(일시: 2001년 12월 21일, 장소: 국제청소년센터)
　　　　발표요지

____(2002), "훈민정음 중성자의 음운대립–한글창제의 구조언어학적 이해
　　　　를 위하여–," 『문법과 텍스트』(고영근선생 정년기념논문집),
　　　　서울대학교 출판부, 서울, pp. 31~46

____(2003), "坡平尹氏 母子미라 副葬 諺簡," 『坡平尹氏 母子미라 綜合

研究』, 고려대학교 박물관, 서울, pp. 87~98

_____(2004), "韓半島における日本語教育とその教材,"『日本文化研究』(동아시아 일본학회) 제10집, pp. 43~68

_____(2006a), "〈月印釋譜〉編刊에 대한 再考,"『역학서와 국어사 연구』(정광선생퇴임기념논총), 태학사, 서울, pp. 379~398.

_____(2006b), "새로운 자료와 시각으로 본 훈민정음의 創製와 頒布,"『언어정보』(고려대학교 언어정보연구소), 제7호, pp. 5~38

_____(2006c), "吏文과 漢吏文",『口訣研究』(口訣學會) 제16호, pp. 27~69

_____(2011), "〈蒙古字韻〉喩母のパスパ母音字と訓民正音の中聲,"『東京大學言語學論集』(東京大學 言語學科) 제31호, pp. 1~20

_____(2012), "元代漢吏文と朝鮮吏文,"『朝鮮學報』(일본朝鮮學會), 제224輯, pp. 1~46

_____(2013), "〈월인석보〉의 舊卷과 훈민정음의 언해본 – 正統 12년 佛日寺板〈월인석보〉玉冊을 중심으로 –,"『국어학』(국어학회), 제68호, pp. 3~49

_____(2014), "세종의 한글 창제 – 동아시아 제 민족의 문자 교류와 훈민정음의 제정을 중심으로 –,"『한국학연구』(고려대학교 한국학연구소), 제51호, pp. 5~50

_____(2015a), "동북아 제언어의 한자 사용에 대하여," 정광 외『한국어의 좌표 찾기』(서울: 역락), pp. 69~108

_____(2015b), "파스파 문자," 한글박물관:『한글과 동아시아의 문자』(2015 연구보고: 195~258), 국립한글박물관, 서울

_____(2015c), "朝鮮 前期의 女眞學書 小攷 – 위구르인 偰長壽의 高麗 歸化와 더불어 –,"『譯學과 譯學書』(파스파 문자에 대한 국제역학서학회) 제6호(2015. 12), pp. 5~48

____(2016a), "朝鮮半島における仏経玉册の刊行について,"『朝鮮學報』 (일본朝鮮學會), 제238輯, pp. 35~79

____(2016b), "毘伽羅論과 훈민정음 –파니니의 〈八章〉과 佛家의 聲明記 論을 중심으로 –,"『한국어사 연구』(국어사연구회) 제2호, pp. 113~179

____(2016c), "알타이 제 민족의 문자 제정과 사용 – 한글과 파스파 문자의 제정을 중심으로 –,"『아시아문화연구』(가천대학교 아시아문 화연구소), 제42집, pp. 115~177

____(2016d), "훈민정음 제정에 대한 재고 – 졸저 〈한글의 발명〉에 대한 비 판을 돌아보면서 –,"『譯學과 譯學書』(국제역학서학회), 제7 호, pp. 5~81

____(2017a), "알타이 제 민족의 문자 재정과 사용 – 한글과 파스파 문자의 제정을 중심으로 –," 정광 외『유라시아 문명과 알타이』(가천 대학교 아시아문화연구소 아시아학술총서 10, 역락, 서울), pp. 9~80

____(2017b), "反切考,"『어문논집』(민족어문학회) 제81호, pp. 127~184 일어본(2018.07), 『中國語學 開篇』(東京: 好文出版) vol. 36, pp. 23~48,

중어본(2018.09),『國際漢學』, 外語教學與研究出版社, 北京, 秋之 卷, pp. 83~102,

____(2017c), "訓民正音の中聲と欲母 – なぜハングルでは母音字に/ㅇ /を付けて書くのカ –," 第68回 朝鮮學大會(場所: 東京早稻 田大學, 日時: 2017년 10월 7~8일) 발표문, 졸고(2018b)에서 우리 말로 번역하여 학술지에 실림.

____(2018a), "훈민정음의 새로운 이해 – 毘伽羅論과 파스파문자와의 관련

을 중심으로,"『한국어사 연구』(국어사연구회), 제4호, pp. 123~188

_____(2018b), "파스파 문자의 喩母와 훈민정음의 欲母 – 왜 한글에서는 모음자에 /ㅇ/를 붙여 쓰는가? –",『국제고려학(International Journal of Korean Studies)』, 제17호, pp. 489~520

_____(2018c), "司譯院 譯學書의 諸 文字,"『譯學과 譯學書』(國際譯學書學會), 제9호, pp. 5~56

_____(2019a), "신미대사와 훈민정음,"『한국어사 연구』(국어사연구회), 제5호, pp 135~196

_____(2019b), "한글–어떻게 제정되었는가? I·II" I: 『인문언어(Lingua Humanitas)』(국제언어인문학회) 20권 2호, pp. 86~120, II:『인문언어』, 제21권 1호, pp. 86~131

_____(2019c), "조선 사역원의 외국문자 교육 – 여진학서〈千字文〉의 여진 문자와 왜학서〈伊路波〉의 假名 문자 교육을 중심으로 –," 제11차 역학서학회 국제학술대회(주제: 동아시아 譯學 政策, 일시: 2019년 7월 13일~14일, 장소: 일본 오사카 龍谷大學 梅田 캠퍼스) 발표 요지

_____(2020a), "훈민정음의〈언해본〉– 고려대도서관 육당문고 소장의『훈민정음』을 중심으로 –,"『어문논집』(민족어문학회) 제88호, pp. 5~48

_____(2020b), "한글과 梵字,"『국어학』(국어학회), 제96호,

졸저(2006),『훈민정음의 사람들』, 제이앤씨, 서울

_____(2009),『蒙古字韻 研究』, 박문사, 서울; 중문판(2013) 北京: 民族出版社: 일문판(2015), 東京: 大倉Info

_____(2012),『훈민정음과 파스파 문자』, 도서출판 역락, 서울

_____(2014),『조선시대의 외국어 교육』, 김영사, 서울

____(2015),『한글의 발명』, 김영사, 서울

____(2017),『역학서의 세계 – 조선 사역원의 외국어 교재 연구 –』, 박문사, 서울

____(2019a),『증정 훈민정음의 사람들』, 박문사, 서울

____(2019b),『동아시아 여러 문자와 한글』, 지식산업사, 서울

천혜봉(1977), “初槧本 月印釋譜 卷 第七·八 解題,”『影印 月印釋譜 第 七·八』, 동국대학교 出版部, 1981, 서울

許雄·李江魯(1999),『月印千江之曲 上』, 신구문화사, 서울

洪起文(1946),『正音發達史』上·下, 서울신문사 出版局, 서울

홍윤표(2013),『한글이야기 1·2』, 태학사, 서울

_____(2017a),『국어사자료강독』, 태학사, 서울

_____(2017b), “『초학자회(初學字會)』,” 국어사학회 월례발표회(일시: 2017 년 3월 18일, 장소 국립한글박물관) 발표 요지

일본인의 연구논저, 저자명의 五十音圖순

江田俊雄(1934), “朝鮮語譯佛典に就いて,”『靑丘學叢』(靑丘學會), 第15 號(昭和 9年 2月號), 에다 도시오(1977)에 재록

_____(1936a), “釋譜詳節と月印千江之曲と月印釋譜,”『朝鮮』(朝鮮 總督府), 第255號(昭和11年 9月號), 江田俊雄(1977)에 재록

_____(1936b), “李朝刊經都監と其の刊行佛典,”『朝鮮之圖書館』, 第 5卷 第5號(昭和 11年 10月號), 에다 도시오(1977)에 재록

_____(1977),『朝鮮佛教史の研究』, 昭和 52, 國書刊行會編, 東京

遠藤光孝(1994), “『四聲通解』所據資料編纂過程,”『論集』(靑山學院大學) 제35호, pp. 117~126

小倉進平(1940),『增訂朝鮮語學史』, 刀江書院, 東京

_____ (1964), 小倉進平·河野六郎:『增訂補注朝鮮語學史』, 刀江書院, 東京

太田辰夫·佐藤晴彦(1996):『元版 孝經直解』, 汲古書院, 東京

大矢透(1918),『音圖及手習詞歌考』, 大日本圖書株式會社, 東京

尾崎雄二郎(1962), "大英博物館本 蒙古字韻 札記,"『人文』제8호, pp. 162~180

龜井 孝·河野六郎·千野榮一(1988),『言語學大辭典』, 第1卷「世界言語編」上, 三省堂, 東京

河野六郎(1940), "東國正韻及び洪武正韻について,"『東洋學報』(일본 東洋文庫), 27권 4호

_____(1952), "弘治五年朝鮮版〈伊路波〉の諺文標記に就いて − 朝鮮語史の立場から −,"『國語國文』, 第21卷10號

_____(1959), "再び東國正韻について,"『朝鮮學報』(일본 朝鮮學會) 제14호

_____(1964~5), "朝鮮漢字音の研究," 『朝鮮學報』(일본 朝鮮學會) 제31~35호

_____(1968),『朝鮮漢字音の研究』, 天理大学 出版部, 天理

河野六郎·千野榮一·西田龍雄(1989) 編,『言語學大辭典』 上·中·下, 三省堂, 東京

_____(2001) 編,『言語學大辭典』別卷, 三省堂, 東京.

內藤湖南(1907),『日本滿州交通略說』, 五山講演集, 東京

中村雅之(1994), "パスパ文字漢語表記から見た中期モンゴル語の音聲,"『KOTONOHA』제1호, pp. 1~4

_____(2003), "四聲通解に引く蒙古韻略について,"『KOTONOHA』,

제9호, pp. 1~4

西田竜雄(1987), "チベット語の変遷と文字," 長野泰彦・立川武藏 編: 『チベットの言語と文化』, 冬樹社, 東京

西田龍雄 編(1981), 講座 言語 第5卷『世界の文字』, 大修館書店, 東京

橋本進吉(1949), 『文字及び仮名遣の研究』, 岩波書店, 東京

花登正宏(1973), "「古今韻會擧要」反切考 - とくに反切上字について -," 『東方學』(東方學會) 第58輯, pp. 93~112

_____(1983), "「禮部韻略七音三十六母通攷」聲母攷," 『伊地智善繼, 辻本春彦兩教授退官紀念 中國語學文學論集』東方書店, 東京, pp. 259~277

_____(1997), 『古今韻會擧要研究 - 中國近世音韻史の一側面 -』, 汲古書院, 東京

浜田敦(1952), 弘治五年 朝鮮板〈伊路波〉諺文大音考 - 國語史の立場から -, 『國語國文』第21卷 第10號. 이것은 浜田敦(1970)에 再錄됨

_____(1970), 朝鮮資料による日本語研究, 岩波書店 東京

服部四郎(1946), 『元朝秘史の蒙古語を表はす漢字の研究』, 龍文書局, 東京

_____(1984), パクパ字(八思巴字)について 一特にe の字とė の字に関して(一) –On the hPhags–pa Script – Especially Concerning the Lette e and ė –(1), 『月刊言語』13–7, pp. 100~104, 服部四郎(1993:216–223)에서 인용

_____(1986~1989); 『服部四郎論文集 I. II. III』, 東京: 三省堂

_____(1993), 『服部四郎論文集』, 三省堂, 東京

久木幸男(1968), 『大學寮と古代儒教–日本古代教育史研究』, サイマル出版社, 東京文部省(1910), 日本教育史, 弘道館, 東京

福井久藏 編(1939),『以呂波字考錄』, 厚生閣, 東京

藤本幸夫(2015),『龍龕手鏡(鑑)硏究』, 麗澤大學出版會, 東京

文部省(1910),『日本敎育史』, 弘道館, 東京

吉池孝一(2004), "跋蒙古字韻 譯註,"『KOTONOHANA』(古代文字資料館) 22号, pp. 13~16

⎯⎯⎯(2005), "パスパ文字の字母表,"『KOTONOHANA』(古代文字資料館) 37号, pp. 9~10

⎯⎯⎯⎯(2008), "原本蒙古字韻再構の試み,"『훈민정음과 파스파 문자 국제학술 Workshop』(주최: 한국학 중앙연구원, 일시: 2008년 11월 18일~19일, 장소: 한국학중앙연구원 대강당 2층 세미나실, Proceedings pp. 141~260

중국인의 연구논저, 저자명의 한국 한자음 가나다순

金光平・金啓綜(1980),『女眞語言文字硏究』, 文物出版社, 北京

金毓黻(1934a),『渤海國志長編』, 金氏千華山館著鉛印, 遼陽 金毓黻(1980) 에서 활자 인쇄

⎯⎯⎯(1934b),『遼陵石刻集錄』, 國立奉天圖書館, 奉天

⎯⎯⎯(1946),『宋遼金史』, 商務印書館, 北京

⎯⎯⎯(1980):『渤海國志長編』, 사회과학전선 잡지사, 北京 金毓黻(1934a) 의 활자본

霍明琨(2013),『东北史坛巨擘金毓黻,〈静晤室日记〉研究』黑龙江大学出版社, 哈尔濱

寧忌浮(1992), "蒙古字韻校勘補遺",『內蒙古大學學報』(1992.8), pp. 9~16

⎯⎯⎯(1994), "『蒙古字韻』與『平水韻』,"『語言研究』(1994.2), pp. 128~132

羅常培・蔡美彪(1959),『八思巴文字與元代漢語』[資料汇編], 科學出版

社, 北京

魏國忠·朱國沈·郝慶云(2006), 『渤海國史』, 동북아역사재단 번역본, 동
　　　북아역사재단, 서울

王力(1985), 『漢語音韻史』, 科學出版社, 北京

龍宇純(1990), 『韻鏡校注』, 藝文印書館, 臺北

李德啓(1931), "滿洲文字之起源及其演變,"『北平圖書館刊』5卷 6期(民
　　　國 20년 11~12월), 뒤에서 pp. 1~18, 도표 16

李强(1982), "論渤海文字,"『學習與探索』, 1982년 제5기, pp. 119~130

鄭再發(1965), 『蒙古字韻跟跟八思巴字有關的韻書』, 臺灣大學文學院
　　　文史叢刊之十五, 臺北

照那斯图(2003), 『新編 元代八思巴字 百家姓』, 文物出版社, 北京

照那斯图·宣德五(2001a), "訓民正音和八思巴字的關係探究－正音字母
　　　來源揭示－,"『民族語文』(중국社會科學院 民族研究所) 第3期,
　　　pp. 9~26

照那斯图·宣德五(2001b), "〈訓民正音〉的借字方法,"『民族語文』(社會科
　　　學院 民族研究所) 第3期, pp. 336~343

照那斯图·楊耐思(1984), "八思巴字研究,"『中國民族古文字研究』, 中國
　　　民族古文字研究會, pp. 374~392

　　　　　　　　　(1987), 『蒙古字韻校本』, 民族出版社, 北京

趙展(1985), 河內良弘 譯, 中國における滿洲學の復興について, 『天理
　　　大學報』(天理大學), 第145輯

周有光(1989), "漢字文化圈的文字演變,"『民族語文』(民族研究所) 1989-1,
　　　pp. 37~55

陳慶英(1999), "漢文'西藏'一詞的來歷簡說,"『燕京學報』(燕京研究院, 北京
　　　大學出版社) 新六期 (1999년 5월), pp. 129~139

陳乃雄(1988), "契丹學研究述略,"『西田龍雄還曆記念東アジアの言語
と歷史』, 松香堂, 京都

淸格爾泰(1997), "關於契丹文字的特點,"『아시아 諸民族의 文字』(口訣學
會 編), 태학사, 서울

淸格爾泰 외 4인(1985), 淸格爾泰·劉鳳翥·陳乃雄·于寶林·邢复禮:『契
丹小字研究』, 中國社會科學出版社, 北京

洪金富(1990),『元代蒙古語文的敎與學』, 蒙藏委員會, 臺北

서양인, 또는 서양어로 된 연구논저, 저자의 알파벳순

Baxter(1992), William H. Baxter, *A Handbook of old Chinese Phonology*.
Mouton de Gruyter, Berlin

Bloomfield(1935), Leonard Bloomfield, *Language*, Allen and Unwin,
London

Chomsky·Halle(1968), Noam Chomsky, Morris Halle, *Sound Pattern of
English*, New York: Harper & Row

Durand(1990), Jacques Durand, *Generative and Non-linear Phonology*,
Longman Ltd., New York

Finch(1999), Roger Finch, "Korean Hangul and the hP'ags-pa script," in
Juha Janhunen and Volker Rybatzki ed., *Writing in the
Altaic World*, Studia Orientalia 87, Helsinki

Goldsmith(1990), John A. Goldsmith, *Auto-segmental and Metrical
Phonology,* Basil Blackwell Ltd., Oxford

Grierson(1919), G. A. Grierson, *Linguistic Survey of India,* Vol. 8, 1990년
재판

Grube(1896), Wilhelm Grube, *Die Sprache und Schrift de Jučen*,

Harrassowitz, Berlin

Halle(1962), Morris Halle, "Phonology in Generative Grammar," *Word* vol. 18, pp. 54~72

Hayman(1975), L. Hayman, *Phonology -Theory and Analysis-*, Holt Reinhart and Winston, New York

Huth(1896), G. Huth, "Geschichte des Buddhismus in der Mongolei: Mit einer Einleitung," *Politische Geschichte der Mongolen,* vol. 2, Strassburg : Karl J. Trübner, 1896

Janhunen & Rybatski(1999), Juha Janhunen and Volker Rybatzki, *Writing in the Altaic World, Studia Orientalia*(The Finnish Oriental Society), Helsinki

Jean(1987), Georges Jean, *L'écriture: mémoire des hommes,* Gillimard, Paris

高橋 啓 譯(1990),『文字の歴史』, 創元社, 大阪

Karlgren(1957), Bernhard Karlgren, *Grammata Serica recensa,* Museum of Far Eastern Antiquities, Stockholm

Kiparsky(1985), P. Kiparsky, *Explanation in Phonology*, Foris, N. J

Klaproth(1812), J. von Klaproth, *Abhandlung über die Sprache und Schrift der Uiguren*, Berlin

Kim(1988), Jin-w Kim, "On the origin and structure of the Korean script," 김진우(1988:721~734)

Ladefoged(1975), P. Ledefoged, *A Course in Phonology*, 2nd ed.(1982), Harcourt Brace & Jovanovich. Inc., New York

Ledyard(1966), Gari Ledyard, "The Korean language reform of 1446 – The Origin, Background, and Early History of the Korean

Alphabet," Unpublished Ph. D dissertation, University of California. 이 논문은 한국에서 출판되었다(Ledyard(1998))

_____(1997), "The international linguistic background of the correct sounds for the instruction of the people," Young-Key Kim-Renaud(1997)

_____(1998), *The Korean language reform of 1446*, 국립국어연구원 총서 2, 신구문화사, 서울

_____(2008), The Problem of the 'Imitation of the Old Seal' : Hunmin Chŏng'ŭm and hPags-pa, International Workshop on Hunminjeongeum and hPags-pa script, 2008년 11월 18일~19일, 한국학중앙연구원 대강당, 豫稿集 pp. 11~31

Ligeti(1956), Louis. Ligeti, "Le Po kia sing en écriture 'Phags-pa," *AOH* (Acta Orientalia Scientiarum Hungaricae, Budapest) 6(1-3, 1956) pp. 1~52

_____(1962), "Trois notes sur l'écriture 'Phags-pa," *AOH* 13(1, 1962) pp. 201~237

_____(1973), "Monuments en écriture 'Phags-pa," *Pièces de chancellerie en transcription chinoise,* Budapest, Vol. I, 1972, Vol. II, 1973

Liu(1999), "Seventy years of Khitan Small Script studies," Janhunen & Rybatski(1999:159~169)

Narkyid(1983), Nagawangthondup Narkyid : "The Origin of the Tibetan script," in E. Stein-kellner & H. Tauscher (eds.) Contributions on Tibetan language, history, and culture, (Proceedings of the Csoma de Kőrös Symposium held at Velm-Vienna, Austria,

13–19 September 1981, Wiener Studien zur Tibetologie und Buddhismuskunde 10), Wien: Arbeitskreis für Tibetische und Buddhistische Studien Universität Wien, pp. 207~220

Pauthier(1862), G. Pauthier, "De l'alphabet de P'a-sse-pa," *JA*, sér. V, 19:8(Janv, 1862)

Pelliot(1925), Paul Pelliot, "Les systèmes d'écriture en usage chez les anciens Mongols," Asia Major, vol. 2, pp. 284~289

Pike(1948), Keneth L. Pike, *Tone language,* Ann Arbor, Michigan

Poppe(1957), N. Poppe, *The Mongolian Monuments in ḥP'ags-pa Script,* Second Edition translated and edited by John R. Kruger, Otto Harrassowitz, Wiesbaden

_____(1965), *Introduction to Altaic Linguistics*, Otto Harrassowitz, Wiesbaden

Pozdněev(1895–1908), A. M. Pozdněev, *Lekcii po istorii mongoĺskoĭ literatuturï,* vol. I–III, St. Peterburg

Pulleyblank(1962), Edwin G. Pulleyblank, "The Consonantal System of Old Chinese," *Asia Major*, 9: 58~144, pp. 206~265

_____(1984), *Middle Chinese: A Study in Historical Phonology.* University of British Columbia Press, Vancouver

_____(1991), *Lexicon of Reconstructed Pronunciation in Early Middle Chinese, Late Middle Chinese, and Early Mandarin.* UBC Press, Vancouver

_____(1996), "Early Contacts between Indo-Europeans and Chinese," *International Review of Chinese Linguistics* 1.1: pp. 1~25

Ramstedt(1911), G. J. Ramstedt, "Ein Fragment mongolischer Quadratschrift," *JSFOu* 27(3) pp. 1~4

_____(1952), Gustav J. Ramsted, Einführung in die Altaische Sprach-wissenschaft.. II. Formenlehre. Mémoires de la Société Finno Ougrienne 104.2. Helsinki: Suomalais- Ugrilainen Seura

Robins(1997), R. H. Robins, *A Short History of Linguistics,* London & New York: Longman Linguistics Library, Fourth Edition

Sagart(1999), Laurent Sagart, *The Roots of Old Chinese*, John Benjamins, Amsterdam

Sampson(1985), Geoffrey Sampson, *Writing System* – A linguistic intro-duction –, Hutchinson, London

Schane(1973), Sanford A. Schane, *Generative Phonology, Evolution and Current Practice*, Holt, Rinehart and Winston, New York

Trubetzkoy(1939), Nikolaj Sergejevič Trubetzkoy, *Grundzüge der Phono-logie.* Travaux du Cercle linguistique de Prague, VIII, 2 aufl

Vladimirtsov(1929), Boris Ya. Vladimirtsov, *Сравителъная грмматика м онголъского письме-нного языка и халхаского наречия,* Vvedeni i fonetica, Leningrad

_____(1931), "Монгльский международный алфавит XIII," века, *KPV* 10:32

_____(1932), "Монгольские литературиые языки," *ZIV* 1:8

Vovin(1993), Alexander Vovin, "About the phonetic value of the Middle Korean grapheme △," Bulletin of the School of Oriental and African Studies, LV I.2: pp. 247–259

_____(2003), "Once Again on Lenition in Middle Korean," *Korean*

Studies XVII: pp. 85-107

_____(2010), *KOREO-JAPONICA - A critical study in the language relationship*, Univ. of Hawai'i Press, Honolulu

Young-Key Kim-Renaud(1997), ed., The Korean alphabet: Its history and structure, University of Hawaii Press, Honolulu

찾아보기

237, 256, 272~274, 295

불일사(佛日寺) 17, 49~51, 62~64, 78, 82, 88, 97, 100, 105, 112~114, 116, 118, 122, 130, 219, 225, 228, 239, 256, 269, 275, 287, 296, 300, 303, 592, 602, 605, 606

불청불탁(不淸不濁) 398, 418, 434, 453, 525, 528, 530, 561~563, 573~575, 577

불충불효(不忠不孝) 460

브라흐미(Brāhmi) 문자 377, 381, 406, 409, 422, 428, 446, 448, 489, 522, 523

블름휠드(L. Bloomfield) 455

비가라론(毘伽羅論, Vyākaraṇa) 23, 312, 380, 418, 426~428, 453, 456, 517, 543, 600

비구(比丘) 126, 128, 416

비다(比多, Pitṛ, Pitā) 43

비로사(毘盧寺) 94, 131, 132

비불략(毗佛略) 293

비음(nasal) 419, 434, 526, 562

ㅅ

사가천황(嵯峨天皇) 428

사라수(沙羅樹) 대왕 127

사리단(舍利壇) 64, 65

사리단지(舍利壇址) 64, 288

『사분률(四分律)』 348

사성(四聲) 369, 418, 421, 435, 453, 482, 525~528, 530, 561, 568

『사성통고(四聲通攷)』 378, 387, 388, 477, 478, 490, 566

『사성통해(四聲通解)』 373, 378, 388, 394, 395, 398, 477, 490, 500, 531, 574, 584

『사십이장경(四十二章經)』 422, 423

48대원(大願) 126

사역원 329, 367, 376, 388, 424, 430, 435~437, 443, 499

사은(四恩) 43

사재동 76, 79, 127, 129

사주쌍변(四周雙邊) 290

사천왕상(四天王像) 65, 97, 122, 288

사해(查海) 34

사헌부(司憲府) 474

사혐(私嫌) 474

사회과학원 390

〈산개(刪改) 노걸대〉 388

산스크리트어 406~409, 445, 453, 455

살리타이(撒禮塔) 55

『삼국사기』 32, 35

『삼국유사』 31, 35

36자모(字母) 377, 379, 392~397, 400, 404, 421, 447, 458, 489, 502, 506, 508, 526, 528, 531, 535, 541, 547, 574

삼재(三才) 332, 449, 458, 498, 502,

정광

서울대학교 문리과대학 국어국문학과 졸업
동 대학원 문학석사, 국민대학 문학박사
고려대학교 문과대학 국어국문학과 명예교수
미국 Columbia University at New York
　　　동아언어문화과 방문학자
미국 Illinois University at Urbana-Champaign 언어학과 초청강사
일본 京都대학 문학부 초빙 외국인 학자
일본 東京외국어대학 외국인 연구원
일본 早稻田대학 문학부 교환교수
일본 富山대학 인문학부 초청강사
일본 關西대학 東西硏 초청교수
중국 北京 中央民族大學 초청강사

저서
『몽고자운 연구』, 서울: 박문사,
　　　중문판 北京: 중국 民族出版社, 일문판 東京: 大倉
『삼국시대 한반도의 언어 연구』, 서울: 박문사
『조선시대의 외국어 교육』 서울: 김영사,
　　　일문판 京都: 臨川書店
『역주 원본 노걸대』, 서울: 김영사
『한글의 발명』, 서울: 김영사
『동아시아 여러 문자와 한글』, 서울: 지식산업사
『조선가─일본에 울려 퍼진 조선 도공의 망향가─』, 서울: 김영사 외 대수

월인석보 옥책(玉冊) 연구
— 한글의 창제와 훈민정음 〈언해본〉의 간행을 중심으로

대우학술총서 631

1판 1쇄 찍음 | 2021년 4월 14일
1판 1쇄 펴냄 | 2021년 5월 4일

지은이 | 정광
펴낸이 | 김정호

책임편집 | 이하심
디자인 | 이대웅

펴낸곳 | 아카넷
출판등록 | 2000년 1월 24일(제406-2000-000012호)
주소 | 10881 경기도 파주시 회동길 445-3
전화 | 031-955-9510 (편집) · 031-955-9514 (주문)
팩시밀리 | 031-955-9519
www.acanet.co.kr

Printed in Paju, Korea.

ISBN 978-89-5733-725-7 94700
ISBN 978-89-89103-00-4 (세트)